L'ÉLOQUENCE PARLEMENTAIRE

PENDANT

LA RÉVOLUTION FRANÇAISE

LES ORATEURS

DE

LA LÉGISLATIVE ET DE LA CONVENTION

PAR

F.-A. AULARD

DOCTEUR ÈS LETTRES,
PROFESSEUR DE RHÉTORIQUE AU LYCÉE JANSON DE SAILLY

Tome I

PARIS

LIBRAIRIE HACHETTE ET Cie

79, BOULEVARD SAINT-GERMAIN, 79

1885

DU MÊME AUTEUR :

L'ÉLOQUENCE PARLEMENTAIRE

PENDANT LA

RÉVOLUTION FRANÇAISE

LES ORATEURS
DE L'ASSEMBLÉE CONSTITUANTE

Paris, librairie Hachette, 1 vol. in-8°. Prix : **7 fr. 50**.

À monsieur Ernest Renan
hommage respectueux de
l'auteur
A. Aulard

L'ÉLOQUENCE PARLEMENTAIRE

PENDANT

LA RÉVOLUTION FRANÇAISE

POITIERS. — TYPOGRAPHIE OUDIN.

L'ÉLOQUENCE PARLEMENTAIRE

PENDANT

LA RÉVOLUTION FRANÇAISE

LES ORATEURS

DE

LA LÉGISLATIVE ET DE LA CONVENTION

PAR

F.-A. AULARD

DOCTEUR ÈS LETTRES,
PROFESSEUR DE RHÉTORIQUE AU LYCÉE JANSON DE SAILLY

Tome I

PARIS

LIBRAIRIE HACHETTE ET Cie

79, BOULEVARD SAINT-GERMAIN, 79

1885

AVANT-PROPOS

Dans un précédent travail, nous avons étudié l'art oratoire à l'Assemblée constituante et esquissé ainsi les premières pages d'un chapitre nouveau de l'histoire de la littérature. La seconde partie de ce chapitre, que nous donnons aujourd'hui au public, a pour objet la période parlementaire si remplie et si variée qui s'étend du 1er octobre 1791 au 26 octobre 1795, de l'ouverture de l'Assemblée législative à la clôture de la Convention nationale. Dans cet intervalle se pressent les événements les plus extraordinaires peut-être de l'histoire de France : la guerre déclarée à l'Europe, l'agonie de la royauté constitutionnelle, la chute du trône, l'établissement de la République, les massacres de septembre, le procès et la mort de Louis XVI, le duel de la Montagne et de la Gironde, la Terreur, le 9 thermidor, la réaction violente qui s'en suivit, et, pendant toutes ces convulsions, la guerre civile et la guerre étrangère. Quelle matière plus riche et plus illustre s'offrit jamais, en aucun temps et en aucun pays, à l'éloquence politique? A n'en juger que par les objets de leur inspiration, quels orateurs furent plus dignes de l'attention de la critique littéraire que les Montagnards et les Girondins, qu'un Vergniaud et qu'un Danton ? Mais plus le fond de cette éloquence deviendra tragique, plus il est à craindre que le lecteur répugne à en étudier la forme au point de vue de l'art. Bien des esprits, même éclairés, ont un dégoût instinctif pour les hommes et les choses de la Convention, et il ne leur semble pas possible qu'en 1793, dans le crime et dans le sang, on ait pu être éloquent à la manière des Grecs et des Romains. Ce livre leur montrera, s'ils ont le courage d'oublier un instant des préjugés héréditaires, que le culte de la forme ne périt jamais en France, même aux heures noires de la Terreur, qu'on y garda, dans le fort de la crise, le goût passionné de l'éloquence, et que, loin de tomber dans la barbarie et dans le *sans-culottisme* littéraire, les vrais orateurs de ce temps-là, trop dociles à la rhétorique classique, se montrèrent, dans leur style, plus timides encore que novateurs. Quant à ceux qui dédaignent cette littérature, et dont le dédain est affaire de mode ou d'intérêt, il n'y a pas à tenter de justifier à leurs yeux nos études, de même qu'il est impossible de ramener à des vues impartiales ce pédantisme haineux qui, depuis quelques années, s'efforce de ne montrer dans la Révolution que le côté odieux ou ridicule. Nous rougirions pour notre part, si les Vendéens avaient eu des orateurs à la Convention, de laisser dans l'ombre le côté sublime de leur caractère et la beauté pure de leur foi monarchique.

Notre critique sera donc loyale. De quelque orateur qu'il s'agisse, on jugera moins sa politique qu'on ne l'expliquera. On oubliera ses préférences propres pour revêtir un instant la personnalité d'un Montagnard ou d'un Girondin et saisir le secret de son inspiration oratoire. Si antipathique que soit un homme, on admirera son art, si son art est admirable, et si, par occasion, Robespierre a de la grandeur ou Saint-Just de l'éclat, ni l'hypocrisie de l'un, ni la cruauté de l'autre ne nous détourneront de citer leurs discours et d'étudier leur style. Mais réussirons-nous à abstraire tout à fait notre personne de notre critique? Peut-on rester froid en face de cet élan d'une nation vers l'idéal, élan dont ses orateurs furent les Tyrtées ? Qui ne sympathise pas avec la Révolution, n'en voit que la surface. Pour la comprendre, il faut l'aimer. Sans cet amour, Michelet, malgré son génie, aurait-il atteint à une divination des âmes de ces hommes et du sens de ces choses ? Et, de même, l'historien d'un autre mouvement populaire, l'auteur de la *Vie de Jésus*, aurait-il aussi profondément compris son héros, s'il ne l'avait aimé, s'il n'avait, à sa manière, cru en lui ? Tout justement, ce raffiné a été plus sensible que personne à la poésie des grandes crises sociales et, en plus d'un passage de ses écrits, il a esquissé d'un trait comme une appréciation esthétique de cette Révolution française, qu'il n'a sans doute pas eu le temps d'étudier dans les sources, mais dont le spectacle du christianisme primitif l'a préparé à sentir la beauté morale. Or, pour qui ne sent pas cette beauté morale de la Révolution, l'éloquence des Législateurs et des Conventionnels ne sera que déclamation et bavardage.

Quant au plan de ce livre, il n'est pas aussi simple que celui de nos études sur les orateurs de la Constituante. Nous ne racontions alors qu'une période de la Révolution, et c'est de la même tribune que partaient tous les discours dont nous parlions. Deux époques fort différentes s'offrent maintenant à nous avec deux assemblées d'inégale durée : la Législative, qui ne vécut pas un an, et la Convention, qui en vécut plus de trois. Les plus brillants orateurs de la première assemblée siégèrent dans la seconde. Peut-on étudier l'une après l'autre la Législative et la Convention, et couper ainsi en deux l'histoire de l'éloquence girondine ? Le mieux sera d'examiner chaque parti dans son développement historique, en commençant par celui dont l'existence fut la plus courte. Ainsi nous étudierons d'abord les orateurs du parti royaliste constitutionnel qui disparaissent avec la Législative, puis ceux de la Gironde, dont la bouche fut fermée le 2 juin 1793 : ce sera la matière du premier volume et d'une partie du second, dont tout le reste sera consacré à la Montagne et au Centre de la Convention.

Comme nous l'avons fait pour l'Assemblée constituante, nous replacerons chaque groupe, chaque orateur dans son cadre historique. Il ne s'agit pas de dire : ceci est beau ; cela est mal dit (1). Il faut faire comprendre les faits et les idées qui forment la matière même des discours, et, dans l'étude de l'éloquence parlementaire, le critique littéraire est un historien. Or, si l'histoire de la Constituante est connue et en partie fixée, il n'en est pas de même de l'histoire de la Législative et surtout de la Convention. Elle flotte encore, dans beaucoup d'esprits, à l'état de légende, et, en plus d'un cas, la faute en est justement aux grands écrivains qui ont jugé la Révolution au point de vue de la beauté des paroles et des actes, c'est-à-dire à un point de vue qui comprend le nôtre. Ainsi Lamartine a écrit sur les Girondins un roman que quiconque a approché des sources rejette avec impatience. Dans ces pages brillantes et sonores il n'y a presque pas une ligne qui ne soit un mensonge, non pas toujours un mensonge de poète, mais un mensonge de pamphlétaire paresseux. Notre grand Michelet, si fidèle interprète de l'esprit révolutionnaire, a créé sans le savoir des légendes *intelligentes*, conformes au sens de la Révolution, mais d'une vérité purement poétique, et, faut-il le dire ? il a été parfois négligent dans le choix des sources et dans la critique des textes. Si on écrivait l'histoire de

---

(1) Ç'a été la seule critique de M. Gérusez dont son *Histoire de la littérature française pendant la Révolution*, où il n'y a d'ailleurs que peu de chose sur l'éloquence. M. E. Maron, auteur d'une *Histoire littéraire de la Convention* (Paris, 1860, in-12), a été plus préoccupé d'expliquer l'inspiration oratoire des Conventionnels ; mais ce ne sont que quelques pages hâtives.

l'éloquence d'après ce poète et ce philosophe, on ne ferait qu'une déclamation. Ajoutons que depuis eux, depuis l'exact et incomplet Louis Blanc, une méthode vraiment scientifique a été appliquée à l'histoire de la Convention, et que les vraies sources en ont été signalées par des érudits comme MM. Vatel, Dauban, Robinet, Claretie, Biré, Campardon, Wallon, dont les monographies permettent de rectifier les histoires générales. Nous avons pu, grâce à ces travaux, rétablir ou retrouver des figures d'orateurs travesties par la fantaisie ou effacées par la négligence. Nos propres recherches aux imprimés de la Bibliothèque et aux Archives nous ont fourni plus d'un trait nouveau pour le portrait de Vergniaud, de Ducos, de Louvet et de Couthon. Mais l'inédit que nous donnons n'enfle pas notre amour-propre : nous serions plus content de nous si nous avions eu la force et le temps de lire un plus grand nombre des documents connus et publiés, par exemple *tous* les journaux parus de 1791 à 1795. Il a bien fallu renoncer à une tâche à laquelle la vie d'un homme ne suffirait pas.

Ce qu'il y a de plus nouveau dans notre travail, c'est la critique des textes. Aux discours improvisés des orateurs révolutionnaires qui, antérieurs à la sténographie, nous sont parvenus défigurés ou mutilés, nous avons appliqué, avec respect, la méthode qu'on applique chaque jour aux textes anciens : en rapprochant les comptes-rendus, nous avons pu établir des variantes qui permettent au lecteur, en plus d'un cas, de reconstituer dans son esprit des formes improvisées. C'est par l'indication de ces sources et de cette méthode qu'il faut commencer notre étude.

LIVRE I

CHAPITRE PREMIER

DU TEXTE DES DISCOURS

I

A propos des orateurs de l'Assemblée constituante, nous avons déjà dit pour quelles raisons il fallait renoncer presque toujours à trouver un compte-rendu littéral des discours politiques de l'époque révolutionnaire. De 1789 à 1791, il était déjà, en plus d'un cas, difficile de discerner le texte le plus fidèle : cette tâche va devenir encore plus délicate sous la Législative et sous la Convention, par suite de la multiplication des journaux. Mais si notre peine est plus grande, elle sera plus souvent récompensée. De la confrontation des textes divers sortira souvent une image plus ressemblante de la réalité, d'autant que, tant que la presse restera libre, l'expérience et la concurrence perfectionneront chaque jour davantage ces organes d'abord imparfaits.

Remarquons d'abord qu'un plus grand nombre de feuilles, à l'ouverture de la Législative, se piquent de donner les débats dans toute leur étendue et sous une forme dramatique. On se préoccupe moins que ne le faisaient le *Point du jour* et le *Moniteur* sous Maret d'offrir un résumé harmonieux, correct, décent. Le *Journal logographique*, à ce point de vue, a fait école. Lehodey reproduisait jusqu'aux négligences, jusqu'aux *lapsus* des orateurs, moitié par esprit d'exactitude, moitié dans une arrière-pensée satirique : les journaux qui, de 1791 à 1795, ou lui firent concurrence ou le remplacèrent, imitèrent parfois cette fidélité ultra-littérale, parce que le public devenait plus curieux à mesure qu'une coterie accaparait les tribunes et l'en chassait, parce que l'éducation de cette curiosité se faisait peu à peu par la pratique même de la politique, parce qu'enfin le goût, plus large ou plus indulgent, n'exigeait plus ces généralités nobles, ces résumés quintessenciés auxquels se bornaient, en 1789, selon un faux idéal classique, les premiers adeptes de l'art nouveau du journalisme. L'usage de lire les gazettes, de s'y abonner, ne se répandit tout à fait en province qu'à la fin de 1791. Alors tout homme éclairé, comme l'attestent les correspondances du temps, reçoit son journal de Paris, le communique, le lit à haute voix dans son intimité. Toute la France se met au courant du mécanisme parlementaire, se transporte par la pensée au Manège ou aux Tuileries, se représente Vergniaud ou Robespierre à la tribune. On devient sensible aux petits détails, au côté extérieur des débats, et on préfère les journaux qui donnent la sensation d'un spectacle dont, en ce temps de voyages difficiles, on n'aura jamais occasion de jouir. A côté de l'histoire grave et noble, le journal commence à indiquer l'histoire anecdotique. Le discours ne se présente plus, dans les comptes-rendus, comme une suite ininterrompue d'arguments, avec une intégrité majestueuse : aux lecteurs lointains il apparaît coupé, haché d'interruptions, et les applaudissements qui en saluent la fin ne sont plus un bruit vague et décent : il s'y mêle des huées, des rires, des incidents graves ou bouffons. C'est, dira-t-on, que la Législative et la Convention furent plus orageuses que la Constituante

Sans doute ; mais c'est aussi que les journalistes comprennent et voient que leur clientèle s'intéresse à toute la variété de la vie parlementaire, aux détails vulgaires et bas comme aux dissertations éloquentes ; c'est que peu à peu cette littérature tout actuelle sent qu'elle ne vivra qu'à force d'être réelle, et qu'elle doit viser à reproduire tout le spectacle qu'elle veut faire connaître plutôt qu'à en choisir les traits les plus nobles.

II

Parmi ces comptes-rendus, les plus fidèles, les seuls d'ailleurs qui embrassent toute la période qui nous occupe, sont ceux du *Moniteur* et du *Journal des débats et des décrets*.

Nous avons déjà parlé (1) du degré de confiance qu'il convenait d'attacher aux comptes-rendus du *Moniteur*. L'importance et le succès de cette feuille, qui deviendra officielle en l'an VIII, ne fait que s'accroître de 1791 à 1795. En général, ses tableaux des séances sont les plus satisfaisants, quoique le célèbre Maret ait cessé de les rédiger depuis la séparation de la Constituante. Mais sa méthode profite à ses successeurs, qui, toutefois, élargissent leur cadre et veulent être plus complets que ne le pouvait être, à la naissance du journalisme, celui qu'on accusait, malgré son exactitude, de prêter de l'esprit aux orateurs (2). Ce Bulletin de l'Assemblée, que Maret faisait seul, est bientôt l'œuvre de plusieurs rédacteurs dirigés par un rédacteur en chef, qui, d'octobre 1791 à février 1795, fut Thuau-Grandville. Mais, plus d'une fois, il céda momentanément sa place à des personnages plus importants. Ainsi Rabaut

---

(1) *Les orateurs de l'Assemblée constituante*, 15-18.
(2) *Mémoires* de Beugnot, I, 375.

Saint-Etienne fit le Bulletin du 1er août 1792 jusqu'à la fin d'octobre de la même année (1). Lui-même fut provisoirement remplacé, pendant les premières séances de la Convention, par Garat (2). Le 31 octobre 1792, Grandville avait repris ses fonctions, auxquelles il aurait apporté peu de bonne foi, à en croire une lettre à Robespierre, insérée au rapport de Courtois, et signée « le citoyen G***, rédacteur en chef de l'article Convention nationale du *Moniteur* ». Le 16 juin 1793, Robespierre avait demandé l'arrestation de « ces journalistes infidèles qui sont les plus dangereux ennemis de la liberté ». Alors Grandville plaida ainsi la cause du *Moniteur* auprès du chef des Jacobins :

« Il n'y a que deux mois qu'on avait l'opinion qu'un journal devait également publier tout ce qui se dit dans une séance pour et contre ; en sorte que nous étions forcés, sous peine d'être dénoncés, sous peine de perdre la confiance de nos abonnés, de publier les diatribes les plus absurdes des imbéciles ou des intrigants du côté droit. Cependant vous devez avoir remarqué que toujours le *Moniteur* a rapporté avec beaucoup plus d'étendue les discours de la Montagne que les autres. Je n'ai donné qu'un court extrait de la première accusation qui fut faite contre vous, par Louvet, tandis que j'ai inséré en entier votre réponse. J'ai rapporté presqu'en entier tous les discours qui ont été prononcés pour la mort du roi, et je ne citais quelques extraits des autres qu'autant que j'y étais indispensablement obligé pour conserver quelque caractère d'impartialité. Je puis dire avec assurance que la publicité que j'ai donnée à vos deux discours et à celui de Barère, en entier, n'a pas peu contribué à déterminer l'o-

---

(1) Cf. le *Moniteur*, réimpr., XIII, 259 ; XV, 656 ; XVIII, 204.

(2) Il est probable que Garat rédigea le compte-rendu de la Convention jusqu'au 9 octobre 1792, jour où il fut nommé ministre de la justice. Cf. ses Mémoires, ap. Buchez, XVIII, 296.

pinion de l'Assemblée et celle des départements. Nous avons publié l'appel nominal de cette délibération avec la plus grande étendue. Il nous a occasionné 6,000 livres de frais; et vous avez dû remarquer que ce travail, fruit de mes veilles, a été rédigé dans le sens le plus pur, et que toutes les opinions qui concluaient à la mort du tyran ont été mises dans leur intégrité. Personne ne contestera non plus que le *Moniteur* n'ait rendu les plus grands services à la révolution du 10 août. Depuis plusieurs mois je fais les plus grands efforts pour détruire les préventions qu'auraient pu exciter contre nous quelques séances retouchées par Rabaut Saint-Etienne, l'hiver dernier, et pendant mon absence. Il est connu que ce Rabaut n'a été attaché que pendant trois semaines au *Moniteur*. Nous l'en avons exclu, ainsi qu'un nommé His, qui rédige actuellement le *Républicain*, et nous allons changer de rédacteur pour la partie politique. Au reste, il suffit de jeter un coup d'œil sur nos feuilles, depuis un mois, pour voir qu'il n'est aucun journal qui ait plus contribué à culbuter dans l'opinion les intrigants dont le peuple va faire justice. Aussi avons-nous déjà perdu mille abonnés dans le Midi et dans la Normandie; aussi à Marseille a-t-on d'abord arrêté à la poste, puis brûlé le *Moniteur* en place publique. D'après cela, nous croyons avoir quelque droit à l'indulgence et même à la protection des patriotes. »

Mais Grandville se calomniait quand il s'accusait ainsi d'avoir mutilé la pensée des Girondins. Il n'était pas vrai que le *Moniteur* se fût borné à *un court extrait* de l'accusation de Louvet, puisque le numéro du 31 octobre 1792 la reproduit intégralement, tout comme les numéros de décembre 1792 et de janvier 1793 reproduisent intégralement, quoi qu'en dise le correspondant de Robespierre, les discours des partisans de l'appel au peuple. Rabaut ne dirigea pas le Bulletin de l'Assemblée *pendant trois se-*

maines, mais pendant trois mois. La lettre à Robespierre n'est donc qu'une suite de mensonges impudents, et, quand elle fut publiée par Courtois, le *Moniteur* protesta, rétablit aisément les faits et se débarrassa de Grandville (1).

Est-ce à dire que, jusqu'au 18 juin 1793, ce journal ait publié les débats avec une entière impartialité ? La vérité, c'est que Rabaut fit prévaloir un esprit girondin dans le Bulletin de l'Assemblée, et tout n'est pas faux dans les allégations avancées par Amar, quand il dit, le 3 octobre 1793, dans l'acte d'accusation des Girondins : « Rabaut dit Saint-Etienne se signalait par un genre de talent remarquable. Il s'était fait directeur d'un papier très répandu, intitulé le *Moniteur*, qui était censé rendre avec une exactitude littérale les opinions des orateurs de la Convention. En cette qualité, il donnait aux discours des patriotes le caractère et les modifications analogues au genre de calomnie que la faction avait mis à l'ordre du jour : souvent par l'addition, par la soustraction ou par le déplacement d'un mot, il faisait délirer, aux yeux de l'Europe entière, tous les défenseurs de la République française. » Amar exagère, mais il est certain que le rédacteur des comptes-rendus, à la fin de 1792, émonde et coordonne plus complaisamment les paroles des Girondins, tandis qu'il ne fait pas grâce aux Montagnards de leurs négligences de langage. Au commencement de 1793, quoique Rabaut ait quitté le journal, l'esprit girondin y domine de plus en plus. Ainsi, deux documents montagnards, d'une haute importance, le discours de Robespierre du 10 avril 1793 et la fameuse adresse lue par

(1) Voir les notes rectificatives publiées à ce sujet dans les n°ˢ du 1ᵉʳ et du 2 ventôse an III. « C'est ce M. Grandville, dit Prudhomme, qui, honteux sans doute de ce nom, l'a changé en celui de Thuau et vend aujourd'hui (en 1797) son *caractère d'impartialité* au Directoire, pour le service duquel il consigna dans le *Rédacteur*, journal officiel, toutes les diatribes qu'on lui commandait contre le royalisme et l'anarchie ». (*Biographie de Leipzig.*)

Rousselin le 15 avril, sont perfidement tronqués par le *Moniteur*. Quoiqu'eux-mêmes ne se fissent pas faute, à l'occasion, de défigurer les opinions de leurs adversaires, cette infidélité voulue de l'organe le plus répandu de ce temps-là le désigna aux colères des vainqueurs du 31 mai, qui l'accusaient de vénalité. On sait aujourd'hui combien ces soupçons étaient justifiés : ces journalistes émergeaient aux fonds secrets du ministère des affaires étrangères, dirigé par un Girondin, Lebrun-Tondu, depuis le 10 août 1792 jusqu'à la chute de la Gironde (1). Mais, dès le 3 juin, le *Moniteur* se mit au service de la Montagne et fit oublier son passé girondin à force de zèle et de complaisances pour les maîtres du jour. C'est ainsi qu'il mutila toutes les lettres, si éloquentes, que les Girondins arrêtés écrivirent au président de la Convention et qui ne sont pas leurs moindres titres oratoires. Cependant Robespierre, on l'a vu, grondait encore, dans la séance du 16 juin, contre les journaux girondins. C'est alors que, peut-être sur l'ordre des propriétaires mêmes du journal qui le désavouèrent plus tard, Grandville écrivit la lettre cynique qu'on a lue. Désormais les opinions de Danton et de Robespierre, jadis écourtées (2), s'étalent tout au long dans les colonnes du *Moniteur*, et il est même probable que plus d'un Montagnard, quand il ne remit pas son manuscrit au rédacteur, put corriger lui-même, sur l'épreuve, son improvisation. Quand, au 9 thermidor, la défaite de Robespierre fut assurée, le *Moniteur* fit encore volte-face et il donna aux thermidoriens un gage irrécusable de sa conversion en n'insérant pas le discours prononcé par le vaincu dans la séance du 8, discours qui se trouve être justement son œuvre oratoire la plus considérable.

(1) F. Masson, *Le département des affaires étrangères*, p. 262.
2) Notamment le grand discours de Danton du 21 janvier 1793.

Il ne faut donc pas oublier, quand on étudie le texte des orateurs de la Législative, que le *Moniteur* fut girondin jusqu'au 2 juin 1793, puis robespierriste jusqu'au 9 thermidor, puis thermidorien jusqu'à la fin de la Convention. J'ajoute qu'au début de la Législative, il avait incliné un instant du côté des royalistes constitutionnels, à en juger par le soin avec lequel il reproduit leurs paroles d'octobre à décembre 1791, tandis qu'il affecte d'entendre mal les patriotes ou d'oublier leurs noms.

Nous relèverons, à l'occasion, les lacunes et les imperfections de ces comptes-rendus. Mais il faut noter dès maintenant avec quelle confusion ont été rédigées les premières séances de la Législative et celles de la Convention, dont le récit ne fait pas honneur à Garat. Dans ces deux circonstances, le *Moniteur* est fort inférieur aux autres grands journaux. Souvent aussi il estropie les noms propres, par une insouciance commune à toute la presse d'alors et, ce semble, au public. Ce qui est plus grave, c'est que trop fréquemment, même dans les discussions les plus importantes, il supprime les indications qui permettraient d'en suivre le fil. Plus d'une fois, il omet le texte même de la motion en débat ou les amendements proposés. Rien ne relie plus les discours entre eux, et, sans le secours des autres feuilles, ce vénérable registre de la Révolution serait inintelligible aux plus attentifs.

Il en résulte qu'il ne faut se servir du *Moniteur*, pour l'histoire de l'éloquence parlementaire, qu'avec une défiance constante, surtout quand il s'agit d'une pièce officielle, d'un projet de loi, d'un décret, d'un ordre du jour. On n'oubliera pas davantage qu'il n'est pas impartial et on le contrôlera sans cesse à l'aide des autres journaux et des mémoires. Mais comme, en général, il est plus complet que ses confrères, comme il l'emporte sur eux par l'abondance des informations et l'outillage matériel, comme il a eu le plus souvent la confiance des contemporains, il sera le point de départ de nos études et notre première source.

III

Le rival du *Moniteur* est une feuille de petit format, mal imprimée sur mauvais papier, rebutante à l'œil et au doigt, mais dont l'importance est capitale pour notre sujet, je veux parler du *Journal des débats et des décrets*, dont sortira le *Journal des débats* actuel. Consacré uniquement aux comptes-rendus des débats parlementaires, il ne s'annexa qu'assez tard un Bulletin politique où il n'y avait guère que des nouvelles de l'étranger. Fondé le 30 août 1789 par les députés de l'Auvergne, à l'usage de l'Auvergne (1), il n'eut d'abord que peu de succès auprès des Parisiens, et il faut reconnaître qu'il n'y a rien de plus sec, de plus insignifiant que ses comptes-rendus de la Constituante. Mais ce cadre insuffisant s'élargit dès le début de la Législative, dont il rend les premières séances avec un détail inconnu aux autres journaux. La grosse difficulté, en présence de cette foule de nouveaux venus pressés d'aborder la tribune, c'était de mettre un nom sur ces figures encore anonymes de Couthon, de Guadet, de Vergniaud. Mais pour le propriétaire du journal, Baudouin, imprimeur national, les choses parlementaires n'avaient pas de secret et, grâce aux secrétaires de l'Assemblée, il put, dans cette enfance du reportage, connaître et signaler avant tout le monde quelques noms de ces gloires de l'avenir. Il

---

(1) Ceux-ci (Biauzat, Huguet et Grenier) envoyaient d'abord à leurs commettants des lettres manuscrites qui avaient le plus grand succès. Jusqu'à trois *fournées* de spectateurs se succédaient au théâtre de Clermont pour entendre lire celles de Biauzat. L'idée vint de les faire imprimer, puis d'en former une gazette. — Cf. Francisque Mège, *Les fondateurs du* JOURNAL DES DÉBATS *en* 1789, Clermont-Ferrand, 1865, in-8.

est évident que cette supériorité d'informations, au début du second âge de la Révolution, assura la vogue du *Journal des débats et des décrets*. En novembre 1791, Rabusson-Lamothe écrit à ses commettants : « Je ne puis que me référer au *Journal des débats* pour ce qui se passe dans l'Assemblée (1) ». De même en 1793, c'est le *Journal des débats* que Barbaroux envoie à la municipalité de Marseille, quand il y a une séance importante (2).

La grande supériorité de ce journal, disons-le tout de suite, c'est que l'enchaînement des débats y est toujours marqué. Les discussions que l'importance même de la question a rendues tumultueuses et confuses ne sont d'ordinaire intelligibles que dans la feuille de Baudouin. La suite de cette étude confirmera cette remarque par plus d'un exemple frappant.

Il ne faut pas prendre à la lettre le titre même du *Journal des débats et des décrets*. Il ne donne pas, tant s'en faut, tous les décrets rendus par la Législative et par la Convention. Mais il en donne un plus grand nombre qu'on n'en trouve dans le *Moniteur*. Surtout il n'omet aucun de ceux dont le texte est utile à la clarté de la discussion, à l'intelligence des discours.

D'autre part, à cette clarté supérieure il sacrifie plus d'une harangue que son rival insère complaisamment. Tout ce qui n'est pas indispensable, il l'analyse, il l'abrège, non sans prévenir le lecteur et avec un art scrupuleux. Le *Moniteur*, dans ses longues colonnes, donne place à beaucoup d'élucubrations médiocres, dont l'insertion lui a été sans doute demandée par les orateurs eux-mêmes, et il lui arrive de juxtaposer les discours en

---

(1) Rabusson-Lamothe, *Lettres sur l'Assemblée législative*, 1870, in-8, p. 57.

(2) *Mémoires inédits de Pétion*, etc., éd. Dauban, p. 483.

omettant les incidents qui les expliquent. Son cadre étroit préserve d'ordinaire le *Journal des débats* de ces communications encombrantes, et il lui reste encore assez d'espace pour reproduire plus d'un trait piquant que son concurrent passe sous silence. Surtout, il note avec soin l'attitude de l'auditoire et il donne tout le détail des interruptions. Parfois aussi, même quand il analyse, il arrive, mieux que le *Moniteur*, à conserver aux discours improvisés leur mouvement et quelque chose de cette vie que leur donnait l'action même. Ces reflets d'une réalité disparue font pardonner des incorrections de style, des lapsus, des taches de toute sorte.

Il faut avouer cependant qu'il y a tant de fautes d'impression dans ces comptes-rendus que la lecture en deviendrait difficile, si elles n'étaient pas d'habitude trop grossières pour tromper. Il y avait, entre les deux journaux, lutte de vitesse pour reproduire, dès le matin, la séance de la veille. Ni le *Moniteur* ni le *Journal des débats* n'y arrivent régulièrement. Mais celui-ci touche au but plus fréquemment et devance d'ordinaire tous ses confrères, ce qui explique ses mille erreurs typographiques et, en particulier, la confusion fréquente des alinéas.

Donc, le journal de Baudouin donne une impression de l'éloquence parlementaire plus nette et plus vive, mais il réduit singulièrement les proportions du tableau qu'il nous présente. Ajoutons que, plus impartiaux que ceux du *Moniteur*, ses comptes-rendus sont trop personnels encore pour contenter les deux partis. Dans la période la plus importante pour l'histoire parlementaire de la Révolution, du 10 août 1792 au 9 mars 1793, le *Journal des débats* fut dirigé par le plus passionné des hommes, par le girondin Louvet (1), et il n'est pas prouvé que l'auteur de *Faublas* ait

---

(1) « Après le 10 août, Baudouin, propriétaire de ce journal, qui le

toujours résisté à la tentation de travestir les paroles de ses adversaires. « Louvet, s'écriera Amar dans l'acte d'accusation des Girondins, Louvet recevait dix mille livres par an pour mentir à l'univers dans le *Journal des débats !* » Le 9 mars 1793, la Montagne fit décréter que Baudouin n'imprimerait plus ce que le député Maure appela « les diatribes de Louvet » et réserverait ses presses pour le service de la Convention. Louvet et sa Lodoïska cessèrent, le jour même, de rédiger le journal, dont le succès ne fut pas diminué par cette mésaventure. Jusqu'à la fin de la Convention, ce compte-rendu conserva le même caractère de clarté fidèle et d'impartialité relative. Un des rares historiens qui aient suivi ce guide a été si frappé de sa probité qu'il l'a appelé « le journal officiel de ce temps-là (1) ». Dans cette erreur, il y a un éloge mérité.

IV

Le *Moniteur* et le *Journal des débats* embrassent toute la Révolution et lui survivent. Plus courte fut l'existence de leurs deux rivaux les plus importants, le *Logographe* et le *Républicain français*.

Le 27 avril 1791, Lehodey (2) fusionna ses deux journaux, le *Journal logographique*, qui se piquait de reproduire

sentait perdu si quelque patriote connu et de quelque talent ne le soutenait pas, vint me conjurer de le prendre. Je refusai ; alors, il alla solliciter et m'apporta des billets de Guadet, de Brissot, de Condorcet, qui me priaient de m'en charger. Je me rendis : Baudouin m'offrait tout ce que je voulais. Le dernier rédacteur, qui était peu connu, touchait 6,000 livres ; j'en demandai 10,000 : et certes Baudouin fit un excellent marché, car bientôt ses abonnés triplèrent. J'employai deux collaborateurs ; *encore ma chère Lodoïska était-elle obligée de travailler beaucoup.* » *Mém.* de Louvet, éd. Didot, p. 238. — M. Barrière ajoute en note qu'au moment où Louvet entra aux *Débats*, il y avait deux rédacteurs, dont l'un était Lacretelle le jeune.

(1) Vatel, *Charlotte Corday*, p. 466, et *Vergniaud*, II, 103.
(2) Sur Lehodey et son *Journal logographique*, cf. *Les orateurs de la Constituante*, p. 20-24.

littéralement les séances d'après un procédé nouveau, et le *Nouvelliste de France,* journal de nouvelles et de faits. Imprimée d'abord dans le format du *Moniteur,* puis, à partir du 1er janvier 1792, dans le plus grand format des gazettes anglaises, la nouvelle feuille s'intitula le *Logographe, journal national.* Lehodey en céda la propriété, le 5 juin, à une société dont le président était un certain A. Jourdan, et il continua ses fonctions de rédacteur jusqu'en février 1792, époque où la société l'évinça, sans doute pour les beaux yeux de la cassette royale. Son successeur, J.-H. Ducos, donna aux comptes-rendus un tour plus favorable à la politique de la cour. Enfin, on sait que le *Logographe* fut supprimé par l'Assemblée législative, après le 10 août 1792, comme stipendié par la liste civile.

« On trouvait dans cette feuille, dit Baulieu, tout ce qui avait été dit dans chaque séance et jusqu'aux expressions les plus fugitives ; rien absolument n'était oublié (1). » C'était là, on l'a vu, la prétention des membres de la Société logographique, et en effet, dans les premiers mois de son existence, c'est-à-dire jusqu'à la fin de la Constituante, le *Logographe* s'efforça de tenir sa promesse et d'être complet. Mais, dès les premières séances de la Législative, on s'aperçoit qu'il renonce à cet idéal auquel des procédés encore imparfaits ne pouvaient atteindre. Peu à peu, il réduit ses comptes-rendus et ne choisit, pour les rendre *logographiquement,* que les discours les plus intéressants. Ce choix même n'est pas toujours heureux ou impartial, et la comparaison avec le *Moniteur* et le *Journal des débats* révèle plus d'une omission inexplicable. Il y a plus : en 1792, même dans les discours qu'il prétend reproduire *in extenso,* le *Logographe* est souvent moins complet que ses deux rivaux, et, sans en informer le lecteur, il analyse ou

---

(1) *Essais historiques,* II, 39.

tronque de propos délibéré. Le plus souvent, il n'insère en entier que les opinions dont il a le manuscrit. On peut se demander si, vers la fin de sa carrière, il était resté fidèle même à son titre et si, dans cette célèbre tribune, des rédacteurs ordinaires n'avaient pas remplacé les quatorze logographes dont nous avons décrit les procédés naïfs (1). Il est sûr que, du 1er janvier au 10 août 1792, le *Logographe* ne l'emporte presque jamais, pour la précision et l'abondance, sur le *Moniteur*. C'est un journal comme les autres, où la sténographie ne joue plus aucun rôle.

Mais c'est un journal bien fait, depuis que les comptes-rendus n'y sont plus littéraux. Cette incorrection tour à tour instructive et obscure, qui était le caractère des premiers numéros, a fait place à une élégance moins fidèle, mais intelligente. Au moment où le journal a sa plus grande vogue, à la veille de sa mort violente, en juillet 1792, il offre à sa clientèle distinguée (2) un compte-rendu analytique, comme nous dirions, fort dissemblable des comptes-rendus détaillés par lesquels il avait débuté, mais où tout devient presque irréprochable pour l'ordre et l'enchaînement des idées, pour la clarté et l'agrément du style. La netteté anglaise d'une belle typographie satisfait l'œil fatigué par les caractères confus du *Journal des débats* (3) ou minuscules du *Moniteur*.

Les orateurs se préoccupaient de la manière dont le *Logographe* les reproduisait et fréquentaient la loge des prétendus sténographes, pour obtenir d'eux communication de leurs feuilles. Le 2 juillet 1792, Thuriot avait dénoncé ce journal comme ayant commis une inexactitude à son préjudice. Ducos et Jourdan, en réfutant cette accusation

---

(1) *Les orateurs de la Constituante*, p. 22.
(2) On le lit à l'étranger. Cf. une lettre de Montmorin à La Marck du 19 juin 1792. *Corr. entre Mirabeau et La Marck*, III, 312.
(3) Et pourtant, c'est Baudouin qui imprimait ces deux journaux.

dans le *Journal des débats*, ajoutèrent : « Il nous paraît bien étrange de recevoir ce reproche de vous à qui nous avons permis souvent d'examiner sur nos feuilles si nous n'avions point commis d'erreur sur ce que vous aviez dit ; de vous, qui savez bien que plusieurs députés ont cité notre exactitude pour repousser des calomnies (1). »

On voit qu'en cas de doute il faut recourir au *Logographe*, dont les épreuves étaient parfois corrigées par les orateurs eux-mêmes. Mais, quoi qu'en ait dit le journaliste Baulieu, et après lui M. Hatin, on doit éviter, pour la période législative, de prendre au sérieux le titre même de ce journal et d'y chercher un autre système de compte-rendu que celui des autres grands journaux, surtout à partir du moment où Lehodey cesse de le rediger. Quant à son impartialité, elle a été justement suspectée. Mais quel journal, à cette époque, pouvait se vanter d'être impartial dans ses comptes-rendus ? Seule la sténographie peut se piquer de ne pas défigurer un discours, et pourtant elle orne, plus qu'on ne le croit, la parole improvisée. Je ne vois pas que le *Logographe* ait embelli les harangues des royalistes constitutionnels. C'est plutôt dans certaines omissions, évidemment calculées, qu'on distingue l'influence de l'argent royal.

Pour les trois mois qui suivirent la disparition du *Logographe* (2), l'historien de l'éloquence parlementaire en est réduit au *Moniteur* et au *Journal des débats*, qu'il ne peut contrôler qu'avec les comptes-rendus si écourtés des autres feuilles. Mais, le 13 novembre 1792, paraît, dans un format un peu moins grand que celui du *Moniteur*, un des

---

(1) Cf. *Mon.*, XIV, 95, discours de Lacroix, et Lafayette, *Mémoires*, I, 467.

(2) Les comptes-rendus du *Logographe* s'arrêtent à la séance de jour du 10 août inclusivement. Mais les rédacteurs purent préparer le compte-rendu de la séance du 10 au soir et de celle du 11. Une copie manuscrite de ce travail est reliée à la fin de l'exemplaire de la Bibliothèque Nationale (Lc $\frac{1}{115}$).

journaux les plus remarquables et les moins connus de la Révolution, le *Républicain universel,* titre qu'il échangea à partir du 24 décembre 1792 pour celui de *Républicain français.* Dirigé par un ancien rédacteur du *Moniteur,* Charles His (1), ce journal est un *Moniteur* plus impartial. Ce n'est pas là que l'on mutile les documents ou les discours. Ces philippiques que les Girondins arrêtés lancèrent, sous forme de lettres, contre la Montagne, Charles His risque sa tête pour les insérer intégralement. Il n'aime pas Robespierre, qu'en mai 1793 et même plus tard il appelle encore *Roberspierre* ; mais, après Thermidor, il est un fidèle interprète des discours robespierristes. L'importance de ces comptes-rendus, que la peur ne tronque jamais, au plus fort de la Terreur, a déjà été signalée par Buchez et par M. Vatel (2). Mais je ne vois pas qu'aucun des grands historiens de la Révolution ait connu, suivi ce journal si estimable.

V

Ces quatre grands journaux, contrôlés l'un par l'autre et toujours placés sous notre main, nous donneront la matière même de cette étude. Mais ils ne nous dispenseront pas de recourir, à l'occasion, à d'autres feuilles plus éphémères, moins autorisées, et qui pourtant, en certains cas, complètent ou éclaircissent les monuments de l'éloquence révolutionnaire.

Ainsi, au commencement de 1793, le *Moniteur* vit surgir une concurrence assez redoutable, le *Logotachygraphe,* « journal de la Convention nationale de France, par le citoyen F.-E. Guiraut, et d'après ses procédés. » Le citoyen Guiraut, de Bordeaux, qui semble avoir eu plus

(1) Sur Charles His, cf. plus haut la lettre de Grandville à Robespierre.
(2) Cf. Buchez, XXVIII, 173, et Vatel, *Vergniaud,* II, 412.

d'une fois maille à partir avec Lehodey au sujet de la priorité de l'invention de la logographie (1), fonda, avec ses propres ressources, un journal qui avait la prétention de rendre *in extenso* les débats de la Convention. Après avoir lancé deux numéros d'essai où il reproduisait avec étendue les séances du 10 et du 26 décembre 1792, il fit paraître, le 2 janvier 1793, le premier numéro du *Logotachygraphe*, dont la publication quotidienne dura ou plutôt se traîna jusqu'au mois de mai 1793 (2). Le citoyen Guiraut, qui semble avoir été à peu près seul pour cette lourde besogne de logographe et de rédacteur, avait promis plus qu'il ne pouvait tenir. L'exécution typographique de son journal est déplorable : les fautes d'impression abondent, le papier est grossier, les caractères confus. Mais, le plus grave, c'est que Guiraut ne reproduit en entier que quelques discours : il résume les autres en quelques lignes et en style indirect. En vain, il promet, à la fin de chaque numéro, *de faire mieux la prochaine fois*. Il ne se sent pas soutenu par la curiosité du public, qu'il décourage définitivement dans une occasion mémorable. Le 17 janvier en effet, il avait annoncé que sa reproduction des appels nominaux dans le procès de Louis XVI « serait un vrai monument pour l'histoire ». Mais ses forces ne purent suffire à cette tâche surhumaine. La plume lui tomba des mains et il imprima, en tête du numéro si pompeusement annoncé, cet aveu naïf : « Cela est devenu si long qu'il a été impossible de ne pas céder aux besoins de la nature, trop faible pour tenir à un travail aussi forcé ». Et il se borne à donner les votes par *oui* ou par *non*, en plaçant en tête de cette liste les opinions de Mailhe et de Vergniaud,

---

(1) Il avait inventé une machine qu'il appelait *Logoscope* (Journal des Jacobins, n° 166).

(2) L'exemplaire de la Bibl. Nat. (Lc $\frac{2}{711}$) va de la séance du 1er janvier 1793 à celle du 6 mai suivant, inclusivement.

auxquelles beaucoup de membres se référèrent (1).

Il ne faut donc pas prendre au sérieux, comme l'a fait M. Hatin (2), les promesses gasconnes du citoyen Guiraut. Mais il ne faut pas non plus négliger son journal, qui, tout informe qu'il est, ne laisse pas de renfermer des renseignements précieux, notamment sur Danton, pour lequel Guiraut professait un culte (3), et dont, par un vrai tour de force, il reproduisit intégralement le long discours du 21 janvier 1793, que les autres journaux tronquèrent aux trois quarts (4).

Le reste de la presse, hebdomadaire ou quotidienne, résume brièvement des débats, mais quelques-uns de ces résumés ont trop d'importance, soit par leur précision, soit par les commentaires dont ils sont accompagnés, pour qu'il soit possible de les négliger : notamment ceux des *Révolutions de Paris*, du *Patriote français*, de la *Chronique de Paris*, de l'*Orateur du peuple*, du *Journal universel*, du *Journal de la Montagne*, du *Journal de Perlet*. Enfin on aura souvent un utile moyen de contrôle dans le Recueil des procès-ver-

(1) Je ne vois à relever que deux ou trois indications sur l'attitude de l'Assemblée qui aient échappé au rédacteur du *Moniteur*. Ainsi, sur la question du sursis : « DANTON : *Non*. (Du côté droit : ho ! ho !) » Ce qui semble indiquer que la droite attendait de Danton un vote plus favorable à Louis XVI. Notons aussi le vote du duc d'Orléans sur la même question : « L.-J. ÉGALITÉ : *Non*, doucement. (Le côté droit : *On n'a pas entendu !* — Murmures.) »

(2) Une note manuscrite, en tête de l'exemplaire de la bibliothèque de la Chambre, confirme étourdiment les promesses du n° 17 : « C'est le journal, dit cette note, qui donne le plus de détails sur le procès du roi ; il a surtout recueilli toutes les paroles échappées pendant les appels nominaux. » M. Hatin s'est approprié cette note sans vérifier : l'exemplaire dont nous parlons n'était même pas coupé quand nous l'avons eu entre les mains. — Cette erreur isolée ne diminue en rien l'autorité incontestable de la *Bibliographie de la Presse*.

(3) C'est le même Guiraut qui fut, avec le dantoniste Rousselin de Saint-Albin, un des fondateurs du *Constitutionnel*. Cf. *Mon.*, réimpr., XVI, 521.

(4) Ces deux textes, importants pour l'histoire de l'éloquence parlementaire, ont été mis par nous en regard l'un de l'autre, ap. *Révolution française, Revue historique*, I, 934-943.

baux de la Législative et de la Convention et dans le Bulletin-placard, quasi officiel, publié par ces deux assemblées. Il ne faut chercher aucun compte-rendu des discours dans ces résumés secs et courts : mais on y trouve la chronologie exacte des séances et un *sommaire* authentique des débats (1).

Nous suivrons donc, pour l'établissement du texte des orateurs de la Législative et de la Convention, une méthode analogue à celle que nous avons suivie pour les orateurs de la Constituante. De ces quatre textes (*Moniteur, Journal des débats, Logographe, Républicain français*), nous choisirons, pour chaque discours, le plus détaillé et le plus clair, et nous indiquerons notre source en note, sauf quand cette source sera le *Moniteur*. Nous placerons également en note des variantes empruntées soit aux trois autres journaux, soit, par occasion, aux comptes-rendus secondaires que nous venons de signaler. Jamais nous ne permettrons de fondre plusieurs textes en un seul, ni d'élaguer ou de corriger, même aux endroits où cette liberté semblerait le plus excusable. Les futurs historiens de la Révolution française trouveront ici des documents d'une authenticité littérale, et les littérateurs ne pourront pas nous reprocher d'avoir arrangé ou fardé les orateurs de la Législative et de la Convention : nous les leur livrons, par extraits, tels que les contemporains nous les ont transmis, avec les négligences et les bévues dont ils ont été coupables ou victimes. C'eût été une tentation, parfois légitime, de restaurer discrètement des monuments mutilés; nous n'y avons

---

(1) Par exemple, sans le recueil des procès-verbaux de la Convention (*Bibl. Nat.* Le $\frac{11}{7}$), on ignorerait la séance de cette assemblée du 20 septembre 1792, sur laquelle Michelet et Louis Blanc sont muets. M. Vatel (*Charlotte Corday*, p. 470) remarque justement qu'il ne faut pas négliger les minutes de ces procès-verbaux, conservés aux Archives : souvent des pièces importantes et inconnues y sont annexée.

jamais cédé (1), quoiqu'il en coûtat à notre goût et à notre imagination. Nous avons seulement choisi le texte et les variantes : c'est là notre œuvre personnelle, œuvre ingrate et pénible, mais, ce semble, utile et nouvelle.

VI

Quant aux monuments de l'éloquence des Jacobins, il n'entre pas dans notre plan de les étudier en détail, d'autant plus que les mœurs oratoires de la société ne différaient guère (2) de celles de la Législative et de la Convention. Mais il nous arrivera souvent d'apprécier et de citer les discours des représentants du peuple qui siégeaient en même temps au club, notamment les discours de Robespierre.

Où trouverons-nous ces discours ?

Il y a d'abord le journal de Laclos, postérieur d'un an à la fondation des Jacobins. Ce puissant instrument de propagande ne contient ni les débats ni les procès-verbaux. Le 1er juin 1791 parut le 1er numéro du *Journal des débats de la société des amis de la Constitution séante aux Jacobins, à Paris* (3). Rédigé par Deflers et présenté, dans un prospectus du 22 mai 1791 comme « l'entreprise libre d'une

---

(1) Cependant nous n'avons pas cru devoir conserver l'orthographe si défectueuse de certaines feuilles, notamment du *Journal des débats*, et nous avons corrigé quelques fautes d'impression grossières.

(2) Il n'existe pas de compte-rendu suivi des séances des Cordeliers et des autres clubs.

(3) A partir du 1er janvier 1792, ce titre fut ainsi modifié : *Journal des débats* ET DE LA CORRESPONDANCE *de la société*, etc. A partir du 23 septembre 1792 : *Journal des débats et de la correspondance de la société des Jacobins, amis de l'égalité et de la liberté, séante aux Jacobins, à Paris*. Le dernier n° est du 23 frimaire an II (total : 556 n°s).
— La *Correspondance* forme un journal à part, officiel jusqu'à l'expulsion de Deflers. Chaque n° a 4 pages. La *Corr.* modifie son titre comme le *Journal*, à partir du n° 108 (24 sept. 92). Elle a un n° de plus que le *Journal* (n° 320, 24 frimaire an II).

société de gens de lettres », ce journal donna les discours prononcés aux Jacobins. Le 25 juillet, un arrêté accorda à Deflers un titre officiel. Mais, le 21 décembre 1792, il fut expulsé, comme travestissant les débats dans un esprit aristocratique. Un certain Leroi le remplaça : « Son esprit vif et caustique, dit un contemporain, l'avait fait choisir par Mlle Colomb, propriétaire et imprimeur de ce journal, comme l'homme le plus capable de continuer à peindre cette galerie sur le ton que M. Deflers avait imprimé au commencement de l'ouvrage. M. Leroi rendit sa rédaction insupportable à ceux qu'il peignait : on força l'entrepreneur à le remercier ; il cessa le 15 février 1793 ; il a été guillotiné comme fédéraliste et comme collaborateur de Carra. Il disait en plaisantant, quelques minutes avant son supplice, *que sa rédaction du journal des Jacobins, véritable cause de sa mort, le vengerait un jour de la fureur qui n'avait pu la lui pardonner* (1) ».

A Leroi succédèrent deux de ses auxiliaires, Pépin et Lugan la Roserie, qui rédigèrent le journal jusqu'à sa disparition (23 frimaire an II — 13 décembre 1793).

Rien de plus insuffisant que ce compte-rendu. Au début, Deflers ne reproduit que le résumé de quelques discours, négligeant à dessein les interruptions, les dialogues, les détails les plus intéressants du débat. Ce n'est qu'à partir du mois d'avril 1792 que peu à peu il indique la physionomie de la séance, mais avec une sécheresse obscure et rebutante. Même les discours qu'il s'applique à reproduire sont défigurés par ses propres négligences ou par celles de l'imprimeur. Les quelques comptes-rendus donnés par

---

(1) *Notice sur les Jacobins ou lettre à M*** sur cette question : Quels sont les écrits les plus propres à faire connaître l'histoire des Jacobins ? Paris*, 1807, in-8 de 16 pages. — L'auteur est évidemment un Jacobin bien renseigné et intelligent, que la crainte de la censure impériale rend parfois obscur et incohérent.

Camille font encore ressortir la pauvreté du journal de Deflers.

En février 1792, Guiraut fit paraître quelques numéros d'un *Journal logotachygraphique de la société des Jacobins*, qui mourut bientôt, faute d'abonnés (1).

Si les discours les plus importants des Jacobins n'étaient pas ou imprimés à part ou reproduits exceptionnellement par d'autres journaux, nous n'aurions donc que des caricatures de l'éloquence jacobine, puisque Deflers et ses successeurs y mettaient de la malice et donnaient aux paroles des Montagnards une légère nuance de ridicule.

Mais, quand le *Journal des Jacobins* disparut à la fin de 1793, il y avait longtemps qu'il n'avait plus de caractère officiel. Dès la fin de 1792, le *Premier Journal de la Convention nationale* lui avait fait une concurrence, d'abord timide, puis redoutable. Le 4 mars 1793, il ajouta à son titre ces mots : « contenant les débats et la correspondance de la société des Jacobins séante à Paris ». Le 1er juin, il devint le célèbre *Journal de la Montagne*, auquel tous les Jacobins furent invités à s'abonner par une circulaire, datée du 30 mai 1793 et signée de tous les membres du comité de correspondance. Les comptes-rendus de ce journal furent officiels pour les Jacobins, et Laveaux le rédigea. Un contemporain nous le montre « soumis au joug, traçant un sillon et obéissant à l'aiguillon qui le presse (2). » Il ajoute que la fidélité de ses comptes-rendus serait presque incroyable, s'il n'affirmait qu'elle tint au doute où les rédacteurs étaient sur le parti en faveur duquel se déclarerait la victoire et à la précaution que chaque orateur

---

(1) Cette feuille est mentionnée avec considération par Barbaroux (*Mémoires*, éd. Dauban, p. 410). Il apprend, le 9 mars 1792, « qu'elle est suspendue jusqu'au 1er avril, le nombre des abonnés n'étant pas complet. »

(2) *Notice sur les Jacobins*, etc.

prenait de se faire imprimer littéralement. Le 18 brumaire an II, Laveaux, attaqué par Hébert, se retira de la rédaction, que dirigea après lui et jusqu'au bout (28 brumaire an III) Thomas Rousseau, archiviste des Jacobins.

Certes, les comptes-rendus du *Journal de la Montagne* l'emportent en clarté, en correction, en exactitude sur ceux du journal de Deflers. Mais, quoi qu'en dise le contemporain déjà cité, sauf ceux de Robespierre, presque tous les discours n'y sont que résumés ou analysés. Heureusement qu'en plus d'une occasion, à partir de 1793, le *Moniteur* rend compte, avec sa méthode supérieure, de quelques séances du club. Ce sont là de précieux secours, quoique trop rares, et nous ne les négligerons pas.

Si insuffisant que soit le *Journal des Jacobins*, il faudra bien s'en contenter presque toujours, en 1791 et en 1792. Ce sera donc, pour cette période, notre source ordinaire, que, pour abréger, nous ne citerons pas. Mais nous recourrons, toutes les fois que ce sera possible, aux autres journaux, et le lecteur en sera informé.

CHAPITRE II

CARACTÈRES GÉNÉRAUX DE L'ÉLOQUENCE PARLEMENTAIRE DE 1791 A 1795.

I

Les orateurs de la Législative et de la Convention puisèrent leur inspiration aux mêmes sources que les Constituants, c'est-à-dire dans la philosophie du xviiie siècle. Quand la chute de la royauté les sollicita à construire sur une table rase, l'autorité de Rousseau grandit à leurs yeux et le *Contrat social* fut une bible souvent alléguée et toujours écoutée avec religion (1). Tout en respectant Rousseau, d'autres s'autorisèrent surtout de Voltaire, d'autres des encyclopédistes, d'autres enfin remontèrent plus haut encore. Ces tendances différentes, qui sont l'âme de l'éloquence révolutionnaire, nous les éluciderons, à propos de la politique de chaque parti, par des faits et des textes, selon la méthode que nous avons suivie pour les orateurs de la Constituante. Mais tout sera plus clair si nous indiquons, dès maintenant, que les quatre grands partis révolutionnaires, les quatre familles de politiques et d'orateurs, reproduisent les divers aspects du génie français, tel qu'il s'était manifesté dans le passé.

La Gironde, c'est la France artiste, spirituelle, mobile; c'est l'esprit du Midi. La Montagne robespierriste, c'est la France religieuse, gouvernementale; c'est l'esprit du Nord. L'Hébertisme, c'est la France antireligieuse, opposante, indisciplinable; c'est l'esprit de Paris. Enfin, le Dantonisme, c'est le pur esprit scientifique du xviii° siècle. Les premiers procèdent de Montaigne (comme Guadet), de Montesquieu, de Voltaire, et, pour la générosité des sentiments, de Rousseau romancier. Les seconds, comme Robespierre, Saint-Just, Billaut, etc., ont hérité, à leur insu, des instincts religieux et autoritaires du xviie siècle, et se réclament de Rousseau politicien. Les troisièmes s'inspirent du vieil esprit satirique et impie du moyen âge, du Voltaire des *Dialogues,* et aussi du Voltaire cosmopolite, comme Hébert et Clootz. Le quatrième parti concilie quelques-unes de ces tendances, mais c'est un parti organisateur qui a grande hâte de construire et qui tend confusément à remplacer les

---

(1) Louis Blanc exagère quand il dit (IV, 275) que les disciples de Rousseau étaient *rares* à la Constituante : ce qui est vrai, c'est que les conditions politiques ne leur permirent pas d'être fidèles à la pensée du maître.

religions positives par une sorte de synthèse des sciences : il a pour maîtres Diderot et Condorcet, qui n'est girondin que par ses amitiés : c'est le parti de Danton.

Ainsi, à ne classer les orateurs que selon les grands courants d'idées dont ils sont les héritiers et les interprètes, on pourrait dire qu'il y a quatre écoles oratoires, si l'Hébertisme avait été représenté au parlement par un autre homme que le candide Anacharsis. En tout cas, on distingue dès maintenant trois groupes qui se rattachent aux plus anciennes tendances du génie français en religion, en art, en science. Que ces tendances héréditaires soient élevées au sublime par les circonstances et les tempéraments ou abaissées au grotesque et à l'odieux, elles n'en sont pas moins visibles dans les discours des Girondins, des Montagnards et des Dantonistes. Leur éloquence n'est pas un accident fortuit : les idées et les instincts qu'elle rend se retrouvent si loin qu'on recule, dans toutes les expressions de notre race.

Quant au style, la tribune et le livre, pendant la Révolution, procèdent en général de Voltaire et de Rousseau. Voltaire, homme du passé, écrivait dans la langue du passé. De plus, c'est un destructeur, et son style est un instrument acéré pour tuer, impropre à animer, à créer. L'outil parut excellent à ceux qui, dans la Révolution, jouèrent le rôle de négateurs : aux pamphlétaires royalistes, comme Rivarol et Champcenetz, et aux pamphlétaires purement frondeurs, comme Camille et Hébert. Mais c'est une minorité d'orateurs qui apportèrent à la tribune les formules si peu oratoires de l'auteur de *Candide*.

Rousseau veut tantôt émouvoir, tantôt faire penser. Son style éveille des émotions nouvelles. Son éloquence ne nie pas : elle affirme, dans une forme dogmatique. Mais il a deux manières : comme romancier et comme moraliste, il affecte la période ; comme politicien, il est court, précis et sec. Lui-même a donné la théorie de ces deux manières quand il a proposé aux orateurs un double idéal. Il loue d'abord une éloquence qui parle aux yeux : « Ce que les anciens disaient le plus vivement, ils ne l'exprimaient pas par des mots, mais par des signes; ils ne le disaient pas, ils le montraient. Ouvrez l'histoire ancienne, vous la trouverez pleine de ces manières d'argumenter aux yeux, et jamais elles ne manquent de produire un effet plus assuré que tous les discours qu'on aurait pu mettre à la place..... On voit même que les discours les plus éloquents sont ceux où l'on enchâsse le plus d'images; et les sons n'ont jamais plus d'énergie que quand ils font l'effet des couleurs (1) ». Et presque aussitôt il parle d'un « discours sans geste qui vous arrachera des pleurs (2) ». Il lui semble que les effets de l'autre éloquence « sont vifs, mais momentanés. Les hommes qui se laissent si facilement émouvoir se calment avec la même facilité. Un raisonnement froid et fort ne fait point d'effervescence; mais quand il prend, il pénètre, et l'effet qu'il produit ne s'efface plus (3) ». Telle est la théorie de ses deux manières : mais on sent qu'il préfère la seconde à la première, la dialectique du *Contrat social* à l'éloquence de la *Nouvelle Héloïse*. Robespierre et Saint-Just, disciples raffinés, distinguent ces deux styles dans Rousseau : celui-là imite la période du romancier; celui-ci la phrase brève et nerveuse du théoricien.

Presque tous les autres orateurs voient des modèles pour la tribune dans les lettres où Saint-Preux traite des sujets de morale et de politique. Ils omettent, dans la rhétorique de Rousseau, l'éloge de l'éloquence *de raison*. Ils pensent que la vraie source du pathétique oratoire est dans la sensibilité, et, pour eux comme pour le public de 1793, l'ora-

---

(1) *Essai sur l'origine des langues*, chap. Ier.
(2) *Ibid.*
(3) *Émile et Sophie*, lettre II.

teur idéal, c'est Emile tel que Rousseau le montre s'exerçant à la parole : « Le noble sentiment qui l'inspire lui donne de la force et de l'élévation : pénétré du tendre amour de l'humanité, il transmet en parlant les mouvements de son âme ; sa généreuse franchise a je ne sais quoi de plus enchanteur que l'artificieuse éloquence des autres ; ou plutôt lui seul est véritablement éloquent, puisqu'il n'a qu'à montrer ce qu'il sent pour le communiquer à ceux qui l'écoutent (1). »

II

Les exemples que nous donnerons expliqueront ces brèves remarques et, si elles ont quelque chose de trop absolu, l'atténueront. Mais, si pressé qu'on soit d'arriver aux hommes et aux œuvres, il faut encore indiquer quelles furent en général les transformations de l'art oratoire de 1792 à 1795. On ne parle pas dans les mêmes conditions, sous la Législative, à la Convention, avant le 2 juin, pendant la Terreur et après Thermidor. Il y a là quatre périodes dans l'histoire de l'éloquence, et voici en quoi elles diffèrent.

En s'interdisant à eux-mêmes l'entrée de l'Assemblée législative, les Constituants avaient changé les conditions de la politique révolutionnaire et peut-être les destinées de

---

(1) *Emile*, livre IV. — Il est à noter que, quelques lignes plus haut, Rousseau avait proscrit des études ces amplifications sur des sujets grecs ou romains, dont les orateurs de la Révolution portèrent toujours la marque. « Tous les préceptes de la rhétorique, disait-il, ne semblent qu'un pur verbiage à quiconque n'en sent pas l'usage pour son profit. Qu'importe à un écolier de savoir comment s'y prit Annibal pour déterminer ses soldats à passer les Alpes ? Si, au lieu de ces magnifiques harangues, vous lui disiez comment il doit s'y prendre pour porter son préfet à lui donner son congé, soyez sûr qu'il serait plus attentif à vos règles. » Qu'aurait-il dit d'orateurs, ses disciples, qui ne virent la réalité présente qu'au travers de la Grèce et de Rome ?

la France. Mais cette abdication des orateurs de l'âge précédent ne fit rien perdre de son importance à l'éloquence parlementaire. N'est-ce pas, en effet, par la parole que les membres de la Législative opérèrent sur eux-mêmes la sélection qui produisit à la lumière les Vergniaud et les Isnard? Venus de tous les points de la France, ils ne se connaissaient pas entre eux, et on peut dire que chacun d'eux s'ignorait lui-même. Le 5 octobre 1791, quand Louis XVI demanda à Ducastel, président d'une députation de l'Assemblée, de lui présenter ses collègues, Ducastel s'excusa et répondit « qu'il ne les connaissait pas ». Même le *Journal des débats et des décrets*, si bien informé, omet encore, quinze jours après l'ouverture de la session, le nom de beaucoup d'orateurs. Les autres feuilles les désignent presque tous par *M...* ou *Un membre*. Les députés de Paris ont seuls quelque notoriété; le reste forme une multitude anonyme, dont les personnalités n'émergent et ne se classent qu'à mesure qu'elles apparaissent à la tribune. C'est le talent de la parole qui signale d'abord ces hommes nouveaux à leurs collègues et au public. De là, pour l'éloquence, un regain de jeunesse: ce qu'elle pouvait en mai 1789, elle le peut en octobre 1791, avec cette différence que, si les orateurs sont aussi neufs, l'auditoire des tribunes est plus blasé, plus difficile. Il faut donc aux hommes de 1791 plus de génie ou plus d'art pour obtenir cette faveur que les hommes de 89 enlevaient à leurs premiers mots. Certes, ces conditions difficiles ne découragèrent pas tout à fait la médiocrité banale: mais elles mûrirent assez vite l'éloquence et écartèrent de la tribune les orateurs purement littéraires et académiques, d'autant plus que l'habitude s'étendra peu à peu d'improviser ou de paraître improviser. Désormais chaque discours sera un acte, et bientôt un acte dont on répondra sur sa tête.

D'autre part, si, en s'exilant de la tribune, les auteurs

de la constitution compromirent leur œuvre, l'art que nous étudions y gagna d'éviter le discrédit où ne tardent pas à le jeter, dans les assemblées de vétérans, le goût et l'habitude de la politique de couloirs. En ces délibérations intimes, l'autorité s'attache justement aux plus experts, aux plus habiles, aux hommes nés pour agir plus qu'aux hommes nés pour parler. C'est un des mécomptes des nouveaux venus dans nos chambres actuelles que le peu de cas qu'on y semble faire de l'éloquence publique. Ces Constituants découragés et blasés, que nous avons vus abandonner la tribune à un Dandré et préférer, à la fin de leur carrière, l'intrigue à la parole, supposez-les assis, au nombre de deux ou trois cents, sur les bancs de la nouvelle Assemblée : leur scepticisme n'aurait-il pas glacé la foi juvénile de ces jeunes avocats de Bordeaux, qui ne doutaient encore ni de la Révolution ni d'eux-mêmes? L'éloquence n'aurait-elle pas perdu de son prestige en tant qu'éloquence ?

Au contraire, un instant gênés par la présence indiscrète des ex-Constituants installés aux deux bouts de leur salle, les Législateurs chassent ces témoins railleurs et importants, sans s'altérer à leur contact, et prennent possession de la tribune avec une fougue et une audace dont leurs discours des trois derniers mois de 1791, tout refroidis qu'ils sont, gardent encore la marque. Ceux qui avaient inauguré la tribune en 1789 craignaient à chaque instant de la voir renverser par la volonté royale, et cette crainte déguisait parfois leur héroïsme sous des formules prudentes. Ce souci a disparu en 1791 : les orateurs de la Législative se sentent libres et maîtres de leur parole ; ils se croient à l'abri d'un coup d'État ; ils osent tout dire publiquement sur les personnes royales ; ils se sentent, selon l'expression de leur cher Jean-Jacques, les mandataires du souverain.

Mais, si grande que soit la foi de ces orateurs en leur art, il y a dans leur inspiration je ne sais quoi de confus et de contradictoire qui fera contraste avec la netteté de l'éloquence conventionnelle. A lire les discours prononcés d'octobre 1791 à septembre 1792, on éprouve par endroits de vives jouissances d'esprit ; on rencontre dans Vergniaud, dans Guadet, dans Isnard, des éclairs d'éloquence ; mais le lien qui unit les harangues entre elles n'apparaît pas clairement ; nul orateur ne mène avec vigueur et suite une campagne oratoire comme celle que les Girondins et les Montagnards mèneront, en 1793, les uns contre les autres. Il ne reste dans notre mémoire, après cette lecture, qu'une impression équivoque.

C'est que rien ne fut plus équivoque que la situation des grands orateurs de la Législative. Un grand nombre sont républicains, au moins de cœur, d'éducation. Ils ont tous ajourné ou oublié leurs préférences instinctives pour adopter et défendre la constitution. Mais ils s'aperçoivent que, faussée par la mauvaise foi royale, elle devient une arme contre la liberté, contre eux-mêmes, cette constitution dont ils ont, dès le premier jour, juré le maintien et inauguré le culte avec un cérémonial pompeux. Par loyauté, par amour-propre ils s'obstinent à se dire, malgré leurs mécomptes, royalistes selon la loi, et ils affectent de ménager le roi, alors même qu'ils lui portent les coups les plus hardis. Le roi les traite en républicains (1), c'est-à-dire en factieux, et ils sont tenus par leur rôle à répondre : Nous sommes royalistes. Le 7 juillet 1792, quand il est devenu clair que Louis XVI trahit, quand la majorité ne peut plus nier cette trahison, un habile, l'abbé Lamourette, la force à renouveler son serment initial à la constitution, en l'aggra-

---

(1) Pour la cour, les Girondins sont, dès octobre 91, républicains. Cf. les lettres de Pellenc au comte de La Marck, ap. Bacourt, III.

vant d'une formule antirépublicaine, et il dit: « Foudroyons, messieurs, par une exécration commune, et par un irrévocable serment, foudroyons et la république et les deux chambres. » Aussitôt, d'après le *Moniteur*, « la salle retentit des applaudissements unanimes de l'Assemblée, et des cris plusieurs fois répétés : « *Oui, oui, nous ne voulons que la Constitution !* » Lamourette reprend : « Je demande que M. le président mette aux voix cette proposition simple : *Que ceux qui abjurent également et exècrent la république et les deux chambres se lèvent* ». Alors, ajoute le *Moniteur*, l'Assemblée se leva *tout entière*. « Tous les membres, simultanément et dans l'attitude du serment, prononcent la déclaration de ne jamais souffrir, ni par l'introduction du système républicain, ni par l'établissement des deux chambres, aucune altération quelconque à la constitution. Un cri général de réunion suit ce premier mouvement d'enthousiasme. Les membres assis dans l'extrémité du ci-devant côté gauche, se levant par un mouvement spontané, vont se mêler avec les membres du côté opposé. Ceux-ci les accueillent par des embrassements et vont à leur tour se placer dans les rangs de la gauche. Tous les partis se confondent ; on ne remarque plus que l'Assemblée nationale. » C'est la fameuse scène du *baiser Lamourette*, qui ne fut, sous couleur de fraternité, qu'une ingénieuse manifestation contre ces doctrines républicaines auxquelles ne répugnait pourtant aucun des orateurs brissotins de la Législative.

On voit maintenant pourquoi leur éloquence manque de clarté, d'unité. Républicains, ils ont à parler devant une assemblée royaliste, et leurs serments les forcent à le faire en royalistes. Leur rôle est de combattre à la tribune l'agitation extra-parlementaire et illégale que provoque la mauvaise foi de la cour et qui, logiquement, favorise l'idée républicaine. Mais ils ne le font que du bout des lèvres : au lieu qu'ils mettent tout leur cœur, tout leur génie dans de virulentes apostrophes au roi, qui atteignent la royauté même et viennent en aide à l'insurrection de la rue, dont ils gémissent. Que veulent-ils au juste, ces Brissotins qui, dans l'Assemblée législative, parlent seuls en orateurs, en face de la droite médiocre et du centre muet? Ils ne le savent plus eux-mêmes et leurs discours reflètent les contradictions de leur conduite. Obligés de plaider deux causes adverses, celle de la révolution et celle de la royauté, ils font œuvre d'avocats retors, quand ils veulent rester dans leur rôle de royalistes constitutionnels, et n'arrivent à l'éloquence que quand ils s'oublient jusqu'à jeter leur masque pour frapper sur ce trône qu'ils prétendent maintenir. De là vient l'incohérence de leur carrière oratoire, à la Législative, et l'incertitude de leur style.

III

Tout autre est l'impression que laisse en nous l'éloquence des Conventionnels, jusqu'au moment de la chute de la Gironde. Dans cette période de huit mois (septembre 1792 à juin 1793), c'est un duel oratoire entre deux partis animés l'un contre l'autre d'une haine mortelle. Deux politiques fort distinctes se heurtent et se combattent, la politique jacobine, parisienne, et la politique girondine, départementale. Ceux-là veulent que Paris soit le dictateur de la France; ceux-ci, que chaque département gouverne au même titre que Paris. Les discours montagnards sont animés de l'esprit révolutionnaire; les discours girondins de l'esprit libéral. Ce sont là deux inspirations visibles et sensibles sous les divers masques dont elles se couvrent. Aussi, rien n'est plus net que l'effet produit, sur les contemporains et sur nous, par les discours des deux partis.

Robespierre et Danton d'une part, Louvet et Guadet de l'autre, se répondent alternativement comme les héros d'une tragédie. Des deux côtés on vise, non à temporiser, à tourner les difficultés, comme à la Législative, mais à tuer son adversaire. L'éloquence devient chaque jour plus vivante, dans cette lutte, parce que chaque jour les âmes, pour prendre un mot du temps, *s'électrisent* davantage. Dans cette inspiration oratoire il n'entre plus, comme élément, aucun sentiment médiocre ou équivoque : la colère, l'amour, la haine, le désespoir, le patriotisme, portés à un degré sublime, surhumain, comme chez les héros abstraits de Corneille, voilà les passions dont vécut l'éloquence des Conventionnels, tant qu'il y eut dans la Convention deux partis égaux en force et en talent qui se disputèrent les voix d'un *centre* muet et incertain. C'est la plus grande époque de l'art oratoire pendant la Révolution, et, dans ces discours aujourd'hui figés, il y a encore une chaleur, une lumière, comme une forme de vie.

Ce combat haletant épure le talent des véritables orateurs : Robespierre devient plus concis, Vergniaud plus précis, Buzot plus coloré, tandis que Saint-Just se révèle et que Danton grandit.

En fait de rhétorique, on peut tout oser, et, littérairement, « aucun orateur, dit un conventionnel, ne reçut alors d'autres chaînes que celles qu'il voulut se donner (1) ».

Mais la médiocrité veut forcer le ton pour atteindre aux grands sentiments dont vit la France : elle crie, elle détonne, elle déclame. La multitude des parleurs s'abandonne, sans pudeur, à un mauvais goût que tolère et encourage l'auditoire peu délicat des galeries. En même temps que la tribune retentit d'accents dignes du génie

---

(1) Mercier, *Nouveau Paris*, II, 206.

français, des rhéteurs inaugurent une prose poétique, un barbouillage pédant (1), je ne sais quel pathos mythologique et sentimental, et expriment des sentiments vrais dans un style faux. A la tribune comme dans le livre, la littérature courante flatte le goût inférieur d'une démocratie encore illettrée par un clinquant suranné, une préciosité fade, un grossier mélange d'idées justes et de sensations artificielles. Ce genre si difficile à définir et si facile à reconnaître fleurit surtout à partir de 1793, dans le club, dans la section, dans la rue, dans le journal, dans le pamphlet. C'est un style parfumé qui a laissé aux papiers révolutionnaires que nous remuons comme une odeur de musc qui devient plus fade à mesure qu'on avance dans la Terreur et qu'il faut respirer pour arriver jusqu'aux grands orateurs : on s'étonne alors, quand on voit au milieu de quelles modes littéraires ils vivaient, qu'il n'y ait pas plus de rhétorique de Robespierre, ni plus d'emphase dans Vergniaud, et, pour qui a lu les madrigaux de Français (de Nantes), la familiarité de Danton apparaît comme un phénomène.

D'autre part, le goût de l'éloquence politique se répand dans le peuple et tourne à la manie. « Qui n'est pas orateur ? Qui ne songe pas à être orateur, dit Mercier, après cette grande et heureuse perspective? Aussi c'est à qui s'exercera à l'art de la parole dans les clubs, dans les sociétés patriotiques et jusque dans les tripots littéraires : on y imite en petit la formation du corps législatif; on y crée un président, une sonnette et des secrétaires : on y *demande la parole* ; on y fait des *motions*, des *amendements*, on consulte la majorité; et, comme dans les grandes

---

(1) C'est surtout dans cette éloquence inférieure que règne sans partage la mode de citer à tout propos les Grecs et les Latins. Rien n'est si grotesque, à ce point de vue, que l'adresse des Jacobins sur le 31 mai, ap. Buchez, XXVIII, 131.

assemblées, la minorité, toujours plus active, plus opiniâtre et toujours mieux liée, l'emporte le lendemain (1). »

IV

Après le 2 juin, les luttes oratoires cessent à la Convention, pendant que la rue se tait, faute de liberté (2). Il n'y a plus, dans l'Assemblée, deux partis en présence ; un seul parti, victorieux, mène la majorité, gouverne la France et ne parle que pour donner des ordres ou se glorifier aux yeux du pays. Les divisions intestines de la Montagne ne paraissent pas à la tribune et se dénouent au tribunal révolutionnaire, où l'éloquence militante fit entendre ses derniers et sublimes accents par la bouche de Vergniaud et plus tard par celle de Danton. La dictature de Robespierre met alors à la mode les dissertations oratoires, les sermons politiques. On ne discute plus : on prêche. L'éloquence parlementaire obéit

(1) *Nouveau Paris*, II, 209.
(2) Pendant la Terreur, plus de ces clubs en plein vent, plus de ces orateurs grimpés sur des chaises ou sur les bornes, plus de cette éloquence populaire qui signala notamment les années 1789 et 1793. Voici comment l'*observateur* Perrière décrit le silence du Palais-Royal et du café de Foix (3 ventôse an II) : « Ce café si fréquenté, dit-il, si abondant en politiques, se remplit aujourd'hui, comme presque tous les lieux publics, d'indifférents ou de sourds et muets qui craignent d'entendre ou de parler. Hier au soir on y lisait le journal qui, comme les sermons des fameux prédicateurs, était accompagné d'une foule d'auditeurs si considérables, que la queue s'étendait jusque sous l'office du limonadier ; après la lecture, qui par là devenait encore plus semblable à un sermon, silence profond, conversations à l'oreille ou sur des choses étrangères, jeux et boissons. — La maison Égalité elle-même, ce centre précoce et ardent de patriotisme, n'offre plus depuis longtemps la moindre trace de rassemblement. Il n'existe absolument que le groupe immortel du jardin national et celui que la curiosité forme dans la cour du palais de la justice nationale. — Est-ce là la preuve que le Gouvernement prend de la consistance, ou que l'on est las de politique, ou que l'on trouve aujourd'hui ce sujet trop épineux ? J'ignore ; c'est aux habiles à décider cette question. » Dauban, *Paris en 1794*, p. 70.

aux règles de la rhétorique sacrée. Un autre genre se déve
loppe parallèlement : l'éloquence de *rapports*. Au nom des
comités, un orateur ou expose ce qu'on va faire ou
raconte un événement récent, surtout un fait de guerre.
C'est dans ces rapports, où Barère et Saint-Just excellèrent,
que naquit cette éloquence militaire et cette éloquence de
proclamations dont notre siècle a vu de si admirables
exemples.

V

La chute de Robespierre rouvrit la tribune aux luttes
oratoires. Ce fut d'abord le duel entre les réacteurs thermidoriens et les restes du parti robespierriste ; puis les Girondins survivants rentrèrent à l'Assemblée et y rapportèrent
des idées et des formules déjà oubliées ; enfin une guerre
inexpiable commença, dans les derniers mois de la Convention, entre tous les Jacobins, qu'ils fussent ou non thermidoriens, et les modérés, dont plusieurs se royalisaient
déjà. Il y avait là pour l'éloquence un grand théâtre, de
grandes circonstances; mais les principaux acteurs du
drame révolutionnaire avaient péri de mort violente et il
manquait un orateur de génie. C'est le moment où les muets
du Centre retrouvèrent la parole et revinrent aux affaires.
Mais leur chef, Siéyès, n'était pas éloquent, et toute autorité
morale était enlevée à leur parole par le souvenir de ces
votes *unanimes* qu'ils avaient aidé à rendre contre Danton
et pour le décret sanguinaire du 22 prairial. Leur thème
oratoire fut de flétrir les meurtres dont leur lâcheté les
avait fait complices et les décrets tyranniques qu'eux-
mêmes avaient rendus. La plupart de ces récriminations
manquent l'éloquence, parce qu'elles ne furent pas sincères.

L'art oratoire subit, dans cette quatrième période, une
transformation curieuse : le cadre des discours s'élargit

démesurément. On accuse et on se justifie par des harangues plus longues que les Verrines. Ce sont de gros volumes que le rapport de Courtois et l'apologie de Lindet par lui-même. L'habitude s'introduit d'alléguer en détail beaucoup de faits, de multiplier les citations, d'insérer textuellement des documents étendus. L'objet de ces discours est en général le passé, un passé récent, mais sur lequel on aime d'autant plus à s'étendre qu'on se taisait alors et qu'il est doux de se soulager d'un silence forcé. On récite à la tribune des fragments de ses mémoires, et l'attention de l'auditoire semble infatigable.

Quoique les orateurs de 1794 et de 1795 aiment à s'appuyer sur des faits, quoiqu'ils affectent d'être dégoûtés des discours à principes, ils se laissent aller, dans cette décadence thermidorienne, à la verbosité, à la déclamation la plus emphatique, d'abord parce qu'ils sont médiocres, et puis parce qu'ils ont perdu la foi et la pureté des années de luttes à mort. Plus morale encore que physique, la fatigue de ces grands travailleurs est visible. Le dégoût de la vie prend les meilleurs et le dégoût de la vertu, si souvent vaincue ou travestie, corrompt les autres et les entraîne aux jouissances faciles, dont ils auraient rougi en 1793. Après le suicide et le meurtre des derniers montagnards, on n'entend plus à la tribune ces mots cornéliens qui furent fréquents jusqu'au 9 thermidor. Comme à la fin de la Constituante, la tribune est trop souvent laissée à des intrigants et à des hâbleurs. On est las de la parole même, comme de la politique.

Et pourtant la transformation de l'art oratoire, dont nous parlions tout à l'heure, se présente, dans la période thermidorienne, sous un autre aspect, qu'avait pu faire prévoir, d'ailleurs, le discours prononcé par Robespierre à la fête de l'Etre suprême : on voit naître l'éloquence d'apparat, l'éloquence à spectacle. C'est en dehors de la Convention que Robespierre avait discouru en grande pompe. Bientôt ce cérémonial pénètre dans la salle même des séances, et la Convention, se croyant fidèle en cela à la pensée de Rousseau (1), cherche à établir, dans sa propre enceinte, comme des fêtes oratoires, où tous les sens du peuple seront flattés à la fois. C'est ainsi que, le 14 prairial an III, le girondin Louvet prononce l'oraison funèbre du représentant Féraud au milieu d'un appareil dont les journaux du temps nous ont laissé une description enthousiaste :

« C'est pour la première fois, dit le *Moniteur*, que la Convention a parlé la langue des signes, cette langue dont les peuples anciens savaient faire un si grand usage, que les modernes ont tant négligée, et qui fut toujours l'objet des conseils du premier des publicistes, de l'immortel Jean-Jacques Rousseau. Un décret de reconnaissance nationale avait consacré cette séance à la mémoire de Féraud, assassiné le 1ᵉʳ prairial, dans le sanctuaire des lois (2). » Et, deux jours plus tard, il donne ces détails : « La salle des séances de la Convention nationale est ornée de guirlandes de chêne en festons. Les tribunes publiques sont occupées par les membres des corps constitués, par les députés des quarante-huit sections de Paris, et par les tribunaux. Tous les représentants sont en costume, armés, un crêpe au bras gauche. De chaque côté du bureau, devant les secrétaires, sont placées des urnes cinéraires parsemées d'étoile d'or, sur un fond noir. Celle à droite porte cette inscription sur son piédestal : *Aux magnanimes défenseurs de la liberté, morts dans les prisons et sur les échafauds, pendant la tyrannie.* Autour de l'urne sont gravés ces mots : *Ils ont eu*

---

(1) Les idées de Rousseau sur le caractère des fêtes à donner au peuple se trouvent dans les *Considérations sur le gouvernement de Pologne*, chap. III, et surtout dans les dernières pages de la *Lettre à d'Alembert.*

(2) Nº 258.

le sort de Caton et de Barnevelt. L'urne placée à la gauche du président porte cette inscription : *Aux intrépides défenseurs de la liberté, morts dans les combats pendant la guerre*. On lit autour ces mots : *Ils ont recommandé à la Patrie leurs pères, leurs épouses et leurs enfants*. L'une et l'autre sont couvertes de crêpe funèbre, de couronnes de fleurs, de verdure et de chèvrefeuille, et entourées d'attributs analogues. Devant la tribune, à la place même où Féraud tomba sous les coups des assassins, est un tombeau couvert d'un marbre blanc, sur lequel sont placés les armes, le chapeau militaire et l'écharpe tricolore de ce représentant. Le buste de Brutus se trouve au-dessus de ce monument. Les ambassadeurs des puissances étrangères sont en face du président. Une musique nombreuse est placée à l'extrémité gauche. J.-B. Louvet monte à la tribune. De vifs applaudissements l'y accompagnent. »

Précipitamment écrit et à tous égards inférieur au sujet, le discours de Louvet, dont nous reparlerons, laissa froid cet auditoire encore étonné d'un appareil nouveau.

Le 11 vendémiaire an V, la Convention renouvela cette pompe « en l'honneur des amis de la liberté immolés par la tyrannie décemvirale. » La salle fut ornée à peu près comme pour l'oraison funèbre de Féraud. Tous les députés étaient en costume, le crêpe au bras. « Au bas de la tribune est placée une urne funéraire couverte de crêpes et de couronnes funèbres; elle est ombragée par des feuillages et des guirlandes mêlées de chêne et de cyprès ; une palme la surmonte. Sur le socle on lit ces inscriptions: *Ils ont recommandé à la Patrie leurs pères, leurs épouses et leurs enfants. — Aux magnanimes défenseurs de la liberté, morts dans les prisons et sur les échafauds pendant la tyrannie*. Le Conservatoire de musique chante un hymne aux mânes des martyrs de la liberté. » La Convention avait décrété que son président, qui était Baudin (des Ardennes), prononcerait « un discours analogue à la cérémonie ». Averti par l'échec récent de Louvet et par son propre goût, Baudin esquissa, d'une touche délicate, le portrait des principaux orateurs de la Gironde qui avaient péri sur l'échafaud. Je ne sais si la sobriété de cette oraison funèbre plut aux contemporains, car les journaux parlèrent plutôt de la cérémonie que du discours : mais il n'y a rien de banal ni de factice dans cet éloge des Girondins prononcé devant leurs amis et devant leurs proscripteurs (1).

Cette éloquence à spectacle, inspirée par des souvenirs antiques et qui était à l'éloquence parlementaire ce que l'opéra est à la tragédie, passa vite de mode (2). De telles fêtes parurent aussi archaïques et artificielles que la Fédération, où on parla peu, avait été spontanée et nationale. La discrétion même du discours de Baudin formait, avec la décoration de la salle, un contraste qui ressemblait à une satire. Le goût public le sentit et se détourna de ces spectacles oratoires, autour desquels le vide se fit peu à peu, tandis que la véritable éloquence politique, alors même que les orateurs cessèrent d'y croire, garda le privilège de passionner Paris et la France, jusqu'au jour où la tribune fut renversée.

(1) Nul mieux que Baudin n'a dépeint les effets de l'éloquence de Guadet et de Vergniaud, comme l'a justement dit M. Vatel, *Charlotte Corday*, 796, et pass.
(2) C'est en 1795 qu'on voit poindre en France l'éloquence de *toasts*. Cette année-là, le jour anniversaire du 9 thermidor, Tallien, dit le *Moniteur*, avait invité ses collègues « à un banquet frugal ». Au dessert, Lanjuinais, Tallien et Louvet parlèrent, en quelques mots, de l'événement qu'on fêtait. Puis, onze toasts furent portés (au 9 thermidor, aux Soixante-treize, aux mânes des Français morts en combattant la tyrannie, etc.). Pour la première fois, les journaux les relatèrent.

VI

Sans juger maintenant, au point de vue esthétique, l'éloquence des Législateurs et des Conventionnels, il est curieux de se demander quelle idée se firent les contemporains de la valeur propre de cette éloquence.

C'est un sujet qu'ils n'abordent guère plus de 1791 à 1795 qu'ils ne l'avaient fait à l'époque de la Constituante. Un seul orateur avait soutenu aux yeux des Français la comparaison avec les anciens et les étrangers : c'était Mirabeau. Cet « athlète » disparu, on ne semble pas croire que ses successeurs, si applaudis qu'ils soient, ajoutent quelque chose à la gloire littéraire de la France. En vérité, dans cette lutte, les hommes de 92 et de 89 se voient de trop près pour se mesurer. Ingénument, ils se trouvent petits. Mirabeau dans ses lettres à La Marck, M^{mo} Roland dans ses mémoires se plaignent, à vingt reprises, qu'il n'y ait eu dans la Révolution que des *pygmées*, sans force d'âme, sans vues, sans talent, et jamais on n'a tant comparé les caractères à des monnaies usées, que du temps de Robespierre, de Danton, de Saint-Just et de Billaut ! Ils se méconnaissent à tel point, qu'ils se traitent réciproquement de lâches, eux qui sacrifièrent tous leur vie à leurs idées. Il y a plus : tel était l'empire de la passion qu'un Montagnard n'entendait pas, matériellement parlant, le discours d'un Girondin. « Les diverses opinions qui déchiraient la France parlaient ou écrivaient : aucune n'écoutait, aucune ne lisait. Nous en avons une preuve mémorable dans ce qui arriva à Garat lors de son discours sur les journées de septembre. (Voir ses mémoires.) Ni le côté droit ni le côté gauche ne l'entendirent, et des deux parts lui fut prêté un avis entièrement opposé à celui qu'il avait très explicitement émis (1). » Cette préoccupation ne laissa aux contemporains ni le loisir ni le goût d'entreprendre une critique de l'éloquence des Législateurs et des Conventionnels. Je ne vois guère que l'entourage de Condorcet où on ait eu l'esprit assez libre pour disserter sur les différences du génie oratoire chez les Anglais et chez les Français. Un écho de ces conversations se retrouve dans un article de Charles Villette (*Chronique de Paris* du 2 janvier 1792), où la tribune de la Législative est comparée à celle de la Chambre des Communes. L'ami de Voltaire remarque que les Français sacrifient à la rhétorique, tandis qu'à Londres « on préfère une discussion motivée à l'artifice, à la préparation du style ». Mais il aime et loue cette rhétorique française : « J'entends dire que dans une assemblée d'hommes instruits, comme la législature française, où tant de patriotes sont animés du zèle le plus ardent pour la cause commune, il ne devrait pas être permis de se livrer à une éloquence oiseuse, où les choses sont presque toujours sacrifiées aux paroles, le fond à la forme, et le texte du discours à l'art de l'embellir. Mais chez une grande nation qui se régénère, qui renverse les colosses de la féodalité, ces arbres mortifères qui dataient de mille ans et dont les rameaux ombrageaient et desséchaient ses belles provinces; dans un temps d'insurrection, de vengeance nationale, où tout est patriotisme, législation, droits des hommes, égalité, liberté, tout prête malgré nous à l'éloquence..... Eh ! comment serait-on éloquent dans la Chambre des Communes, où chaque membre est facteur, armateur; où l'on parle éternellement de comptoirs, de cargaisons, de vaisseaux, de tarifs, de timbre, de calcul et d'intérêts mercantiles, et où les démentis se donnent et se reçoivent comme une prise de tabac ? »

---

(1) Buchez, XXII, 352. Il explique aussi par cette préoccupation les fautes d'orthographe qui défigurent les noms propres les plus célèbres dans les écrits de ce temps-là.

Les Anglais veulent-ils être éloquents ? ils forcent la note, ils déclament grossièrement : « Il semble qu'en Angleterre, dit Villette en bon voltairien, pour parler à l'esprit, il ne suffit pas de frapper juste, il faut encore frapper fort. Et voilà précisément pourquoi les Anglais se passionnent tant pour les convulsions de Shakespeare et ne sont point émus aux tragédies tendres et touchantes de Racine. » Il fallait citer ces lignes, si puériles qu'elles soient : elles forment le seul jugement un peu étendu qui ait été porté, de 1791 à 1795, sur l'éloquence parlementaire considérée comme un art: ce point de vue est absent même des journaux à dissertations, comme les *Révolutions de Paris*, même des revues mensuelles, où on ne traite que des questions théoriques, comme la *Chronique du mois*. Seul, le conventionnel Mercier écrira, mais sous le Directoire, mais après la mort des grands orateurs : « La tribune révolutionnaire sera aussi célèbre que la tribune d'Athènes et que celle de Rome (1) ».

VII

Cet excentrique dramaturge n'exprime pas là, tant s'en faut, le véritable sentiment de ses contemporains, dont la plupart auraient jugé scandaleux d'admettre, pour ainsi dire, à la dignité littéraire des discours si récents, si passionnés, dont les auteurs venaient de monter sur l'échafaud. C'est par une illusion semblable qu'ils attribuèrent à cette éloquence, dont avait vibré leur âme, une forme incorrecte, une langue barbare. A les entendre, on ne parlait de leur temps que par néologismes grossiers, et c'est encore un préjugé répandu que les orateurs révolutionnaires créèrent une foule de mots inutiles et laids, et surchargèrent hideusement l'idiôme national. Les extraits que nous allons

---

(1) *Nouveau Paris*, II, 204.

faire des discours de la Législative et de la Convention montreront que ce reproche n'est pas plus fondé pour les orateurs de la seconde période de la Révolution que pour ceux de la Constituante. On peut lire toute l'œuvre de Robespierre, de Vergniaud, de Saint-Just, de Danton, sans y rencontrer un seul vocable créé par ces orateurs. C'est plutôt le reproche contraire qu'il faudrait faire à Robespierre et à Vergniaud : devant les mots inventés récemment pour exprimer des choses nouvelles, leur goût académique hésite, recule, et, classiquement, tourne cet écueil au moyen d'une périphrase. Le public les encourage dans ces répugnances et son oreille est délicate au moindre terme tant soit peu neuf. Le 19 mai 1792, Merlin fait rire pour avoir employé à la tribune le mot de *publiciste* qui se trouve dans d'Alembert, mais dont la nouveauté choqua l'auditoire (1). Qu'on parcoure la *Néologie* que Mercier publia en l'an IX : en dehors des néologismes proposés par Mercier lui-même et dont aucun n'a été admis, on n'y rencontrera bien peu de mots dont l'acte de naissance soit postérieur à 1791. Nous avons déjà parlé, dans le premier volume de ces études (2), du genre de mots que la Constituante avait créés : c'étaient surtout des termes techniques qui désignaient les différentes parties de la nouvelle administration, les fonctions nouvelles, les usages nouveaux. Il y eut là une surabondance, un excès ridicule. Mais je ne vois pas que cet abus grammatical ait grandi de 1791 à 1795. Seulement, de substantifs déjà admis on dérive des adjectifs et surtout des verbes qui expriment

---

(1) « ...L'un des publicistes, à qui nous avions livré de pareils renseignements, a été accusé devant le juge de paix Larivière. Il a été décerné contre ce publiciste un mandat d'amener.... (Comme on riait beaucoup du mot *publiciste*, M. Merlin a repris :) Contre ce journaliste, si vous voulez. » *Journal des débats et des décrets*, t. XXVI, p. 301. Cf. dans Littré, au mot *Publiciste*, la phrase de d'Alembert.

(2) *Les orateurs de la Constituante*, 45-47.

les actes et les desseins nouveaux de la politique, comme *feuillantiser, républicaniser, terroriser, sans-culottiser*. Il était presque fatal, quand tant de révolutions se succédaient dans la Révolution même, qu'il y eût pour chacune de ces phases politiques des mots expressifs et fugitifs à la fois, comme les intentions ou les manières d'être qu'ils rendaient. Ces formes ne furent pas toujours ni harmonieuses ni correctes; leur existence éphémère commença dans la rue, dans les colonnes des journaux. Les parleurs médiocres en abusèrent, les outrèrent encore : mais les orateurs dignes de ce nom n'en usèrent que fort rarement et restèrent fidèles jusqu'au scrupule au génie de la langue, ce qui était juste, et, ce qui l'était moins, aux modes un peu molles qui régnaient à l'heure où ils avaient commencé à parler et à penser. C'est Nodier qui protesta un des premiers, en 1836, contre ce préjugé, consacré par La Harpe, et d'après lequel la langue des grands orateurs de la Révolution serait incorrecte et barbare (1). Un peu avant lui, un royaliste, détracteur acharné de la Législative et de la Convention, avait dit qu'en ce temps-là «la langue de Racine et de Bossuet vociféra le sang et le carnage : elle rugit avec Danton ; elle hurla avec Marat ; elle siffla comme le serpent dans la bouche de Robespierre ». Mais il ajoutait : « Elle resta pure (2) ». Oui, on verra qu'elle resta pure, grammaticalement parlant, sinon dans les régions inférieures et illettrées, du moins dans les discours des maîtres de la tribune, à condition toutefois que l'on consente à ne pas attribuer à Danton et à Vergniaud les lapsus et les solécismes grossiers que leur prêtent parfois des ournalistes et des imprimeurs maladroits.

(1) Cf. *Les orateurs de la Constituante*, p. 541.
(2) C. Desmarais, *Étude critique des historiens de la Révolution française*, 2ᵉ éd., Paris, 1835, p. 124.

CHAPITRE III

MŒURS PARLEMENTAIRES

I

Comme la Constituante, la Législative siégea dans la salle du Manège, qui resta disposée de la même façon, à ceci près qu'en décembre 1791 le fauteuil présidentiel qui était d'abord en face de la tribune, fut transporté derrière, de sorte que les députés qui étaient assis à la droite du président se trouvèrent à sa gauche. Ce changement trompa les espérances naïves de ceux qui l'avaient opéré : il y eut toujours une droite et une gauche, des partis irréconciliables. Mais l'orateur à la tribune ne fut plus tenté de s'adresser, à la manière anglaise, au président qu'il ne voyait plus. D'autre part, la place qu'occupait jadis le fauteuil fut garnie de banquettes où s'établirent beaucoup de députés, en face de l'orateur. La salle de la Législative offrait donc un aspect tout autre que notre Chambre des députés actuelle. « C'est, dit un témoin oculaire, un parallélogramme très prolongé, bordé de six rangs de banquettes disposées en gradins, dont les deux extrémités présentent environ neuf rangs de banquettes aussi en gradins. Cette longueur est divisée au milieu en deux parties égales, par la tribune, la barre, la place du président et celle des secrétaires (1). » Cette disposition défectueuse forçait les députés à s'asseoir confusément jusque dans les extrémités de la salle, d'où on ne voyait ni le président ni l'orateur. On songea bientôt à quitter ce local ridicule, et Vergniaud, dans un rapport du

---

(1) Dulaure, *Le thermomètre du jour*, 1ᵉʳ janvier 1793.

13 août 1792, où il proposait de s'installer à la Madeleine, insistait en ces termes sur les inconvénients du Manège au point de vue de l'orateur :

« Il est impossible, disait-il, d'établir l'ordre et de fixer le silence dans la salle actuelle de vos séances, et dans toute autre qui aura une forme aussi vicieuse. Sans doute il y aurait de la folie, ce serait méconnaître le cœur humain que de souhaiter, dans une assemblée délibérante, une tranquillité d'automates. Lorsque Démosthènes tonnait contre Philippe, ou Cicéron contre Catilina, une paix profonde ne régnait ni dans le Forum d'Athènes, ni dans le sénat de Rome. Quand de grands dangers menacent la patrie ou la liberté, et que les opinions se heurtent, la violence dans les discussions n'est autre chose que la manifestation d'un patriotisme ardent. Dans les discussions importantes, peut-être faudrait-il plus redouter ce calme qu'on décore du beau nom de dignité. Cependant il importe de ne pas augmenter le tumulte inévitable des passions par celui qui peut dériver de la distribution du local où l'on délibère. Par exemple, votre salle forme un carré long ; il y a une grande quantité de places où l'on ne peut ni voir le président, ni en être aperçu : il arrive de là que si on abandonne les grands objets d'intérêt public pour se livrer à des conversations particulières, le président se trouve dans l'impossibilité de les interrompre par un rappel à l'ordre ; que, si on veut obtenir la parole, il faut ou se déranger ou troubler ses voisins pour aller prendre une place d'où on puisse la demander au président, ou fixer l'attention de celui-ci par des cris forcés qui interrompent la discussion et provoquent de nouvelles clameurs.

« Il est d'autres places d'où l'on ne voit pas, et d'où l'on entend mal l'orateur qui est à la tribune ; dès lors l'intérêt diminue, l'attention se lasse, bientôt naissent les murmures, et à leur faveur il s'introduit une loquacité d'individu à individu, que le président et l'orateur ne parviennent à étouffer qu'après de pénibles efforts et une grande perte de temps.

« En général, quelque place qu'on occupe dans notre salle, on n'est pas assez sous les yeux du président, ou sous les regards de l'Assemblée ; il en résulte naturellement que l'on doit s'observer moins, que l'on néglige, si je peux m'exprimer ainsi, le respect que l'on se doit ; et il devient extrêmement difficile à une assemblée nombreuse de faire de bonnes lois, quand les individus qui la composent croient pouvoir s'affranchir de leur propre dignité, et perdent ainsi le sentiment de ce que leurs fonctions ont de sublime.

« Vous avez encore remarqué combien notre salle est ingrate et fatigante pour l'orateur ; elle condamne à un silence funeste pour la chose publique les hommes qui n'ont pas, dans l'organe de la voix, la même force que dans leur âme, ni la même étendue que dans leur esprit, et donne peut-être trop d'avantages à ceux qui avec moins de lumières ont une voix plus sonore ou une constitution physique plus vigoureusement prononcée.

« J'ajouterai : 1º que la forme en carré long et la position du fauteuil du président, en établissant une division physique dans la salle, ont peut-être contribué à y amener une division morale, et pourraient encore, lorsqu'il est devenu si nécessaire de réunir les opinions, favoriser dans une nouvelle assemblée l'introduction de l'esprit de parti ; 2º que nous vivons continuellement dans le méphitisme, et que, les affections de l'âme se ressentant toujours des malaises du corps, il ne serait pas déraisonnable de voir là une des causes de cette grande irascibilité que nous avons montrée dans nos passions, et des discordes qui nous ont quelquefois agités. »

Cette description supplée aux estampes du journal de Prudhomme, qui sont d'autant plus insuffisantes qu'elles ne représentent pas la salle dans son aspect quotidien. Ainsi, le 14 septembre 1791, pour l'acceptation de la constitution par le roi, on avait remplacé toute l'installation du bureau par une immense estrade circulaire où prirent place, sur les fleurs de lys, le roi et le président. Le 7 juillet 1792, le dessinateur des *Révolutions de Paris* représente tous les députés dans la confusion du baiser Lamourette. Le 11 décembre 1792, c'est Louis XVI à la barre : tous les Conventionnels sont massés, graves et immobiles, aux places les plus rapprochées du bureau. Bien peu de dessins du temps nous donnent l'idée d'une séance ordinaire et la physionomie de la salle en dehors des grands jours.

La Convention nationale tint une séance préparatoire, le 20 septembre 1792, dans la salle des Cent-Suisses, aux Tuileries, et le lendemain elle prit, au Manège, la place de l'Assemblée législative. Le projet d'appropriation de la Madeleine avait paru trop coûteux à la Législative : elle avait décidé (14 septembre 1792), sur une pétition de la Commune de Paris, que la future Convention siégerait dans la salle de spectacle des Tuileries, à partir du 1er novembre. Mais la Convention voulut affecter le palais tout entier au service de la représentation nationale et y installer les comités de gouvernement. Les travaux traînèrent et la nouvelle salle ne fut inaugurée que le 10 mai 1793.

Construite par ordre de Louis XIV, cette salle de spectacle, ou *salle des machines*, où Molière avait fait jouer sa *Psyché* en 1671 et où Voltaire avait été couronné en 1778, était l'une des plus grandes de l'Europe. « Les loges, dit Prudhomme, soutenues par de superbes colonnes corinthiennes, pouvaient contenir fort à leur aise et convenablement placées, sept à huit mille personnes (1). » Sans doute, en transformant ce théâtre, l'architecte de la Convention avait, disent les contemporains, gaspillé l'espace. Mais les députés, qui furent rarement au complet, siégeaient au large sur dix rangs de gradins disposés en amphithéâtre, en face de la tribune et de l'estrade du président. Un vaste couloir, perpendiculaire à la tribune, séparait cet amphithéâtre en deux moitiés égales; c'est par là qu'entraient les députations pour arriver à la barre, située où se trouve actuellement le banc des ministres. Les contemporains se plaignaient que ce couloir divisât la Convention comme en deux chambres, « où ceux qui siègent d'un côté souvent ne peuvent entendre ce qui se dit de l'autre, où les membres d'une même assemblée, placés çà et là dans une longue enceinte, à diverses distances, n'offrent pas ce bel ensemble, cette unité précieuse, si nécessaire lorsqu'il s'agit de fonder, par des lois sages, la liberté d'une grande nation (2) ». Michelet rêve donc, quand il montre la Convention « s'entassant dans la petite salle des Tuileries qui avait été celle du théâtre ». « Ce petit théâtre de cour, dit-il, va contenir un monde, le monde des orages infernaux, le Pandémonium de la Convention. Et plus l'arène est resserrée, plus les combats seront furieux, implacablement acharnés. Tous, dès le premier jour, dès le premier coup d'œil, souffrirent de se voir si près. Le petit intervalle qui séparait ces ennemis mortels ne permettait à nulle parole, à nul regard hostile de s'amortir en route. Les uns les autres, dans leurs vives attaques, se foudroyaient à bout portant (3). » La vérité,

---

(1) *Révolutions de Paris*, n° CCI, p. 338.
(2) Rapport de Poultier, 12 pluviôse an III.
(3) Livre VIII, ch. 3. La même erreur est répétée par Louis Blanc (VII, 223). Tous deux croient que la Convention se réunit dans cette *petite salle* dès le 21 septembre 1792. M. Biré a relevé ce lapsus dans son curieux ouvrage, *Journal d'un bourgeois de Paris pendant la Terreur*, Paris, 1884, in-12, p. 6. — Une preuve de plus que les députés

c'est que, malgré les grandes dimensions de la salle, la disposition des gradins en amphithéâtre permettait à la gauche et à la droite de s'observer sans cesse et à l'orateur de voir tout son auditoire et d'en être vu, comme dans nos assemblées contemporaines. Mais on se fatiguait à parler dans ce local trop long et trop étroit, où on avait négligé les moyens de renouveler l'air. « La voix s'étouffait et se perdait dans un grand nombre de renfoncements et de percées; les murs étaient lisses et sans draperies; la voix de l'orateur devenait souvent trop éclatante et faisait écho (1). »

Toutefois l'aspect de la salle fit sur les contemporains une impression d'élégance qui perce à travers cette épigramme des *Révolutions de Paris* : « Ce que les artistes appellent *décor* y est fort bien entendu. Disons aussi que si nous n'avons pas de Cincinnatus, de Camille, de Lycurgue, de Solon, de Brutus (faut-il ajouter de Liberté?), au moins pourrons-nous en contempler les images à la Convention. Tous les grands modèles sont sous les yeux de nos législateurs. A l'autre bout du jardin national, on voit un marbre copié de l'antique, qui est plus beau que son original : la Convention n'en est pas encore là (2) ».

II

Quant aux tribunes destinées au public, dans le Manège comme aux Tuileries, elles étaient plus nombreuses et plus vastes que de nos jours. Les quatre parois de

n'étaient pas si *entassés* que le veut Michelet, c'est que le 27 nivôse an III, Poultier propose de « réserver la partie de la salle destinée aux représentants, de manière qu'ils se trouvent réunis dans une seule masse, sans aucune désignation de gauche, de droite, de crête et de montagne. »

(1) Mortimer-Ternaux, *Histoire de la Terreur*, VII, 534.
(2) *Révolutions de Paris*, CCI, 339.

la salle en étaient garnies, même (aux Tuileries) la paroi contre laquelle s'adossait le siège du président. Quelques galeries, supportées par des colonnes, empiétaient sur la salle, par-dessus la tête des députés, qui, à la tribune ou à leur place, étaient environnés par un public, dont on a souvent décrit le caractère impressionnable et le rôle parfois prépondérant. Il y a plus : au début de l'Assemblée législative, des barrières élevées à chaque extrémité du Manège avaient restreint l'espace réservé aux députés, de manière à former sur le même plan deux enceintes privilégiées où s'installèrent les ex-Constituants. Les Lameth, les Duport, les Beaumetz (1) observaient de là, avec un air de protection ironique, les débuts incertains de leurs novices successeurs. Ils riaient, applaudissaient, et, mêlés aux députés dans les couloirs, les catéchisaient en parlementaires vieillis. N'ayant pu établir le système des deux chambres, ils semblaient l'avoir réalisé en fait (2). Les patriotes virent avec colère ces dispositions trop habiles : « De ces tribunes, disaient-ils, on donnera les signaux au parti qu'on aura déjà su se faire dans l'Assemblée, c'est-à-dire au parti ministériel, on commandera les manœuvres savantes de la tactique délibérative; on soufflera à celui-ci un amendement, à celui-là un sophisme; à l'un la question préalable, à l'autre quelques *adverbes endécasyllabiques* (3). » C'est par l'influence de ces tribunes que fut rapporté, le 6 octobre, le décret de la veille relatif au cérémonial royal. Le député Balet raconta, le 7, cette intrigue aux Jacobins : « Il s'est fait, dit-il, pendant la nuit, un travail considérable pour obtenir la révocation du premier [décret]. Nous avons vu des membres de l'ancienne législature mêlés parmi nous, au moyen de la disposition de la salle, intri-

(1) La Fayette, *Mém.*, II, 136.
(2) Buchez, XII, 70.
(3) *Moniteur* du 7 oct. 91.

guer auprès d'un grand nombre d'entre nous; plusieurs, aussitôt après la rédaction du décret, se sont répandus dans les groupes du Palais-Royal, où ils semaient les alarmes les plus vives sur les suites funestes que ce décret pouvait avoir. » Quand le rapport du décret fut prononcé, ils applaudirent avec une insolence qui donna à leurs successeurs l'envie et la force de secouer ce joug. Le 9 octobre, une députation populaire, appuyée par Couthon, demanda et obtint la suppression des enceintes privilégiées, et les Constituants rentrèrent dans l'ombre.

Il y avait à la Législative deux sortes de galeries : les galeries privées où on entrait sans billet, et les galeries réservées, comme celle de la municipalité de Paris, celle du tribunal de cassation, celle des chambres de commerce (qui n'existaient plus). Les députés les peuplaient de leurs amis et cherchaient à contrebalancer ainsi l'influence des politiciens populaires qui ne manquaient pas une séance de l'Assemblée. En vain Bazire demanda-t-il (11 octobre 1791) que toutes les tribunes devinssent publiques. La majorité n'eut garde de donner à ses surveillants jacobins une hospitalité plus large. Déjà elle se sentait gênée par ce public inflammable, qui, ayant fait la Révolution dans la rue, voulait la diriger dans le parlement, mais elle n'osait pas le heurter de front. Le 24 janvier, Ducastel proposa, d'un ton méprisant, que la loi qui interdisait aux tribunes toute marque d'approbation ou d'improbation fût lue au début de chaque séance. Mais un royaliste, Vaublanc, obtint qu'on se bornât à l'affichage de la loi. « L'Assemblée nationale, dit-il, saura toujours mettre de la différence entre des marques d'approbation ou d'improbation qui ne sont pas un manque de respect pour elle, et ces mouvements qui, pour être blâmés, n'ont pas besoin d'avoir d'autres juges que la plus grande partie des tribunes elles-mêmes. (*Les tribunes applaudissent.*) »

Vaublanc ne tarda pas à regretter son libéralisme. Le 2 avril, Duhem ayant parlé violemment contre Narbonne, les galeries l'acclamèrent et huèrent la droite. Dumolard et Lagrévole demandèrent que les deux tribunes publiques fussent évacuées. Grangeneuve s'y opposa avec passion, et il y eut un tumulte effroyable. L'Assemblée, intimidée, décida seulement que le président rappellerait à l'ordre, en masse, les citoyens qui avaient interrompu (1). Dans la discussion sur La Fayette, Deuzy proposa des mesures sévères ; mais l'ordre du jour lui ferma la bouche (2). Enfin, le 7 août, l'Assemblée autorisa les citoyens des tribunes à nommer quatre commissaires qui feraient eux-mêmes expulser les perturbateurs. Mais la journée du 10 août vint ôter à la Législative tout son prestige, et le joug du public devint lourd. Cette surveillance assidue fut une des formes de la dictature parisienne contre laquelle les Girondins vont lutter en vain.

A la Convention, il en sera de même, au Manège comme aux Tuileries. Pourtant, dans la nouvelle salle, la distinction subsiste entre les tribunes publiques et les tribunes privilégiées : « Il faut, dit amèrement un jacobin, il faut lever les yeux vers le plafond des deux extrémités de ce local parallélogrammatique pour découvrir huit à neuf cents têtes *encaquées* sous une voûte profonde et sourde. C'est là où se trouve le peuple. Il a encore quelques tribunes moins hautes sur le côté; mais les plus commodes ne sont pas pour lui, elles sont pour les billets que les députés distribuent à leurs cuisinières ou aux femmes de chambres de leurs femmes (3) ». C'est ainsi que, pendant l'appel nominal sur la mort de Louis XVI, d'élégantes compagnies

---

(1) Lire toute cette discussion dans le *Journal des débats et des décrets.*
(2) *Ibid.*, séance du 22 juillet 1792.
(3) *Révolutions de Paris,* n° CCI.

occupèrent certaines tribunes et y firent gaîment collation. Les galeries populaires, dit le bon Dulaure, étaient pleines « de rentiers oisifs, d'ouvriers sans travail, de femmes (1) ». Bientôt, à ce public révolutionnaire, mais inoffensif, succédèrent, comme on sait, des *officieux* du club des Jacobins, de la Commune, des Comités révolutionnaires, qui accaparèrent toutes les places publiques, s'y installant longtemps avant l'ouverture de la séance. Les Girondins, par l'organe de Manuel, avaient soulevé à ce sujet, le 14 décembre 1792, un long et violent débat : « Un grand nombre de citoyens, disait Manuel, n'ont pas le temps de venir attendre longtemps d'avance l'ouverture des portes de la salle, et ne peuvent par conséquent jamais assister à vos séances, parce que les tribunes sont toujours remplies par des citoyens qui ont du temps à perdre. Il me semble de toute justice que la porte des tribunes soit ouverte à tous les citoyens des départements comme à ceux de Paris ». Et il proposait un système d'après lequel des députations des 83 départements pourraient assister, à tour de rôle, aux séances de l'Assemblée. Thuriot combattit violemment cette proposition, qui fut ajournée. Dès lors les tribunes ne gardèrent plus de mesure. On sait quelle influence leurs menaces exercèrent, dans le procès du roi, sur les députés hésitants. C'est à elles que les orateurs de la Montagne s'adressaient encore plus qu'à leurs collègues de la droite et du centre. Une fois (30 avril 1793), dans la discussion sur les subsistances, la majorité eut le courage de faire évacuer une des galeries publiques. Mais, au 31 mai, un des résultats de la victoire des Parisiens fut la suppression, demandée par Lacroix, des tribunes privilégiées. Dès lors, plus de deux mille jacobins (2) sié-

---

(1) *Le thermomètre du jour*, 1ᵉʳ janvier 1793.
(2) En effet, ces tribunes (que dans notre premier volume, p. 31, nous avons eu tort d'appeler *étroites*, d'après Michelet) pouvaient contenir deux à trois mille personnes : celles du Manège n'en contenaient que cinq à six cents.

gèrent au-dessus de la Convention et assurèrent le triomphe de la Montagne.

On a peut-être exagéré le rôle de ces *Tricoteuses* qui, dit-on, menaçaient de mort les députés modérés et glaçaient d'effroi les muets du Centre. Mais il est certain que leur fanatisme intolérant et brutal ne laissait aucune liberté à leurs voisins de galerie : « Nous rapporterons, écrit Prudhomme en mai 1793, ce qui advint ces jours derniers à un citoyen des départements tout nouvellement arrivé à Paris. Il se place avec beaucoup de peine à l'une des tribunes de la nouvelle salle de la Convention. Marat vient à parler : notre étranger écoute sans donner aucun signe d'applaudissement ou d'improbation. Les femmes qui l'avoisinaient le traitent de brissotin, d'aristocrate, etc. Il s'explique avec elles, dit ce qu'il est : on lui pardonne pour cette fois. Vergniaud prend la parole : notre étranger novice bat des mains tout naturellement à quelques traits heureux du discours du député du côté droit. On l'observait ; ses voisines recommencent de plus belle à l'appeler girondin, aristocrate. Heureux d'être quitte pour ces apostrophes, il saisit le premier moment favorable pour s'évader, se promettant bien de ne plus remettre les pieds à la Convention tant que les femmes seront admises dans les tribunes (1). » Aux journées violentes, les femmes parurent en plus grand nombre encore à la Convention, qu'elles étonnèrent un instant, le 1er prairial, par ce cri tragique : *Du pain ! du pain !* Aussi le premier acte de l'Assemblée redevenue libre fut-il de leur interdire l'accès des tribunes (2), qui désormais n'ont plus d'histoire.

On conçoit quelle influence ce public exerça sur l'élo-

---

(1) *Rev. de Paris*, n° CCII.
(2) Ce décret fut donc rendu le 1er prairial an III et non le 21 mai 1793, comme le disent MM. de Goncourt dans leur *Histoire de la société française pendant la Révolution*, 1e éd., p. 385.

quence parlementaire. Au début de la Constituante, on pouvait dire qu'une délégation du vrai peuple encourageait ses députés par sa présence, par ses applaudissements libres et sincères. En 1792, c'est déjà un public plus restreint, plus asservi à un mot d'ordre. En 1793, ce sont les délégués d'une minorité audacieuse et anonyme de la population parisienne. Ce n'est plus la France, ce n'est même pas un quartier de Paris ; mais trop souvent une troupe de claqueurs fanatiques, enrégimentés pour faire prévaloir par la force une politique dont ils n'ont même pas le secret. Leur nombre, leur place, leur attitude font de ces violents le véritable auditoire des Conventionnels, auditoire nullement peuple, auditoire impossible à dissuader, à toucher au cœur, auditoire réfractaire par mot d'ordre aux plus grands effets de l'éloquence. C'est là que Robespierre trouvera le véritable appui de son gouvernement : le système de la Terreur n'aurait pas tenu huit jours debout si la vraie France, si le vrai Paris avait rempli les galeries de la Convention. J'imagine que ces applaudissements peu spontanés dégoûtèrent plus d'une fois, dans le secret de leur conscience, les orateurs honnêtes de la Montagne. Il est sûr que cette intervention illégitime exaspéra la Gironde et porta cette héroïque jeunesse aux imprudentes bravades contre Paris et les Jacobins. Aux vociférations de ce faux peuple ils répondirent par un incessant défi, outrant leurs opinions, leur attitude, leur caractère. Le Centre, cependant, se taisait, lâchait peu à peu la droite compromise et impuissante et se rapprochait des hommes qui leur semblaient le plus capables de le préserver de la violence populaire. Et pourtant, telle était la foi des Montagnards et des Girondins en la force de leur éloquence qu'ils crurent jusqu'au bout, ceux-là que les tribunes les applaudissaient avec intelligence, ceux-ci qu'elles se laisseraient un jour séduire par leur voix. Cette illusion permit aux Convention-

nels de garder intacte, jusqu'au 9 thermidor, toute leur
énergie oratoire, toute leur foi dans l'art de la parole,
comme si la victoire était assurée au plus éloquent.

III

On voit que, si la Législative et la Convention adoptèrent
le règlement et presque tous les usages de la Constituante,
les orateurs de ces deux assemblées ne parlèrent pas tout à
fait dans les mêmes conditions que leurs aînés. Sans prétendre à donner un tableau des mœurs parlementaires de
1791 à 1795, indiquons brièvement ce qui distingue ces deux
périodes si voisines et si différentes.

Rappelons d'abord que les Législateurs et les Conventionnels étaient de plus d'un tiers moins nombreux que les Constituants, environ 750 au lieu de 1,200. A la Législative, sans
parler des scrutins pour la nomination du président, dans
les grandes occasions il n'y eut jamais moins de cent membres absents (1). A la Convention, jusqu'au 31 mai, le
nombre des absents fut encore plus considérable. Dans les
séances du 21 et du 22 septembre 1792, où la royauté fut
abolie et la république proclamée, il n'y avait pas plus de
300 députés présents, comme l'attestait, d'après Fockedey,
le registre de présence (2). Assurément la plupart des Conventionnels n'étaient pas arrivés. Il n'en est pas moins vrai
que beaucoup d'hommes obscurs ne parurent guère, dans
ces premiers mois, à la Convention. Lors du vote sur la
mort de Louis XVI, il fut si compromettant de rester chez
soi qu'il n'y eut qu'un absent sans motif valable : 721 dépu-

---

(1) Scrutin sur une motion de Merlin relative aux séances du soir
(23 février 1792) : 631 votants. Scrutin sur la mise en accusation de
La Fayette (8 août) : 630 votants.

(2) *Souvenirs* du conventionnel Fockedey, ap. *Revue de la Révolution*, n° du 6 mai 1884.

tés votèrent. Mais le 12 avril, dans le scrutin sur Marat, on ne compta que 360 suffrages. En admettant que 200 députés fussent en mission ou se soient abstenus de propos délibéré (et ce chiffre est exagéré), il n'en est pas moins vrai que 200 Conventionnels, au fort de la lutte entre la Gironde et la Montagne, ne paraissaient plus aux séances.

La majorité ramena dans son sein, par une mesure violente, ce troupeau effrayé et anonyme: elle décida, le 14 juin 1793, que deux appels nominaux constateraient les absents sans motif valable, et que ceux-ci seraient aussitôt remplacés par leurs suppléants. C'était les déclarer suspects, complices des Girondins fugitifs. Ils revinrent en masse, et, le 16 juillet, Gossuin fit le rapport suivant : « Il peut importer de faire connaître le nombre des députés présents à leur poste. Le voici tel qu'il résulte de leurs signatures sur le registre des mandats et tel qu'il est constaté par le comité des inspecteurs de la salle : 623 présents, 63 en commission. Il en manque 59 pour compléter le nombre des 745. Quelques-uns sont absents par congé, plusieurs pour cause de maladie ; les autres sont détenus à Paris ou conspirent dans les départements ». La terreur qui avait ramené ces hommes faibles dans la salle des séances leur inspira les votes les plus serviles et assura aux Montagnards une majorité bien dressée.

Qu'étaient, en général, ces orateurs qui occupèrent la tribune de 1791 à 1795 ? Par suite du décret qui privait les ex-Constituants de l'éligibilité, tous les députés à la Législative étaient des hommes nouveaux et, sauf ceux de Paris, des inconnus. Presque tous appartenaient à l'ancien tiers-état, et les quelques nobles du côté droit, comme Stanislas de Girardin, avaient oublié ou caché leurs préjugés de race.

De plus, presque tous étaient pauvres. « Plus des dix-neuf vingtièmes des membres de cette Législative, disait avec dédain le comte de La Marck, n'ont d'autres équipages que des galoches et des parapluies. On a calculé que tous ces nouveaux députés n'ont pas en biens-fonds 200,000 livres de revenu (1). »

Toutes les professions étaient représentées à la Législative, mais les avocats dominaient. Les électeurs avaient presque partout choisi des administrateurs départementaux, des officiers municipaux, des juges qui, habitués à invoquer et à faire exécuter la constitution, en avaient le respect. Mais cette seconde couche politique, moins inexpérimentée que la précédente, se trouvait généralement inférieure. Brissot, Vergniaud et leurs amis y brillèrent presque sans partage et n'y trouvèrent pas d'adversaires à leur taille.

III

Bien supérieure fut la moyenne des Conventionnels. Outre que les électeurs, pour cette seconde révolution qui commençait, s'appliquèrent à choisir des mandataires de talent, presque tous les politiques célèbres, sauf Barnave, les deux Lameth et Duport, furent appelés à la nouvelle Assemblée. On vit reparaître dans la salle du Manège toute la gauche girondine et brissotine, avec le petit groupe d'hommes hardis qui avait formé, dans la Législative, une Montagne en miniature. La droite, impopulaire, et le centre, nul, furent éliminés. En tout 192 Législateurs entrèrent à la Convention; ils y trouvèrent 77 Constituants, les uns célèbres, comme Camus, Dubois de Crancé, Grégoire, Pétion, Rabaut Saint-Etienne, Robespierre, Siéyès et Treilhard, les autres oubliés, mais destinés à un rôle oratoire éclatant, comme Barère et Lanjuinais. Parmi les 476 hommes nouveaux que comptait la Convention, je

---

(1) *Correspondance entre Mirabeau et La Marck*, III, 246.

ne vois que trois orateurs dignes de ce nom : Barbaroux, Louvet et Saint-Just. J'oublie Danton : mais l'orateur cordelier était-il un homme nouveau? La tribune fut donc occupée presque toujours, de 1792 à 1795, par des vétérans de la Constituante et de la Législative, — jeunes vétérans dont bien peu avaient atteint la quarantième année!

A la Convention comme à la Législative, les avocats et les magistrats étaient en majorité. Les trois grands orateurs, Danton, Vergniaud, Robespierre, sont des avocats. Il y avait là des médecins, comme Marat et Levasseur, des ministres protestants, comme Bernard Saint-Afrique, Jean-Bon Saint-André, Julien de Toulouse, Lasource, Rabaut Saint-Etienne; des évêques, comme Fauchet, Grégoire, Audrein (1); des savants, dont treize entrèrent à l'Institut; des hommes de lettres; enfin quelques cultivateurs. Nulle assemblée ne compta moins d'ignorants et ne fut mieux préparée, par son éducation antérieure, à goûter et à pratiquer l'art oratoire, non seulement dans le genre académique, comme le firent trop souvent les Constituants, mais aussi dans la forme la plus militante et la plus vivante.

Sauf Robespierre et quelques Girondins, presque tous ces orateurs étaient des hommes d'action. Outre qu'ils gouvernèrent dans les comités, presque tous exercèrent, en qualité de commissaires de la Convention, des fonctions militaires. Ils s'improvisèrent soldats, généraux, marins. Ils ne se bornèrent pas, comme nos députés actuels, à une vue théorique des choses. Forcés par les événements de confondre en leurs mains toutes les fonctions, ils touchèrent à tous les ressorts du gouvernement et s'instruisirent par la pratique dans les questions les plus techniques.

(1) En tout, 14 évêques : Audrein (Finistère), Cascneuve (Hautes-Alpes), Fauchet (Calvados), Gay-Vernon (Haute-Vienne), Grégoire (Loir-et-Cher), Huguet (Creuse), Lacombe (Angoulême), Lalande (Meurthe), R.-Th. Lindet (Eure), Massieu (Oise), Saurine (Landes), Thibault (Cantal), Villars (Laval), Wandelaincourt (Haute-Marne).

Il est curieux, au point de vue des aptitudes spéciales des orateurs dont nous allons étudier les discours, de parcourir la liste des députés qui, au début de la Convention, se firent inscrire pour les comités à nommer. Brissot choisit le comité de constitution et le comité diplomatique ; Vergniaud, constitution et législation ; Guadet, diplomatique et législation ; Gensonné, constitution et diplomatique ; Condorcet, instruction publique ; Louvet, agriculture, diplomatique, législation (Faublas ne doutait de rien !); Barbaroux, constitution ; Pétion, constitution et sûreté générale ; Lanjuinais, instruction publique et législation. Fauchet se fit inscrire pour cinq comités : finances, constitution, division, instruction publique, sûreté. Tels furent les choix des principaux Girondins.

Parmi les Montagnards, Robespierre et Couthon choisirent le comité de législation ; Danton, constitution et diplomatique ; Marat, constitution et sûreté ; Saint-Just, diplomatique et sûreté ; Barère, constitution, instruction publique et législation ; Bazire, inspecteurs de la salle et sûreté ; Legendre, commerce et diplomatique.

Dans le Centre, Siéyès choisit les comités de constitution, d'instruction, de division et diplomatique ; Camus, finances, examen des comptes, liquidation ; Grégoire, colonial, diplomatique, sûreté.

Sur ces indications préalables, la Convention élut l'élite de ses membres aux quatre ou cinq comités, qui, à la fin de 1792, avant la création du comité de salut public, semblaient les plus importants. C'est là que siègent ses orateurs. Siéyès, Brissot, Pétion, Vergniaud, Gensonné, Barère, Danton, Condorcet (1) sont au premier comité de constitution, avec Barbaroux, Hérault, Lanthenas, Jean Debry, Fauchet, Lavicomterie comme suppléants. Le comité diplomatique

---

(1) Ajoutons Payne, qui ne parla pas.

est formé de Rewbell, Grégoire, Clootz, Brissot, Guadet, Guyton, Kersaint, Gensonné, Carnot, membres titulaires; Villette, Danton, Collot, Siéyès, Mailhe, Ducos, suppléants. A l'instruction publique on trouve Condorcet, Prieur, Chénier, Hérault, Gorsas, Lanjuinais, Arbogast, Romme, Lanthenas, Siéyès, Barère, Dussault, David, Durand-Maillane, Fauchet, Manuel. A la sûreté, Fauchet, Bazire, Gorsas, Grégoire, Chénier, Hérault, Salle, Manuel, Grangeneuve et Tallien. Au comité de législation, Guadet, Couthon, Lanjuinais, Vergniaud, Louvet, Barère, Durand-Maillane, Robespierre, Lindet.

Mais, si la Convention tint compte des préférences de chacun, elle fit en sorte qu'un homme de talent au moins siégeât dans ses comités plus obscurs ou plus techniques. Ainsi, à l'agriculture, voici Rabaut, Louvet et Fabre. Aux finances, Prieur, Treilhard, Cambon, Camus. Au comité colonial, Grégoire, Kersaint, Fonfrède, Philippe-Egalité. Au commerce, Legendre, Rebecqui, Kersaint, Salle. Aux archives, Collot. Au comité de division, Debry, Fauchet, Siéyès, Fabre. Aux domaines, Treilhard, Camus. A l'examen des comptes, Camus. Aux inspecteurs de la salle, Bazire, Durand-Maillane, Lebas. A la liquidation, Treilhard, Lindet. A la marine, Kersaint, Philippe-Egalité, Jean-Bon. Aux pétitions, Ducos, Fabre, Tallien, Lebas. Aux secours publics, Durand-Maillane. Au comité militaire, Dubois-Crancé, Carnot, Choudieu, Debry, Carra, Fabre, Saint-Just.

Fréquemment renouvelés, ces comités, dont les plus chargés se subdivisèrent, reçurent, par une sorte de roulement, et formèrent aux affaires presque tous les orateurs de la Convention nationale. Après l'organisation du grand comité de salut public, ils furent des hommes de gouvernement en même temps que des hommes de tribune.

IV

Mais avant cette époque, où l'Assemblée gouverna par elle-même, les mœurs parlementaires, surtout à la Législative, diffèrent sensiblement des mœurs anglaises et des nôtres, surtout en ce qui touche aux rapports du pouvoir exécutif et des ministres. Jusqu'à la chute de la royauté, le Parlement français se refusa à choisir les ministres dans son sein et à organiser un cabinet responsable. Faute de cette mesure, qui aurait pu sauver la liberté et préserver la France de la Terreur et de l'Empire, les orateurs patriotes furent réduits à cette équivoque de soutenir une politique et d'en combattre les acteurs. Le ministère constitutionnel fut la cible préférée de ces défenseurs de la constitution, parce qu'il était le ministère du parti rétrograde, et non l'interprète de la majorité parlementaire. Il fut honteux de louer un ministre, d'aller chez un ministre, de parler à un ministre (1). Même après le 10 août, cette défiance survécut aux raisons qui l'avaient fait naître. Par routine, les Conventionnels tinrent en suspicion le cabinet, quoiqu'ils l'eussent élu. Quand les ministres étaient dans la

(1) Même pour les royalistes constitutionnels, écrira plus tard l'un d'eux, « c'était une espèce de crime que de connaître, de voir les ministres du roi, et d'avoir des entretiens avec eux. Ils mettaient leur honneur à être entièrement indépendants et à ne consulter que leur conscience, phrase banale, derrière laquelle se retranchent toujours les hommes faibles, et qui les dispense d'avoir cette loyauté et cette franchise qu'exige l'attachement à un parti. Je me souviens qu'un jour, en entrant dans la salle, je m'aperçus que plusieurs membres me regardaient d'un air tout particulier, que je ne pouvais m'expliquer ; les uns me fuyaient, les autres me considéraient avec embarras. Enfin l'un d'eux me dit que le bruit s'était répandu dans la salle que j'avais passé toute la nuit chez M. de Narbonne, ministre de la guerre. On en donnait une preuve admirable : on m'avait vu, le matin, promener dans son jardin en pantoufles. La chose était fausse en elle-même ; mais conçoit-on que des hommes qui se disaient attachés au roi pussent faire un crime à un député d'avoir des conférences avec un ministre du roi ? » *Mémoires* de Vaublanc, p. 187.

salle, un bon patriote ne devait pas leur parler. Ainsi, le 7 décembre 1792, Roland, mandé par la Convention, reçut par un huissier une communication du président Barère. Aussitôt quelqu'un se leva sur la crête de la Montagne : « Je demande, dit-il, que le président déclare ce qu'il vient de faire dire par un huissier au ministre Roland ». « Comme il m'avait demandé la parole, répondit humblement Barère, je lui faisais dire qu'il attendît que Viard, qu'on vient d'arrêter, eût parlé, et que j'eusse fait lire la lettre que je viens de recevoir du ministre des affaires étrangères. »

Certains mouvements oratoires sont inexplicables si on ne se rappelle ces naïves défiances des Législateurs et des Conventionnels. C'est par un sentiment analogue qu'ils répugnèrent à s'organiser en groupes, et, quand il fallut le faire, à avouer cette organisation; les concessions mutuelles qu'exige la formation des partis leur semblaient chose honteuse. En apparence, l'esprit politique n'a fait, à ce point de vue, aucun progrès en France depuis la Constituante. C'est un des lieux communs de la tribune que de protester contre toute attache de parti. « Je déclare, dit Ducastel dans la séance du 6 octobre 1791, que, dans toute cette discussion, je ne suis que l'impulsion de ma conscience, et que, s'il y a des partis, j'y suis étranger... » Le 10 octobre suivant, « un membre se place au milieu de la salle, pour faire voir qu'il n'est ni du côté droit ni du côté gauche (1). » Le 31, on reprochait à Isnard de se tourner vers la gauche. Le président (Ducastel) dit « que, d'après ce qu'il venait d'entendre, il semblait qu'on voulait faire croire qu'il y avait un côté droit et un côté gauche », et il ajouta « qu'il rappellerait à l'ordre tout membre qui parlerait de cette distinction (2). » Isnard déclare, le 14 novembre, « qu'il combat-

---

(1) *Moniteur*, réimpr., x, 82.
(2) *Journal des débats et des décrets*

tra tous les factieux, parce qu'il n'est d'aucun parti ».
On a vu qu'à la fin de décembre on changea de place le
fauteuil du président, afin d'intervertir sa droite et sa gauche.
Il arriva que le parti des royalistes constitutionnels s'appela
toujours la Droite, quoiqu'ils siégeassent à gauche du
président et que la Gironde, quoiqu'assise à droite, n'en fut
pas moins la Gauche. A la Convention, ce sont les mêmes
pudeurs: « Je ne suis d'aucun parti, s'écrie Fonfrède
(15 mars 1793); je ne veux appartenir à personne; je suis
à ma conscience et à mon pays. » « Moi aussi, avait dit
Danton le 29 octobre 1792, je suis sans parti et sans faction. Si quelqu'un peut prouver que je tiens à une faction,
qu'il me confonde à l'instant. » Éclairé par l'expérience,
un Législateur reconnaîtra plus tard que le véritable
esprit de parti peut être loyal et franc; que l'absence de
partis vraiment disciplinés fut la perte de la Révolution (1).

Donc, comme à la Constituante, loin de s'exprimer au
nom de leur groupe, les orateurs affecteront de donner un
caractère tout personnel même aux manifestations qu'ils
auront préparées avec leurs amis. Que dis-je? il est rare
qu'un rapporteur se présente comme le mandataire de son
comité. Il se garde d'ordinaire d'invoquer l'autorité des
collègues avec lesquels il a discuté et composé son rapport:
il feint de l'avoir écrit sans conseil, sous la dictée de sa
conscience.

V

Et pourtant, si l'on repousse le mot, on sent l'utilité de
la chose et on tâche à s'organiser, à la Législative et surtout à la Convention, avec plus de méthode et d'efficacité
qu'à la Constituante. Ce n'est pas assez de remarquer que

---

(1) *Mémoires* de Vaublanc, éd. Didot, p. 186.

la Législative était coupée en deux groupes inégaux : 300 Jacobins ou Brissotins et 450 modérés. La droite (royalistes constitutionnels) comptait exactement 160 membres qui votaient toujours ensemble. Les « patriotes jacobins » étaient au nombre d'environ 280 et se laissaient diriger assez docilement par Brissot, Condorcet et les députés de la Gironde. L'extrême gauche, ou *queue* du parti jacobin, était composée d'environ vingt membres, dont les meneurs étaient Bazire, Chabot et Merlin. Restaient 300 indécis, masse confuse et sans cohésion, qu'on appelait le centre et qui s'intitulaient pompeusement les *Indépendants* : ceux-ci n'offraient aucun rudiment d'organisation intérieure ; mais ils votaient d'ordinaire avec la droite (1).

Jusqu'au 31 mai, la Convention parut de même divisée en trois tronçons : la droite girondine, le centre, la gauche montagnarde. Les deux groupes extrêmes firent chaque jour des progrès dans le sens d'une organisation plus parfaite, tandis que le centre, incohérent et incertain, donnait la victoire aux Girondins, sauf quand ceux-ci se divisaient entre eux, comme dans le procès de Louis XVI. Après l'écrasement de la Gironde, provoqué par une force extérieure et non par une défection du centre, celui-ci, effrayé, vota avec la Montagne, qui elle-même se partagea en Dantonistes et en Robespierristes (2). Après la mort de Danton et de ses amis, un parti se forma secrètement contre le triumvirat de Robespierre, de Couthon et de Saint-Just, et ce parti des futurs thermidoriens se subdivisa en groupes dont Sénart nous a laissé le détail curieux (3). Après Thermidor, le retour des débris de la

---

(1) Sur le chiffre des partis à la Législative, cf. Mallet du Pan, I, 429, *Les deux amis de la liberté*, VIII, 127, et surtout Mathieu Dumas, II, 4.

(2) Les Hébertistes étaient peu nombreux à la Convention et se confondaient parfois avec les amis de Danton.

(3) Cf. Buchez, XXXIII, 8.

Gironde fut le signal d'un nouveau classement, et un petit noyau royaliste forma l'extrême droite de la Convention.

Que de partis dans une Assemblée qui protestait contre toute subdivision de droite et de gauche! Que de groupes et de sous-groupes, comme nous dirions aujourd'hui ! Mais ces groupes, loin de s'affirmer au grand jour, s'organisaient secrètement, presque honteusement. Leurs réunions se déguisaient sous couleur de rencontre fortuite, dans un dîner, à une soirée chez un ami. Loin de nommer un président, d'avoir des chefs officiels, on conspirait puérilement et on niait, le rouge au front, une légitime entente que tout le monde voyait.

Ce mystère accroissait les défiances et les haines. Qu'avait comploté la Montagne dans l'arrière-boutique de Duplay ou dans le souterrain de Marat? Quelles intrigues perfides avait nouées la Gironde « dans le boudoir de la femme Roland ? » Voilà ce que se demandaient les deux partis, avec une sincère inquiétude (1), quand ils se retrouvaient chaque matin au Manège, puis aux Tuileries. Jamais les chefs ne purent s'entendre pour une trêve ou une action commune contre l'ennemi commun. Les chefs? il n'y en avait pas, puisqu'il n'y avait pas de partis, puisque nul n'obéissait à un mot d'ordre. Si Robespierre et Vergniaud s'étaient permis de traiter au nom de leurs amis, leurs amis les auraient désavoués. D'un groupe à l'autre, les relations personnelles devenaient de plus en plus rares. Sous l'œil défiant des tribunes, on n'osait pas se parler, se toucher la main. Si Danton, avec son sens supérieur de la politique, provoque une entrevue pour une entente, elle sera secrète comme une conjuration. Ce ne sont pas deux partis en présence, mais

(1) Même défiance sous la Législative entre les Jacobins et les royalistes. Le 12 janvier 1792, les poêles se mirent à fumer. La gauche vit là une manœuvre de la droite pour faire lever la séance.

deux camps armés : les parlementaires, s'il s'en présente, ont les yeux bouchés par la passion et ne voient dans leurs adversaires que des ennemis.

VI

Cette organisation des partis en forme de sociétés secrètes et libres à la fois permettait à chacun de reprendre à tout instant sa liberté d'action, et rendait incertain le succès de toute politique suivie. De cette méfiance mutuelle venait aussi l'extrême irritabilité des orateurs, leur susceptibilité enfantine. De plus, ils sont énervés par l'excès du travail : le matin ils siègent cinq heures ; le soir environ trois heures ; quelques-uns, au sortir de l'Assemblée, courent au club des Jacobins. D'autres passent la nuit dans les comités (1). Cette laboriosité est trop célèbre pour qu'il faille la retracer en détail. Mais elle explique que la méfiance réciproque, dont nous avons indiqué les causes, jetât un certain tumulte dans les délibérations d'hommes en proie à la fièvre du temps et que surexcitent encore les huées et les applaudissements des tribunes. Et puis on ne se pardonne rien. Le 6 novembre 1791 (2), Isnard demande un rappel à l'ordre contre un collègue qui l'a interrompu d'un *Ah!* Elu pour quinze jours, le président n'obtient aucun respect. Souvent il descend de son fauteuil pour être rappelé à l'ordre. On se traite, pour un geste équivoque, de *scélérat* et de *factieux*. Nous aurons souvent occasion de revenir sur ces scènes de désordre où éclatent quelquefois des traits d'éloquence sublime en réponse à de viles injures. La Législative et la Convention essayèrent

---

(1) Lettre de Barbaroux à ses électeurs, décembre 92, ap. *Mémoires*, éd. Dauban.
(2) *Journal des débats et des décrets*.

plus d'une fois d'établir, par un article de règlement, le sang-froid et la décence qui n'étaient pas dans les âmes. Ainsi, le 31 octobre 1792, un député dont aucun journal ne donne le nom, s'écria mélancoliquement : « Par quelle fatalité, lorsque la royauté n'est plus, lorsque le succès constant de nos armes présage la conquête du monde entier à la liberté ; lorsque tout s'accorde à nous aplanir une carrière, qui pouvait ne nous présenter que des épines; par quelle fatalité, dis-je, cette enceinte, qui devait être le centre de la concorde et de la jubilation universelle, est-elle devenue un foyer de désordre et d'insurrection ? Comment le sanctuaire des lois a-t-il pu se changer en une arène de gladiateurs personnellement acharnés les uns contre les autres ? » Et il proposait de punir les *personnalités* de huit jours d'arrêt, et les dénonciations d'un mois de prison. L'Assemblée écarta cette motion un peu naïve. Mais, le 25 mai 1793, comme Marat s'était élevé encore une fois contre la *faction scélérate* : « Il est temps, s'écria un girondin, Edme Petit, que l'Assemblée prenne la dignité qui lui convient. Nous ne sommes pas ici chez Nicolet ; nous n'avons pas été envoyés par nos départements pour entendre les farces d'un pantin comme Marat. (*On applaudit à plusieurs reprises.*) Je demande que le premier membre qui se permettra les noms de factieux, de scélérat, contre ses collègues, soit à l'instant, et par un décret positif, chassé de l'Assemblée. (*Nouveaux applaudissements des membres et d'une partie des spectateurs.*) » Cette motion, décrétée à une grande majorité, ne calma pas les passions et ne fut suivie d'aucun effet. Car, le 11 nivôse an III, Dumont, insulté par Duhem, fit décréter que tout insulteur serait envoyé à l'Abbaye. Des injures aux voies de fait, il n'y avait pas loin. Les deux partis semblaient convaincus qu'un jour viendrait où leur duel ne serait plus oratoire. La plupart portaient une épée ou une canne à épée. « Dans leurs délibérations, où les débats sont des querelles (dit Garat avec une préciosité ridicule), les glaives des combats sont à côté d'eux dans leurs cannes, en même temps que le glaive de la vérité ou celui de l'erreur est dans leurs paroles (1). » Au plus fort de la lutte intestine, le 11 avril 1793, le girondin Duperret dégaina et s'élança, l'épée haute, sur les Montagnards : le jacobin Calon (de l'Oise) le fit reculer en le menaçant de son pistolet (2).

On se demandera si on peut donner le nom d'orateurs à ces forcenés. Mais ces injures mêmes et ces menaces avaient leur éloquence, car elles partaient du cœur, elles sortaient de bouches nullement grossières, mais passionnées. Et puis pour quelques discussions orageuses, combien de séances calmes et majestueuses ne comptèrent pas la Législative et la Convention ! Même dans le tumulte, les Montagnards obtenaient le silence, et les Girondins arrivaient à le conquérir à force de génie. Ces cris dont nous avons cité des exemples étaient des intermèdes violents, qui font connaître les orateurs de ce temps-là presque aussi bien que leurs grands discours, et dont on regrette que les journaux ne nous aient pas plus souvent donné le détail. Si aujourd'hui le Français paisible rougit de ces violences, il aurait tort d'oublier que ce ne furent pas là des conditions défavorables à l'art de la parole politique. Tacite, que les hommes de ce temps-là aimaient à traduire, n'a-t-il pas dit que les orages même du forum libre donnaient un aliment à la grande éloquence ? *Quæ singula etsi distrahebant rempublicam, exercebant tamen illorum temporum eloquentiam* (3).

---

(1) Mémoires sur Suard, II, 339.
(2) *Mon.*, réimpr., XVI, 122. — *Le Journal des débats* ne donne aucun détail sur cette scène curieuse.
(3) *De oratoribus*, XXXVI.

VII

Mais quelle éloquence pouvait-il y avoir avec le bonnet rouge, la carmagnole, les sabots, le tutoiement ? Je réponds qu'on a singulièrement exagéré la liberté de tenue des Législateurs et des Conventionnels. Qu'on prenne une des estampes qui représentent le procès de Louis XVI, et on verra qu'en janvier 93 pas un député ne portait encore le bonnet rouge. Oui, Brissot recommanda, en 1792, le bonnet rouge et la coiffure à la Titus. La coiffure fut généralement adoptée : mais je doute que Brissot lui-même ait paru à la Convention avec le bonnet sur la tête. Il y aurait, certes, autant de pédantisme à disculper cette mode inoffensive qu'à la critiquer. Mais enfin il est constant que la plupart des députés s'en abstinrent jusqu'au bout. Quant à la carmagnole et aux sabots, au fort de la Terreur, une infime minorité de Conventionnels prirent en effet ce costume par peur, et non par goût (1). Ce fut pour leur lâcheté une leçon sévère que l'attitude des chefs de la Montagne, dont la plupart dédaignèrent, avec Robespierre, une mascarade qui était une basse flatterie à l'adresse du public des tribunes. Quant au tutoiement, qui n'a rien d'ailleurs d'anti-oratoire, qui fut même éloquent à son heure, c'est encore une erreur de croire que les orateurs révolutionnaires en usèrent généralement. « Guadet (dit Paganel), président de l'Assemblée législative, tutoya ses collègues et ne crut pas avilir cette première dignité. Le tutoiement devint universel parmi la multitude, disposée à ce nouvel usage par son

(1) Léonard Bourbon fut un de ceux qui s'abaissèrent à ces artifices grossiers : « A la Convention, il fut un des premiers qui introduisirent l'usage de l'avilir par des formes indécentes, comme d'y parler le chapeau sur la tête et d'y siéger avec un costume ridicule. » (Note manuscrite de Robespierre, ap. Courtois, p. 192.)

éducation... (1). » Comme Paganel fit partie de la Législative et de la Convention, la plupart des historiens ont accepté son dire sans vérifier. S'ils avaient consulté le *Moniteur*, le *Journal des débats* et le *Logographe*, ils y auraient vainement cherché trace de ce tutoiement pendant les deux présidences de Guadet à la Législative (22 janvier 1792 et 10 août). Président de la Convention, il s'adressa en ces termes à Danton, le 26 octobre 1792 : « Danton, je *vous* rappelle à l'ordre pour vous être servi d'une expression très déplacée (2) ». Ce n'est que dans la seconde moitié de l'année 1793 que le tutoiement devint un usage officiel : mais, dans la langue parlementaire, il ne fut jamais obligatoire, et beaucoup d'orateurs ou manquèrent à cette mode populaire ou surent l'esquiver.

Est-il vrai que ce tutoiement ait été inventé, conseillé par Brissot ? Il n'en usa jamais à la tribune et, dans le *Patriote français*, il se borna de sages réflexions sur l'emploi des mots *monsieur* et *citoyen* : « Outre l'aristocratie des titres féodaux, écrit-il le 21 septembre 1792, il y avait aussi l'aristocratie des titres bourgeois ; et cette aristocratie n'est pas encore détruite. L'orgueil citadin met encore une grande différence dans ses appellations : *Monsieur*, *le sieur*, *le nommé*, etc. Il y a une gradation dont les nuances n'échappent pas aux oreilles susceptibles de nos bourgeois. La Convention nationale, qui doit balayer ces misérables restes de l'ancien régime, ne souffre pas dans son sein le titre de *Monsieur* : on y a substitué celui de *citoyen*. » Et Brissot proposait même de ne faire précéder les noms d'aucun titre : « Disons Pétion, Condorcet, Payne, comme on disait à Rome

---

(1) *Essai historique et critique*, 1, 460-462.
(2) Même formule dans le *Journal des débats et des décrets* (p. 693) : « Le président, s'adressant à Danton, lui a dit : Danton, je *vous* rappelle à l'ordre.... ». — M. Biré (*Légende des Girondins*, p. 77) a répété l'erreur de Paganel.

Caton, Cicéron, Brutus. » Cet usage prévalut, et, quant au titre de *Monsieur*, il est bien vrai qu'à la Convention, il ne fut employé que par ironie (1). En tout cas, quand la Révolution simplifia ainsi le code du cérémonial, si les orateurs parlementaires acceptèrent en partie cette réforme, ce fut bien moins pour plaire au peuple des ouvriers et des paysans que pour imiter la noble familiarité de ces Grecs et de ces Romains qu'on avait entrevue au collège. Les uns acceptèrent le tutoiement, la suppression du mot *monsieur*, par esprit de fraternité ou par politique ; à d'autres, j'en suis sûr, ces formules nouvelles parurent plus belles, parce qu'elles étaient plus classiques. Il en est, certes, que le bonnet rouge séduisit par sa forme archaïque, et quand Brissot en conseille l'usage, il allègue pompeusement Rome et la Grèce (2).

Que résulte-t-il de ces remarques ? Qu'on s'est trompé lorsqu'on a considéré ces formes de costume et de langage comme universellement adoptées à la Législative et à la Convention. Si Robespierre eût été le seul à se vêtir et à parler avec la politesse de l'ancien régime, son rôle n'eût pas été soutenable. Ces déguisements, inoffensifs d'ailleurs, furent étrangers à Vergniaud, à Danton, à Billault, à Saint-Just, à Camille Desmoulins, à Couthon, pour citer au hasard les plus doux et les plus violents. Mais c'est de la naïveté de voir dans ce tutoiement et dans ce bonnet rouge un retour volontaire à la barbarie et comme « la livrée du crime » : en cela, on était pédant, on l'était avec délices, mais on ne se croyait pas mal élevé.

(1) Le 14 janvier 1793, Thuriot dit : « Je demande à répondre à Buzot, puisque monsieur (Hardy) ne veut pas lui répondre ». Et Buzot, le 28 janvier suivant : « Quand ces messieurs parlent, je ne les interromps pas. — Plusieurs voix à gauche de la tribune : C'est vous qui êtes un *monsieur* ». Cf. *Mon.*, réimpr., XV, 570, 572, 695.

(2) *Patriote français* du 6 février 1792.

LIVRE II

LES ROYALISTES CONSTITUTIONNELS ET LES INDÉPENDANTS

CHAPITRE PREMIER.

POLITIQUE DU GROUPE.

Le côté droit de la Législative offrait une certaine cohésion et les apparences d'un parti organisé. Ces royalistes constitutionnels, comme ils aimaient à s'appeler eux-mêmes, s'étaient groupés dès les premières séances : « Nous nous comptâmes, dit un de leurs orateurs, Mathieu Dumas : nous étions 160, et nous n'eûmes pas à craindre une seule défection (1). » Bientôt un grand nombre de membres du Centre se joignirent à ce groupe imposant par le nombre et la bonne tenue, et dont les chefs étaient Vaublanc, Dumas, Ramond, Théodore de Lameth, Stanislas de Girardin. En février 1792, la Droite compte 250 membres (2), et à la fin, dans les occasions importantes, par exemple dans l'affaire de La Fayette, elle enlève la majorité, absorbant le Centre tout entier.

Il semble qu'un parti qui va toujours grossissant et qui n'intervient plus guère que pour vaincre, ait dû obéir à des politiques de premier ordre, à de grands orateurs. Il

---

(1) *Souvenirs de Mathieu Dumas*, II, 4.
(2) *Rév. de Paris*, n° 137, p. 347.

n'en fut rien : cette politique n'inspira souvent que des discours insignifiants ou d'une forme médiocre, qui ne méritaient pas plus les colères des patriotes qu'ils ne doivent arrêter longtemps l'attention de la critique littéraire. Cela tint au rôle ingrat, équivoque, stérile, où les intrigues de la cour jetèrent les hommes du côté droit et où ils furent retenus par leur pusillanimité, leur aveuglement, leurs mécomptes même et aussi, pour la plupart, par l'excès de leur loyauté.

Que voulait, en effet, leur honnêteté peu clairvoyante ? Le maintien scrupuleux de la constitution de 1791. Tandis que les patriotes jacobins et le roi acceptent et exécutent cette constitution avec arrière-pensée et sans franchise, tandis que l'opinion dégage peu à peu (et trop tard) la leçon de la fuite à Varennes, les royalistes constitutionnels se refusent à sentir que ni le roi ne pourra oublier la confusion dont l'a couvert l'avortement de son entreprise, ni le peuple, écœuré et inquiet, n'aura le tact de faciliter à Louis XVI le retour à une conduite loyale. Ils aiment la constitution pour elle-même, pour la liberté sage et modérée qu'elle établirait en France, ils la croient vivante et ils brûlent encore, au bout de leur carrière, de la ferveur naïve dont fut accueillie, le 4 octobre 1791, la présentation de l'acte constitutionnel par Camus et les douze vieillards. Leur mot d'ordre est de glorifier ce culte et de supposer, malgré toute évidence, que l'exécuteur suprême de la loi ne se départira jamais de la bonne foi dont eux-mêmes sont animés. Certes, quoi qu'en disent les feuilles jacobines (1), le côté droit n'est pas tout entier le *côté du roi*. On voit et on sait que Dumas et Girardin ne recherchent ni ne reçoivent les confidences de la cour. L'esprit de 89 vit en la plupart d'entre eux, et cet esprit est factieux aux yeux de la coterie

---

(1) Voir surtout dans le n° 137 des *Rév. de Paris* (février 92) un article intitulé : *Coalition d'un côté de l'Assemblée nationale avec le pouvoir exécutif*.

qui meut et brouille les fils de la politique royale. Ce n'est pas Louis XVI que servent plusieurs de ces royalistes, notamment Girardin, mais un roi, possible ou idéal, attaché de cœur et de foi à la France nouvelle, incapable d'hypocrisie et de perfidie, sans préjugés héréditaires et sans rancunes secrètes, c'est un roi selon la pure doctrine constitutionnelle. Voilà dans quelle mesure beaucoup d'hommes du côté droit, et non les moins notables, se coalisent avec le pouvoir exécutif : ils le supposent sincère, et, par là même, l'embarrassent encore plus qu'ils ne l'aident. D'autre part, avec leur amour de la constitution, ils ne gênent pas moins ces Jacobins qui prétendent rester dans la légalité. Ce texte, auquel ils ramènent sans cesse leurs adversaires, est dans leurs mains une arme qui ne tue pas, mais qui pique, déchire, exaspère. De là les cris de fureur dont l'extrémité gauche et les galeries accueillent les déclarations mesurées et froides des royalistes constitutionnels.

Mais il y aurait quelque naïveté à croire que toute la Droite sans exception eut cette bonne foi, ce culte sincère pour la loi, cet éloignement pour les intrigues qui se nouaient aux Tuileries. Il est sûr que plusieurs prêtèrent leur concours aux manœuvres suprêmes de la cour. Les rapports du roi avec les émigrés n'étaient ni désapprouvés de quelques membres de la Droite, ni, vers le mois de juin 1792, ignorés des autres. Ceux-ci, les hommes vertueux et sincères, furent sans doute attristés, désolés même. Mais les Jacobins n'effrayaient pas moins leur modération que la cour ne scandalisait leur loyauté. Ils restèrent les fidèles du roi, alors que le roi n'était plus constitutionnel, et, à l'heure même où les Tuileries réclamaient des puissances un manifeste antirévolutionnaire, ils se cachèrent la tête, pour ne point voir, dans le texte même de la constitution, pour laquelle ils continuèrent à combattre sans illusion et par point d'honneur.

Comment cette politique sans espoir aurait-elle pu inspirer une véritable éloquence à des hommes timides, nés pour un état paisible et fixé, pour les temps prospères d'une monarchie libérale? Leur rôle à la tribune fut de lire avec exactitude ce morceau de papier déchiré par les deux partis et à la vertu duquel ils étaient seuls à croire. Mais, toute froide qu'elle est, leur parole ne sent pas toujours, comme les historiens le disent trop, l'intrigue, la servilité courtisanesque. Ce sont des fils de la Révolution, ces royalistes si injuriés par leurs adversaires. Ils savent parler la langue des temps nouveaux, et, sous leur gêne, dans l'embarras de leur position fausse, on sent l'horreur de l'ancien régime, un solide esprit bourgeois et libéral. Leur style est généralement correct comme leur attitude et sincère comme leurs intentions. Ils excellent dans les discussions techniques sur les questions financières, militaires, juridiques. C'est déjà l'éloquence parlementaire de cette monarchie de juillet, dont, trente ans plus tard, ils prépareront l'avènement par leur opposition libérale à la Restauration.

Leurs principaux orateurs furent Ramond, Viennot de Vaublanc, Mathieu Dumas, Stanislas de Girardin. Quant à Théodore de Lameth, il représentait à la Législative l'influence et les intrigues de ses frères et de Barnave : mais il ne parlait pas. D'autres, Lemontey, Jaucourt, Quatremère de Quincy, Ducastel, Beugnot, se firent écouter en quelques occasions, mais sans s'élever au-dessus du médiocre.

CHAPITRE II.

RAMOND.

I

Ramond personnifia, aux yeux des patriotes jacobins, la réaction à la fois furieuse et perfide. A la Convention, quand les Girondins essayèrent d'arrêter le mouvement révolutionnaire, les Montagnards disaient ironiquement : « Est-ce que Ramond siège encore parmi nous? » Et pourtant, ce n'était ni un furieux ni un perfide. Il traita toujours ses adversaires avec cette politesse qui était encore de mise à l'Assemblée législative. Une seule fois, accusé de haïr Paris, il riposta d'un ton brusque : « Il existe un véritable complot contre la ville de Paris : mais le foyer de ce complot est là (1). » Et il désigna du doigt les Girondins et les Montagnards. C'est la seule vivacité qu'il se soit jamais permise : il discute d'ordinaire avec une urbanité et une logique irréprochables, sans astuce, sans hypocrisie. Son thème oratoire est celui de la Droite : c'est la défense de la constitution contre les Jacobins, qui prétendent la défendre aussi. Avec flegme et précision, il souligne les contradictions où tombent ses adversaires quand ils prétendent continuer la Révolution tout en se disant fidèles à un texte qui l'arrête et la fixe. Ses objections irréfutables sont accueillies par la Gauche tantôt avec colère, tantôt avec stupeur. Son apparition à la tribune excite toujours l'attention et la défiance du parti de Brissot, qui se sent exposé à une grêle de critiques exactes, partiellement vraies, d'autant plus mordantes que

(1) *Journal des débats et des décrets*, séance du 18 mai 1792.

l'orateur parle sans grimace le langage de la philosophie et de la tolérance, et qu'il semble animé d'un amour sincère de la Révolution.

Il n'est pas éloquent. Sa personne, sa parole, son action sont modestes et correctes. Il ne fait jamais appel aux passions grandes. Un peu mesquine et aigre, sa dialectique glace ou blesse les enthousiastes de la Gauche. Les esprits étendus souffrent de son erreur primordiale, celle de sa croyance à l'efficacité d'une constitution, dont les exécuteurs ont fait un piège pour la Révolution. Cette vue courte et fausse aurait paralysé même un homme de génie.

Mais il y a plaisir, cette réserve faite, à lire ses quelques discours, qu'il avait évidemment préparés à loisir : tout y est clair, rigoureux, honnête, et le mauvais goût du temps n'y a laissé que peu de taches. On sent un homme bien élevé et instruit, et il avait en effet mieux qu'un demi-savoir de collège : son goût très vif pour les sciences, et en particulier pour la géologie, l'avait lié, avant 89, avec les savants de son temps, et plus tard, en 1802, le désigna pour l'Institut. Né à Strasbourg en 1755, il fut d'abord attaché au cardinal de Rohan comme conseiller intime (1), puis il se fixa à Paris, et au moment où la Révolution éclata, il faisait partie de la maison militaire du roi. En mai 1791, il publia, sur la révision de la constitution, une brochure (2) qui le désigna au choix des électeurs de Paris, choix qui ne fit pas grand bruit et dont ni la cour ni les patriotes ne se vantèrent. Ni les aristocrates ni les Jacobins ne s'attendaient à l'attitude militante que devait prendre et garder, pendant toute la législature, cet homme à la réputation indécise.

(1) *Biographie nouvelle des contemporains.*
(2) Analysée par le *Moniteur* (réimpr., VIII, 332).

II

Dès le mois d'octobre, il étonna par le ton philosophique et révolutionnaire avec lequel il soutint des motions dont devaient profiter les ennemis de la philosophie et de la Révolution.

Ainsi, le 7 octobre 1791, Couthon avait réclamé une loi contre les prêtres réfractaires: « Et moi aussi, répondit Ramond, je demande que l'on prenne des mesures sévères : ces mesures sont celles dont on s'est avisé trop tard, quand il a été question de querelles religieuses; celles que l'on a prises après avoir éveillé vainement sur elles l'attention des cours et des tribunaux : je parle du plus profond mépris. (*On a vivement applaudi.* — Les mauvais prêtres sont insensibles, *s'est écrié M. Lacroix.*) J'ose, messieurs, vous attester l'utilité et les avantages de cette mesure; elle n'a point été prise encore. Lorsque le corps constituant retentissait de ces querelles, lorsque le corps législatif est près d'en retentir encore, essayez-la, messieurs ; et que la première de vos opérations soit de consacrer la question préalable sur le mot même de *prêtre* (1). »

De même, tout en flétrissant des émigrés, il proposa (20 octobre) des mesures dilatoires qui leur étaient favorables: « Les émigrés commettront-ils le crime de se montrer vos ennemis ? Alors vous les condamnerez. Toute autre conduite est injuste et violente; il faut, pour avoir le droit de faire la guerre, que la guerre soit commencée ; vous n'avez pas le droit de préjuger les intentions (2). » Et il parla encore dans le même sens quelques jours plus tard (28 oc-

---

(1) *Journal des débats et des décrets.*
(2) *Ibid.*

tobre), lorsque Brissot pressa de nouveau l'Assemblée d'en finir avec les émigrés.

Quand revint la discussion sur les prêtres réfractaires (29 octobre), il combattit les motions du comité, non comme violentes, mais comme inefficaces : « Pensez-vous, dit-il, qu'une pareille situation de choses puisse être amendée par aucune loi imaginable ? Imaginez-vous qu'à force de lois répressives, de lois surveillantes, qu'à force de sévérité, qu'avec la tolérance même (1) vous forcerez une phalange de prêtres à s'agenouiller devant l'autre ? Connaissez-vous assez peu l'esprit dominant du sacerdoce, pour espérer qu'il se lasse aisément d'occuper de lui une nation, des législateurs et des rois ? Croyez-vous dissuader sans peine cette partie égarée du peuple qui, dans ces matières où la raison a si peu d'empire, juge tout par l'exemple de ses prêtres, confond le dogme avec la discipline, et une constitution digne de l'admiration du monde et du respect des siècles, avec un serment qui en fut si vite écarté ?

« Au nom de la philosophie, n'essayons point ce que les lois ont de pouvoir contre ce que l'habitude et l'esprit de parti ont de résistance ; et puisque ce siècle, ce royaume, cette révolution même n'ont pu se dispenser de donner au monde la comédie des vicissitudes du jansénisme, au moins épargnons-nous les tragédies sacrées de la réformation. Il est inutile de capituler avec les principes au milieu d'une nation libre et au grand jour de l'opinion publique. Les lumières toujours croissantes d'un peuple qui se gouverne lui-même font bientôt justice de ces lâches accommodements.

« On a cru trouver un remède aux maux du fanatisme dans la tolérance du culte qui divise aujourd'hui l'Église catholique par un schisme bien plus réel que celui qui nous est reproché ; et l'on se souviendra longtemps dans

---

(1) *Logographe* : « Qu'avec *l'intolérance* même. »

cette Assemblée de la douce philosophie de ce prélat (1) dont l'éloquence vraiment pastorale a épanoui tous les cœurs, flétris la veille par des maximes dignes des siècles de Constantin et de Théodose. (*On applaudit.*) Mais qu'est-ce que la tolérance pour un peuple libre qui réclame l'égalité des droits, qui porte encore dans le cœur un ressentiment de tant de privilèges, et qui confond la cause des passions avec celle de la justice ? J'ignore combien encore de temps une nation éclairée souffrira, la déclaration des droits à la main, que cette présomptueuse tolérance tienne la place de cette modeste et sévère égalité; j'ignore combien de temps elle souffrira qu'il y ait un clergé dominant, alimenté par ceux mêmes qui ne veulent point s'en servir, et combien de temps elle trouvera décent qu'une tolérance, indigne de ce nom même, rende, en échange d'une contribution forcée, la permission de payer son propre culte, après avoir payé celui des autres ; mais ce que je n'ignore pas, c'est que cette disposition pénible, à peine tolérable dans les villes, cesse tout à fait de l'être dans les campagnes. Dans les villes, le riche, mécontent du culte public, fera facilement les frais de son culte particulier; et le pauvre qui suit ses principes ira recueillir à la porte de sa chapelle l'espèce de bénédiction dont sa conscience a besoin. Mais de quel front irais-je dire à l'habitant des campagnes : le quart de tes contributions est employé à payer les frais de mon culte, et je ne paierai point le tien ? »

Cette phrase souleva un tumulte. « A l'ordre, à l'ordre ! s'écriait-on dans l'extrémité du côté gauche, d'après le *Journal des débats*. La motion est appuyée et les murmures se prolongeaient. M. le président est parvenu à rétablir le calme. Il a dit que plusieurs membres voulaient que

---

(1) L'évêque Fauchet?

M. Ramond fût rappelé à l'ordre. « A l'Abbaye ! s'est-on écrié de nouveau ; il faut trois jours de prison pour avoir avancé des principes aussi inconstitutionnels. » On a bruyamment murmuré encore. Quelques membres ont réclamé l'ordre du jour, et d'autres ont demandé la question préalable sur le rappel à l'ordre. Elle a été adoptée à une très grande majorité, et avec de nombreux applaudissements. »

Il conclut en demandant que la nation payât le culte « de toute congrégation composée de cinquante citoyens actifs ». L'Assemblée repoussa cette motion dangereuse, qui ne visait, au fond, qu'à conserver leur traitement aux prêtres réfractaires.

A l'occasion, il sait parler de la Révolution avec respect et amour. Le 2 janvier 1792, Dorizy avait demandé qu'on datât de la veille l'an IV de la liberté : « J'appuie cette motion, dit Ramond, d'autant plus que l'époque de la liberté a précédé celle du 14 juillet. Il n'est personne qui, au premier de l'an 1789, n'ait travaillé de quelque manière pour la liberté: d'ailleurs, quand il n'y aurait pour la liberté que les six derniers mois de 1789, ces six mois sont remplis de tant de merveilles qu'ils valent bien et peuvent compter pour une année (1). »

C'est dans la discussion sur la Haute-Cour que ses sentiments à la fois monarchistes et libéraux l'inspirèrent avec le plus d'éclat. On sait que, le 15 mai 1791, la Constituante avait voté l'institution d'une Haute-Cour nationale, qui était restée à l'état de projet. Le 3 janvier 1792, la Législative, voulant faire fonctionner ce tribunal suprême et révolutionnaire, ajouta 13 articles complémentaires au décret du 15 mai. Le 7, le comité de législation, à la grande joie des royalistes, demanda que ces articles fussent soumis

(1) *Journal des débats et des décrets.*

à la sanction, quoique le décret qu'ils complétaient eût été déjà sanctionné. Après quelques hésitations, les patriotes virent le piège, demandèrent l'ajournement de ce débat et aimèrent mieux sacrifier les articles complémentaires que de faire dépendre l'établissement de la Haute-Cour du caprice de Louis XVI, lequel aurait certainement usé de son droit de *veto*. Même d'ardents royalistes, comme Girardin, se joignirent dans cette occasion aux Jacobins et aux Brissotins et démontrèrent « qu'au moyen de l'exécution du décret du 15 mai, la Haute-Cour pouvait suivre et remplir ses fonctions, et que les articles qui avaient été proposés n'étaient qu'un moyen de prévenir seulement quelques demandes qui auraient pu être faites pour le perfectionnement de son organisation (1) ».

Cependant du jardin des Tuileries le peuple criait : *Point de veto ! point de veto !* « et les clameurs parvenaient même quelquefois jusqu'à l'Assemblée (2) ». Les patriotes s'en autorisaient pour réclamer avec plus d'énergie l'ajournement du débat : « Vous voyez bien, disait Grangeneuve, que l'Assemblée n'est pas libre ». C'est alors que Ramond combattit cet ajournement (9 janvier 1792) :

« Il est bien extraordinaire, dit-il, que la demande d'ajournement parte précisément de ceux qui ont opiné avec le plus de chaleur en faveur de la question qui s'est élevée (3). On a parlé, pour vous déterminer, de considérations étrangères (4). Et puisqu'il était question de considérations étrangères, il n'était pas nécessaire, messieurs, de franchir le jardin des Tuileries pour en trouver du nombre de celles que l'on nomme étrangères. (Ce n'est pas là la ques-

(1) Paroles de Girardin, ap. *Journal des débats et des décrets*.
(2) *Ibid*.
(3) En effet, au début de la discussion, quelques patriotes, ne voyan pas le piège, avaient abondé dans le sens du comité.
(4) *Logographe* : « de considérations *ambiantes*... »

tion, *ont crié quelques voix. — M. le président a annoncé qu'il maintiendrait inviolablement la parole à l'orateur.*) Il est bien étonnant que l'on ose proférer dans le sein du corps législatif que, dans quelques circonstances que ce soit, ses membres puissent n'être pas libres de se décider. Il faut considérer ici la question en soi ; et je soutiens qu'au bout de l'ajournement proposé on trouve l'absurde.

« Par ajournement, on entend sans doute un ajournement indéfini. Pendant cet ajournement, les accusés languiront-ils dans les cachots, oui ou non ? *(Non !)* On organisera donc le tribunal du 15 mai ? *(Oui, s'est-on écrié.)* Il est donc suffisant. Mais s'il est suffisant, les motifs tirés de la constitution pour prouver que celui que vous avez rendu comme en étant la suite, tombent ; si ces motifs tombent, le décret est législatif ; s'il est législatif, il faut le décréter aujourd'hui. Je rejette donc l'ajournement. *(Nous le ramassons, s'est écrié M. Rouyer.)* Et je le rejette par plusieurs considérations. L'une des premières est là…. *(en indiquant le jardin des Tuileries, d'où partaient en ce moment des clameurs. — Les plus vifs applaudissements ont suivi ce mouvement* (1). *)* L'autre consiste en ce que c'est la Haute-Cour elle-même qui juge le différend qui nous agite. En effet, il arriverait que si le ministre n'exécutait pas vos décrets, vous l'accuseriez, et la Haute-Cour prononcerait. Vous tournez donc de toutes parts dans un cercle vicieux ; et ces vains débats ne servent qu'à préparer des machinations dont nous devrions tous rougir. *(On a beaucoup applaudi.)* »

(1) Le *Patriote français* insinua que ces manifestants de la terrasse des Feuillants pouvaient bien être salariés par la liste civile. Mais le journal de Prudhomme repoussa vivement cette hypothèse à la fin d'un article sur la Haute-Cour, où on saisit le fil de cette discussion inintelligible dans le *Moniteur*, dans le *Journal des débats et des décrets* et dans *Buchez*. — Cf. *Révolutions de Paris*, n° 131, p. 56.

Le 18 janvier, sur la question de la guerre, il fait un discours ambigu, à la fois belliqueux et temporiseur, que les deux partis applaudissent également. Il croit qu'il suffira au peuple français de *se montrer* pour détruire la coalition formée contre lui : « L'aristocratie, dit-il, était l'objet et le moteur de toutes les agitations actuelles : mais, il n'en faut plus douter, son règne est passé. Les monarques vont détruire eux-mêmes un rempart qui les défendrait désormais si mal. Le secret que vous avez révélé à l'Europe est maintenant bien connu, et l'on ne voudra plus donner d'autres fondements aux monarchies que la philosophie et la raison. » Mais faut-il déclarer la guerre ? Etablissons d'abord l'autorité de la constitution. Car, dit-il, — et c'est peut-être la seule fois qu'il cède au goût pédant de ses contemporains, — « ce ne sera point une guerre ordinaire que nous ferons... Il n'est donc pas inutile que les prêtres de la liberté écartent de son temple tout prétexte de licence et de discorde ; il n'est donc pas inutile qu'au moment où vous portez le glaive et le caducée sur l'Europe, vous l'ayez préparée par de longs, de grands et de sublimes exemples (1). »

(1) *Journal des débats et des décrets*. Voici le texte du *Logographe :* « Quel est celui qui pourrait considérer ce conflit comme une guerre ordinaire ? Elle va marquer pour l'Europe une époque bien sanglante (*murmures*) ; une époque remarquable par des événements bien extraordinaires. Vous avez le choix dans cet instant ou de porter sur notre hémisphère la liberté et le bonheur, ou les crimes d'une sanglante et longue anarchie ; tout cela dépend de votre état intérieur, si vos légions ne sont pas parfaitement disciplinées, si la France n'est pas parfaitement tranquille ; si vous ne portez pas hors de chez vous, avec une force indomptable, la religion de la loi, il serait possible que la philosophie de la constitution pérît pour les peuples au milieu des calamités de la guerre ; il serait possible que vous n'eussiez ouvert pour eux qu'un siècle de dévastation et de barbarie. (*Murmures.*) Rousseau vous l'a dit, messieurs, la liberté est un aliment de dure digestion, et vous l'avez dû reconnaître lorsque, présentée par des mains impures, elle a souillé d'horreur le Comtat et vos îles. Certes, il n'est pas indifférent que les prêtres de la liberté soient épurés de

Il inspira assez de confiance pour être chargé, par le comité diplomatique, du rapport sur les explications et les réparations à demander à l'Espagne (27 mars) et sur le traitement des prisonniers de guerre (4 mai) : il obtint qu'ils seraient placés sous la sauvegarde de la nation. Vers la même époque, il se sépara de ses amis Beugnot et Vaublanc dans les débats sur les poursuites à intenter à Marat et à Royou, et il défendit en bons termes le principe de la liberté de la presse (3 mai).

Mais plus la Révolution s'accentuait, plus il se sentait royaliste. C'est ainsi que, le 20 mai, il tâcha de faire ajourner l'affaire du juge Larivière et que, le 24, il s'opposa à des mesures extraordinaires contre les prêtres réfractaires. Enfin, le 29, avec l'ardeur d'un ancien membre de la maison militaire, il s'opposa au licenciement de la garde du roi. Qu'on l'épure, à la bonne heure: mais la licencier, n'est-ce pas confondre innocents et coupables? D'ailleurs, l'Assemblée a-t-elle ce droit? « La garde du roi n'est, sous aucun rapport, un corps qui soit sous la surveillance et sous l'action immédiate, soit du pouvoir législatif, soit du pouvoir exécutif. (*On murmure.*) Ce corps est purement domestique ; vous ne pouvez pas plus le licencier que celui des cuisiniers du roi. (*Les murmures continuent.*) J'entends qu'on me dit que c'est un corps créé par la constitution : eh bien ! je réponds alors que vous ne pouvez pas plus le licencier que vous ne pouvez licencier les ministres. (*On observe que la discussion est fermée. M. Ramond continue au milieu du tumulte qui couvre sa voix. Enfin il est obligé de quitter la tribune.*) »

Le 6 juin, il s'opposa à ce projet d'un camp de 20,000 fé-

certains levains de discorde qu'on tend à faire fermenter ; certes il n'est point inutile que les instants qui vous séparent de l'instant où vous allez décider de votre sort et de la destinée de l'Europe soient employés à lui préparer de beaux, de grands, de sublimes exemples. (*Applaud.*) »

dérés sous Paris, qui devait amener le renvoi du ministère Roland : « On parle, dit-il, d'une fédération ; si elle était nécessaire, je demande où on pourrait la faire plus solennellement qu'aux frontières en face de l'ennemi. (*On applaudit.*) Là, l'ennemi ne fuit pas dans l'ombre (1) ; il est en corps, on le voit, il n'y a pas de doute sur qui l'on portera ses coups. Si cet acte de la fédération devait se répéter d'une manière capable de rappeler la sublime impression qu'il a faite sur tous les Français, ce serait, dis-je, devant l'ennemi. Les réalités qu'on y trouve ont une autre force que les chimères dont on nous environne. »

Bientôt il prêta le secours de sa parole aux pétitionnaires qui attaquèrent ce projet, et c'est dans le même esprit que, le 24 juin, il présenta le *veto* sur le décret relatif aux prêtres comme un acte personnel au roi, défendit le cabinet et demanda « que l'Assemblée nationale autorisât sa commission extraordinaire à entrer en étroite et continuelle conférence avec les ministres ».

Le 20 juin, il avait protesté contre l'introduction des pétitionnaires armés présentés par Santerre, et cette introduction illégale lui servit d'argument, le 21, pour justifier la présence irrégulière de La Fayette à Paris et son discours indiscret à la barre de l'Assemblée : « Alors, dit-il, l'Assemblée admit dans son sein une force armée, qu'à bien des égards elle devait regarder comme dangereuse dans le lieu de ses séances. Aujourd'hui, M. La Fayette se présente, M. La Fayette, connu par le zèle avec lequel il a servi la Révolution, par le courage avec lequel, depuis la première Assemblée des Notables, il s'est opposé à toute espèce de despotisme, M. La Fayette, qui a donné pour gage à la nation sa fortune tout entière, sa vie tout entière. (*Des murmures fréquents dans une des extrémités de la salle inter-*

---

(1) Le *Logographe* note ici des « applaudissements réitérés d'une partie de l'Assemblée ».

rompaient l'orateur.) Rendez les mêmes services à la patrie et parlez ensuite... — M. La Fayette, qui a donné en garantie à la nation sa réputation tout entière, qui vaut bien mieux que sa fortune et sa vie ; cet homme qui, pour l'Amérique comme pour l'Europe, est l'étendard de la Révolution, se présente à la barre, et aussitôt les soupçons se manifestent, les inquiétudes et les passions s'exaltent ! Il a pris le vœu, dit-on, des honnêtes gens du royaume sans en avoir eu la mission. Mais qu'il me soit permis de rétorquer l'argument contre ceux qui lui font ce reproche : qui avait donné à cette multitude armée la mission de s'exprimer au nom du peuple français et de sa souveraineté ? Il ne faut que cette simple comparaison pour vous convaincre, messieurs, qu'il y a réellement deux poids et deux mesures, et deux manières de se conduire suivant les personnes. Or, s'il y a deux manières de considérer les choses, qu'il soit permis à l'Assemblée nationale, née de la liberté, à l'Assemblée nationale, fille de cette Assemblée constituante trop souvent calomniée, même dans cette tribune, de faire quelque acception de personne en faveur du fils aîné de la liberté française (1). »

Cette expression, qui resta célèbre, souleva des murmures et des cris que couvrirent bientôt les applaudissements de la droite et du centre. « Les circonstances, continua Ramond, sont telles, les périls que court la liberté sont si grands, qu'il est permis de douter lesquels de ses ennemis, extérieurs ou intérieurs, sont les plus à craindre dans cette crise, sur laquelle tous les sentiments sont les mêmes, mais sur laquelle tout le monde ne s'exprime pas aussi librement. Je cherchais partout une voix qui eût le courage de dénoncer ces périls, mais partout j'ai trouvé le plus profond silence. Il fallait que cette voix fût celle qui s'est

---

(1) *Journal des débats et des décrets.*

élevée à la première Assemblée des Notables contre le despotisme; cette voix à laquelle la France et l'Europe sont accoutumées; cette voix dans laquelle les amis de la patrie sont accoutumés à reconnaître les vrais accents de la liberté.

« Je considère, dans la pétition de M. La Fayette, l'importance des choses qu'il a dénoncées, de ces choses que nul autre peut-être ne pouvait présenter à l'Assemblée nationale avec plus de succès et de force, puisque nul autre ne peut lui présenter en même temps une sécurité plus entière sur des intentions desquelles il n'est pas permis de douter. M. La Fayette est venu de son armée; mais M. La Fayette, arrêtant, par des ordres qu'il a déposés sur le bureau, l'expression du vœu énoncé par cette même armée... (*Ce n'est pas vrai, ont crié quelques voix dans une des extrémités. D'autres voix ont demandé que les interrupteurs fussent rappelés à l'ordre. Plusieurs membres demandaient la parole. M. le président a rétabli l'ordre et M. Ramond a repris.*) M. La Fayette, en arrêtant, par les ordres qu'il a déposés sur le bureau, l'expression des sentiments de son armée, s'est trouvé dans une position où il était très urgent d'instruire l'Assemblée de ce qui se passait. Alors qu'y avait-il de mieux à faire, si ce n'était de venir lui-même en personne et seul à votre barre avouer la lettre qu'il a écrite et exprimer la résolution précieuse de l'armée, de se battre pour la constitution, et de ne se battre que pour la constitution? — Je demande le renvoi à la commission extraordinaire, beaucoup moins pour juger la conduite du général que pour l'examiner en elle-même et faire le plus tôt possible un rapport sur les objets qu'elle renferme (1). »

Ce discours, le seul que Ramond ait évidemment improvisé, décida le centre à se joindre à la droite pour absoudre La Fayette et repousser la motion accusatrice de Guadet. Ce

---

(1) *Journal des débats et des décrets.*

fut le dernier succès oratoire de cet habile dialecticien. Il ne reparut plus à la tribune. Après le 10 août, il se cacha, fit un voyage géologique dans les Pyrénées, fut nommé, pendant la réaction thermidorienne, professeur à l'école centrale de Tarbes, entra à l'Institut et au Corps législatif, et devint, sous l'Empire, préfet du Puy-de-Dôme. La seconde Restauration le plaça au Conseil d'État ; mais il ne fit plus partie des assemblées politiques et ne participa pas, comme son ex-collègue Stanislas de Girardin, à la renaissance de l'éloquence libérale. Quand il mourut, en 1827, l'opinion avait oublié depuis longtemps le rôle, plus sérieux que brillant, qu'il avait joué en 1792.

CHAPITRE III.

VAUBLANC.

I

L'homme le plus en vue, l'orateur le plus important de la droite royaliste était peut-être ce Viennot-Vaublanc, politicien actif et habile, âme du parti clichyen sous le Directoire, préfet et comte sous l'Empire, ministre *ultrà* sous Louis XVIII. En 1835, encore vert et militant, il s'occupa d'écrire ses mémoires (1), auxquels une expérience aussi variée aurait donné du prix et de l'intérêt, si l'auteur n'y avait pas voulu singer Tacite et juger des événements qu'il voit mal ou qu'il travestit à dessein. Rien de plus prétentieux que ces pages laborieuses ; rien de plus faux que ce style ambitieux ; rien de plus vide que ces renseignements

---

(1) Ils ne parurent qu'en 1839 sous le titre de *Mémoires et souvenirs*, 2 vol. in-8.

jetés en passant et du bout des doigts (1). La même suffisance, le même aplomb se montrent dans les discours de Vaublanc, mais avec plus de verve et de variété. A la tribune, il est volontiers tranchant, outrecuidant et maniéré ; mais il parle facilement, il s'impose, il se fait écouter à force d'audace et d'art. Sa souplesse, plus réelle qu'apparente, s'adapte à tous les personnages: il joue tour à tour, et avec succès, le conservateur, le révolutionnaire, le flegmatique, l'exalté : aujourd'hui disciple de Jean-Jacques, attendri sur lui-même, demain politique sceptique, pratique et glacial ; au demeurant, maître de lui et souvent maître de son auditoire. En somme, il tint avec bienséance le rôle difficile et ingrat de défenseur d'une cour qui n'avait ni politique ni courage. Personne, en ces temps de guerre sans pitié, n'était assez calme pour goûter cette virtuosité de Vaublanc et pour sentir le mérite de son audace froide. Mais le Centre, plus d'une fois, se rangea à son opinion et, séduit par ce beau rhéteur, donna une majorité d'un jour aux partisans de la cour.

Vaublanc avait donc quelques-unes des plus précieuses qualités de l'orateur, la souplesse, le tact, l'aplomb. Ajoutez à cela qu'il improvisait à l'occasion et qu'en général rien ne l'embarrassait à la tribune, ni son manuscrit, quand il lisait, ni les huées des galeries, ni l'indifférence de ses amis : les plus rudes mécomptes ne faisaient qu'accroître son aisance et sa bonne grâce.

A Saint-Domingue, où il était né (2), il avait pris le goût de l'agriculture et il s'était enrichi. La Révolution le trouva installé à la campagne, près de Paris : « J'y fus heureux, dit-il, occupé de ma famille, de plantations, de pein-

---

(1) Toutefois, les chap. VII et VIII, sur la déclamation théâtrale et sur les modes sous Louis XVI, contiennent des détails assez piquants.
(2) Le 2 mars 1755 (Notice de F. Barrière, en tête des *Mémoires*). Il mourut en 1845.

ture et de littérature. J'y jouissais d'une belle vue très variée de la Seine, qui bordait mes prés. J'avais une source d'eau qui ne tarissait jamais. Après avoir fait mouvoir deux moulins, elle tombait dans mon petit domaine, où j'en disposais à volonté, sans être obligé de la rendre à personne (1). » C'est dans cette retraite à la Jean-Jacques que lui vint le goût de la politique, et l'esprit de 89 souffla un instant sur cette tête étroite et stérile. Il est vrai qu'un demi-siècle plus tard, l'ex-ministre de la chambre introuvable devait rougir de cet accès d'enthousiasme juvénile : « Il ne manquait à mon bonheur, écrit-il dans ses mémoires (2), que de ne pas m'occuper de la politique du moment; mais c'était impossible ; l'orage grondait au loin et s'approchait tous les jours. Une vive agitation régnait dans les esprits et les remuait dans tous les sens. Tout homme qui savait lire devenait un profond politique. On ne parlait que des abus du gouvernement, et on étudiait la constitution anglaise. C'était le sujet de toutes les conversations. Maintenant, après cinquante années d'épreuves, tout homme qui ne gémit pas de nos sottises est un imbécile ou un homme de mauvaise foi.

« La première, et la plus funeste alors, fut la permission que Louis XVI donna d'écrire sur les questions politiques qui fermentaient alors dans toutes les têtes. Je recevais toutes les brochures et tous les pamphlets qui paraissaient alors. J'y voyais les misérables et dangereuses querelles des parlements et du roi, la conduite du duc d'Orléans et la ligue de tous les parlements du royaume. J'ai conservé plusieurs de ces feuilles du jour ; il est impossible de les lire sans un profond dégoût. J'ai conservé aussi les arrêts et remontrances des parlements, et surtout de celui de

---

(1) Mém., chap. IX.
(2) Chap. XI.

Paris. Vous y trouvez le langage révolutionnaire des beaux temps qui suivirent, l'amour des innovations, le mot de liberté sans le comprendre, un petit commencement de vœux pour l'égalité, qui n'osait encore se produire ouvertement. Que faisaient les ministres ? Ils riaient de tout cela, restaient dans une sécurité parfaite, et obsédaient le pauvre roi pour lui arracher des concessions. »

II

Et pourtant Vaublanc tenait, lui aussi, à l'aurore de 89, pour la nation contre la cour, et ce pédantisme politique, dont il se faisait gloire sous le règne de Louis-Philippe, l'aurait indigné, tout refroidi qu'il fût déjà, quand, en 1791, les électeurs de Seine-et-Marne l'envoyèrent à la Législative. La liberté lui plaisait alors et il en opposait volontiers la théorie à celle du gouvernement fort que demandaient les Jacobins. Ainsi, dans la discussion sur les prêtres perturbateurs, il soutint avec assez de bonheur une thèse libérale, dont les conséquences eussent abouti à la séparation de l'Eglise et de l'Etat. L'abbé Fauchet avait proposé, le 26 octobre 1791, de réduire les prêtres récalcitrants en ne les payant pas : « On vous a proposé, répondit Vaublanc, que nul ecclésiastique ne pût toucher sa pension sans un certificat de bonne conduite de sa municipalité ; je ne vois pas, comme le préopinant, dans l'acte constitutionnel, une expression qui puisse justifier cette tyrannie, j'y vois au contraire que le traitement de tout ecclésiastique pensionné en vertu des décrets de l'Assemblée nationale constituante est une dette nationale, et qu'il ne peut être assujéti à aucune condition rétroactive. Voulez-vous adopter une mesure vraiment constitutionnelle ? Je vous proposerais, si l'article que je viens de citer ne s'y opposait, de supprimer tout traitement des ministres du culte à la charge de l'Etat et d'en charger les localités (1). (*On applaudit.*) Cette mesure serait conforme à la raison et à la justice ; car ceux qui ne peuvent se passer de prêtres, doivent les payer. (*On applaudit.*) Mais la proposition de M. Fauchet se réduit à ceci : c'est mettre les prêtres non assermentés dans la nécessité de trahir leur conscience ou de mourir de faim. (*On murmure.*) Ce n'est pas tout d'admettre un principe, il faut en respecter religieusement les conséquences, car les conséquences seules sont le prix du principe. Ce sont les conséquences de la liberté qui font la différence entre l'homme libre et l'esclave, entre le despote et le chef constitutionnel. »

Ce parleur si vif montre, à l'occasion, du courage et du sang-froid. Les huées, les menaces des tribunes ne le déconcertent pas, quand, le 9 février 1792, il s'oppose à la mise sous séquestre des biens des émigrés : « Je ne croyais pas, dit-il dédaigneusement, que les représentants de la nation, qui parlent à la tribune, fussent sujets, comme des histrions, aux huées des spectateurs (2). » Et il reprit avec flegme la suite de son discours.

Ce n'était cependant pas un flegmatique : au besoin il s'exaltait jusqu'aux larmes quand il parlait de sa vertu, de sa droiture, de sa sensibilité. Il avait proposé, le 6 mars, de mettre à la tête de chaque département un fonctionnaire qui pourrait requérir, en cas de troubles, la force publique. Guadet demanda son rappel à l'ordre, pour avoir émis une opinion « effrayante, inconstitutionnelle », en demandant la création de 83 dictateurs. « Messieurs, répondit Vaublanc,

---

(1) D'après le *Journal des débats et des décrets,* Vaublanc aurait même été plus loin dans le sens libéral : « M. l'abbé Fauchet, aurait-il dit, a proposé cette mesure comme un moyen de soulager la nation ; et moi je proposerai à cet orateur de décharger tout à coup le trésor public des frais du culte, *et d'en charger les fidèles*. (On a applaudi). »

(2) *Journal des débats et des décrets.*

je peux me tromper dans les propositions que j'énonce à la tribune ; mais jamais mes intentions ne peuvent être soupçonnées avec quelque fondement. Si je pouvais être assez malheureux pour attaquer la constitution, je m'abhorrerais moi-même ; je fuirais loin de la lumière ; je ne trouverais pas un tombeau assez profond pour me dérober aux justes remords de ma conscience. Il faut que mon cœur soit bien inconnu (1) à ceux qui me soupçonnent de pareilles horreurs ! Qu'ils interrogent les citoyens qui m'ont honoré de leur confiance, le département à la tête duquel j'ai été placé, qu'ils interrogent ma conduite publique et privée ; qu'ils ouvrent le livre de ma vie depuis le moment que je suis entré en France ; qu'ils y apprennent à connaître ce que j'ai été, et ce que je suis. — Profondément ému à la vue des malheurs qui menacent la chose publique, j'ai cherché en moi-même des moyens de les prévenir. Il s'en est présenté un à mon esprit ; je l'ai embrassé avec empressement comme le plus propre à remplir ce but ; s'il m'eût été permis de le développer, il aurait paru peut-être comme une erreur de l'esprit, mais jamais comme marquant l'intention d'attaquer la constitution. Trop vivement pressé par les mouvements de ma sensibilité, je n'ai pas la force de justifier mon opinion ; mais ce que je puis assurer, c'est que la France n'a pas de citoyen plus dévoué que moi à la chose publique. »

D'après le *Journal des débats et décrets*, dont nous suivons le compte-rendu, « l'émotion dont M. Vaublanc était saisi en prononçant sa justification s'est manifestée par des larmes et par l'oppression de sa voix. Une très grande partie de l'Assemblée y a vivement applaudi, tandis que les tribunes poussaient des huées. »

(1) Le *Logographe* note ici cette interruption : *Non, non ! On vous rend justice et on vous croit.*

Ces moyens oratoires, tout physiques et un peu faciles, Vaublanc, à demi sincère, en tirait habilement parti auprès d'une assemblée jeune et inexpérimentée. Sa bonhomie bruyante et son patriotisme emphatique donnaient le change sur ses vues rétrogrades. Il eut d'ailleurs des traits assez heureux contre le projet d'amnistie avignonaise (19 mars), et surtout, à propos des troubles du Midi, contre l'influence illégale des clubs :

« Il est impossible, dit-il, de n'être pas profondément affligé des maux qui menacent la patrie. Nous devons en parler ici sans aucune dissimulation ; et, si l'Assemblée nationale veut entendre la vérité, je vais la lui dire avec le courage d'un homme qui, en faisant le serment de vivre libre ou mourir... (*Il s'est élevé des murmures dans une des parties de la salle*)... d'un homme qui, décidé à mourir pour la constitution, trouve un égal honneur à périr à la bouche d'un canon, ou à être déchiré par les factieux.....

« Il faut que ce peuple sache que, du jour où la liberté des opinions de ses représentants ne sera pas respectée comme ce qu'il y a de plus sacré, il n'est plus libre, qu'il est avili, que son autorité et sa volonté ne sont plus rien, qu'il n'est plus souverain, qu'il est esclave. Car, messieurs, qu'importe le despotisme d'un seul ou le despotisme de plusieurs ? (*On a vivement applaudi dans une grande partie de la salle.*) Vous n'en connaissez qu'un comme moi, et ne voulez en connaître qu'un seul, celui de la loi. Oui, messieurs, nous devons tous périr pour établir ce despotisme de la loi : c'est là seulement qu'est le salut de la patrie..... Le peuple a des droits et des devoirs. Partout je vois ses droits exercés ; ils le sont par les administrateurs ; ils le sont par les municipalités ; mais il faut qu'on sache aussi qu'il ne peut conserver ses droits, qu'autant qu'il remplit ses devoirs. Il faut donc que le peuple sache que, devant l'organe de la loi, il doit se taire, il doit obéir, et tant que nous n'arriverons point à ce point-là, nous n'aurons pas la liberté. Souvenons-nous, messieurs, du mot de Rousseau : Quand une fois on a perdu la liberté, on ne la reconquiert plus. (*Plusieurs voix d'une des extrémités ont crié : laissez faire, nous ne la perdrons pas.*)

« Non, messieurs, nous ne la perdrons pas par la lâcheté, parce que la lâcheté est incompatible avec le sang français ; mais nous pouvons bien la perdre par l'anarchie. La constitution garantit la liberté, la propriété. Eh bien ! que pourriez-vous dire à ces hommes, dont les propriétés ont été ravagées et saccagées, s'ils venaient vous dire : c'est en vertu de la loi que nous avons réclamé la conservation de nos propriétés ; et ce sont des hommes revêtus de l'uniforme de la loi qui les ont dévastées ?

« Ce n'est que lorsque le Corps législatif couvrira de son exécration tous les attentats contre la loi, contre la propriété ; ce ne sera que ce jour, que dans toute l'universalité de l'empire vous remplirez le peuple de cet esprit conservateur de la propriété et de la liberté, qui doit remplacer celui de l'anarchie (1). »

C'est ce jour-là que fut introduite par Vaublanc, dans la langue politique, une de ces métaphores ridicules où se complaira plus tard la phraséologie gouvernementale. Le premier, en effet, il dénonça l'*hydre de l'anarchie* : « Du jour, dit-il, où l'on saura que c'est bien votre intention de poursuivre ce monstre jusqu'à ce que vous l'ayez réduit aux abois, vous verrez pâlir les factieux. » C'est dans le même style que, le 3 mai suivant, à propos de Marat, il s'éleva contre la liberté de la presse et supplia l'Assemblée de retirer des mains du peuple « les écrits empoisonnés qui trompent l'homme et en font un scélérat, quand la nature l'avait destiné à servir sa patrie ; car nous savons que

---

(1) *Journal des débats et des décrets.*

l'homme est bon, que le Français surtout est loyal; il faut que la séduction l'entoure de pièges pour en faire un monstre. Hâtez-vous donc d'arracher cette arme aux factieux ; ôtez au peuple le poison que des écrivains mercenaires lui distillent..... (1). »

Il savait pourtant, quand l'occasion l'exigeait, se priver de ces effets grossiers et raisonner d'un ton simple. Ainsi, le 8 août, par son argumentation habile et serrée il contribua à faire repousser le décret d'accusation proposé contre La Fayette.

Le lendemain, sous l'impression des dangers qu'une populace furieuse lui avait réellement fait courir, il dénonça, avec une énergie éloquente, la tyrannie des Jacobins : « Nous sommes, s'écriait-il, nous sommes ici, nous ne pouvons pas nous le dissimuler, sous la tyrannie d'une faction ; c'est elle qui nous transmet une opinion que l'on décore faussement du nom d'opinion publique (2). On vous lit bien les déclamations qui la servent ou qui la flattent; pour le reste, messieurs, on vous le cache..... » Et, après avoir raconté les menaces dont il a failli être victime : « Il ne s'agit pas seulement ici, continue-t-il, de la dignité d'un individu : il s'agit de la souveraineté nationale. Comment ! quand un mandataire du roi était insulté chez les étrangers, vous pensiez que la France devait tirer l'épée, et vous souffririez que des représentants du peuple fussent maltraités tellement, qu'ils n'auraient pas de plus grands outrages à craindre des Autrichiens et des Prussiens (3) ! »

On voit que les morceaux brillants ne manquent pas

---

(1) Selon le *Journal des débats et des décrets*, ce discours de Vaublanc fut souvent interrompu par des applaudissements.

(2) *Logographe :* « Il est temps de redresser cette infernale opinion qu'on appelle l'opinion publique et qui ne l'est certainement pas ».

(3) *Journal des débats et des décrets.*

dans les discours de Vaublanc. On voudrait un goût plus délicat, un art plus fin : mais on s'intéresse à cette facilité si heureuse. Ce qui distingue Vaublanc des grands orateurs du parti qu'il combattait, c'est le manque de conviction, c'est un élégant scepticisme politique. On sent qu'au fond il ne s'abandonne pas sans réserve à sa fidélité pour la monarchie. L'inspiration de son éloquence est dans son intérêt, dans le souci de ses relations sociales, dans les sentiments les plus médiocres et les plus froids. Cet art de se transformer selon chaque thèse est, en lui, l'indice d'un état d'âme assez rare dans cet âge de foi. C'est à propos de Vaublanc que Condorcet écrivait : « Il existe, dans toute assemblée, de ces orateurs bruyants à tête creuse, qui produisent un grand effet avec des niaiseries redondantes ». Oui, mais Vaublanc n'était pas un niais : ces niaiseries, il les disait habilement, et son emphase venait en général au bon moment. Au fond, il méprisait son auditoire, et ce mépris n'est éloquent qu'au service des idées morales et dans la bouche du génie.

CHAPITRE IV.

STANISLAS DE GIRARDIN.

I

Parmi ces inconnus que les élections de septembre 1791 appelèrent brusquement à la lumière, Stanislas de Girardin fut un des rares qui apportât un nom célèbre et une figure populaire, sur laquelle brillait un reflet de la gloire de Jean-Jacques Rousseau. N'était-il pas l'élève du grand philosophe, l'héritier direct de sa pensée et de sa méthode? Quand il gravit les marches de la tribune, avec son air bonhomme et sensible, et quand, dès le 4 octobre 1791, une motion populaire et hardie sortit de sa bouche, sans doute on crut voir et entendre un Emile vivant, plus heureux et plus édifiant que l'Emile imaginaire. Girardin lui-même se plaisait à ce rôle de disciple formé de la main même du maître. Ses mémoires rappellent avec fierté qu'à la nouvelle de la prise de la Bastille les citoyens de la ville du Mans, où il était alors en garnison, lui dirent, en lui offrant une cocarde nationale: « Elève de Jean-Jacques, ton patriotisme te rend digne de la porter (1). » Le 1er septembre 1791, il dit aux électeurs de l'Oise: « Invariablement attaché aux principes puisés dans les préceptes de mon vertueux ami, de mon digne maître, Jean-Jacques Rousseau, je jure de consacrer tous les instants de ma vie au bonheur de la patrie et à la cause du peuple (2). »

On se tromperait cependant, si on croyait que l'auteur de l'*Emile* eût dirigé en personne l'enfance ou même une partie de l'adolescence de Girardin. Celui-ci raconte qu'étant encore fort jeune, il fut amené par son père chez Jean-Jacques, qui demeurait alors à Paris et copiait de la musique pour gagner sa vie. M. de Girardin père, l'auteur des fameux jardins d'Ermenonville, arrangés par lui selon le goût nouveau que Rousseau lui-même avait mis à la mode (3), était un des clients les plus assidus de l'illustre copiste et multipliait ainsi ses visites, sous prétexte d'essayer la musique copiée: « Jean-Jacques la chantait, écrit son fils, et je l'accompagnais sur sa mauvaise *épinette*. Il me faisait ensuite jouer quelques-unes de ses romances; les

---

(1) Mémoires de Girardin, I, 69.
(2) Ibid., I, 129.
(3) En 1777, le marquis de Girardin publia une théorie de son art, qui a de l'importance pour l'histoire du sentiment de la nature au XVIIIe siècle, sous ce titre : *De la composition des paysages*, ou *Des moyens d'embellir la nature près des habitations, en y joignant l'utile à l'agréable.*

paroles en étaient chantées par lui, avec une expression étonnante ; sa voix, quoique affaiblie par l'âge et un peu cassée, était encore toute passionnée. C'était surtout un grand plaisir pour lui que de me faire accompagner son *Devin du village;* il me savait bon gré de jouer la note telle qu'elle était, sans me permettre d'y joindre le moindre agrément. Il travaillait alors, dans ses moments de loisir, à mettre de nouvelle musique sur les anciennes paroles du *Devin du village;* elle lui paraissait infiniment meilleure. Lorsqu'elle fut totalement achevée, il voulut que j'en fusse le juge ; après lui en avoir accompagné toute la partition, et dans un moment d'extase, il s'écria : « N'est-il pas vrai que ma nouvelle musique vaut bien mieux que la précédente ? » — « J'aime beaucoup mieux l'ancienne », lui répondis-je. Il s'arrêta fâché de ce que je venais de dire, et s'en consola sur-le-champ, en observant que je n'étais pas en âge d'en sentir toutes les beautés. J'aimais beaucoup Jean-Jacques, sans être encore en état d'apprécier l'étendue de son mérite. De tous ses ouvrages, il ne m'avait été permis de lire que son *Emile.* Je le voyais deux ou trois fois par semaine. C'était un plaisir pour tous les deux que de faire de la musique ensemble. »

On sait que Rousseau, au commencement de 1778, alla s'installer à Ermenonville, chez le marquis de Girardin, qui lui donna un petit logis champêtre, indépendant et isolé, où il vécut près de ses hôtes, sans mêler sa vie à la leur. Celui des fils du marquis qui accompagnait souvent le philosophe dans ses promenades, et que celui-ci appelait *son petit gouverneur,* se nommait Amable et mourut jeune. Stanislas de Girardin n'eut donc pas, à proprement parler, Rousseau pour instituteur; mais il le vit souvent et familièrement, surtout dans les six derniers mois de sa vie.

Quoiqu'il n'eût que seize ans quand mourut l'auteur de l'*Emile,* Girardin garda un souvenir précis et une impression profonde de ce contact avec l'homme dont la Révolution fit un prophète et un saint. Né riche et frivole, il vécut et parla en philanthrope et en enthousiaste. Il renonça à tous ses préjugés nobiliaires, il aima l'égalité et la liberté d'un amour aussi sincère que théâtral. Mais ce démocrate avait eu pour parrain le bon roi de Pologne Stanislas, dont on lui apprit à chérir la mémoire, si bien que ce double culte pour un roi honnête homme et pour un philosophe républicain fit de Girardin l'adepte aussi fervent que sincère de la monarchie constitutionnelle. Ces théories moyennes et complexes, qui sont d'ordinaire le fruit d'une expérience désabusée, il les adopta et les soutint avec l'enthousiasme que d'autres mettaient au service d'opinions plus extrêmes et plus tranchées.

Il n'aimait pas Louis XVI, dont il rend, dans ses mémoires, la mauvaise foi responsable des excès et des maux de la Révolution (1). Il était de ceux qui pensaient qu'à une monarchie nouvelle, il fallait un roi nouveau ; il fréquentait et estimait le duc d'Orléans, comme il aimera, sous la Restauration, celui qui devait être Louis-Philippe, et dont il n'aura pas la joie de saluer l'avènement. Après la fuite à Varennes, il sentit que la branche cadette pouvait seule sauver la Révolution et, jusqu'au 10 août, on voit percer dans ses discours l'espérance que le duc d'Orléans sera un jour à la hauteur de ses devoirs.

Cette foi monarchique explique seule que les royalistes constitutionnels, Vaublanc, Mathieu Dumas, considérassent comme un des leurs (2) un homme qui opinait et votait le plus souvent avec les amis de Brissot et avec les membres de la future Montagne. Car c'est là le caractère le plus

---

(1) Mémoires, I, 97.
(2) Mathieu Dumas (II, 4) le range formellement parmi les 160 membres qui, dès le début de la Législative, formèrent la droite royaliste.

curieux de son éloquence : il parla dans le sens le plus populaire, le plus jacobin, sans sortir de la monarchie constitutionnelle. A la tête d'une société renouvelée selon la devise révolutionnaire, il plaçait un roi selon son cœur, un roi sensible, philanthrope, déiste, et ce roi pur n'était autre, pour ce rêveur, que Philippe-Egalité ! Cette chimère donne à son inspiration oratoire, plus généreuse que forte, je ne sais quoi d'honnête et de naïf, qui attendrit et fait sourire. L'homme est tout entier dans cette phrase de ses mémoires : Le mot « *liberté* a toujours exalté mon imagination, mon esprit et mon cœur. »

Son rôle à la Législative ne fut pas aussi éclatant que celui qu'il devait jouer dans les chambres de la Restauration ; mais ses discours étaient comme des intermèdes aux discussions, et on y cherchait un écho de la voix de Jean-Jacques. Il avait de l'aplomb et de l'acquis. Son éducation, un peu décousue, mais originale, avait consisté surtout dans des voyages et dans l'étude des langues étrangères. Le latin, si cher à Robespierre, à Saint-Just, à Vergniaud, n'y avait tenu qu'une faible place. Girardin avait appris l'allemand avant même de balbutier sa langue maternelle. Il avait voyagé en Italie et en Espagne. Un séjour d'un an à l'université d'Oxford l'avait perfectionné dans l'anglais. Les exercices du corps, et en particulier les jeux d'adresse, achevèrent cette éducation, dirigée, au sein d'une grande fortune, par un père philosophe, dans la société de libres esprits (1). De là était sorti un *homme sensible*, à la mode du temps (2), écoutant et provoquant son imagination, à

---

(1) Le 2 juin 1792, dans la discussion sur l'achat des tableaux où le peintre Derossel représentait nos victoires maritimes, il s'écria, en philosophe : « Le grand Frédéric faisait placer dans les églises, au lieu des tableaux pris dans l'Ecriture sainte, les portraits des grands hommes et les images des grandes actions ».

(2) Cf. dans ses mémoires (I, 2-10) le récit de la mort de sa grand'mère.

la fois confiant et soupçonneux comme Jean-Jacques, d'un esprit plus orné que solide. et mieux préparé par son éducation que par sa nature à jouer un grand rôle oratoire.

A défaut de génie et même de talent, il avait une bonne foi, une bonne volonté, une vue claire du bien et du mal, qui donnaient à sa parole de la chaleur et de l'énergie. Mais cet esprit de saillies qu'il fit briller à la tribune, sous la Restauration, lui manquait encore en 1791, dans les premières émotions de sa vie politique. « Il commença, dit Condorcet, comme tous les jeunes gens, par avoir trop d'emphase, parce que l'emphase est dans l'éloquence ce que l'énergie est dans le caractère. Il s'écriait : « Il est bien étonnant que les soldats de la loi ne témoignent aucun respect pour les délibérations des législateurs ». Il se permettait des plaisanteries naïves : « J'use des droits que plusieurs membres ont comme moi de dire des absurdités. » Il aimait à produire de grandes émotions ; aussi demandait-il toujours à mourir, à périr, à s'ensevelir (1). » On voit qu'il y eut plus d'exubérance dans sa parole que ne le font supposer les comptes-rendus de ses discours : mais il est évident qu'au début surtout ses opinions furent abrégées par les journaux.

II

Ses mémoires, dont l'accent est sincère, disent comment 1789 le trouva tout préparé à la Révolution. Député du Tiers à l'assemblée bailliagère de Senlis, au mois de mars 1789, il s'opposa courageusement à la réduction au quart des députés présents, réduction injuste, parce qu'elle ne portait que sur

---

(1) Biographie Michaud, art. *Girardin* (Supplément, 1838).

le Tiers-Etat et parce qu'elle privait plusieurs villes et villages de toute représentation. Toutes les mains se levèrent pour approuver cet avis. Le duc de Lévis, grand-bailli, dut venir en personne contraindre l'assemblée bailliagère à subir la réduction réglementaire. Une lettre de cachet fut lancée contre le jeune Girardin. « J'eus, je crois (dit-il), les honneurs de la dernière. » Mais on n'osa pas l'arrêter (1). Le duc d'Orléans l'engagea à poser sa candidature aux Etats-Généraux devant le bailliage de Senlis : il y porta la procuration et les fameux cahiers du duc et il parla avec une audace révolutionnaire. Mais il ne fut pas élu, et alla rejoindre au Mans le régiment de Chartres-dragons, où il était capitaine. Les Manceaux le nommèrent membre de leur conseil municipal et commandant de la garde nationale à cheval. Attiré par Paris, il démissionna et passa sa vie dans les tribunes de cette Assemblée constituante, dont il n'avait pu devenir membre. Enfin, le 1er septembre 1791, les électeurs de l'Oise l'envoyèrent à l'Assemblée législative.

Au début, il se rangea parmi les orateurs les plus révolutionnaires. Il proposa, le 4 octobre, que, dans ses actes officiels, l'Assemblée s'intitulât *nationale* et non *législative*, c'est-à-dire qu'elle affirmât sa toute-puissance. Le 6, il demanda la question préalable sur la motion de rapporter le décret révolutionnaire, rendu la veille, à propos du cérémonial relatif à la réception du roi. Le 18, Goujon ayant demandé que les membres qui dénonçaient un ministre fussent nommés dans le procès-verbal, Girardin, avec Ducos, Couthon et Vergniaud, s'opposa à cette motion, comme témoignant d'un respect exagéré pour les ministres. Le 19, il proposa que le traitement des ecclésiastiques qui se marieraient leur fût provisoirement conservé. Le 28, c'est

(1) Mémoires, I, 76.

sur sa proposition qu'ordre fut donné à *Monsieur* de rentrer en France dans les trois jours, sous peine d'être déchu de ses droits à la régence. Ramond protesta. Mais Girardin s'écria, au milieu du tumulte : « Vous n'avez déjà que trop tardé de vous acquitter de vos devoirs et de vos serments ! » Enfin, le 31, il combattit Condorcet, qui croyait désarmer les émigrés en les contraignant à prêter un serment civique :

« Les Français absents, dit-il, se divisent en deux classes : les uns voyagent pour leurs plaisirs ou pour leurs affaires, les autres quittent leur patrie par crainte ; ils rentreront du moment où le despotisme de la loi aura fait disparaître l'anarchie. Les Français se soumettront sans doute aux engagements qu'on leur demande ; mais les Français qui conspirent contre leur patrie se soumettront-ils eux-mêmes à cet engagement ? Ainsi vous n'aurez pas un ami de plus et pas un ennemi de moins. L'expérience vient à l'appui de cette observation. Tous les Français émigrés s'étaient liés à la constitution par le serment civique ; même lors du serment militaire, vous avez vu les chefs du parti aristocratique répandre des écrits et conseiller aux officiers le parjure comme un moyen d'assurer le succès d'une contre-révolution. A une époque bien plus fameuse encore, celle du 21 juin, époque qu'il me suffit de citer pour réfuter M. Condorcet, et pour prouver que tout serment, que tout engagement est un moyen illusoire, vous avez vu des députés à l'Assemblée nationale se précipiter à la tribune pour prêter le serment de ne porter les armes que pour leur patrie ; et ces mêmes députés trahir, peu de temps après, la nation et n'attendre que la suppression de la loi des passeports pour se réunir aux rebelles.

« Laissez donc les serments aux charlatans, aux sectaires, aux faux prophètes, et que la tranquillité nationale ne repose jamais sur une pareille garantie. Le serment est inutile pour les honnêtes gens et il ne lie pas les scélérats. (*On applaudit.*)

« Cette mesure serait dangereuse. En effet, ce serment ou cette déclaration exigée de chaque Français émigré serait une véritable patente de conspiration ; ce serait un moyen donné aux fonctionnaires publics de conserver leurs grades, leurs postes, et de pouvoir librement trahir la patrie. Les chefs mêmes des rebelles, en souscrivant cet engagement, seraient tranquilles.

« Le décret proposé par M. Condorcet est donc d'une exécution lente et difficile; il est complètement inutile ; enfin il est dangereux, puisqu'il ne vous permet plus de distinguer vos amis de ceux qui veulent trahir la patrie. Je demande en conséquence la question préalable sur ce projet. » Le *Journal des débats et des décrets* ajoute qu'il réclama la mise en discussion du projet de Vergniaud.

Jusqu'en décembre 1791, les tribunes applaudirent Girardin comme un révolutionnaire à outrance. Mais, le 13 décembre, on vit bien que son libéralisme n'excéderait jamais la constitution. Ce jour-là, une députation se présenta à la barre pour se plaindre du *veto* apposé sur le décret relatif aux émigrants et pour critiquer l'abus que le roi faisait de la constitution. « Si la constitution, dit l'orateur populaire, pouvait entraîner la ruine du peuple, ne serait-il pas permis d'y toucher ? » Et il invoqua deux fois la maxime : *Salus populi suprema lex* (1). « Sans doute, répondit Girardin, le droit de pétition est sacré, sans doute c'est une parcelle précieuse de la souveraineté nationale ; mais ce droit de pétition serait l'arme la plus dangereuse, serait l'arme de l'anarchie, si l'on pouvait s'en servir pour provoquer les représentants du peuple à désobéir à la constitution.

---

(1) *Journal des débats et des décrets.*

« Il est temps, messieurs, que l'on sache que le salut de l'empire est dans le maintien de la constitution ; que le salut de tous est dans le maintien de la constitution ; que le salut de chacun est dans le maintien de la constitution ; que ceux qui l'étendent en y voulant porter atteinte, sont ses plus dangereux ennemis. On invoque sans cesse devant vous la loi suprême, le salut du peuple : messieurs, il est dans l'obéissance à la constitution : oui, il est là tout entier; et ceux qui demandent l'impression d'une pétition qui insulte à la constitution, ceux qui demandent que la majorité très pure de l'Assemblée consacre un semblable outrage, doivent voir qu'une démarche aussi fausse tendrait à une affreuse anarchie. (*La salle a retenti d'applaudissements.*)

« Je demande à tous les bons citoyens qui m'entendent s'ils ne gémissent pas..... (*Non ! oui ! non ! oui !*) s'ils ne gémissent pas, dis-je, de voir que nos séances qu'appelle éminemment l'intérêt général, que nos séances, qui devraient être entièrement employées aux objets d'intérêt public, ne le sont, la plupart du temps, qu'aux objets particuliers. Je dis que l'Assemblée, sous aucun prétexte, ne devrait s'écarter de l'ordre du jour. L'ordre du jour appartient à la France et non pas à quelques citoyens. Je demande donc que l'on passe à l'ordre du jour (1). »

Dans les débats sur la question de savoir si les décrets complémentaires relatifs à la Haute-Cour seraient soumis à la sanction royale (2), il se montra, comme toujours, à la fois constitutionnel et patriote. Oui, dit-il, ces décrets doivent être soumis au *veto;* mais il vaut mieux y renoncer, puisqu'ils ne sont pas indispensables. Il y a là un élément de discorde à écarter.

(1) *Journal des débats et des décrets.*
(2) Séance du 9 janvier 1792. Cf. plus haut, p. 89.

« La majorité est composée d'hommes bien intentionnés qui veulent le salut de la patrie, le despotisme des lois, le retour de l'ordre, le rétablissement du crédit. L'Assemblée nationale peut seule réaliser toutes ces espérances, résister aux entreprises du pouvoir exécutif, s'armer de toute la force de l'opinion, déjouer les ennemis extérieurs et intérieurs de la constitution. Si jamais elle voulait s'affranchir des bornes que la constitution lui a prescrites, nous ne devrions attendre qu'anarchie et confusion. Telle est la propension de toute autorité à une usurpation de pouvoir que les vertus morales ne suffisent pas à une grande assemblée, il lui faut une volonté inviolable et soutenue de chacun de ses membres, de ne jamais s'écarter du but prescrit. Montrons cette ferme volonté de ne jamais nous écarter de la ligne constitutionnelle ; que notre décret prouve l'inaltérable volonté où nous sommes de ne jamais porter aucune atteinte à la constitution. Je ne vois donc pas pourquoi cette discussion se prolongerait plus longtemps; je demande l'ajournement de la question, et, pour suppléer aux articles que vous avez décrétés, je propose que le ministre de la justice soit tenu de rendre compte, sous trois jours, des mesures qu'il aura prises en vertu de la loi du 15 mai, et qu'il soit tenu de mettre la Haute-Cour nationale en activité dans l'espace de 15 jours. »

Mais déjà sa popularité décroît. On murmure quand il demande que la loi rigoureuse sur les passeports ne soit établie que pour un an (30 janvier) et quand il propose (6 février) la mise à l'ordre du jour du projet d'Hérault sur la responsabilité ministérielle, afin d'esquiver la proposition de Bazire qui remettait le pouvoir exécutif aux mains des comités, en leur accordant le droit de surveiller les ministres et de correspondre directement avec tous les corps administratifs :

« Il est dangereux, dit Girardin, d'introduire un pouvoir

qui soit hors de la constitution. Les comités ne sont établis que pour préparer les travaux de l'Assemblée, leur mission est bornée à cela. Si vous les autorisez à correspondre avec les corps administratifs et les municipalités, vous introduirez des autorités monstrueuses. Vous tendez à donner à vos comités une puissance qui finira peut-être par être supérieure à celle de l'Assemblée. (*Il s'est élevé de violents murmures dans un des côtés de l'Assemblée, et aux tribunes, qui ont poussé des huées. M. Goujon et plusieurs autres membres ont demandé que les opinions fussent respectées.*) Celui qui a puisé les vrais principes de la liberté dans les œuvres de Jean-Jacques Rousseau a sûrement assez de courage pour braver ces murmures, mais il est de la dignité de l'Assemblée de réprimer ces mouvements séditieux, qui tendent à la dissolution de toutes les autorités. (*Une partie de l'Assemblée a vivement applaudi. Il est de la dignité de l'Assemblée, s'est écrié un membre, et du devoir du président de réprimer les tribunes.*) Je reviens aux principes que j'ai avancés et que je soutiendrai et défendrai dans toutes les occasions.... Tous les citoyens se rappellent la puissance des comités de l'Assemblée constituante. Nous avons souvent gémi sur des décisions et des actes d'autorité qu'ils se sont permis. Personne ne veut sans doute renouveler ces atteintes à la puissance publique, ni rétablir ces autorités monstrueuses, étrangères à la constitution : et tel serait l'effet de la motion de M. Bazire. Je demande donc que l'Assemblée, se bornant aux principes de la constitution, écarte par la question préalable la motion de M. Bazire (1). »

Mais, dans la même séance, Thuriot ayant proposé d'inviter le roi à recevoir les députations de l'Assemblée avec le même cérémonial que les ministres, Girardin se

---

(1) *Journal des débats et des décrets.*

montra, sans manquer à ses principes, plus démocrate
que Thuriot. « Ce projet de décret, dit-il, est au-dessous
de la dignité à l'Assemblée nationale. Elle ne doit point
inviter lorsqu'elle peut ordonner. Il existe une loi, il faut
qu'elle soit exécutée ; et si elle n'a pas été exécutée, il
existe un délit qui doit être puni. Là où il y a une violation
de la loi, il y a un coupable. Il importe que la dignité de
l'Assemblée nationale soit respectée surtout par les agents
du pouvoir exécutif. Je trouve même que dans le décret
qui vient d'être proposé, cette dignité se trouve compromise, en ce qu'on semble mettre les ministres en comparaison et sur la même ligne avec les députés du peuple. Je
demande l'exécution de la loi et la punition de ceux qui
s'y opposeraient (*On applaudit*). »

Ces apparentes variations déconcertaient ceux qui ne
connaissaient pas les véritables opinions et la sincérité
profonde de Girardin. Ce n'est certes pas un mot d'ordre
de la cour, mais son propre cœur qu'il écouta quand, le
16 mars, il s'opposa à l'amnistie des crimes commis à
Avignon : « Qu'on cesse, dit-il, de nous parler des circonstances, de la politique ; la politique d'un peuple libre ne
peut avoir d'autres fondements que la justice éternelle.
L'atroce morale qu'on nous prêche ne tend qu'à perpétuer
les crimes en assurant leur impunité. » Et, le 3 mai, le
même homme, toujours indépendant des partis, s'étonne
que Beugnot n'ait pas dénoncé Royou en même temps que
Marat : « J'ai lieu de m'étonner, dit-il, de ce qu'on est venu
nous dénoncer les écrits de Marat, tandis qu'on gardait
le silence sur les autres journaux incendiaires, notamment sur celui de l'*Ami du roi*. (*On applaudit.*) Si l'on gémit
de voir se vendre et distribuer des papiers qui prêchent
l'assassinat, on est bien plus affligé d'en voir d'autres qui
se réjouissent des malheurs publics et de penser qu'il est
des citoyens qui se délectent à cette lecture ; mais il est

beaucoup d'hommes qui rient de nos revers ; il faut en tirer la conséquence qu'il y a beaucoup d'hommes à surveiller. Je ne crois pas cependant qu'il faille faire une loi contre la liberté de la presse, c'est-à-dire briser la seule arme qui puisse défendre la liberté politique. Ce n'est pas une loi sur la presse qu'il faut faire, mais il y a un délit à punir ; l'homme qui prêche l'assassinat dans ses écrits est un homme qu'il faut séquestrer, de même qu'on ne laisse pas courir un insensé ou un furieux sur la place publique. »

Le 9, il insiste pour qu'il entre de simples soldats dans la composition des tribunaux militaires : « Moi, officier, dit-il, je me regarderais comme très en sûreté d'être jugé par des soldats. » Ce propos démocratique ne l'empêche pas de combattre, le 24 mai, la loi sur la déportation des prêtres réfractaires. Mais de tous ses discours, le plus célèbre est celui qu'il prononça, dans la séance du 29 mai, contre la motion de licencier la garde du roi. Quand il réfuta les bruits d'enlèvement du roi, il eut des paroles sévères à l'adresse de Louis XVI :

« Si ce projet, dit-il, a été réellement formé, observons que le temps est passé où les sourires, où la colère d'un individu annonçaient le bonheur ou le malheur du peuple, où toutes les paroles qui sortaient de sa bouche devenaient la loi de l'empire, où enfin un être privilégié soumettait tout aux caprices de sa volonté. Si l'on supposait au roi la volonté de se déposer de la royauté constitutionnelle, pour devenir ce qu'il était autrefois, le despote de la France, je dis qu'alors la nation serait assez grande pour se passer d'un homme ; et si le roi était animé des sentiments que lui prêtent l'une et l'autre de ces factions, il serait bien plus dangereux à Paris qu'à Coblentz ; mais il est aussi permis de croire qu'un homme ne veut pas se parjurer à la face de l'Europe entière, qu'il ne veut pas relever son trône au milieu du sang des Français, qu'un homme enfin ne se transforme pas sur-le-champ en scélérat. »

Après avoir donné à Louis XVI cet avertissement hautain, l'orateur se tourna vers les Jacobins, leur montra combien leurs desseins étaient inconstitutionnels et dangereux, et parla en prophète : « Je dis que, dans un moment de faction, je craindrais que les malveillants ne fissent un rapprochement de votre conduite avec celle du parlement d'Angleterre. Dans une époque trop fameuse de l'histoire des révolutions de ce royaume, on a aussi licencié la garde d'un roi d'Angleterre... »

Aussitôt les murmures coupèrent la parole à Girardin, qui, cependant, aurait ajouté, si l'on en croit le texte publié dans ses mémoires : « De cette même tribune, je puis apercevoir la place où périra l'infortuné Louis XVI (1). » Mais il est probable que cette prophétie, par trop précise, fut ajoutée après coup par l'éditeur des discours de Girardin (2), d'autant plus que, le 29 mai 1792, l'échafaud n'avait pas encore paru sur la place de la Révolution. Le même éditeur prétend que ce rapprochement avec Charles d'Angleterre fit une grande impression sur Louis XVI, ce qui est fort croyable ; mais il ajoute, ce qui l'est moins, que Girardin, consulté au nom du roi par un officier supérieur de sa garde, aurait conseillé à Louis XVI de se réfugier à Rouen, et, là, de dissoudre l'Assemblée. Le ton même des avertissements donnés à la cour, dans le discours que nous analysons, proteste contre cette trahison à la Mirabeau, dont le loyal et candide Girardin ne semble pas avoir été capable(3).

(1) Mémoires, I, 130.
(2) Je ne la trouve dans aucun journal, pas même dans le *Logographe*. Ce qui est plus étonnant, c'est qu'elle n'existe même pas dans le texte des discours de Girardin publié par les mêmes éditeurs. Cf *Discours et opinions de S. Girardin*. Paris, 1828, t. I, p. 66. (*Bibl. Nat*. La $\frac{41}{7}$.)
(3) Ses mémoires s'arrêtent au mois de septembre 1791, et ses pa-

Si, dans cette circonstance, il n'empêcha pas le licenciement de la garde du roi, son succès d'orateur accrut son autorité (malgré son opposition au projet du camp sous Paris), au point qu'il fut élu président, le 6 juin suivant. C'est sous sa présidence que fut discutée et repoussée la motion de Guadet contre La Fayette. Il prit un intérêt si visible au succès de la motion opposée de Ramond qu'à plusieurs reprises les Jacobins l'accusèrent « d'escamoter les décrets ». La froide impartialité d'un président n'était pas le fait de cet homme trop sensible. Cependant, le 7 juillet, il sut haranguer avec convenance les autorités de Paris mandées à la barre par un décret qui fut le gage du fameux baiser Lamourette.

Mais sa sincérité ne trouve pas grâce devant l'opinion, et, malgré la modération dont il fait preuve en combattant la pétition républicaine de la commune de Marseille (12 juillet) et le projet d'éloigner les troupes de ligne de Paris (15 juillet), une violente impopularité s'amasse sur sa tête. Il faut un décret pour lui assurer, le 4 août, la parole contre la pétition où la section des Gravilliers réclamait la déchéance :

« Je demande, dit-il, l'impression de l'adresse qui vient d'être lue, et j'en demande l'envoi aux 83 départements. Il paraît vraiment utile que nos commettants sachent qu'une section de Paris veut bien permettre au corps législatif de sauver encore la nation française. (*Il s'est élevé des murmures.*) Il faut enfin que l'Assemblée nationale fasse respecter la souveraineté du peuple, ou qu'elle sache périr sous les coups des factieux. (*Il s'est élevé des murmures dans un des côtés, tandis que tous les membres de l'autre côté ont crié : Oui, oui, nous mourrons plutôt que de nous laisser domi-*

piers, dont on a imprimé des extraits suivis, présentent une lacune de 1791 à 1798. L'éditeur a comblé cette lacune par les pages 130 à 138 du tome I : c'est là que se trouve l'anecdote que nous suspectons.

ner par les factieux. — *Des murmures des tribunes, des réclamations de plusieurs membres de l'extrémité d'un des côtés ont suivi cette déclaration.*) (1) »

Frappé, menacé de mort, à la suite de cette protestation, il s'en plaignit avec dignité dans la séance du 9 août : « Je déclare qu'hier, en sortant de l'Assemblée nationale, dans l'enceinte même du lieu de vos séances, j'ai été frappé..... (*En quel endroit? a demandé une voix. La plus vive indignation s'est manifestée. On cherchait de l'œil celui qui avait dit ce mot que personne ne qualifiait.*) On demande en quel endroit j'ai été frappé. C'est par derrière. Les assassins ne frappent jamais ailleurs ; et sans M. Juéry, que voilà, je ne pourrais vous rendre compte aujourd'hui des insultes qui m'ont été faites. M. Ducos vous dira, si vous l'exigez, comment il a sauvé un député de l'Alsace. M. Desbois, évêque de la Somme, qui est encore à mon côté, se plaindra à vous d'avoir été frappé, insulté, volé au sortir de la séance. Messieurs, il nous faut une liberté entière d'opinion. Je déclare donc à la nation, de laquelle je tiens mes pouvoirs, que je ne puis voter davantage sans que le corps législatif me donne liberté et sûreté. (*Nous faisons tous la même déclaration, se sont écriés presque tous les membres de l'Assemblée, en levant la main en signe de la fermeté de leur résolution. Nous avons remarqué que les membres assis dans le fond de l'extrémité ci-devant gauche n'ont pas pris part à ce mouvement, qui a été vivement applaudi.*) Mon amour pour la vérité me force à ajouter que je n'ai point eu à me plaindre des citoyens de Paris ; la plupart de ceux qui m'entouraient étaient étrangers : les citoyens de Paris ne participaient pas aux injures et aux insultes qui m'ont été faites (2). »

(1) *Journal des débats et des décrets.*
(2) Ibid.

C'est le dernier discours que Girardin prononça à l'Assemblée législative. Le 24 septembre 1792, il obtint, par l'entremise de Maret (1), une mission diplomatique pour l'Angleterre, qui mit ses jours en sûreté. Plus tard, il servit Napoléon et Joseph Bonaparte, puis la Restauration. Mais il sut garder, dans ces diverses fonctions, son indépendance et sa franchise, comme l'attestent ses fréquentes disgrâces. De 1819 jusqu'à sa mort advenue en 1827, il siégea à la Chambre des députés, parmi les chefs de l'opposition libérale, et là il fournit une seconde carrière oratoire beaucoup plus brillante que la première.

En résumé, il ne fut, à la Législative, qu'un orateur estimable, sans réelle influence et sans moyens politiques. Mais plus d'une fois la sincérité de son libéralisme réchauffa sa parole et, un jour au moins, dans les débats sur le licenciement de la garde royale, il fut éloquent. Quoiqu'il n'eût pas été vraiment l'élève de Jean-Jacques, il montra, à la tribune, quelque chose de l'imagination et de la sensibilité de celui dont le grand souvenir écrasait un peu sa personnalité modeste. Il est pourtant original par une qualité qui manquait à de plus grands que lui : il improvisait.

CHAPITRE IV

MATHIEU DUMAS

Les royalistes constitutionnels étaient fiers de compter parmi leurs orateurs le général Mathieu Dumas, qui devait une certaine popularité à ses services dans la guerre d'Amé-

(1) La biographie Rabbe imprime, par erreur, *Marat*. La biographie Didot reproduit cette faute d'impression et explique gravement quelles obligations *Marat* avait à Girardin ! — Cf. Mémoires, I, 135.

rique, à ses opinions libérales et surtout à la mission dont l'avait chargé la Constituante, lors de l'arrestation de Louis XVI à Varennes. Pour les électeurs de Seine-et-Oise, qui l'envoyèrent à la Législative, il était en quelque sorte le gendarme qui avait ramené le roi comme un prisonnier. Mais il ne jouit pas longtemps de ce prestige : les Jacobins trouvèrent bientôt en lui un adversaire redoutable par la correction de son attitude, la distinction de sa figure et la sincérité évidente de ses opinions constitutionnelles. Ses mémoires sont d'un honnête homme (1) et on fait cas de ses écrits techniques. Il fut surtout un orateur militaire, clair, instructif, mais comprenant mal les conditions d'une guerre révolutionnaire et de quel poids devaient être, dans les armées nouvelles, l'initiative et l'élan de soldats et de chefs improvisés. Voilà pourquoi il fut un des sept qui, le 20 avril 1792, votèrent contre la déclaration de guerre. Mais cette défiance était, de sa part, patriotique, et il ne refusa pas ses lumières et son expérience à l'organisation des armées. Plus tard, quand les autres constitutionnels étaient menacés, le Comité de Salut public n'hésita pas à profiter de la compétence du général Dumas, qui fut nommé directeur du dépôt des plans de campagne. On sait que l'Empire et la Restauration mirent également à profit sa science militaire : à la retraite de Russie, il était intendant général de l'armée, et, en 1819, il présidait le comité de la guerre.

A la Législative, quand il sortait de ces questions spéciales, il défendait la politique constitutionnelle plutôt dans le style de Ramond que dans celui de Vaublanc. Mais il se piquait d'érudition : il citait abondamment Tacite et Montesquieu, et il faisait sourire ses adversaires en terminant, le 3 juillet 1792, une véhémente réplique à Vergniaud

(1) Souvenirs du lieutenant-général comte Mathieu Dumas, de 1770 à 1836, publiés par son fils. *Paris, Gosselin,* 1839, 2 vol. in-8.

par le mot d'Horace : *Si quid novisti rectius istis, candidus imperti* (1).

Dès le 20 octobre 1791, à propos des émigrants, il se posa en adversaire des Brissotins, stigmatisa les « flatteurs du peuple », déclara qu'une loi sur cette matière serait aussi dangereuse que contraire à la constitution, s'autorisa de l'opinion de Mirabeau, enfin prétendit que les émigrés n'étaient point à craindre. « Jetez les yeux, dit-il, sur la bizarre composition de cette première troupe d'aventuriers, grossie depuis par des insensés ; voyez leurs chefs cherchant vainement à donner quelque substance aux rêves de l'orgueil et quelque éclat à leur chimère (*on applaudit*), annonçant chaque jour de grandes entreprises pour le lendemain, arrachant de leurs foyers les victimes d'une aveugle crédulité, leur présenter définitivement pour tout gage de succès cette déclaration conditionnelle qu'a fait évanouir pour jamais la conduite sage et ferme de l'Assemblée nationale constituante. Voyez les soldats de cette croisade, disséminés, sur une étendue immense, dans les villes où le spectacle de leur dépit et de leur malheur accélère plus qu'on ne pense le développement de l'esprit de liberté, et prépare un juste salaire aux hôtes imprudents qui leur ont offert un asile. (*On applaudit.*) Si je calcule leurs moyens propres, je ne trouve pas une troupe de cinq cents hommes rassemblés, point d'armes, point de munitions de guerre, point d'ensemble ; l'horrible jalousie, semant entre eux ses poisons, voilà l'état de cette formidable armée, dont une partie déplore son sort, et, s'immolant au plus cruel des préjugés, goûte les fruits amers de l'inégalité, et trouve sa ruine dans les principes mêmes qu'elle voudrait faire triompher.....

« Voulez-vous donner à quelques mécontents une telle importance que de les reconnaître pour une portion con-

---

(1) *Journal des débats et des décrets.*

sidérable des citoyens de l'empire avec lesquels le peuple français entrerait en guerre? Faut-il, par une loi qui produira certainement l'effet contraire, chercher à diminuer de quelques centaines d'hommes cette romanesque armée, à laquelle votre indignation donne seule quelque existence? »

Il fut un de ceux qui ressentirent le plus vivement l'affront fait au roi le 20 juin 1792. Ce jour-là, à la séance du soir, comme on lisait le procès-verbal, il se précipita tout ému à la tribune:

« J'interromps, dit-il, la lecture du procès-verbal. Des soins plus instants nous pressent. Je demande la parole sur un objet qui concerne la tranquillité publique, l'honneur de l'Assemblée nationale, et la sûreté du représentant héréditaire du peuple français. Vous venez d'envoyer chez le roi une députation de vingt-quatre membres. Je crois qu'il est nécessaire de prendre immédiatement des mesures qui puissent vous assurer que vos députés chez le roi pourront faire exécuter tout ce qu'ils croiront utile pour procurer la liberté et la sûreté de sa personne. Messieurs, peu de temps après la levée de la séance de l'Assemblée, ayant appris qu'un grand nombre d'hommes armés remplissait les appartements du roi, après avoir forcé sa garde, je me suis réuni à quelques-uns de mes collègues pour entrer au château. Nous avons vu le roi dans un imminent danger. (*Il s'est élevé des murmures dans un des côtés. Le roi, s'est écrié M. Charlier, est au milieu du peuple: il ne peut courir aucun danger. M. Mailhe et plusieurs autres membres demandaient la parole; d'autres demandaient que M. Dumas fût entendu.*) Je demande un moment de silence: l'objet est assez important pour en obtenir. Il est question, je le répète, de la sûreté de la personne du roi. (*Il s'est élevé de nouveaux murmures.*) Je demande à être entendu en silence; le moment presse, j'ai la parole; je veux être entendu. (*M. Dumas a été encore interrompu. M. Chabot a crié: M. Dumas a calomnié le peuple. Plusieurs membres parlaient en même temps. M. le président a ramené le calme.*) Si j'avais vu le roi entre les mains du peuple, je n'aurais aucune inquiétude, je l'y ai vu souvent pendant la révolution, et je n'ai jamais conçu la moindre crainte; mais ce n'est pas le peuple qui est auprès du roi en ce moment; ce sont des furieux, des hommes égarés; j'en atteste MM. Isnard, Vergniaud et autres membres de l'Assemblée, qui ont parlé à ces séditieux pour les ramener au respect dû aux autorités constituées. Ces faits sont suffisants pour motiver la proposition que je fais dans ce moment de mander le commandant général de la garde nationale pour qu'il soit donné au château les ordres nécessaires pour y rétablir l'ordre, et procurer la sûreté de la personne du roi. (*Il s'est élevé des murmures.*) Quoi! j'entends des murmures? l'Assemblée nationale voudrait-elle se charger d'une telle responsabilité aux yeux de la postérité? Quoi! elle entendrait ces détails, et ne prendrait aucune précaution suffisante? Il était manifeste, au moment où j'ai parcouru le château, et non pas seulement à mes yeux, mais à ceux de tous les membres qui étaient avec moi, et plusieurs sont ici présents: il était, dis-je, manifeste qu'aucune consigne n'était plus respectée; que le roi n'était point dans un état de liberté tel qu'il pût donner aucun ordre; il était entouré, assailli, menacé, avili par le signe d'une faction; il avait le bonnet rouge sur la tête. (*Quelques membres ont applaudi, et les tribunes se sont jointes à eux; elles criaient : à bas, à bas! tandis que d'autres membres réclamaient fortement.*) »

Ce fut alors un tumulte, des cris confus pour ou contre le bonnet rouge, des huées et des applaudissements des tribunes, qui coupèrent longtemps la parole à Mathieu Dumas : « Mon unique objet, conclut-il enfin, était de demander que l'Assemblée nationale prît les précautions nécessaires pour s'assurer que les mesures qu'auraient à prendre ses députés au château, seraient rendues efficaces, étant appuyées d'une force suffisante; le compte que l'Assemblée se fera rendre ne justifiera que trop cette proposition. J'en demande pardon à l'Assemblée, mais celui que l'Assemblée constituante chargea de répondre à la nation de la sûreté de la famille royale, au 21 juin 1791, lui paraîtra sans doute excusable de se montrer si affecté de ses dangers au mois de juin 1792 (1). »

Dans la mémorable séance du 3 juillet 1792, où Vergniaud compara Louis XVI au tyran Lysandre, c'est Dumas qui eut l'audace d'improviser, devant l'Assemblée encore frémissante d'admiration, une réponse à l'orateur girondin. Sans éclat, mais avec une courageuse obstination, il défendit Louis XVI, justifia le *veto* sur les décrets relatifs aux émigrants et à la formation d'un camp sous Paris, et conclut qu'il voterait, comme Vergniaud, une adresse au roi, mais une adresse respectueuse et pacifique. Il termina en attaquant les patriotes :

« Dans tout ce que j'ai dit, je me suis livré aux mouvements naturels de mon cœur, qui me font pressentir que nous pouvons faire de cette époque la plus glorieuse de la Révolution. Il est temps que le peuple connaisse la confiance qu'il peut avoir dans ses représentants. Méritons son respect, et nous n'aurons pas besoin de l'exiger (2). Montrons-lui une obéissance profonde à la constitution, et il obéira à nos lois. Ne souffrons pas qu'on lui dise qu'une nouvelle aristocratie se forme au milieu de nous. Je suis de l'opinion de ceux qui disent qu'il est inutile de répéter des serments déjà prononcés ; mais aucun de nous ne souffrira

---

(1) *Journal des débats et des décrets.*
(2) *Logographe* : « Méritons sa confiance (*murmures à droite*) ; méritons son respect, et nous n'aurons pas besoin de l'exiger. »

que l'égalité soit violée; et je demande que nous opposions une égale résistance et à cette faction qui voudrait détruire l'égalité, et à ces patriotes niveleurs qui voudraient tout désorganiser et tout dissoudre. Il faut que le peuple sache qu'il n'y a point d'aristocratie dans l'inégalité des richesses; que le riche est le meilleur distributeur et le meilleur économe du pauvre. (*Il s'élève, dans une grande partie de l'assemblée, des murmures et des éclats de rire.*) Je veux dire que dans l'inégalité des fortunes, se trouve le gage et le salaire de la partie industrielle, de la partie la plus importante et la plus intéressante du peuple, dont nous devons soigner les véritables intérêts; et je conclus de là qu'il faut apprendre au peuple à respecter les propriétés. »

Mais Dumas n'approchait de l'éloquence que quand il parlait des choses militaires. A l'occasion, il savait glorifier la discipline avec chaleur, et les patriotes eux-mêmes applaudirent, dans ces discours, des lieux communs qu'il relevait par un air de sincérité : « Cette austère discipline, dit-il le 5 mai 1792, qui assure les succès, n'est chez nos voisins qu'une obéissance servile; mais elle doit parmi nous prendre sa source dans les sentiments les plus généreux, et produire les plus mâles vertus. Si tous les peuples libres poussèrent cette austérité à un point qui nous paraît rude jusqu'à la férocité, combien, à plus forte raison, dans l'agitation de la plus forte révolution morale qui soit arrivée parmi les hommes, devons-nous nous prémunir contre les dangers de l'indiscipline! Oui, c'est à ce qui nous reste encore de l'esprit servile, qui tourne si facilement à la licence, qu'il faut attribuer l'indiscipline qui a désolé notre armée. — Il faut mûrir les fruits de cette régénération. Il faut dévorer l'avenir; et, pour nous empêcher de détruire notre ouvrage de nos propres mains, il faut atteindre à cette discipline qui, sans doute, est une contradiction avec l'indépendance primitive, comme les plus belles et les meilleures fortifications sont prisées et admirées, encore que leur dessin et leurs formes choquent et contrarient les formes de la nature. Or, cette discipline ne peut être produite que par deux puissants ressorts, la liberté et le despotisme ; mais il y a cette essentielle différence, que la discipline du despotisme tend à le détruire, que plus le ressort en est comprimé, plus il est près de rompre et d'entraîner son agent, tandis qu'au contraire la discipline des peuples libres se fortifie à mesure que les principes du gouvernement s'épurent et s'affermissent. »

CHAPITRE V.

LEMONTEY, JAUCOURT, QUATREMÈRE DE QUINCY, DUCASTEL, BEUGNOT.

Parmi les autres orateurs du même parti, ce LEMONTEY, qui devait rendre quelques services aux études historiques (1), écrivain fécond, mais toujours académique et précieux (2), apporta à la tribune une abondance emphatique et des métaphores un peu grossières. Le 20 octobre 1791, il s'opposa aux mesures proposées contre les émigrés, sous le prétexte que l'émigration « est une transpiration naturelle de la terre de la liberté. » Il parlait aisément la langue sentimentale du temps, mais il n'hésitait pas à mettre sa prose poétique au service des idées philosophiques. Un jour même, il charma l'Assemblée par le ton vol-

---

(1) Il publia des extraits des mémoires de Saint-Simon et édita Dangeau. Cf. ses *Essais sur l'établissement monarchique de Louis XIV*, etc., Paris, 1818, in-8.
(2) Sainte-Beuve, *Causeries du lundi*, II, 482.

tairien dont, à propos des prêtres réfractaires, il s'indigna contre le fanatisme :

« Il est donc vrai, messieurs, que la fin du dix-huitième siècle devait voir les prodiges de la philosophie mêlés aux atroces folies du fanatisme, et la plus sublime révolution se débattre contre de honteuses erreurs ! Il est donc vrai que la partie humiliante de ce contraste devait être l'ouvrage de ces pasteurs qui fatiguèrent si longtemps l'ancien régime de leurs plaintes légitimes contre la tyrannie épiscopale, de ces pasteurs que la plume des philosophes vengea si bien d'un injuste avilissement ! Quel est donc cet esprit jaloux qui ne veut jamais laisser aux hommes que la moitié de leur bonheur ? Quand le peuple gémissait dans l'oppression, des mains libérales lui ouvraient le ciel ; mais depuis qu'un nouvel ordre de choses lui promet quelques douceurs sur la terre, on effraie sa conscience ; on le menace des vengeances divines. Ah ! la religion toute sainte, toute bienfaisante, ne fait pas ces avares calculs. »

Mais, d'après lui, il faut se garder de proscrire les prêtres réfractaires : « J'ai bien des raisons, dit-il, de croire que les ennemis de la constitution verraient avec joie cette proscription, ces pasteurs, ces vieillards arrachés aux larmes feintes ou véritables de leurs paroissiens. Ils savent l'effet qu'un tel spectacle produirait sur l'âme combustible de la multitude ; ils savent que quand le fanatisme a couvert les têtes de son crêpe ardent, tous les objets se dénaturent à leurs yeux : le crime est une vertu, la révolte est un devoir, la hache du supplice une palme qui descend des cieux. — Mais faudra-t-il donc céder lâchement, et, par un retour impolitique, compromettre la dignité des lois ? Non sans doute ; le danger serait égal...... Mais des paroisses, mais des cantons entiers veulent leurs pasteurs ; eh bien ! qu'ils les gardent ; la constitution les y autorise ; on attendra leur demande pour leur en donner qui soient assermentés : mais jusque-là les paroisses doivent payer les pasteurs qu'elles tiendront de leurs caprices et non pas de la loi. Ou je m'abuse, ou ce régime ne leur conviendra pas longtemps, et elles feront bientôt ou jurer ou partir des prêtres qu'il faudra payer..... Enfin, qui de nous n'a compris que ce désordre a deux causes générales qu'il faut attaquer dans leurs sources? l'une est l'espoir si chimérique et si criminel d'une contre-révolution, qui soutient les chefs, qui intimide les faibles, qui excite les artisans de nos troubles : l'activité des pouvoirs intérieurs, et une dignité prudente dans nos rapports extérieurs, tempéreront cette maladie volontaire ; la seconde cause est l'ignorance du peuple. Mais ces querelles de religion, où l'on se débat sans jamais s'entendre, sont des orages de nuit qu'il vaut mieux dissiper par la lumière que par la foudre ; l'instruction est un moyen sûr, mais lent. L'Assemblée ne pourra-t-elle pas dès à présent faire une adresse aux Français, et particulièrement à ces hommes simples et bons qu'on a si méchamment égarés? Elle leur dirait avec le style de la vérité : Citoyens utiles et respectables, votre bonheur fut l'objet de nos sollicitudes ; voyez les fruits que vous en avez recueillis ; vous ne connaissez plus ni dîmes, ni corvées, ni aides, ni gabelles, ni privilèges. Vous avez des assemblées primaires, des municipalités pour défendre vos droits ; vous aurez bientôt des écoles gratuites, pour les mieux connaître. Les hommes qui opprimaient votre volonté et dévoraient votre substance n'ont pu voir ces bienfaits sans douleur. Ils se sont bien gardés de vous parler de leurs pertes ; mais ils ont saisi avec adresse un moyen de vous intéresser à leurs projets, de vous armer contre vous-mêmes. La justice exigeait que des hommes salariés par l'État lui prêtassent un serment de fidélité ; il est tout à fait étranger à la religion et aux vérités de la foi : c'est le serment civique, le même que vous avez prêté sous vos drapeaux et dans vos assemblées ; voyez donc dans quel piège on vous a entraînés. On a trompé vos curés, et l'on vous trompe vous-mêmes. N'avez-vous pas remarqué que ceux qui affectent le plus de pleurer sur la religion, sont ceux qui auparavant se piquaient de n'en point avoir ? Oui, leur religion n'est pas la vôtre ; car vous aimez la paix, le travail et la vertu. Et eux ils regrettent leurs vices commodes, la profusion des finances ; ils regrettent vos malheurs, la dîme, la corvée, la gabelle, les privilèges qui vous écrasaient ; leur religion est la contre-révolution : encore une fois, leur Dieu n'est pas le vôtre ; leur Dieu est au delà du Rhin (1). »

Cette rhétorique plut beaucoup, mais elle ne put colorer la naïveté chimérique d'une proposition que Lemontey fit bientôt. Il demanda (16 novembre) que « tout citoyen que l'Assemblée assujettirait à prêter un serment pourrait le faire précéder de toute déclaration qu'il croirait intéresser sa croyance religieuse (2). » C'était dispenser du serment les prêtres réfractaires. L'Assemblée passa en souriant à l'ordre du jour. Mais le bon Lemontey se piquait d'esprit révolutionnaire et il prit sa revanche, le 23 novembre, quand il proposa que le traitement dont seraient privés les prêtres assermentés serait, dans la proportion des contributions foncières et immobilières, réparti entre les 83 départements pour des œuvres de charité ou d'utilité générale. Les tribunes acclamèrent cette motion populaire, que l'Assemblée vota malgré l'opposition de Girardin.

Nommé président, il rédigea (15 décembre) un projet d'adresse au roi, qui fut repoussé comme trop royaliste. Bientôt son impopularité fut irrémédiable, et il se tut.

Tout autre était le fringant chevalier DE JAUCOURT qui, dans la séance du 29 mai 1792, menaça le montagnard

---

(1) *Journal des débats et des décrets*, séance du 24 octobre 1791.
(2) *Ibid.*

Chabot de cent coups de bâton. Celui-là ne craignait pas d'irriter la gauche et il ignorait les sentimentalités philosophiques des Girardin et des Lemontey. Il parle avec aplomb et ne se départ pas d'une certaine sécheresse mordante, affectant ce qui blessera le plus le sentiment populaire. Les tribunes le huèrent plus d'une fois pendant son discours contre l'admission des Suisses de Châteauvieux aux honneurs de la séance :

« L'Assemblée nationale, dit-il, ne voudra pas sans doute se priver du témoignage de la reconnaissance des soldats de Châteauvieux ; moi-même j'appuierai leur admission à la barre, mais je demande que ce ne soit que par un décret de l'Assemblée nationale qu'ils obtiennent les honneurs de la séance. Je demanderai à motiver les raisons qui me paraissent devoir les priver de cet honneur. (*Il s'est élevé des murmures dans une partie de l'Assemblée et aux tribunes. Plusieurs des spectateurs ont crié: à bas, à bas ! Les membres d'un des côtés se sont levés, et ont demandé que les tribunes fussent rappelées à l'ordre. M. le président les a rappelées au respect qu'elles doivent à l'Assemblée. Plusieurs voix ont demandé que M. Jaucourt motivât son opinion. Il est monté à la tribune et a dit :*) L'Assemblée nationale verra sans doute avec satisfaction les infortunés dont elle a brisé les fers ; elle doit entendre avec plaisir l'expression de leur reconnaissance ; mais l'intérêt qu'inspire leur présence ne peut pas nous faire oublier l'esprit du décret qui prononça leur liberté. Quelle fut l'intention de l'Assemblée nationale en portant le décret du 31 décembre ? Si elle voulut casser un jugement inique, déclarer innocents ceux qu'il avait punis, elle ne fit pas assez. A-t-elle voulu seulement faire cesser une punition barbare ? elle ne doit rien ajouter à cet acte d'humanité auquel j'applaudis. Une amnistie n'est ni un triomphe, ni une couronne civique ; ce serait une contradiction si le régiment de Châteauvieux eût égalé par son patriotisme les gardes nationales. Les troupes qui périrent à Nancy croyaient aussi servir la patrie et obéissaient à la loi, au décret du corps législatif, qui applaudit à leur conduite, qui honora ensuite leur mort d'un deuil public porté par toutes les gardes nationales. (*Ici M. Thuriot a observé que ce n'était pas une motion d'ordre.*) Verrez-vous dans la même enceinte, où leur vertu fut honorée d'une pompe funèbre, décerner des honneurs à ceux qui les ont combattus ? Si cela vous paraissait juste, il faudrait sur-le-champ recréer les deux régiments du Roi et de Mestre-de-camp, élever un monument à ceux de leurs camarades qui ont péri, apprendre enfin aux régiments, aux citoyens de Metz qui ont marché vers Nancy, qu'ils ont été les instruments d'un grand crime. (*Il s'est élevé des murmures.*) La nation devrait se couvrir de deuil avant cet acte solennel. Vous ne pouvez pas déshonorer les mânes du brave Desilles, celles des infortunés citoyens-soldats qui les premiers ont péri pour la patrie, faire une censure cruelle de l'Assemblée constituante, déchirer le cœur de tous ceux qui ont eu part à cet événement déplorable, outrager la nation au moment de renouveler les capitulations. (*On a entendu des rires aux tribunes et dans un des côtés de la salle.*) Qu'il soit permis, messieurs, à un militaire qui fut commandé avec son régiment pour cette expédition, de vous représenter que votre décision peut faire une grande impression sur l'armée. (*Il s'est élevé de nouveaux murmures.*) Si, par les honneurs que vous accorderez aux soldats de Châteauvieux, elle peut croire que vous les regarderez, non pas seulement comme des hommes trop punis, mais comme des victimes innocentes. (*Plusieurs membres ont crié : oui, oui. Les tribunes se sont jointes à eux, tandis que d'autres membres disaient : non, non.*) Craignez que l'armée ne voie dans votre conduite la récompense de l'insubordination. (*Il s'est élevé des murmures.*)

Craignez que toutes les fois qu'on lui commandera un acte de rigueur, elle ne croie devoir résister à un ordre injuste. Je demande que les soldats de Châteauvieux soient admis à la barre, qu'ils ne soient pas privés du plaisir de vous témoigner leur reconnaissance ; mais je demande qu'ils ne soient pas admis aux honneurs de la séance. (*Des murmures d'un des côtés de l'assemblée et des tribunes ont suivi ce discours* (1). »

Très connu comme avocat avant 1789, DUCASTEL ne brilla pas à la tribune. Il y parut rarement, se montra sec et bref, et ne se signala que dans le comité de législation. C'est sur son rapport que les registres de l'état civil furent confiés aux officiers municipaux (22 juin) et que l'Assemblée adopta le divorce par consentement mutuel. Plus insignifiant encore fut QUATREMÈRE DE QUINCY, qui parla comme il écrivit, dans un style diffus et incolore. BEUGNOT, que son discours contre Marat et Carra (3 mai 1792) mit un instant en lumière, n'avait aucune des qualités de l'orateur. Qui pourrait reconnaître dans ce parleur banal, dans cet évocateur du spectre rouge, l'auteur de ces mémoires qui font le charme des délicats ? Déjà pourtant Beugnot était un causeur spirituel, comme le prouve cette lettre peu connue, adressée aux auteurs du *Journal des débats et des décrets*, et où il bafoue avec finesse le montagnard Baignoux : « Paris, 19 avril, l'an 4 de la liberté. — Messieurs, M. Baignoux m'a exprimé ses regrets de ce que la *Gazette universelle* et quelques autres papiers publics lui attribuaient le discours que j'ai prononcé à la séance du 16 avril, sur la nomination des commissaires de la trésorerie et des membres du bureau de comptabilité. Une sorte de conformité dans les noms a occasionné ce chagrin

---

(1) *Journal des débats et des décrets*, séance du 9 avril 1792. — Identique dans le *Logographe*.

à M. Baignoux, et, pour le lui épargner à l'avenir, je vais vous indiquer quelques signes auxquels il sera facile de nous distinguer.

« M. Baignoux parle souvent, et toujours dans le sens de la majorité réelle ou apparente ; je parle rarement, et je ne crains jamais de contrarier l'une ou l'autre. M. Baignoux arrive toujours à la tribune du côté gauche ; moi, jamais. M. Baignoux a l'avantage de lire une opinion tout entière sans être interrompu, et parfois il emporte à sa place des applaudissements ; je n'ai pas encore parlé sans avoir été arrêté vingt fois, et je ne recueille de mes opinions que la satisfaction intime d'avoir dit ce que je crois la vérité. M. Baignoux a justement la taille qu'il faut pour qu'on le voie à la tribune, et j'y porte un excédent dont je suis fort embarrassé.

« Ainsi, messieurs, quand vous verrez à la tribune un orateur luttant péniblement contre la défaveur d'un certain parti, fatigué par des huées, harcelé par des sarcasmes, ce sera M. Beugnot ; et quand vous en découvrirez un autre, lisant avec une tranquille assurance une opinion supportée, écoutée, quelquefois même applaudie, ce sera M. Baignoux... Saisissez, messieurs, cette distinction, et consignez-la, je vous prie, dans vos feuilles, ne serait-ce que pour la postérité, qui dans cette foule innombrable de grands noms qui vont passer jusqu'à elle, pourrait confondre ceux de MM. Baignoux et Beugnot, et se trouverait ensuite dans le plus grand embarras, en voyant le même nom appliqué à des positions si différentes. »

Ainsi les constitutionnels avaient à leur tête d'honnêtes gens, instruits et corrects, comme Ramond, Girardin, Dumas, un rhéteur comme Vaublanc, un naïf comme Lemontey, des insignifiants comme Ducastel et Quatremère de Quincy, des sceptiques comme Jaucourt et Beugnot ; mais pas un homme d'État, pas un grand orateur. Les paroles bien intentionnées qu'ils laissèrent tomber du haut de la tribune irritèrent les contemporains sans trouver d'écho dans l'histoire. C'est que leur politique les condamnait à regarder les événements sans y prendre part; c'est que, eussent-ils eu le génie qui leur manquait, leur éloquence, qui se borne à commenter un texte déjà abrogé dans les esprits, manque forcément d'éclat, parce qu'elle ne s'inspire d'aucune idée vivante.

CHAPITRE VI.

LE CENTRE OU LES INDÉPENDANTS.

Les 250 ou 300 députés qui formèrent le centre de l'Assemblée législative n'eurent ni politique, ni éloquence. Leur rôle se borna à décider de la majorité ; mais ils votèrent le plus souvent avec la droite. Ces obscurs, qui disparurent de l'histoire avec la Législative, aimaient à s'appeler les *Indépendants*. Leurs chefs, Pastoret, Bigot de Préameneu, Lacuée, font cause commune avec les Vaublanc et les Ramond. Mais avaient-ils des chefs? Les hommes que je viens de citer ne se confondent-ils pas avec les royalistes constitutionnels? C'est Vaublanc qui, dans ses mémoires, fait siéger Pastoret au centre, voulant sans doute ennoblir ces *Indépendants*, qui donnèrent tant de fois la victoire à la droite.

I

Ce n'est pas que Pastoret fût un orateur de grand mérite ; mais ses adversaires lui reconnaissent « une aimable facilité (1). » Ce Marseillais souple et heureux était, en

---

(1) *Révolutions de Paris*, n° 117.

1789, conseiller à la cour des aides, membre de l'Académie des inscriptions, historiographe de France. En septembre 1790, il tint quelques jours le portefeuille de l'intérieur. En 1791, successivement président et procureur-syndic du département de Paris, il fut, à la barre de la Constituante, l'orateur de la députation qui vint demander, à l'occasion de la mort de Mirabeau, la transformation de l'église Sainte-Geneviève en Panthéon national. Il serait même l'auteur de l'inscription : *Aux grands hommes la patrie reconnaissante* (1). Et pourtant Mirabeau avait dit de ce madré doucereux : « C'est une cervelle de renard dans une tête de veau (2). » Né courtisan (3), il ne tarda pas à haïr la Révolution.

Pourtant, député de Paris, il fut le premier en date des présidents de la Législative. C'est en cette qualité que, le 7 octobre 1791, il harangua Louis XVI avec un tact que n'aurait pas fait prévoir la louange emphatique que, le 30 septembre, il avait adressée, comme procureur syndic, à la Constituante : « Sire, dit-il, votre présence au milieu de nous est un nouvel engagement que vous prenez envers la patrie de maintenir la constitution. Tous les droits étaient violés, tous les pouvoirs étaient confondus. La constitution est née et a rétabli un ordre qui assure le bonheur et l'égalité de tous. Vous devez la chérir, cette constitution, comme citoyen; vous devez la faire exécuter comme roi : elle vous a donné des amis dans ceux qu'on appelait autrefois vos sujets. (*On applaudit.*) Vous avez besoin d'être aimé des Français, disiez-vous, il y a quelques jours, dans

---

(1) Biographie Rabbe.
(2) Ibid. « Qui ne connaît, disait Marat, ce doucereux Pastoret, à regard faux et à poil roux; ce roi des intrigants qui s'élève par degrés de la fange à une des premières places de l'ancien régime ? » (*L'Ami du peuple*, du 11 sept. 91.)
(3) On prétend qu'il adressa des vers flatteurs à Robespierre. (Bonneville et Quénard, t. III.)

ce temple de la loi ; et nous aussi, Sire, nous avons besoin d'être aimés de vous. (*Toute l'Assemblée et les tribunes retentissent d'applaudissements.*) La constitution vous fait le premier monarque de l'Europe. Forts de notre réunion, nous allons travailler de concert à épurer la législation, à ramener l'ordre et le bonheur dans l'empire. Tel est notre devoir, tel est celui de Votre Majesté. Les bénédictions des Français en seront la récompense. (*Les applaudissements recommencent*) (1). »

Le 20 octobre 1791, il parle après Vergniaud sur les émigrés. Son discours leur est habilement favorable. Il les désavoue, reconnaît qu'on peut faire des lois d'exception contre eux, et allègue Montesquieu et Jean-Jacques. Il ne songe pas à défendre ces hommes « qui ne peuvent encore s'acclimater à une constitution qui a eu la perfidie d'exclure du premier rang l'intrigue et l'opulence, pour y placer deux divinités longtemps obscures, le talent et la vertu. (*On applaudit.*) » Mais il est politique d'user d'indulgence. Que les princes soient *sommés*, les autres émigrés *requis* de rentrer. « Lorsque votre voix paternelle les aura rappelés, libres de la fausse honte qui les retient, la plu-

(1) Voici le texte du *Journal des débats et des décrets*, qui offre quelques variantes notables : « Sire, votre présence au milieu de nous est un engagement nouveau que vous prenez envers la patrie. Les droits du peuple étaient oubliés, et tous les pouvoirs confondus; une constitution est née et avec elle la liberté française. Vous devez la chérir comme citoyen ; comme roi, vous devez la maintenir et la défendre. Loin d'ébranler votre puissance, elle l'a affermie ; elle vous a donné des amis dans tous ceux qu'on n'appelait autrefois que des sujets. Vous avez le besoin d'être aimé des Français, disiez-vous, Sire, il y a quelques jours, dans le temple de la patrie; et nous aussi nous avons besoin de vous aimer. La constitution vous a fait le premier monarque du monde ; votre amour pour elle placera Votre Majesté au rang des rois les plus chéris, et le bonheur de la nation vous rendra plus heureux ; forts de notre réunion mutuelle, nous en sentirons bientôt l'influence salutaire. Épurer la législation, ranimer le crédit public, achever de comprimer l'anarchie : tel est notre devoir ; telles sont nos vœux, tels sont les vôtres, Sire, telles sont nos espérances : les bénédictions des Français en seront le prix. »

part d'entre eux viendront jouir avec vous de cette liberté qui a tant de charmes. Leur orgueil aurait résisté à une loi sévère ; leur intérêt, un motif plus noble peut-être, les ramènera ; et peut-être encore, lorsqu'ils auront posé leurs pieds sur la terre qui les a vus naître, ils s'y sentiront soulagés, comme les Grecs, poursuivis par les remords, se sentaient plus tranquilles au moment où ils embrassaient l'autel des dieux. » Ces idées se retrouvèrent presque textuellement dans la proclamation du 12 novembre, où le roi expliquait son *veto* sur le décret relatif aux émigrants.

Pastoret savait, à l'occasion, flatter ces passions populaires qu'il n'aimait pas, et « cet ami du cérémonial et des égards distingués », comme l'appelle un contemporain (1), fit abolir l'usage des visites officielles au jour de l'an (31 décembre 1791). C'est aussi lui qui rédigea la formule par laquelle l'Assemblée amnistia les Suisses de Châteauvieux, et qui, comme rapporteur du comité d'instruction publique, fit supprimer le tribunal gothique de l'Université (24 février 1792).

Sa science juridique, qui était réelle, étonna l'Assemblée, et même, à en croire le *Journal des débats*, la transporta d'enthousiasme quand, le 1ᵉʳ mars suivant, il écrasa les réclamations des princes possessionnés en Alsace sous un monceau de citations latines. La Révolution fut naïvement heureuse d'avoir un pédant au service de ses droits.

Il eut plus de chaleur dans son discours sur la nécessité de déclarer la guerre au roi de Bohême et de Hongrie (20 avril) : « Sans doute, dit-il, nous ne devons pas nous laisser entraîner aux mouvements exagérés de l'enthousiasme: cette passion ne doit pas, plus que toutes les autres, atteindre les législateurs d'un grand empire ; mais est-ce donc d'aujourd'hui que nous sommes provoqués, et doute-t-on

---

(1) Quénard et Bonneville, t. III.

encore de notre longue patience, pour oser nous accuser d'enthousiasme? Le ministre des affaires étrangères nous a présenté aujourd'hui le tableau des griefs de la nation française envers la maison d'Autriche. Je n'entreprendrai pas de vous le retracer; mais, enfin, ces armements de concert provoqués par l'empereur, et maintenus, au prix de toutes sortes de sacrifices, par le roi de Hongrie et de Bohême; la violation répétée des traités faits avec la France, depuis quatre cents ans..., voilà, sans doute, des motifs suffisants pour autoriser la France, menacée, attaquée, à se mettre enfin en état de guerre pour sa propre défense. (*On applaudit.*) Il est temps de s'arracher enfin à la longue incertitude qui, depuis longtemps, tourmente tous les vœux et toutes les pensées; il est temps que l'on voie une grande nation déployer tout son courage et toute la force de sa volonté pour défendre sa liberté, c'est-à-dire la cause universelle des peuples..... Oui, la liberté va triompher, ou le despotisme va nous détruire. Jamais le peuple français ne fut appelé à de plus hautes destinées. Nous ne pouvons douter, quand nous connaissons le courage des gardes nationales, le zèle qu'elles ont montré pour la défense de la patrie, nous ne pouvons douter du succès d'une guerre entreprise sous de si généreux auspices. La victoire sera fidèle à la liberté (*on applaudit*), et les soldats-citoyens et les citoyens-soldats s'empresseront à la défendre d'une ardeur égale et à l'affermir par des triomphes. Les défenseurs de la constitution ne sont pas tous aux frontières; ils existent dans nos villes, ils font prospérer nos campagnes, ils travaillent dans nos ateliers; enfin, partout où il y a des Français libres, il y a des défenseurs de la liberté; et si nos ennemis pouvaient avoir un moment de succès, l'on verrait aussitôt se réunir, de toutes les parties de l'empire, des citoyens pour repeupler nos armées, y ranimer l'énergie et leur assurer des triomphes..... Jamais la nation française n'a mieux senti le besoin de la gloire, de la sûreté, de l'indépendance.

« Je propose le projet de décret suivant:

« L'Assemblée nationale, délibérant sur la proposition formelle du roi, décrète qu'il y a lieu à déclarer la guerre au roi de Bohême et de Hongrie, ordonne qu'une députation de vingt-quatre de ses membres portera ce décret au roi. (*On applaudit.*) »

Chargé par les trois comités de rédiger une adresse à l'armée (8 mai), il eut des expressions assez heureuses: « Il faut, dit-il, vaincre, ou retourner sous l'empire de la gabelle, des aides, de la taille, de la dîme, de la milice, de la corvée, des privilèges féodaux, des emprisonnements arbitraires, de tous les genres d'impôts, d'oppressions et de servitude..... Nous avons juré de ne capituler ni avec l'orgueil, ni avec la tyrannie: nous tiendrons notre serment: *la mort, la mort ou la victoire et l'égalité.* »

Aux approches du 10 août, il défendit la royauté avec talent. L'évêque jacobin Torné avait conseillé à l'Assemblée de prendre la dictature et de considérer le salut du peuple comme l'unique loi (5 juillet): « Vous venez donc, répondit Pastoret, d'entendre ce discours, qui paraît sorti des presses de Coblentz. (*Quelques applaudissements.*) Enfin, elle a éclaté, cette coalition annoncée depuis si longtemps entre les factieux du dehors et ceux du dedans. Il est donc évident que tous nos ennemis ne sont pas sur les frontières du Brabant. (*Nouveaux applaudissements.*) L'aristocratie, qui n'ose plus se montrer sous son visage hideux, prend la livrée du patriotisme, pour séduire avec plus de facilité. Des hommes, qui ont juré de maintenir la constitution, viennent de signaler leur désobéissance par des opinions coupables. Il est impossible que l'Assemblée nationale n'en témoigne pas sa profonde indignation. Il est temps qu'elle fasse sentir que nous ne sommes pas échappés au despotisme d'un seul pour nous jeter dans l'anarchie ; il est temps qu'elle fasse sentir que la liberté est établie pour tous les Français, et non pas pour servir quelques chefs furieux de la démagogie en délire. Je demande que l'Assemblée déclare qu'elle improuve l'opinion de M. Torné, et que l'auteur soit envoyé pour trois jours à l'Abbaye. (*Quelques applaudissements, quelques murmures.*) »

On le voit : Pastoret est un orateur sans puissance, mais il connaît son art ; et, s'il ne séduit pas les passions, il sait ne pas les heurter inutilement. Il sera, au conseil des Cinq-Cents, un des chefs écoutés du parti de Clichy. Il louvoya assez heureusement sou l'Empire et sous la Restauration ; mais il ne put remonter à la tribune, quand Louis XVIII la rétablit, et il dut se contenter de la renommée honorable que lui valurent ses écrits sur l'histoire du droit.

II

Rares et insignifiants furent les discours de Bigot de Préameneu, député de Paris. Le 7 janvier, il fit un éloge passionné de la sanction royale, au milieu des huées des tribunes, et, le 25 mai, il défendit avec quelque audace les prêtres insermentés contre Thuriot. Mais il dut sa notoriété à son attitude antirévolutionnaire, non à son talent.

Lacuée, que l'Empire devait faire général, comte de Cessac et ministre de la guerre, fut assez éloquent dans les questions militaires. Il embarrassait les partisans de Dumouriez par ce dilemme : « Ou Dumouriez savait l'état de nos armées et de nos places quand il a précipité la guerre, et alors c'est un traître ; ou il l'ignorait, et alors c'est un ministre incapable (1). » Mais ses discours, assez corrects, sont verbeux et sans caractère.

(1) Je ne retrouve ce dilemme, cité par Rabbe, dans aucun des dis-

Reste ce célèbre et médiocre CERUTTI, dont Marat disait avec verve : « Vous connaissez ce disciple achevé de Loyola, ce caméléon subtil, auquel le ciel, avare de ses dons, donna un caquet fleuri, un esprit léger, auquel il refusa toujours une âme élevée et un cœur droit. Bas valet-né des grands, vil esclave des favoris de la cour, tout ce qu'il a d'astuce fut consacré à leur plaire..... Jamais le sentiment ne poussa ses lèvres; et si quelquefois il prêche aux rustres l'amour de la liberté, c'est toujours de manière à conserver au despote le cœur de ses sujets (1). » Quoi qu'il en soit, ses succès académiques, sa liaison avec Mirabeau, le succès de sa *Feuille villageoise*, avaient désigné l'ex-jésuite aux électeurs de Paris, qui envoyèrent à la Législative, à titre d'orateur brillant, l'auteur applaudi de l'*Éloge funèbre de Mirabeau*. Mais Cerutti mourut le 3 février 1792. Il n'avait parlé qu'une fois à l'Assemblée, le 4 octobre 1791, et son discours avait enthousiasmé les tribunes. En voici le texte, d'après le *Journal des débats et des décrets* :

« 492 députés ont appuyé leurs mains sur l'Évangile de la constitution, et ont juré de la maintenir jusqu'à leur dernier soupir. Après lui avoir rendu cet hommage, il serait sans doute convenable d'offrir un sentiment bien juste au corps constituant dont nous tenons cet immortel ouvrage. Rien n'est plus commun que de jouir avec une ingratitude superbe des travaux publics : on craint de paraître idolâtre ou esclave en adressant des hommages à leurs auteurs; mais quand ils ne sont plus en place, il est beau de leur témoigner la reconnaissance qu'inspirent leurs travaux passés. (*On a vivement applaudi.*)

« Le premier jour où cette assemblée a pris séance, j'ai vu que le peuple portait des regards remplis de vénération

cours de Lacuée, pas même dans sa sortie du 13 juin 1795 contre Dumouriez.

(1) *L'Ami du peuple* du 11 sept. 91.

sur ses premiers législateurs, et des regards d'espérance sur ses législateurs nouveaux.

« Ce partage de sentiments est le mouvement général de la nation française. Nous devons donc céder au penchant national, et voter des remerciements à l'Assemblée nationale constituante, qui, avant nous, a sauvé, régénéré l'empire français; à l'élite des législateurs qui ont combattu et vaincu constamment. Investis d'armées menaçantes, ils ont triomphé par leur courage ; enveloppés de doutes et d'incertitudes, ils ont triomphé par leur génie ; environnés enfin de ruines et de tempêtes, ils ont triomphé par leurs travaux et par leur contenance.

« Dans ces lieux où nous siégeons aujourd'hui, que de vérités n'ont-ils pas dites ! que de lumières n'ont-ils pas développées ! S'ils ont laissé échapper quelque moment favorable ou quelque institution salutaire, quel sénat de Rome, quel parlement britannique, quel congrès américain fit jamais de si grandes choses en si peu de temps, avec tant d'obstacles et si peu de moyens?

« Trois années de travaux ont détruit quatorze siècles d'abus, et ont préparé des siècles de bonheur. A mesure que ces siècles vont se projeter sur la constitution française, combien les noms de ses auteurs vont s'agrandir ! Précédons la justice des temps. Je vous propose, messieurs, de voter des remerciements à l'Assemblée nationale constituante qui nous a précédés. »

En vain Chabot fit des réserves contre la formule proposée par Cerutti et demanda que la constitution ne fût pas décrétée parfaite : on vota ce projet par acclamation.

Mais ce succès peut-il faire considérer la mort de Cerutti comme une perte pour la tribune parlementaire? Sans idées, sans caractère, ce joli rhéteur serait vite tombé dans une exagération ridicule ou dans un mutisme étonné.

LIVRE III

LES GIRONDINS EN GÉNÉRAL

CHAPITRE PREMIER.

ORGANISATION INTÉRIEURE DE LA GIRONDE.

Les poètes ont représenté les Girondins groupés autour de Mme Roland et recevant d'elle, dès leur entrée en scène, avec leur inspiration oratoire, le désir et la force de former un parti. Ce que nous avons dit de la répugnance et de l'impuissance des révolutionnaires à s'organiser ainsi suffirait à faire suspecter cette vue propre aux Nodier, aux Lamartine, aux Ponsard. A vrai dire, l'attitude de la Gironde fut moins simple et plus mobile que ne le veut Michelet lui-même, et il est impossible d'en comprendre la complexité et les contradictions oratoires si on n'indique d'abord par quelles vicissitudes passa cette société un peu disparate d'hommes politiques ou plutôt de tribuns.

I.

Et d'abord, ce sont les historiens, plus encore que les contemporains, qui ont désigné les amis de Brissot, de Vergniaud, de Mme Roland, de Condorcet, les partisans de l'appel au peuple, les vaincus du 2 juin, sous ce nom collectif : la Gironde. A la Législative, les députés qui siègent à gauche, au-dessous de Chabot et de Bazire, s'intitulent, dans leurs journaux et leurs manifestes, les *Patriotes jacobins*, et leurs adversaires les appellent par dérision *Brissotins, Bordelais, faction Guadet-Brissot*. A la Convention, ils sont toujours les *Brissotins*, mais aussi les *Rolandistes*, les *Buzotins*, etc. Par *Girondins*, on entend particulièrement les députés de Bordeaux. Même dans leur procès, on distingue encore les Brissotins des Girondins. Officiellement, leurs vainqueurs les appelèrent les *Fédéralistes*, pour justifier d'un mot l'acte violent du 2 juin. C'est, je crois, Thiers et Nodier qui accréditèrent l'usage d'appeler Girondins même Brissot, même Barbaroux, même Pétion. Le livre de Lamartine rendra cette appellation si populaire qu'il est difficile aujourd'hui de se faire comprendre, en désignant autrement que par le mot de Gironde, soit la droite de la Convention, soit même la gauche de la Législative.

C'est Brissot qui, à l'origine, rapprocha les députés de Bordeaux de Condorcet, de Clavière, de Roland, et fonda leur alliance : « Lors de la convocation de l'Assemblée législative, dit-il au tribunal révolutionnaire, les députés de la Gironde qui arrivaient à Paris recherchèrent mon amitié à cause de mes opinions sur les colonies (1). Nous convînmes de nous voir trois fois la semaine, avant l'heure où l'Assemblée nationale ouvrait sa séance. » Bientôt des déjeuners politiques eurent lieu, à peu près tous les jours, au n° 5 de la place Vendôme, à quelques pas du Manège, chez une dame Dodun, « femme honnête, opulente, qui pouvait sans se gêner leur prêter un appartement commode dont ils étaient libres de se servir, même en son absence (2). » Etienne Dumont rencontra là Brissot, Clavière, Rœderer,

---

(1) A l'origine, on appelait *Brissotins* les défenseurs des noirs. Paganel, II, 233.
(2) Mme Roland, Mémoires, *Premier ministère*, au début.

Guadet, Gensonné, Vergniaud, Ducos, Condorcet et d'autres qu'il ne nomme pas, mais parmi lesquels était Fauchet (1). « Roland, dont on estimait alors le bon esprit et l'intégrité, fut invité à s'y rendre ; il n'y allait presque point à raison de la distance (2). » Le même motif rendait Gensonné fort inexact (3). « Ils venaient là avant de se rendre à l'Assemblée, concertaient leurs mesures, et, comme on peut imaginer, il y avait encore plus de babil et de commérage de parti que de résolutions prises et de démarches arrêtées. Brissot était devenu le faiseur. Son activité suffisait à tout (4). »

Mais, quoique Brissot fût en effet le meneur et l'homme d'affaire de ce « comité de la place Vendôme », qui devait fournir à Louis XVI le ministère Roland-Dumouriez, il y avait d'autres réunions des « patriotes jacobins », sous une autre présidence. Ainsi, trois fois par semaine, on se rencontrait chez Vergniaud : on y attendait, en délibérant, l'heure de la séance (5). Chabot, déposant contre les Girondins au tribunal révolutionnaire, parla de conciliabules régulièrement tenus par « la faction », rue d'Argenteuil, ou, par accident, chez Bernard (de Saintes). La future « Gironde » dînait aussi chez Clavière ; mais ce n'est pas là qu'elle discutait sa politique : c'étaient plutôt des réunions fraternelles et gaies, à la fois patriotiques et littéraires : ainsi le poète Lebrun y *pindarisait* avec succès (6). Plus tard Pétion, étant maire, donnait à ses amis politiques des dîners qu'on appelait en riant *dîners publics*. Ces réunions,

---

(1) *Correspondance politique* du 22 mars 1791.
(2) Mme Roland, Mémoires, *Premier ministère*.
(3) Brissot dit au tribunal rév. : « Je dois dire que Gensonné, vu son éloignement, y était fort inexact. »
(4) Et. Dumont, *Souvenirs*, p. 374.
(5) C'est Gensonné qui donne ces détails dans sa défense au tribunal révolutionnaire.
(6) Et. Dumont, *Souvenirs*, p. 448.

fort mêlées, n'avaient rien d'intime. Le marquis de Condorcet y coudoyait le capucin Chabot coiffé du bonnet rouge : « C'était, dit le malveillant Dumont, le début de ce genre ordurier, de ce sans-culottisme qui a déshonoré la France.... Les conversations étaient dirigées toujours contre la cour, et le modérantisme des Feuillants y était plus maltraité que la fureur anarchique des Jacobins (1). » On a aussi prétendu, mais sans preuve, qu'en mars 1792, la Gironde se réunissait chez Mme de Staël (2). Le 31 décembre 1792, Marat annonce à la tribune « que les gens de la faction Roland se forment en conciliabule au Palais-Royal, n° 248, pour y concerter les moyens d'éloigner Pache du ministère de la guerre (3). » Enfin, en 1793, Bouquey, beau-frère de Guadet, nommé par Roland régisseur du château de Saint-Cloud, recevait souvent chez lui Brissot, Vergniaud, Gensonné, Pétion, Buzot, etc. (4). Or, Brissot avait obtenu de Bouquey un logement dans un grenier du château. Dénoncé pour ce fait, il déménagea bientôt, mais sa femme continua à habiter Saint-Cloud. C'est évidemment lui qui organisa ces réunions hors Paris, que rendait mystérieuses la défiance naïve de ce temps-là.

Mais, à la même époque, au fort de leur lutte contre la

---

(1) Ibid., 388.
(2) On lit dans la *Correspondance politique* du 13 mars : « Dès vendredi soir, il y eut un comité chez Mme de Staël. Mme de Condorcet, Brissot, Guadet, Lacroix, Narbonne et l'évêque Fauchet s'y trouvèrent ; il y eut un petit souper, et ce fut au dessert que l'on prépara la dénonciation contre M. Delessart. » L'agressif André Chénier imprimait qu'il ne pouvait sortir de bonne politique des boudoirs « des catins ». *Œuvres en prose*, 204.
(3) *Journal des débats et des décrets*. Le *Moniteur* lui fait dire : « Rue de Richelieu, n° 148 ». Il est probable que la Gironde se réunissait à ces deux adresses, à en juger par un discours de Guffroy cité par M. Biré, *La légende des Gir.*, p. 185. Le même Guffroy dénonce des conciliabules girondins chez un traiteur du passage des Écuries.
(4) Ces réunions avaient lieu trois fois par semaine, d'après une dénonciation signée Fréron et publiée par M. Vatel, *Charlotte Corday*, p. 304.

Montagne, les Girondins essayèrent de s'organiser plus ouvertement et avec plus de force. Le 23 mai 1793, Marat vint dénoncer à la tribune leur *complot liberticide* : « Le comité de sûreté générale, dit-il, est saisi d'une lettre circulaire, écrite par Dufriche-Valazé à Lacaze, par laquelle il l'invite de se rendre à la Convention avec le plus de collègues qu'il pourra, c'est-à-dire des hommes d'Etat. Personne n'ignore que c'est chez Dufriche-Valazé que se tient le directoire des hommes d'Etat, de la faction liberticide. » Valazé répondit : « ... Ce billet, j'en ai écrit trente-huit à quarante pareils, ce billet était ainsi conçu : *A la Convention nationale, à dix heures du matin, avec le plus de collègues qu'il se pourra.* » Et il expliqua qu'il voulait que les bancs de la droite fussent garnis en prévision d'une insurrection projetée par les sections. « Plusieurs de mes collègues, ajouta-t-il, animés de l'amour le plus pur de la patrie, se rendent habituellement chez moi (1). On ne nous défendra pas sans doute des conférences amicales, surtout lorsqu'elles ont pour but de déjouer des complots atroces. » C'est là ce que Louvet appelle « le comité Valazé, composé des républicains les plus vigoureux. » On voit que 38 à 40 Girondins en faisaient partie ; une quinzaine environ assistaient aux séances, qui avaient lieu tous les soirs, d'après Meillan (2); trois ou quatre fois par semaine, et quelquefois une seule, d'après Valazé lui-même (3). Les membres les plus assidus étaient Brissot, Guadet, Gensonné, Buzot, Barbaroux, Bergoing, Duprat, Lacaze, Lesage, Mollevault, Hardy, Salle, Duperret, Chambon, Lidon. Le neveu de Valazé, Desgenettes, a laissé, dans ses *Souvenirs de la fin du XVIIIe siècle*, quelques détails sur ces réunions : « Quand neuf heures sonnent, dit-il, on allume du feu et des bou-

---

(1) Rue d'Orléans-St-Honoré, n° 19.
(2) Mémoires, p. 16.
(3) Interrogatoire de Valazé, ap. Vatel, *Charlotte Corday*, p. 399.

gies ; on annonce successivement les députés Buzot (de l'Eure), Salle, de la Meurthe, et ils sont reçus dans le salon par ma tante, femme du meilleur monde. Les députés délibèrent sur les affaires publiques ; ils ne se retirent pas avant minuit (1). » Leur but était « de préparer les discussions qui devaient avoir lieu à l'Assemblée nationale (2). » Ainsi c'est le comité Valazé qui charge Louvet de faire un discours sur les événements du 10 mars (3).

Ce fut donc là une des plus sérieuses tentatives qui se soient produites pendant la Révolution pour organiser un parti à la mode britannique. Et pourtant il fallut que Marat surprît un billet de convocation pour que les Girondins reconnussent qu'ils se concertaient. Quelques mois plus tôt, Brissot s'écriait dans un de ses pamphlets les plus vifs : « Non, vous ne connaissez pas ceux que vous calomniez, vous qui accusez les députés de la Gironde d'appartenir à une faction. Guadet a l'âme trop fière ; Vergniaud porte à un trop haut degré cette insouciance qui accompagne le talent et le fait aller seul ; Ducos a trop d'esprit et de probité ; Gensonné pense trop profondément pour jamais s'abaisser à combattre sous les drapeaux d'aucun chef. Sans doute ils ont un centre, mais c'est celui de l'amour de la liberté et de la raison ; ils ont des rapports, mais ce sont ceux qui unissent des collègues dont les goûts sont les mêmes, purs et simples, dont les opinions sont dictées par la réflexion (4). » « Nous étions, dit Meillan, si peu disposés à former un parti que la seule pensée d'une démarche combinée nous *révoltait*. Chacun de nous voulait être indépendant et se conduire à sa manière. Nous étions

---

(1) Aussi Chaumette, au procès, reproche-t-il à Valazé *d'avoir tenu des conciliabules nocturnes*.
(2) Interrogatoire de Valazé.
(3) Louvet, *Mém.*, éd. Didot, p. 252.
(4) *A tous les républicains de France*, par J.-P. Brissot, p. 9.

circonspects, timorés. Nous espérions toujours que les écrits sages et véridiques de quelques-uns d'entre nous suffiraient pour éclairer le peuple, et surtout nous voulions éviter le reproche de former un parti. Au lieu de nous lier étroitement, nous avions l'air de nous fuir; en un mot, nous n'avions d'autre point de contact que la conformité des principes et l'amour du bien public. Ces motifs ont dû nous faire agir et parler dans le même sens, mais non pas de concert. A Caen même, où nous étions réduits à un petit nombre, notre conduite ne fut uniforme que lorsque nous n'en eûmes pas le choix (1). » A plus forte raison se refusèrent-ils constamment à reconnaître un chef. Valazé lui-même, le *Caton de la Gironde*, était l'hôte et non le directeur du comité. Quant à Brissot, quoiqu'il fût assidu à toutes les réunions, depuis celles de la place Vendôme jusqu'aux soirées politiques de Valazé, quoiqu'il fît les affaires des Girondins et, en somme, dirigeât ses amis autant qu'ils pouvaient être dirigés, son autorité n'était ni avouée par lui, ni reconnue par ceux-là même qui ne faisaient rien sans le consulter. Nous le verrons repousser avec douleur cette qualification de *chef de parti*, comme une calomnie robespierriste, contre laquelle protestèrent aussi, je ne dis pas les indépendants, comme Vergniaud, Ducos, Fonfrède, Condorcet, mais aussi les plus *brissotins* des amis de Brissot (2).

(1) Meillan, p. 100.
(2) Il y avait aussi, dans le sein de la Gironde, des influences ignorées du public : « De Sers, dit Etienne Dumont, qu'on ne connaissait point dans le public, et qui avait beaucoup d'influence dans leurs comités, était un homme sensé, modéré, aimable, qui les faisait souvent revenir de leurs résolutions précipitées, et le seul qui contînt Brissot. » (*Souvenirs*, p. 390.) Sers, député de la Gironde à la Législative, ne fit pas partie de la Convention. — Les contemporains disaient volontiers qu'à la Législative la Gironde n'avait pas de chef. « Les honneurs et les espérances, dit Paganel (I, 451), s'y partageaient entre plusieurs. » A la Convention, Gensonné leur semblait aussi influent sur son parti que Brissot et Mme Roland.

C'est pourtant Brissot qui organisa, au début, l'influence de Mme Roland. Quand les époux Roland vinrent à Paris, le 20 février 1791, il les mit en relation avec les députés d'extrême gauche, déjà célèbres, et que l'opinion associait dans la même estime : Pétion, Robespierre et Buzot. Bientôt une sorte de petit comité politique se réunit quatre fois par semaine chez Mme Roland, tant que dura l'Assemblée constituante, ou peu s'en faut ; car les Roland ne rentrèrent à Lyon que vers le 15 septembre 1791. De retour à Paris, le 15 décembre suivant, Roland fut porté presque aussitôt aux affaires ; et sa femme devint l'inspiratrice de la politique ministérielle. Elle donnait à ses amis, c'est-à-dire aux ministres et aux députés girondins, de fréquents dîners, où il n'était guère question que des affaires publiques. Des conseils de cabinet se tenaient chez elle, devant elle. Elle affirme qu'elle n'y parlait jamais, et le témoignage peu suspect d'Etienne Dumont confirme cette assertion : « J'ai vu chez elle, dit-il, plusieurs comités de ministres et des principaux Girondins. Une femme paraissait là un peu déplacée ; mais elle ne se mêlait point des discussions, elle se tenait le plus souvent à son bureau, écrivait des lettres et semblait ordinairement occupée d'autre chose, quoiqu'elle ne perdît pas un mot (1). » Mais son intervention, pour être plus décente, n'en était que plus efficace. Il suffit de lire ses mémoires et ses protestations (2) contre le reproche d'annihiler son mari, pour être convaincu, comme l'étaient d'ailleurs les contemporains, qu'elle lui soufflait toute sa conduite (3). Quant à ses amis, ils l'admiraient

---

(1) Dumont, p. 394.
(2) Ainsi, le 7 déc. 92, mandée à la barre de la Convention, elle dit *qu'elle n'était qu'à côté des affaires.*
(3) Membre du comité de correspondance des Jacobins, il étonne par la pauvreté des idées et l'incorrection du style, sans doute quand Mme Roland ne peut tenir la plume pour lui. (C. Desmoulins, *Histoire secrète de la révolution*, éd. Claretie, p. 314.)

assez pour parler d'elle *avec respect*, sans galanterie légère, — marque d'estime que Dumont note avec une nuance de surprise. Mais elle eut plus d'influence sur leurs manières, sur leurs goûts, sur leur cœur en général, que sur leurs conceptions politiques. Lisez les grandes discussions où brillèrent les Girondins : actes et discours, presque tout y est en dehors du cercle d'influence et d'idées de Mme Roland. Ils ne lui doivent aucune de leurs théories, aucun de leurs thèmes oratoires. Vergniaud lui échappa en partie (1) : elle ne l'aimait pas, dit-elle, et le grand orateur ne fut pas plus du comité Roland qu'il n'était du comité Valazé. Buzot, son cher Buzot, ne fut pas un Roland entre ses mains : elle subit autant son influence que lui-même subit la sienne. Les autres, Guadet, Gensonné, Brissot, furent sous le charme de cette admirable disciple de Jean-Jacques, mais ne s'aliénèrent pas tout de suite autant que le public le supposa (2) : l'exemple de Roland annihilé et surtout la crainte du ridicule leur laissaient une indépendance relative. Mais le mot brutal de Danton sur les ingérances de cette *Égérie* (3) ôta à ces esprits chevaleresques la force de résister aux fantaisies d'une femme qu'ils croyaient insultée. C'est elle (on ne le sait pas, on en est

---

(1) Dans sa défense, il déclare n'avoir pas dîné plus de cinq à six fois chez Roland.

(2) Il prenait au pied de la lettre les fantaisies des journalistes : « La tendre moitié du vertueux Roland, disait Hébert, mène aujourd'hui la France à la lisière, comme les Pompadour et les du Barry. Brissot est le grand écuyer de cette nouvelle reine, Louvet son chambellan, Buzot le grand chancelier, Fauchet son aumônier, Barbaroux son capitaine des gardes, que Marat appelle mouchard ; Vergniaud le grand maître des cérémonies, Guadet son échanson, Lanthenas l'introducteur. » *Le père Duchesne*, n° 202, décembre 1792, cité par Dauban, *Etude sur Mme Roland*, p. CLXIV.

(3) On discutait (29 sept. 92) s'il fallait inviter Roland à rester au ministère : « Si vous lui faites une invitation, dit Danton, faites-la donc aussi à Mme Roland ; car tout le monde sait que Roland n'était pas seul dans son département. Moi, j'étais seul dans le mien. (*On murmure*). »

sûr) qui s'opposa à la réconciliation de la Gironde et des Dantonistes, conseillée cependant par Condorcet. Ses mémoires révèlent, à l'endroit de l'homme qui l'approcha sans l'admirer, une répulsion physique qui fut bientôt de la haine ; et si elle n'inspirait pas d'idées politiques à ses amis, elle savait leur inculquer ses rancunes. En les empêchant d'accepter la main de Danton, elle les perdit, elle risqua la Révolution. En somme, elle n'apprit rien aux Girondins ; mais elle leur souffla, avec ses colères de femme, un héroïsme stoïque et les prépara à bien mourir. A la fin de leur carrière, dans les moments désespérés de leur lutte contre la Montagne, quand il n'y eut plus qu'à finir noblement, ils se serrèrent davantage autour de celle qui ne tremblait jamais, qui ne conseillait pas les transactions lâches ou même prudentes, qui, la tête pleine de Plutarque et de Rousseau, les faisait sourire à la mort et les sauvait au besoin des angoisses secrètes de leur courage. C'est ainsi qu'aux heures suprêmes le souvenir de Mme Roland fut pour les Girondins une religion qui les unit moralement jusque dans la dispersion finale. Ils s'aiment en elle, ils 's'appellent eux-mêmes, dans leurs mémoires, *les amis,* sentant bien que leur association est plus fraternelle encore que politique, et que, s'ils apparaîtront à la postérité comme un parti de Rolandistes, c'est qu'ils ont été rapprochés par les affections du cœur plus que par la communauté des opinions.

Voilà à peu près ce que nous apprennent, sur l'organisation intérieure du parti de la Gironde, non les légendes de Lamartine, mais les documents contemporains. Il serait curieux de connaître quelques-uns des discours qui furent prononcés chez Valazé ou chez Mme Roland par Brissot ou par Guadet, probablement sous forme de monologues familiers et lyriques à la manière de Diderot. Mais là-dessus les détails précis font défaut, peut-être parce que les discussions elles-mêmes n'étaient pas toujours précises. Dans ces conférences, il n'y avait ni méthode ni décision. Mme Roland se plaint du bavardage distingué de ses amis, qui n'aboutit à aucun acte. Elle trouve que « ces honnêtes gens emploient à *rêver* le bien public le temps qu'il faudrait consacrer à l'opérer (1). » Et chez Valazé, dans ce comité fameux et redouté, que faisaient-ils de plus ? Sans doute, une ou deux fois, ils chargèrent un d'entre eux de parler le lendemain au nom de tous ; mais d'ordinaire ils perdaient leur temps en propos éloquents et stériles. « Nous cherchions, dit Meillan, les moyens de mettre un terme à nos divisions, et de prévenir les malheurs qu'elles ne pouvaient manquer de produire. Nous nous perdions dans nos recherches et ne savions à quoi nous fixer (2). » Involontairement, on pense à ces jolis vers de Voltaire :

> Dans ce conseil de sages, de héros,
> On entendait les plus nobles propos ;
> Le bien public, la vertu les inspire...
> Ils disaient d'or et ne concluaient rien (3).

II

Il est certain qu'à la Convention, aux approches du 31 mai, abandonnés par les pusillanimes, comme Barère (4),

(1) Lettres à Buzot, éd. Dauban, p. 49.
(2) Et pourtant Amar, dans l'acte d'accusation des Girondins, feint de croire que « leurs harangues étaient préparées, revues et sanctionnées chez Roland, ou dans des conciliabules ténébreux qui se trouvaient ordinairement chez Dufriche-Valazé et chez Pétion. »
(3) *La Pucelle*, ch. I, v. 275 et suiv.
(4) D'après Larévellière-Lépeaux (*Mémoires*, I, 123), parmi les Girondins qui, aux approches du 31 mai, passèrent à la Montagne « du jour au lendemain », il faut compter Cambon, Choudieu, Pérard. — Pour Choudieu, c'est une erreur : dès le 30 janvier 1793, Barbaroux le place, dans une lettre aux Marseillais, parmi « les députés qui se trouvent à l'extrême gauche. » Corresp. de Barbaroux, ap. *Mém. de Pétion*, éd. Dauban, p. 479.

mais unis du moins par la communauté de la défaite et de la disgrâce, ces hommes offrirent l'aspect d'un groupe compacte, presque d'un parti. Or, quels sont, à ce moment de l'histoire, les conventionnels qu'on peut appeler Girondins? N'est-ce pas ceux que proscrivit la Montagne, comme Brissotins ou fédéralistes, du 2 juin au 3 octobre 1793, et ceux qui, à la même époque, protestèrent publiquement de leur amitié pour les proscrits? En voici une liste, sauf erreur, complète, qui n'avait pas encore été dressée et dont la lecture peut seule donner une idée juste de la complexité et de l'incohérence du parti dont Brissot était l'homme d'Etat et Vergniaud l'orateur (1) :

1 Amyon [Jura]: un des 74. [*Oui, oui, la mort, non.*]

2 Andrei [Corse]: décrété le 3 octobre. [*Oui, oui, détention, oui.*]

3 Antiboul [Var]: 3 octobre. [*Oui, oui, détention, ni oui ni non.*]

4 Asselin [Somme]: proteste le 5 juin. *Mon.*, réimpr., XVI, 648. [*Oui, non, détention, oui.*]

5 Aubry [Gard]: un des 74. [*Oui, oui, la mort* conditionnellement, *oui.*]

6 Babey [Jura]: un des 74. [*Oui, oui, réclusion, oui.*]

7 Bailleul [Seine-Inférieure] : un des 74. [*Oui, oui, détention,* malade.]

8 Bancal des Issarts [Puy-de-Dôme]: ami de Mme Roland. [*Oui, oui, détention, oui.*]

9 Barbaroux [Bouches-du-Rhône]: 2 juin. [*Oui, oui, la mort, non.*]

10 Belin [Aisne] : proteste le 30 juin. [*Oui, oui, détention, oui.*]

11 Bergoing [Gironde]: 2 juin. [*Oui,* abstention, *réclusion, oui.*]

12 Bernard [Bouches-du-Rhône]: suppléant de Barbaroux: ami des Girondins. Cf. *Mon.*, réimpr., XIX, 247, 304. [Ne siégeait pas encore.]

(1) Nous avons fait suivre chaque nom de la date ou du fait qui autorisent une qualification girondine, et, entre parenthèses, nous avons indiqué les 4 votes de chaque girondin dans le procès de Louis XVI : 1º culpabilité ; 2º appel au peuple ; 3º peine; 4º sursis.

13 Bernard [Charente-Inférieure] : présenté par Chabot, dans le *Procès*, comme recevant chez lui les Girondins. [*Oui, non, la mort, non.*]

14 Bertrand de la Hodiesnère [Orne] : 2 juin. [*Oui, oui, la mort, non.*]

15 Biroteau [Pyrénées-Orientales] : 2 juin. [*Oui, oui, la mort, oui.*]

16 Blad [Finistère] : un des 74. — Il est à noter qu'après avoir voté *la mort avec sursis jusqu'au moment de l'expulsion des Bourbons*, il vota ensuite *contre* le sursis. [*Oui, oui, la mort cond., non.*]

17 Blanqui [Alpes-Maritimes] : un des 74. [Ne siégeait pas encore.]

18 Blaux [Moselle] : un des 74. [*Oui, non, détention, oui.*]

19 Blaviel [Lot] : suppléant de Cayla : un des 74. [Ne siégeait pas encore.]

20 Boileau [Yonne] : 2 juin. [*Oui, non, la mort, non.*]

21 Bohan [Finistère] : un des 74. [*Oui, oui, la mort, oui.*]

22 Bonnet [Haute-Loire] : 3 octobre. [*Oui, oui, la mort, oui.*]

23 Boyer-Fonfrède [Gironde] : 3 octobre. [*Oui, non, la mort, non.*]

24 Bresson [Vosges] : un des 74. [*Oui, oui, détention, oui.*]

25 Brissot [Eure-et-Loir] : 2 juin. [*Oui, oui, la mort cond., oui.*]

26 Buzot [Eure] : 2 juin [*Oui, oui, la mort* avec l'am. Mailhe, *oui.*]

27 Camboulas [Aveyron] : parle, au 2 juin, contre l'insurrection. [*Oui, non, la mort, non.*]

28 Carra [Saône-et-Loire] : 3 octobre. [*Oui, non, la mort, non.*]

29 Casenave [Basses-Pyrénées] : ami des proscrits du 2 juin. Cf. Mortimer-Ternaux, vii, 590. [*Oui, oui, détention, oui.*]

30 Cazeneuve [Hautes-Alpes] : un des 74. [*Oui, oui, détention, oui.*]

31 Chambon [Corrèze] : 2 juin. [*Oui, oui, la mort,* refuse de voter.]

32 Chasset [Rhône-et-Loire] : un des 74. [*Non, non, détention, non.*]

33 Chastelain [Yonne] : un des 74. [*Oui, oui, détention, oui.*]

34 Condorcet [Aisne] : proteste le 30 juin. (*Oui, non, la peine la plus grave, sauf la mort; abstention.*)

35 Corbel [Morbihan] : un des 74. [*Oui, non, détention, non.*]

36 Corenfustier [Ardèche] : justement accusé de girondinisme. Cf. Buchez, xxxvi, 380. [*Oui, oui, bannissement, oui.*]

37 Coupé [Côtes-du-Nord]: un des 74. [*Oui, non, réclusion, oui.*]
38 Coustard [Loire-Inférieure]: 3 octobre. [*Oui, oui, bannissement, oui.*]
39 Cussy [Calvados]: décrété comme girondin le 28 juillet 1793. [*Oui, oui, réclusion, oui.*]
40 Daunou [Pas-de-Calais]: un des 74. [*Oui, non, déportation, oui.*]
41 Debry [Aisne]: proteste le 30 juin. Cf. Brissot, *Mém.*, IV, 290, 387. [*Oui, non, la mort, non.*]
42 Deschezeaux [Charente-Inférieure]: guillotiné à La Rochelle comme fédéraliste. Cf. *Mon.*, réimpr., XIX, 294. [*Oui, non, détention, non.*]
43 Defermont [Ille-et-Vilaine]: un des 74. [*Oui, oui, réclusion, oui.*]
44 Delahaye [Seine-Inférieure]: 3 octobre. [*Oui, oui, détention, oui.*]
45 Delamare [Oise]: un des 74. [*Oui, oui, réclusion, oui.*]
46 Delecloy [Somme]: signataire d'une protestation girondine en date du 5 juin 1793. Cf. *Mon.*, réimpr., XVI, 658. [*Oui, oui, la mort* cond., *oui.*]
47 Delleville [Calvados]: un des 74. [*Oui, oui, détention, oui.*]
48 Derasey [Indre]: un des 74. [*Oui, oui, réclusion, oui.*]
49 Descamps [Gers]: un des 74. [*Oui, non, la mort, non.*]
50 Devars [Charente]: ami des proscrits du 2 juin. Cf. Buchez, XXXVI, 380. [*Oui, oui, détention, oui.*]
51 Devérité [Somme]: proteste contre le 2 juin. *Mon.*, XVI, 648. [*Oui, oui, réclusion, oui.*]
52 Doublet [Seine-Inférieure]: un des 74. [*Oui, oui, réclusion, oui.*]
53 Doulcet de Pontécoulant [Calvados]: 2 juin. [*Oui, non, détention, oui.*]
54 Dubusc [Eure]: un des 74. [*Oui, oui, détention, oui.*]
55 Duchastel [Deux-Sèvres]: décrété le 15 juin. [Absent, absent, *bannissement*, absent.]
56 Ducos [Gironde]: 3 octobre. [*Oui, non, la mort, non.*]
57 Dufestel [Somme]: proteste le 5 juin. Cf. *Mon.*, XVI, 64². [*Oui, oui, détention, oui.*]
58 Dufriche-Valazé [Orne]: 2 juin. [*Oui, oui, mort* cond., *oui.*]
59 Dugué-Dassi [Orne]: un des 74. [*Oui, oui, bannissement, oui.*]

60 Dulaure [Puy-de-Dôme] : décrété comme girondin. *Mon.*, XVIII, 176. [*Oui, non, la mort, non.*]

61 Duperret [Bouches-du-Rhône] : un des 74. [*Oui, non, réclusion, oui.*]

62 Dupin [Aisne] : proteste le 30 juin. [*Oui, non, la peine la plus forte, sauf la mort, non.*]

63 Duplantier [Gironde] : démissionne le 7 juin. [*Oui, non, la mort, non.*]

64 Duprat [Bouches-du-Rhône] : un des 74. [*Oui, oui, la mort, non.*]

65 Dussaulx [Paris] : un des 74. [*Oui, oui, détention, oui.*]

66 Duval [Seine-Inférieure] : 3 octobre. [*Oui, oui, détention, oui.*]

67 Estadens [Haute-Garonne] : un des 74. [*Oui, oui, réclusion, oui.*]

68 Fauchet [Calvados] : 3 octobre. [*Oui avec restr., oui, réclusion, oui.*]

69 Faure [Seine-Inférieure] : un des 74. [*Oui, oui, détention, oui.*]

70 Faye [Haute-Vienne] : proteste contre le 2 juin avec ses collègues. Cf. *Mon.*, XXII, 699. [*Oui, oui, détention, oui.*]

71 Fayolle [Drôme] : un des 74. [*Oui, non, détention, oui.*]

72 Fiquet [Aisne] : proteste le 30 juin. [*Oui, oui, réclusion, oui.*]

73 Fleury [Côtes-du-Nord] : un des 74. [*Oui, oui, détention, oui.*]

74 François [Somme] : proteste le 5 juin. *Mon.*, XVI, 648. [*Oui, oui, la mort, non.*]

75 Gamont (Ardèche) : un des 74. [*Oui, oui, la mort cond., oui.*]

76 Gantois [Somme] : proteste le 5 juin. *Mon.*, XVI, 648. [*Oui, oui, détention, oui.*]

77 Gardien [Indre-et-Loire] : [*Oui, non, détention, oui.*]

78 Garilhe [Ardèche] : un des 74. [*Oui, oui, réclusion, oui.*]

79 Gensonné [Gironde] : 2 juin. [*Oui, oui, la mort, non.*]

80 Girard [Aude] : assidu chez Valazé. Cf. Desgenettes, II, 223. [*Oui, oui, la mort, oui.*]

81 Giraud [Côtes-du-Nord] : un des 74. [*Oui, non, détention, oui.*]

82 Gomaire [Finistère] : 2 juin. [*Oui, oui, réclusion, oui.*]

83 Gorsas [Seine-et-Oise] : 2 juin. [*Oui, oui, détention, non.*]

84 Grangeneuve [Gironde] : 2 juin. [*Oui, oui, détention, abstention.*]

85 Grenot [Jura] : un des 74. [*Oui, oui, la mort, oui.*]
86 Guadet [Gironde] : 2 juin. [*Oui, oui, réclusion, oui.*]
87 Guiter [Pyrénées-Orientales] : un des 74. [*Oui, oui, réclusion, oui.*]
88 Hardy [Seine-Inférieure] : 3 octobre. [*Oui, oui, détention, oui.*]
89 Hocquet [Seine-Inférieure] : un des 74. [*Oui, oui, réclusion, oui.*]
90 Isnard [Var] : se suspend au 31 mai. [*Oui, oui, la mort, non.*]
91 Jarry [Loire-Inférieure] : un des 74. [*Oui, oui, réclusion, oui.*]
92 Kersaint [Seine-et-Oise] : condamné et exécuté comme girondin le 14 frimaire an II. [*Oui, oui, réclusion, absent.*]
93 Kervélégan [Finistère] : 2 juin. [*Oui, oui, détention, oui.*]
94 Lacaze [Gironde] : un des 74. [*Oui, non, réclusion, abstention.*]
95 Lacroix [Haute-Vienne] : proteste contre le 2 juin. Cf. *Mon.*, XXII, 699. [*Oui, refuse de voter, détention, oui.*]
96 Lanjuinais [Ille-et-Vilaine] : 2 juin. [*Oui avec restr, oui avec restr., réclusion, oui.*]
97 Lanthenas [Rhône-et-Loire] : décrété au 2 juin, puis effacé. [*Oui, non, la mort cond., non.*]
98 Laplaigne [Gers] : un des 74. [*Oui, non, la mort, non.*]
99 Larévellière-Lépeaux [Maine-et-Loire] : quitte la Convention après le 31 mai. [*Oui, non, la mort, non.*]
100 Larivière [Calvados] : 2 juin. [*Se récuse, oui, détention, oui.*]
101 Lasource [Tarn] : 2 juin. [*Absent, la mort, non.*]
102 Laurenceot [Jura] : un des 74. [*Oui, oui, réclusion, oui.*]
103 Laurence-Villedieu [Manche] : un des 74. [*Oui, oui, la mort cond., oui.*]
104 Lecarlier [Aisne] : proteste le 30 juin. [*Oui, non, la mort, non.*]
105 Lebreton [Ille-et-Vilaine] : un des 74. [*Oui, non, réclusion, non.*]
106 Leclerc [Maine-et-Loire] : proteste contre le 2 juin et démissionne. Cf. *Mon.*, XVII, 312, et Larévellière, *Mémoires*, I, 159. [*Oui, non, détention, oui.*]
107 Lefebre [Loire-Inférieure] : un des 74. [*Oui, oui, réclusion, oui.*]
108 Lefebvre [Seine-Inférieure] : un des 74. [*Oui, oui, détention, oui.*]

109 Lehardy [Morbihan] : 2 juin. [*Oui, oui, détention, oui.*]
110 Lemaignan [Maine-et-Loire] : proteste contre le 2 juin. Larévellière, *Mémoires*, I, 153. [*Oui, non, détention, oui.*]
111 Lesage [Eure-et-Loir] : 2 juin. [*Oui, oui, la mort* am. Mailhe, *oui.*]
112 Lesterpt-Beauvais [Haute-Vienne] : 3 octobre. [*Oui, non, la mort* cond., *oui.*]
113 Lidon [Corrèze] : 2 juin. [*Oui, oui, la mort* cond., *non.*]
114 Loiseau [Eure-et-Loir] : proteste contre le 2 juin. Cf. Mortimer-Ternaux, VII, 563. [*Oui, non, la mort, non.*]
115 Loysel [Aisne] : proteste le 30 juin. [*Oui, oui, la mort* cond., *oui.*]
116 Louvet [Loiret] : 2 juin. [*Oui, oui, la mort* cond., *oui.*]
117 Louvet, Pierre-Florent [Somme] : proteste le 5 juin. *Mon.*, XVI, 648. [*Oui, oui, détention, oui.*]
118 Mainvielle [Vaucluse], suppléant de Rebecqui : 3 octobre. [Ne siégeait pas encore.]
119 Maisse [Basses-Alpes] : un des 74. [*Oui, oui, la mort,* malade.]
120 Manuel [Paris] : arrêté, comme girondin, le 22 brumaire an II. [*Oui, oui, détention,* démissionnaire.]
121 Marboz [Drôme] : un des 74. [*Oui, oui, détention, oui.*]
122 Martin-Saint-Prix [Somme] : proteste le 5 juin. *Mon.*, XVI, 648. [*Oui, oui, détention, oui.*]
123 Massa [Alpes-Maritimes] : un des 74. [Ne siégeait pas encore.]
124 Mazuyer [Saône-et-Loire] : un des 74. [*Oui, non, bannissement, non.*]
125 Meillan [Basses-Pyrénées] : 28 juillet. [*Oui, oui, réclusion, oui.*]
126 Mercier [Seine-et-Oise] : un des 74. [*Oui, non, détention, oui.*]
127 Michel [Morbihan] : proteste contre le 2 juin. Cf. Mortimer-Ternaux, VII, 564. [*Oui, non, détention, oui.*]
128 Mollevault [Meurthe] : 2 juin [*Oui, oui, détention, oui.*]
129 Moysset [Gers] : un des 74. [*Oui, oui, détention, oui.*]
130 Noël [Vosges] : 3 octobre. [Se récuse, se récuse, absent, abstention.]

131 Obelin [Ille-et-Vilaine] : un des 74. [*Oui, oui, réclusion, oui.*]

132 Olivier-Gérente [Drôme] : un des 74. [*Oui, oui, détention, oui.*]

133 Payne [Pas-de-Calais] : arrêté comme girondin, *Mon.*, xvii, 699. [*Oui, non, détention, oui.*]

134 Pénières [Corrèze] : ami des Girondins, demande leur rappel. *Mon.*, xxii, 303. [*Oui, non, la mort, non.*]

135 Périez [Aude] : un des 74. [*Oui, oui, réclusion, oui.*]

136 Petit, Edme [Aisne] : proteste le 30 juin. [*Oui, oui, la mort, non.*]

137 Pétion [Eure-et-Loir] : 2 juin [*Oui, oui, la mort* am. Mailhe, *oui.*]

138 Pilastre [Maine-et-Loire] : proteste contre le 2 juin et démissionne. Larévellière, *Mémoires*, i, 153. [*Oui, non, réclusion, oui.*]

139 Peyre [Basses-Alpes] : un des 74. [*Oui, oui, la mort* am. Mailhe, *non.*]

140 Queinec [Finistère] : un des 74. [*Oui, oui, détention, oui.*]

141 Rabaud Saint-Etienne [Aube] : 2 juin. [*Oui, oui, réclusion, oui.*]

142 Rabaud-Pommier [Gard] : un des 74. [*Oui, oui, la mort cond., oui.*]

143 Rebecqui [Bouches-du-Rhône] : dénoncé comme girondin, *Mon.*, xv, 691. [*Oui, oui, la mort, non.*]

144 Ribereau [Charente] : un des 74. [*Oui, oui, la mort, non.*]

145 Richoux [Eure] : décrété d'accusation. *Mon.*, xviii, 38. [*Oui, oui, détention, oui.*]

146 Rivaud [Haute-Vienne] : proteste contre le 2 juin. *Mon.*, xxii, 699. [*Oui, oui, détention, oui.*]

147 Rivery [Somme] : proteste le 5 juin. *Mon.*, xvi, 648. [*Oui, oui, détention, oui.*]

148 Rouault [Morbihan] : un des 74. [*Oui, non, réclusion, non.*]

149 Rouyer [Hérault] : 3 octobre. [*Oui, oui, la mort, non.*]

150 Rouzet [Haute-Garonne] : un des 74. [*Oui* avec restr., *oui, réclusion, oui.*]

151 Royer [Ain] : un des 74. [*Oui, oui, réclusion, oui.*]

152 Ruault [Seine-Inférieure] : un des 74. [*Oui, non, réclusion, non.*]

153 Saint-Martin [Ardèche] : décrété le 2 juin, puis excepté. [*Oui, oui, réclusion, oui.*]

154 Saint-Prix [Ardèche] : un des 74. [*Oui, oui, la mort* cond., *oui.*]

155 Saladin [Somme] : un des 74. [*Oui, oui, la mort, non.*]

156 Salles [Meurthe] : 2 juin. [*Oui, oui, détention, oui.*]

157 Salmon [Sarthe] : un des 74. [*Oui, non, réclusion, oui.*]

158 Saurine [Landes] : un des 74. [*Oui, oui, détention, oui.*]

159 Savary [Eure] : un des 74. [*Oui, oui, détention, oui.*]

160 Serres [Hautes-Alpes] : un des 74. [*Oui, oui, détention, oui.*]

161 Sillery [Somme] : 3 octobre. [*Oui, oui, bannissement, oui.*]

162 Soulignac [Haute-Vienne] : proteste le 2 juin. *Mon.*, XXII, 699. [*Oui, oui, détention, oui.*]

163 Tournier [Aude] : un des 74. [*Oui, oui, réclusion, oui.*]

164 Valady [Aveyron] : 3 octobre [*Ni oui ni non, oui, détention, oui.*]

165 Vallée [Eure] : un des 74. [*Oui, ni oui ni non, détention, oui.*]

166 Varlet [Pas-de-Calais] : un des 74. [*Oui, non, réclusion, oui.*]

167 Vergniaud [Gironde] : 2 juin [*Oui, oui, la mort* am. Mailhe, *non.*]

168 Vernier [Jura] : un des 74. [*Oui, oui, détention, oui.*]

169 Vigée [Maine-et-Loire] : 2 juin. [Absent aux quatre scrutins.]

170 Vincent [Seine-Inférieure] : un des 74. [*Oui, oui, réclusion, oui.*]

Cette statistique, on le voit déjà, donne une idée nouvelle de la composition de la Gironde. Les méridionaux s'y trouvent en minorité, puisque, sur 170 membres, 70 représentent des départements situés au sud de la Loire, 100 appartiennent au centre et au nord. Leurs forces ne sont pas concentrées dans une région distincte : il y a, en mai 1793, des Girondins un peu partout, sauf dans le nord-est. Ils sont nombreux en Provence, en Guyenne, en Limousin, en Bretagne, en Normandie et en Picardie. Mais dans aucune de ces provinces ils ne forment la majorité de la députation. Ils se trouvent même en minorité dans tous les départements, sauf huit : la Gironde, la Somme, la Seine-Inférieure, l'Aisne, la Haute-Vienne, l'Ardèche, le Finistère et le Jura. Nulle part, même dans la Gironde, ils n'ont l'unanimité ; ce département envoie à la Convention, en même temps que Vergniaud et ses amis, deux montagnards violents, Garraud et Jay, et un indécis qui vit à l'écart, Deleyre, l'ami de Jean-Jacques Rousseau. Le département de Buzot, l'Eure, est représenté par six montagnards et cinq girondins ; celui de Brissot, l'Eure-et-Loir, par cinq montagnards et quatre girondins ; celui de Barbaroux, les Bouches-du-Rhône, par sept montagnards et cinq girondins. Par contre, il y a quelques girondins dans des pays jacobins, à Nancy, à Epinal, à Tours, à Blois, à Versailles, à Paris même. Cet éparpillement du parti Brissot-Roland explique sa faiblesse, son manque de programme, sa défaite finale, et, à notre point de vue, les contradictions de son inspiration oratoire. Toutefois, comme ses interprètes les plus éloquents sont des Bordelais et des Marseillais, il est exact de dire qu'oratoirement il représenta l'esprit du Midi.

On comprendra encore mieux jusqu'à quel point sa politique manquait d'unité, malgré les comités tenus chez Valazé ou chez Mme Roland, si on examine les votes des Girondins dans le procès de Louis XVI. Ils s'étaient si peu concertés, qu'ils ne furent unanimes dans aucun des trois scrutins qui suivirent le verdict de culpabilité. Sur l'appel au peuple, 11 ne votent pas, 45 votent contre, 115 votent pour. Sur la peine, 5 ne votent pas, 34 votent la mort pure et simple, 20 la votent avec diverses conditions, 111 prononcent la réclusion ou le bannissement. Sur le sursis, 16 ne votent pas, 40 votent contre, 114 votent pour. Les chefs eux-mêmes ne sont pas d'accord, sauf sur la question de l'appel au peuple : Guadet vote la réclusion ; Gensonné et Vergniaud, la mort ; Brissot, la mort sous condition ; Condorcet, la peine la plus grave qui ne soit pas la mort. Brissot et Guadet demandent le sursis; Gensonné et Vergniaud s'y opposent; Condorcet s'abstient.

Ce goût excessif pour l'indépendance des opinions, les Girondins le gardèrent en partie jusque dans les angoisses de la proscription, quand Pétion, Barbaroux et Buzot portèrent sur la *Charlotte Corday* de leur ami Salle des jugements politiques et littéraires dont M. Vatel a curieusement mis en lumière la profonde diversité (1). On connaissait si bien ces divergences intimes de la Gironde qu'il fut assez difficile de présenter comme des conspirateurs des hommes si souvent divisés, et que Robespierre, dans son discours du 10 avril 93, dut recourir à cette formule trop ingénieusement perfide : « On sait assez, dit-il, que les chefs de cette faction ont l'art de paraître quelquefois divisés pour cacher leur criminelle intelligence. » Si ces divisions ôtèrent à leur politique son autorité, leur éloquence tout individuelle, souvent improvisée, inspirée à chacun par sa conscience, y gagna en variété, en éclat et en originalité. Il est regrettable pour la France que les Girondins n'aient pas été des hommes d'Etat capables de se concerter ; mais, à un point de vue tout artistique, on serait tenté de se féliciter de cette impuissance politique, de ce défaut d'entente qui a laissé à Isnard toute son ardeur, à Vergniaud toute sa grâce, à Guadet son esprit terrible, à chacun d'eux toute son humeur et tout son talent.

(1) *Charlotte Corday*, p. XXXVI et suiv.

CHAPITRE II.

L'INSPIRATION ORATOIRE DES GIRONDINS : — I. LEURS IDÉES RELIGIEUSES.

Si les Girondins ne s'accordaient pas sur toute la politique, n'étaient-ils pas unis entre eux par certaines affinités de tempérament et d'éducation, par certains instincts sociaux? Trouver ces ressemblances intimes, constater en quoi ces âmes étaient nées pareilles, ce sera découvrir la source même de leur inspiration oratoire. Tâchons donc de pénétrer dans leur être moral plus avant qu'on ne l'a fait, et voyons d'abord ce qu'ils pensaient en religion. Etaient-ils des athées, des impies, au sens où Robespierre prenait ces mots? Faut-il voir en eux des catholiques déguisés? Ou méritaient-ils simplement ce nom de philosophes dont se paraient les hommes de la Révolution? C'est une question plus complexe qu'on ne pense : on ne la peut résoudre qu'en se rappelant dans quelles conditions la libre-pensée avait pu s'exercer chez nous avant 1789.

I

C'était alors une tradition en France que les plus philosophes, les plus dégagés de toute foi religieuse, pouvaient, devaient se dire catholiques. Sans parler de Descartes, qui soumet sans réserve son prétendu doute à l'autorité de l'Église et qui est plutôt un grand esprit qu'un esprit libre, Montaigne n'avait-il pas conseillé d'accepter en apparence la religion natale, non pour compromettre, mais pour assurer la liberté du for intérieur? Gassendi n'inclinait-il pas devant le dogme sa théorie des atomes ? Montesquieu n'avait-il pas suivi ces exemples à sa manière ? Et l'*Impie* par excellence, que faisait-il, quand il avait raillé sans pitié, dans ses *Dialogues*, la doctrine et l'appareil du catholicisme ? Ne se disait-il pas officiellement, en ses écrits avoués, *bon catholique*, si bien qu'en ce siècle un abbé naïf ou malin a pu le ranger parmi les apologistes de la religion chrétienne (1) ? Cet usage d'arborer une étiquette catholique sur des opinions libres, on l'a vu se maintenir en plein dix-neuvième siècle. Sous la Restauration et pendant le régime de Juillet, la bourgeoisie voltairienne, à l'exemple de son maître, tout en se moquant du dogme, affectait de recevoir *in extremis* les sacrements qu'elle bafouait dans ses journaux. Que dis-je ? elle les exigeait impérativement, ces cérémonies religieuses dont riait sa philosophie, et, à l'occasion, pour un mort illustre, les obtenait à main armée. Jusqu'au milieu de notre siècle, on vit (et on voit parfois encore) coexister dans le même individu deux doctrines opposées : l'une extérieure, officielle, héréditaire ; l'autre, intime, privée, librement choisie, — contradiction inconsciente, nullement hypocrite, et qui ne scandalisait personne.

Mais, pour bien comprendre l'attitude philosophique des Girondins, ce n'est pas assez de constater ces habitudes ; il faut en rappeler les origines, c'est-à-dire les conditions où se trouvèrent, quand on se remit à penser, au seizième siècle, les hommes qu'on peut appeler les ancêtres de la libre-pensée française. C'était alors risquer sa vie que de n'être pas catholique ; c'était même risquer davantage, c'était compromettre l'avenir de ses idées dont la force arrêterait d'un coup l'éclosion. Ainsi Rabelais se déguise

---

(1) *Voltaire apologiste de la religion chrétienne*, par l'abbé Mérault, Paris, 1826, in-8.

et se grime en catholique. Montaigne s'agenouille devant le Dieu de Raimond Sebond pour donner le change sur la portée de son scepticisme. Ramus, au contraire, veut-il penser ouvertement et ose-t-il proclamer la raison comme *criterium* unique? on le tue. C'est désormais le règne de la terreur en matière de foi. C'est un despotisme qu'on trompe en rusant comme tous les despotismes, mais dont il faut porter la livrée. L'exemple de Ramus n'est pas perdu, et quiconque ne croit pas au dogme agit désormais comme le fera l'atomiste catholique Gassendi qui désavouait officiellement ses chers atomes *metu atomorum ignis*. Il y a plus, cet instinct de prudence devint si fort et si aveugle qu'on ne fait pas seulement illusion à autrui, mais à soi-même, et je ne serais pas étonné que Molière qui, dans *Don Juan* et *Tartufe*, a porté des coups terribles au véritable catholicisme, ne se crût très sincèrement catholique. Au dix-huitième siècle, où on ne risquait pas si évidemment sa vie, le pli est pris et ne se défait plus, et c'est par un curieux phénomène d'hérédité intellectuelle que ce même instinct de prudence survit dans le dix-neuvième siècle aux raisons qui l'ont fait naître d'abord, raisons archaïques, disparues des esprits, et presque entièrement effacées de la réalité.

Au début de la Révolution, on ne s'exposait plus *aux atomes de feu*, à se dire non-catholique ; mais on compromettait les conditions de la vie civile, dont presque aucune avenue ne s'ouvrait sans le certificat d'un prêtre. En 1787, Danton veut-il devenir avocat au conseil du roi ? Il ne lui suffira pas de débourser 78,000 livres ; il devra encore, ce libre esprit, produire une attestation du curé de sa paroisse (1), « qu'il est de la religion catholique, apostolique

---

(1) Cf. *Les avocats au conseil du roi*, par Émile Bos, Paris, 1881, in-8, p. 515.

et romaine, assidu à fréquenter les sacrements, et qu'il a *satisfait au devoir pascal de l'année courante.* »

On s'explique maintenant qu'une religion, encore si puissante la veille même de la Révolution, n'ait pas perdu son prestige le lendemain de la destruction du régime féodal, même chez les esprits les plus éclairés et les plus libres. Les Constituants, malgré leur gravité philosophique, se disent catholiques, les uns par l'antique instinct que j'ai tâché d'analyser, les autres parce qu'ils pensent avec Montesquieu et Voltaire qu'il faut une religion au peuple. La constitution civile du clergé est l'expression naïve de leur catholicisme officiel ; et, sans cesser le moins du monde d'être fidèles à Voltaire ou à Rousseau, ils font, quand l'occasion l'exige, l'éloge de cette religion dont ils ont changé la discipline. La Législative, éclairée par l'expérience, montre un peu plus de hardiesse et s'abstient de se dire catholique. La Convention fait de même, la première année de son existence ; puis, en 1793, sous l'influence de Paris, elle se déclare ouvertement non-catholique ; bientôt, elle résiste aux tentatives robespierristes pour fonder une religion néo-catholique ; enfin, on sépare résolûment les cultes de l'Etat. Mais la politique des Girondins ne s'exerce que dans les deux premières périodes, dans la période d'adhésion officielle au catholicisme et dans la période d'abstention. Ces vicissitudes se marquent dans leur éloquence, sans que leurs opinions philosophiques en soient véritablement altérées.

Ainsi, en 1790, à Bordeaux, Vergniaud et Guadet sont amenés, plus d'une fois, comme membres du conseil général du département, à louer la religion nationale. Vergniaud commente l'élection des nouveaux curés en termes élogieux pour « la religion qui nous a faits tous frères (1). »

---

(1) H. Chauvot, *le barreau de Bordeaux*, p. 123.

Tout vague et tout discret que paraisse cet éloge, il n'en est pas moins notable, chez le plus *païen* des Girondins. Guadet, parlant comme fonctionnaire, félicite le nouvel évêque élu par les Bordelais, en l'appelant « ministre respectable d'une religion sainte », d'une religion restaurée et rendue à sa pureté première (1). Gensonné ne s'exprime pas avec moins d'orthodoxie. « Il importe, écrit-il, de prouver aux détracteurs de la Révolution que la loi sur la constitution civile du clergé, en rappelant le culte de notre sainte religion à sa première simplicité, et en privant ses ministres de l'autorité temporelle qu'ils avaient usurpée, n'a point diminué notre attachement à la foi de nos pères, que nous voulons demeurer libres sans cesser d'être chrétiens ; et la fête que nous vous proposons de solenniser, devra célébrer à la fois le triomphe de la patrie et celui de la religion (2). » Il est plus explicite encore dans son discours d'installation comme procureur de la commune de Bordeaux (20 novembre 1790) : « Pour nous, messieurs, également fidèles à la foi de nos pères, à la religion catholique, apostolique et romaine, et à la constitution que nous avons juré de maintenir et de défendre, nous devons exciter votre zèle contre des écrits qui tendent à troubler le repos et la tranquillité publique... »

On le voit, c'est Gensonné qui affecte le plus d'orthodoxie dans ces manifestations officielles. Et pourtant le rapport qu'il rédigea avec Gallois sur leur commune mission en Vendée (26 octobre 1791) n'est-il pas l'œuvre d'un libre-penseur éclairé, modéré, politique, qui a l'art de se mettre à la place des fanatiques vendéens, qui entre dans les illusions des paysans catholiques, et qui prouve, par cette impartialité même, combien en lui l'homme intime fut

---

(1) *Ibid.*, p. 159.
(2) *Ibid.*, p. 194. — Cf. J. Guadet, *Les Girondins*, I, 87.

indépendant, à cette heure-là du moins, des attaches « catholiques, apostoliques et romaines », dont le procureur de Bordeaux faisait parade à titre officiel ? Ainsi les Girondins, dans leurs magistratures bordelaises, se crurent tenus d'être les avocats de la politique actuelle de la nation, en vantant, avec la constitution civile du clergé, le catholicisme lui-même, et, à leur insu, ils obéirent en même temps à l'héréditaire habitude des libres-penseurs jadis persécutés.

Les circonstances changent-elles ? Ils ne cachent plus leurs opinions intimes, et le même Guadet, qui faisait à Bordeaux, comme fonctionnaire, l'éloge du catholicisme, se moque, à la tribune de la Législative (1), du « préjugé théologique », et des « bons laboureurs, simples et crédules, qui croient le salut de leurs âmes intéressé à la nature de leur culte. » Il s'écrie, aux applaudissements de l'Assemblée : « La théologie passera, et la philosophie et la raison resteront ! » Vergniaud prend, à la même tribune, le ton de Voltaire pour se moquer du catholicisme : « Je ne doute point, dit-il le 16 mai 1792, qu'en Italie ils (les prêtres bannis) ne soient accueillis comme de saints personnages que l'on persécute et qui méritent les palmes du martyre ; et le pape ne pourra voir, dans le présent que nous lui aurons fait de tant de saints vivants, qu'un témoignage de notre reconnaissance pour les bras, les têtes et les reliques des saints morts dont il a gratifié, pendant tant de siècles, notre crédule piété. (*On rit et on applaudit.*) » Et, le 19 avril 1793, il se félicite de ce que « les esprits sont dégagés de leurs honteuses entraves », et appelle le catholicisme « la superstition sous laquelle la France a si longtemps gémi. »

Quant à Ducos, dans la discussion sur les prêtres pertur-

---

(1) *Journal des débats et des décrets*, séance du 25 novembre 1791.

bateurs, il se présente à la fois comme un philosophe et comme un catholique (26 octobre 1791). Après avoir dit que « pour des *législateurs philosophes*, ces questions ne sont pas difficiles à résoudre », il veut prouver que la vérité « présumée ou *démontrée* » d'un culte ne peut lui obtenir un privilège légal : « car ce qui m'est *démontré, à moi catholique*, ne l'est pas pour un protestant, etc. » S'il parlait « comme un catholique », il dirait « que la diversité des opinions religieuses est un mal »; mais il se bornera à dire « que la philosophie regarde comme inévitable la diversité des opinions... et que la politique juge cette diversité très avantageuse. » Et, dans sa péroraison, il s'exprime en libre-penseur : « Quelle marche rétrograde supposez-vous donc à l'esprit humain, si vous le croyez si près de rentrer sous le joug des subtilités théologiques?... Ah! plutôt ennoblissez les plus belles fonctions qui puissent décorer votre carrière civique, en accélérant les progrès de la raison, en faisant avancer d'un pas nouveau l'esprit du peuple vers les vérités pratiques dont son bonheur se compose. » Et, dans la séance du 2 mai 1792, il soutient, avec Lejosne, qu'il faut supprimer les pensionnats établis dans les maisons religieuses, et répond à Becquet, qui objecte que c'est suspendre l'instruction publique : « J'ai l'honneur de demander à M. Becquet s'il considère comme instruction publique les principes de fanatisme qu'on puise dans ces maisons. Quant à moi, je pense qu'il vaudrait mieux ne pas avoir d'éducation que d'en avoir une de cette nature. » On le voit, le catholicisme extérieur de Ducos ne l'empêche pas, à l'occasion, de s'exprimer sur l'enseignement religieux avec l'accent d'un véritable Hébertiste (1).

(1) Cet accent se retrouve, plus d'une fois, dans le journal officiel du parti, dans le *Patriote français*, qui dénonce, en novembre 1792, (n° 1213), par la plume de Charles Villette, « les imbéciles ou

Les amis politiques des députés de la Gironde, les Buzot, les Isnard, les Barbaroux, les Louvet, les Condorcet, n'eurent pas l'occasion d'exprimer à la tribune cette contradiction des opinions officielles et des opinions intimes. Mais il résulte de leurs écrits et des mémoires de Mme Roland que tous, Girondins de Bordeaux et Girondins des autres départements, quelle que fût leur attitude extérieure, pensaient de même, sauf quelques nuances, dans les matières religieuses, et que, de nos jours, on s'est mépris en voulant faire de ces fiers jeunes hommes, je ne sais quels réacteurs mélancoliques et mystiques.

II

On peut dire qu'ils vécurent et moururent à peu près tous en philosophes ; c'est que ce catholicisme, dont quelques-uns d'entre eux se firent à Bordeaux les avocats *nationaux*, pour parler la langue du temps, ils l'avaient intérieurement quitté, à l'âge de raison, sans lutte et sans esprit de retour. Leur émancipation morale est définitive, paisible, presque inconsciente, comme celle de leur siècle. Veut-on une marque bien nette de cet état intime d'esprit ? Voici comment Barbaroux, dans ses mémoires, explique pourquoi il fit baptiser son fils : « Je fus avec ma mère, dit-il, avec quelques amis, présenter mon fils à l'église ; car les officiers publics n'étaient pas encore établis. *Le baptême n'est rien aux yeux des philosophes* ; mais la cérémonie, quelle qu'elle soit, par laquelle on transmet son nom à son fils, est bien intéressante pour un père (1). »

les fripons qui promènent le bon Dieu dans la rue Montmartre », et même dans les mémoires de Mme Roland, où l'église est appelée « ce lieu où le peuple imbécile vient saluer sans réflexion un morceau de pain. » — Cf. Biré, *La légende des Girondins*, p. 64.

(1) *Mémoires de Barbaroux*, éd. Dauban, p. 376.

La philosophie des Montagnards répugnait à ce détachement, à cette indifférence vis-à-vis de la religion. Les uns la haïssaient avec un fanatisme amer et peu laïque. Les autres, dans la guerre qu'ils lui faisaient, semblaient plus désireux de l'amender que de la détruire. Quelques-uns, et à leur tête Robespierre, affectaient les allures d'hérésiarques graves et préparaient une nouvelle ère religieuse. On comptait d'ailleurs, dans leurs rangs, des moines défroqués, des prêtres constitutionnels, tout un banc d'évêques, comme dit Michelet. Le jour où Robespierre aurait fondé son gouvernement mystique, un clergé se serait trouvé groupé autour de lui (1). Au contraire, il n'y avait, parmi les Girondins, ni fanatiques, ni hérésiarques, ni défroqués (2), ni prêtres, sauf Fauchet, qui n'entra qu'assez tard dans la Gironde. Dans ces âmes lucides, il ne restait pas une ombre de catholicisme, pas le plus petit grain de religiosité; du moins ils furent tels, libres et agiles, tout entiers aux choses humaines, tant que la défaite n'eut pas altéré leur imagination.

Autre différence : la Montagne n'avait pas seulement les habitudes d'esprit de cette religion qu'elle combattait si mollement ou si maladroitement ; elle en affectait l'intolérante orthodoxie. Qui ne jurait pas sur leur livre était, pour les Robespierristes, l'ennemi. Hors de leur secte, point de salut; mais surtout point d'amitié entre opinions différentes. Que faisaient les Girondins? Ils tendaient la main à quiconque se disait philosophe, sans regarder à la nuance des doctrines. Souriants, faciles, ennemis de tout

---

(1) Cf. les révélations de Cambon dans un discours du 18 septembre 1794. *Moniteur*, réimp., XXI, 791.

(2) Peut-on considérer Vergniaud comme un *défroqué?* Sans doute il étudia, pendant plusieurs années, dans un séminaire de Paris ; mais il ne voulut pas être prêtre, et, dans une lettre du 1er janvier 1790, il appelle ses années de séminaire des *années perdues.* Cf. Vatel, *Vergniaud*, I, 23.

pédantisme, ils évitaient la controverse théologique ou métaphysique. Ce scepticisme gai est, au début de leur carrière, le trait dominant de leur physionomie, même quand ils ne se réclament pas, comme Vergniaud et Guadet, de Montaigne et de Montesquieu.

Ils ne différaient pas moins des irréconciliables ennemis de Robespierre, je veux parler des Hébertistes. Franchement incrédules, ces Parisiens, fils de Voltaire, voulaient détruire tout d'un coup le christianisme, et, calculant mal leurs forces, ils croyaient déjà pouvoir chanter, avec Anacharsis Clootz l'inspiré, le triomphe de la raison victorieuse et le *nos exæquat victoria cœlo* de Lucrèce. Ce n'est pas seulement la prudence qui écarta les Girondins de cette entreprise prématurée ; c'est leur insouciance native à l'égard des choses religieuses, par laquelle ils ressemblent à Danton, dont cependant ils ont toujours, les funestes étourdis, repoussé les propositions conciliantes et la main largement ouverte.

Sont-ils athées, comme Hébert et Clootz ? On connaît la célèbre profession d'Isnard déclarant qu'il ne reconnaissait d'autre Dieu que la loi (1), au grand scandale d'une partie de l'Assemblée. L'évêque d'Ille-et-Vilaine, Claude Lecoz, le même qui, dans la séance du 19 octobre 1791, avait soutenu que le célibat n'est pas contraire à la nature, demanda la parole « comme citoyen et comme prêtre », traita le discours d'Isnard de « code d'athéisme » et empêcha l'Assemblée de voter les honneurs de l'impression. Les Robespierristes ne devaient pas oublier cette scène, ni perdre ce grief contre la Gironde. Isnard lui-même se troubla : il se désavoua quatre jours plus tard

---

(1) Il propose de punir tous les factieux, et ajoute : « Je dis tous les factieux, parce que je suis déterminé à les combattre tous, parce que je ne suis d'aucun parti ; mon Dieu, c'est la loi. Je n'en ai pas d'autre. » (*Moniteur*, séance du 14 nov. 91.)

dans une lettre adressée au *Moniteur* et au *Journal des débats et des décrets*, où il laisse voir quelque embarras : « 18 novembre 1791. — Une expression figurée dont je me suis servi, monsieur, à la tribune de l'Assemblée nationale, dans un moment où j'improvisais avec chaleur, m'a fait soupçonner d'athéisme. J'ai dit : « Ne croyez pas que ce ne soit qu'aux tyrans et aux fanatiques que je déclare la guerre ; j'en veux à tous les factieux : la loi voilà mon Dieu, je n'en connais point d'autre. Aurais-je pu croire qu'il existât un seul homme qui ne s'aperçût pas que le mot Dieu était employé dans cette phrase au figuré ? Sans doute, la loi est une divinité pour moi, mais c'est dans l'ordre politique, et comme citoyen. Il est tout à fait absurde de penser qu'en rendant hommage à la loi, et surtout dans un moment où je parlais avec tout le feu du patriotisme, j'aie voulu nier l'existence de l'Être suprême. J'ai contemplé la nature ; je ne suis point insensé ; je dois donc croire à Dieu... » On le voit, ce méridional était sincèrement surpris qu'on eût pris au pied de la lettre une boutade lancée, comme un trait de guerre, contre le clergé perturbateur.

Un autre incident, plus célèbre encore, sembla donner raison à ceux qui accusaient les Girondins d'athéisme : je veux parler de la bruyante discussion qui eut lieu, le 26 mars 1792, aux Jacobins, entre Robespierre et Guadet, sur la Providence. Robespierre, dans un projet d'adresse, avait parlé, avec son ton de prêtre, de « la Providence qui veille toujours sur nous beaucoup plus que notre propre sagesse. » Guadet perdit patience : « J'ai entendu souvent, dit-il, dans cette adresse, répéter le mot Providence, je crois même qu'il y est dit que la Providence nous a sauvés malgré nous. J'avoue que, ne voyant aucun sens à cette idée, je n'aurais jamais pensé qu'un homme qui a travaillé avec tant de courage, pendant trois ans, pour tirer le peuple de l'esclavage du despotisme, pût concourir à le remettre ensuite sous l'esclavage de la superstition. *(Brouhahas, murmures, applaudissements.)* »

Robespierre répondit avec aigreur, en soutenant ces éternels principes sur lesquels s'étaye la faiblesse humaine pour s'élancer à la vertu. « Ce n'est point un vain langage dans ma bouche, dit-il, pas plus que dans celle de tous ces hommes illustres qui n'en avaient pas moins de morale pour croire à l'existence de Dieu. *(Plusieurs voix : A l'ordre du jour ! — Brouhahas.)* »

Et l'orateur continua à paraphraser le *Vicaire savoyard* avec l'amertume d'un dévot contristé. Il voulut même contraindre la société à voter que Dieu, la Providence et la vie future étaient les bases de sa politique. L'impression de son discours, réclamée et repoussée tour à tour, allait être mise aux voix, quand un ami des Girondins, Santhonax, s'écria : « Point de capucinade, monsieur le président ! » Le mot scandalisa; il y eut tumulte, et la séance fut levée sans vote.

Ces querelles religieuses continuèrent entre Robespierre et le parti Brissot-Guadet. Le 1er juin 1792, la commune, sur le réquisitoire de Manuel et aux applaudissements du *Patriote français*, porte, en vue des processions de la Fête-Dieu, un arrêté interdisant de contraindre les citoyens à tendre ou tapisser leurs maisons et de requérir la garde nationale pour assister aux cérémonies d'un culte. Robespierre s'indigna et Camille écrivit : « Les rois sont mûrs, mais le bon Dieu ne l'est pas encore. » Le 5 décembre, Robespierre déblatéra aux Jacobins contre les philosophes et fit briser le buste d'Helvétius : Brissot fit aussitôt l'éloge d'Helvétius dans son *Patriote*. Enfin, et ce fut le fait le plus grave, le discours athée de Dupont (14 décembre), qui avait si fort scandalisé la Montagne, fut apprécié par le même *Patriote* dans les termes les plus bienveillants, avec force épigrammes à l'adresse de Robespierre. Toutefois, ce que les Girondins repoussaient comme une capucinade, ce n'était pas la croyance en Dieu, mais l'établissement d'un déisme d'État. Le 17 avril 1793, André Pomme, député de Cayenne, à propos de l'article 1er du projet de déclaration des droits présenté par Barère, fit cette proposition inspirée sans doute par Robespierre : « Citoyens, les droits naturels ont été donnés à l'homme par l'Être suprême, source de toutes les vertus. Je demande donc que préalablement à toute déclaration, la Convention, par le premier article, reconnaisse expressément l'existence de l'Être suprême. » Aussitôt Louvet demande l'ordre du jour, « motivé sur ce que l'existence de Dieu n'a pas besoin d'être reconnue par la Convention nationale de France. »

Les Girondins étaient donc un obstacle aux projets religieux de Robespierre. Aussi ses fidèles les traitaient-ils d'athées, et plus tard, pour les robespierristes et catholiques auteurs de l'*Histoire parlementaire*, ils seront des *matérialistes*, titre qui aurait bien étonné ces dilettantes ennemis des systèmes, et qui étaient et voulaient paraître tout uniment déistes, sans pédantisme et à la Voltaire.

Les preuves de ce déisme, ne les cherchons pas dans le christianisme officiel des Girondins à Bordeaux : ces aveux-là ne comptent pas. Il serait plus probant de citer les discours, postérieurs à la vogue de la constitution civile du clergé, où ils parlent de Dieu, par exemple cette phrase de Guadet (23 mars 1792) : « Il n'est pas d'un homme libre d'afficher l'idolâtrie pour le corps constituant, et de prétendre que, *semblable à Dieu*, il conservera sa toute-puissance, après avoir fini son œuvre. » Vergniaud est plus explicite encore. Il ne se borne pas à attester une fois l'*Etre suprême* (27 décembre 1791) : dans son discours sur la guerre (18 janvier 1792), il engage les patriotes à ne pas *négliger l'occasion que la Providence leur donne*.

Mais ces traits sont rares : on dirait presque autant de façons de parler amenées par l'habitude, par la tyrannie des mots. C'est plutôt dans les écrits intimes des Girondins qu'on rencontre d'indéniables témoignages de leurs opinions déistes. Ainsi Buzot, dans ses mémoires, appelle la vertu « un rayon céleste émané du sein de la Divinité même (1), » et il parle de « l'auteur de la nature, dont on n'outrage pas impunément les divines lois (2).» Louvet met dans son déisme tout l'élan de son cœur. Se reprochant d'avoir murmuré contre la Providence à cause de l'absence de Lodoïska : « Qu'elle pardonne, dit-il, aux faiblesses de l'homme : il ne l'accuse si souvent que parce qu'il ne pénètre pas ses vues (3). » Parlant d'un de ses bienfaiteurs : « O Dieu! Dieu juste ! rends-lui du moins dans ses infortunes tous les secours qu'il m'a prêtés (4) . » Enfin, à propos de sa retraite dans l'exil : « S'il daigne un moment arrêter ses regards sur moi, Dieu même doit jouir de l'une de ses œuvres. Ce ne peut être un spectacle indifférent à sa justice que celui d'un homme libre, d'un homme de bien, enfin arraché au glaive des dictateurs et des brigands (5). » Vergniaud lui-même, le moins religieux peut-être des Girondins, copiait dans sa jeunesse et conservait un long passage des *Nuits* d'Young, où on lit : « Je te rends grâces, Dieu puissant, Dieu bienfaiteur, etc. (6). » Brissot, qui tout à l'heure louait l'athée Dupont pour taquiner Robespierre, se proclame déiste dans ses mémoires. Et Barbaroux, poète à ses heures, ajoute à son ode sur l'électricité cette strophe orthodoxe :

(1) *Ed. Dauban*, p. 49.
(2) *Ib.*, p. 96.
(3) Louvet, *Mémoires*, éd. Didot.
(4) *Ib.*, p. 361.
(5) *Ib.*, p. 396.
(6) Vatel, *Vergniaud*, t. Ier, p. 194.

> Céleste agent, de ta présence
> Quand tout ici-bas nous instruit,
> Méconnaîtrai-je la puissance
> De l'Être incréé qui te fit ?
> Inconcevable météore !
> Non, ce n'est pas toi que j'adore,
> Loin de moi cette folle erreur ;
> Porté sur tes ailes de flamme,
> Je m'élance aux Cieux, et mon âme
> Va rendre hommage à ton auteur (1).

Enfin, si le mot Dieu ne se trouve guère sous la plume de madame Roland (2), du moins, à l'heure solennelle où elle rédige ses *Dernières pensées*, l'admiratrice de Rousseau croit convenable de s'écrier : « Divinité, être suprême, âme du monde, principe de ce que je sens de grand, de bon et d'heureux ; toi dont je crois l'existence parce qu'il faut bien que j'émane de quelque chose de meilleur que ce que je vois, je vais me réunir à ton essence ! »

Ce dieu que reconnaissent les Girondins, c'est bien le dieu de Jean-Jacques. Ne sont-ils pas, comme les Montagnards, disciples de l'auteur de l'*Emile* ? Leurs écrits retentissent de l'éloge du grand moraliste. Madame Roland rapporte qu'elle fut transformée et illuminée par cette lecture. Brissot fait le même aveu dans ses mémoires. Louvet, aussi passionné que spirituel, ne parle qu'avec amour de celui qu'il appelle « l'écrivain sublime (3). » Buzot, dans sa jeunesse, se promenait à la campagne en mêlant la

---

(1) *Dauban*, p. 266.

(2) Elle dit cependant, dans son récit du premier ministère de Roland : « Les grandes idées religieuses, la croyance d'un Dieu, l'esprit de l'immortalité, s'accordent fort bien avec la philosophie et lui prêtent une plus grande base, en même temps qu'elles lui forment le plus beau couronnement... Malheur aux législateurs qui méprisent ces puissants moyens d'inspirer les vertus politiques et de conserver les mœurs du peuple ! Si c'était des illusions à faire naître, il faudrait les créer et les entretenir pour la consolation du genre humain. » Pesez les expressions : c'est une adhésion bien froide, toute de tête.

(3) *Mémoires*, éd. Didot, p. 401.

lecture de Rousseau à celle de Plutarque, en méditant « les traits les plus précieux de leur morale et de leur philosophie (1). » M. Vatel veut que Vergniaud ne procédât que de Montesquieu. Mais son silence à l'endroit de Rousseau ne prouve pas que son Dieu ne fût pas aussi celui du *Vicaire savoyard*. On peut l'affirmer : la majorité de la bourgeoisie française, à la fin du dix-huitième siècle, tenait pour le Dieu de Jean-Jacques contre le Dieu de l'Église catholique (2), et les Girondins étaient, en cela, de leur époque, époque philosophique, s'il en fût, où l'élite des hommes instruits avaient affranchi leur raison.

Mais si, pour Robespierre et ses amis, le déisme formait toute une religion, dont les rites se devinaient déjà et se préparaient, il n'était, pour les Girondins, qu'une négation du Dieu chrétien : *déiste* et *philosophe* semblent avoir été pour eux synonymes. Leurs adversaires, disent Buzot et Louvet dans leurs mémoires, les appelaient tantôt déistes, tantôt athées, et ils s'indignaient de ces reproches contradictoires, comme d'être appelés à la fois fédéralistes et royalistes. Non, nous l'avons montré, ils n'étaient pas athées, mais ils se bornaient à reconnaître vaguement l'existence d'un Dieu. Les dogmes que les autres disciples de Rousseau associaient à celui-là, ils n'y songent guère et n'en parlent pas. Ce n'est pas Robespierre qui, comme Buzot, aurait fait cette allusion hypothétique à la vie

---

(1) *Mémoires*, éd. Dauban, p. 39.

(2) Ces sentiments éclatent dans le rapport sur les troubles intérieurs, lu au nom de la commission des Douze, par Français (de Nantes), dans les séances du 26 avril et du 5 mai 1792. C'est une satire déclamatoire du catholicisme et une apologie sans goût du dieu de Jean-Jacques. Mais rien n'est plus instructif à notre point de vue : cette professsion de foi fut interrompue presque à chaque phrase par les applaudissements. Les plus beaux discours des maîtres de la tribune n'obtinrent pas tant de succès. L'envoi dans les départements fut décrété par acclamation. — Cf. *Choix de rapports, opinions et discours*, par Lallement (de Metz), t. IX, p. 35.

future : «... Si, comme l'ont pensé les sages, il existe après cette vie un lieu où les amis de la vertu sont récompensés des maux qu'ils ont soufferts pour elle... » Ce n'est pas non plus, parmi les disciples de Jean-Jacques, un disciple du premier degré qui aurait écrit : « La Providence, qui les a laissés si longtemps jouir de leur triomphe, doit être justifiée par leur supplice, ou tout principe de morale est anéanti sur la terre (1). » Cette alternative à la Claudien eût semblé, à un vrai robespierriste, injurieuse pour la Providence.

On croit donc pouvoir avancer que les Girondins en général procédaient, en matière religieuse, de J.-J. Rousseau; mais que, s'ils acceptaient ces négations, ils rejetaient ses dogmes, ou n'en prenaient en somme que ce qu'en acceptait Voltaire à ses heures de déisme. Tout dans leur conduite et dans leurs écrits montre qu'ils se dérobent aux conséquences de la théologie du *Vicaire.* Ils ne se sont jamais concertés, entendus là-dessus ; mais, d'instinct, ils rejettent et les dogmes et la discipline de la religion rêvée par Robespierre. Ils n'ont rien de la gravité du néophyte, ces méridionaux légers. C'est ainsi qu'Isnard se fait athée à la tribune par pure rhétorique. C'est ainsi que Barbaroux, en sa première jeunesse, laisse échapper quelques vers d'un épicurisme badin où, prenant le ton de Chaulieu, il dit à un ami :

> Je fais pour vous tous les jours
> La prière à Dieu mon père.
> Or devinez quel est ce Dieu.
> Ce Dieu digne de mon hommage :
> Ce n'est pas celui qu'en ce lieu
> On adore dans une image ;
> C'est le Dieu qui créa l'amour, etc. (2).

C'est précisément pour désavouer ce badinage qu'il ajouta

---

(1) Mémoires de Buzot, éd. Dauban, pages 3, 12.
(2) Dauban, p. 226.

plus tard à son ode sur l'électricité la strophe déiste qu'on a lue plus haut, tout comme Isnard désavoua par une lettre publique son athéisme de tribune. Cette légèreté en religion, soulignée encore par de tels désaveux, donna le change sur les véritables opinions de la Gironde. Les hommes graves en venaient à dire avec Robespierre : « Ce sont des impies, des athées (1). » Ce reproche les déconsidéra peu à peu.

III

Nous ne pouvons passer sous silence que les Girondins finirent, quelques-uns du moins, par changer de ton, sinon d'opinions. Buzot, dans ses mémoires, comprend la religion parmi les choses respectables dont il regrette la ruine (2). Barbaroux vaincu et désespéré s'élève contre le peuple qui *blasphème Dieu* : « Cette populace, dit-il, n'est pas plus faite pour un gouvernement philosophique que les lazzaroni de Naples et les anthropophages de l'Amérique (3). » C'est qu'ils ne pensent pas, aristocrates en cela, qu'il faille répandre la philosophie dans le peuple. Ils croient avec Voltaire qu'il vaut mieux le laisser croupir dans la religion native. La raison ne peut et ne doit être émancipée que chez quelques hommes instruits. Les tentatives de Robespierre et d'Hébert, quoique opposées, leur inspirent une égale aversion : « Quelle morale, dit Buzot, pouvez-vous inspirer ou maintenir dans ces âmes villageoises à qui l'on apprend aujourd'hui que la religion de leurs pères n'était que fourberie, demain qu'il n'y a de Dieu que la Raison, et ensuite que l'Éternel existe et qu'il faut croire à l'immorta-

---

(1) « Le parti Girondin, écrit Durand de Maillane, était plus impie même que le parti de Robespierre. » *Mémoires*, éd. Didot, p. 100.
(2) Ed. Dauban, p. 92.
(3) Ed. Dauban, p. 374.

lité de l'âme (1) ? » Et il ajoute aussitôt : « L'histoire de la religion révolutionnaire de France est une époque fort remarquable des extravagances humaines. Depuis la farce jouée à la barre de l'Assemblée qui se disait nationale, je ne sais quel jour où des pétitionnaires chamarrés de différentes couleurs, sous des chapes, des chasubles, des étoles, des surplis de toutes formes et de tous saints, se mirent à chanter : *Oh ! le bel oiseau, maman*, en dansant, cabriolant, et faisant force folies au milieu de l'auguste Sénat de France, jusqu'à cette autre où Robespierre déclare à l'univers que le peuple français reconnaît l'Éternel et la Nature et l'immortalité de l'âme, et que le peuple de Paris va faire incessamment des fêtes en l'honneur de l'amour pudique, à l'amour conjugal, à la pudeur, au courage, quelle horrible profanation des sentiments les plus sacrés, les plus consolants et les plus chers au cœur humain ! »

On ne peut donc nier que le regret du passé, qui se mêla dans leurs âmes malades à l'abattement de la défaite, n'ait fait naître dans les Girondins un respect, non plus extérieur, mais intime, pour une religion qu'ils voyaient proscrite et impopulaire comme leur propre politique. Ils étaient devenus, dans les misères de leur fuite en Bretagne et de leur retraite à Saint-Émilion, sinon plus faibles de caractère, du moins plus accessibles aux sentiments tendres et mélancoliques, sans aller toutefois jusqu'aux rêveries vagues que provoque et trompe la religion catholique. Traqués comme un gibier, ces malheureux se sentaient peut-être moins sévères pour d'autres malheureux, pour les prêtres poursuivis. Peut-être aussi comprirent-ils toute l'inutilité des proscriptions et des sévérités violentes qu'eux-mêmes avaient en partie conseillées contre le clergé réfractaire ; et peut-être l'infortune les rendit-elle assez injustes

---

(1) *Mémoires*, p. 35.

envers leur propre conduite pour qu'ils regrettassent les rares propos antireligieux qui leur avaient échappé à la tribune. Mais on peut scruter chaque syllabe de leurs écrits posthumes : on ne trouvera rien qui indique chez eux une conversion finale au catholicisme. Tout révèle au contraire qu'ils montèrent sur l'échafaud sans avoir abdiqué leur philosophie, sans avoir renié leurs opinions d'hommes du dix-huitième siècle. On a même, pour les vingt et un députés qui moururent le 10 brumaire, on a un témoignage positif, celui de l'abbé Lothringer, qui publia dans le *Républicain français*, du 6 fructidor an V (1), des révélations sur l'attitude religieuse des Girondins. Fauchet, confessé par l'abbé Lothringer, confessa Sillery. D'autres, Duperret, Gardien, Beauvais, Lehardy, Vigée, se confessèrent ; ils sont parmi les obscurs du parti. Mais quand l'abbé s'adressa aux chefs de la Gironde, il fut repoussé, sauf peut-être par Gensonné, si l'on en croit une tradition rapportée par M. Biré dans son livre sur la *Légende des Girondins*. Brissot refusa nettement ; Vergniaud, Carra, Ducos, Fonfrède, toute l'élite, ne se confessèrent pas. Ils moururent « en païens », presque gaiement, surtout le jeune Ducos (2).

Ceux qui périrent isolés, eurent une fin plus triste, mais non moins conforme à leurs opinions, à l'exception de Gorsas, qui se fit assister par un prêtre. Quant à Louvet, qui survécut jusqu'en 1797, et qui, rappelé à la Convention, y

---

(1) Cf. Campardon, *Le Tribunal révolutionnaire*, I, 162.

(2) Quant aux inscriptions stoïciennes et héroïques que Michelet a relevées dans le grenier des Carmes et qu'il attribue aux Girondins captifs, elles sont dignes de leur âme ; mais ils ne furent jamais enfermés aux Carmes, et on a déjà signalé cette erreur du grand historien. — Ajoutons que d'après Dulaure, « après que leur arrêt de mort fut prononcé, ils passèrent la nuit à discuter sur l'immortalité de l'âme ; chacun d'eux représentait Socrate au milieu de ses disciples, après avoir bu la ciguë. » *Supplément aux crimes des anciens comités de gouvernement*, an III, in-8, p. 71.

parla souvent, il ne lui échappa ni un acte ni un mot qu'un philosophe eût pu désavouer. Un seul, parmi ces magnanimes jeunes gens, ne devait pas conserver jusqu'à sa mort la liberté de sa raison, c'est le prétendu athée Isnard : peu après la Révolution, il laissa percer des sentiments catholiques dans un discours et dans un dithyrambe sur l'immortalité, mérita que la Restauration, lui pardonnant son vote régicide, le laissât en France, et, vers 1830, mourut en odeur de piété. J'ignore ce que seraient devenus les Vergniaud et les Guadet, s'ils avaient, eux aussi, parcouru leur carrière normale : mais rien n'autorise à supposer qu'ils auraient été moins fidèles à leur passé philosophique que ne le furent les autres survivants de la Convention: ceux-ci, à peu près tous, moururent sans faiblesse, et, sauf l'acte de prudence héréditaire, en fils de Voltaire et de Rousseau.

IV

La politique religieuse des Girondins fut conséquente avec leurs opinions intimes. Ils traitèrent les religions positives avec autant d'impartialité que de détachement. Nulle trace d'amertume ou de haine dans les rares discours où ils parlent du culte, des prêtres réfractaires, de la liberté de conscience. Rigoureux envers la sédition catholique, quand la nécessité l'ordonne, ils sont cléments pour les personnes, autant qu'on pouvait l'être dans cette lutte pour la vie et plus qu'ils ne s'imagineront l'avoir été, quand, dans la mélancolie de leur retraite, ils passeront en revue leur passé. On a déjà dit un mot du rapport de Gensonné au retour de sa mission en Vendée avec Gallois : c'est un chef-d'œuvre de claire logique et de bon sens avisé. Une modération bienveillante et sereine, qui plaint ceux mêmes contre lesquels il faut sévir, élève ces pages bien au-dessus des passions de l'époque : c'est l'écrit d'un sage et d'un profond politique, qui hait et craint avant tout la guerre civile et ne croit pas, avec l'immoral Mirabeau, qu'elle régénère ni les individus ni les nations. La même modération inspire Vergniaud quand, le 23 août 1792, il combat la proposition de Cambon qui voulait déporter à la Guyane les prêtres insermentés : il demande et obtient qu'on se contente de les bannir.

Ces Girondins, auxquels on a justement reproché de n'avoir pas de dessein arrêté en politique, avaient entrevu une solution très hardie de toutes les difficultés religieuses dans lesquelles se débattait la Révolution : je veux parler de la séparation de l'Église et de l'État. Dès 1790, à Bordeaux, Gensonné semblait prévoir cette solution, à laquelle personne ne songeait encore, quand, dans son discours d'installation comme procureur, il traçait les limites du domaine civil et du domaine ecclésiastique (1). Il fait un pas de plus dans le même sens, lorsqu'il dit à la Législative (3 novembre 1791) que, sans doute, en s'emparant des biens qui étaient affectés au culte catholique, la nation « a dû naturellement se charger d'en payer les frais » ; mais il faut réparer la tentative malheureuse de l'Assemblée constituante (2) et détacher « de tout culte religieux tout ce qui peut tenir à l'ordre civil et politique. » Et il ajoute, en libre philosophe : « Séparons de la religion tout ce qui tient à l'ordre civil, et lorsque les ministres du culte, que la nation salarie, seront réduits à des fonctions purement religieuses ; lorsqu'ils ne seront plus chargés de

---

(1) J. Guadet, *Les Girondins*, I, 91.

(2) Guadet, à propos du mode de constater l'état civil, condamne nettement l'institution du clergé officiel : « Si vous attendez que le nouveau clergé, que l'Assemblée constituante a malheureusement établi, devienne une puissance, ce sera peut-être de cette corporation que naîtront les obstacles contre cette loi. » *Moniteur*, séance du 17 mars 1792.

registres publics, de l'enseignement et des hôpitaux ; lorsqu'ils ne seront plus dépositaires des secours que la nation destine à l'humanité souffrante ; lorsque vous aurez détruit ces corporations religieuses de prêtres séculiers, absolument inutiles, et cette nuée de sœurs grises, qui s'occupent moins de soulager les malades que de répandre le poison du fanatisme, alors, les prêtres n'étant plus fonctionnaires publics, vous pourrez adoucir la rigueur des lois relatives au serment ecclésiastique, vous ne gênerez plus la liberté des opinions, etc. (1). »

Quelques jours plus tard, Guadet en vient à dire que l'État ne doit pas prendre parti dans toutes ces misérables querelles théologiques, et qu'il faut « s'accoutumer ainsi à séparer la religion de la constitution (2). »

Mais Ducos, dans son beau discours du 26 octobre 1791, avait déjà rencontré la formule même qui est populaire aujourd'hui : « S'il est injuste et impolitique de donner la préférence à un culte quelconque, il suit de là que les cultes ne peuvent être l'objet d'une loi, parce qu'elle n'aurait ni la stabilité, ni l'universalité, ni la justice qui forment le caractère de la loi. Dès lors, *je crois avoir résolu le problème : séparez de ce qui concerne l'État tout ce qui concerne la religion.* »

De même, les Girondins veulent séparer l'école de l'église, et un ami intime de Mme Roland, Bancal des Issarts, dans un projet de décret sur l'éducation nationale (24 décembre 1791), veut exclure le clergé de l'enseignement, supprimer la publicité des cérémonies religieuses, interdire d'enseigner dans les écoles « aucune des connaissances ayant trait à l'autre vie » : l'État ne reconnaîtra d'autre clergé et d'autre culte public que celui de la loi (3).

(1) Texte du *Moniteur*.
(2) *Journal des débats et des décrets*, séance du 25 novembre 1791.
(3) Biré, p. 64.

Sans doute, ce ne sont là que des souhaits jetés en passant et les Girondins ne les formulèrent pas en projet de loi. Mais tout indique que leur politique tendait au régime établi plus tard par la constitution de l'an III. Déjà les idées de sage abstention prévalaient dans l'Assemblée législative sur laquelle les Girondins avaient une influence prépondérante. Ainsi, le 5 juin 1792, il se produisit un incident, trop peu remarqué par les historiens, qui commence une phase nouvelle dans la politique religieuse de la Révolution. Les secrétaires, à l'ouverture de la séance du soir, font lecture d'une lettre des curés et marguilliers de la paroisse Saint-Germain-l'Auxerrois, qui invitent l'Assemblée à assister, par une députation, à la procession de la Fête-Dieu. Sans délibérer, l'Assemblée, obéissant comme corps à l'esprit de déférence héréditaire que nous avons constaté dans les individus, décide par un mouvement machinal « qu'il sera nommé une députation de ses membres. » Aussitôt, par un second mouvement plus réfléchi, on demande de divers côtés que ce décret soit rapporté. En vain l'abbé Audrein, ami de Robespierre, s'oppose au rapport du décret : « C'est, dit-il, une rupture ouverte avec le culte catholique. » En vain l'abbé Fauchet demande l'ordre du jour. Pastoret, un modéré s'il en fut, répond que « si l'Assemblée nationale se rend au vœu du curé de Saint-Germain-l'Auxerrois, il n'y aura point de raison qui puisse la porter à refuser d'assister aux processions des autres cultes. En second lieu, les ecclésiastiques n'étant pas des fonctionnaires publics, l'Assemblée ne peut pas assister aux cérémonies faites par des fonctionnaires privés. » Là-dessus, l'Assemblée rapporte le décret, et, pour ne gêner la conscience d'aucun de ses membres, décide qu'il n'y aura pas séance le jour de la procession (1).

(1) Rabusson-Lamothe explique ainsi ce décret dans une lettre à

Et Brissot écrit dans le *Patriote* du 8 juin : « La religion du législateur, c'est le culte de l'humanité ; ses bonnes œuvres, ce sont de bonnes loi ; son paradis, c'est sa patrie, s'il la rend heureuse. Il est sûr de faire son salut, s'il sauve l'État. »

Ce sont là les effets de la politique girondine : elle vise à établir, en matière religieuse, une indifférence officielle, qui est justement l'opposé de la doctrine du *Contrat social*, d'après laquelle les théories du *Vicaire* sont érigées en religion d'État. Nouveau grief que Robespierre nourrira en secret et qui ne sera pas étranger à sa haine contre la Gironde.

Mais la Gironde ne s'en doute pas, ne prévoit pas le rôle politico-religieux rêvé par son ennemi, et ne s'arrête pas longtemps à ces questions abstraites et vagues qui répugnent à son esprit net et actif. Quant cette matière s'offre à eux, les Girondins l'acceptent, en dissertent avec justesse, en résolvent les difficultés avec un grand bonheur d'arguments et une haute lucidité de bon sens. Mais si c'est en ce point que leur politique se surpasse elle-même par la netteté des solutions, il faut dire qu'ils se montrent là plus avisés qu'inspirés, plus hommes d'État qu'orateurs. Aucun d'eux n'a cette imagination religieuse qui teint d'une mélancolie rêveuse toutes les idées de Robespierre ; ce sont d'autres natures de penseurs et d'orateurs, et, à coup sûr, ce n'est pas dans la *religiosité* qu'il faut chercher l'âme de leur éloquence.

ses électeurs, 7 juin 92 : « L'Assemblée n'a pas en cela, comme on affecte de le dire, le projet de détruire la religion, mais seulement elle ne s'en croit pas juge : elle laisse chaque citoyen à sa croyance et à sa conscience, et elle les reconnaît tous comme les membres d'une même famille, qui offrent au Père commun des hommages différents. »

CHAPITRE III.

L'INSPIRATION ORATOIRE DES GIRONDINS : — II. LEURS IDÉES POLITIQUES.

I

Etaient-ils républicains ? Amar, dans un cruel rapport contre la Gironde, répond : « Ils étaient républicains sous la monarchie et royalistes sous la république (1). » Nous verrons que le second reproche est une calomnie. Quant au premier, il faut se rappeler, pour le comprendre, que le formaliste Robespierre ne se rallia que sur le tard à l'idée républicaine : au contraire, Brissot (2) et ses amis agitèrent cette idée au lendemain de la fuite à Varenne, quand Duchastellet, Payne et Condorcet entreprirent leur célèbre journal (3), qui commençait par ces mots hardis : « Frères et concitoyens, la tranquillité parfaite, la confiance mutuelle qui régnaient parmi nous pendant la fuite du ci-devant roi, l'indifférence profonde avec laquelle nous l'avons vu ramener, sont des signes non équivoques que l'absence d'un roi vaut mieux que sa présence, et qu'il

---

(1) Déjà, en octobre 1792, on disait de Brissot : « Républicain sous des rois, royaliste quand ils ne le sont plus ! » *A tous les républicains de France*, par J.-P. Brissot, p. 14.
(2) C. Desmoulins, inspiré par Robespierre, devait reprocher amèrement à Brissot d'avoir étalé des opinions républicaines quand Robespierre se disait encore monarchiste. (*J.-P. Brissot démasqué*, éd. Claretie, p. 281.)
(3) *Le républicain ou le défenseur du gouvernement représentatif, par une société de républicains* (juillet 1791). La Bibl. nat. (Lc $\frac{1}{414}$) possède les quatre premiers numéros (et non les *trois premiers*, comme le dit Hatin).

n'est pas seulement une superfluité politique, mais encore un fardeau très lourd qui pèse sur toute la nation. » Etienne Dumont, qui fréquentait l'entourage de Brissot, dit à ce propos : « La semence qu'avait jetée la main audacieuse de Payne commençait à germer dans plusieurs têtes. Condorcet, au moment de la fuite du roi, était devenu un républicain décidé. Clavière, Pétion, Buzot se rassemblaient pour discuter cette question. On en parlait chez Bidermann (1), et j'ai vu se former les premiers filaments de cette opinion, qui se fortifia dans les provinces méridionales (2). » Le gènevois Clavière était républicain de naissance. Pétion, on le sait, avait affirmé cette opinion jusque dans la berline royale ; et Buzot a écrit : « Jamais l'idée d'un roi héréditaire ne s'est offerte à mon esprit sous des formes raisonnables. Tant d'absurdités, qu'il fallait dévorer avec la nécessité prétendue d'une monarchie pour les vastes États, me révoltaient et ne pouvaient se fondre dans ma pensée avec les grandes et nobles images que j'avais formées de la dignité de l'espèce humaine (3). » Toutefois, il ne croyait pas que la république fût encore possible : « Je le confesse, il me paraissait douteux que la nation française pût supporter le joug austère du gouvernement républicain ; mais j'avais la conviction intime que Louis XVI ne pouvant pas changer ses habitudes et se façonner au gouvernement d'un peuple libre, on devait s'attendre aux plus grands malheurs, tant que Louis continuerait de régner sur la France; l'occasion était favorable : et si l'Assemblée constituante eût changé la dynastie régnante, ce qu'elle pouvait faire aisément sans trouble et sans obstacle,

---

(1) Jacques Bidermann, protestant, ancien négociant, membre de la municipalité de Paris, puis administrateur des vivres, enfin membre du consistoire de la Seine après le 18 brumaire.

(2) *Souvenirs*, p. 223.

(3) *Mém.*, éd. Dauban, p. 31.

la Révolution était consommée (1).... En laissant Louis XVI sur le trône, les constituants ont été seuls dans l'égarement ou coupables, ils ont trompé l'espoir de la nation, ils ont créé tous ses malheurs (2). » Mais le caractère du duc d'Orléans rendait impossible cette combinaison que Buzot, proscrit et dégoûté de la république, vante dans ses mémoires plus complaisamment sans doute qu'il ne la soutint en 1791. Quoi qu'il en soit, Condorcet, Brissot, Pétion, Clavière, Buzot étaient dès lors républicains au fond de l'âme : ils ne différaient que sur la possibilité ou l'utilité d'établir immédiatement la république, et, en attendant, prêchaient le mépris de la royauté et interprétaient la constitution de 1791 dans le sens le plus démocratique.

Quand les députés de la Gironde arrivèrent à Paris en septembre 1791 et se lièrent avec Brissot et ses amis, ils apportaient un égal enthousiasme pour la liberté, mais plus de candeur, plus d'illusions, moins de défiance pour le roi. A Bordeaux, on croyait encore à cette constitution de 1791 dont Gensonné et Guadet avaient officiellement fait l'éloge. On redoutait une nouvelle révolution. On s'aveuglait toujours sur la sincérité de Louis XVI, sur sa *possibilité* comme roi ; mais cet aveuglement était plus sincère que celui des partisans de Barnave et des conseillers secrets que la cour avait recrutés dans la gauche de la Constituante. On n'aurait pas osé, à Bordeaux, en 1791, prononcer tout haut le mot de république, non par peur, mais par patriotisme. C'est donc une légende que ce serment d'Annibal que Vergniaud et ses amis auraient prêté contre la royauté. « On a dit, écrit le neveu de Guadet, qu'à Bordeaux même les députés de la Gironde s'engagèrent par serment (serment impie, a-t-on ajouté) à renverser le trône

---

(1) Ib., p. 40.
(2) Ib., p. 48.

et à fonder une république. — Je ne crois pas à ce serment : d'abord parce que des mandataires de Bordeaux ne pouvaient prêter, à Bordeaux, un serment collectif de cette espèce : il eût été par trop en opposition avec l'esprit général de la cité ; ensuite parce que les familles, comme les plus intimes amis de ces mandataires, n'entendirent jamais parler de rien de semblable ; enfin parce que Guadet en 1793, en face de la Montagne, en face des tribunes de la Convention demandant sa tête ; parce que Vergniaud, en face du tribunal révolutionnaire qui va l'envoyer à la mort, ne craindront pas de professer que, tant qu'elle dura, la constitution de 1791 avait eu leur appui (1). »

Mais l'opinion républicaine existait à l'état latent ou inconscient dans l'âme de ces jeunes hommes : tout en eux les portait à la république comme au gouvernement idéal, leur générosité native, leur logique, leurs lectures, leurs mœurs et surtout leur goût pour l'éloquence, qui ne pouvait être pleinement satisfait que dans le régime où tout dépend de la parole. On devine que leurs premiers entretiens avec Brissot leur révélèrent à eux-mêmes leurs propres tendances, firent jaillir la flamme cachée dans leur cœur. Et même, si des hommes venus de lieux si divers s'unirent entre eux, si le bordelais Guadet fit alliance avec le provençal Isnard et le normand Buzot, n'est-ce pas cet amour de l'idée républicaine qui fut leur premier lien ? Tous formaient la même utopie : une nation libre, représentée par les plus vertueux et les plus capables, gouvernée par le génie, ornée d'arts et d'inventions, et assurant ses nouvelles destinées par le développement de ses qualités propres, d'autant plus française qu'elle sera plus libre, à la fois sociable et héroïque, enjouée et philosophe, galante et guerrière, une France démocratique enfin, mais athé-

---

(1) J. Guadet, *des Girondins*, t. I, p. 11..

nienne, et qui n'en ferait pas moins, selon le mot d'un autre Bordelais, « les choses frivoles sérieusement, et gaiement les choses sérieuses (1). » Beau rêve de patriotes éclairés, qu'ils avaient réalisé en eux-mêmes et entre eux, au lieu duquel la France, trahie et envahie, ne connut qu'une discipline sanglante, une république de fer, dont les Girondins ne virent que la laideur et l'horreur.

Quand ils arrivèrent à l'Assemblée législative, ils sentaient donc s'éveiller en eux un républicanisme ardent (2), mais un peu vague, et, pour l'instant, ils crurent qu'il fallait se tenir dans la légalité stricte et accepter avec la nation, la constitution de 1791, en surveillant le roi, en rabattant toutes ses prétentions illégales ou surannées, en le traitant comme un fonctionnaire révocable. Le contact de Brissot les a désillusionnés. Dès le 5 octobre, c'est un girondin, Grangeneuve, qui propose de supprimer le titre de *Majesté*. Le même jour, c'est un autre girondin, Guadet, qui demande que le fauteuil du président soit placé sur la même ligne que celui du roi. « J'aime à croire, dit-il, que le peuple français vénérera toujours davantage le fauteuil simple sur lequel siège le président des représentants de la nation française que le fauteuil doré sur lequel s'asseoit le chef du pouvoir exécutif. » Ces propositions furent défendues, aux applaudissements des tribunes, par Vergniaud et Ducos, qui combattirent de même le rapport du décret conforme (3). Ainsi les premières paroles que firent entendre les orateurs de la Gironde à l'Assemblée législative furent des paroles presque républicaines. Ils

---

(1) *Esprit des lois*, XIX, 5.

(2) Ce fut une fantaisie isolée que celle de Carra songeant à offrir la couronne au duc d'York : au tribunal révolutionnaire il avoua le fait, mais le présenta comme une ruse de guerre.

(3) Lire cette discussion dans le *Journal des débats et des décrets*, qui est ici, nous l'avons dit, beaucoup plus complet que le *Moniteur*.

veulent faire du roi un président de république ; s'il marche dans le sens de la Révolution, il gardera sa fonction et sa juste part d'honneur (1); mais, s'il viole ou tourne la constitution, s'il devient celui que Vergniaud appellera *le tyran Lysandre*, on le brisera. Oui, s'il est prouvé que le prince trahit, on établira la république, la république qu'on rêve tout bas, et que l'on croit difficile, mais non impossible à réaliser. Cette politique, qui est au fond du cœur de tous les patriotes, explique l'éloquence des Girondins pendant l'année 1792, et notamment les grandes philippiques contre Louis XVI prononcées par Isnard, par Vergniaud, par Guadet. C'est ainsi que, le 5 janvier 1792, Isnard, tout en attaquant la cour, défend la constitution et dit des républicains: « Ils sont en très petit nombre ; ils ne forment point un parti: *ils se bornent à faire des vœux.* » Mais quand Louis XVI, malgré de sévères avertissements, continue à jouer son rôle double, le même Isnard propose résolûment d'en finir et d'envoyer au roi, au nom de la souveraineté nationale, un *ultimatum*. S'il y résiste, dit-il, « alors j'espère que le bandeau tombera des yeux de la nation indignée; alors quelque orateur, embrasé de l'amour de la patrie, paraîtra à cette tribune ; il vous retracera les longues trahisons des Tuileries, les dangers de l'État; il vous dira que le salut du peuple est compromis. À ces mots, vous consulterez Mirabeau qui vous disait que le salut du peuple est la loi suprême. Vous interrogerez votre conscience ; et, forts de l'opinion publique, vous prendrez quelque mesure extraordinaire qui sauvera la patrie (2). »

---

(1) « Quel que fût notre désir de voir la République s'établir en France, si le roi eût voulu sincèrement la constitution acceptée par le peuple, s'il lui eût donné une activité salutaire, s'il lui eût imprimé une direction naturelle, nous n'en eussions jamais troublé la marche..... » (*Déclaration posthume de Pétion et de Buzot*, ap. Vatel, *Charlotte Corday et les Girondins*, p. 362.)

(2) *Moniteur*, séance du 15 mai 1792.

Plus tard, quand il s'agit de prendre un parti à l'égard du roi convaincu et vaincu, dans la commission extraordinaire des 21, c'est un girondin, le plus modéré de tous, c'est Gensonné qui proposa le premier la suspension (1), et Vergniaud pourra répondre à Robespierre, le 10 avril 1793: « Dans la commission des 21, dont j'étais membre, nous ne voulions ni d'un nouveau roi, ni d'un régent; nous voulions *la république.* » Enfin, dans le procès du roi, si les Girondins opinèrent diversement, il ne sortit de leur lèvre aucune parole sympathique à l'accusé (2); et la légende qui représente Vergniaud et ses amis comme déchirée de remords quand ils prononcent leur verdict, cette légende ne repose sur rien et n'a même pas une ombre de vraisemblance. Ceux des Girondins qui, au contraire, votèrent contre la mort eurent pitié, non du roi, mais de la France. Patriotes et républicains au même titre que les Montagnards, ils s'inspirent donc, en tant qu'orateurs, d'idées purement révolutionnaires.

Tels sont les traits généraux de leur politique, tel est le fond de leurs discours avant le 10 août. Mais ce chaos qui suivra la chute du trône leur cause une inquiétude patriotique qui, chez quelques-uns d'entre eux, va jusqu'à l'effroi. Et puis, la victoire du peuple est-elle si certaine? La cour est-elle si désarmée? Que sortira-t-il d'une tentative avortée? La liberté ne risque-t-elle pas d'être écrasée encore une fois par la force? Qu'à ces interrogations anxieuses s'ajoutât, dans une proportion diverse, selon chaque carac-

(1) Discours de Guadet du 3 janvier 1793 : « ...C'est Gensonné qui, le premier dans la commission, a proposé la suspension du pouvoir exécutif dans les mains du ci-devant roi. J'en atteste et les membres de la commission et les membres de la législature qui sont dans la Convention. — *Plusieurs voix :* Oui, oui! Le fait est vrai. »

(2) Valazé, envoyant à un ami d'Alençon son rapport sur Louis XVI, y joint ce billet : « Lis, mon ami, et partage mon exécration pour Louis Capet. » (*Catalogue d'une intéressante collection sur la Révolution*, Paris, Charavay, 1883, n° 71.)

tère, la crainte de l'anarchie ou d'un despotisme démagogique; que plusieurs Girondins redoutassent Marat plus que Louis XVI, Paris plus que la cour, c'est ce que l'étude de leurs discours ne permet guère de contester. Voilà pourquoi Vergniaud, Guadet et Gensonné, sollicités indirectement, firent parvenir aux Tuileries, par le peintre Boze, cette fameuse consultation, qui ne changea rien à la politique royale. Plus sévère que respectueuse, cette note s'inspirait bien moins des intérêts du roi que du désir d'éviter à la France la guerre civile. Et puis, à ces philosophes, à ces poètes, il parut beau d'envoyer ce suprême avis à leur ennemi blessé, et leur générosité ne sut pas se refuser à cette fantaisie chevaleresque, qu'ils avouèrent fièrement à la tribune de la Convention pendant le procès du roi.

Donc, ils s'abstinrent au 20 août (1). Ils n'étaient pas dans le secret de l'insurrection. Si quelques-uns d'entre eux faisaient tout bas des vœux pour qu'elle réussît, les autres en craignaient les conséquences. Tous avaient peur, non pour eux, mais pour la Révolution. Une fois la république faite, cette république qu'ils avaient rêvée, peut-être avant les auteurs du 10 août, mais qu'ils ne croyaient pas encore possible, ils en furent les serviteurs zélés et sincères. Rien dans leurs discours, dans ce qu'on a de leurs lettres ou de leurs mémoires, ne donne une ombre de prétexte à l'assertion d'Amar, qu'ils furent *monarchistes sous la république*. Nous l'avons dit : ceux même qui votèrent contre la mort de Louis XVI, ne le firent ni par royalisme ni par pitié pour l'homme, mais par politique.

(1) Il s'agit, bien entendu, des Girondins de l'Assemblée : les autres, comme Barbaroux, participèrent à l'insurrection, ou la laissèrent faire, comme Pétion. — D'autre part, Garat exagère quand il dit que « les deux hommes de la députation de la Gironde qui pouvaient le plus la diriger auraient *frémi d'indignation et de colère*, s'ils avaient appris, quatre ou cinq jours avant le 10 août, qu'on les soupçonnât de vues républicaines. » *Mémoires sur Suard*, II, 331.

Jusque dans ce vote clément, ils furent républicains.
N'était-ce pas Buzot qui, le 4 décembre 1792, avait fait
rendre le décret punissant de mort quiconque proposerait
le rétablissement de la royauté? Leur conduite même en
Normandie, quand ils organisaient la guerre civile ou la
laissaient organiser en leur nom (1), prouve, en même
temps que leur aveuglement, leur parfaite bonne foi. S'ils
furent dupes, les uns quelques jours, les autres quelques
semaines, du royaliste Wimpfen, quand ils connurent
ses projets, ils se montrèrent unanimes à les réprouver. A
Caen, Pétion lève brusquement la séance où le général
propose de demander un roi à l'Angleterre, et il écrit dans
ses mémoires : « J'aurais désiré que les lâches qui nous
calomniaient avec tant de perfidie et qui, au fond de leur
cœur, nous rendaient justice, eussent été présents à cette
scène et à toutes nos conférences, à nos entretiens les plus
secrets. Ils auraient vu si la République avait de plus zélés
défenseurs (2)... »

II

Si l'on ne rencontre pas dans leurs discours, entre le
10 août et le 2 juin, une seule parole monarchiste, si
l'inspiration en est secrètement républicaine, il ne faut pas
s'attendre à y trouver davantage ces fameuses idées fédé-

(1) A Caen, ils affectent de protester, de demander des juges, sans
agir : « Pour nous, dit Buzot (*Mém.*, p. 145), nous avions cru que le
devoir de nos places et l'intérêt de la liberté nous obligeaient à rester spectateurs débonnaires et paisibles de cette grande révolution.
Nous nous contentions d'élever les mains vers le ciel pendant qu'on
se battait dans la plaine. » On voit, par cette subtilité, que les Girondins se repentaient d'avoir prêté les mains à la guerre civile.
(2) On a parlé d'une éclipse de l'idée républicaine dans l'esprit des
Girondins à Saint-Emilion. Mais cette défaillance est particulière à Buzot,
que l'amour de Mme Roland avait frappé non seulement au cœur, mais
à la raison.

ralistes, qui furent le prétexte de leur proscription. Sur quels indices s'appuyaient leurs accusateurs ? « Pourquoi donc, disait Buzot, ne trouve-t-on, ni dans le discours de Condorcet, ni dans la constitution à laquelle il sert de préambule, aucun trait de fédéralisme, aucun éloge, même indirect, de cette forme de gouvernement (1) ? » Cependant le même Buzot, chez madame Roland, faisait à Cloots l'éloge du fédéralisme. « Il observait que la Grèce, si féconde en grands hommes et en hauts faits, était composée de petites républiques fédérées ; que les Etats-Unis, qui de nos jours offraient le tableau le plus intéressant d'une bonne organisation sociale, formaient un composé du même genre, et qu'il en était ainsi de la Suisse, etc. » Madame Roland ajoute que ces réflexions furent trouvées sages « par la plupart de ceux qui les écoutaient ». Il est même probable qu'aux heures tristes d'avril et de mai 1793, les plus découragés d'entre eux se laissèrent aller souvent, dans le secret de leurs entretiens amicaux, à ces paradoxes fédéralistes : « J'ai souvent été témoin, dit miss William, des entretiens de Vergniaud et de Lasource sur ce point ; ils s'aperçurent trop tard de la folie et du danger d'une république indivisible, composée d'un peuple qui se réputait républicain tout à coup au sortir de l'esclavage... Mon avis est que les Girondins espéraient de bons résultats de cette action immédiate et locale de petites républiques fédératives, pour former et élever le peuple, pour lui donner plus de lumières, et lui inspirer des sentiments plus conformes à la durée de ses droits. Ils parlaient souvent de républiques bornées par le cours de la Loire, du Rhône, ayant pour centre Lyon et Bordeaux (2). » Mais c'était là un sentiment tout intime, que les Girondins ne parta-

---

(1) *Mém.*, éd. Dauban, p. 35.
(2) *Souvenirs*, p. 73.

geaient pas tous, qui n'entra dans aucun de leurs actes, ni dans aucun de leurs discours, et que leurs ennemis ne purent connaître que par des conversations indiscrètement ébruitées (1). Buzot a écrit avec vérité: « Je ne cherche point à voiler mes opinions. La république en France n'était possible, en supposant les qualités morales qui y manquaient, que sous des formes à peu près semblables à celles du gouvernement américain..... Mais jamais nos actions, nos discours n'ont annoncé des projets de naturaliser en France le gouvernement de l'Amérique. La constitution présentée par mes amis au nom du comité créé pour cet effet est bien éloignée de manifester de semblables opinions (2). » Au contraire, l'amour de l'unité française est un des mobiles de l'éloquence girondine; mais ils l'entendent autrement que leurs adversaires.

Ceux-ci en effet voient dans un gouvernement autoritaire, dictatorial, la condition nécessaire de cette unité; ceux-là veulent un gouvernement libéral, normal. Toutes les propositions des Montagnards tendent à faire de Paris le maître de la France; celles des Girondins, à laisser la direction de la politique aux mains des départements (3).

(1) La réserve que gardaient à ce sujet Buzot, Vergniaud et Lasource, même avec les hommes qu'ils estimaient, est prouvée par ce passage des mémoires de Larévellière (I, 147) : « Dans les fréquentes communications que j'ai eues avec les principaux députés de la Gironde, je leur ai toujours vu le désir ardent de soustraire les départements au joug de la commune de Paris ; mais je ne les ai jamais entendus s'expliquer d'une manière positive en faveur de l'établissement d'un gouvernement fédéral en France. »
(2) Mémoires, p 58.
(3) Discours de Fonfrède du 15 avril 1793. — Le 19 octobre 1792, Guadet, qui présidait, interrompit Bertholet, secrétaire du département, pour avoir, à la barre, appelée Paris *la capitale :* « Je vous observe, citoyen, dit-il, que dans une république il n'y a point de capitale. » Michelet (VI, 347) a réfuté cette théorie : « Véritablement, dit-il, ces représentants du Midi ignoraient tous le véritable organisme de la France, le rôle que joue le principal organe dans notre physiologie nationale. La grande ville est le point électrique où tous viennent sans cesse reprendre l'étincelle, s'électriser et s'aimanter. La France

L'argument (jamais exprimé) des Dantonistes et des Robespierristes, c'est qu'en temps de crise la capitale doit commander au reste du corps. Paris a eu l'énergie de faire seul le 10 août et de sauver la Révolution : il doit gouverner. Ni les uns ni les autres ne disent la vérité, quand ils se traitent de *Maratistes* ou de *fédéralistes*. Au fond, les Girondins regrettent le pouvoir, qu'ils ne savent pas garder, et ils injurient Paris. Les Montagnards, au lieu d'avouer qu'il faut que Paris domine, jettent à la Gironde cette accusation de fédéralisme, qu'ils savent vaine. Ils n'osent pas, ils ne peuvent pas dire à la Convention qu'elle n'a pas la force de sauver la France, si Paris ne la mène. Le conventionnel Paganel a écrit justement : « Les chefs de la faction municipale ne manquèrent pas d'envelopper sous le nom de *fédéralistes* tous les ennemis de Marat, c'est-à-dire tous les amis de la justice et de la liberté. Non moins imprudents, les chefs du parti girondin flétrissaient par la qualification de *Maratiste* quiconque blâmait leur exaspération et leur faisait craindre l'issue d'une lutte inégale, inévitablement funeste à la patrie (1). » C'est ainsi que se perpétue dans les mots un malentendu volontaire, qu'il faut saisir pour comprendre ce grand duel de tribune entre la Montagne et la Gironde.

L'anathème à Paris, voilà donc un des motifs oratoires des Girondins, dont la fameuse apostrophe d'Isnard est

doit passer là, y repasser sans cesse ; et chaque fois qu'elle sort de cet heureux contact, loin de changer, elle devient elle-même de plus en plus, entre dans la vérité complète de sa nature, devient plus France encore. »

(1) II, 159. Paganel ajoute : « A l'époque dont nous parlons, le Français le plus raisonnable, le magistrat, le législateur, n'avaient qu'un instant le choix de l'un des partis. Ils se trouvaient classés parmi les fédéralistes, s'ils avaient balancé de se déclarer *Maratistes* ; ou parmi ces derniers, s'ils n'avaient pas flatté l'orgueil des Girondins. Les farouches municipaux se contentaient d'être craints ; les présomptueux Girondins voulaient être applaudis et caressés. »

l'exemple le plus éclatant. Mais cette haine ne leur est venue que tard, quand Paris se fut déclaré contre eux. Avant, tous aimaient, exaltaient Paris. Mme Roland écrivait à Bancal, le 31 juillet 1790 : « C'est encore Paris seul qui serait capable de ce vigoureux élan ; il faut que sa réclamation puissante, semblable à la voix du Créateur, fasse sortir la lumière du sein du chaos, force l'Assemblée de déchirer le voile qui cache l'iniquité des mystères financiers, l'oblige à user de la responsabilité des ministres et faire un éclatant exemple du plus infâme tartufe qui se soit joué de la confiance d'une nation généreuse et trop enthousiaste. » Encore à la fin de mai 1792, le projet de loi de Gensonné, qui légalise les dictatures municipales, laisse à Paris sa suprématie (1). Quelques-uns même n'eurent jamais de rancune contre Paris. De tout temps, Vergniaud l'aime (2). Pétion, qui eut tant à souffrir de l'injustice des Parisiens, Pétion ne marqua jamais de haine contre la ville qui précipita les Girondins. Dans ses mémoires d'exil, c'est par de froides raisons de bon sens qu'il expliqua, sans la louer, la rancune des départements contre Paris. « Depuis longtemps, dit-il, les départements avaient à se plaindre et se plaignaient de la suprématie de Paris. Paris était l'objet de toutes les faveurs. C'était à Paris qu'on fabriquait exclusivement, et à grands frais, les équipements de nos armées pour employer les bras oisifs et se faire des créatures. C'était aux soldats parisiens qu'on distribuait, des deniers de la république, des sommes énormes pour leurs enrôlements, tandis que l'amour seul de la liberté enrégimentait les citoyens des départements. C'était pour Paris qu'on voulait créer une milice de sans-

---

(1) La réaction ne s'y trompa pas. André Chénier s'éleva contre ce projet dans le *Journal de Paris*. Cf. *Œuvres en prose*, éd. Becq de Fouquières, pages 220, 256.
(2) Cf. Vatel, *Vergniaud*, 1, 255, 258, 266.

culottes, soldée avec l'argent de la nation. Paris obtenait des millions pour payer ses dettes, pour acheter ses subsistances. Les départements voyaient de mauvais œil ces prédilections (1)... »

C'est Mme Roland qui conçut la haine la plus vive contre cette ville ingrate, indifférente à sa vertu, à son génie, à sa beauté, qui aimait ses ennemis, le froid Robespierre et le laid Danton, et qui applaudissait les crieurs du père Duchesne la traitant de *vieille édentée*. La noble femme ne sut pas résister à ces railleries ; une rancune implacable entra dans son cœur ; elle eut l'art de la cacher dans ses mémoires, sentant bien que la postérité verrait d'un mauvais œil une diffamation de Paris ; mais elle la souffla à son entourage, à Isnard, à Barbaroux, surtout à Buzot, qui ne pardonna jamais aux insulteurs de son idole. Paris, qui l'avait porté en triomphe en 1791 avec Pétion, Paris est maintenant pour lui « une ville d'hommes nécessairement déprédateurs et corrompus (2). » Et il ajoute un développement odieux, auprès duquel la phrase d'Isnard semblera bienveillante : « On a osé faire un crime à Roland du projet qu'il avait conçu, lorsque Brunswick, à la tête des Prussiens, s'avançait sur Paris, de sauver les débris de la liberté en les transportant au midi de la France. Eh ! qu'est-ce donc que Paris en comparaison de la France entière ? Parce que la multitude avilie de cette capitale rentrerait dans la servitude pour laquelle elle est née, faut-il donc que tous les Français soient asservis ? Eh bien, je le dis avec vérité : la France ne peut espérer ni liberté, ni

---

(1) Mémoires de Pétion, éd. Dauban, p. 121. — Le modéré Meillan dit avec plus d'aigreur (p. 95), que la Montagne était forcée de satisfaire Paris aux dépens de la France : « Il le fallait à tout prix, dit-il, dût-on ruiner le reste de l'empire. »

(2) Mémoires de Meillan, p. 95.

bonheur que dans la destruction entière et irréparable de cette capitale (1). »

Colère de femme, rancune indigne d'un patriote et qui se tourne aussitôt en aversion pour le peuple lui-même, dont la masse est lâche, vile, digne de ses nouveaux maîtres. Cette répulsion finale pour la démocratie est un des traits de l'éloquence girondine, dans la crise suprême. Pétion seul, dans son ferme bon sens, reste juste pour la démocratie en général, comme pour Paris en particulier. Il plaint le peuple, il ne le hait pas. « Que lui ai-je fait ? me disais-je souvent ; ne suis-je donc plus le même ? Certes, il n'a pas de meilleur ami que moi, de plus sincère défenseur. J'étais tenté de le mépriser, je finissais par le plaindre et par déplorer son égarement. Je le jure, en recevant de lui la mort, je ne l'aurais pas haï. J'ai été et je serai toujours convaincu qu'il est bon, qu'il veut le bien, mais qu'on peut le porter également à tous les excès du crime, comme à l'amour et à la pratique de la vertu (2). » Mais les autres Girondins ne croyaient plus à la sincérité du peuple. Il était pur et intelligent quand il les soutenait : depuis, « sa morale a été entièrement pervertie (3). » Ils ignorent l'art de parler à la conscience du peuple, et l'un d'eux avait plus raison qu'il ne le pensait quand il écrivait ironiquement sur ses adversaires : « Il faut en convenir, ils ont mieux connu que nous la masse du peuple qu'ils gouvernent, son caractère, son génie particulier, le degré de lumière et d'énergie dont il est susceptible (4). »
Au fond, ils ne sont pas *peuple*. Le contact de la plèbe les gêne et les dégoûte presque tous (sauf Pétion qui fut, avec Danton, le moins aristocrate des révolutionnaires). Ecou-

(1) Mém. p. 24.
(2) Mémoires, p. 107.
(3) Buzot, p. 16.
(4) Ibid., p. 18.

tez de quel ton Buzot, dans son exil, parle des députations populaires, dont quelques-unes furent cependant animées d'intentions héroïques : « Je sentais combien la patience était nécessaire ; mais mille fois je me suis surpris tout prêt à brûler l'odieuse cervelle de quelques-uns de ces monstres. Quelles députations, grand Dieu ! Il semblait qu'on eût cherché dans tous les dégorgeoirs de Paris et des grandes villes, ce qu'il y avait partout de plus sale, de plus hideux, de plus infect. De vilaines figures terreuses, noires ou couleur de cuivre, surmontées d'une grosse touffe de cheveux gras, avec des yeux enfoncés à mi-tête ; ils jetaient avec leurs haleines nauséabondes les plus grossières injures au milieu des cris aigus de bêtes carnassières (1). » Mme Roland, avec ses nerfs délicats, jugeait de même le peuple des faubourgs ; et la laideur physique était pour elle un sûr garant de la noirceur des intentions. Ces répulsions d'une sensibilité distinguée, qu'avoue naïvement Buzot, son amie ne les éprouva-t-elle pas à l'endroit de Danton qu'elle juge à jamais sur sa mine et sur sa tenue ? Elle communiquait aux autres Girondins cette délicatesse égoïste qui n'était pas native chez eux. Elle leur vantait un peuple idéal, et les séparait du peuple réel, qui raillait brutalement ces manières trop exquises. Il ne fut donc pas difficile aux Montagnards de représenter de tels raffinés comme des traîtres, et les Girondins furent perdus par leur aristocratie d'attitudes, de goûts, presque d'épiderme. Leur éloquence y gagna en élégance, en élévation ; elle y perdit en chaleur, en vérité. On peut dire que, dans cette vie en pleine rue, en plein peuple, le cœur leur avait manqué. Or, quand un politique éprouve ces nausées en face de la réalité, il perd tout à coup, avec la foi, le don d'agir ; avec le don d'agir, celui de remuer par la parole ;

---

(1) Ibid., p. 57.

il est désormais, à la tribune, plutôt un philosophe qu'un homme d'Etat. Ce fut le cas des Girondins : dégoûtés de Paris, du peuple, de la révolution, de la vie, ils s'exprimèrent en penseurs, en moralistes. Leur parole brilla dès lors comme une flamme pure, sans chaleur pour les contemporains, mais lumineuse pour la postérité. Oui, c'est pour nous que parlèrent ces orateurs dans leur abdication politique. C'est nous surtout qui avons entendu, écouté cette éloquence que n'alimentaient plus les faits présents, qui vivait d'idées générales, de développements brillants, de sentiments vagues et généreux. En se tenant, sur la fin de leur carrière, en dehors de leur temps, les Girondins nous ont semblé le dominer; leur renoncement nous a paru de l'impartialité; leur impuissance finale, un noble détachement. Les beaux discours philosophiques de Vergniaud découpés par les Mignet et les Thiers en morceaux brillants, qui n'exigent, pour être compris, presqu'aucune connaissance de ces temps complexes, n'ont pas seulement retenu notre attention ; ils l'ont comme accaparée, au détriment des orateurs de la Montagne.

III

Sans doute, la Montagne rêve une république spartiate ou romaine; la Gironde, une république athénienne. Serait-il juste de dire, toutefois, que les uns ont le privilège de la haine, les autres de l'amour ? Non: les deux partis voulaient une république humaine, légale ; mais tous deux l'ajournaient provisoirement et considéraient ce provisoire comme une période de lutte sans merci. Dans cette lutte, les Girondins ont molli, abdiqué, livré leurs têtes. Mais est-il bien sûr que ce parti inspiré par une femme aurait, vainqueur, laissé vivre Danton et Robespierre ? C'est un girondin, Pétion, qui, le premier, dit formellement que les partis vaincus doivent périr (séance du 12 avril 1793) : « Je voudrais, s'écrie-t-il, que l'on commençât par écrire les inculpations, que l'on entendit par écrit les réponses, que chacun se soumit à mettre là sa tête pour que celle des coupables tombât. » Enfin, quand, brisant les premiers *le talisman de l'inviolabilité* (1), les Girondins envoyèrent Marat au tribunal révolutionnaire, ne croyaient-ils pas l'envoyer à la mort? Il est facile d'exalter, avec Sainte-Beuve, « ces figures nobles, humaines, d'une belle proportion morale, qui s'arrêtèrent toutes ensemble, dans un instinct sublime et avec un cri miséricordieux, au bord du fleuve de sang..... (2). » Mais ce serait se méprendre de chercher dans la clémence l'inspiration oratoire d'hommes qui les premiers, à la tribune, firent appel à la guillotine. Ainsi cette thèse, redoutablement vague, qu'il faut tuer les ennemis de la liberté, est développée dans le premier discours d'Isnard (31 octobre 1791). Il la reprend en ces termes le 14 novembre 1791 : « En fait de liberté politique, dit-il, pardonner le crime, c'est presque le partager. (*On applaudit*.) Une pareille rigueur fera peut-être couler le sang, je le sais ; mais si vous ne la déployez pas, n'en coulera-t-il pas plus encore? La guerre civile ne sera-t-elle pas un plus grand désastre? Il faut couper la partie gangrenée pour sauver le reste du corps. Lorsqu'on veut vous conduire à l'indulgence, on vous tend un grand piège. Car vous vous trouverez tout à coup abandonnés de toute la nation. » C'est encore Isnard

---

(1) Expression de Paganel, II, 165. Il est positif que dans l'entourage des Girondins on n'aurait pas été éloigné de faire un 31 mai contre les Montagnards. Ainsi Lacaze se faisait écrire de la Gironde par son cousin : « On doit faire fuir de la Convention nationale les M., les R., les D., et tant d'autres scélérats qui la déshonorent. » Cf. *Procès*, p. 41.

(2) Introduction aux lettres de Mme Roland à Baucal, p. XXI. — Cf. Laufrey, *Essai sur la Révolution*, pass.

qui, quelques jours plus tard (29 novembre), laisse tomber cette parole terrible et irréparable : « Par ce mot de *responsabilité*, nous entendons la mort. » Buzot, nous l'avons dit, fit rendre le décret qui punissait de mort quiconque proposerait le rétablissement de la royauté. Le 26 décembre 1791, Gensonné avait demandé *le maintien de la constitution ou la mort*. Enfin c'est Barbaroux qui esquissa le premier l'idée de la loi des suspects quand il s'écria, le 26 septembre 1792 : « Je demande que tout individu qui désespérera du salut de la République soit puni de mort (1). » N'est-ce pas ce qu'imprimait Marat ?

Jamais les Girondins ne proposèrent la véritable mesure de clémence, l'abolition de la peine de mort en matière politique. Au contraire, le métaphysicien du parti, Condorcet, dit à la Convention, le 19 janvier 1793 : « Abolissez la peine de mort pour tous les délits privés, en vous réservant d'examiner s'il faut la conserver pour les délits contre l'État, parce qu'ici les questions sont différentes : il y entre des considérations qui ne peuvent être comptées ailleurs. » Et dans son discours du 23 février suivant, au nom du comité de constitution, il dit que la peine de mort est abolie pour les délits particuliers, mais qu'il faut la maintenir encore pour les délits politiques. Il se borne à proposer qu'on l'applique rarement et avec scrupule. Enfin Fonfrède, le 17 juin 1793, pendant que ses amis sont arrêtés, demande l'abolition de la peine de mort, *excepté en matière politique !*... Pas plus que les Montagnards, les Girondins ne surent se soustraire à l'horrible et archaïque préjugé. Tous oublient le mot de J.-J. Rousseau, rappelé contre eux par Camille dans son *Brissot démasqué* : « La liberté serait achetée trop cher avec le sang d'un seul homme ! »

Quant aux massacres de novembre, pas plus chez les

(1) *Journal des débats et des décrets.*

Girondins que chez les Montagnards, ces détestables journées qui compromirent la Révolution, n'excitèrent tout d'abord l'indignation qu'elles méritaient. Il y eut un moment de stupeur, d'effroi. Mais aucun cri de pitié ne se fit entendre à la tribune avant de longs jours. Le *Moniteur* du 6 septembre 1792 raconte les faits sans émotion, sans un mot de blâme pour les meurtriers, avec des éloges pour la générosité populaire, et le *Moniteur* exprime alors l'opinion dominante, presque l'opinion officielle. Le 3 septembre, Roland avait écrit à l'Assemblée : « Hier... fut un jour sur les événements duquel il faut peut-être laisser un voile ; je sais que le peuple, terrible dans sa vengeance, y porte encore une sorte de justice : il ne prend pas pour victime tout ce qui se présente à sa fureur ; il la dirige sur ceux qu'il croit avoir été trop longtemps épargnés par le glaive de la loi et que le péril des circonstances lui persuade devoir être immolés sans délai. Mais je sais qu'il est facile à des scélérats, à des traîtres, d'abuser de cette effervescence, et qu'il faut l'arrêter. » Voilà ce que Madame Roland faisait dire à son mari sur les massacres, au milieu même des massacres (1) : *Il faut arrêter l'effervescence populaire parce qu'on pourrait en abuser.* Ainsi, c'était une opinion girondine qu'on n'en avait pas encore *abusé,* le 3 septembre (2) ! Les massacres continuèrent jusqu'au 6, et, le 13, Roland disait dans une proclamation aux Parisiens : « J'ai admiré

---

(1) A la même époque, elle s'exprime d'un autre ton dans sa correspondance privée. Cf. Dauban, *Étude sur Mme Roland,* p. CVII.

(2) Gorsas et Dulaure, dans leurs journaux, excusent les massacres. La *Chronique de Paris* (Condorcet) du 4 septembre 1792 n'éprouve qu'un *sentiment pénible.* Elle justifie tout par la croyance à des complots aristocratiques. « Il paraît, dit-elle, qu'il y avait encore des projets nouveaux prêts à éclater. » (P. 992.) Et on lit dans le n° du 6 septembre : « Il ne reste plus de doute sur le complot formé pour armer les criminels, détenus dans les prisons, pendant l'absence des citoyens partis pour les frontières. » (P. 1000.) Le n° du 7 cite des traits d'humanité du peuple pendant sa « vengeance ».

le 10 août, j'ai frémi sur les suites du 2 septembre, j'ai bien jugé ce que la patience longue et trompée du peuple et ce que sa justice avaient dû produire ; *je n'ai point inconsidérément blâmé un terrible et premier mouvement ; j'ai cru qu'il fallait éviter sa continuité;* que ceux qui travaillaient à le perpétuer étaient trompés par leur imagination ou par des hommes cruels et malintentionnés (1). » Et Pétion s'exprime à peu près dans les mêmes termes, qu'il ne faut pas blâmer à la légère et dont nous ne méconnaissons pas l'intention politique et patriotique, mais qui sont exactement ceux dont useront plus tard les Montagnards accusés par la Gironde d'avoir trempé dans le sang de septembre. Ils diront, comme Roland, qu'il faut *jeter un voile*, et, sans récriminer sur le passé, sauver la France envahie. C'est même pour prévenir le retour des vengeances populaires qu'ils organiseront le tribunal révolutionnaire.

Pourquoi donc les Girondins changèrent-ils de langage? parce que, dira-t-on, la conscience publique s'éveilla enfin et eut horreur. Soit ; mais aussi par tactique politique, pour perdre leurs adversaires, pour se relever de leur défaite morale. Peu à peu, ils distinguent des massacres parisiens la circulaire de la Commune, signée de Marat et d'amis de Robespierre. L'acte de Paris était innocent ; c'est le conseil donné aux départements qui est criminel. Robespierre est coupable ; Danton surtout est coupable, non parce qu'il a prêté son contre-seing à l'envoi de la circulaire (on sait bien que le fait est faux), mais parce qu'il n'aime pas Mme Roland (2). Et que de temps ils ont mis à trouver leurs adversaires coupables! Ce n'est que le 16 septembre, que Vergniaud s'élève, à la tribune, non contre

---

(1) M. Biré a retrouvé et publié une autre proclamation de Pétion en date du 6 septembre, où il se montre encore plus indulgent pour les massacrés. (*La légende des Girondins*, p. 128.)

(2) Robinet, *Danton, Mémoire sur sa vie privée*, 1re éd., p. 134.

ce qu'il appelle les proscriptions, mais contre ceux qui conseillent de les continuer. Le 22, quand il dénonce enfin la circulaire de la Commune et accuse Marat, en visant Danton, il proteste contre toute intention de blâme à l'égard des *exécuteurs* de l'Abbaye et de la Force. « Que le peuple, dit-il, lassé d'une longue suite de trahisons, se soit enfin levé, se soit porté à des vengeances éclatantes, *je ne vois là qu'une insurrection légitime ;* et si dans cette vengeance il a pu se porter à des excès qui semblaient être provoqués par la justice, je ne verrai dans ces mêmes excès que le crime de ceux qui les ont provoqués. » *Insurrection légitime !* Ce mot fâcheux, tombé d'une bouche girondine, recueilli par un journal girondin (1), et par conséquent authentique, permet-il de placer l'inspiration oratoire des Girondins, comme c'est de mode, dans la clémence, dans la pitié ? Non ; quand, plus tard, ils blâment septembre, ce n'est point l'humanité qui les anime : ils sont trop de leur temps, hélas ! et ils ne font pas plus de cas de la vie de leurs semblables que de la leur propre; ce sont d'autres raisons qui les poussent à une tactique contre laquelle leurs adversaires se défendirent par des calomnies plus grossières encore et plus perfides, si l'on veut, mais non plus fausses. Admettons, avec M. J. Guadet neveu, que la droite se soit élevée à la plus haute éloquence en jetant à la face des Montagnards le titre de *patriotes de septembre* (2). Mais que ne le disait-elle en septembre même ? Pourquoi ce silence lorsque Vergniaud proclamait la légitimité des massacres ? Et quand, le 20 janvier 1793, Kersaint, Barbaroux et Gensonné font décréter des poursuites contre les auteurs des

---

(1) *Journal des débats et des décrets* (rédigé par Louvet), an Ier, n° 7, p. 92. Cela n'empêche pas le girondin Meillan de s'indigner, dans ses mémoires (p. 11), de ce que la Montagne se soit attachée « à faire passer les massacres de septembre pour un acte de justice populaire. »

(2) *Les Girondins*, II, 132.

meurtres et du brigandage de septembre, leur indignation est trop tardive pour être sincère, et leur éloquence sonne faux.

Désormais, jusqu'à leur chute, oubliant leurs premières impressions, la lettre de Roland, la parole de Vergniaud, ils jettent à la tête des Montagnards cette injure : *Septembre !* Quand Danton leur tend la main, après le 10 mars, ils feignent d'y voir du sang, et la repoussent en disant : *Septembre !* Point de pacte avec les septembriseurs (1) : tel est le nouveau mot d'ordre donné par Mme Roland, qui avait d'abord excusé les massacres, mot d'ordre que répète Buzot et qui, dans cette circonstance, entraîna la Gironde, comme nous l'avons déjà dit. Acharnement sublime ! s'écrie une apologiste de cette femme passionnée (2) ; acharnement de rancune, dirons-nous ; aveuglement de parti, où la pitié n'entrait pour rien, non plus que l'amour de la république. Buzot reconnut, après la mort de son amie, que les départements voulaient l'alliance avec les septembriseurs (lisez : avec Danton, Robespierre), et que la Gironde avait repoussé cette alliance. La France, on peut le dire, criait à ces hommes : Amnistiez, jetez un voile, c'est vous qui l'avez dit quand le crime était récent : dites-le maintenant que le crime est loin dans le passé. — Ils ne le voulurent pas ; ils furent jusqu'au bout les chevaliers de Mme Roland contre Danton, *dont le visage repoussant de laideur révoltait les sens* (3). C'est ce qu'André Chénier, avec une justesse cruelle, avait appelé une politique de boudoir. Cette politique-là n'éleva pas leur éloquence : elle était faite de mensonge et de mesquine rancune ; ils la développèrent en rhéteurs.

Aussi l'opinion ne prit-elle pas au sérieux, comme nous

---

(1) Sur les conférences des Girondins avec Danton, cf. Meillan, p. 28, et Bailleul, *Examen critique*, etc., t. II, p. 167.
(2) Dauban, *Étude sur Mme Roland*, CXXIX.
(3) Ibid.

le faisons aujourd'hui, ces arguments de tribune. C. Desmoulins, injuste d'ailleurs, a raison quand il note « dans Brissot, Vergniaud et Guadet, tous défenseurs officieux de la Glacière d'Avignon, cette affectation de faire tous les jours de nouvelles tragédies des événements du 2 septembre. » Il voit là « une contradiction grossière, surtout dans Gorsas, qui s'était écrié le 3 septembre dans son journal : *Qu'ils périssent* (1) ! »

Une fois tombés, ils rêvent la vengeance, la vengeance sanglante. Buzot, dans ses mémoires, menace ses proscripteurs de l'échafaud, et on sait quelle fut, après Thermidor, l'attitude impitoyable d'Isnard en Provence. Sans doute le malheur les avait aigris. Mais au moins, qu'on ne fasse pas de ces militants je ne sais quelles victimes douces, sentimentales, éplorées. Sous prétexte de leur donner des qualités de clémence qui n'étaient pas de ce temps (2), on émousse des caractères accentués, ou affadit des figures viriles.

Un autre thème oratoire qu'on voudrait ne pas rencontrer dans leurs discours et qui abonde chez les Robespierristes, c'est l'invective personnelle, la calomnie, le mépris injuste de l'adversaire. Cette note n'est pas rare dans l'éloquence girondine. Ceux-là disent que Roland, Barbaroux, Brissot sont des voleurs. Ceux-ci traitent de même Robespierre et Danton. Ces injures, atténuées dans leurs harangues, percent dans leurs pamphlets, éclatent dans leurs mémoires. Oui, de bonne foi, ils croyaient d'abord à la duplicité, puis à l'im-

---

(1) *Histoire secrète de la Révolution*, dans les *Œuvres*, éd. Claretie, I, 329. — Sur les Girondins défenseurs de Jourdan, cf. André Chénier, *Œuvres en prose*, p. 200. — Cf. aussi, sur cette question de savoir si la Gironde avait plus d'aversion pour le sang versé que les autres partis, ce que dit Michelet des massacres faits par les Girondins de Lyon, V, 588. Deux hommes de la Glacière, Mainvielle et Duprat, siégeaient à la Convention dans les rangs de la Gironde.

(2) Ou plutôt de cette heure. Le vrai cri de clémence fut poussé par Camille en 1794.

moralité de leurs adversaires. « Ils se trompent ; donc ils sont vicieux. » Ce raisonnement, familier à Robespierre, inconnu à Danton, ne leur est pas étranger. A Saint-Emilion, ils flagellent en vers et en prose les prétendues infamies de leurs vainqueurs : ils les montrent souillés de sang et de vol. Les Jacobins improbes ! Passe pour Chabot. Mais avec Chabot, Buzot flétrit pêle-mêle Lindet, Jean-Bon-Saint-André, Thuriot et les autres (1). La Gironde a le monopole de la probité : « Enfin, bon gré mal gré, dit Buzot, il fallait une probité sévère pour rester avec nous : aussi notre bande était-elle extrêmement affaiblie vers la fin (2). » Ainsi la Gironde probe et patriote accuse de vol et de trahison la Montagne non moins probe et non moins patriote, et la Montagne renvoie les mêmes accusations à la Gironde. Chacun croit que l'autre a volé le Garde-meuble et reçu de l'or étranger. Triste motif oratoire dont abusent tous les révolutionnaires, et que les Girondins développent avec moins d'art peut-être et moins de nature, mais avec la même violence !

Telles sont les idées générales et les tendances communes qui formaient le fond de l'éloquence des Girondins. Voilà en quoi ils se ressemblent, voilà ce qui les a rapprochés. Leurs tentatives d'organisation dont ils se défendaient comme d'un crime, ne les empêchaient pas de garder chacun ses opinions propres, de combattre chacun avec ses armes et à son gré, j'entends de combattre par la parole, et non par l'action, à laquelle plusieurs étaient impropres. Le mot de Michelet sur la Gironde : *Elle était propre à la presse, aux discours, et rien de plus*, n'est pas plus sévère que ce jugement de Louvet sur son propre parti : « En général, il est temps de faire cette remarque, que parmi les victimes du

---

(1) *Mém.*, p. 69.
(2) Ib., p. 6.

31 mai on comptait beaucoup d'hommes distingués par de rares talents, capables d'épurer la morale, de régénérer les mœurs, d'augmenter la prospérité d'une république en paix, de bien mériter de leur patrie par leur conduite privée, par des vertus publiques; mais qu'il n'y en avait pas un d'eux qui fût accoutumé au bruit des factions; pas un propre à ces coups vigoureux par lesquels on peut abattre des conjurés; pas un même qui fût en état de soupçonner des desseins ennemis, d'embrasser d'un coup d'œil le vaste plan d'une conjuration, et, s'ils l'eussent enfin reconnu, de le vouloir combattre autrement que par des principes de morale et de pompeux discours (1). » Un témoin impartial et avisé, Paganel, a mieux encore caractérisé la Gironde : « Les Girondins, dit-il, jetèrent un grand éclat sur la Révolution, mais ne surent point en diriger la marche (2). » On dirait que leur but unique est de rivaliser entre eux d'éloquence et de génie. Ils s'élancent dans la carrière comme pour se disputer la palme oratoire, et affichent la prétention d'être seuls à penser délicatement, à parler heureusement. « Ce qu'alors (en 1791), dit encore Paganel, tous les Girondins affectèrent d'un commun accord, ce fut la variété du talent oratoire, et la dangereuse prétention de dominer l'Assemblée, d'influencer ses délibérations. Voilà le principe de cette haine que le sang même de tant d'illustres victimes ne put éteindre (3). »

(1) *Mémoires*, éd. Didot, p. 241.
(2) II, 164.
(3) I, 451.

LIVRE III

LES THÉORICIENS DU PARTI : BRISSOT ET CONDORCET

Quel ordre faut-il suivre dans une revue des orateurs girondins? Y avait-il, dans ce parti si nombreux, des subdivisions, une droite et une gauche? On a opposé quelquefois de prétendus *oligarques* dirigés par Brissot à des fédéralistes groupés autour de Vergniaud et de Buzot (1). C'est là une fantaisie historique qu'ont réfutée d'avance nos remarques sur l'organisation intérieure de la Gironde. Il serait plus vrai de dire que chaque orateur a sa politique, et demanderait une étude à part. Toutefois, pour donner plus d'unité, plus de clarté à ces études, on examinera d'abord l'éloquence des deux théoriciens du parti, Brissot et Condorcet ; on passera ensuite à Vergniaud et aux Bordelais ses collègues ; puis à la société intime de Mme Roland; enfin à des hommes de talent qui restèrent plus indépendants encore de toute influence dirigeante, comme Isnard, Lanjuinais, Fauchet. En dernier lieu, on dira un mot d'orateurs de second ordre, qui ont eu leur heure d'éloquence, comme Lasource, Rabaut Saint-Etienne, Manuel, Valazé, Debry, Larivière, et quelques autres.

(1) Biographie Didot, article *Vergniaud*.

CHAPITRE PREMIER

BRISSOT.

I

« *Phédor* n'a pas une grande taille ; au premier coup d'œil, il n'offre rien que de commun ; mais on voit dans ses yeux et dans sa physionomie la trempe de son âme énergique; on la voit surtout quand il parle. Phédor eût pu être orateur s'il se fût exercé de bonne heure à l'art oratoire. Sa voix sonore, son regard animé lui promettaient des succès. Mais il lit à la tribune, et le meilleur discours, lorsqu'il est lu, est loin de faire autant d'impression que lorsqu'il est improvisé, ou même prononcé de mémoire. » D'ailleurs, « il aime peu à parler ; on le croirait même timide ». — Il a « la maladie de répandre des écrits, même à ses frais. » « S'il était riche, ce ne serait ni lui ni les siens qui profiteraient les premiers de sa richesse. » Il sacrifie sa famille à l'humanité. D'où ses dettes, dont il ne rougit pas, « puisque ni lui ni les siens n'en ont joui. » — Il a « trop de crédulité, de bonhomie. » — « Phédor s'est trouvé l'ami de quatre ou cinq ministres ; il avait un libre accès chez eux et leur donnait des conseils. On en a conclu qu'il était intrigant ; on le jugeait mal. Phédor ne s'occupait que des moyens d'affermir la liberté ; il tourmentait les ministres de ses idées. Il cherchait les hommes qui pouvaient être utiles, et il était pressant pour eux, même à leur insu. » — « Phédor ne connaît pas plus la vengeance que l'intérêt. Il répond durement à une calomnie, mais il n'agit pas contre le calomniateur. On pourrait lui reprocher d'avoir eu des faiblesses pour ses plus cruels ennemis. Il abhorre le sang, et il ne demanderait pas la tête de ceux qui ont voulu avoir la sienne. On le croirait pétri de fiel et de vengeance, d'après quelques écrits sortis de sa plume ; et, dans la vérité, il n'a pas la force de haïr. » — « Phédor a des amis ; mais il n'y a pas toujours de contact entre leur âme et la sienne. » « Autant il est doux, facile et coulant dans l'usage de la société, dans les discussions verbales, autant il est âpre et difficile dans les discussions écrites. » — « Phédor est de ces hommes qui valent mieux seuls, qui sont meilleurs avec eux-mêmes, et qui, dans la solitude, sont plus utiles au monde que dans le monde. »

C'est ainsi que, dans ses mémoires, Brissot s'est peint lui-même sous un nom de fantaisie, à la mode du temps (1), mais avec une sincérité d'aveu et une justesse de touche que confirment les trop rares témoignages contemporains qu'une évidente malveillance n'a pas dictés. Sa figure, d'après le dessin de Bonneville, était, au repos, insignifiante. « Il était, d'après Beaulieu qui l'a connu, d'une constitution faible, d'une taille au-dessous de la moyenne, un peu contrefait ; il avait la figure pâle, l'air triste, et affectait dans son habillement une extrême simplicité : ce fut un des premiers qui, pour ressembler aux quakers, adopta la coiffure sans poudre, devenue ensuite celle des élégants. » Les historiens montagnards voient en lui un intrigant malhonnête ; les historiens girondins, une sorte d'intrigant austère ; pour les uns et les autres, l'intrigue est le trait dominant de son caractère. Cependant, voici Buzot qui en fait un cœur simple, une âme droite : « Il était si peu né pour l'intrigue, dit-il, que la plus légère idée d'artifice, de dissimulation lui était un supplice. Nous nous moquions

---

(1) Cf. notre étude sur *Les portraits littéraires à la fin du XVIIIe siècle, pendant la Révolution*, 1883, in-8.

quelquefois de sa simplicité, de sa bonhomie, et nous disions en riant : De tous les Brissotins possibles, c'était le moins brissotin (1). » Meillan et Bailleul (2) confirment ce témoignage, et les mémoires de Brissot, moins faibles que ne l'a dit Michelet, dénotent un caractère candide, presque naïf.

Qu'il fût probe, honnête, c'est ce qu'il n'est plus guère possible de contester, malgré les calomnies de Morande (3) et de Camille Desmoulins. Il répondit victorieusement aux uns et aux autres, et livra sa vie tout entière, qui fut celle d'une dupe plutôt que d'un dupeur. Il prouva qu'il était sorti à son honneur de ses démêlés avec Swinton, lorsqu'il rédigeait, à Boulogne, ce *Courrier d'Europe* dans lequel il se proposait de faire connaître à la France la vie anglaise, surtout la politique et l'éloquence anglaises. Répliquant, le 10 août 1791, aux libellistes qui le noircissaient, il en appelait aux habitants de Boulogne : « J'atteste ici, disait-il (4), les estimables habitants de cette ville que j'ai fréquentés : en est-il un seul qui, pendant le séjour d'une année que j'y ai fait, ait découvert en moi, je ne dis pas des vices, mais le germe d'un seul des vices que me reprochent mes adversaires ? » Le témoignage demandé ne devait être accordé que quarante ans plus tard, mais par un homme d'autant plus croyable qu'on ne peut le ranger parmi les admirateurs de la Révolution. « Né, écrit Sainte-Beuve, dans un pays où Brissot séjourna d'abord, à Boulogne, où

---

(1) *Mémoires de Buzot*, éd. Dauban, p. 16. Cloots écrivait : « Quant à Brissot, je ne connais pas d'homme moins brissotin que lui » (*Ni Marat ni Roland*, ap. Buchez, XXI, 140). Et quand Danton voulait taquiner Brissot, il lui disait plaisamment : « Brissot, vous êtes un brissotin! » (Camille Desmoulins, ap. Buchez, XXI, 31).
(2) Mémoires de Meillan, p. 99. — Bailleul, *Examen critique*, etc., II, 32.
(3) Cf. *Théveneau de Morande*, par P. Robiquet, 1882, in-12.
(4) *Réponse de Jacques-Pierre Brissot à tous les libellistes qui ont attaqué et attaquent sa vie privée*. Paris, 10 août 1791, in-8.

il travailla avec Swinton, où il se maria, parent des personnes qui l'accueillirent alors, et de cette famille Cavilliers qui l'a précisément connu en ces années calomniées, je n'ai jamais ouï un mot de doute sur son intégrité constante et sa pauvreté en tout temps vertueuse (1). »

La première jeunesse de Brissot n'avait rien que d'honorable. Né en 1754, à Chartres, il fut désigné sous le nom de Ouarville, qui était celui d'un village où sa famille possédait quelques terres. C'est ainsi que son troisième frère s'appelait Brissot de Thivars, et Pétion, Pétion de Villeneuve. Quand il apprit l'anglais, il eut l'innocente fantaisie d'écrire *Warville* au lieu d'*Ouarville*. Mais il ne manque jamais, dans ses libelles, de rappeler que son père était traiteur, et traiteur aisé, et qu'il put faire donner une bonne éducation à ses nombreux enfants.

On ne se propose pas de raconter la vie de Brissot, dont les péripéties formeraient un volume, ni même de réfuter toutes les calomnies qui coururent sur son compte. Il s'est pleinement justifié dans ses mémoires, que devraient lire ceux qui s'obstinent à rééditer encore aujourd'hui les mensonges du triste Morande. Ils hésiteraient, devant cette confession si honnête, à dire que ce propagateur généreux des idées philosophiques ne fut qu'un vil agent de police « à 150 francs par mois », comme on l'imprimait hier encore, sans daigner produire l'ombre d'une preuve (2). Ces mémoires montrent aussi que si, dans l'entreprise avortée du *Lycée de Londres*, Brissot fit perdre à son associé Desforges un peu plus de 10,000 livres, c'est parce qu'on le mit à la Bastille au moment même où il lançait cette œuvre téméraire et généreuse. Desforges, dont la cupidité flairait une excellente affaire, avait risqué, en s'as-

---

(1) Sainte-Beuve, Introduction aux lettres de Mme Roland à Bancal des Issards, p. XLIII.
(2) Taine, *Les origines de la France contemporaine*, III, 133.

sociant aux desseins de Brissot, ce que risque un bailleur de fonds aventureux. Dans cette occasion, Brissot fut, si l'on veut, imprévoyant, maladroit, mais nullement malhonnête.

Quant à l'accusation, récemment reproduite et ornée (1), d'avoir répandu en 1784 un livre « obscène », *Le diable dans un bénitier*, il est bien vrai qu'il propagea cette brochure imprimée en Angleterre; mais il est faux qu'elle fût obscène, analogue aux factums pornographiques publiés à Londres contre Marie-Antoinette : c'était un pamphlet anti-ministériel, qui valut à Brissot une courte incarcération à la Bastille.

Il est donc plus que probable qu'il fut digne de l'excellente réputation dont il jouit dans les deux premières années de la Révolution ; et il est certain que, jusqu'aux élections de 1791, il fut populaire et respecté à l'égal de Robespierre. Sa pauvreté et ses malheurs passés lui faisaient une sorte d'auréole. Veut-il se présenter aux élections pour la Législative? La cour soudoie le policier Morande, et une légende infâme, propagée par l'*Argus patriote*, se forme autour du nom de Brissot. « Comme si, dit Mercier, une vapeur maligne eût empoisonné tout à coup le cœur ou la tête de presque tous les habitants de Paris; ils diffamèrent un homme doux, paisible et vertueux (2). » On forgea le verbe *brissoter* et il signifia *voler*. L'étincelant pamphlet de Camille fixa plus tard ces mensonges dans une langue de génie. En vain le malheureux se débattit, répondit, eut raison, cent fois raison, on ne l'écouta pas, on ne lut pas ses répliques, on se boucha les oreilles et les yeux devant cet innocent.

(1) Taine, III, 133. — Cf. Biré, *La légende des Girondins*, p. 40 ; Buchez, XII, 10 et sqq. ; Robiquet, *Théveneau de Morande*, 63-88 ; Brissot, mémoires, chap. XLVIII. Enfin nous avons insisté en ce sujet dans notre étude sur *La politique et l'éloquence de Brissot*, ap. *Révolution française, rev. hist.*, août-sept. 84.

(2) *Nouveau Paris*, II, 107.

Qu'allait-il faire, disait-on, à Boulogne, à Londres, aux États-Unis ? Pourquoi ces voyages, ces inquiétudes fébriles et cet exil volontaire ? Et la calomnie avait beau jeu pour inventer des romans dont le théâtre était l'Angleterre ou l'Amérique. D'ailleurs Brissot, dans ses pérégrinations, avait rencontré, fréquenté la pire bohème des aventuriers de lettres, les Pelporre, les Swinton, les Boissière et d'autres encore. Sa crédulité l'avait aveuglé d'abord sur leur compte ; et quand, joué par eux, il les voyait enfin, sa main s'était déjà salie au contact de la leur. Morande, en 1792, pouvait lui crier avec arrogance : « Tu es un coquin, puisque tu m'as connu ! » Et puis Brissot, imprévoyant, désordonné, avait des dettes. Il devait 25,000 livres en 1793, « pour dettes sacrées, écrivait-il, dettes qui datent de huit ans (1). » Certes, cet argent n'avait pas été dépensé au profit des siens, et le pauvre homme avait dû essuyer bien des reproches de sa Félicité, femme intelligente, mais qui, dans le dénuement où ils restaient tous deux avec leurs enfants, fut souvent sévère pour le philosophe qui remuait l'Europe, et ne possédait que trois chemises (2). Et on l'accusait d'aimer l'argent ! Poussé à bout, il disait : « Montez à l'appartement obscur que j'occupe depuis quatre ans, à un quatrième étage, observez-en les meubles : hors les livres, qui sont la douce consolation de l'infortune, tout y porte les marques de la médiocrité la plus stricte (3)... » Mais il écrivait cela en prison, pour lui et pour la postérité, quand il eût fallu le crier à la tribune des Jacobins. Il n'avait pas, comme Robespierre, l'art de jouer de sa pauvreté. Elle fut telle à un moment, nous l'avons vu, qu'il alla loger avec les siens dans un grenier abandonné du château de Saint-Cloud. Sa femme faisait

---

(1) *Mémoires*, IV, 389.
(2) *Ib.*, I, 22.
(3) *Ib.*, IV, 329.

sécher à l'unique fenêtre le peu de linge que possédait leur indigence. Alors il fut acquis que Brissot avait *brissoté* un palais !

La conduite de cet homme simple était à la fois maladroite et ingénieuse. Les yeux fixés sur la carte de l'Europe, quand d'autres ne voyaient que leur club ou leur section, il tombait dans tous les pièges tendus à sa réputation, comme l'astronome dans un puits. D'autre part, ses combinaisons politiques, nous le verrons, étaient savantes, embrouillées, presque machiavéliques. Il rusait avec la cour, avec l'Europe. Il édifiait des plans subtils, souvent profonds. La multitude appela cette tactique mensonge, et vit dans cette diplomatie de Brissot la preuve de la duplicité et de la fausseté de son cœur. Et pourtant, son caractère ne se ressentait pas plus de l'artifice de ses inventions politiques que le bon Crébillon ne partageait les infernales passions de ses héros tragiques. Il avait réduit ses besoins et ceux de sa famille au point de vivre de la vie d'un artisan, et il n'en était pas malheureux, et il n'en parlait pas. C'était un puritain, mais un puritain sans roideur et sans pédantisme. On ne vit en lui qu'un viveur ruiné et débraillé ; et il faut dire qu'occupé de choses plus graves, il ne prenait pas plus de soin de ses habits que de sa réputation.

Mais son honnêteté frappait ses intimes d'admiration, et Mme Roland a éloquemment expliqué et glorifié ce caractère auprès de la postérité. « Son activité, dit-elle, sa bonhomie, ne se refusant à rien de ce qu'il croit être utile, lui ont donné l'air de se mêler de tout et l'ont fait accuser d'intrigue par ceux qui avaient besoin de l'accuser de quelque chose. Le plaisant intrigant que l'homme qui ne songe jamais à lui ni aux siens, qui a autant d'incapacité que de répugnance pour s'occuper de ses intérêts, et qui n'a pas plus de honte de la pauvreté que de crainte de la mort, regardant l'une et l'autre comme le salaire accoutumé des vertus publiques ! Je l'ai vu consacrant tout son temps à la Révolution, sans autre but que de faire triompher la vérité et concourir au bien général, rédigeant assidûment son journal, dont il aurait pu faire aisément un objet de spéculation, se contenter de la modeste rétribution que lui donnait son associé, qui prenait pour lui tous les profits et qui a su faire sa petite fortune dans cette association dont Brissot est sorti aussi pauvre qu'il y était entré. »

II

Comme Mirabeau, Brissot avait visé à un savoir encyclopédique, et possédait du moins une teinture de toutes les sciences et, sur certains points, une compétence toute personnelle. Après de bonnes études au collège de Chartres, il était entré chez un procureur de cette ville, dont la belle bibliothèque satisfit sa passion naissante pour la lecture et la compilation. « Dans le même temps, dit-il, j'exploitais toutes les branches du droit public, civil, canonique même ; j'apprenais l'anglais et l'italien ; je cherchais à me faire un système général sur le mécanisme des langues ; je continuais mes recherches sur la religion. » Lui-même sourit, à distance, de cette exubérance juvénile qui n'allait pas sans quelque vanité, sans une vanité qui lui mit trop tôt la plume sous la main.

« La vanité, écrit-il en 1782, fut mon premier mobile ; le désir de la fortune fut le second, quand je sentis les besoins nombreux qui m'entouraient. Insensé !... Je croyais alors à la double folie de faire ma fortune par le chemin de la gloire, et je travaillais avec ardeur ; je connaissais bien peu les hommes. Maintenant, je ne crois plus à la gloire, je ne cherche plus la fortune, je cherche le bien de mes semblables, auquel je crois peu, mais assez pour me soutenir dans mes travaux (1). »

Quand il sut l'anglais à fond, il étudia les manifestations de la vie publique en Angleterre et acquit précisément le genre d'instruction qui, dans un pays neuf à la politique, était le plus utile pour un futur orateur. Son séjour à Boulogne, sa collaboration au *Courrier de l'Europe* l'instruisirent encore davantage dans ces matières trop vaguement connues à cette époque, même de l'universel Mirabeau. Enfin, il passe à Londres, il voit directement la vie parlementaire, et se forme au spectacle de cette liberté si vantée en France depuis Montesquieu. Et qu'on ne se représente pas Brissot à Londres comme un Saint-Évremond trop dédaigneux pour parler un idiome barbare, ou même comme un Voltaire trop occupé de lui-même pour observer de près les choses anglaises ; au contraire, il se faisait Anglais par sa langue, ses relations, ses mœurs.

Un exemple va montrer par quels travaux approfondis et hors des habitudes françaises Brissot préparait sa propre éducation politique et celle de ses compatriotes. « Infatigable dans mes recherches, dit-il, je n'avais pas voulu me borner à exploiter les richesses politiques de l'Angleterre. J'avais remarqué, parmi les ouvrages qui m'étaient tombés dans les mains, la quantité prodigieuse de ceux que faisaient éclore les discussions des Anglais sur l'administration de leurs possessions dans les Indes orientales. Je voulus en lire un. Ce fut une énigme pour moi. Je résolus de la déchiffrer. Je ne devinais pas le travail immense que j'entreprenais, le nombre énorme de volumes qu'il me faudrait dévorer. Entré dans la carrière, je résolus de vaincre tous les obstacles ; j'y réussis. Arrivé au

---

(1) *De la vérité*, p. 19.

sommet, je vis avec surprise l'espace que j'avais parcouru : espace inconnu à mes compatriotes, espace qu'il leur importait de connaître, et j'entrepris aussitôt de leur aplanir le chemin. J'entrepris de leur donner le tableau de la situation des Anglais dans les Indes orientales, et de l'état de l'Inde en général, d'après le rapport des comités de la Chambre des Communes, les histoires, les voyages et autres ouvrages publiés à Londres. — Il me semblait qu'un pareil tableau devait être tout à la fois utile aux sciences et aux gouvernements : aux sciences, pour l'histoire et pour la géographie ; aux gouvernements, pour les éclairer sur le véritable intérêt de l'Inde, dont quelques charlatans politiques leur avaient tracé de faux tableaux, afin de les engager dans des guerres ruineuses (1). »

Et, parallèlement à son *Tableau de l'Angleterre*, il entreprit un *Tableau de l'Inde*, destiné aux souscripteurs de son futur Lycée. Ce Lycée, selon le prospectus que répandit Brissot, devait être une « Assemblée et correspondance établies à Londres pour la réunion et la communication des gens de lettres de tous les pays. » L'organe de cette académie internationale s'appellerait le *Journal du Lycée*, ou « Tableau périodique de l'état actuel des sciences et des arts en Angleterre. »

C'était là une prodigieuse activité d'esprit, c'était une variété de savoir telle que n'en posséda, sauf Mirabeau, aucun politique de la Révolution.

Les écrits de Brissot, dont la bibliographie serait longue, dénotent chez lui un besoin de vulgariser ce qu'il vient d'apprendre, et une vocation d'éducateur populaire qui serait pédante si elle n'était si généreuse et si désintéressée.

Il fut plus personnel comme criminaliste. La préface de

(1) *Mémoires*, chap. 17.

sa *Théorie des lois criminelles*, envoyée à Voltaire en 1778, lui valut une lettre élogieuse de l'auteur d'*Irène*. L'ouvrage parut en 1780, et on y trouva de la réflexion et du savoir. En même temps, il composa, pour l'Académie de Châlons-sur-Marne, deux mémoires sur un sujet analogue, où quelques paradoxes socialistes le signalèrent à la surveillance du pouvoir et, plus tard, aux sarcasmes des révolutionnaires modérés. De 1782 à 1786, il publia sa *Bibliothèque philosophique du législateur, du politique, du jurisconsulte sur les lois criminelles*. Cet ouvrage fut goûté des économistes et des philosophes. Ce fut, plus tard, pour Brissot, devenu homme politique, un arsenal d'arguments et de faits.

Outre ses travaux sur l'Angleterre, il s'inquiète de toute la politique européenne, et publie, en 1785, deux *Lettres à Joseph II* sur les affaires de Valachie, où il légitime l'insurrection du peuple contre le despotisme. Enfin, il fait connaître la liberté américaine dans son *Examen du voyage du marquis de Chastellux dans l'Amérique septentrionale* (1786), et surtout dans son livre *De la France et des États-Unis* (1787). En 1788, il voyage en Hollande, puis en Amérique, où il connaît Washington, et où il se serait fixé, si la Révolution ne l'avait rappelé en France.

Ce qui manque à Brissot écrivain, encore plus qu'à Mirabeau, c'est un style. Il professe, il vulgarise, il disserte, il n'écrit pas. Sa personne se dérobe; c'est une plume facile et claire, qui court sans autre souci que celui de tout dire, sauf en quelques échappées éloquentes de colère ou d'amour. Mais si, quand il parut sur la scène politique en 1789, il n'avait pas un talent original d'écrivain, il apportait l'instruction la plus variée et la plus solide. Son savoir n'était pas seulement, comme on l'a dit, *une érudition de cabinet littéraire* (1); il n'avait pas seule-

---

(1) Taine, *loco cit*.

ment lu, pensé ; il avait vu et observé directement les choses et les hommes de l'Angleterre, de la Hollande et de l'Amérique. Bien qu'il pliât un peu sous ces notions qui débordent avec excès dans ses écrits et dans ses discours, il avait reçu la plus large éducation oratoire et politique dont un Français pût se vanter en 1789. Nul n'était aussi bien préparé que lui à exercer les fonctions qu'il exerça en réalité sous la Législative, celles de ministre des affaires étrangères de la Révolution.

III

Il est temps de dire quelles idées faisaient le fond de la politique et de l'éloquence de celui qu'on a appelé *le penseur de la Gironde* (1).

Que pensait-il en religion ?

Sa famille était extrêmement dévote. Sa mère devait se brouiller avec lui quand il cessa d'être croyant. Son frère aîné entra dans les ordres. Une de ses sœurs, plus âgée que lui et qu'il aima beaucoup, était d'une piété exaltée. Lui-même fut élevé par des prêtres dans des idées telles qu'il attribuait, dit-il, ses succès scolaires aux *Ave Maria* qu'il récitait. Enfin il lut Rousseau, et sa raison s'émancipa. « La *Profession de foi du Vicaire savoyard*, dit-il, me fit tomber le bandeau des yeux. Je cherchai avec ardeur tous les livres pour ou contre le christianisme, et je les dévorai. Le procès fut bientôt décidé dans mon esprit, quoiqu'il se passât plusieurs années avant que je pusse extirper entièrement ces préjugés qui avaient jeté de longues et profondes racines dans mon âme. Les terreurs de l'enfer troublèrent souvent mon sommeil, et il me fallait, pour

(1) Cf. Dauban, *Mémoires inédits de Pétion*, etc., p. 523.

les chasser, recourir à ces arguments si frappants du Vicaire savoyard (1). » Mais, pour ne pas déchirer le cœur trop sensible de sa sœur, il affecta de communier encore plusieurs fois pendant une année, sans s'être confessé. Il avait alors quinze ans ou à peu près, et déjà son caractère apparaissait ce qu'il fut dans son âge mûr, à la fois sincère et compliqué. Quelques années plus tard, quoique tout à fait philosophe, il songea un instant à se faire Bénédictin pour jouir en paix des livres dont il était insatiable. Heureusement qu'un Bénédictin le détourna de ce projet naïf et effronté.

C'est à ce moment qu'une seconde crise se produisit dans sa conscience. Il voulut adopter une doctrine philosophique, et il hésita longtemps entre le déisme et l'athéisme. « Ma haine pour les prêtres, dit-il, me faisait renier Dieu ; ma conscience me ramenait à lui, ma raison me rejetait dans le pyrrhonisme. Tel fut l'état de doute et d'erreur où j'ai passé quelques-unes de mes années, jusqu'à ce qu'enfin, éclairé par les ouvrages de Jean-Jacques, ayant mûrement pesé le témoignage de mon sens intime, j'ai pris le parti de croire à un Dieu, et de régler ma conduite en conséquence. Un seul argument m'a frappé : ou ce Dieu existe, ou il n'existe pas : s'il existe, en faisant bien, tu seras heureux ; s'il n'existe pas, tu ne seras pas plus malheureux que le matérialiste, et tu auras été plus heureux que lui dans la vie actuelle (2). »

Plus tard, il vit Dieu dans sa conscience, comme l'avait voulu Rousseau, et il écrivit, en 1782, dans son *Traité de la vérité* (3) : « La raison ne me montre que ténèbres, où le sens moral m'éclaire et me dirige. Je laisse donc la rai-

---

(1) *Mémoires*, chap. II.
(2) *Ibid.*
(3) Méditation VI, section 5, p. 212.

son et ne suis que mon instinct moral, que la voix du bonheur. Je suis heureux quand je travaille pour le bien de mes semblables, quand je le fais ; je suis heureux quand je crois être sous l'œil d'un Être suprême, quand je crois le voir sourire à mes faibles efforts et les encourager ; je suis heureux quand je l'invoque, quand je le prie, et je ne le prie qu'entraîné par un besoin irrésistible, par le plaisir : c'est mon maître, je lui rends compte, nous conversons ; et, dans cette conversation, dans l'espoir qu'il me donne, je puise de nouvelles forces, une énergie plus grande. »

Mais ce déisme, tout littéraire et acquis, n'empêchera pas Brissot, comme on sait, de louer avec affectation, dans le *Patriote français*, le discours athée de Dupont, afin de taquiner le religieux Robespierre. Il est donc loin d'avoir horreur des athées. Même quand il se représente, peu avant sa mort, « cet autre monde auquel il croit et qu'il ne se définit pas », il n'hésite pas à placer à côté de sa sœur, ardente catholique, *quelques-uns de ses amis qui professent l'athéisme*. Car ils sont bons, dit-il, et irréprochables au milieu de leur athéisme (1).

Brissot ne fut donc pas plus chrétien que ne l'étaient la plupart des Girondins.

Théoriquement, sa politique ne fut pas seulement républicaine, mais (chose rare pendant la Révolution !) socialiste. A vingt-six ans, il avait fait paraître un livre sur la propriété, qu'en 1792 l'abbé Morellet devait lui reprocher amèrement dans le *Journal de Paris* (2), et où, en dépit de juvéniles réminiscences de Montagne, de Rousseau, de Dide-

---

(1) Mémoires, chap. I.
(2) *Recherches philosophiques sur le droit de propriété et sur le vol considérés dans la nature de la société*, Chartres, 1880, in-12. Réimprimé dans la *Bibliothèque philosophique* de Brissot, tome VI. (Bibl. nat., Inventaire, *E 2951.) Nous avons donné une longue analyse de cet ouvrage dans notre étude sur Brissot, déjà citée. — Pour la querelle de Morellet et de Brissot, cf. Buchez, XIII, 433.

rot, il avait fait preuve d'une véritable originalité de pensée, devançant plus d'un de nos contemporains qui ne croit guère avoir un Girondin pour devancier. Sans discuter ces théories audacieuses, qu'il ne songea jamais à appliquer, constatons qu'il n'aborda pas le problème social par ses petits côtés, et qu'il n'y avait dans son esprit aucune de ces timidités secrètes, aucun de ces dogmes inavoués, qui parfois arrêtent les plus ardents au milieu de leur carrière.

A ce socialisme théorique, Brissot joignait des opinions moins contestées relativement au bonheur du peuple. D'après son *Nouveau voyage dans les États-Unis* (1), ce bonheur consiste dans la rectitude et la pureté des mœurs, et, suivant en cela Rousseau, il ne voit de mœurs droites et pures que dans la vie rurale. « N'est-il pas évident, par exemple, que les mœurs privées s'associent naturellement avec la vie rurale, que par conséquent on améliore les mœurs, en faisant refouler les hommes des villes vers les campagnes, ou en décourageant les émigrations des campagnes dans les villes ? Si les Américains ont des mœurs pures, c'est que les neuf dixièmes d'entre eux vivent épars dans les campagnes (2). »

Dans ses mémoires, écrits près de l'échafaud, il recommande à ses fils de vivre à la campagne : « O mes enfants ! préférez les arts qui vous attachent à la vie des champs. On est toujours meilleur quand on est près de la nature. » Et il pense que la Constituante aurait « dû couronner le génie

---

(1) *Nouveau voyage dans les États-Unis de l'Amérique septentrionale*, Paris, Buisson, 1791, 3 vol. in-8. — Le 3ᵉ vol. comprend : *De la France et des États-Unis, ou de l'importance de la révolution de l'Amérique pour le bonheur de la France*, par Étienne Clavière et J.-P. Brissot (de Warville), publié d'abord en mars 1787. « Cet ouvrage, dit Brissot, doit ce qu'on y trouve de profond sur le commerce aux lumières de M. Clavière. » (*Réponse aux libelles*, etc., p. 22.)

(2) Préface, p. XIII.

de l'agriculture en appelant au fauteuil le bon cultivateur Gérard (1). »

Le politique devra donc songer aux moyens d'empêcher l'accroissement des villes, ces écoles de vice, et de repeupler les campagnes. Pour cela, Brissot ne veut pas de lois prohibitives : des impôts sagement distribués et le morcellement des terres rendront à la vie rurale les attraits qu'elle perd chaque jour.

La philanthropie la plus ardente anime toutes ses théories politiques. C'est par amour des hommes que, tout jeune, il veut s'instruire. Il ne peut voir la violence injuste sans que son sang bouillonne. En 1782, il avoue que, dans ses rêves, il voudrait être « le seigneur de la montagne, former de jeunes élèves dans ses principes, les familiariser avec l'idée de la mort, les envoyer par toute la terre comme des anges exterminateurs, pour frapper les coupables et faire triompher les justes (2) ».

Il n'est pas un patriote exclusif. La révolution, selon lui, doit se faire au profit de toutes les nations opprimées, de toute l'humanité, quelle que soit la race, au profit des nègres aussi bien que des blancs. Car il n'y a pas de *noblesse de peau*. C'est même aux nègres que le philosophe doit songer en première ligne, puisqu'ils sont les plus déshérités, puisqu'ils souffrent davantage.

En Angleterre, il assiste à une séance de la Société pour l'abolition de la traite. Ce fut pour lui un trait de lumière, quand il vit ce champ illimité s'ouvrir à son activité généreuse, et, de retour à Paris, il fonda la *Société des amis des noirs* avec Clavière et Mirabeau, dont il était devenu le familier. Ce club philanthropique, dont les séances commencèrent en février 1788, fut fréquenté par des hommes des-

---

(1) *Mémoires*, I, 4. Cf., dans le récit de sa proscription, l'émotion que lui fait éprouver l'aspect de la campagne.
(2) *De la vérité*, p. 19.

tinés à une fortune fort diverse, par La Fayette, Bergasse, La Rochefoucauld, Lacépède, Volney, Tracy, Lavoisier, Pastoret, Petion, Siéyès et plus tard l'abbé Grégoire. Quand Brissot quitta de nouveau la France, il emporta aux États-Unis le mandat d'étudier sur les lieux la question de l'émancipation des noirs.

C'est des débats de ce club que partit le mouvement d'opinion qui passionna la Constituante et la Législative pour l'affranchissement des hommes de couleur. Tant de discours éloquents, parmi lesquels ceux de Brissot lui-même au sujet des affaires de Saint-Domingue, avaient sans doute été déjà essayés, dans leurs développements les plus généraux, dès 1788, au sein de la Société des amis des noirs.

On peut aussi considérer cette Société comme un des lieux où les hommes de la Constituante s'exercèrent au maniement de la parole. Il est même probable que plus d'une question, d'un ordre plus directement français, y fut abordée, discutée hardiment. Il y a plus : le caractère largement humanitaire de l'œuvre si haute qu'avait entreprise la Société se communiqua à la Révolution elle-même. Les dévots de cet idéal apprirent et enseignèrent à considérer la Révolution comme l'affaire du genre humain tout entier, et Brissot, avec sa flamme et sa foi, contribua à reculer et à briser les frontières géographiques, afin d'ouvrir le monde même à la pensée nouvelle. Cette tendance lui inspira toute sa politique belliqueuse, tous les discours où il prêcha la guerre, comme le véhicule indispensable des idées révolutionnaires. Paganel, s'étonnant que ce philanthrope se soit enfermé dans un parti, presque dans une coterie, suppose que Brissot a seulement voulu fortifier la cause des noirs de l'influence des Guadet et des Gensonné (1). Ce n'est pas assez dire : c'est à la cause de

---

(1) *Essai historique et critique*, II, 228.

l'humanité que songeait Brissot, et, si la Gironde prit l'initiative d'armer la Révolution et de la lancer hors des frontières, afin d'assurer le règne de la justice dans notre pays en l'étendant dans l'Europe, c'est Brissot qui a l'honneur et la responsabilité de cette croisade (1).

IV

Telles sont les idées qui s'agitaient dans la tête de Brissot quand il parut sur la scène politique, idées plus larges que celles de Mirabeau, plus nettes que celles de Robespierre ou de Vergniaud. Aucun préjugé, aucun dogme ne l'arrête : il est tout hardiesse et franchise en spéculation.

En pratique, c'est une autre affaire. Ce penseur si émancipé a un sentiment vif, subtil des difficultés de l'exécution. Il est peut-être le seul parmi ses contemporains qui avoue sans rougir certains désaccords entre sa politique théorique et sa politique pratique. Ainsi ses réflexions, ses voyages l'avaient fait républicain; il n'en soutient pas moins, jusqu'en 1792, la monarchie constitutionnelle, et, tant que La Fayette est défendable, même un peu plus tard, il le défend, et risque ainsi sa popularité. S'il rédige la pétition républicaine du 17 juillet 1791, c'est dans un accès d'enthousiasme où le théoricien l'emporte en lui sur l'homme pratique : le 26 juillet 1792, il ajournera timidement le débat sur la déchéance. Enfin, lui, l'homme ingénu, né dupe et victime, il croit à son machiavélisme,

(1) « Ce sentiment [celui de la liberté et du bonheur des peuples] était en lui une religion plus encore qu'une philosophie : quoiqu'il aimât beaucoup la gloire, il aurait consenti à une éternelle obscurité pour être le Penn de l'Europe, pour convertir le genre humain en une communauté de Quakers, et faire de Paris une nouvelle Philadelphie. Et c'est là l'homme qu'on a fait mourir comme un intrigant, comme un conspirateur ! » Mémoires de Garat, ap. Buchez, XVIII, 345.

comme Marat croyait au sien (1) ; et, s'il conçoit la guerre comme une œuvre de propagande salutaire, il la présente aussi comme un piège savant tendu à la royauté. Ses intentions sont toujours pures et populaires : sa conduite est compliquée, nous l'avons déjà dit, et il n'est pas difficile à la malveillance de ses adversaires de le faire passer pour un fourbe.

Cependant, tout subtil qu'il est, ce politique est ardemment révolutionnaire, égalitaire : un des premiers, il substitue l'appellation de *citoyen* à celle de *monsieur* ; un des premiers il se pare du titre de *sans-culotte* ; le premier, il pousse à l'adoption du bonnet rouge (2) et de cette coiffure à la Titus qui, après Thermidor, devait désigner les Jacobins aux vengeances de la jeunesse dorée. Par ces changements dans les manières, ce moraliste espère changer les mœurs et amener, par l'égalité extérieure, la fraternité. Mais il se refuse à imposer ces nouveautés, et, le 23 décembre 1792, il écrit un article contre le tutoiement obligatoire.

C'est lui qui arma de piques le peuple de Paris. Le *Patriote* du 26 octobre 1791 donne le dessin d'une pique modèle, et, le 13 février 1792, dans un article à sensation, Brissot explique hardiment que ces piques sont destinées à contenir la cour dans le devoir : « Tandis que les ennemis du peuple se préparent contre lui, le peuple fait aussi ses préparatifs ; mais il les fait franchement, ouvertement. Les piques ont commencé la Révolution, les piques l'achèveront. Ce beau mouvement d'un peuple, prêt à se lever dans toute sa force, pour anéantir la diversion fatale qui devait précéder et accompagner la guerre extérieure, ce réveil du lion épouvante ceux qui comptaient sur son sommeil. — Où se porteront ces piques ? disent-ils. —

---

(1) Cf. le *Portrait de Marat*, par Fabre d'Églantine.
(2) *Patriote français* du 6 février 1792. Cf. Buchez, XIII, 116, 140, 141.

Partout où vous serez, ennemis du peuple ! — On les promène sur la terrasse des Feuillants, comme pour menacer le château des Tuileries : oseraient-elles se porter là ? — Oui, sans doute, si vous y êtes, là ! — Mais qui commande ces piques ? — La nécessité. — Qui en fera la distribution ? — Le patriotisme. — A qui seront-elles livrées ? — Au courage. — Quel sera l'effet de cette armature nouvelle ? — L'anéantissement des ennemis du peuple. »

C'est comme journaliste que Brissot avait conquis sa popularité. Dès son retour d'Amérique, un mois avant l'ouverture des États généraux, il osa lancer le prospectus du *Patriote français*, et il est certain que, malgré l'administration, il en fit paraître au moins un numéro avant le 5 mai 1789, devançant ainsi Mirabeau dans la carrière où celui-ci devait plus tard le distancer. En effet le *Courrier de Provence* paraissait depuis longtemps déjà, quand le *Patriote français* ressuscita, le 28 juillet 1789. Il n'y a pas seulement dans cette feuille, qui vécut jusqu'au 2 juin 1793, d'utiles et nombreux renseignements sur la politique de la Gironde, des communications officieuses de Roland, la série des proclamations de Pétion; on y trouve, dans les articles de Brissot, des modèles d'éloquence populaire, faite de bon sens et d'enthousiasme. Certes il est plus orateur la plume à la main qu'à la tribune; c'est un journaliste.

Le *Patriote* (1) est donc l'organe de la patrie la plus vivante et la plus agissante de la Gironde. Dans les colonnes de cette feuille si intéressante pour l'histoire, se développe une politique suivie, qui manque aux autres journaux girondins. Est-ce à dire pour cela que Brissot fût un véritable chef

---

(1) L'importance de ce journal est attestée par ce mot qu'on prêta à Gustave III assassiné : *Je voudrais bien savoir ce qu'en dira Brissot* (Beaulieu, Biogr. Michaud, art. *Brissot*). — Brissot ne travailla plus au *Patriote* à partir du jour où un décret interdit aux Conventionnels d'écrire dans les gazettes et, du 11 mars au 2 juin 1793, les articles sont de Girey-Dupré.

de parti ? Oui, à en croire les Montagnards pour qui les Girondins étaient plutôt des Brissotins (1), et qui, au tribunal révolutionnaire, donnèrent à Brissot le fauteuil réservé au chef des conspirations. Non, à en croire les Girondins eux-mêmes, qui se vantaient de ne pas former un parti et de ne recevoir aucune direction. « Quiconque a connu Brissot, dit Meillan, doit savoir que personne n'était moins propre à former un parti. C'était un homme de cabinet, studieux, sédentaire, d'une société douce et paisible, mais dépourvu de l'audace sans laquelle on n'est jamais chef en aucun genre. Il avait même une facilité de caractère qui le plaçait à la suite des autres plutôt qu'à leur tête (2). » Brissot lui-même protestait contre ce rôle de chef de parti, et écrivait dans son projet de défense : « Mais ces conjurés ont-ils au moins un chef habile, audacieux, puissant en moyens, en éloquence, en influence sur la multitude, un Catilina enfin ? Non, on leur prête un chef qu'ils ne connaissaient même pas, qui se dérobait à eux comme le grand Lama à ses sujets ; un homme timide, sauvage, pauvre, renfermé dans son cabinet ou dans sa famille, ne se montrant à aucune tribune, un chef, en un mot, qui conspire tout seul, pour me servir des termes de Saint-Just, et ce chef, c'est moi. —Moi, chef de parti! Il y a six mois qu'on me donne ce rôle, et je suis encore à douter si l'auteur de cette ridicule parade a voulu faire une plaisanterie ou une atrocité (3). »

Cependant c'est Brissot qui forma lui-même le premier

---

(1) Ainsi Camille l'oppose à Marat isolé : « Mais J.-P. Brissot ! C'est celui-là qui est un chef digne que le nom de *Brissotin* soit donné à tout membre de la législature qui a servi à la nation quelque beau plat de ce métier d'intrigant, comme on donnait le nom d'*imperator* au général qui avait tué sept mille ennemis ! » Et plus loin : « Mais J.-P. Brissot ! C'est là un personnage ! C'est lui qui a un parti ! » *Révolutions de France et de Brabant*, seconde partie, n. XII (novembre 1792).
(2) Meillan, p. 99.
(3) *Mémoires*, IV, 399.

ministère girondin ; c'est lui qui, le 21 mars 1792, au nom du comité de la place Vendôme, alla offrir à Roland le portefeuille de l'intérieur ; c'est lui qui désigna pour les finances son intime ami Clavière, et il ne fut sans doute pas étranger au choix de Dumouriez. Le ministère formé, il écrivait à Roland des billets comme celui-ci : « Mon cher Roland, je vous envoie une liste de ceux que vous devez placer. Vous et Lanthenas devez l'avoir sans cesse devant les yeux, pour ne nommer à un emploi quelconque que les sujets qui vous sont recommandés par cette liste. »

Il faut en conclure que Brissot eut une influence directe sur tout le gouvernement, jusqu'au 10 août, ce qui était d'autant plus naturel qu'il avait fait triompher la politique belliqueuse qui était la raison d'être du ministère Roland. Il eut surtout la haute main sur les affaires étrangères, et, même sous la Convention, il conserva dans ces questions une grande influence et une sorte d'autorité morale.

A tout prendre, il fut, autant qu'on pouvait l'être dans ce temps-là et avec les Girondins, un chef de parti pendant la durée de ce premier ministère Roland dont il était le créateur.

V

Son éloquence eut ses admirateurs et, tant qu'il fut populaire, produisit, quoique ses discours fussent lus, un effet incontestable.

Dans la crise qui suivit la fuite à Varennes, il est au premier rang parmi les orateurs jacobins (1). Son discours sur

---

(1) Il n'était pas seulement connu, au début de la Révolution, comme rédacteur du *Patriote*. Il fut aussi membre de la première municipalité parisienne. Quand la Bastille fut prise, « les clefs de la forteresse furent remises à M. Brissot qui, peu d'années auparavant, avait lui-même été jeté dans ces antres du despotisme. » (*Moniteur, réimpr.*, I, 195.)

l'inviolabilité royale (10 juillet 1791) marque le point culminant de sa fortune oratoire et de son audace révolutionnaire. Mme Roland, qui assistait à la séance, fut transportée d'enthousiasme. « Ce n'était plus, dit-elle, un simple orateur ; c'était un homme libre, défendant la cause du genre humain avec la majesté, la noblesse et la supériorité du génie même de la liberté. Il a convaincu les esprits, électrisé les âmes, commandé ce qu'il a voulu ; ce n'étaient pas des applaudissements, c'étaient des cris, des transports ; trois fois l'Assemblée, entraînée, s'est levée tout entière, les bras étendus, les chapeaux en l'air, dans un enthousiasme inexprimable. Périsse à jamais quiconque a ressenti ou partagé ces grands mouvements, et qui pourrait encore reprendre des fers (1) ! »

Quelle thèse soutenait donc Brissot ?

Il combattait la fiction de l'inviolabilité du roi agissant comme individu, par des arguments aujourd'hui rebattus, mais alors neufs et forts. Puis il réfutait cette objection que l'Europe ne permettrait pas le jugement de Louis XVI. L'Europe ? mais elle est impuissante devant la Révolution.

« Quels soldats du despotisme peuvent faire longtemps face aux soldats de la liberté ? Les soldats des tyrans ont plus de discipline que de courage, plus de crainte que d'attachement ; ils veulent de l'argent, sont peu fidèles, désertent à la première occasion. Le soldat de la liberté ne craint ni fatigues, ni dangers, ni la faim, ni le défaut d'argent : celui qu'il a, il le prodigue avec joie pour la défense de son pays (j'en atteste les braves soldats de Givet) ; il court, il vole au cri de la liberté, lorsque le despotisme lui ferait faire à peine quelques pas languissants. Qu'une armée patriote soit détruite, une autre renaît aussitôt de ses cendres. C'est que sous la liberté tout est soldat ; hommes,

---

(1) Lettre à Bancal du 11 juillet 1791.

femmes, enfants, prêtres, magistrats. Deux défaites détruisent en Europe l'armée des tyrans la plus nombreuse et la plus disciplinée. Les défaites instruisent et irritent les soldats de la liberté, et n'en diminuent pas le nombre.

« O vous qui doutez des efforts prodigieux et surnaturels que l'amour de la liberté peut commander aux hommes, voyez ce qu'ont fait les Américains pour conquérir leur indépendance; voyez le médecin Warren, qui n'avait jamais manié le fusil, défendre la petite colline de Bunkerhill avec une poignée d'Américains mal armés, mal disciplinés, et, avant de se rendre, faire mordre la poussière à plus de douze cents militaires anglais. Suivez le général Washington, faisant tête avec 3 à 4,000 paysans à plus de 30,000 Anglais, et se jouant de leurs forces. Suivez-le à Trenton. Il me le disait: ses soldats n'avaient pas de souliers; la glace qui déchirait leurs pieds était teinte de leur sang. *Nous aurons demain des souliers*, disaient-ils, *nous battrons les Anglais....* Et ils le firent.

« Des puissances qui se liguent contre une nation libre ont une chance prodigieuse contre elles : elles ont la presque certitude d'ensevelir vainement leurs troupes et leurs trésors dans le pays de la liberté. La guerre de Trente Ans, avec laquelle la Hollande acheta sa liberté, est une leçon éternelle pour les tyrans qui voudraient attaquer la nôtre. La puissance la plus formidable d'alors échoua dans ce pays ouvert, et que rien ne défendait, hors la valeur de ses habitants. Les trésors des deux mondes s'y engloutirent. Les tyrans connaissent ces exemples instructifs; ils ne les répéteront pas. Ils savent trop bien aujourd'hui que si leur cause est celle de tous les tyrans, la nôtre est celle de toutes les nations, et que nous pouvons compter, parmi leurs sujets et leurs soldats, presque autant de frères et de défenseurs.

« Quel doit donc être maintenant leur calcul et leur but? D'empêcher la propagation de cette *Déclaration des Droits* qui menace tous les trônes; de conserver le plus longtemps possible le prestige qui les entoure. Or, est-ce en s'armant contre nous, en inondant la France de leurs troupes, que les rois étrangers préviendront la contagion de la liberté? Peuvent-ils croire que leurs soldats n'entendront pas ses saints cantiques; qu'ils ne seront pas ravis d'une constitution où toutes les places sont ouvertes à tous, où l'homme est l'égal de l'homme ? Ne doivent-ils pas craindre que leurs soldats, secouant leurs chaînes, n'imitent la conduite des Allemands en Amérique, ne s'enrôlent sous les drapeaux de la liberté, ne se mêlent dans nos familles, ne viennent cultiver nos champs, qui deviendront les leurs?...

« Voulez-vous vous convaincre davantage combien peu redoutables ils doivent vous paraître? Examinez la situation de leurs divers États. »

Et, après avoir tracé un tableau de l'Europe qu'il refera plus d'une fois à la tribune, qui est son thème oratoire favori, il concluait:

« De ces tableaux que résulte-t-il? Que toutes les puissances étrangères ont à craindre les effets de la Révolution française ; que la France n'a rien à craindre d'elles. Il en résulte que ces puissances se borneront à chercher à nous effrayer par des épouvantails, mais ne réaliseront jamais leurs menaces. Et, dussent-elles les réaliser, il n'est pas d'un Français de les craindre ; il serait digne de nous de les prévenir. Ah! ces craintes seraient depuis longtemps éteintes, si notre ministère avait été composé de patriotes, ou si l'Assemblée nationale avait voulu prendre une attitude imposante vis-à-vis de toutes les puissances de l'Europe. Le stathouder de Hollande eut l'audace de menacer le long Parlement de l'Angleterre, et ce Parlement lui déclara aussitôt la guerre. Louis XIV et Mazarin donnèrent une retraite au fils de Charles Ier : le Parlement fait signifier à l'orgueilleux monarque de chasser Charles de ses États ; et le souple Mazarin obéit. Observez que ce Parlement, qui bravait ainsi les puissances étrangères, avait à soumettre dans son sein et l'Écosse et l'Irlande rebelles ; qu'il n'avait que 40 à 50 mille soldats à ses ordres : et nous avons 3 millions de citoyens soldats. L'étranger le craignait ; il nous craindra, si la France veut enfin prendre le ton qui convient à des hommes justes et libres vis-à-vis des tyrans que notre silence seul enhardit : alors nos fugitifs disparaîtront de leurs États, et l'on n'agitera plus les esprits avec de fausses craintes. »

On comprend que l'auteur de ce discours, bientôt rédacteur de la pétition républicaine du Champ-de-Mars, effrayât, par sa fougue mêlée de calcul et l'audace savante de sa marche politique, les partisans de la cour, qui, en effet, mirent tout en œuvre pour l'empêcher d'entrer à l'Assemblée législative. On lâcha sur lui Morande, dont les calomnies firent tant d'effet, comme nous l'avons vu, que la fortune politique de Brissot en fut un instant compromise. Les électeurs parisiens le ballottèrent dix fois de suite. Enfin, au onzième tour, il fut élu et remercia l'Assemblée électorale dans un discours où éclatait la joie profonde d'être enfin vengé de tant de souffrances et d'injures : « Que de combats, disait-il, que d'atrocités, que de calomnies ont trempé ma vie d'amertume ! Mais un jour, un seul jour efface des siècles de douleur, des volumes de libelles ; et ce jour est votre ouvrage.... O vous qu'on a égarés par des calomnies, suivez-moi dans la carrière que je vais parcourir. Ma vie y répondra à tout ; j'y entre pur et j'en sortirai pur : c'est la seule vengeance que je doive tirer de mes ennemis. Ils m'ont fait bien du mal ; je leur pardonne et je briserai ma plume si elle devait encore s'arrêter sur eux (1). »

On vit bientôt que, malgré sa facilité proverbiale, il ne serait pas de ces orateurs qui se prodiguent. Il n'aborda la tribune de la Législative que le 20 octobre 1791 (2), dans cette fameuse discussion sur les émigrés, où brillèrent Isnard, Condorcet, Vergniaud.

Tous quatre arrivèrent à peu près aux même conclusions et parlèrent dans le même sens, mais avec une méthode oratoire fort différente. Isnard, Condorcet et Vergniaud partirent des principes abstraits, des idées morales, pour former des raisonnements rigoureux ou des objurgations pathétiques; Brissot prit son point de départ dans les faits, et particulièrement dans l'état politique de l'Europe, dont il traça encore une fois un tableau détaillé et fidèle. Il conclut qu'en se montrant, la France forcerait ces monarques faibles et divisés à désavouer les émigrés, et les émigrés à renoncer à leurs manœuvres ou à rentrer. Fidèle à sa politique belliqueuse, déjà indiquée dans son discours aux Jacobins sur l'inviolabilité royale, Brissot laissait entendre que le plus habile et le plus prudent était de déclarer la guerre à l'Europe monarchique.

Ce soin, plus anglais que français, d'exposer les faits avec détail et lucidité et d'en tirer une politique en ne faisant aux idées morales que les appels commandés par le

(1) *Moniteur* du 18 septembre 1791.
(2) Toutefois, on avait remarqué son attitude dans la séance du 4 octobre 1791, où chaque député jura solennellement fidélité à la constitution : « Parmi les orateurs de ce pieux opéra, dit une feuille royaliste, celui qui a fait le plus de sensation est le sieur Brissot, lequel a été régalé d'applaudissements outrés, et même ironiques : on supposait qu'il devait en coûter beaucoup à ce fameux républicain de jurer fidélité au roi; cependant, il faut convenir que le sieur Brissot s'en est tiré d'assez bonne grâce : le plaisir de se voir, en dépit de l'envie, assis sur un des trônes nationaux, lui a fait avaler sans grimace la pilule du serment. » (*L'Ami du Roi* du jeudi 6 octobre 1791, ap. Buchez, XII, 51.)

goût du temps, ôte aux discours de Brissot le caractère d'éloquence (dans le sens restreint du mot), auquel visent également et ses amis de la Gironde, et, sauf Danton, ses adversaires de la Montagne. Ses harangues sont de longues dissertations qui instruisent, donnent à penser, font même l'éducation complète de l'auditeur sur la question à l'ordre du jour. Ce sont de bons articles de revue, comme ceux que Brissot avait lus et rédigés en Angleterre, plutôt que des discours, dont elles n'ont ni la composition ni le style. L'orateur s'efforce plutôt d'être complet, irréfutable, que d'enlever la conviction par un ordre clair, par un mouvement rapide. Il prend son temps : il ne se croit jamais trop long ; il est abondant, sinon diffus, et quoiqu'il ne dise que des choses utiles, il a l'air de délayer.

Sauf quand il est sous l'empire d'un sentiment violent, quand il défend son honneur ou sa vie, le style oratoire lui manque autant que lui manquait le style écrit. Il a un genre clair, facile, mais anonyme. Nous avons cité plus haut le discours sur l'inviolabilité où il veut démontrer que les rois doivent craindre pour leurs soldats la contagion révolutionnaire : il lui faut, pour cette démonstration, cinquante lignes intéressantes et judicieuses, mais sans un trait qui perce et se fixe. Au contraire, un véritable orateur reprendra cette pâte pure, mais molle, et, en quelques mots, saura lui donner la forme et la vie : « Ils savent, dira Vergniaud, qu'il n'y a pas de Pyrénées pour l'esprit philosophique qui vous a rendu la liberté : ils frémiraient d'envoyer leurs soldats sur une terre encore brûlante de ce feu sacré ; ils trembleraient qu'un jour de bataille ne fît de deux armées ennemies un peuple de frères. »

Mais, à défaut de style, la parole de Brissot respirait une franchise et une conviction qui l'avaient rendue populaire. Si sa phrase un peu lâchée ne brillait pas et ne portait pas toujours, on aimait ses allures de moraliste pratique, et on lui pardonnait ses longueurs en faveur de ses intentions si ouvertement révolutionnaires. Son érudition, quoique réelle, en imposait à la masse du public. Aussi les succès oratoires ne manquèrent-ils pas au rédacteur du *Patriote*.

Quand il parut à la tribune pour prononcer ce discours sur l'émigration, sa personne fut saluée de longs applaudissements, avant même qu'il eût ouvert la bouche ; et quand il conclut hardiment à la nécessité de frapper, non la foule obscure des émigrés, mais leurs chefs, les deux frères du roi, les tribunes lui firent une ovation.

Il ne parla qu'à de longs intervalles, toujours dans des circonstances graves et pour faire œuvre d'homme d'État. Deux questions occupèrent presque toute son éloquence : les affaires des noirs et la guerre.

Nous savons quelle place l'émancipation des hommes de couleur tint dans sa pensée, et il serait infini d'analyser les longs mémoires qu'il présenta à la tribune sur la conduite à suivre en face de l'insurrection de Saint-Domingue, notamment le 30 octobre et le 1er décembre 1791, et le 21 mars 1792. Il empêcha l'Assemblée de se livrer à des colères irréfléchies ; il lui mit éloquemment sous les yeux les longues souffrances qui avaient poussé les noirs aux crimes affreux dont les blancs leur avaient donné l'exemple. Les royalistes tentèrent de défigurer ses opinions, et de le transformer, dans leurs journaux, en instigateur des assassinats commis par les nègres. « Je désire, répondit-il le 9 novembre 1791, que le sort des noirs soit adouci, mais non pas au prix du sang de mes frères. Je serais indigne de la liberté, si je conseillais à un seul nègre de se soulever contre son maître. Et il est odieux que des hommes qui connaissent ma morale, celle de MM. Pétion, Robespierre,

Grégoire, Clavière, Condorcet, soient les auteurs de pareilles calomnies. (*Il s'élève de nombreux applaudissements dans les tribunes et dans une partie de l'assemblée.*) »

On a vu que, le 10 juillet 1791, aux Jacobins, à propos de l'inviolabilité royale, il avait comme posé les principes de sa politique belliqueuse et montré combien la guerre serait utile à la Révolution. En décembre et en mars, il mena, en faveur de cette politique, une double campagne, aux Jacobins et à l'Assemblée, et fut constamment sur la brèche.

Le 16 décembre, il demande, plus directement que par le passé, que la Révolution attaque l'Europe. « C'est, dit-il, par la force des raisonnements et des faits que je me suis persuadé qu'un peuple qui a conquis la liberté après dix siècles d'esclavage avait besoin de la guerre. Il faut la guerre pour la consolider ; il la faut pour la purger des vices du despotisme ; il la faut pour faire disparaître de son sein les hommes qui pourraient la corrompre. » Ces idées sont d'ailleurs celles de la grande masse des Jacobins, dont Brissot possède encore la faveur, puisque Danton, en lui répondant ce jour-là, l'appelle avec déférence « ce vigoureux athlète de la liberté ».

Le 29, il fait, à l'Assemblée, un nouveau discours en faveur de la guerre d'attaque, où il trace encore le tableau rassurant de l'état de l'Europe, et montre, comme aux Jacobins, l'impuissance des diverses monarchies. Sa conclusion est toujours la même : « La guerre est actuellement un bienfait national ; et la seule calamité qu'il y ait à redouter est de n'avoir pas la guerre. »

Le 30, il propose une fois de plus les mêmes idées aux Jacobins. C'est dans ce discours qu'il se montra plus machiavélique qu'il n'était nécessaire de le faire paraître. Au lieu de dire simplement : La guerre démasquera la cour, — il dit, avec une fanfaronnade de perfidie : « Je n'ai qu'une crainte, c'est que nous ne soyons pas trahis.

Nous avons besoin de trahison : notre salut est là. »

Dans sa péroraison, il s'élevait contre ceux qui insultaient la constitution. Mais Danton et Robespierre ayant vu là une attaque personnelle, il consentit à changer le passage pour l'impression. Il n'a rien de l'acrimonie de Louvet et de Guadet; rarement ses discussions dégénérèrent en querelles individuelles.

Le 17 janvier 1792, à l'Assemblée, il reprend encore une fois sa thèse, dans un discours qui dura plusieurs heures. Il proposa de ne plus parlementer avec l'empereur, dont le récent office était dérisoire, de lui envoyer un ultimatum et de mettre tout de suite l'armée en état d'entrer en campagne. Le 25, un décret fut rendu dans le sens des idées de Brissot; mais, sur la motion d'Hérault, le délai fixé par l'ultimatum fut étendu du 10 février au 1er mars. Enfin la politique de Brissot triompha, et la guerre fut déclarée le 20 avril.

Cependant son désaccord avec Robespierre s'était accentué davantage aux Jacobins. Son adversaire ne cessait de l'attaquer personnellement, l'accusant de fayettisme, d'ambition dictatoriale. Le 20 janvier il répondit à ces attaques, avec une modération patriotique. Il a le droit de se dire, autant que Robespierre, *innocens vitæ scelerisque purus*. Il n'a pas vu La Fayette depuis le 17 juillet, et, auparavant, il ne l'a vu qu'une fois par mois, pour entretenir en lui une étincelle de patriotisme. « Je supplie M. Robespierre de terminer une lutte si scandaleuse, qui ne donne d'avantage qu'aux ennemis du bien public. » On sait comment Dussault les fit s'embrasser, aux applaudissements de la société. Mais Robespierre prit jour pour répondre et ne désarma pas.

Dans cette circonstance, les rôles furent intervertis. D'ordinaire, c'est la Gironde qui harcelait Robespierre d'injures personnelles. Cette fois, c'est Robespierre qui attaque, avec la même acrimonie passionnée qu'il reproche à ses adversaires. En général, Robespierre se tient sur le terrain des principes, de la théorie pure. Ici, il se place au point de vue pratique, et il combat la guerre pour des raisons de simple opportunité, laissant à Brissot le rôle de théoricien et de moraliste. Celui-ci a, dans tout ce débat, l'avantage oratoire de plaider la cause la plus héroïque, et il s'élève au-dessus de lui-même toutes les fois qu'il glorifie la guerre comme révolutionnaire et libératrice. « Je l'avoue, dira-t-il, en contemplant les dangers qui nous environnent, en voyant la terreur qui agite tous les trônes de l'Europe, les nombreuses armées qu'ils mettent sur pied pour nous écraser, je me sens quelque orgueil d'appartenir au peuple qui va les combattre ; d'exister au milieu de ces combats où la liberté, luttant contre le despotisme, est appelée à s'élever aux plus hautes destinées, où elle va faire éclore rapidement et ces talents et ces vertus que j'enviais aux beaux temps de la Grèce et de Rome. Je vois dans cette guerre la régénération morale de la nation ; elle seule peut briser les vieilles habitudes de la servitude qui, sous le régime de la paix, nous y auraient bientôt fait retomber (1). »

Mais Brissot ne fut pas seulement l'auteur de la déclaration de guerre ; par son discours du 9 juillet 1792, il contribua à faire donner aux opérations le seul caractère qui pût les rendre heureuses et fécondes, un caractère révolutionnaire. Il est certain qu'une guerre conduite selon les antiques formes monarchiques n'aurait été utile qu'à la monarchie : elle aurait réalisé les vœux de la cour en amenant l'ennemi à Paris. L'ennemi à Paris ! voilà la perspective que Brissot présente éloquemment à ses collègues afin de les préparer à cette énergie toute révolutionnaire que pré-

---

(1) Discours du 26 juillet 1792.

chera la voix plus forte de Danton. L'ennemi à Paris !
« Quel est homme qui, se rappelant nos fêtes civiques, nos
assemblées politiques, la liberté de nos débats, où l'opinion
publique règle en souveraine la loi de l'empire; quel est
le Français qui, ayant joui un seul instant de 'a liberté, ne
frémirait pas de rage, s'il se voyait forcé de s'agenouiller
en esclave devant un féroce houlan ? Ah ! périsse Paris,
plutôt que d'être souillé d'un pareil spectacle ! (*Applaudissements unanimes et réitérés.*) »

Profitant de cet enthousiasme, il s'attaque aussitôt à cette
routine militaire qui perdrait la Révolution et qui cependant avait son prestige aux yeux des plus exaltés :

« Voulez-vous donc suivre encore les formes, jusqu'ici
si lentes, du recrutement ordinaire, et attendre régulièrement pendant six mois pour avoir des armes, plutôt que
de prendre une mesure extraordinaire ? Il vous faut des
hommes sur-le-champ, la fédération vous en donnera. Elle
vous en eût donné davantage et plus promptement, si un
refus de sanction n'eût paralysé la mesure sage dont le
ministre de la guerre vous avait donné l'heureuse idée.
Mais il faut accueillir tous ceux qui se présenteront ; il faut
les envoyer sur-le-champ dans vos camps pour compléter
les corps existants. On me dit qu'ils n'auront point d'uniformes..., et qu'importe au courage la couleur de l'habit et
l'habit même ? (*On applaudit.*)

« Les Américains n'avaient pas de souliers quand ils
vainquirent à Trenton. On n'a pas de fusils ; les marchés
d'Angleterre manquent ; eh bien ! armez-vous de piques et
de haches ; variez votre tactique militaire. Comment, parmi
tant d'hommes expérimentés, qui se sont trouvés successivement dans plusieurs révolutions, ne se trouve-t-il pas
un homme de génie qui devine l'art de la guerre d'un
peuple libre? Enfin, dites-vous, nous manquons d'officiers
généraux ; n'avez-vous donc aucun moyen d'en trouver ?

Cromwell, à quarante ans, n'avait pas encore manié un fusil, et, six ans après, il avait gagné des batailles. Pourquoi ? Parce qu'alors les Anglais savaient que, pour défendre la liberté, il n'était pas nécessaire de suivre les règles ordinaires de l'avancement militaire, ni de confier la direction des armées, par cela seul que la durée de son service l'y portait, à un vieillard cacochyme ou à un aristocrate gangrené. Suspendez donc, lorsque la patrie est en danger, suspendez les lois d'avancement qui ne sont qu'en temps de paix. La liberté, l'espoir des couronnes civiques auront bientôt mûri les talents. Qu'on m'expose tous les autres obstacles, pas un ne tiendra contre une Assemblée nationale bien déterminée à sauver la liberté, et un ministère patriote. Il faut électriser toutes les âmes. Encore un mois ou deux, et il n'en sera plus temps : voilà le vœu secret de nos ennemis. »

VI

Pendant que Brissot rend à la Révolution en armes ce grand service de la délivrer des antiques formules militaires, sa popularité est sapée chaque jour par Robespierre aux Jacobins, où, depuis six mois, il ne paraît plus guère. Le 19 janvier 1792, il avait avoué que « la tâche pénible qu'il s'est imposée » l'empêchait d'être assidu aux séances de la Société. Depuis lors, le Comité diplomatique l'absorba tout entier. Les Jacobins furent blessés de cette négligence de Brissot : ils y virent un dédain aristocratique, quoique Brissot ne fût ni dédaigneux, ni aristocrate. Mais, parfois, dans ses distractions de penseur, il paraissait regarder d'un peu haut la séquelle fanatique de Robespierre, et Mercier écrivait plus tard : « Brissot entra dans cette Société célèbre, non encore dégoûtante de sang, y parla plusieurs fois ;

mais dès qu'il vit qu'on traduisait dans l'idiome de la folie les axiomes de la sagesse, il s'éloigna, il déserta la caverne (1). » Non, Brissot ne pouvait avoir d'antipathie littéraire pour le style des Jacobins : il avait justement leur phraséologie, leur rhétorique un peu prolixe. Mais il voyait la Société se ranger peu à peu à la politique pacifique de Robespierre, et, imprudemment, il se réservait pour un autre théâtre.

Dès le 25 avril, il était couramment dénoncé comme un traître par Robespierre et ses amis; et Condorcet était de même traîné dans la boue par les Tallien, les Chabot. « M'accuse-t-on, répondit Brissot, de déserter cette Société ? J'y viens peu, c'est à regret, mais mon devoir m'appelle à l'Assemblée nationale où il y a eu presque toujours séance le soir, et au Comité diplomatique, dont les discussions deviennent de plus en plus intéressantes. » Il fit bon marché des injures qu'on lui avait lancées, mais répliqua noblement à ceux qui calomniaient Condorcet : « Qui êtes-vous, pour avoir ce droit ? Qu'avez-vous fait ? Où sont vos travaux, vos écrits ? Pouvez-vous citer, comme lui, tant d'assauts livrés pendant trente ans, avec Voltaire et d'Alembert au trône, à la superstition, au fanatisme parlementaire et ministériel ? Croyez-vous que, si les génies brûlants de ces grands hommes n'eussent embrasé petit à petit les âmes, et ne leur eussent fait découvrir le secret de leur grandeur et de leur force, croyez-vous qu'aujourd'hui la tribune retentirait de vos discours sur la liberté ? Ce sont vos maîtres, et vous les calomniez, lorsqu'ils servent le peuple. »

Cet éloge des philosophes sonna mal aux oreilles de Robespierre. Ses amis affectèrent d'y voir une théorie cent fois reprochée à la Gironde, la théorie d'une sorte de man-

---

(1) *Nouveau Paris*, II, 114.

darinisme politique. Quant aux raisons que Brissot donnait de son absence, elles soulevèrent un orage. Camille Desmoulins, au milieu du vacarme, criait à tue-tête : *L'orateur est un coquin!* Un censeur intervint et dénonça Camille ; mais la Société ne prit aucune mesure contre lui (1). Déjà on pouvait impunément insulter Brissot.

Toutefois, cette défaveur était presque entièrement localisée au club des Jacobins. Pour la masse du public, pour les tribunes de l'Assemblée, Brissot était encore « un vigoureux athlète de la liberté. » Son discours du 10 mars contre de Lessart ne fit qu'accroître cette popularité. Il ne la compromit sérieusement que le jour où il fit ajourner la discussion sur la déchéance du roi.

Cette séance du 26 juillet 1792, à laquelle nous faisons allusion, a d'ailleurs une importance capitale dans l'histoire de la Révolution. La question de la déchéance se posait dans tous les esprits : la complicité de Louis XVI avec l'étranger sautait aux yeux. Brissot ne nia pas l'évidence, reconnut que le vrai péril était aux Tuileries ; il déclara que, l'heure venue, il voterait lui-même la déchéance. Mais quand viendrait cette heure? Seulement quand la nation serait convaincue de la culpabilité du roi. Mais n'en était-elle pas déjà convaincue? Non. — Une moitié de la nation

---

(1) Voici le récit que Camille donne lui-même de cet incident : « J'ai dit que Brissot était un écrivain médiocre ; je lui dois une réparation d'honneur. Justifiant hier devant les Jacobins les ministres, à qui on faisait le reproche de se servir des emplois qu'ils avaient à distribuer pour se faire un parti dans la société : « Est-il possible, s'écriait-il, que l'on fasse un reproche au ministère de donner des places aux Jacobins ! Plût au ciel, messieurs, qu'on pût vous en donner à tous ! etc. » On juge de l'effet que dut faire ce souhait. Je ne pus m'empêcher d'admirer l'orateur, et, me penchant vers l'oreille de mon voisin Duhem : Je ne connais, lui dis-je, dans Cicéron ni dans Démosthène, aucun morceau plus propre à exciter l'intérêt ! Que d'art ! le coquin ! A ce mot, quoique le cri fût d'admiration, je vis le moment où j'allais être traité par mes frères les Brissotins comme Panthée le fut par les Ménades. » *Tribune des Patriotes*, n° 1.

prendrait parti pour Louis XVI et ouvrirait les frontières à l'étranger. Cette déchéance, brusquement votée, serait inconstitutionnelle : on donnerait aux aristocrates, aux réacteurs le prétexte de défendre la constitution. Il faut, conclut Brissot, nommer une commission, faire une enquête, réunir des preuves, les rendre irréfutables, et, la nation une fois éclairée, discuter dans les formes la question de la déchéance. Préalablement on enverra au roi un dernier avertissement (l'adresse de Guadet) : qu'il prenne des ministres patriotes, et il sauvera ainsi sa couronne. Si, par impossible, il accepte, tant mieux pour la Révolution. S'il refuse, c'est un grief formidable à son dossier, et alors la commission d'enquête commencera son œuvre.

Quand Brissot regagna sa place, des huées et même des projectiles des tribunes l'y accompagnèrent (1). L'Assemblée vota toutes ces mesures et suivit la Gironde dans une politique aussi dangereuse que timorée. A partir de ce jour, ce penseur et ces orateurs furent perdus dans l'opinion et, sur leur compte, toutes les calomnies s'imposèrent.

Cependant Brissot, en cette affaire, était bien loin de jouer les Barnave. Sa politique, cette fois, ne cachait aucune arrière-pensée, et les raisons de ses hésitations sont toutes dans son discours. Sincère quand il démasquait Louis XVI et quand il proposait la déchéance pour plus tard, il ne l'était pas moins quand il ajournait cette mesure par la raison que le peuple n'était pas encore suffisamment éclairé. Il craignait réellement qu'on ne pût extirper la royauté sans ébranler la France même, et il lui prêtait des racines qu'elle n'avait plus depuis longtemps, — depuis la fuite à Varennes. Il voyait déjà les royalistes constitutionnels donnant la main aux émigrés et aux Allemands, et la

---

(1) On cria : *A bas, scélérat de Barnave ! A bas, homme à double face!* Il fut frappé de deux prunes (dit un journal) qu'une main vigoureuse lui avait lancées du haut des tribunes. (Buchez, XVI, 185.)

Révolution étouffée dans le sang. Voilà pourquoi il soutint ces mesures dilatoires, dont les inconvénients ne lui échappaient pas, mais qui lui semblaient moins périlleuses que les suites de la déchéance.

C'est alors que des hommes hardis, que de futurs Girondins, étrangers au Parlement et unis avec Danton, firent, à la confusion de Brissot et de ses amis, ce 10 août que la France accepta paisiblement. Ce succès, que la Gironde parut subir, montra le néant d'une politique de temporisation et prépara le règne de la Montagne. Brissot, qui avait été le théoricien de cette politique, fut obligé, après la victoire de l'insurrection, de se faire avec ses amis l'apologiste de la politique opposée, sans être moins sincère dans ce nouveau rôle que dans l'ancien; mais la multitude, exaspérée encore et aveuglée par les habiles de la Montagne, vit désormais en Brissot le type achevé de l'intrigant hypocrite et du traître vénal.

VII

Ce qui est certain, c'est qu'à son arrivée à la Convention où l'envoyaient les électeurs d'Eure-et-Loir, il était abattu, aigri par l'impopularité. Sincèrement il pensa qu'il fallait arrêter déjà l'élan révolutionnaire. Il crut, selon ses propres expressions, que, « puisque la royauté était anéantie, puisque la République était établie, puisque tous les pouvoirs étaient entre les mains du peuple ou de ses représentants, les patriotes devaient changer leur marche d'après leur changement de position. » Il faut rétablir l'ordre: « le peuple regretterait bientôt le calme léthargique de son premier esclavage, si on ne lui procurait un calme républicain (1). » Et il voit dans les Montagnards des agitateurs dangereux.

(1) *Brissot à ses commettants*, pp. 2-7.

Cependant, il n'avait pas trouvé un mot de blâme contre les massacreurs de septembre; et ce cri d'indignation qu'un mois plus tard il profère, à la réflexion, avec les autres Girondins, il ne faut pas le chercher dans les numéros du *Patriote français* du 2 au 10 septembre (1). C'est que Brissot, à force de vivre avec les Rolandistes et d'être injurié comme eux par les Jacobins, avait fini par partager presque tous leurs préjugés et toutes leurs passions. Ce sage devint, dans les premiers mois de 1793, le théoricien d'une politique violente contre Paris et les clubs. La brochure *A ses commettants* est une formelle déclaration de guerre, et de guerre à mort. Il y propose deux mesures aussi chimériques que violentes : 1° la cassation de la municipalité ; 2° la fermeture du club des Jacobins. Ces projets si graves et si avoués expliquent seuls les journées du 31 mai et du 2 juin. Les Jacobins frappèrent pour n'être pas frappés, et ils désignèrent Brissot comme chef des conspirateurs, parce que Brissot avait presque seul formulé le dessein (caressé tout bas par d'autres) de supprimer le foyer ardent qui avait jusqu'alors animé toute la Révolution.

Il parla plus rarement à la Convention qu'à la Législative, mais ses discours eurent un retentissement considérable. Il défendit la thèse de l'appel au peuple (1ᵉʳ janvier 1793) dans une pensée toute girondine, et laissa entendre que, par cette délibération, les départements ressaisiraient l'autorité politique et se dégageraient de Paris. Qu'importe Louis XVI ? Il s'agit de combattre Robespierre, Danton et la dictature jacobine. « L'ignorance de la multitude est le secret du pouvoir des agitateurs comme des despotes : c'est là le secret de la durée de l'art de calomnier. Voilà pourquoi ils s'élèvent contre la philosophie qui

---

(1) Voir notamment, dans le *Patriote* du 3 septembre 1792, un récit froid et sommaire des massacres, précédé de l'énoncé des arguments qu'auraient fait valoir les massacreurs eux-mêmes.

veut asseoir la liberté sur la raison universelle. Voilà pourquoi ils plaisantent sur les systèmes d'éducation, sur l'utilité des écoles primaires. Il s'agit bien de tout cela! C'est de massacres qu'il faut entretenir le peuple! Voilà pourquoi ils supposent, ils accusent sans cesse l'aristocratie du talent. Ah! pourquoi le talent n'est-il qu'un être métaphysique? Avec quel doux plaisir ces vandales le *nivelleraient* si leur faulx pouvait l'atteindre! » Et, avec Louvet, il vota la mort, à condition que la sentence ne fût exécutée qu'après la ratification de la constitution par le peuple.

L'opinion parisienne jugea sévèrement la conduite de Brissot dans cette affaire, et il faut reconnaître que dans son discours il ne disait qu'une partie de sa pensée. Lisez le *Patriote* de décembre 1792 et de janvier 1793 : le désir de sauver Louis XVI y éclate à chaque page. Par intérêt pour le roi? Non, certes. Mais Brissot croyait que la mort de Louis XVI nous aliénerait nos dernières sympathies en Europe. Plus tard, dans sa lettre à ses commettants, il met cet événement au nombre des causes qui avaient arrêté le cours de nos victoires (1). Cependant, dans son discours sur l'appel au peuple, il avait dit qu'on pouvait guillotiner le prince sans s'inquiéter de l'Europe. Cette énorme contradiction lui fut objectée au tribunal révolutionnaire. Elle n'était toutefois qu'apparente : Brissot, en ayant l'air de négliger l'opinion européenne à la tribune de la Législative, avait parlé en politique, en diplomate qui affecte la sécurité, qui veut faire bonne contenance et intimider ceux qu'il redoute. Ces finesses, peut-être inutiles, ne furent, à coup sûr, pas comprises.

On voit que Brissot parlait encore en homme qui a une forte part de responsabilité dans les affaires extérieures de son pays. En effet, il fut encore, jusqu'au 31 mai, un des

---

(1) *Brissot à ses commettants*, p. 69.

membres influents du comité diplomatique. Il est rapporteur des comités réunis de la diplomatie, de la marine, de la défense générale dans les grandes occasions. C'est ainsi que, le 12 janvier 1793, à propos des mesures à prendre vis-à-vis de l'Angleterre, il explique en termes remarquables pourquoi l'opinion britannique, si favorable d'abord à la Révolution, a suivi et encouragé la politique antifrançaise de son gouvernement :

« Aux politiques qui croient encore à la vieille balance de l'Europe, aux commerçants qui cherchent des marchés exclusifs, on nous a peints comme des conquérants avides, voulant bouleverser toute l'Europe : comme si les Français voulaient faire des Pays-Bas un second *Bengale* ; aux esprits faibles et superstitieux, on nous a transformés tous en *athées*, parce qu'un député avait fait dans cette tribune la confession ingénue de son athéisme (1) ; aux rigoristes presbytériens, on a dit que nous oserions exercer notre raison et nous occuper du bien public, même le *dimanche* ; aux hommes qui estiment encore la nation française, on a dit qu'elle était subjuguée par une poignée de factieux ; aux hommes amis des lois, ennemis du sang, on a montré des *poignards,* en leur criant : *Voilà la religion des Français !...* Et tandis qu'avec ces comédies jouées gravement, avec ces mensonges répétés par des hommes qui jouissent depuis longtemps de l'estime publique, on aliénait de nous la nation anglaise qu'on cherchait à irriter ; d'un autre côté, la République française était provoquée par les outrages les plus manifestes. »

Le 1er février 1793, c'est Brissot qui, au nom du comité de sûreté générale, fait déclarer la guerre au roi d'Angleterre et au stathouder de Hollande.

Ce fut le dernier acte important de sa vie parlementaire.

---

(1) Allusion au discours de Dupont.

Il passa les mois de février, de mars, d'avril et de mai dans un silence digne, dont il ne sortit que pour réfuter les calomnies les plus grossières de ses impitoyables ennemis. Ainsi, le 15 février, on lui attribua une lettre royaliste signée Watteville : un faussaire avait transformé ce nom en celui de Warville. Cette lettre avait été remise au comité de sûreté générale, qui avait eu la perfidie de la communiquer à Marat. Brissot se justifia sans peine ; mais la Convention laissa passer ce propos injurieux de Bazire : « Tout ce que je confesse, dit Bazire, tous les torts des membres du comité de sûreté générale et les miens, c'est qu'en lisant cette lettre, en y reconnaissant le ton, les allures et le style d'un intrigant, il nous a paru qu'elle devait être de Brissot. »

Le 3 avril 1793, Brissot se lava sans réplique de l'accusation de complicité avec Dumouriez que lui avait lancée Robespierre. Puis ses lèvres se fermèrent, par découragement ou par fierté, jusqu'au jour de son arrestation.

On sait comment, arrêté à Moulins, ramené à Paris et traduit avec ses amis au tribunal révolutionnaire, il reçut les honneurs du célèbre fauteuil où on asseyait l'accusé principal, le chef présumé de la conspiration. A en croire les contemporains, sa défense fut son chef-d'œuvre oratoire.

« Brissot, comme on sait, dit miss Helena William, se défendit avec tant d'éloquence devant le tribunal révolutionnaire, que je fus frappée de l'effet surprenant que son discours produisit sur son collègue Lasource, comme lui accusé et qui venait passer les soirées dans la chambre de la prison du Luxembourg où nous étions alors tous enfermés. Il m'assura que l'auditoire, composé cependant de Jacobins, fut ému jusqu'aux larmes, et que le chef du jury révolutionnaire, Antonelle, était agité de convulsions nerveuses qui le secouaient sur son siège. *J'en avais presque pitié*, me dit Lasource, *il vaut bien mieux mourir* (1). »

Malheureusement, le compte-rendu du procès tronque par système la défense de Brissot, qui prit trois fois la parole et, on le devine, prononça trois grands discours.

La première fois, il réfuta la déposition d'Hébert avec un succès qu'atteste la mauvaise humeur même du rédacteur du bulletin, qui indique certains développements en ces termes : « L'accusé fait ici une longue et verbeuse apologie de sa conduite à cette époque de la Révolution. » Hébert avait accusé Brissot d'avoir amassé des millions : « C'est par de pareilles calomnies, répondit Brissot, qu'on est parvenu à attirer sur moi la haine du peuple : je déclare n'avoir pas un sou en propriété. » Et son amie, miss William, écrivait : « J'ai connu Brissot pauvre, vivant de la manière la plus modeste, au même moment où les Jacobins l'accusaient de recevoir à pleines mains les guinées de l'Angleterre (2). » Hébert l'avait encore accusé d'avoir rédigé la pétition du Champ-de-Mars pour servir les desseins secrets de la cour. Voici avec quelle partialité la réponse de Brissot se trouve analysée dans le bulletin du tribunal :

« Passant à l'affaire du Champ-de-Mars, il avoue avoir rédigé la fameuse pétition dont La Fayette, avec lequel il était alors en relation intime, se servit pour égorger les patriotes et faire triompher la cour ; mais il prétend que Laclos, qui y travailla avec lui, y ajouta la phrase dans laquelle on insinuait que Capet étant censé avoir abdiqué par sa fuite, il fallait lui choisir un successeur ; dans cette phrase, dit-il, les amis de la liberté crurent voir une intrigue de Laclos, homme d'affaires de Philippe d'Orléans ; les Cordeliers en exigèrent la radiation, et la pétition que j'avais rédigée fut purement et simplement adoptée ; au reste, il

---

(1) *Souvenirs de la Révolution française*, Paris, 1827, in-8 p. 23. (Bibl. nat., La $\frac{14}{171}$.)

(2) *Ibid.*, p. 23.

n'explique pas comment, lui, auteur de la pétition, resta tranquille et paisible au milieu de la proscription générale de tous les amis de la liberté, qui furent pendant plusieurs mois incarcérés ou fugitifs, pour le seul crime d'avoir adopté cette même pétition. Il dit avoir été cité au tribunal du sixième arrondissement; mais cette citation à un tribunal civil n'eut aucune suite. »

Le second discours de Brissot semble avoir été plus fidèlement reproduit. C'est là qu'il répond aux reproches adressés à sa politique belliqueuse, dans les termes dont il s'est déjà servi à la tribune de la Législative.

Enfin, il réfute les accusations de Chabot, surtout l'accusation de royalisme. C'est là son troisième discours devant le tribunal révolutionnaire. Mais la malveillance du rédacteur l'a plus défiguré encore que les autres. Pour avoir une idée de l'indignation qui fit vibrer la parole de Brissot accusé de royalisme, il faut lire ce passage éloquent de ses mémoires :

« Citoyens, je n'ai pas sans cesse à la bouche le mot de sans-culotterie, mais je le pratique. Je suis peuple ; moi, les miens, nous avons connu le peuple ; pourquoi les maisons ne sont-elles pas toutes de verre? Vous parlez de mœurs républicaines : eh ! qui les eut plus que moi, et dès sa plus tendre jeunesse ? Qui ne m'a pas reproché cette âpreté farouche, inflexible, qui ne sait pas capituler avec la faiblesse humaine? Quel pouvoir ai-je jamais flatté? Quels honneurs ai-je recherchés? Où m'a-t-on vu briguer les applaudissements? Dans quel théâtre, depuis et même avant la Révolution, m'a-t-on vu chercher même des délassements à mes travaux ? Je ne me délassais d'un travail que par un autre ; en un mot, ce thermomètre est infaillible, au milieu des calomnies qui, depuis quatre ans, m'environnent, en a-t-on vu une seule sur mes mœurs, sur mon domestique? Non, ma vie morale a été respectée.

Et vous voudriez qu'un homme qui, depuis vingt-cinq ans, a les mœurs d'un républicain, se dégradât tout à coup par le royalisme ? Ou la science du cœur humain est fausse, ou je suis républicain (1). »

Ces mémoires contiennent également un *projet de défense*, très long, très honnête, très concluant, mais sans éloquence. Si Brissot l'avait lu tel qu'il l'avait composé, il est probable que sa parole n'aurait pas excité les transports que décrit miss William. Mais l'accusé ne fut pas maître de la discussion ; il dut morceler sa défense, en adapter les différentes parties aux dépositions des témoins, aux questions perfides du président, en somme improviser. Il est probable qu'à cette heure suprême, harcelé par la calomnie, luttant pour sa vie ou plutôt pour sa gloire, cet homme un peu lent et verbeux, se transforma, se surpassa et fut un instant, par l'action comme par la parole, un orateur complet. Ce qui indique la force de son éloquence en cette occasion, ce n'est pas seulement le témoignage de l'amie de Lasource ; c'est aussi, c'est surtout le soin qu'on a pris, dans le compte-rendu du procès, de tronquer et d'obscurcir ses paroles.

On sait qu'il mourut en philosophe, et l'abbé Lothringer dut reconnaître que le *penseur* de la Gironde ne se confessa pas ; la tentation catholique que de pieux souvenirs devaient rendre plus séduisante encore à cette âme déchirée par la calomnie, il l'écarta d'un geste, avec une vague profession de foi spiritualiste. Sur le chemin de la guillotine,

---

(1) IV, 330. Sur l'authenticité des mémoires de Brissot, M. Vatel (*Vergniaud*, I, LX) a élevé des doutes, qui disparaissent, selon nous, à la comparaison de cet écrit avec ceux qui sont sûrement de Brissot, et surtout à la lecture de ce passage des *Souvenirs* de miss William (p. 22) : « Madame Brissot m'en rendit elle-même le manuscrit, et j'en traduisis une portion en anglais, espérant par la vente de cet ouvrage faire quelque bien à ses enfants. Mais je ne sais par quelle fatalité la publication de l'ouvrage fut différée jusqu'à des temps où Brissot et la liberté n'étaient plus à l'ordre du jour. »

il resta, dit un témoin (1), « sérieux et pensif. Par moments un air de mécontentement obscurcissait son front ; mais on voyait qu'il pleurait la destinée de sa patrie, et non la sienne propre (2). »

CHAPITRE II.

CONDORCET.

I

L'autre théoricien de la Gironde fut Condorcet, qui n'eut ni l'influence ni le talent de parole de Brissot. S'il garde une place brillante dans l'histoire de la Révolution, c'est comme écrivain, comme penseur, comme membre des comités ; mais fut-il, à un degré quelconque, un orateur ? A coup sûr, il n'en avait pas les conditions physiques. Sa gaucherie, sa timidité proverbiales lui venaient, dit-on, de ce que, voué dans son enfance à la Vierge et au blanc, il avait porté des habits de fille jusqu'à l'âge de douze ans (3). Les railleries de ses camarades avaient rendu in-

(1) « Brissot was serious and thoughtful, and at times an air of discontent clouded his brow ; but it was evident that he mourned over the fate of his country and not his own. » *Letters of miss William*, p. 173.

(2) La veuve de Brissot vécut dans une fière indigence, et son nom ne se trouve même pas dans la liste des familles girondines qui, après thermidor, furent secourues comme victimes de la Terreur. Un de ses fils, élève de l'École polytechnique sous l'empire, refusa de prêter serment à l'empereur, se déclara républicain et donna sa démission. D'après miss William (*Souvenirs*, p. 24), il aurait dit : « Je suis bien jeune pour prononcer sur les matières politiques ; ce que je sais, c'est que mon père est mort sur l'échafaud pour la République, et je suis républicain. »

(3) *Biographie de Condorcet*, par Fr. Arago, tome Ier des *Œuvres*, p. 7. — « Sa timidité l'a toujours malheureusement éloigné de la tribune. » *Brissot à ses commettants*, p. 95.

curables sa méfiance et sa crainte du public. Avec cela, la faiblesse de ses poumons et l'altération générale de sa santé ne lui permettaient plus, dès 1791, de parler longtemps ni à toute heure (1). Habitué aux récitations académiques, il se tirait d'affaire, quand le soin de lire son manuscrit lui cachait la vue du public. Parlait-il sur des notes ou de mémoire ? la peur lui faisait alors précipiter son débit et rendait sa parole inintelligible, même aux plus exercés, même aux journalistes des tribunes (2). Quant à improviser, Condorcet n'y songeait même pas.

Sa parole n'a ni souffle, ni chaleur ; jamais il n'émeut ni ne s'émeut extérieurement. Dans toute la suite de ses harangues, il serait difficile de trouver un trait, une image, un mouvement qui touche le cœur ou ébranle l'imagination. Tout est gris dans ce style, tout est froid et abstrait, et à dessein. Cette nudité oratoire est, chez Condorcet, chose voulue, principe arrêté. Si les anciens cherchaient à émouvoir, c'est qu'ils parlaient à la multitude ; mais l'orateur moderne, qui s'adresse à une élite, doit faire à la raison des appels simples et précis, sans mettre en jeu ni sa propre sensibilité ni celle de ses auditeurs. « Démosthène (dit Condorcet), à la tribune, parlait aux Athéniens assemblés; le décret que son discours avait obtenu était rendu par la nation même, et les copies de l'ouvrage circulaient ensuite lentement parmi les orateurs ou leurs élèves. Ici nous prononçons un discours, non devant le peuple, mais devant ses représentants; et ce

---

(1) Diannyère, *Notice sur Condorcet*, an IV, p. 29. — Cependant Condorcet était encore dans la force de l'âge quand il fut élu à l'Assemblée législative : il avait 48 ans.

(2) Ainsi le rédacteur du *Journal des débats et des décrets* dit de son opinion du 25 octobre 1791, sur les émigrants : « La rapidité avec laquelle il l'a prononcée nous a empêché de la saisir ». — Si le *Logographe* reproduit ce discours avec un grand détail, c'est sans doute qu'il avait reçu communication du manuscrit de Condorcet.

discours, répandu par l'impression, a bientôt autant de juges froids et sévères qu'il existe en France de citoyens occupés de la chose publique. Si une éloquence entraînante, passionnée, séductrice, peut égarer quelquefois les assemblées populaires, ceux qu'elle trompe n'ont à prononcer que sur leurs propres intérêts ; leurs fautes ne retombent que sur eux-mêmes. Mais des représentants du peuple, qui, séduits par un orateur, céderaient à une autre force qu'à celle de leur raison, trahiraient leur devoir, puisqu'ils prononcent sur les intérêts d'autrui, et perdraient bientôt la confiance publique, sur laquelle seule toute constitution représentative est appuyée. Ainsi cette même éloquence, nécessaire aux constitutions anciennes, serait, dans la nôtre, le germe d'une corruption destructive. Il était alors permis, utile peut-être d'émouvoir le peuple. Nous lui devons de ne chercher qu'à l'éclairer (1). »

Eclairer le peuple sans l'émouvoir! Convaincre une assemblée politique, la Législative, la Convention, les Jacobins, en ne parlant ni au cœur ni à l'imagination, à une époque de foi et d'enthousiasme! Cette idée fausse explique comment un homme, né croyant et enthousiaste, est resté impassible et froid, en apparence, chaque fois qu'il a parlé. Voilà pourquoi rien ne palpite plus aujourd'hui dans ses discours.

Mais les contemporains l'écoutaient avec plus de plaisir que nous ne le lisons. Il ne parut guère à la tribune sans exciter une attention presque religieuse, et il est rare qu'il en soit descendu sans applaudissements, sans ovation. C'est que son caractère et sa vie éclairaient sa figure un

---

(1) Rapport et projet de décret sur l'organisation générale de l'instruction publique, présentés à l'Assemblée nationale par Condorcet, au nom du comité d'instruction publique, les 20 et 21 avril 1792, ap. Œuvres de Condorcet, VII, 474.

peu terne et transfiguraient sa voix. On ne pouvait voir et entendre sans émotion, sans attendrissement, cet apôtre de l'humanité. Un de ses collègues a bien interprété l'admiration intime que presque tous nourrissaient pour lui : « Il est impossible, dit Paganel, que tout homme juste, s'il a bien connu Condorcet, ne le distingue pas de tous ces prétendus philosophes et de ces littérateurs vaniteux qui se jetèrent dans la Révolution comme dans une carrière de fortune et de gloire, persuadés que les chances heureuses seraient le partage de l'esprit et des talents ; je dirai plus, parmi les savants illustres, parmi les personnages de tout ordre et de toute fonction, qui se dévouèrent aux travaux et aux risques d'une réformation généreuse des mœurs et des lois, qui saluèrent le jour où les États généraux furent convoqués, comme le premier d'une ère nouvelle, aucun ne se présenta plus pur de tout intérêt, plus libre de tout préjugé, plus étranger à toutes les intrigues, plus inaccessible à toute passion, que le modeste Condorcet. Il apportait en tribut à sa patrie qu'il adorait, à l'humanité qu'il aimait davantage encore, le caractère le plus ingénu, la raison la plus perfectionnée, et un désintéressement si naturel et si peu réfléchi qu'il était moins en lui une vertu qu'une idée simple (1). » Et à Barère, un de ses proscripteurs, la vérité arrache cet hommage : « Depuis Socrate, il n'y eut pas de philosophe plus bienfaisant, plus tolérant, plus ami de l'humanité, et protecteur de ses droits (2). »

Arago a expliqué cette admiration des contemporains, et consacré de son autorité indiscutable les titres scientifiques du mathématicien que l'Académie des sciences admit à vingt-six ans. L'ouverture d'esprit et la hauteur d'imagination de l'auteur du *Plan d'instruction publique* et de l'*Esquisse des progrès de l'esprit humain* devraient-elles

(1) *Essai historique et critique*, II. 279.
(2) *Mémoires*, IV, 165.

être contestées, même par la prévention religieuse ? Quant au caractère de Condorcet, on a vu ce que Paganel et Barère en pensaient. Et cependant, au fort de la lutte, ce philosophe fut éclaboussé, calomnié par la malveillance et la médiocrité. Quand, après le 20 juin, il se rallia à l'idée républicaine, Goupil de Préfeln, à la tribune de la Constituante, l'appela *un homme investi d'une réputation obtenue je ne sais comment, et décoré du titre d'académicien* (1). Sa probité politique n'est pas moins méconnue : Mme Roland écrit à Bancal, le 1er juillet 1791 : « Condorcet n'est pas sans mérite, mais c'est un intrigant. » Dans l'*Ami du peuple* du 15 septembre 1791, Marat exprime la crainte que les électeurs ne nomment un « Condorcet, tartufe consommé sous le masque de la franchise, adroit, intrigant, qui a le talent de prendre des deux mains, et fourbe sans pudeur, qui veut allier les contraires, et qui, sans rougir, eut le front de débiter au Cirque son discours républicanique, après avoir rédigé si longtemps le journal du club ministériel. » Enfin, dans une causerie (écrite, il est vrai, en 1851), à propos des pages d'Arago sur l'ancien membre de l'Académie des sciences, Sainte-Beuve reprend et envenime ces insinuations calomnieuses et présente Condorcet sous les traits d'un rhéteur intrigant (2).

Mais le critique était trop pénétrant pour ne pas démêler la raison de l'attitude un peu équivoque que cet honnête homme parut prendre en certaines occasions, et on sent qu'il l'a démêlée quand il dit : « Condorcet avait, je l'accorde, la passion et la *religion du bonheur du genre humain* ; cela ne suffit pas. Il devait ne pas imiter ces grands-prêtres à qui il en voulait tant, et ne pas se dévouer à faire prévaloir sa religion aux dépens de la justice. »

(1) Discours du 15 juillet 1791, sur les manifestations républicaines.
(2) *Causeries du Lundi*, tome III. Cf. Biré, *La légende des Girondins*, pass., et aussi Buchez, XII, 24, 360.

Sainte-Beuve ne se montra pas toujours aussi sévère pour les capitulations de conscience. Mais est-il vrai que Condorcet ait trahi la justice pour *sa religion* ? N'est-il pas plus équitable de dire que, dans la poursuite de son noble dessein, il changea sans scrupule d'instrument et de voie, essayant d'abord de plier la monarchie à ses idées, comme l'avait tenté son ami Turgot, puis, quand la monarchie se déroba, s'appuyant sur la république, qu'il avait toujours secrètement aimée ? Il suivit donc une route compliquée et changea de camp pour servir, non ses intérêts personnels, mais son idéal. Avant le 20 juin, il est, comme la plupart des patriotes, monarchiste ; le club de 89 le compte parmi ses membres, et il rédige le journal de ce club. Mais quand la royauté abdique par la fuite à Varennes, il passe, non en déserteur, mais en logicien, à la république ; il est avec Bonneville et Fauchet, et il prononce, au Cercle social, un discours républicain. Dès lors, sa réputation est en proie aux injures des partisans de la cour. Avant la fuite à Varennes, il est, pour le royaliste André Chénier, un homme « qui depuis vingt ans n'a cessé de bien mériter de l'espèce humaine, par nombre d'écrits profonds destinés à l'éclairer et à défendre tous ses droits (1) » : depuis qu'il s'est rapproché des républicains, « les vices et les bassesses de son âme l'ont redescendu au niveau ou même au dessous de ces misérables (2). »

On le voit : si Condorcet fut traité d'intrigant par les beaux esprits rétrogrades, c'est surtout, c'est uniquement parce qu'il quitta, lui académicien, lui gentilhomme, la monarchie pour la république. On ne lui pardonna pas non plus d'être descendu dans la mêlée, et d'avoir combattu pour la révolution, comme un simple soldat, dans la

---

(1) *Œuvres en prose* d'André Chénier, p. 20.
(2) Ib., p. 309.

Chronique de Paris. « Ses attaques étaient d'autant plus dangereuses, dit Etienne Dumont, qu'elles avaient un ton de finesse, de bienséance, de calme, qui faisait plus d'impression sur la société que les insultes virulentes de Brissot et des Jacobins (1). » En réalité, ce rêveur n'était pas doux, et il empoisonna plus d'une fois les traits qu'il lança aux aristocrates et aux Feuillants. Ceux-ci se vengèrent en l'appelant le *mouton enragé* (2).

Son flegme n'était qu'apparent : *Condorcet*, disait d'Alembert, *est un volcan couvert de neige.* « En effet jamais on n'a eu l'extérieur si froid et l'âme plus ardente; dans sa jeunesse, il avait aimé jusqu'à vouloir s'ôter la vie ; dans la suite, il a été l'ami constant de Voltaire, de Turgot, de d'Alembert; l'amour et l'amitié ont toujours eu des droits sur son cœur ; à la fin, il paraissait n'être tourmenté que par une passion plus dominante encore, celle du bonheur de l'humanité ; mais il ne songeait jamais à sa femme et à sa fille sans répandre des larmes (3). »

II

On ne songe ici ni à juger Condorcet, ni à expliquer son œuvre. On veut seulement indiquer pourquoi, au défaut de sa parole, sa personne seule était éloquente, quand il apparaissait à la tribune. C'est que les contemporains voyaient vivre en lui l'esprit de Diderot et de l'Encyclopédie, la doctrine grandiose de l'indéfinie perfectibilité de l'homme, le plus pur et le plus fécond de la philosophie du

---

(1) *Souvenirs sur Mirabeau*, p. 391.
(2) Ibid.
(3) Diannyère, p. 42. — Ses fâcheries même (il était irascible) n'altéraient pas en lui l'enthousiasme affectueux. « Connaissez-vous, lui disait un jour Diannyère, les détails de la brouille de Diderot et de Rousseau ? — Non; mais Diderot était le meilleur des hommes ; et, quand on se brouillait avec lui, on avait toujours tort. — Mais, vous ?.... — J'avais tort. » Ibid., p. 44.

xviiie siècle. — Quand Don Juan, dans Molière, fait l'aumône par *amour de l'humanité,* il semble prévoir la religion de Diderot et de Condorcet. Mais Diderot, occupé à détruire la superstition théologique, n'eut pas le temps de tracer le plan d'une religion de l'avenir. Cette religion, Condorcet en esquisse les principaux traits ; elle ne sera pas surnaturelle, mais humaine ; elle résidera dans une synthèse des vérités démontrées (1), le lien qui unira l'humanité sera un lien purement scientifique. L'amour aussi rapprochera les hommes : par là, on s'accorde avec le bon Fauchet, dont on se séparera bientôt quand en lui on découvrira, sous le philosophe, le prêtre.

Pour Condorcet, un plan de gouvernement, c'est un plan d'instruction publique (2). La science détachera peu à peu le peuple de l'antique superstition. Celle-ci ne pénétrera pas dans l'école, sous quelque nom qu'elle se présente, même si elle se réclame de Jean-Jacques et si elle s'appelle la religion naturelle. L'instituteur public n'enseignera que la morale. Les enfants qu'on voudra instruire d'une religion particulière recevront cette instruction hors de l'école. Peu à peu les liens de la servitude intellectuelle tomberont d'eux-mêmes, et, comme on ne détruit que ce qu'on remplace, les religions seront vraiment détruites par la substitution progressive de la science au surnaturel (3).

(1) Est-il besoin de rappeler le savoir encyclopédique de Condorcet ? « Il avait tout lu et n'avait rien oublié ; il avait lu depuis les fabliaux jusqu'aux publicistes du onzième siècle ; depuis le roman du jour jusqu'au recueil de l'académie des belles-lettres : il lisait avec un égal plaisir Euler et l'Arioste, Hippocrate et Voltaire, les recherches sur la richesse des nations et la Nouvelle Héloïse.... » Diannyère, p 41.

(2) En juin 1793, déjà menacé d'arrestation, il préparait, avec Siéyès et Duhamel, un *Journal d'instruction sociale,* dont le prospectus a été réimprimé au tome XII des *Œuvres,* p. 605.

(3) *Œuvres,* VII, 485. — C'est par là qu'Auguste Comte et ses disciples procèdent de Condorcet. — Cf. *Les Eleuthéromanes par Diderot, avec un commentaire historique* [par le docteur Robinet], *Paris, A. Ghio,* 1884, in-12.

Condorcet est surtout préoccupé, au point de vue politique, de rendre les citoyens égaux par l'instruction : non qu'il veuille la même instruction pour tous, puisqu'il établit cinq degrés d'écoles, et n'admet dans les instituts et dans les lycées qu'une élite intelligente ; mais il veut que chaque citoyen reçoive un même *minimum* d'instruction qui le mette à même de développer ses facultés dans des conditions égales pour tous. Voilà l'égalité qu'il rêve et qu'il cherche à réaliser dans le projet de constitution qu'il présenta le 15 février 1793. Il s'y montre inquiet d'assurer aussi la condition de l'égalité, c'est-à-dire la liberté individuelle, et il l'assure par mille combinaisons plus ingénieuses que pratiques. Mais il sent que, dans cette période d'organisation, les liens qui unissent entre elles les diverses parties de la France doivent être plus serrés et plus solides : il combat les idées fédéralistes, et demande une centralisation forte. Il est aussi partisan d'une assemblée unique, et les *bicaméristes* n'ont pas de plus ardent adversaire. Ce gouvernement organisateur, dont il trace la figure, préparera, par l'école, le moment heureux où tous ayant conscience de leurs droits et de leurs devoirs, il n'y aura plus de populace.

Etait-il Girondin ? « Tout le bien que les Girondins pouvaient faire, dit un contemporain, Condorcet le fit avec eux. Il est innocent de tout le mal qu'ils ont causé, soit par ambition, soit par erreur. Il était consulté sans doute, surtout par les Gensonné, par les Guadet, etc. ; mais c'était un simple hommage qu'ils rendaient à ses lumières, à sa réputation. Il désapprouva leur conduite, à l'égard de Marat. Le triomphe obtenu sur ce misérable adversaire humilia le philosophe. — L'imperturbable jugement de Condorcet et le calme de son âme irritaient les passions fougueuses des chefs de son propre parti. Son esprit méthodique pesait les probabilités, lorsque déjà leur présomption les avait poussés aux entreprises les plus hasardeuses. Ils interrogeaient la raison de Condorcet, lorsque déjà leur orgueil avait rendu tout conseil inutile (1). »

Il ne partagea pas les rancunes et les défiances de Mme Roland. Personnellement, il ne rompit jamais avec la Montagne, au moins avec les Dantonistes. Il est notoire qu'il prêcha la réconciliation avec Danton (2), pour lequel il avait de l'estime et de la sympathie. Le culte de Diderot et des encyclopédistes formait entre ce penseur et cet homme d'action un lien intellectuel. A son insu, Danton réalisait une partie de ce que rêvait Condorcet; et Condorcet écrivit, au moment même où il se dérobait à la proscription, un éloge ému de Danton (3). Quoiqu'il n'aimât pas Robespierre, il tâcha de prévenir la brouille funeste de la Gironde avec cet homme dangereux, et, dans la *Chronique* du 31 octobre 1792, il blâma en ces termes la philippique de Louvet : « Louvet avait demandé la parole pour accuser Robespierre ; et comme il est bien difficile que tout ce qui émeut les passions n'attire pas l'attention des hommes rassemblés, parce que telle est la nature de l'homme, l'orateur a pu se livrer à tous les ressentiments (la plupart bien justes sans doute) dont son âme était pénétrée. On ne dira rien aujourd'hui de ce discours, sinon qu'il a paru préparé de manière à laisser des impressions malheureusement trop durables dans l'esprit d'un grand nombre d'auditeurs, et à faire déplorer aux autres les funestes effets des passions particulières. Ce n'est pas de tout cela dont la chose publique a besoin. » Et il se plaisait à dire aux Girondins : « Je tâche que chaque parti s'occupe de lui un peu moins, et de la chose publique un peu plus (4). »

(1) Paganel, *Essai historique et critique*, II, 222.
(2) Diannyère, p. 33.
(3) Dans ce *Fragment de justification* qu'il interrompit, à la requête de sa femme, pour écrire son *Esquisse des progrès de l'esprit humain*. Œuvres, I, 602.
(4) Diannyère, p. 43.

III

Quoiqu'ils ne l'écoutassent guère, ils aimaient à se mettre à l'abri derrière ce grand nom, à s'attribuer cette gloire pure, et, dans les occasions solennelles, à choisir comme porte-parole l'illustre ami de Voltaire et de Turgot. C'est ainsi qu'ils donnèrent à Condorcet, à la Législative et à la Convention, un rôle d'apparat; c'est ainsi qu'ils firent rédiger par lui, le 29 décembre 1791, un projet de déclaration à l'Europe. Condorcet y faisait dire au peuple français que, forcé de faire la guerre, il la ferait pour sa défense et sans désir de conquêtes; il la ferait aux rois, et non aux peuples:

« La nation française ne cessera point de voir un peuple ami dans les habitants des territoires occupés par les rebelles et gouvernés par des princes qui les protègent. Les citoyens paisibles dont ses armées occuperont le pays ne seront point des ennemis pour elle: ils ne seront pas même ses sujets. La force publique, dont elle deviendra momentanément dépositaire, ne sera employée que pour assurer leur tranquillité et maintenir leurs lois. Fière d'avoir reconquis les droits de la nature, elle ne les outragera point dans les autres hommes; jalouse de son indépendance, résolue à s'ensevelir sous ses ruines plutôt que de souffrir qu'on osât ou lui dicter des lois ou même garantir les siennes, elle ne portera point atteinte à l'indépendance des autres nations. Les soldats se conduiront sur un territoire étranger comme ils se conduiraient sur le territoire français, s'ils étaient forcés d'y combattre. Les maux involontaires que ses troupes auraient fait éprouver aux citoyens seront réparés. L'asile qu'elle ouvre aux étrangers ne sera point fermé aux habitants du pays dont les princes l'auront forcé à les attaquer, et ils trouveront dans son sein un refuge assuré. Fidèle aux engagements pris en son nom, elle se hâtera de les remplir avec une généreuse exactitude; mais aucun danger ne lui fera oublier que le sol de la France appartient tout entier à la liberté et que la loi de l'égalité y doit être universelle. Elle présentera au monde le spectacle nouveau d'une nation vraiment libre, soumise aux règles de la justice au milieu des orages de la guerre, et respectant partout, en tout temps, à l'égard de tous les hommes, les droits qui sont les mêmes pour tous. »

L'orateur reçut une ovation de l'Assemblée et des tribunes. « Chaque phrase de cette déclaration, dit le *Journal des débats et des décrets*, avait été suivie des plus vifs applaudissements. A la fin de la lecture qui en a été faite, l'enthousiasme n'avait plus de mesure, et des exclamations unanimes l'exprimaient à son auteur. »

C'est en cette qualité de rédacteur d'adresses ou de rapporteur des comités que Condorcet paraît le plus souvent à la tribune. Il composa successivement, sans compter son fameux rapport sur l'instruction publique : une *Adresse de l'Assemblée nationale aux Français* (16 février 1792); un *Projet d'une exposition des motifs qui ont déterminé l'Assemblée nationale, sur la proposition formelle du roi, à décréter qu'il y a lieu à déclarer la guerre au roi de Bohême et de Hongrie* (20 avril 1792); un *Rapport sur la pétition de la commune de Paris tendant à la déchéance du roi* (9 août 1792); une *Adresse et déclaration de l'Assemblée nationale sur le maintien de la tranquillité publique* (10 août); une *Exposition des motifs d'après lesquels l'Assemblée nationale a proclamé la convocation d'une Convention nationale et prononcé la suspension du pouvoir exécutif dans les mains du roi* (13 août 1792); enfin trois nouvelles adresses de l'Assemblée aux Français (19 août, 4 septembre, 19 septembre 1792). Ce sont de graves et nobles dissertations, mais dépourvues, comme nous l'avons dit, de mouvement, de trait, presque de tout caractère oratoire (1).

A la Convention (2), il parla peu. « Je ne sais quel corps administratif, disait Brissot, a, dans une adresse, reproché à Condorcet de garder le silence depuis huit mois : que ce corps députe quelqu'un qui ait le courage d'assister à une de nos séances, et il concevra ce silence. Non, Condorcet ne sait point la langue qu'on y parle (3). » Condorcet n'avait pas le dédain que lui prête Brissot ; mais il se sentait isolé et impuissant entre la Gironde et la Montagne. Il se consacra à l'élaboration du célèbre projet de constitution qu'il lut dans les séances des 15 et 16 février 1793.

IV

L'attitude de Condorcet, dans le procès de Louis XVI, étonna les contemporains. En novembre 1791, il contesta à la Convention sa compétence, tout en reconnaissant que le roi pouvait et devait être jugé. Il terminait en disant : « Depuis longtemps les rois ne sont que des hommes aux yeux de la raison ; et le temps approche où ils ne seront aussi que des hommes aux yeux de la politique. Mais le moment où les préjugés qui environnaient les trônes achèvent de disparaître, et où cependant l'influence des rois sur la destinée des peuples subsiste encore, doit être aussi le seul où il soit enfin possible et où il soit encore utile de

---

(1) Condorcet, qui présida les Jacobins du 2 au 16 novembre 1791, n'y prit la parole qu'une fois, le 19 juin 1792, pour s'y féliciter d'avoir décidé, le jour même, l'Assemblée législative à autoriser les départements à brûler les titres de noblesse qui se trouvaient dans les divers dépôts.

(2) Il représentait, à la Législative, le département de Paris, et celui de l'Aisne à la Convention, où l'avaient envoyé quatre autres collèges.

(3) *Brissot à ses commettants*, p. 17.

développer les droits qu'ont les peuples sur ces êtres entourés par l'erreur et la bassesse des fantômes de toutes les superstitions. C'est quand il n'y aura plus en Europe qu'un seul roi à juger, que son procès, devenu une cause ordinaire, ne méritera plus de fixer les regards des nations (1). »

Sur l'appel au peuple, il s'exprima ainsi, le 15 janvier: « Quand l'Assemblée aura prononcé la peine de mort, je voudrais que l'exécution fût suspendue jusqu'à ce que la constitution fût finie et publiée, et que le peuple eût alors prononcé dans ses assemblées primaires, suivant les formes que la constitution aura réglées; mais, étant consulté aujourd'hui, en vertu d'un décret, s'il doit y avoir appel au peuple ou non, je dis non. »

Sur la peine: « Toute différence de peine pour les mêmes crimes est un attentat contre l'égalité. La peine contre les conspirateurs est la mort. Mais cette peine est contre mes principes. Je ne la voterai jamais. Je ne puis voter la réclusion, car nulle loi ne m'autorise à la porter. Je vote pour la peine la plus grave dans le code pénal, et qui ne soit pas la mort. Je demande que la réflexion de Mailhe soit discutée, car elle le mérite (2). »

Le 19 janvier, à propos du sursis, il avoue avec sincérité

---

(1) *Œuvres de Condorcet*, XII, 303. — Peut-être ce discours ne fut-il pas prononcé : je n'en trouve aucune trace ni dans le *Moniteur* ni dans le *Journal des débats et des décrets*.

(2) Le compte-rendu du *Journal des débats et des décrets* ajoute quelques détails intéressants : « *Condorcet :* Toute différence de peine pour le même crime est un attentat contre la loi ; elle prononce la mort contre les conspirateurs ; mais mes principes me défendent de la prononcer contre qui que ce soit. Comme juge, je me réserve de prononcer la peine la plus grave, qui ne sera pas celle de la mort. Je demande que la réserve de Mailhe soit discutée : les considérations politiques peuvent nous déterminer à modifier le jugement. L'Assemblée était surprise. On a fait répéter à Condorcet quelques-unes de ses phrases. — Mais, lui demandait-on, quelle peine? — La peine de la loi, la plus sévère après la mort. » N° 124, p. 268.

ses incertitudes sur le parti à prendre. Quel qu'il soit, « ce parti exposera la patrie à de grands dangers. J'ai essayé de les peser, et j'avoue que je ne me suis pas senti la main assez ferme pour tenir cette balance. » Il y a cependant, dans l'exécution immédiate de Louis XVI, un danger évident : c'est que les rois exciteront les peuples contre nous, en nous traitant d'hommes sanguinaires. Si pourtant on veut passer outre, il faut faire de bonnes lois, qui montrent notre esprit de clémence. Ainsi on pourrait abolir la peine de mort, sauf peut-être, en matière politique, accélérer le jugement des détenus, établir l'adoption, assurer le sort des enfants illégitimes, détruire la loterie, supprimer la prison pour dettes, organiser l'assistance publique. Si la Convention porte ces lois clémentes, pourra-t-on lui reprocher la mort de Louis XVI? Tel est le sens du discours de Condorcet, dont l'impression fut votée, et qui, en fait, ôta quelques-uns de leurs scrupules à ceux qui hésitaient à voter contre le sursis (1).

Lui-même ne put se décider : il n'avait pas encore fini de peser le pour et le contre, quand vint son tour de se prononcer par un vote sur le sursis. Il ne vota ni oui ni non et déclara *qu'il n'avait pas de voix*. Royalistes et Montagnards virent dans cette abstention un acte de tartuferie, qu'ils reprochèrent aigrement à Condorcet. Je crois cependant que l'incertitude de ce philosophe ne fut pas jouée et qu'il resta honnête et loyal dans ses tergiversations. Il était trop pénétrant pour ne pas voir toute la complexité du problème que d'autres plus bornés ou moins sincères trouvaient facile à résoudre. Mais il faut avouer que ces oscillations étaient d'un philosophe, non d'un politique.

Nous avons vu qu'il se tint à l'écart, en 1793, et s'occupa

---

(1) Nous avons analysé ce discours important, que le *Moniteur* mutile, d'après le texte imprimé par ordre de la Convention. *Œuvres*, XII, 307.

à rédiger le projet de constitution. Ce projet ne venait pas à l'ordre du jour, malgré les efforts de son auteur, qui y voyait un remède aux maux de la France. Le 13 mai, il essaya de démontrer la nécessité de convoquer une nouvelle Convention nationale, dans le cas où la constitution ne serait pas finie dans un temps déterminé, et il déposa un projet de décret qui convoquait les assemblées primaires pour le 1er novembre, si la constitution n'avait pas été, à cette époque, soumise à l'acceptation du peuple. Mais les deux partis ne voulaient pas interrompre leur duel à mort. Un montagnard, Thuriot, repoussa cette motion comme insidieuse, et un girondin, Lasource, en fit voter l'ajournement.

Membre du comité de salut public depuis le 26 mars, il reprend un instant son ancien rôle de rédacteur d'adresses officielles : le 13 mai, il en rédige trois au nom de la Convention, l'une aux Corses, l'autre aux armées, la dernière aux rebelles de la Vendée.

Il ne fut pas inquiété au 31 mai (1) ; mais la chute de la Gironde fit disparaître ce projet de constitution sur lequel il fondait la régénération du peuple français. Quand la constitution montagnarde fut adoptée (24 juin), il la critiqua sans ménagement dans une adresse *aux citoyens français*. Chabot en prit texte pour demander, le 8 juillet, au nom du comité de sûreté générale, l'arrestation « de cet homme qui, parce qu'il a siégé à côté de quelques savants de l'Académie, s'imagine devoir donner des lois à la République française. » Décrété le 3 octobre avec les Girondins, il écrivit à la Convention une lettre fière, où il protestait sans daigner se défendre : « Je ne m'abaisserai point, dit-il, à faire l'apologie ni de mes principes ni de ma con-

---

(1) Il vota, avec la Montagne, pour le maintien de la suppression des Douze. Mortimer-Ternaux, VII, 304.

duite; je n'en ai besoin ni pour la France, ni pour l'Europe (1). »

Il faut lire, dans l'éloquente notice de F. Arago, le récit, tour à tour terrible et touchant, de la retraite, de la fuite et du suicide de Condorcet. Nous arrêtons ici ces quelques remarques sur un homme qui ne fut pas éloquent à la tribune, mais qui s'y fit applaudir et admirer par le prestige de son caractère et de sa vie. Pris en eux-mêmes, ses discours n'ont donc rien d'oratoire, et le style n'en est agréable qu'à un lecteur patient et reposé. Mais les contemporains se sentaient émus de voir et d'entendre ce glorieux représentant de la libre philosophie, ce compagnon d'armes des plus grands précurseurs de la Révolution : à ces lèvres hésitantes et froides étaient suspendues et l'Assemblée et la France et même l'Europe, anxieuses de savoir comment l'ami de Voltaire, de d'Alembert et de Turgot jugeait la Révolution. Lui cependant jouissait intérieurement de son rôle d'apôtre de la religion humanitaire. « Témoin d'horreurs, de crimes, d'injustices, il s'en consolait en contemplant le bonheur des générations futures et en sentant sans doute qu'aucun homme de son siècle n'y aurait plus contribué que lui (2). »

(1) Œuvres, XII, 683.
(2) Diaunyère, p. 19.

LIVRE V

VERGNIAUD ET LES GIRONDINS PROPREMENT DITS

Le département de la Gironde fut représenté à la Législative par Barennes, Ducos, Gensonné, Grangeneuve, Guadet, Jay, Journet-Aubert, Lacombe, Lafon-Ladebat, Sers, Servière et Vergniaud, et à la Convention par Bergoing, Boyer-Fonfrède, Deleyre, Ducos, Duplantier, Garraud, Gensonné, Grangeneuve, Guadet, Jay, Lacaze et Vergniaud. On voit que, sauf Fonfrède, tous les orateurs de cette députation célèbre firent partie des deux Assemblées. Vergniaud, Guadet et Gensonné formèrent un trio illustre, qui laissa dans l'ombre les autres Bordelais, quoique Ducos, Fonfrède et Grangeneuve se fussent distingués à la tribune en plusieurs occasions. Les autres se turent, même Sers, qui, à la Législative, eut de l'influence sur ses amis; même Deleyre, l'ami de Jean-Jacques; même Bergoing et Lacaze, décrétés au 2 juin. Jay et Garraud, tous deux francs montagnards, ne parlèrent presque jamais.

Il faut étudier, en premier lieu, l'éloquence de Vergniaud, avec le détail que demandent et l'importance d'un orateur que l'opinion rapproche de Mirabeau et la nouveauté des documents qu'a réunis le zèle pieux de M. Vatel et dont la critique n'a pas encore tenté l'interprétation et la synthèse (1).

(1) Recherches historiques sur les Girondins : Vergniaud, manuscrits, lettres et papiers, pièces pour la plupart inédites, classées et annotées par C. Vatel. *Paris, Bordeaux et Limoges*, 1873, 2 vol. in-8.

CHAPITRE PREMIER.

LA JEUNESSE ET LE CARACTÈRE DE VERGNIAUD.

I

Pierre-Victurnien Vergniaud naquit à Limoges, le 31 mai 1753 (1). Par son père et sa mère, dit son neveu M. Alluaud, il appartenait à l'ancienne bourgeoisie du Limousin. « Sans posséder une grande fortune, le père de Vergniaud jouissait d'une honnête aisance, qu'il augmentait avec le produit de ses entreprises (2). » Comme fournisseur des armées du roi, il se trouvait en relations avec l'intendant de la province, Turgot, qui se prit d'amitié pour le petit Vergniaud et l'admit souvent à sa table. L'enfant avait reçu dans la maison paternelle une éducation soignée, sous la direction d'un Jésuite instruit, l'abbé Roby, ami de la famille, homme versé dans les langues anciennes et auteur d'une traduction limousine, en vers burlesques, de l'*Enéide* de Virgile. Vergniaud entra bientôt au collège de Limoges, et il était en troisième, d'après une tradition, quand « une fable que le jeune élève avait composée fit pressentir au célèbre administrateur quel serait un jour son talent (3). » Lorsqu'il eut terminé avec succès ses cours de mathématiques et ses humanités (4), Turgot lui procura une bourse

---

(1) Cf. son acte de baptême, ap. Vatel, I, 174. Avant la découverte de cet acte, on faisait naître Vergniaud en 1758 ou en 1759. C'est la Biographie Rabbe (1836) qui a donné pour la première fois la date exacte.

(2) Notice sur Vergniaud écrite vers 1842 par M. François Alluaud, son neveu ; Vatel, *Vergniaud*, 1-14.

(3) Biographie Rabbe. — Cf. Vatel, I, 178.

(4) *Éloge de Vergniaud*, par Genty de la Borderie (1809), cité par Vatel, *ibid*.

au collège du Plessis, où lui-même avait fait ses études. Ce bienfait vint d'autant plus à propos qu'à ce moment-là le père de Vergniaud eut de grands revers de fortune. La disette de 1770 à 1771 le ruina complètement, en l'empêchant de tenir ses engagements comme fournisseur des vivres du régiment de cavalerie en garnison à Limoges. Il dut vendre tout ce qu'il avait, « et ne se réserva pour toute ressource que quatre maisons, sur lesquelles la fortune de sa femme était assise. La valeur de ces maisons représentait à peine le montant des dettes qui restaient encore à payer (1). »

Cet événement changea la destinée du jeune Vergniaud. Après avoir fait sa philosophie au collège du Plessis, où il retrouva son compatriote Gorsas, il dut songer à une carrière où la pauvreté ne fût pas un obstacle, et il entra au séminaire, probablement au séminaire de Saint-Sulpice. Mais la vocation lui manqua, comme elle avait manqué à Turgot lui-même. Il ne put se dévouer à porter toute sa vie un masque sur le visage (2), et renonça bientôt à l'état ecclésiastique. « Je l'ai pris, écrivait-il à son beau-frère, sans savoir ce que je faisais ; je l'ai quitté parce que je ne l'aimais pas (3). »

C'est probablement en 1775 qu'il faut placer la sortie de Vergniaud du séminaire. Il pouvait espérer que son protecteur, alors ministre, lui donnerait les moyens de gagner honorablement sa vie. On sait seulement que Turgot le présenta à Thomas, chez lequel il connut, en 1778, M. Dailly, directeur des vingtièmes, qui lui donna une place de surnuméraire dans ses bureaux, avec la promesse d'une recette en Limousin. Mais il perdit bientôt cette

---

(1) Notice de Fr. Alluaud.
(2) Expression de Turgot rappelée par Vatel, I, 181. — Cf. P. Foncin, *Essai sur le ministère de Turgot*, p. 10.
(3) Lettre du 1er janvier 1780.

place, dont les occupations lui étaient antipathiques, dit son neveu, et, n'osant avouer la vérité, il inventa un prétexte, dont sa famille connut bientôt la fausseté. Il fit alors présenter à son père, par son beau-frère, ses excuses et ses regrets, mais du ton embarrassé d'un homme qui ne veut pas tout dire. « Quelque chose qu'on ait pu dire à mon père sur ma conduite, ce ne sont certainement pas les plaisirs qui m'ont détourné de mon devoir (1). » Et il se blâme d'avoir reculé l'instant où il ne sera plus un fardeau pour son père. « C'est assez d'en être un pour moi-même; je suis accablé par une mélancolie qui m'ôte l'usage de mes facultés. J'ai beau faire mes efforts pour la cacher aux yeux de ceux que je vois : elle reste toujours. Je vis par convulsion, et mon cœur partage rarement la fausse joie qui se peint sur ma figure. Vous voyez que je vous parle avec franchise. Je vous dévoile un caractère qui n'est pas fort aimable, mais qui, j'espère, ne changera pas vos sentiments (2). »

Est-ce un Obermann qu'il faut voir dans ce jeune homme de 26 ans, à la mélancolie pesante, au rire convulsif? Sans doute on distinguera plus tard, en 1793, sur

---

(1) Corr. ap. Vatel, I, 22.
(2) La correspondance de Vergniaud, trop souvent sèche et insignifiante (il s'y montre gêné pour plus d'un motif, nous donne rarement autant de lumière sur l'état intime de son âme. Ce sont trop souvent des excuses, des prières, des remerciements à sa famille ou à ses protecteurs : ce n'est presque jamais l'épanchement d'un cœur qui se livre. On y sent la contrainte d'un caractère fier que les circonstances ont rendu dépendant d'un beau-frère, ou la honte d'un grand garçon auquel sa famille reproche, avec l'acrimonie provinciale, de n'avoir pas su se faire une carrière. Quand il a traité sommairement les sujets pénibles, il se jette sur les choses du jour, sur la politique, le théâtre, les nouveautés littéraires, pour remplir ses quatre pages et s'acquitter d'un devoir. Les lettres à ses amis avaient sans doute une autre couleur, quoiqu'il écrivît moins qu'on ne le faisait en ce siècle épistolier. Ce que pouvait être cette correspondance plus libre, nous le devinons par l'accent profond des aveux que nous venons de citer.

sa figure si noble, une ombre de tristesse vague et presque philosophique. Mais, en 1779, cet échappé de séminaire rime de petits vers faciles et riants, et semble plus préoccupé de la vie mondaine que de sa propre psychologie. Peut-être faut-il voir, dans ce cri douloureux, un écho d'un sentiment plus vrai et plus profond que ceux dont il faisait le sujet de ses madrigaux. En tout cas, de 1779 à 1780, Vergniaud passa par une crise morale, au sortir de laquelle il sentit la stérilité et le vide de ses années de jeunesse. Il rougit d'être encore à la charge des siens (1), et revint à Limoges en février 1780, repenti et confus, mais sans état et sans dessein. « Son beau-frère, dit M. Alluaud, le surprit un matin improvisant un discours. Etonné de la facilité de son élocution : Que ne prends-tu donc l'état d'avocat, lui dit-il, si tu te sens les dispositions nécessaires pour y réussir ? — Je ne demanderais pas mieux, répond Vergniaud ; mais comment subvenir à ma dépense jusqu'à ce que je sois en état de plaider ? — Je t'aiderai. Et cette réponse de son beau-frère décida de son avenir. »

Il alla aussitôt faire son droit à Bordeaux, et, en août 1781, il était avocat. Le voilà sauvé grâce au bon Alluaud, grâce à Dupaty qui l'avait connu à Paris chez Thomas, et qui, nommé président à Bordeaux, se l'attacha comme secrétaire, aux appointements de 400 livres. Il fit plus, il révéla Vergniaud à Vergniaud lui-même, et, par ses écrits élevés, par sa conversation supérieure à ses écrits, animée de la belle philosophie humaine du xviiie siècle, il élargit le cœur et il féconda l'esprit de celui qui n'était encore qu'un versificateur et qui, à Bordeaux même, s'était rappelé au souvenir de son protecteur par un compliment en vers.

(1) Vergniaud n'avait qu'une sœur, plus âgée que lui et mariée à M. Alluaud, alors ingénieur-géographe du roi. C'est M. Alluaud qui envoyait à Vergniaud l'argent nécessaire à son entretien.

Oui, quelque chose de la haute bonté de Dupaty a passé dans le génie de Vergniaud, et ce n'est pas la moindre gloire de ce disciple de Montesquieu, littérateur secondaire et oublié, mais philanthrope admirable, d'avoir préparé et nourri l'éloquence du plus grand des Girondins.

II

Vergniaud plaida sa première cause le 13 avril 1782. Ce n'était pas sans impatience qu'il avait subi tant de délais, abrégés cependant par la faveur de Dupaty. « Je ne vous cache point, écrivait-il à son beau-frère dès le 13 juillet 1780, que l'habitude d'entendre plaider tous les jours me donne une envie démesurée de me mettre en mesure d'entrer le plus tôt possible en lice. » Quand enfin il *entre en lice*, quand il a parlé, il se sent orateur et ne peut contenir sa joie. « Enfin, mon cher frère, j'ai plaidé ce matin... » Il a eu des succès ; presque tous les avocats lui ont fait compliment, et M. Dupaty l'a loué. Dès lors sa fortune s'annonce.

Il ne renonça pas cependant encore à ces exercices de versification qui avaient si souvent charmé sa paresse, et, la même année, il publia dans le *Mercure de France* une *Epître aux astronomes*, signée *Vergniaud, avocat au Parlement de Bordeaux*, badinage en vers libres, à la gloire de deux jolies femmes, Henriette et Nancy. Ce sont, dit le poète, deux astres plus agréables à observer que ceux du firmament : allons les surprendre dans le bocage où elles se cachent :

> Là, regardez à travers l'ombre
> Scintiller ces deux yeux fripons,
> Et sur ces cols si blancs flotter ces cheveux blonds ;
> C'est en vain que la nuit est sombre :
> Quand on est éclairé du flambeau de l'amour,
> On voit la nuit comme le jour.

Il ne quitta cette veine médiocre qu'une fois député. Jusqu'en 1791, la littérature l'occupe autant que le barreau. Il est membre de cette brillante académie du Musée qui avait organisé des cours publics et des récitations. En 1790, il s'en sépare avec éclat, pour fuir l'intolérance des ultra-royalistes, et il fonde, avec Ducos, Fonfrède et un certain Furtado, un cercle littéraire qu'on appela ironiquement le *comité des quatre*. Mais Guadet, Gensonné et d'autres patriotes s'adjoignirent bientôt à Vergniaud et se groupèrent autour de lui. C'est le noyau de la future Gironde, qui se trouve ainsi avoir une origine littéraire, dont elle gardera toujours la marque. Les membres du Musée firent des vers satiriques contre les transfuges. Vergniaud riposta par des épigrammes assez gaies, mais sans grande portée (1).

En pleine maturité, à 37 ans, le goût littéraire de Vergniaud n'était ni très pur ni très élevé. Dans ses papiers, saisis en 1793 et conservés à la bibliothèque de Bordeaux, il y a tout un cahier d'extraits poétiques, dont beaucoup sont copiés de sa main et qui dénotent les préférences les plus frivoles. On voit aussi qu'il tenta d'écrire un roman par lettres, une comédie, une bergerie. Mais ce ne sont que des esquisses à peine ébauchées (2). Une autorité sérieuse (3) lui prête un roman en deux volumes : *Les amants républicains ou les lettres de Nicias et de Cynire*, qui parut en 1783 et qu'on attribue aussi à J.-P. Béranger de Genève. Il est probable que Vergniaud y collabora dans une certaine mesure, mais comme réviseur et correcteur du style : le fond, qui est une allusion continuelle à la révolution de Genève, ne peut être que d'un Génevois. On y trouve quel-

---

(1) Chauvot, p. 522.
(2) Vatel, I, 193.
(3) Celle de M. Lingaud, camarade d'enfance de Vergniaud. M. Vatel a discuté minutieusement cette question, I, 195-205.

ques descriptions de la nature, assez notables à cette date où Bernardin de Saint-Pierre n'avait pas encore paru, mais moins originales que ne le croit M. Vatel, puisqu'elles sont très postérieures aux écrits de Jean-Jacques. De l'emphase, de la fadeur, avec quelque tendresse dans les sentiments, un style coloré, tel est le caractère de cette œuvre médiocre, qui, si Vergniaud y a touché, n'ajoute rien à l'idée que ses vers nous avaient donnée de sa littérature.

Ainsi, ce grand orateur, en ses velléités littéraires, ne montra aucune originalité, aucune inspiration un peu virile. Alors que Mirabeau et Brissot abordaient dans leurs écrits les problèmes économiques, et que la plupart de ceux qui devaient briller après 1789 préparaient déjà, chacun dans son milieu, la révolution, Vergniaud, indolent et gracieux, se laissait aller à la mode, et vivait en bel esprit, content de ses succès mondains à Paris et ne semblant pas écouter la voix sourde, mais déjà perceptible, de la nation qui se réveillait.

III

Nous touchons là au trait dominant de ce caractère, à une apathie que les circonstances seules pouvaient secouer. Pour ce tempérament mou, penser était une fatigue, une lutte. Il préférait rêver.

Regarder couler l'eau, quel plaisir ineffable!

Ainsi débutait une pièce de vers composée par lui à Bordeaux et adressée à la famille Desèze. Un jour il arriva chez ses amis, à la campagne, avec un gros porte-manteau. « Qu'avez-vous là ? lui demanda Mme Desèze. — Des dossiers qu'il me faut étudier ces vacances, répond Vergniaud. Huit jours après, il faisait ses préparatifs de départ.

— Mais vous n'avez pas délié vos paperasses, lui dit Mme Desèze. — Vergniaud tire de sa poche deux écus : « J'ai encore six livres, répond-il : me croyez-vous assez sot pour travailler (1) ? » Le procureur Duisabeau racontait aussi « que, destinant un jour deux affaires importantes au jeune avocat, il se rendit dans son cabinet, et lui donnait une idée du premier procès, lorsque Vergniaud, qui bâillait depuis un instant, se lève, va ouvrir son secrétaire, et, s'apercevant qu'il lui reste encore quelque argent, engage le bienveillant procureur à s'adresser à un autre (2). »

M. Vatel croit que les contemporains prirent pour de la somnolence un travail constant et conscient de méditation intérieure. Les esprits distingués qui jugèrent Vergniaud ont-ils pu commettre cette méprise grossière ? Mme Roland regrette qu'il lui manque « la ténacité d'un homme laborieux. » Etienne Dumont l'appelle « un homme indolent, qui parlait peu et qu'il fallait exciter (3). » Meillan dit : « Il me fallut un jour réveiller son amour-propre par des duretés, pour l'engager à combattre je ne sais quelle proposition atroce qui venait d'être faite à la tribune (4). » Paganel prétend que la paresse *était son Armide* (5). Louvet s'écrie dans ses mémoires : « Digne et malheureux Vergniaud, pourquoi n'as-tu pas plus souvent surmonté ton indolence naturelle (6) ? » Enfin Bailleul ajoute un trait de

(1) Chauvot, p. 98.
(2) Ibid. — M. Vatel (II, p. 82) a contesté avec animation l'authenticité de ces deux anecdotes, mais sans donner d'autre raison que le désir manifesté par Vergniaud dans ses lettres d'avoir le plus de causes possible. Mais Vergniaud veut faire plaisir aux siens par cet étalage d'activité. D'autre part, M. Vatel n'a pas fait la part de la plaisanterie et de la boutade dans les réponses de Vergniaud à Madame Desèze et à Duisabeau : sérieusement dites, elles seraient sottes.
(3) *Souvenirs*, p. 389. Cf. p. 408.
(4) Meillan, p. 99.
(5) *Essai historique et critique*, I, 453.
(6) Ed. Didot, p. 244. — Mme Ducos écrit à son mari, le 4 octobre 1791 : « Vergniaud est-il toujours enrhumé et paresseux ? L'air de Paris n'est pas fait, je crois, pour l'indolence. » Archives, W 292, n° 204, pièce 3.

plus : « Après un admirable discours, il retombait dans son apathie accoutumée ; il musait, jouait avec les petits enfants de Boyer-Fonfrède, et le moins enfant des trois n'était pas celui qu'on pensait (1). » Pour tout le monde, il est l'indolent Vergniaud.

Il faut entendre par là qu'il ne travaillait que par accès, quand la nécessité brutale dissipait ses rêveries (2), quand il se sentait touché au vif par une injustice ou éperonné par un danger. Alors les admirables facultés, qui sommeillaient en lui, entraient brusquement en jeu ; sa torpeur se secouait d'elle-même (3) ; il pensait fiévreusement et vite ; il faisait beaucoup en peu de temps. C'était comme une crise qui se dénouait à la tribune. Quand il en descendait, on retrouvait le Vergniaud des jours ordinaires, apathique, indulgent, plus fataliste encore qu'imprévoyant, sans haine des personnes, sans crainte des événements. Il assistait au drame de la révolution comme un spectateur dans son fauteuil. L'effarement, la trépidation de ses amis le laissaient calme. Il fut imperturbable au 10 mars, prêt à s'offrir pour le gouffre au 31 mai. Quand ce fut son tour d'aller mourir, il se leva froidement de sa place et se laissa emmener, en continuant je ne sais quel rêve commencé.

Ainsi, nul ne fut plus actif que lui dans les moments où il préparait ses discours et où il les débitait ; nul ne fut plus insouciant dans les nombreux entr'actes

(1) Ap. Vatel. I, XVI. Henri Fonfrède (*Œuvres*, IX, 65) se souvient d'avoir joué avec Vergniaud, il avait alors cinq ans.
(2) Nous avons vu que Vergniaud écrivait peu de lettres, contrairement aux habitudes de son temps : cela explique sa réponse hyperbolique à ceux qui dénonçaient sa correspondance : « Je n'écris jamais de lettres. » *Séance du 3 avril* 1793.
(3) « Il vivait au jour le jour, sans ambition et sans envie ; le devoir et le sentiment pouvaient seuls le tirer de ces dispositions apathiques ; mais qu'il était beau alors ! il était sublime. Etranger à toutes les intrigues, il leur opposait une indolence épicurienne qui témoignait combien il leur était supérieur. » Harmand (de la Meuse), *Anecdotes*, p. 80.

de sa vie politique. Son tempérament ne le portait ni à diriger ni à prévoir. Son rôle lui semblait être de parler à la tribune : quand il ne parlait plus, il se considérait comme un acteur dans la coulisse, et il regardait jouer les autres, sans souffler et sans applaudir, comme si sa tâche était finie. Voilà pourquoi les nombreux efforts de son génie et ses « cent trente discours » ne le préservèrent pas de l'accusation de paresse : il la méritait en partie par les trop nombreux congés qu'il donnait à son activité.

Mais, sans ces congés, qui l'empêchèrent en effet d'être un homme d'Etat, son éloquence aurait-elle eu la même puissance, la même fraîcheur ? Si l'historien doit lui reprocher ces abdications volontaires, qui nuisirent à son parti et à la révolution, le critique littéraire doit-il essayer de les nier ou de les pallier ? N'est-ce pas l'originalité de Vergniaud que cette tension subite de son génie, après de si complètes détentes ? Cet homme qui se réveille comme d'un songe pour faire entendre tout à coup une éloquence élevée et poétique et qui à la tribune, comme s'il rejetait loin de lui par un brusque effort tous les éléments un peu lourds de sa nature, devient sublime et terrible, sait exciter la colère et l'amour, mène à son tour cette tragédie qu'il écoutait tout à l'heure en spectateur, et dont il est maintenant premier rôle, n'a-t-il pas donné à ses contemporains, par la magie même d'une telle métamorphose, des jouissances intellectuelles qu'ils auraient vainement demandées à un autre orateur ?

N'ôtons donc pas son indolence à Vergniaud : elle fait partie de son génie et de sa gloire ; elle est la condition même de son éloquence. Admettons seulement que cette indolence n'était pas tout à fait oisive, qu'un travail latent s'opérait dans son âme à son insu, pendant qu'il regardait *couler l'eau*, et que cette secrète préparation aux luttes oratoires, analogue à cette vie intérieure de la nuit qui nous rend le lendemain nos idées de la veille plus nettes et plus fortes, était d'autant plus féconde que lui-même n'en avait nulle conscience. Aussi quand, le jour venu, il ouvrait en lui les sources mystérieuses de son inspiration, elles se trouvaient toutes remplies, et il y puisait à pleines mains les grandes idées, les belles formes, toute la matière de son éloquence. Pendant qu'il rêvait ou qu'il badinait, son œuvre s'était comme cristallisée d'elle-même au plus profond de son être.

De même, il voyait les événements sans les regarder ; et lui qui se piquait de n'être pas observateur, recevait et gardait en lui des notions nettes et justes des hommes et des choses de son temps. Quoique son activité, pour ainsi dire, extérieure fût absorbée dans sa jeunesse par des soucis frivoles, il respirait à son insu la philosophie du temps, et il se formait en lui une expérience, qu'il ne dirigea pas, mais qui se trouva nourrie et prête la première fois qu'il eut à s'occuper de politique. Quand il écrit de Bordeaux à sa famille, le 6 mai 1780, qu'il ne peut donner de nouvelles, *étant des plus ignorants en politique*, il faut entendre par là qu'il n'aimait pas à s'enquérir et que le menu détail lui déplaisait. Mais il était pénétré jusqu'au fond, sans qu'il s'en doutât peut-être, des généreuses colères qui fermentaient alors dans le cœur du peuple. A-t-il à plaider, en 1790, pour des paysans contre leur ancien seigneur ? il lui échappe la peinture de l'état de la France en 1790 la plus philosophique qu'aucun écrivain de cette époque nous ait laissée.

C'est donc un caractère complexe et, je crois, mal compris. D'autres traits, plus apparents néanmoins, ont été méconnus ou exagérés. On a vu en lui un épicurien, un viveur. Rien, dans sa correspondance, ne révèle chez Vergniaud des vices même élégants. Tout indique une bonne santé morale et physique, une gaîté sociable. S'il écrit à son beau-frère, en 1789, qu'il craint de perdre une de ses causes, il ajoute : « Nous nous consolerons en buvant du Saint-Emilion (1). » Bailleul nous l'a montré jouant avec les enfants de Fonfrède. « Dis à Vergniaud, écrit Mme Ducos à son mari, qu'il n'oublie pas la jolie chanson de *Nanette-Nanon*, parce qu'elle servira à endormir notre enfant (2). » Il n'avait nul pédantisme, nulle morgue, mais plutôt la fantaisie d'un artiste. Il arrange mal ses affaires ; ses dettes le poursuivent toute sa vie ; en juillet 1792, il ne sait comment payer son boulanger (3) ; président de l'Assemblée législative, il vit en étudiant pauvre. De sa probité scrupuleuse, il ne faut rien dire. Les hommes de la Révolution n'étaient pas seulement probes ; ils étaient, en matière d'argent, d'une délicatesse presque naïve. Ce n'est pas seulement vrai de Vergniaud, mais aussi de Marat, de Robespierre, de Billaud, de presque tous. Quand le père de Vergniaud mourut, il laissa des dettes considérables que son fils dut payer et dont il ne paraît pas avoir pu s'acquitter complètement. Sa pauvreté ne vient donc pas uniquement de sa nonchalance.

Comment se comportait-il sur l'article des femmes, dirait Sainte-Beuve ? Il les aima (4) ; et nous avons vu, par une de ses lettres, qu'il connut peut-être la passion. Mais il faut avouer que nous ne savons rien de précis là-dessus, et oublier les belles pages de Lamartine et de Michelet sur ses amours avec Sophie Candeille et sa collaboration à la

---

(1) Vatel, I, 130.
(2) Lettres inédites de Madame Ducos, 9 janvier 1792.
(3) Lettre du 31 juillet 1792.
(4) « Aimable et très aimable avec les dames, dit précieusement son collègue Harmand, il n'a tenu qu'à lui d'être complètement ce qu'on appelle à Paris un homme à bonnes fortunes : mille prétextes tirés des circonstances lui procuraient tous les matins un cercle qui pouvait le disputer à celui du lever de Vénus. » *Anecdotes*, p. 80.

Belle fermière. Non, la comédienne n'est pas responsable, devant la postérité, des distractions et des absences reprochées à l'orateur par ses amis : il est à peu près prouvé qu'elle ne lui a jamais parlé (1). — On a retrouvé, dans le dossier des Girondins, des lettres de femme adressées à Vergniaud : elles sont tendres et assez gracieuses. Une personne qui signe E... remercie le conventionnel, alors prisonnier chez lui, de l'avoir choisie pour *l'objet de ses distractions politiques* (2). Ce sont liaisons légères et fragiles, qui n'altérèrent pas son génie oratoire.

Il avait le culte de l'amitié et il eut des amis passionnés. Ducos et Boyer-Fonfrède, beaucoup plus jeunes que lui, se disaient ses élèves et le regardaient comme un père. Ils voulurent mourir pour lui et avec lui.

Ses deux qualités éminentes étaient la franchise et la modestie. Baudin (des Ardennes), dans son éloge officiel des Girondins, montre « ce Vergniaud si modeste, si parfaitement étranger à toute intrigue, dont il ignorait les routes tortueuses... » Sa franchise paraîtra dans sa carrière politique. Sa modestie était peut-être un peu défigurée par son attitude distraite et songeuse; mais elle frappait ceux qui savaient observer, et elle éclate dans ses lettres.

Tel était Vergniaud, grand cœur, esprit supérieurement doué, caractère apathique, n'agissant que par intervalles et comme par crise. De manières affables et gaies, il aimait le monde, la littérature frivole, et cependant une gravité méditative était au fond de lui, et on a raison de le représenter dans une attitude rêveuse. Ses contemporains nous ont laissé peu de détails sur son physique. « Il n'était pas beau à voir, dit Rousselin de Saint-Albin ; mais il était divin

---

(1) Cf. sa brochure en réponse à un article de la Biographie Michaud (1817) où se trouvait le germe de cette légende. Vatel, II, 210.
(2) Vatel, ibid.

à entendre (1). » M. Chauvot, qui a interrogé les contemporains, dit que, dans la foule, il n'eût arrêté les regards de personne : sa figure était sans expression, sa démarche languissante (2). Mais Harmand (de la Meuse), son collègue, affirme que « sa physionomie, plutôt laide que belle, respirait l'esprit et la bonté (3). »

Il y a de nombreux portraits de Vergniaud. Le plus authentique est un dessin à la plume et à l'encre de Chine par Labadye et reproduit par M. Vatel. Il justifie le mot de Rousselin : « Vergniaud n'était pas beau à voir. » Et pourtant l'artiste a représenté l'orateur souriant d'un sourire un peu mélancolique, et il a mis dans ses yeux quelque animation. Le front est assez haut et renversé en arrière ; le nez et le menton un peu forts, la figure usée, presque ridée. On dirait d'un homme de cinquante ans de tempérament maigre. L'ensemble laisse une impression confuse et peu satisfaisante (4). Il est évident que l'artiste a voulu montrer le véritable et intime Vergniaud sous le Vergniaud apparent et quotidien ; mais ces deux hommes différaient trop pour qu'on pût les fondre en une même image.

A la tribune, ce physique se transformait. La carrure

(1) Vatel, I, LXV.
(2) *Le Barreau de Bordeaux*, p. 97.
(3) *Anecdotes*, p. 82.
(4) M. Vatel, qui a donné une iconographie complète de Vergniaud, signale aussi un petit buste en terre cuite, œuvre de Houdon ou de Pajou, qui fut sculpté d'après nature à la fin de mai 1793, et qu'on a faussement attribué au fils de Dupaty. C'est l'original de la statue de Cartellier, qui est maintenant au musée de Versailles, et du dessin de Maurin, dans la collection Delpech. « Vergniaud est représenté, dit M. Vatel, avec une chevelure épaisse et ondulée ; il est frisé à une seule boucle, très basse ; les cheveux sont séparés sur le derrière de la tête en fer à cheval et liés par une queue en cadenette, le front découvert, renversé en arrière, le nez déprimé au milieu et se relevant au bout, les lèvres un peu proéminentes, le menton accentué ; l'expression générale de la physionomie n'est ni celle reproduite par Cartellier, ni même celle de Maurin ; elle se rapproche beaucoup plus du dessin à la plume de Labadye, avec lequel elle est en plein accord. »

un peu lourde ne semblait que robuste ; les larges épaules n'étaient plus massives, mais majestueuses. « Alors il portait la tête haute ; ses yeux noirs, sous des sourcils proéménents, se remplissaient d'éclat : ses lèvres épaisses semblaient modelées pour jeter la parole à grands flots (1). » Ajoutons « que le son de sa voix, d'une rondeur pleine, sonore et mélodieuse, saisissait l'oreille et allait à l'âme. » Son geste, calme, réservé au début, était large et noble (2).

CHAPITRE II.

SON ÉDUCATION ORATOIRE.

I

Comment Vergniaud se prépara-t-il à l'éloquence politique ? Il n'eut certes pas, nous le savons déjà, l'éducation oratoire d'un Mirabeau. Il n'était pas curieux, et il laissa plutôt l'expérience venir à lui qu'il ne la provoqua. Toutefois, il ne faut pas se le représenter comme un ignorant. Il avait fait de bonnes études classiques. Il avait lu Montesquieu et le possédait, comme tous les Français instruits en 1789 (3). Si ses tentatives poétiques ne lui avaient pas appris grand'chose, ses relations mondaines lui avaient fait connaître les hommes. Mais il manquait, sur presque toutes les questions économiques, de connaissances précises, et il y avait, dans son bagage intellectuel, des lacunes

---

(1) Chauvot, p. 97.
(2) Harmand (de la Meuse), *Anecdotes*, p. 80, et Chauvot, *ibid*.
(3) Ch. Nodier prétend qu'il lisait aussi « le philosophe Delisle de Salles, dont la pompe un peu artificielle n'exclut, dans ses bons écrits, ni une vraie majesté, ni une solide éloquence ». *Souvenirs de la Révolution*, I, 271.

notables. Son instinct lui faisait sentir son insuffisance, et le portait à préférer les idées générales aux faits (1), et à user en toute occasion de cette philosophie généreuse et vague qu'il devait à quelques lectures et à beaucoup de rêverie. En toutes circonstances, il comptait sur son génie, sur les rencontres heureuses de son imagination. Il n'avait travaillé sérieusement qu'une partie de l'éloquence, la forme, et il était devenu un artiste habile. Encouragé par les applaudissements du prétoire de Bordeaux, il avait pris une confiance presque naïve dans l'infaillibilité de sa rhétorique.

Il y a des traces de préciosité et de mauvais goût dans ses premiers plaidoyers, comme dans ses essais poétiques. « On m'accuse, fait-il dire à une fille accusée d'infanticide, on m'accuse d'avoir flétri le printemps de mes jours, d'avoir cédé au désir de devenir mère avant qu'un nœud sacré eût légitimé ce désir et que la religion l'eût épuré aux autels de l'hymen. Que dis-je ? on m'accuse, non pas d'avoir perdu toute pudeur, outragé la vertu, offensé la religion ; je ne suis pas seulement une marâtre injuste et cruelle ; je suis un monstre, l'horreur de l'humanité ! On m'accuse d'avoir porté des mains parricides sur le fruit de mes débauches, de lui avoir donné pour sépulture des lieux immondes qu'on ose à peine nommer, d'où il a été tiré ensuite par des animaux que la voracité appelait dans ce cloaque pour y chercher leur pâture. » C'est ainsi que Vergniaud parlait vers l'âge d'environ trente ans. Quatre ans plus tard, plaidant contre un homme qui avait voulu enlever, de nuit, des bestiaux séquestrés, il est encore subtil et prétentieux. « S'ils vous appartenaient, dit-il, dévelop-

---

(1) « On le vit peu s'occuper des intérêts particuliers sur lesquels l'Assemblée eut à se prononcer : les grandes questions d'Etat, celles des grands intérêts publics et des principes de la justice distributive étaient seules dignes de l'occuper. » Harmand (de la Meuse), *Anecdotes*, p. 86.

pez-nous les causes de cet enlèvement furtif, que vous méditiez, les motifs de cette extraordinaire générosité par laquelle vous cherchiez à séduire le gardien d'une marchandise dont vous auriez été le propriétaire ? *N'aimez-vous à jouir que dans les ténèbres?* »

Il se corrige peu à peu de ces traits qui rappelaient trop l'*Almanach des Muses* ou les récitations du Musée. Il est déjà meilleur contre la sœur Sainte-Colombe, qui voulait hériter malgré ses vœux (26 août 1789), quoiqu'un peu déclamateur encore quand il la montre « ne levant plus qu'une de ses mains vers le ciel, laissant tomber l'autre sur les faux biens qui ont réveillé son ambition ». Mais ceci est émouvant : « Voici ce que j'ai à vous répondre : vous avez servi Dieu : Dieu vous récompensera. Vous n'avez pas servi le monde : le monde ne fera rien pour vous. Vous n'avez rien fait pour votre patrie, votre famille : votre patrie, votre famille ne vous doivent rien. Vous avez travaillé pour une patrie céleste : ses trésors seront votre héritage. Les droits des individus sont sacrés ; ceux de la société le sont aussi : leurs devoirs sont mutuels et réciproques : qui les enfreint ne doit pas exiger qu'on les observe. Vous avez vu autour de vous la mort frapper ce que vous aviez de plus cher : vos parents, vos amis, votre mère, et cet oncle qui laisse une si grande succession. Vous ne les avez jamais soulagés dans les peines de la vie, vous ne les avez point assistés dans les angoisses de la mort, vous n'avez point pleuré sur leur tombe ! Vous vous présentez maintenant pour recueillir leur dépouille : si vous n'êtes pas morte civilement, leur cendre s'indigne de vos prétentions. Retournez donc dans les bras de la religion... »

On peut déjà pressentir l'orateur politique dans ce mouvement si ample. Mais c'est en 1790, dans un plaidoyer pour des paysans soulevés contre leur ancien seigneur, que tout son génie parait et s'élève assez haut pour interprêter les passions des misérables et des ignorants, étonnés d'être libres et grisés de cet air nouveau.

A Alassac (Corrèze), le 23 janvier 1790, le jour de la promulgation de la loi municipale, des jeunes gens, après la messe, avaient démonté et brûlé le banc des seigneurs et celui des officiers de justice qui s'élevaient encore vis-à-vis de l'autel. La loi martiale est aussitôt proclamée en français devant une foule qui ne comprend que le patois : la cavalerie de la maréchaussée charge les paysans, qui se dispersent en laissant des morts. Arrivent les gardes nationales de Brives. L'un d'eux, Durieux, s'étonne qu'on n'ait pas brûlé le château d'où était parti l'ordre sanglant : « Quoi ! dit-il, pour de misérables bancs on a tué nos frères, et l'on n'a pas mis le feu au château ! » A la vue d'un cadavre abandonné sur du fumier, sa sensibilité s'exalte. Ecoutons le récit de Vergniaud: « Il est, si j'ose ainsi parler, dans le délire de l'humanité. *C'en est trop*, dit-il, *il faut venger nos frères, il faut raser le château.* Ces exclamations de désespoir sont entendues par le sieur Grivel. Il représente à Durieux combien elles peuvent devenir funestes : et aussitôt, soldat soumis et fidèle, Durieux se tait. Il dévore sa douleur en silence ; on le mène dans un cabaret pour dîner, mais son cœur est encore oppressé. Abîmé dans ses réflexions déchirantes, il refuse de prendre aucune nourriture. Un citoyen d'Alassac veut le calmer : il lui parle de quelques effets pillés par les paysans qui ont été tués. Durieux répond : *Ces pertes se réparent* ; *mais les hommes ne se réparent point.* Un marchand se plaint de ce qu'on est entré dans son magasin, où il prétend qu'on a commis beaucoup de dégâts. Durieux est indigné de ces froids calculs de l'intérêt. *Vous regrettez*, dit-il, *du soufre, des étoffes, des épiceries ; je vous montrerai des boutiques où l'on vend de tout cela : indiquez-m'en une où l'on vend des hommes !* »

Après le départ de la garde nationale, le château est,

non brûlé, mais saccagé. Le prévôt de Tulle condamne deux paysans à être pendus, pour s'être trouvés dans l'attroupement et pour *être violemment soupçonnés d'avoir voulu tirer des coups de fusil sur les cavaliers de la maréchaussée*. D'autres, et en grand nombre, sont prévenus. Durieux lui-même est arrêté. Tous vont subir le même sort, quand les Amis de la Constitution de Brives font porter à l'Assemblée constituante, par un des leurs, Désailleux, une adresse en faveur des paysans. Un décret ordonne de surseoir à l'exécution de tout jugement prévôtal emportant peine de mort, et renvoie l'affaire de Durieux et consorts devant le tribunal du district de Bordeaux. Quand Désailleux revint de Paris, les partisans de l'ancien régime le tuèrent. C'est dans ces circonstances que Vergniaud plaida pour Durieux et les paysans d'Alassac.

Il commença par se moquer de l'hypocrisie de ceux qui s'indignent des secousses provoquées par l'établissement du nouveau régime. C'est pour les malheurs des aristocrates qu'ils réservent leurs larmes ; aux deuils du peuple, leurs yeux restent secs. Vergniaud tire d'heureux effets du spectacle de cette égalité créée tout d'un coup par la Révolution entre le noble et le paysan. Celui-là, surtout le hobereau de village, en frémit de honte; celui-ci devient familier ou insolent. On ne sait de quoi les nobles souffrirent davantage, de l'incendie de leurs châteaux, ou de ces manières nouvelles du paysan émancipé. Ainsi, pourquoi veut-on la tête du garde national Durieux ? Parce qu'il a parlé de brûler le château ? sans doute, mais surtout parce qu'il n'a pas ôté son chapeau à la dame de Lissac, parce qu'il a dit au sieur de Lissac : *Nous sommes tous égaux: monsieur est Lissac comme moi je suis Durieux.*

Enfin Vergniaud dégagea, avec autant de poésie que de vérité, la philosophie de ces temps troublés : « Tandis que l'on se rassemblait avec ordre dans les villes, il arriva que, dans beaucoup de campagnes habitées par la misère et l'ignorance qui la suit, on *s'attroupa* plutôt qu'on ne se réunit. On se rendait à des assemblées tumultueuses, armé de mauvais fusils et plus souvent de fourches et de bâtons. On courait en foule, sans chef, sans plan d'attaque ou de défense, au devant d'un ennemi fantastique : ces marches animaient le courage ; le désordre même des mouvements semblait accélérer le développement de l'énergie. L'instinct de la liberté agitait avec force ces hommes rustiques, aussi près de la nature par la simplicité de leurs mœurs qu'étrangers à nos constitutions sociales par le peu de cas qu'on y avait fait d'eux. Avec le sentiment confus de leurs forces, se réveilla dans leurs cœurs celui des grandes oppressions dont ils avaient été les victimes. Ils foulèrent, en frémissant d'indignation, cette glèbe qu'ils avaient si longtemps arrosée de leurs sueurs et de leurs larmes. Leurs regards se portèrent, avec la sombre inquiétude du ressentiment, sur ces châteaux superbes où si souvent ils étaient venus s'avilir par de honteux hommages, et d'où, plus d'une fois aussi, les caprices de l'orgueil, les attentats d'une cupidité toute-puissante, les ordres arbitraires et les vexations de tout genre s'étaient répandus comme des torrents dévastateurs sur les campagnes désolées... D'une autre part, on affectait de laisser les malheureux paysans dans la plus profonde ignorance des décrets de l'Assemblée nationale, ou du moins on les abandonnait à toutes les fausses interprétations qu'on devait attendre de leur inhabitude à réfléchir. Jamais on ne s'était occupé de verser sur eux le bonheur ; on dédaignait de leur porter la lumière. »

Quoique les succès de Vergniaud au barreau eussent été réels, quoiqu'on l'eût applaudi plus d'une fois, contrairement à l'usage (1), il n'était pas, comme avocat, en posses-

(1) C'est lui-même qui nous l'apprend dans sa correspondance, ap. Vatel, I, 115, 129, 135.

sion de l'incontestable autorité qu'il exercera comme orateur. Nous avons entendu celui-là même qui devait demander la proscription du Girondin à la tête des sections de Paris, le fougueux Rousselin, déclarer qu'il était *divin à entendre*. Les Bordelais furent plus réfractaires à son éloquence, et il résulte du jugement porté par l'auteur du *Barreau de Bordeaux*, d'après les traditions locales, qu'à Bordeaux on trouvait les artifices de Vergniaud un peu trop visibles, et que les malveillants affectaient de voir en lui un charlatan. « Rhéteur admirable, dit M. Chauvot, *simulant à merveille la conviction la plus profonde*, Vergniaud tient surtout sa supériorité de la faculté qu'il possède de parler avec l'imagination le langage du cœur. Esprit plus étendu que juste, esprit poétique, enrichi par de sérieuses études et par la contemplation des beautés de la nature, qui eurent toujours pour lui tant de charmes, il devait au calcul, bien plus qu'à l'inspiration, ces formes éloquentes par lesquelles il excellait à rendre sa pensée : de là ces emprunts fréquents à l'histoire, à la mythologie, où il moissonnait avec bonheur ; de là encore ce calme qui ne l'abandonne jamais, cette parole élégante et châtiée. On sent que son cœur s'échauffe rarement ; mais, par une puissance que la nature a départie à peu d'hommes, il paraît que l'enthousiasme le plus vrai illuminait ses traits et voilait les combinaisons de son art. Aussi, quand la cause intéressait Vergniaud, son plaidoyer devenait-il un drame, et un drame joué par un merveilleux acteur (1). »

Qu'il y eût du rhéteur dans cet avocat, il n'en faut pas disconvenir ; mais c'était un rhéteur sincère. Ce qui donnait le change aux Bordelais, c'était le contraste qu'ils remarquaient entre le flegme ordinaire de Vergniaud et sa véhémence à la barre. Ce changement à vue leur semblait

---

(1) P. 99.

une comédie. Ils se trompaient, je crois : Vergniaud ne se masquait ni ne se grimait en revêtant la toge ; il montrait un côté de sa nature que le public ne pouvait connaître. Il était réellement *autre* quand il parlait, aussi naturel et aussi sincère dans sa surexcitation des grands jours que dans son apathie quotidienne.

II

Mais ce n'est pas seulement au barreau que Vergniaud put se préparer à l'éloquence politique. En 1790, les électeurs de la Gironde l'appelèrent à l'administration du département, où il soutint, comme membre du Conseil, les mesures les plus libérales. C'est surtout aux Jacobins de Bordeaux qu'il préluda à son rôle futur d'orateur et de rédacteur de manifestes. Sa politique est alors d'interpréter la constitution dans le sens libéral (1), mais de s'y tenir, et, dans les questions religieuses, d'étaler une orthodoxie qui n'altéra en rien l'indépendance de ses opinions intimes.

MM. Chauvot et Vatel ont dépouillé les procès-verbaux du club de Bordeaux et donné les extraits des principaux discours de Vergniaud. On voit qu'en 1791, plus artiste qu'homme de parti, il professait pour Mirabeau une admiration presque idolâtre, quoique celui-ci déviât visiblement de la ligne populaire. Mais, dans un voyage à Paris, il avait entendu l'orateur, et vu en lui le dieu de l'éloquence. Il rêvait déjà de l'imiter, et en effet il l'imitera plus d'une fois. Le 7 février 1791, il décida les Jacobins de Bordeaux à commander au peintre Boze le portrait de Mirabeau (2), et, le 17 avril, en qualité de président, il pro-

---

(1) Après la fuite à Varennes, il n'hésita pas, dans une adresse à la Constituante, à demander la mise en jugement du roi.
(2) Vatel, II, 90. Peut-être est-ce là l'origine des relations des Girondins avec Boze.

nonça un éloge funèbre du grand tribun, où je relève des indications curieuses sur l'idéal oratoire qu'il se proposait dès lors.

Pour lui, le génie est tout. Racontant le duel de tribune que la discussion sur le droit de paix et de guerre avait amené entre Barnave et Mirabeau, il admire si fort l'exorde de celui-ci, qu'il s'aveugle sur la faiblesse et sur le peu de sincérité de ses arguments : il n'admet pas que tant d'éloquence puisse avoir tort (1). A ses yeux, le vrai politique est avant tout un poète. N'est-ce pas son rôle futur qu'il trace à grands traits dans ce portrait de l'homme de génie ? « Il embrasse, dans sa pensée bienfaisante, tous les temps, tous les lieux, tous les hommes. Il n'est borné ni par la mer, ni par les montagnes. Les siècles futurs sont tous en sa présence, et il ne craint pas de régler leurs destinées. Quand il a posé les principes généraux, il en fait découler les principes secondaires.... » (P. 24.)

Ce n'est pas seulement, pour Vergniaud, une théorie politique, de poser d'abord les principes ; ce sera la forme même de son argumentation oratoire. L'amour des idées générales amène la pompe du style, et le Girondin loue précisément, dans Mirabeau, cette qualité dangereuse qui sera plus d'une fois l'écueil de son propre talent, « qui garantit la précision, dit-il, d'une sécheresse fatigante, qui embellit la raison, qui donne un coloris magique à la plus aride discussion et qui fait jeter un voile séducteur jusque sur les écarts d'une éloquence dominée quelquefois par la fougue du patriotisme. » (P. 26.)

Ce *coloris magique* et ce *voile séducteur* seront précisé-

(1) *Éloge funèbre d'Honoré Riquetti-Mirabeau prononcé le 17 avril 1791, dans une séance publique de la société des Amis de la Constitution, par M. Vergniaud, président de la société*, Bordeaux, in-8° de 31 pages. — A la suite de ce discours, on a imprimé un dithyrambe, lu à la même séance par P.-H. Duvigneau et intitulé : *Aux mânes de Mirabeau*.

ment les artifices de Vergniaud, tour à tour agréables et fatigants. Il aime à orner ses sentiments les plus vrais. Sincèrement ému à l'idée de louer publiquement Mirabeau, pourquoi dit-il qu'il s'est senti *frappé d'un saisissement religieux ?* Camille Desmoulins avait raconté avec son cœur la mort du grand homme. Vergniaud fait un récit d'écolier : « Mirabeau.. c'est en vain que sa patrie l'appelle, il ne l'entend plus : celui qui invita l'univers à porter le deuil du génie tutélaire de l'Amérique, parvenu lui-même au faîte de la gloire, vient de tomber à son tour au milieu de l'univers en pleurs. Mirabeau !... il est mort. » (P. 31.) Le citoyen P.-H. Duvigneau s'était écrié dans la même séance :

> Où va ce peuple en désespoir ?
> D'où naissent cet effroi, ces publiques alarmes ?....

Vergniaud ne resta pas en arrière. Sur ce thème : « Mirabeau méritait les honneurs du Panthéon », voici comment il brode : « Mais que vois-je ? Un temple auguste s'élève vers les cieux : il est le chef-d'œuvre des arts. J'approche pour admirer et je lis : *Aux grands hommes la patrie reconnaissante.* Ah ! c'est un élysée qu'elle a créé pour ceux qui la rendirent heureuse. » Suit tout un développement selon les rouerics de la rhétorique scolaire : P.-H. Duvigneau n'a pas fait mieux.

Il était temps, on le voit, que Vergniaud fût appelé sur un plus vaste théâtre, et quittât cette école bordelaise. Il avait besoin d'aller respirer l'air de Paris : il n'y perdra pas toute sa rhétorique. mais il deviendra plus difficile sur le choix de ses artifices, et d'ailleurs le sentiment du danger, en élevant son âme, épurera son goût. Il trouvera, lui aussi, le plus pur de son éloquence, non dans ses recettes compliquées, dont il est trop fier, mais dans son patriotisme qui lui inspire déjà, dans l'éloge de Mirabeau, cette parole simple et vraie : « Si, comme lui, nous voulons mourir avec gloire, il faut, comme lui, consacrer notre vie au bonheur de la patrie et à la défense de la liberté. » (P. 5.)

III

Le 31 août 1791, Vergniaud fut nommé à l'Assemblée législative, le quatrième sur douze, avant Guadet, Gensonné et Grangeneuve (1). Les députés de la Gironde partirent ensemble dans la même voiture publique. « Un témoin fort respectable, dit Michelet, nullement enthousiaste, Allemand de naissance, diplomate pendant cinquante ans, M. de Reinhart, nous a raconté qu'en septembre 1791 il était venu de Bordeaux à Paris par une voiture publique qui amenait les Girondins. C'étaient les Vergniaud, les Guadet, les Gensonné, les Ducos, les Fonfrède (2), etc., la fameuse pléiade en qui se personnifia le génie de la nouvelle assemblée. L'Allemand, fort cultivé, très instruit des choses et des hommes, observait ses compagnons, et il en était charmé. C'étaient des hommes pleins d'énergie et de grâce, d'une jeunesse admirable, d'une verve extraordinaire, d'un dévouement sans bornes aux idées. Avec cela, il vit bien vite qu'ils étaient fort ignorants, d'une étrange inexpérience, légers, parleurs et batailleurs, dominés (ce qui diminuait en eux l'invention et l'initiative) par les habitudes du barreau. Et, toutefois, le charme était tel qu'il ne se sépara pas d'eux. Dès lors, disait-il, je pris la France pour patrie, et j'y suis resté (3). »

Cette ardeur des Girondins, si poétiquement dépeinte par

---

(1) Vatel, II, 95.
(2) C'est une erreur : Fonfrède ne fit pas partie de la Législative.
(3) *Histoire de la Révolution*, livre VI, chap. Ier.

Michelet, se montra dès les premières séances de cette Assemblée composée d'hommes nouveaux et obscurs, qui se regardaient entre eux avec curiosité et inquiétude. Ce fut la députation de la Gironde qui rompit la glace, commença la bataille parlementaire et inaugura la tribune, établissant du coup son autorité sur l'Assemblée. Le 5 octobre, Grangeneuve et Guadet ouvrent le feu, à propos du mode de correspondance entre le roi et le pouvoir législatif. Vergniaud prend deux fois la parole pour soutenir ses amis (1). C'est dans cette séance qu'on rendit le décret agressif sur le cérémonial avec lequel il convenait de recevoir le roi. Le rapport de ce décret, demandé le lendemain, fut combattu par Vergniaud en un petit discours fort applaudi. Le 7 octobre, il est nommé membre de la députation chargée d'aller au-devant du roi. Le 17, il est élu vice-président. Le 25, il prononce un grand discours sur la question des émigrés. Le voilà définitivement en scène. Il a la confiance et la sympathie de l'Assemblée. Désormais, sa biographie se confond avec l'histoire de la Révolution, et ce serait nous écarter de notre but que de suivre pas à pas la carrière de Vergniaud. Examinons plutôt la matière de ces discours, c'est-à-dire sa politique; nous citerons ensuite des exemples de son éloquence, et nous étudierons sa méthode.

CHAPITRE III.

SA POLITIQUE EN GÉNÉRAL.

Quand nous avons parlé de la politique des Girondins, nous n'avons pas caché que nous signalions seulement

(1) *Journal des débats et des décrets*, p. 4 et 5.

quelques traits de ressemblance entre des hommes fort divers et qui n'obéissaient ni à un chef, ni presque jamais à un dessein concerté. Or, ce parti sans discipline ne comptait peut-être pas de membre plus indiscipliné que Vergniaud. Si la Gironde était fière de le posséder, il lui appartenait moins, dit Paganel, « par sa propre ambition et par ses opinions politiques que par les sentiments de l'honneur, que par une sorte de fraternité d'armes (1). » Il vit à l'écart avec Fonfrède et Ducos, tous deux à demi-montagnards. Gensonné, on l'a vu, parle, au tribunal révolutionnaire, de réunions de « quelques patriotes » qui auraient eu lieu chez Vergniaud. Mais aucun contemporain ne confirme cette déposition, peut-être arrangée après coup dans le *Bulletin* du Tribunal, dont ce ne serait pas le seul mensonge. Les ennemis des Girondins avaient intérêt à leur prêter un concert qui leur manquait, et à cacher l'indépendance de Vergniaud et son isolement relatif qui l'eussent lavé trop visiblement de l'accusation de conspirer. Il n'allait guère chez Valazé ni même chez Mme Roland. Il n'était donc ni un chef de parti ni même un homme de parti ; et Brissot, disculpant ses amis d'être d'une faction, disait de Vergniaud *qu'il portait à un trop haut degré cette insouciance qui accompagne le talent et le fait aller seul* (2).

Cette insouciance native de Vergniaud, il est difficile de n'y pas revenir dans une esquisse de sa politique. « C'était un Démosthène, dit un de ses collègues, auquel on pouvait reprocher ce que l'orateur grec reprochait aux Athéniens, l'insouciance, la paresse et l'amour des plaisirs. Il sommeillait dans l'intervalle de ses discours, tandis que

---

(1) I, 453.
(2) *A tous les républicains de France sur la société des Jacobins de Paris*, par J.-P. Brissot. Paris, 1792, in-8, p. 9. Ajoutons qu'au cours de son procès il nie avoir eu *des intimités* avec Brissot et Gensonné.

l'ennemi gagnait du terrain, cernait la république et la poussait dans l'abime avec ses défenseurs.... Je n'ai pas connu d'homme plus impropre à jouer un premier rôle sur le théâtre de la Révolution. Dans l'imminence du danger, il se montra plus disposé à attendre la mort qu'à la porter dans les rangs ennemis (1). » Et Paganel ajoute cette comparaison piquante : « Représentez-vous un homme que d'autres hommes entourent et entraînent, qui ne cherche pas une issue pour s'échapper, mais qui resterait là, si le cercle se rompait et le laissait libre. Tel était Vergniaud parmi les Girondins. »

Il ne faut pas demander à ce rêveur nonchalant les idées pratiques d'un Mirabeau ou d'un Danton. Il n'a guère le sentiment de ce qu'il convient de faire aujourd'hui ou demain. Ses conseils ne sont jamais ni nets ni impérieux. Il dira, par exemple (3 juillet 92) : « Je vais hasarder de vous présenter quelques idées... » Ce n'est pas avec ces formules timides qu'on décide les hommes. Ne cherchez pas davantage, dans ses discours, une théorie suivie, un *credo* politique. Il ne parle jamais en oracle ou en possesseur de la vérité. Il aime au contraire à protester contre « cette théologie politique qui érige, dit-il, ses décisions sur toutes questions en autant de dogmes ; qui menace tous les incrédules de ses auto-da-fé, et qui, par ses persécutions, glace l'ardeur révolutionnaire dans les âmes que la nature n'a pas douées d'une grande énergie (2). »

On l'a présenté comme un disciple convaincu de Montesquieu. D'autre part, il appelle J.-J. Rousseau le *philosophe immortel*, et lui emprunte, dans son discours du 25 octobre 1791, la distinction de l'homme naturel et de l'homme

---

(1) Paganel, I, 455.
(2) Discours du 8 mai 1793, sur la Constitution.

social, ce qui ne l'empêche pas, le 17 avril 1793, de réfuter cette distinction dans un débat sur la déclaration des droits dont l'interprétation du *Contrat social* était le point de départ. A-t-il même conscience de posséder une doctrine ? En tout cas, ce n'est pas dans les idées religieuses qu'il faut chercher le point de départ de sa politique ou l'inspiration de son éloquence. Vrai fils du xviii° siècle, il croit qu'avec un sourire railleur il supprimera le problème religieux, n'en veut pas voir les côtés sociaux, et passe outre avec dédain.

Son idéal est celui que nous avons prêté à la Gironde en général : un état où les plus instruits, les mieux doués gouverneraient la masse ignorante ; où les sciences, les arts, toute la floraison de l'esprit humain, se développeraient dans les conditions les plus libres et les plus favorables ; où il s'agirait moins de rendre l'humanité plus vertueuse que de la rendre plus belle et plus heureuse (1) ; où le pouvoir viendrait aux plus éloquents et aux plus persuasifs plutôt qu'aux plus impeccables et aux plus forts. C'est justement l'opposé de la république puritaine de Billaud et de Saint-Just.

Si c'est une erreur de croire, avec un de ses collègues, qu'il ne fut jamais républicain *ni par goût ni par conviction* (2), il est vrai de dire qu'il ne fut jamais démocrate, même à la façon de Brissot. Il aima la plèbe comme galerie applaudissante ; mais il ne prit jamais les artisans et les paysans au sérieux comme citoyens. Où plaçait-il donc la souveraineté ? De qui son aristocratie de mérite tiendrait-elle ses pouvoirs ? Il ne mettait pas de précision dans ses rêveries : pour lui, le génie devait se désigner tout seul et s'imposer par son rayonnement.

(1) « La constitution la plus parfaite, dit-il le 8 mai 1793, sera celle qui fera jouir de la plus grande somme de bonheur possible et le corps social et les individus qui le composent. »
(2) Paganel, t, 456.

Ainsi, quoiqu'il fût pénétré, autant que ses contemporains, de Montesquieu et de Rousseau, ni le système anglais ni la démocratie pure ne satisfaisaient son imagination. Il rêvait autre chose et se laissait hanter par une belle et vague chimère, irréductible en projets de loi, et qui le dégoûtait de la réalité. Il s'éprit, en artiste héroïque, du rôle le plus courageux, parce qu'il lui semblait le plus beau ; et toute sa politique pratique ne fut en vérité que d'être chevaleresque. Tant que la cour sembla dangereuse, il la combattit ; quand le parti populaire sembla le plus fort, il l'attaqua et périt dans la lutte. Le roi et la plèbe étaient en effet les deux ennemis de ses instincts libéraux, et il éprouvait une égale répugnance pour le despotisme des Tuileries et pour le despotisme de la rue. Aussi resta-t-il seul, charmant les oreilles, mais sans influence véritable sur les âmes.

Nous avons saisi dans son caractère un côté fataliste : sa conduite politique est inspirée aussi par un fatalisme que ses amis prenaient pour de l'aveuglement. « Pourquoi ses yeux, disait Louvet, ont-ils refusé de voir ? Après le 10 mars, ils se fermaient encore. Ils ne se sont ouverts qu'au 31 mai, hélas ! et trop tard (1). » Ses yeux voyaient, quoi qu'en dit Louvet, mais sa raison ne trouvait pas le remède. Il s'enveloppait alors dans sa rêverie, et attendait. Ou bien, détournant ses regards de la politique, il se réfugiait dans la vie privée, dans la famille que lui formaient ses amis. Il était aussi l'hôte assidu de Sauvan, dont la gracieuse fille Adèle le rassérénait (2), et de Talma, dont la Julie le captivait par son esprit et sa bonté. Il lui fallait une société brillante, et il aimait le théâtre avec passion. Il recherchait partout la beauté et le génie : je crois bien qu'au fond c'était là toute sa politique.

(1) *Mémoires*, p. 264.
(2) Vatel, II, 373.

Ai-je besoin de dire qu'avec toute sa nonchalance, il était patriote? Qui ne l'était, dans cet âge de foi? Mais le patriotisme de Vergniaud eut tout de suite une exubérance guerrière. Après Brissot, qui fut plus ardent à pousser la France dans son duel avec l'Europe? Je ne crois pas qu'il ait été sensible aux raisons politiques de cette déclaration de guerre héroïque : son imagination fut sans doute touchée de la beauté de cette lutte d'un seul peuple contre tous les rois ; il aimait la guerre en poète.

En résumé, il rêve une république irréalisable, et il s'abstient du maniement des affaires. Ce n'est pas assez pour lui de renoncer à toute influence directe : il considère son rôle de représentant du peuple comme purement oratoire. Puisqu'il ne peut réaliser ses rêves, il dira du moins de grandes et belles choses. « Gardons-nous des abstractions métaphysiques, dit-il le 9 novembre 1792. La nature a donné aux hommes des passions ; c'est par les passions qu'il faut les gouverner et les rendre heureux. La nature a surtout gravé dans le cœur de l'homme l'amour de la gloire, de la patrie, de la liberté : passions sublimes, qui doublent la force, exaltent le courage et enfantent les actions héroïques qui donnent l'immortalité aux hommes et font le bonheur des nations qui savent entretenir ce feu sacré. » C'est son seul dessein pratique d'entretenir ainsi le feu sacré, et d'encourager, par ses nobles périodes, l'énergie révolutionnaire. Il donna aux hommes de 1792 une haute idée d'eux-mêmes ; il embellit à leurs propres yeux leurs actes et leurs passions ; il leur fit voir l'harmonie et la beauté de ce désordre apparent où s'agitait la France. Dans cet ordre d'idées, plus il fut poète, plus il fut utile.

CHAPITRE IV.

SES DISCOURS JUSQU'AU 10 AOUT.

Comment ces idées et ces tendances un peu vagues inspirent-elles son éloquence ?

D'abord, cette république *libérale* qu'il rêvait se laisse entrevoir dans son discours sur la constitution (8 mai 1793). Mais il ne pose aucun principe formel : il attaque la république de Saint-Just et de Robespierre plus encore qu'il ne propose la sienne :

« Rousseau, Montesquieu, dit-il, et tous les hommes qui ont écrit sur les gouvernements nous disent que l'égalité de la démocratie s'évanouit là où le luxe s'introduit, que les républiques ne peuvent se soutenir que par la vertu, et que la vertu se corrompt par les richesses. Pensez-vous que ces maximes, appliquées seulement par leurs auteurs à des Etats circonscrits, comme les républiques de la Grèce, dans d'étroites limites, doivent l'être rigoureusement et sans modification à la république française ? Voulez-vous lui créer un gouvernement austère, pauvre et guerrier, comme celui de Sparte ? Dans ce cas, soyez conséquents comme Lycurgue : comme lui, partagez les terres entre tous les citoyens ; proscrivez à jamais les métaux que la cupidité humaine arracha aux entrailles de la terre ; brûlez même les assignats dont le luxe pourrait aussi s'aider, et que la lutte soit le seul travail de tous les Français. Etouffez leur industrie, ne mettez entre leurs mains que la scie et la hache. Flétrissez par l'infamie l'exercice de tous les métiers utiles. Déshonorez les arts, et surtout l'agriculture. Que les hommes auxquels vous aurez accordé le titre de citoyens ne paient plus d'impôts. Que d'autres hommes, auxquels vous refuserez ce titre, soient tributaires et fournissent à vos dépenses. Ayez des étrangers pour faire votre commerce, des ilotes pour cultiver vos terres, et faites dépendre votre subsistance de vos esclaves. »

Il continue à réfuter par l'absurde le gouvernement puritain de ses adversaires :

« Ainsi ce législateur serait insensé, qui dirait aux Français : Vous avez des plaines fertiles, ne semez pas de grains ; des vignes excellentes, ne faites pas de vin. Votre terre, par l'abondance de ses productions et la variété de ses fruits, peut fournir et aux besoins et aux délices de la vie, gardez-vous de la cultiver. Vous avez des fleuves sur lesquels vos départements peuvent transporter leurs productions diverses, et par d'heureux échanges établir dans toute la république l'équilibre des jouissances: gardez-vous de naviguer. Vous êtes nés industrieux : gardez-vous d'avoir des manufactures. L'Océan et la Méditerranée vous prêtent leurs flots pour établir une communication fraternelle et une circulation de richesses avec tous les peuples du globe : gardez-vous d'avoir des vaisseaux. Il ne manquerait plus que d'ajouter à ce langage : Dans vos climats tempérés, le soleil vous éclaire d'une lumière douce et bienfaisante, renoncez-y ; et, comme le malheureux Lapon, ensevelissez-vous six mois de l'année dans un souterrain. Vous avez du génie, efforcez-vous de ne point penser ; dégradez l'ouvrage de la nature, abjurez votre qualité d'hommes, et, pour courir après une perfection idéale, une vertu chimérique, rendez-vous semblables aux brutes. »

Après cette satire des discours montagnards, Vergniaud suppose à toute théorie constitutionnelle ce point de départ :
« Je pense que vous voulez profiter de sa sensibilité, pour le porter aux vertus qui font la force des républiques ; de

son activité industrieuse, pour multiplier les sources de sa prospérité ; de sa position géographique, pour agrandir son commerce ; de son amour pour l'égalité, pour en faire l'ami de tous les peuples ; de sa force et de son courage, pour lui donner une attitude qui contienne tous les tyrans; de l'énergie de son caractère trempé dans les orages de la révolution, pour l'exciter aux actions héroïques; de son génie enfin, pour lui faire enfanter ces chefs-d'œuvre des arts, ces inventions sublimes, ces conceptions admirables qui font le bonheur et la gloire de l'espèce humaine. »

Il part de là pour proposer l'établissement d'*institutions morales*, destinées, dit-il, à faire aimer le gouvernement, à corriger les défauts et perfectionner les qualités du caractère national, à inspirer l'enthousiasme de la liberté et de la patrie. Mais quelles seront ces institutions ? Il n'en dit rien. Trace-t-il au moins l'esquisse d'une Constitution ? Pas davantage. Il conclut en proposant une série de questions où il est impossible de démêler une pensée politique.

Mais n'avons-nous pas deviné son idéal dans ce passage où il semble donner pour but à la politique « de faire enfanter ces chefs-d'œuvre des arts, ces inventions sublimes, ces conceptions admirables qui font le bonheur et la gloire de l'espèce humaine ? » Déjà ses préoccupations à ce sujet avaient paru, dès le 19 octobre 1791, dans la réponse qu'il fit, en qualité de vice-président, à une députation d'artistes demandant un règlement plus libéral pour l'exposition annuelle de peinture :

« La Grèce, dit-il, se rendit célèbre dans l'univers par son amour pour la liberté et pour les beaux-arts. Dans la suite ces deux passions répandirent sur l'Italie un éclat immortel. Encore aujourd'hui tous les hommes sensibles accourent à Rome pour y pleurer sur la cendre des Catons et admirer les chefs-d'œuvre du génie. Le peuple français, chargé de chaînes, mais créé par la nature pour être grand, a vu s'élever de son sein des hommes qui ont rivalisé avec les artistes de la Grèce et de l'Italie, et qui ont conquis à leur patrie plusieurs siècles de gloire. Enfin il est devenu libre, ce peuple généreux ; et sans doute que son génie, prenant un essor plus hardi, va désormais, par des conceptions nouvelles, commander les respects de la postérité. Sans doute que, brûlant de l'amour de la patrie, avide de la liberté et de la gloire, le cœur encore palpitant des mouvements qu'imprima la Révolution, l'artiste heureux, avec un ciseau créateur ou un pinceau magique, va reproduire pour les générations futures le plus mémorable des événements, et les hommes qui, par leur courage ou leur sagesse, l'ont préparé et consommé. Croyez que l'Assemblée nationale encouragera de toutes ses forces des arts qui, par un si bel emploi, peuvent exciter aux grandes actions, et contribuer ainsi au bonheur du genre humain. Elle sait que les barrières qui vous séparent de l'Académie ne vous séparent point de l'immortalité. Elle sait que c'est étouffer le génie que de l'entraver par des règlements inutiles ; et, dans le décret que vous sollicitez, elle conciliera les mesures à prendre pour les progrès des arts avec la liberté, qui seule peut les porter à leur plus haut degré de perfection. L'Assemblée nationale vous invite à sa séance. »

Vergniaud est à peu près le seul à parler ainsi des effets que doit produire la Révolution dans le domaine de l'art. Il est le seul à conserver des besoins esthétiques dans une crise qui absorbe toute l'imagination de ses collègues. Au milieu de la tourmente, quand l'émotion énerve ou affole tous les autres, il garde sa curiosité de dilettante et un vif sentiment du *décorum* parlementaire, même au point de vue du local où siège l'Assemblée. Ainsi il souffre de la laideur de la salle du Manège : « L'homme qu'enflamme l'amour de la liberté, dit-il le 13 août 1792, et en qui la nature a gravé le sentiment du beau dans les arts, ne peut arrêter sa pensée et ses regards sur cette étroite enceinte, sans se demander à lui-même s'il est bien vrai que ce soit là le sanctuaire de nos lois.... »

II

Avant le 10 août, Vergniaud attaque les intrigues de la cour; après le 10 août, il combat les excès populaires. Il y a donc deux périodes distinctes dans l'histoire de son éloquence.

Dans la première, il a pour lui le peuple, l'Assemblée, l'opinion. Dès le 25 octobre, il s'est rendu célèbre par son discours sur les émigrations, discours soigneusement préparé, où il n'ose pas encore s'abandonner, comme plus tard, à toutes les inspirations de son génie, mais où il se montre vraiment indigné contre les intrigues de la famille royale, émigrée ou complice.

Il examine d'abord une première question : Est-il des circonstances dans lesquelles les droits naturels de l'homme puissent permettre à une nation de prendre une mesure quelconque relative aux émigrations? Il démontre que les doctrines mêmes du *Contrat social*, sagement interprétées, donnent à la société le droit de défendre sa vie menacée par des membres déserteurs. Alors il se demande si la France se trouve dans ces circonstances. « Je n'ai point l'intention, dit-il, d'exciter ici de vaines terreurs dont je suis bien éloigné d'être frappé moi-même. Non, ils ne sont point redoutables ces factieux aussi ridicules qu'insolents, qui décorent leur rassemblement convulsif du nom bizarre de *France extérieure* (1) ! Chaque jour leurs ressources

(1) Le *Logographe* a entendu : « Je décore leur rassemblement ridicule du nom de *France extérieure*. » C'est une erreur évidente.

s'épuisent ; l'augmentation de leur nombre ne fait que les pousser plus rapidement vers la pénurie la plus absolue de tous moyens d'existence ; les roubles de la fière Catherine et les millions de la Hollande se consument en voyages, en négociations, en préparatifs désordonnés, et ne suffisent pas d'ailleurs au faste des chefs de la rébellion : bientôt on verra ces superbes mendiants, qui n'ont pu s'acclimater à la terre de l'égalité, expier dans la honte et la misère les crimes de leur orgueil, et tourner des yeux trempés de larmes vers la patrie qu'ils ont abandonnée ! Et quand leur rage, plus forte que le repentir, les précipiterait les armes à la main sur son territoire, s'ils n'ont pas de soutien chez les puissances étrangères, s'ils sont livrés à leurs propres forces, que seraient-ils, si ce n'est de misérables pygmées qui, dans un accès de délire, se hasarderaient à parodier l'entreprise des Titans contre le ciel? (*On applaudit.*) »

Mais à défaut de danger immédiat, il y a une conspiration criminelle contre laquelle il faut se prémunir. Attend-on d'avoir des preuves légales pour la combattre ? « Des preuves légales ! Vous comptez donc pour rien le sang qu'elles vous coûteraient ! Des preuves légales ! Ah ! prévenons plutôt les désastres qui pourraient nous les procurer ! Prenons enfin des mesures vigoureuses ; ne souffrons plus que des factieux qualifient notre générosité de faiblesse ; imposons à l'Europe par la fierté de notre contenance ; dissipons ce fantôme de contre-révolution autour duquel vont se rallier les insensés qui la désirent ; débarrassons la nation de ce bourdonnement continuel d'insectes avides de son sang, qui l'inquiète et la fatigue ; rendons le calme au peuple ! (*Applaudissements.*) »

Où tendent ces objections ? A endormir le peuple dans une fausse sécurité. « On ne cesse depuis quelque temps de crier que la révolution est faite ; mais on n'ajoute pas que des hommes travaillent sourdement à la contre-révolution : il semble qu'on n'ait d'autre but que d'éteindre l'esprit public, lorsque jamais il ne fut plus nécessaire de l'entretenir dans toute sa force; il semble qu'en recommandant l'amour pour les lois, on redoute de parler de l'amour pour la liberté! S'il n'existe plus aucune espèce de danger, d'où viennent ces troubles intérieurs qui déchirent les départements, cet embarras dans les affaires publiques? Pourquoi ce cordon d'émigrants qui, s'étendant chaque jour, cerne une partie de nos frontières ? Qu'on m'explique ces apparitions alternatives de quelques hommes de Coblentz aux Tuileries et de quelques hommes des Tuileries à Coblentz. Qu'ont de commun des hommes qui ont fait serment de renverser la constitution avec un roi qui a fait serment de la maintenir ? »

Quelles sont les mesures que la nation doit prendre ? Il faut d'abord frapper les émigrés dans leurs biens. Il faut ensuite inviter les princes à rentrer, sous peine d'être déchus de leur droit. Louis XVI ne s'y refusera pas: « Quels succès d'ailleurs ne peut-il pas se flatter d'obtenir auprès des princes fugitifs par ses sollicitations fraternelles, et même par ses ordres, pendant le délai que vous leur accorderez pour rentrer dans le royaume? Au reste, s'il arrivait qu'il échouât dans ses efforts, si les princes se montraient insensibles aux accents de sa tendresse en même temps qu'ils résisteraient à ses ordres, ne serait-ce pas une preuve aux yeux de la France et de l'Europe que, mauvais frères et mauvais citoyens, ils sont aussi jaloux d'usurper par une contre-révolution l'autorité dont la constitution investit le roi que de renverser la constitution elle-même ? (*Applaudissements.*) Dans cette grande occasion, leur conduite lui dévoilera le fond de leur cœur, et s'il a le chagrin de n'y pas trouver les sentiments d'amour et d'obéissance qu'ils lui doivent, que, défenseur de la constiution et de la liberté, il s'adresse au cœur des Français, il y trouvera de quoi se dédommager de ses pertes. (*Longs applaudissements.*) »

Cette habileté généreuse répondait aux sentiments du peuple, qui était tout prêt à acclamer Louis XVI s'il se fût montré loyal. Le même souffle populaire se retrouve dans les discours de Vergniaud contre Duportail (28 octobre), à propos de Saint-Domingue (17 novembre), contre les députés de la droite qui troublent l'ordre pendant sa présidence, et dont « les étranges motions, les cris tumultueux sont plus dangereux pour la patrie que les rassemblements de Worms et de Coblentz, » sur les prêtres réfractaires (18 novembre), contre la proposition d'imprimer le discours du ministre de la guerre Narbonne (10 décembre).

Le 27 décembre, il lut un projet d'adresse au peuple, que l'Assemblée écarta comme déclamatoire, sur cette observation d'un de ses membres : « Sous certains points de vue, cette adresse est purement déclamatoire, et par conséquent inconvenante, puisque l'Assemblée ne doit parler que le langage des faits (1). » On voit que les collègues de Vergniaud faisaient dès lors plus de cas de son éloquence que de son tact politique.

Mais il excelle à flageller les hommes de la cour. Le 13 janvier, le ministre de la marine Bertrand avait donné des explications peu franches sur les émigrations des officiers de marine. « Je ne veux point, dit Vergniaud, faire de discours. Je ne présenterai qu'un syllogisme fort simple. Le ministre a trompé l'Assemblée sur le nombre des officiers qui sont dans les ports: c'est un principe en morale qu'il faut adopter en politique, que tout homme qui trompe est indigne de la confiance : donc le ministre de la marine qui a trompé est indigne de la confiance (2). »

(1) *Journal des débats.*
(2) « On a beaucoup ri ; les tribunes ont applaudi. » (*Journal des débats.*)

Le 18 janvier, il prononce un grand discours sur la nécessité de déclarer la guerre à l'empereur, et il est l'interprète, non seulement de la Gironde, mais de la France :

« Vos ennemis, dit-il, savent que la conquête de la liberté a exigé de vous de grands sacrifices pécuniaires, ils savent que vos préparatifs de dépense sont ruineux, ils espèrent que des citoyens qui ont abandonné à la voix de la patrie leurs femmes, leurs enfants, qui ont préféré les périls et les travaux de la guerre aux douceurs paisibles qu'ils goûtaient dans leurs foyers, ils espèrent, dis-je, que ces citoyens dévoués et courageux, fatigués d'habiter un camp devant lequel il ne se présente pas d'ennemi, quitteront vos frontières et les laisseront sans défense : tandis que dans l'intérieur quelques millions semés avec adresse précipiteront la chute de vos changes vers le terme le plus désastreux, augmenteront le prix des matières de première nécessité, susciteront des insurrections, où le peuple égaré détruira lui-même ses droits en croyant les défendre. Alors vos ennemis feront avancer une armée formidable pour vous donner des fers. Voilà la guerre qu'on vous fait ; voilà celle qu'on veut vous faire. (*On applaudit.*)

« Le peuple a juré de maintenir la constitution, parce qu'il est certain d'être heureux par elle; mais si vous le laissez dans un état qui demande chaque jour des sacrifices plus pénibles, des efforts plus courageux; si vous épuisez le trésor national par cette guerre de préparatifs, le jour de cet épuisement ne sera-t-il pas le dernier moment de la constitution ? L'état où nous sommes est un véritable état de destruction qui peut nous conduire à l'opprobre et à la mort. (*On applaudit à plusieurs reprises.*) Aux armes donc, aux armes; citoyens, hommes libres, défendez votre liberté, assurez l'espoir de celle du genre humain, ou bien vous ne mériterez pas même sa pitié dans vos malheurs. (*Les applaudissements recommencent.*) »

Il n'est pas moins éloquent contre les ennemis de l'intérieur, contre la cour elle-même, quand, le 10 mars 1792, il appuie la demande d'accusation contre le ministre des affaires étrangères, Delessart. Il n'a peut-être pas prononcé de discours plus véhément ni plus applaudi : « J'ajouterai un fait qui est échappé à la mémoire de M. Brissot. Et, ici, ce n'est plus moi que vous allez entendre, c'est une voix plaintive qui sort de l'épouvantable glacière d'Avignon. Elle vous crie : le décret de réunion du Comtat à la France a été rendu au mois de novembre dernier ; s'il nous eût été envoyé sur-le-champ, peut-être qu'il nous eût apporté la paix et eût éteint nos funestes divisions. Peut-être que le moment où nous aurions connu légalement notre réunion à la France, nous aurait tous réunis au même sentiment ; peut-être qu'en devenant Français nous aurions abjuré l'esprit de haine, et serions devenus tous frères ; peut-être enfin que nous n'aurions pas été victimes d'un massacre abominable, et que notre sol n'eût pas été déshonoré par le plus atroce des forfaits. Mais M. Delessart, alors ministre de l'intérieur, a gardé pendant plus de deux mois ce décret dans son portefeuille ; et dans cet intervalle, nos dissensions ont continué : dans cet intervalle, de nouveaux crimes ont souillé notre déplorable patrie ; c'est notre sang, ce sont nos cadavres mutilés qui demandent vengeance contre votre ministre. (*On applaudit à plusieurs reprises.*)

« Permettez-moi une réflexion. Lorsqu'on proposa à l'Assemblée constituante de décréter le despotisme de la religion chrétienne, Mirabeau prononça ces paroles : « *De cette tribune où je vous parle, on aperçoit la fenêtre d'où la main d'un monarque français, armée contre ses sujets par d'exécrables factieux, qui mêlaient des intérêts personnels aux intérêts sacrés de la religion, tira l'arquebuse qui fut le signal de la Saint-Barthélemy* (1). » Et moi aussi je m'écrie : De cette tribune où je vous parle, on aperçoit le palais où des conseillers pervers égarent et trompent le roi que la constitution nous a donné, forgent les fers dont ils veulent nous enchaîner, et préparent les manœuvres qui doivent nous livrer à la maison d'Autriche. Je vois les fenêtres du palais où l'on trame la contre-révolution, où l'on combine les moyens de nous replonger dans les horreurs de l'esclavage, après nous avoir fait passer par tous les désordres de l'anarchie, et par toutes les fureurs de la guerre civile. (*La salle retentit d'applaudissements.*)

« Le jour est arrivé, où vous pouvez mettre un terme à tant d'audace, à tant d'insolence, et confondre enfin les conspirateurs. L'épouvante et la terreur sont souvent sorties, dans les temps antiques, et au nom du despotisme, de ce palais fameux. Qu'elles y rentrent aujourd'hui au nom de la loi. (*Les applaudissements redoublent et se prolongent.*) Qu'elles y pénètrent tous les cœurs. Que tous ceux qui l'habitent sachent que notre constitution n'accorde l'inviolabilité qu'au roi. Qu'ils sachent que la loi y atteindra sans distinction tous les coupables, et qu'il n'y sera pas une seule tête, convaincue d'être criminelle, qui puisse échapper à son glaive. Je demande qu'on mette aux voix le décret d'accusation. (*M. Vergniaud descend de la tribune au milieu des plus vifs applaudissements.*) »

Les mêmes sentiments se retrouvent dans ses discours très démocratiques sur le licenciement de la garde du roi (29 mai) et sur la lettre de La Fayette. Mais il faut en venir à la grande harangue du 3 juillet, sur la situation de la France, où son exaltation révolutionnaire est au plus haut

---

(1) Il avait déjà cité ce passage avec admiration dans son *Éloge funèbre de Mirabeau*, p. 18.

point. Ce fut, dit justement Louis Blanc, un grand jour que celui-là dans l'histoire de l'éloquence.

A ce moment, la trahison de la cour était visible. Vergniaud fit frémir la nation en en rassemblant les preuves. Il parla d'abord de la politique de Louis XVI à l'intérieur :

« Le roi a refusé sa sanction à votre décret sur les troubles religieux. Je ne sais si le sombre génie de Médicis et du cardinal de Lorraine erre encore sous les voûtes du palais des Tuileries ; si l'hypocrisie sanguinaire des jésuites Lachaise et Letellier revit dans l'âme de quelque scélérat brûlant de voir se renouveler les Saint-Barthélemy et les Dragonnades ; je ne sais si le cœur du roi est troublé par des idées fantastiques qu'on lui suggère, et sa conscience égarée par les terreurs religieuses dont on l'environne.

« Mais il n'est pas permis de croire, sans lui faire injure et l'accuser d'être l'ennemi le plus dangereux de la révolution, qu'il veut encourager, par l'impunité, les tentatives criminelles de l'ambition pontificale, et rendre aux orgueilleux suppôts de la tiare la puissance désastreuse dont ils ont également opprimé les peuples et les rois. Il n'est pas permis de croire, sans lui faire injure et l'accuser d'être l'ennemi du peuple, qu'il approuve ou même qu'il voie avec indifférence les manœuvres sourdes employées pour diviser les citoyens, jeter des ferments de haine dans le sein des âmes sensibles, et étouffer, au nom de la Divinité, les sentiments les plus doux dont elle a composé la félicité des hommes. Il n'est pas permis de croire, sans lui faire injure et l'accuser lui-même d'être l'ennemi de la loi, qu'il se refuse à l'adoption des mesures répressives contre le fanatisme, pour porter les citoyens à des excès que le désespoir inspire et que les lois condamnent ; qu'il aime mieux exposer les prêtres insermentés, même alors qu'ils ne troublent pas l'ordre, à des vengeances arbitraires, que les soumettre à une loi qui, ne frappant que sur les perturbateurs, couvrirait les innocents d'une égide inviolable. Enfin, il n'est pas permis de croire, sans lui faire injure et l'accuser d'être l'ennemi de l'empire, qu'il veuille perpétuer les séditions et éterniser les désordres et tous les mouvements révolutionnaires qui poussent l'empire à la guerre civile et le précipitent, par la guerre civile, à sa dissolution. »

Ces ironies redoutables faisaient tomber le masque de Louis XVI et le montraient trahissant la révolution à l'intérieur et à l'extérieur. Là, Vergniaud affecte de séparer la cause du roi de celle de ses courtisans, et il commence ce tableau célèbre des intrigues royalistes et ces apostrophes terribles, où il donne toute la mesure de son génie. Citons entièrement ces paroles qui ont eu la fortune rare de se graver dans la mémoire des contemporains :

« C'est au nom du roi, dit-il, que les princes français ont tenté de soulever contre la nation toutes les cours de l'Europe; c'est pour *venger la dignité* du roi que s'est conclu le traité de Pilnitz, et formée l'alliance monstrueuse entre les cours de Vienne et de Berlin ; c'est pour *défendre le roi* qu'on a vu accourir en Allemagne, sous les drapeaux de la rébellion, les anciennes compagnies des gardes du corps ; c'est pour *venir au secours du roi* que les émigrés sollicitent et obtiennent de l'emploi dans les armées autrichiennes, et s'apprêtent à déchirer le sein de leur patrie : c'est pour joindre ces preux chevaliers de *la prérogative royale,* que d'autres preux pleins d'honneur et de délicatesse abandonnent leur poste en présence de l'ennemi, trahissent leurs serments, volent les caisses, travaillent à corrompre leurs soldats, et placent ainsi leur gloire dans la lâcheté, le parjure, la subornation, le vol et les assassinats; c'est contre la nation ou l'Assemblée nationale seule, et pour le *maintien de la splendeur du trône,* que le roi de

Bohême et de Hongrie nous fait la guerre, et que le roi de Prusse marche vers nos frontières ; c'est *au nom du roi* que la liberté est attaquée, et que, si l'on parvenait à la renverser, on démembrerait bientôt l'empire pour en indemniser de leurs frais les puissances coalisées ; car on connaît la générosité des rois, on sait avec quel désintéressement ils envoient leurs armées pour désoler une terre étrangère, et jusqu'à quel point on peut croire qu'ils épuiseraient leurs trésors pour soutenir une guerre qui ne devrait pas leur être profitable. Enfin tous les maux qu'on s'efforce d'accumuler sur nos têtes, tous ceux que nous avons à redouter, c'est le nom seul du roi qui en est le prétexte ou la cause.

« Or, je lis dans la constitution, chap. II, section Ire, art. VI : « Si le roi se met à la tête d'une armée et en dirige les forces contre la nation, ou s'il ne s'oppose pas, par un acte formel, à une telle entreprise qui s'exécuterait en son nom, il sera censé avoir abdiqué la royauté. »

« Maintenant je vous demande ce qu'il faut entendre par un acte formel d'opposition ; la raison me dit que c'est l'acte d'une résistance proportionnée, autant qu'il est possible, au danger, et faite dans un temps utile pour pouvoir l'éviter.

« Par exemple, si, dans la guerre actuelle, cent mille Autrichiens dirigeaient leur marche vers la Flandre, ou cent mille Prussiens vers l'Alsace, et que le roi, qui est le chef suprême de la force publique, n'opposât à chacune de ces deux redoutables armées qu'un détachement de dix ou vingt mille hommes, pourrait-on dire qu'il a employé des moyens de résistance convenables, qu'il a rempli le vœu de la constitution et fait l'acte formel qu'elle exige de lui ?

« Si le roi, chargé de veiller à la sûreté extérieure de l'État, de notifier au Corps législatif les hostilités imminentes, instruit des mouvements de l'armée prussienne, et n'en donnant aucune connaissance à l'Assemblée nationale ; instruit ou, du moins, pouvant présumer que cette armée nous attaquera dans un mois, disposait avec lenteur les préparatifs de répulsion ; si l'on avait une juste inquiétude sur les progrès que les ennemis pourraient faire dans l'intérieur de la France, et qu'un camp de réserve fût évidemment nécessaire pour prévenir ou arrêter ces progrès ; s'il existait un décret qui rendît infaillible et prompte la formation de ce camp ; si le roi rejetait ce décret et lui substituait un plan dont le succès fût incertain, et demandât pour son exécution un temps si considérable, que les ennemis auraient celui de la rendre impossible ; si le Corps législatif rendait des décrets de sûreté générale ; que l'urgence du péril ne permît aucun délai ; que cependant la sanction fût refusée ou différée pendant deux mois ; si le roi laissait le commandement d'une armée à un général intrigant, devenu suspect à la nation par les fautes les plus graves, les attentats les plus caractérisés à la constitution ; si un autre général, nourri loin de la corruption des cours, et familier avec la victoire, demandait pour la gloire de nos armes un renfort qu'il serait facile de lui accorder ; si, par un refus, le roi lui disait clairement : Je te défends de vaincre ; si, mettant à profit cette funeste temporisation, tant d'incohérence dans notre marche politique, ou plutôt une si constante persévérance dans la perfidie, la ligue des tyrans portait des atteintes mortelles à la liberté, pourrait-on dire que le roi a fait la résistance constitutionnelle, qu'il a rempli pour la défense de l'État le vœu de la constitution, qu'il a fait l'acte formel qu'elle lui prescrit ?

« Souffrez que je raisonne encore dans cette supposition douloureuse. J'ai exagéré plusieurs faits, j'en énoncerai même tout à l'heure, qui, je l'espère, n'existeront (1)

---

(1) Texte du discours imprimé par ordre de l'Assemblée : « Ne se réaliseront. »

jamais, pour ôter tout prétexte à des applications qui sont purement hypothétiques, mais j'ai besoin d'un développement complet pour montrer la vérité sans nuages.

« Si tel était le résultat de la conduite dont je viens de tracer le tableau, que la France nageât dans le sang, que l'étranger y dominât, que la constitution fût ébranlée, que la contre-révolution fût là, et que le roi vous dit pour sa justification :

« Il est vrai que les ennemis qui déchirent la France prétendent n'agir que pour relever ma puissance qu'ils supposent anéantie ; venger ma dignité, qu'ils supposent flétrie ; me rendre mes droits royaux, qu'il supposent compromis ou perdus ; mais j'ai prouvé que je n'étais pas leur complice ; j'ai obéi à la constitution, qui m'ordonne de m'opposer par un acte formel à leurs entreprises, puisque j'ai mis des armées en campagne. Il est vrai que ces armées étaient trop faibles ; mais la constitution ne désigne pas le degré de force que je devais leur donner. Il est vrai que je les ai rassemblées trop tard ; mais la constitution ne désigne pas le temps auquel je devais les assembler. Il est vrai que des camps de réserve auraient pu les soutenir ; mais la constitution ne m'oblige pas à former des camps de réserve.

« Il est vrai que, lorsque les généraux s'avançaient en vainqueurs sur le territoire ennemi, je leur ai ordonné de s'arrêter ; mais la constitution ne me prescrit pas de remporter des victoires ; elle me défend même les conquêtes. Il est vrai qu'on a tenté de désorganiser les armées par des démissions combinées d'officiers, et je n'ai fait aucun effort pour arrêter le cours de ces démissions ; mais la constitution n'a pas prévu ce que j'aurais à faire en pareil délit. Il est vrai que mes ministres ont continuellement trompé l'Assemblée nationale sur le nombre, la disposition des troupes et leurs approvisionnements ; que j'ai gardé le plus longtemps que j'ai pu ceux qui entravaient la marche du gouvernement constitutionnel, le moins possible ceux qui s'efforçaient de lui donner du ressort ; mais la constitution ne fait dépendre leur nomination que de ma volonté, et nulle part elle n'ordonne que je donne ma confiance aux patriotes et que je chasse les contre-révolutionnaires. Il est vrai que l'Assemblée nationale a rendu des décrets utiles ou même nécessaires, et que j'ai refusé de les sanctionner; mais j'en avais le droit : il est sacré, car je le tiens de la constitution. Il est vrai, enfin, que la contre-révolution se fait, que le despotisme va remettre entre mes mains son sceptre de fer; que je vous punirai d'avoir eu l'insolence de vouloir être libres ; mais j'ai fait tout ce que la constitution me prescrit; il n'est émané de moi aucun acte que la constitution condamne ; il n'est donc pas permis de douter de ma fidélité pour elle, de mon zèle pour sa défense. (*On applaudit à plusieurs reprises.*)

« Si, dis-je, il était possible que, dans les calamités d'une guerre funeste, dans un bouleversement contre-révolutionnaire, le roi des Français leur tînt ce langage dérisoire; s'il était possible qu'il leur parlât jamais de son amour pour la constitution avec une ironie aussi insultante, ne seraient-ils pas en droit de lui répondre :

« — O roi qui sans doute avez cru, avec le tyran Lysandre, que la vérité ne valait pas mieux que le mensonge, et qu'il fallait amuser les hommes par des serments, ainsi qu'on amuse les enfants avec des osselets; qui n'avez feint d'aimer les lois que pour parvenir à la puissance qui vous servirait à les braver; la constitution, que pour qu'elle ne vous précipitât pas du trône, où vous aviez besoin de rester pour la détruire; la nation, que pour assurer le succès de vos perfidies en lui inspirant de la confiance : pensez-vous nous abuser aujourd'hui avec d'hypocrites protestations, nous donner le change sur la cause de nos malheurs, par l'artifice de vos excuses et l'audace de vos sophismes ?

« Était-ce nous défendre que d'opposer aux soldats étrangers des forces dont l'infériorité ne laissait pas même d'incertitude sur leur défaite ? Était-ce nous défendre que d'écarter les projets tendant à fortifier l'intérieur du royaume, ou de faire des préparatifs de résistance pour l'époque où nous serions déjà devenus la proie des tyrans ? Était-ce nous défendre que de choisir des généraux qui attaquaient eux-mêmes la constitution, ou d'enchaîner le courage de ceux qui la servaient ? Etait-ce nous défendre que de paralyser sans cesse le gouvernement par la désorganisation continuelle du ministère ? La constitution vous laissa-t-elle le choix des ministres pour notre bonheur ou notre ruine ? Vous fit-elle chef de l'armée pour notre gloire ou notre honte ? Vous donna-t-elle enfin le droit de sanction, liste civile et tant de grandes prérogatives pour perdre constitutionnellement la constitution et l'empire ? Non, non, homme que la générosité des Français n'a pu émouvoir, homme que le seul amour du despotisme a pu rendre sensible, vous n'avez pas rempli le vœu de la constitution ; elle est peut-être renversée : mais vous ne recueillerez point le fruit de votre parjure ; vous ne vous êtes point opposé par un acte formel aux victoires qui se remportaient en votre nom sur la liberté ; mais vous ne recueillerez point le fruit de ces indignes triomphes : vous n'êtes plus rien pour cette constitution que vous avez si indignement violée, pour ce peuple que vous avez si lâchement trahi. (*Les applaudissements recommencent avec plus de force dans la très grande majorité de l'Assemblée*). »

CHAPITRE V.

DU 10 AOUT AU 2 JUIN.

I

Ou les mots n'ont aucun sens, ou le discours du 3 juillet signifie qu'il n'y a plus rien à faire avec le prince. Cependant les conclusions de Vergniaud ne tendent ni à détruire la royauté ni à changer de roi. Après avoir perdu Louis XVI moralement dans cette redoutable philippique, il se refuse à le perdre politiquement. Personne n'avait pu croire que cette hypothèse si magnifiquement déroulée fût autre chose qu'une habileté oratoire destinée à rendre plus sanglante l'accusation insinuée. O puissance de la rhétorique ! Vergniaud en vient à prendre au sérieux cette figure, et, la crainte d'une victoire populaire aidant, il se dit que ce traître est peut-être moins incurablement traître qu'il ne l'a laissé entendre lui-même. Il s'oppose à une révolution parlementaire et paisible qui aurait économisé à la France le sang versé au 10 août, et, le 24 juillet, il décide l'Assemblée à passer à l'ordre du jour sur une pétition qui demandait la déchéance.

Il fait plus : il signe avec Guadet, dans les derniers jours de juillet, la fameuse consultation rédigée par Gensonné et envoyée aux Tuileries par l'intermédiaire du peintre Boze. Le 29 juillet, il écrit lui-même à Boze une lettre où il donne au roi les conseils les plus propres à le sauver (1). Sans désavouer son discours, il promet la paix à Louis s'il veut défendre sincèrement la constitution et former un

(1) Vatel, II, 121.

ministère où prendraient place des patriotes de la Constituante, par exemple Rœderer et Pétion. Assurément, il n'y eut pas là l'ombre d'une trahison ou d'une défection (1), et quand, le 3 janvier 1793, Gasparin et Robespierre jeune dénoncèrent cette démarche comme criminelle, la Convention eut raison de passer à l'ordre du jour. Toutefois, c'est un épilogue bien inattendu au discours du 3 juillet que ces conseils donnés secrètement au « tyran Lysandre » par celui-là même qui l'avait si sévèrement démasqué. Il n'était guère politique de chercher à raffermir un trône qu'on avait soi-même déclaré vermoulu. On avait provoqué une révolution ; et maintenant on la redoutait. « Un nouveau ferment révolutionnaire, écrivait Vergniaud à Boze, tourmente dans sa base une organisation politique que le temps n'a pas consolidée. Ce désespoir peut en accélérer le développement avec une rapidité qui échapperait à la vigilance des autorités constituées et à l'action de la loi. » Vergniaud craignait ce *ferment révolutionnaire ;* il essaya cette démarche imprudente, par excès de prudence et par défiance de l'insurrection imminente. La commission extraordinaire attendit fiévreusement la réponse du roi, bien décidée à ne point faiblir si la cour ne cédait pas. Thierry envoya des phrases évasives et presque dédaigneuses. Dès lors, on discuta sérieusement les avantages comparés de la déchéance et de la suspension. Mais ces hésitations avaient enlevé à la Gironde toute influence sur les événements. Le 10 août se fit en dehors d'elle, et elle ne put que le ratifier par la suspension, dont Vergniaud lui-même devait rédiger la formule (2).

(1) Les pétitionnaires du 15 avril 1793 ne craignirent cependant pas de dire par la bouche de Rousselin : « Ils trafiquaient avec le tyran par Boze et Thierry ; ils voulaient lui vendre, à prix d'argent et de places lucratives, la liberté et les droits les plus chers du peuple. »

(2) Ce modéré fut l'interprète des deux mesures les plus révolution-

Il sortit amoindri et blessé de ces démarches honorables, en somme, mais irréfléchies. Ce républicain, dans la crainte de voir surgir une autre république que la sienne, fut sur le point de croire à la parole du « tyran Lysandre. » Heureusement pour lui qu'on ne répondit pas à ses avances : perdu dans l'opinion, il n'aurait pas pu rendre à la Révolution les services qu'elle reçut de lui dans le mois de septembre 1792.

Ces services consistèrent à aider Danton de son éloquence dans ses efforts pour dresser la France contre l'ennemi. Sans rancune contre l'homme du 10 août, et plus patriote en cela que ses amis politiques, Vergniaud joua un rôle utile en électrisant les âmes par ses paroles ardentes. Il s'agissait d'élever les courages au-dessus de la réalité, au-dessus même des impossibilités physiques. L'homme pratique, dans ces conditions critiques, fut justement le chimérique Vergniaud ; et sa grandiose rhétorique exalta efficacement les volontés. Ses deux appels au camp retentirent dans tous les cœurs :

« Pourquoi, disait-il le 2 septembre, les retranchements du camp qui est sous les remparts de cette cité ne sont-ils pas plus avancés ? Où sont les bêches, les pioches, et tous les instruments qui ont élevé l'autel de la fédération et nivelé le Champ-de-Mars ? Vous avez manifesté une grande ardeur pour les fêtes ; sans doute vous n'en aurez pas moins pour les combats ; vous avez chanté, célébré la liberté ; il faut la défendre. Nous n'avons plus à renverser des rois de bronze, mais des rois environnés d'armées puissantes. Je demande que la commune de Paris concerte avec le pouvoir exécutif les mesures qu'elle est dans l'intention de prendre. Je demande aussi que l'Assemblée

---

naires de son temps : 1° il fut rapporteur du décret de suspension après le 10 août ; 2° comme président, il prononça le verdict de mort.

nationale, qui dans ce moment-ci est plutôt un grand comité militaire qu'un corps législatif, envoie à l'instant, et chaque jour, douze commissaires au camp, non pour exhorter par de vains discours les citoyens, mais pour piocher eux-mêmes, car il n'est plus temps de discourir ; il faut piocher la fosse de nos ennemis, et chaque pas qu'ils font en avant pioche la nôtre. (*Des acclamations universelles se font entendre dans les tribunes. L'Assemblée se lève tout entière, et décrète la proposition de Vergniaud.*) »

Il est notable que, dans ces paroles inspirées par la politique dantonienne, Vergniaud prend la précision, la familiarité, le style de Danton. Le 16 septembre 1792, il répète cet appel au camp, en y mêlant un blâme discret des journées de septembre :

« O citoyens de Paris ! je vous le demande avec la plus profonde émotion, ne démasquerez-vous jamais ces hommes pervers, qui n'ont, pour obtenir votre confiance, d'autres droits que la bassesse de leurs moyens et l'audace de leurs prétentions ? Citoyens, lorsque l'ennemi s'avance, et qu'un homme, au lieu de vous inviter à prendre l'épée pour le repousser, vous engage à égorger froidement des femmes ou des citoyens désarmés, celui-là est ennemi de votre gloire, de votre bonheur ; il vous trompe pour vous perdre. Lorsqu'au contraire un homme ne vous parle des Prussiens que pour vous indiquer le cœur où vous devez frapper, lorsqu'il ne vous propose la victoire que par des moyens dignes de votre courage, celui-là est ami de votre gloire, ami de votre bonheur, il veut vous sauver (1). Citoyens, abjurez donc vos dissensions intestines ; que votre profonde indignation pour le crime encourage les hommes de bien à se montrer. Faites cesser les proscriptions, et vous verrez aussitôt se réunir à vous une

(1) *Journal des débats :* « Très vifs applaudissements. »

foule de défenseurs de la liberté. Allez tous ensemble au camp : c'est là qu'est votre salut (1).

« J'entends dire chaque jour : Nous pouvons éprouver une défaite. Que feront alors les Prussiens ? Viendront-ils à Paris ? Non, si Paris est dans un état de défense respectable ; si vous préparez des postes d'où vous puissiez opposer une forte résistance : car alors l'ennemi craindrait d'être poursuivi et enveloppé par les débris même des armées qu'il aurait vaincues, et d'en être écrasé comme Samson sous les ruines du temple qu'il renversa (2). Mais, si une terreur panique ou une fausse sécurité engourdissent notre courage et nos bras ; si nous livrons sans défense les postes d'où l'on pourra bombarder cette cité, il serait bien insensé de ne pas s'avancer vers une ville qui par son inaction aurait paru l'appeler elle-même ; qui n'aurait pas su s'emparer des positions où elle aurait pu le vaincre. Au camp donc, citoyens, au camp ! Eh quoi ! tandis que vos frères, que vos concitoyens, par un dévouement héroïque, abandonnent ce que la nature doit leur faire chérir le plus, leurs femmes, leurs enfants, demeurerez-vous plongés dans une molle oisiveté ? N'avez-vous d'autre manière de prouver votre zèle qu'en demandant sans cesse, comme les Athéniens : *Qu'y a-t-il aujourd'hui de nouveau ?* Ah ! détestons cette avilissante noblesse ! Au camp, citoyens, au camp ! Tandis que nos frères, pour notre défense, arrosent peut-être de leur sang les plaines de la Champagne, ne craignons pas d'arroser de quelques sueurs les plaines de Saint-Denis, pour protéger leur retraite. Au camp, citoyens, au camp ! Oublions tout, excepté la patrie ! Au camp, au camp (3) ! »

Le *Journal des débats et décrets* appelle ce discours « le

---

(1) *Journal des débats* : « Applaudissements. »
(2) *Ib.* : « Applaudissements. »
(3) *Ib.* : « Applaudissements réitérés. »

plus beau morceau d'éloquence qu'on ait improvisé dans l'Assemblée actuelle. » Celle-ci en fut si touchée qu'elle enjoignit à Vergniaud de donner à son improvisation la forme d'une adresse au peuple, et cette adresse fut décrétée le lendemain 17 septembre.

Le 9 novembre, il propose d'entretenir par des fêtes publiques ce « feu sacré » du patriotisme, et de célébrer notamment les victoires remportées en Belgique par les armées de la République :

«... Ne négligeons pas d'entretenir ce feu sacré par tous les moyens que nous offrent les circonstances.

« L'aliment le plus efficace pour le vivifier, ce sont les fêtes publiques. Rappelez-vous la fédération de 1790. Quel cœur n'a pas, dans ces moments d'enthousiasme et d'allégresse, palpité pour la patrie ? Vous rappelez-vous les fêtes funèbres que nous célébrâmes pour les patriotes morts dans la journée du 10 août ? Quel est celui d'entre nous qui, le cœur oppressé de douleur, mais l'âme exaltée par l'enthousiasme de la vraie gloire, ne sentit pas alors le désir, le besoin de venger ces héros de la liberté ? Eh bien ! c'est par de pareilles fêtes que vous ranimerez sans cesse le civisme. Chantez donc, chantez une victoire qui sera celle de l'humanité. Il a péri des hommes ; mais c'est pour qu'il n'en périsse plus. Je le jure, au nom de la fraternité universelle que vous allez établir, chacun de vos combats sera un pas de fait vers la paix, l'humanité et le bonheur des peuples. *(On applaudit)*. »

Tel est le caractère de l'éloquence patriotique dans Vergniaud : on sent qu'il est heureux de s'élever au-dessus de la lutte des partis, et d'oublier, dans ces discours héroïques, la politique intérieure et ses propres contradictions. En effet, il a déjà commencé sa lutte contre la Commune de Paris et les excès révolutionnaires. Nous avons vu que, patriotiquement, il avait d'abord jeté un voile sur les journées de septembre, qu'il alla même jusqu'à laisser tomber le mot d'*insurrection légitime*, et qu'il réserva toute sa colère contre les meneurs, surtout contre les signataires de la célèbre circulaire qui enjoignait aux départements d'imiter Paris. Le 17 septembre, il s'élève contre la tyrannie de la Commune :

« Il est temps de briser ces chaînes honteuses, d'écraser cette nouvelle tyrannie; il est temps que ceux qui ont fait trembler les hommes de bien tremblent à leur tour. Je n'ignore pas qu'ils ont des poignards à leurs ordres. Eh ! dans la nuit du 2 septembre, dans cette nuit de proscription, n'a-t-on pas voulu les diriger contre plusieurs députés et contre moi ? Ne nous a-t-on pas dénoncés au peuple comme des traîtres ? Heureusement c'est en effet le peuple qui était là; les assassins étaient occupés ailleurs. La voix de la calomnie ne produisit aucun effet, et la mienne peut encore se faire entendre ici ; et, je vous en atteste, elle tonnera de tout ce qu'elle a de force contre les crimes et les tyrans. Eh ! que m'importent des poignards et des sicaires (1) ! qu'importe la vie aux représentants du peuple, quand il s'agit de son salut ! Lorsque Guillaume Tell ajustait la flèche qui devait abattre la pomme fatale qu'un monstre avait placée sur la tête de son fils, il s'écriait : Périssent mon nom et ma mémoire, pourvu que la Suisse soit libre ! (*On applaudit.*)

« Et nous aussi nous dirons : Périsse l'Assemblée nationale et sa mémoire, pourvu que la France soit libre ! (Les députés se lèvent par un mouvement unanime en criant : *Oui, oui, périsse notre mémoire, pourvu que la France soit*

---

(1) Le compte-rendu du *Journal des débats* abrège beaucoup, mais il donne ou laisse à la pensée de Vergniaud un tour plus simple et plus fort : « Et ma tête aussi est proscrite ; on veut étouffer ma voix ; mais, jusqu'au coup qui me frappera de mort, elle se fera toujours entendre pour tonner contre les scélérats. (*Vifs applaudissements*). »

libre ! — Les tribunes se lèvent en même temps, et répondent par des applaudissements réitérés au mouvement de l'Assemblée.) Périsse l'Assemblée nationale et sa mémoire, si elle épargne un crime qui imprimerait une tache au nom français; si sa vigueur apprend aux nations de l'Europe que, malgré les calomnies dont on cherche à flétrir la France, il est encore, et au sein même de l'anarchie momentanée où des brigands nous ont plongés, il est encore dans notre patrie quelques vertus publiques, et qu'on y respecte l'humanité ! Périsse l'Assemblée nationale et sa mémoire, si, sur nos cendres, nos successeurs plus heureux peuvent établir l'édifice d'une constitution qui assure le bonheur de la France, et consolide le règne de la liberté et de l'égalité ! Je demande que les membres de la Commune répondent sur leur tête de la sûreté de tous les prisonniers. *(Les applaudissements recommencent et se prolongent.)* »

II.

Ce sont les dernières paroles que Vergniaud prononça à la Législative. Il fut élu, à une grande majorité, député de la Gironde à la Convention, le premier d'une liste où il avait fait mettre les noms de Siéyès et de Condorcet. Il accepta son mandat avec résignation et tristesse : il se sentait impuissant et prenait déjà des attitudes de victime fière. « Quant à ma nomination, écrivait-il à son beau-frère, je vous avoue que l'épuisement de mes forces morales me la rend aussi pénible que flatteuse; et si les temps eussent été calmes, si l'horizon de Paris ne paraissait pas encore chargé d'orages, s'il n'y avait eu aucun danger à courir en restant, si je n'avais pas cru que je pouvais être utile pour lutter contre quelques scélérats dont je connais ou je soupçonne les projets, je n'aurais pas hésité à refuser. Mais, dans les circonstances actuelles, c'eût été une lâcheté et un crime, et je reste (1). »

Dès le 24 septembre, il reprend la lutte contre la Montagne en appuyant un projet de loi de Kersaint contre ceux qui poussent à l'anarchie et à l'assassinat. Le 25, les écrits de Marat sont dénoncés. Marat se défend. « S'il est un malheur, répond Vergniaud, pour un représentant du peuple, c'est, pour mon cœur, celui d'être obligé de remplacer à cette tribune un homme chargé de décrets de prise de corps qu'il n'a pas purgés. »

Cette pudeur et ce style de légiste soulevèrent des murmures. Marat cria : « Je m'en fais gloire. » Chabot dit : « Sont-ce les décrets du Châtelet dont on parle ? » Et Tallien : « Sont-ce ceux dont il a été honoré pour avoir terrassé La Fayette ? » Vergniaud reprit : « C'est le malheur d'être obligé de remplacer un homme contre lequel il a été rendu un décret d'accusation, et qui a élevé sa tête audacieuse au-dessus des lois; un homme enfin tout dégoûtant de calomnies, de fiel et de sang. » Il donne ensuite lecture de la circulaire de la Commune signée Sergent, Panis, Marat, etc. « Que dirai-je, s'écrie-t-il, de l'invitation formelle qu'on y fait au meurtre et à l'assassinat ? Que le peuple, lassé d'une longue suite de trahisons, se soit enfin levé, qu'il ait tiré de ses ennemis connus une vengeance éclatante : je ne vois là qu'une résistance à l'oppression. Et s'il se livre à quelques excès qui outrepassent les bornes de la justice, je n'y vois que le crime de ceux qui les ont provoqués par leurs trahisons. Le bon citoyen jette un voile sur ces désordres partiels; il ne parle que des actes de courage du peuple, que de l'ardeur des citoyens, que de la gloire dont se couvre un peuple qui sait briser ses chaînes; et il cherche à faire disparaître, autant qu'il est

---

(1) Vatel, II, 144.

en lui, les taches qui pourraient ternir l'histoire d'une si mémorable révolution (1). Mais que des hommes revêtus d'un pouvoir public, qui, par la nature même des fonctions qu'ils ont acceptées, se sont chargés de parler au peuple le langage de la loi, et de le contenir dans les bornes de la justice par tout l'ascendant de la raison ; que ces hommes prêchent le meurtre, qu'ils en fassent l'apologie, il me semble que c'est là un degré de perversité qui ne saurait se concevoir que dans un temps où toute morale serait bannie de la terre. »

Arrivons au grand discours de Vergniaud sur l'appel au peuple (31 décembre 1792), qui est en même temps son acte politique le plus important. Il n'est pas douteux qu'il n'ait voulu sauver Louis XVI (2) ; il n'admet pas un instant que les électeurs puissent voter la mort. Il donne contre le rejet de sa proposition toutes les raisons qui militent, d'après lui, contre la condamnation du roi.

« Il est probable, dit-il, qu'un des motifs pour lesquels l'Angleterre ne rompt pas ouvertement la neutralité, et qui déterminent l'Espagne à la promettre, c'est la crainte de hâter la perte de Louis par une accession à la ligue formée contre nous. Soit que Louis vive, soit qu'il meure, il est possible que ces puissances se déclarent nos ennemies ; mais la condamnation donne une probabilité de plus à la déclaration, et il est sûr que si la déclaration a lieu, sa mort en sera le prétexte. »

Est-il possible de dire plus nettement que voter l'appel au peuple c'est laisser la vie au roi ? Et pourquoi veut-il donc le sauver ? est-ce par sympathie ? Il lui adresse de durs reproches à plusieurs reprises. Est-ce par souvenir

---

(1) Ce fut précisément la politique de Danton.
(2) M. Biré a soutenu ingénieusement la thèse contraire. (*La lég. des G.*, p. 166 et sqq.) Mais toute son argumentation tombe à la lecture du discours de Vergniaud.

des relations indirectes qu'il a eues avec lui par l'intermédiaire de Boze ? Peut-être ne se sent-il pas le droit de faire périr celui qu'il a conseillé. La principale raison, c'est qu'il voit dans cette condamnation une victoire démagogique. Avec Brissot et toute la Gironde, il veut, par l'appel au peuple, submerger la volonté de Paris dans celle des départements. Ses amis furent enthousiasmés. « Vergniaud, dit le *Patriote français*, a fait preuve d'un prodigieux talent, en parlant d'abondance sur cette grande affaire, mais en parlant comme les fameux orateurs de l'antiquité, lorsqu'ils traitaient des intérêts de la république dans les assemblées du peuple. »

En terminant, il avait dit : « En tout cas, je déclare que, quelque puisse être le décret qui sera rendu par la Convention, je regarderais comme traître à la patrie celui qui ne s'y soumettrait pas. Les opinions sont libres jusqu'à la manifestation du vœu de la majorité ; elles le sont même après ; mais alors, du moins, l'obéissance est un devoir. »

Cette déclaration explique son brusque changement d'attitude après le rejet de l'appel au peuple. Il avait voulu se soustraire à la responsabilité d'un juge. Mais, forcé de juger et convaincu de la culpabilité de Louis, il se croit obligé d'appliquer la loi telle qu'elle est, et vote la mort. Justement il présidait, et il eut à prononcer l'arrêt. « Citoyens, dit-il, je vais proclamer le résultat du scrutin. Vous allez exercer un grand acte de justice ; j'espère que l'humanité vous engagera à garder le plus profond silence. Quand la justice a parlé, l'humanité doit avoir son tour (1). »

(1) Que Vergniaud, avant de revêtir l'impassibilité correcte du juge, ait hésité, souffert intérieurement, c'est possible, c'est même probable, à en juger par un passage des papiers de Choudieu analysé par M. Bougler (I, 406). Siéyès, d'après Choudieu (alors ami de Ducos et de Vergniaud) aurait fixé leurs incertitudes par une réflexion dogmatique sur la nécessité de faire périr Louis XVI. Mais si Vergniaud fut profondément ému d'avoir à condamner, il est vraisemblable que

Il fut conséquent avec lui-même en votant contre le sursis.

Cette conduite à la fois loyale et complexe, qui devait suggérer aux royalistes les plus basses calomnies (1), ne fut pas comprise par le peuple de Paris. Vergniaud avait voulu faire juger Louis XVI par ces assemblées primaires, qui l'auraient acquitté sans doute : donc, il était royaliste. Cet homme franc et limpide prit, aux yeux des tribunes, la figure d'un traître à la solde des émigrés et des Autrichiens ; et son hostilité envers les révolutionnaires avancés, en s'accentuant de jour en jour davantage, accrut ces soupçons, sincères chez la multitude, affectés chez les Robespierristes, et avivés avec art par tous ceux qui n'aimaient ni le génie ni l'insouciance un peu dédaigneuse du plus éloquent des Girondins.

Dès lors, la vie de Vergniaud fut un combat à mort contre la Montagne. Le 10 mars, il s'éleva contre l'institution du tribunal révolutionnaire : « Lorsqu'on vous propose, dit-il, de décréter l'établissement d'une inquisition mille fois plus redoutable que celle de Venise, nous mourrons tous plutôt que d'y consentir. » Il reconnaissait pourtant (discours du 13 mars) que « ce tribunal, s'il était organisé d'après les principes de la justice, pourrait être utile. »

Le lendemain de l'insurrection avortée du 10 mars, les Girondins sentirent le besoin de s'unir plus étroitement.

---

l'acte du garde du corps Pâris le mit en paix avec lui-même et que, dès lors, il se rappela son vote avec sérénité. Aux funérailles de Lepelletier, il dit : « Citoyens, Brutus est immortel pour avoir immolé César ; Michel Lepelletier a voté la mort du tyran des Français, un pareil acte vaut une vie entière ».

(1) On lit dans les *Anecdotes* rédigées par l'ex-conventionnel Harmand (de la Meuse), pour rentrer en grâce auprès des royalistes, que Vergniaud avait *donné sa parole* qu'il ne voterait pas la mort. Il aurait été trop lâche pour tenir cette promesse. Cette calomnie grossière a été réfutée sans réplique par M. Chauvot (p. 219), et reproduite par M. Taine (II, 430).

Une vingtaine d'entre eux, dit Louvet, s'assemblèrent et chargèrent Vergniaud de dénoncer à la France le récent attentat contre la Convention. Ce ne fut pas sans peine que Vergniaud, interrompu par Marat, put commencer son discours. Il chercha surtout à montrer que c'était l'impunité des excès populaires qui avait amené cette dictature de l'émeute, et il protesta contre l'intolérance des terroristes :

« On a vu, dit-il, se développer cet étrange système de liberté, d'après lequel on vous dit : Vous êtes libres ; mais pensez comme nous sur telle ou telle question d'économie politique, ou nous vous dénonçons aux vengeances du peuple. Vous êtes libres ; mais courbez la tête devant l'idole que nous encensons, ou nous vous dénonçons aux vengeances du peuple. Vous êtes libres ; mais associez-vous à nous pour persécuter les hommes dont nous redoutons la probité et les lumières, ou nous vous désignerons par des dénominations ridicules, et nous vous dénoncerons aux vengeances du peuple. Alors, citoyens, il a été permis de craindre que la révolution, comme Saturne dévorant successivement tous ses enfants, n'engendrât enfin le despotisme avec les calamités qui l'accompagnent. »

Mais il évite avec soin, dans son récit des événements du 10 mars, toutes les récriminations personnelles qui auraient pu diviser davantage les patriotes. Sa péroraison n'a rien d'amer, et il prêche plutôt la réconciliation :

« Et toi, peuple infortuné, seras-tu plus longtemps dupe des hypocrites, qui aiment mieux obtenir tes applaudissements que les mériter, et surprendre la faveur, en flattant tes passions, que te rendre un seul service?....

« Un tyran de l'antiquité avait un lit de fer sur lequel il faisait étendre ses victimes, mutilant celles qui étaient plus grandes que le lit, disloquant douloureusement celles qui l'étaient moins pour leur faire atteindre le niveau. Ce tyran aimait l'égalité, et voilà celle des scélérats qui te déchirent par leurs fureurs. L'égalité, pour l'homme social, n'est que celle des droits. Elle n'est pas plus celle des fortunes que celle des tailles, celle des forces, de l'esprit, de l'activité, de l'industrie et du travail.

« On te la présente souvent sous l'emblème de deux tigres qui se déchirent. Vois-la sous l'emblème plus consolant de deux frères qui s'embrassent. Celle qu'on veut te faire adopter, fille de la haine et de la jalousie, est toujours armée de poignards. La vraie égalité, celle de la nature, au lieu de les diviser, unit les hommes par les liens d'une fraternité universelle. C'est celle qui seule peut faire ton bonheur et celui du monde. Ta liberté ! des monstres l'étouffent, et offrent à ton culte égaré la licence. La licence, comme tous les faux dieux, a ses druides qui veulent la nourrir de victimes humaines. Puissent ces prêtres cruels subir le sort de leurs prédécesseurs ! puisse l'infamie sceller à jamais la pierre déshonorée qui couvrira leurs cendres !

« Et vous, mes collègues, le moment est venu : il faut choisir enfin entre une énergie qui vous sauve et la faiblesse qui perd tous les gouvernements, entre les lois et l'anarchie, entre la république et la tyrannie. Si, ôtant au crime la popularité qu'il a usurpée sur la vertu, vous déployez contre lui une grande vigueur, tout est sauvé. Si vous mollissez, jouets de toutes les factions, victimes de tous les conspirateurs, vous serez bientôt esclaves. »

Patriotiquement, Vergniaud attribuait aux manœuvres de l'aristocratie et de Pitt tous les excès du peuple, et en particulier le complot du 10 mars. Les Girondins furent très mécontents de ces ménagements, et le comité Valazé chargea Louvet (1) de réparer la prétendue maladresse de Vergniaud ; mais Louvet ne put obtenir la parole.

---

(1) *Mémoires*, éd. Didot, p. 253.

On voit que Vergniaud planait toujours plus haut que les rancunes, les récriminations et les romans où se complaisaient la plupart de ses amis. Il n'attaque que pour se défendre, comme lorsqu'il répondit, le 10 avril 1793, aux accusations de Robespierre ; mais alors son dédain est accablant :

« J'oserai répondre à M. Robespierre qui, par un roman perfide, artificieusement écrit dans le silence du cabinet, et par de froides ironies, vient provoquer de nouvelles discordes dans le sein de la Convention. J'oserai lui répondre sans méditation : je n'ai pas, comme lui, besoin d'art ; il suffit de mon âme (1).

« Je parlerai non pour moi : c'est le cœur navré de la plus profonde douleur, que, lorsque la patrie réclame tous les instants de notre existence politique, je vois la Convention réduite, par des dénonciations où l'absurdité seule peut égaler la scélératesse, à la nécessité de s'occuper de misérables intérêts individuels ; je parlerai pour la patrie, au sort de laquelle, sur les bords de l'abîme où on l'a conduite, les destinées d'un de ses représentants qui peut ét qui veut la servir ne sont pas tout à fait étrangères ; je parlerai non pour moi, je sais que dans les révolutions la lie des nations s'agite, et, s'élevant sur la surface politique, paraît quelques moments dominer les hommes de bien. Dans mon intérêt personnel, j'aurais attendu patiemment que ce règne passager s'évanouît ; mais puisqu'on brise le ressort qui comprimait mon âme indignée, je parlerai pour éclairer la France qu'on égare. Ma voix qui, de cette tribune, a porté plus d'une fois la terreur dans ce palais d'où elle a concouru à précipiter le tyran, la por-

---

(1) « Arrivés au bord de l'abîme, dit Paganel, ils invoquaient encore les droits du talent et de la gloire, déversant sur leurs ennemis le dédain, plus offensant que la haine. Ils éprouvèrent bientôt que la médiocrité irritée s'exhausse à force d'audace. » (II, 164.)

tera aussi dans l'âme des scélérats qui voudraient substituer leur tyrannie à celle de la royauté (1). »

Il passe ensuite en revue les dix-huit chefs d'accusation que Robespierre a portés contre la Gironde, et les réfute d'autant plus aisément qu'on avait choisi, non les plus vraisemblables, mais les plus redoutables. On avait dit, par exemple, que les Girondins calomniaient Paris et qu'ils étaient des modérés :

« Robespierre, répond Vergniaud, nous accuse d'avoir *calomnié Paris*. Lui seul et ses amis ont calomnié cette ville célèbre. Ma pensée s'est toujours arrêtée avec effroi sur les scènes déplorables qui ont souillé la Révolution ; mais j'ai constamment soutenu qu'elles étaient l'ouvrage, non du peuple, mais de quelques scélérats accourus de toutes les parties de la république, pour vivre de pillage et de meurtre, dans une ville dont l'immensité et les agitations continuelles ouvraient la plus grande carrière à leurs criminelles espérances ; et pour la gloire même du peuple, j'ai demandé qu'ils fussent livrés au glaive des lois.

« D'autres, au contraire, pour assurer l'impunité des brigands et leur ménager sans doute de nouveaux massacres et de nouveaux pillages, ont fait l'apologie de leurs crimes, et les ont tous attribués au peuple ; or, qui calomnie le peuple, ou de l'homme qui le soutient innocent des crimes

---

(1) Voici le texte du *Républicain français* :

« J'oserai répondre à M. Robespierre.... (On murmure. Il recommence. Les murmures augmentent.) J'oserai répondre à M. Robespierre qui, avec un roman calomniateur, est venu jeter ici le flambleau de la guerre civile. Je répondrai, non pas pour moi, mais pour ma patrie, au sort de laquelle mon âme ne fut jamais indifférente. Je répondrai, non pas pour moi : je sais que, dans les temps de révolution, la lie de la nation s'agite et paraît régner quelque temps ; mais ce règne est de peu de durée; mais je sais dédaigner les injures; mais je répondrai pour ma patrie, et ma voix qui, de cette tribune, a porté l'épouvante dans ce palais où conspirait la cour, saura la porter encore dans le cœur des scélérats. »

de quelques brigands étrangers, ou de celui qui s'obstine à imputer au peuple entier l'odieux de ces scènes de sang? (*Applaudissements.* — *Marat :* Ce sont des vengeances nationales!) »

La réponse à l'accusation de modérantisme est noble et juste :

« Enfin Robespierre nous accuse d'être devenus tout à coup des *modérés*, des Feuillants.

« Nous modérés! Je ne l'étais pas, le 10 août, Robespierre, quand tu étais caché dans ta cave. Des modérés! Non, je ne le suis pas dans ce sens que je veuille éteindre l'énergie nationale. Je sais que la liberté est toujours active comme la flamme, qu'elle est inconciliable avec ce calme parfait qui ne convient qu'à des esclaves. Si on n'eût voulu que nourrir ce feu sacré qui brûle dans mon cœur aussi ardemment que dans celui des hommes qui parlent sans cesse de l'impétuosité de leur caractère, de si grands dissentiments n'auraient pas éclaté dans cette assemblée. Je sais aussi que, dans des temps révolutionnaires, il y aurait autant de folie à prétendre calmer à volonté l'effervescence du peuple, qu'à commander aux flots de la mer d'être tranquilles quand ils sont battus par les vents. Mais c'est au législateur à prévenir autant qu'il peut les désastres de la tempête par de sages conseils; et si, sous prétexte de révolution, il faut, pour être patriote, se déclarer le protecteur du meurtre et du brigandage, je suis *modéré*.

« Depuis l'abolition de la royauté, j'ai beaucoup entendu parler de révolution. Je me suis dit : il n'y en a plus que deux possibles : celle des propriétés ou la loi agraire, et celle qui nous ramènerait au despotisme. J'ai pris la ferme résolution de combattre l'une et l'autre et tous les moyens indirects qui pourraient nous y conduire. Si c'est là être modéré, nous le sommes tous : car tous nous avons voté la peine de mort contre tout citoyen qui proposerait l'une ou l'autre.

« J'ai aussi beaucoup entendu parler d'insurrection, de faire lever le peuple, et je l'avoue, j'en ai gémi. Ou l'insurrection a un objet déterminé, ou elle n'en a pas : au dernier cas, c'est une convulsion pour le corps politique qui, ne pouvant lui produire aucun bien, doit nécessairement lui faire beaucoup de mal. La volonté de la faire naître ne peut entrer que dans le cœur d'un mauvais citoyen. Si l'insurrection a un objet déterminé, quel peut-il être ? de transporter l'exercice de la souveraineté dans la république. L'exercice de la souveraineté est confié à la représentation nationale. Donc, ceux qui parlent d'insurrection veulent détruire la représentation nationale ; donc ils veulent remettre l'exercice de la souveraineté à un petit nombre d'hommes, ou le transporter sur la tête d'un seul citoyen ; donc ils veulent fonder un gouvernement aristocratique, ou rétablir la royauté. Dans les deux cas, ils conspirent contre la république et la liberté, et s'il faut, ou les approuver pour être patriote, ou être modéré en les combattant, je suis modéré. (*On applaudit.*) Lorsque la statue de la Liberté est sur le trône, l'insurrection ne peut être provoquée que par les amis de la royauté. A force de crier au peuple qu'il fallait qu'il se levât, à force de lui parler, non pas le langage des lois, mais celui des passions, on a fourni des armes à l'aristocratie ; prenant la livrée et le langage du sans-culottisme, elle a crié dans le département du Finistère : Vous êtes malheureux, les assignats perdent, il faut vous lever en masse. Voilà comment des exagérations ont nui à la République.

« Nous sommes des modérés ! Mais au profit de qui avons-nous montré cette grande modération ? Au profit des émigrés ? Nous avons adopté contre eux toutes les mesures de rigueur que commandaient également et la justice et l'intérêt national. Au profit des conspirateurs du dedans ? Nous n'avons cessé d'appeler sur leur tête le glaive de la loi ; mais j'ai repoussé la loi qui menaçait de proscrire l'innocent comme le coupable. On parlait sans cesse de mesures terribles, de mesures révolutionnaires. Je les voulais aussi, ces mesures terribles, mais contre les seuls ennemis de la patrie. Je ne voulais pas qu'elles compromissent la sûreté des bons citoyens, parce que quelques scélérats auraient intérêt à les perdre ; je voulais des punitions et non des proscriptions. Quelques hommes ont paru faire consister leur patriotisme à tourmenter, à faire verser des larmes. J'aurais voulu qu'il ne fit que des heureux. La Convention est le centre autour duquel doivent se rallier tous les citoyens. Peut-être que leurs regards ne se fixent pas toujours sur elle sans inquiétude et sans effroi. J'aurais voulu qu'elle fût le centre de toutes les affections et de toutes les espérances. On a cherché à consommer la révolution par la terreur, j'aurais voulu la consommer par l'amour. Enfin, je n'ai pas pensé que, semblablement aux prêtres et aux farouches ministres de l'Inquisition, qui ne parlent de leur Dieu de miséricorde qu'au milieu des bûchers, nous dussions parler de liberté au milieu des poignards et des bourreaux. (*On applaudit.*)

« Nous, des *modérés !* ah ! qu'on nous rende grâce de cette modération dont on nous fait un crime. Si, lorsque dans cette tribune on est venu secouer les torches de la discorde et outrager avec la plus insolente audace la majorité des représentants du peuple ; si, lorsqu'on s'est écrié avec autant de fureur que d'imprudence : *plus de trêve, plus de paix entre nous,* nous eussions cédé aux mouvements de la plus juste indignation, si nous avions accepté le cartel contre-révolutionnaire que l'on nous présentait : je le déclare à mes accusateurs, de quelques soupçons dont on nous environne, de quelques calomnies dont on veuille nous flétrir, nos noms sont encore plus estimés que les leurs ; on aurait vu accourir de tous les départements, pour combattre les hommes du 2 septembre, des hommes également redoutables à l'anarchie et aux tyrans. Nos accusateurs et nous, nous serions peut-être déjà consumés par le feu de la guerre civile. Notre modération a sauvé la république de ce fléau terrible, et par notre silence nous avons bien mérité de la patrie. (*On applaudit.*) »

Le discours de Vergniaud obtint, dit un conventionnel (1), *le silence de l'admiration*, non seulement des Girondins, « mais aussi d'un auditoire évidemment dévoué à ses détracteurs. »

Les événements se précipitent. Le 15 avril, les sections demandent l'expulsion des Brissotins. C'est ici que se montra la grandeur d'âme de Vergniaud. Ses amis proposaient un appel au peuple qui eût sauvé la Gironde et compromis la France : il fit repousser cette mesure :

« La convocation des assemblées primaires, dit-il héroïquement, est une mesure désastreuse. Elle peut perdre la Convention, la république et la liberté ; et s'il faut ou décréter cette convocation ou nous livrer aux vengeances de nos ennemis ; si vous êtes réduits à cette alternative, citoyens, n'hésitez pas entre quelques hommes et la chose publique. Jetez-nous dans le gouffre et sauvez la patrie! »

Rien de plus cornélien n'a été dit à la tribune, et il n'y a peut-être pas, dans l'antiquité, de trait de dévouement à la patrie qui soit plus sincère et plus sublime. Le grand cœur de Vergniaud lui montre ici la véritable nécessité politique où leurs fautes ont acculé les malheureux Girondins. La Révolution ne peut plus avancer, si deux partis d'égale force la tirent en sens contraire. Il faut que le mieux organisé élimine l'autre, et c'est un Girondin qui,

---

(1) Baudin des Ardennes. — Cela n'empêche pas Nodier de dire (*Souvenirs*, I, 270) : « Ce discours, d'ailleurs peu remarquable, trahit l'abattement de Vergniaud, mûr avant le temps pour la mort à force d'apathie et de paresse. »

par une divination de son patriotisme, offre de sacrifier la Gironde! Danton était-il présent? Entendit-il ces paroles magnanimes? Comme il dut frémir! C'était son style, son âme ; c'était lui-même qu'il retrouvait, mais trop tard, dans Vergniaud. Unis, ces deux hommes, le poète et le politique, auraient représenté les deux instincts de la révolution, et presque tout le génie de la France.

Sans doute, la Convention improuva la pétition comme calomnieuse ; mais Vergniaud ne se fit aucune illusion et se prépara à tomber dans une attitude digne de lui. Pendant ces deux derniers mois, ce nonchalant développa une activité surprenante et parla sur les sujets les plus divers, sur les subsistances et sur le maximum (17 avril), sur la liberté de conscience (19 avril), sur les secours à donner aux familles des défenseurs de la patrie (4 mai), sur la formation d'une armée de domestiques (8 mai), enfin sur la constitution (même jour).

Le 17 mai, il répond à Couthon, qui avait demandé aux Girondins leur démission :

« Celui d'entre nous qui se retirerait pour échapper à des soupçons calomniateurs serait un lâche; et certes Couthon a là suggéré à l'aristocratie un moyen infaillible de dissoudre l'Assemblée ; il lui suffirait, pour la désorganiser, d'en attaquer successivement tous les membres par les mêmes impostures. Quant à moi et à ceux de mes collègues contre lesquels, peut-être, s'est dirigée la proposition de Couthon, je demande acte à la Convention de l'extrême modération avec laquelle j'ai parlé au milieu des interruptions les plus violentes ; du serment que je fais d'employer constamment tous mes efforts pour prévenir cet incendie des passions qui nous fait tant de mal. Mais je déclare aussi, et il est bon que tous les Parisiens m'entendent, je déclare que si, à force de persécutions, d'outrages, de violences, on nous forçait en effet à nous retirer; si l'on provoquait ainsi une scission fatale, le département de la Gironde n'aurait plus rien de commun avec une ville qui aurait violé la représentation nationale, et rompu l'unité de la république. (*Nous faisons tous la même déclaration!* s'*écrient un grand nombre de membres*). »

Cette menace de guerre civile n'est guère dans le ton du discours si généreux du 20 avril : ce n'est pas du Vergniaud, c'est du Guadet, du Buzot. Ici, il a cédé pour un instant à l'influence de ses amis, presque tous altérés de vengeance et inspirés par une femme.

Le 20 mai, il proteste contre les interruptions des tribunes et contre les désordres qui paralysent la Convention :

« Citoyens, nous avons deux ennemis puissants à vaincre : le despotisme armé au dehors, qui presse et attaque la République sur tous ses points extérieurs; l'anarchie au dedans, qui travaille sans relâche à la dissolution de toutes ses parties intérieures. Nous ne pouvons combattre nous-mêmes le premier de ces ennemis terribles. La gloire en est réservée à nos bataillons. Combattons corps à corps le second, c'est notre devoir : assez et trop longtemps il nous a tourmentés; assez et trop longtemps nous avons soutenu contre lui une lutte aussi pénible pour nous que désastreuse pour la patrie; il faut voir enfin qui l'emportera, du génie de la liberté ou de celui des brigands : offrons, sans pâlir, nos cœurs aux poignards, mais délivrons la patrie d'un fléau qui la dévore. Nos bataillons versent, chaque jour, leur sang pour abattre les tyrans; versons le nôtre, s'il le faut, pour terrasser l'anarchie; triomphons enfin, ou périssons, ou ensevelissons-nous à jamais sous les ruines du temple de la liberté (1). »

---

(1) L'impopularité que lui valaient de telles paroles le laissait impassible. « Poursuivi, au dehors de l'Assemblée, par les calomnies des agitateurs et les fureurs d'un peuple égaré, menacé au dedans par les vociférations et les poignards des tribunes, son visage stoïque ne

Le 24, il appuie en ces termes les mesures énergiques proposées par la commission des Douze : « Citoyens, montrez-vous dignes enfin de votre mission. Osez attaquer de front vos assassins; vous les verrez rentrer dans la poussière. Voulez-vous attendre lâchement qu'ils viennent vous plonger le poignard dans le sein? S'il en est ainsi, vous trahissez le plus sacré de vos devoirs; vous abandonnez le peuple sans constitution à la fureur de vos meurtriers; et vous êtes les complices de tous les maux qu'ils lui feront souffrir. L'unité de la République tient à la conservation de tous les représentants du peuple. On ne saurait trop le publier à cette tribune, aucun de nous ne mourra sans vengeance, nos départements sont debout. Les conspirateurs le savent; et c'est parce qu'ils le savent, c'est pour faire naître une guerre civile générale, qu'ils conspirent. Sans doute, la liberté survivrait à ces nouveaux orages; mais il pourrait arriver que, sanglante, elle fût contrainte à chercher un asile dans les départements méridionaux. Pourquoi vous rendriez-vous coupables de l'esclavage du Nord ? n'a-t-il pas versé assez de sang pour la liberté, et ne devez-vous pas lui en assurer la jouissance? Sauvez, par votre fermeté, l'unité de la République; sauvez, par votre fermeté, la liberté pour tous les Français; surtout ne vous y méprenez pas, la faiblesse ici serait lâcheté. Frappez les coupables : vous n'entendrez plus parler de conjuration, la patrie

---

laissa jamais entrevoir la moindre émotion. Un des derniers jours de mai, au moment où mille voix, séduites ou salariées, demandaient sa tête à la Convention, il entre seul au théâtre de la République : Est-ce vous, Vergniaud, lui dit un de ses amis ? Que venez-vous faire ici ? Peut-être en ce moment êtes-vous décrété d'accusation. —Je le sais, répond Vergniaud; mais que puis-je à tout cela? J'ai bravé tous les dangers, et ma douleur est de les avoir bravés inutilement. J'ai fait à mon pays le sacrifice de mes jours : c'est le dernier que je puisse lui faire; je désire seulement qu'il ne lui soit point inutile, mais je ne l'espère pas. J'ai rempli tous mes devoirs : c'est à Paris à faire le sien. »

est sauvée. N'en avez-vous point le courage? Abdiquez vos fonctions, et demandez à la France des successeurs plus dignes de sa confiance (1). »

III.

Nous sommes au 31 mai. Au début de la séance, il s'oppose à la discussion immédiate sur la suppression de la commission des Douze :

« La Convention ne doit pas, à mon avis, s'occuper en ce moment de cette délibération. Elle ne doit pas entendre le rapport, parce que ce rapport heurterait nécessairement les passions, ce qu'il faut éviter dans un jour de fermentation. Il s'agit de la dignité de la Convention. Il faut qu'elle prouve à la France qu'elle est libre. Eh bien ! pour le prouver, il ne faut pas qu'elle casse aujourd'hui la commission. Je demande donc l'ajournement à demain. Il importe à la Convention de savoir qui a donné l'ordre de sonner le tocsin, de tirer le canon d'alarme. (*Quelques voix :* La résistance à l'oppression!) Je rappelle ce que j'ai dit en commençant : c'est que s'il y a un combat, il sera, quel qu'en soit le succès, la perte de la République. Je demande que le commandant-général soit mandé à la barre, et que nous jurions de mourir tous à notre poste. »

Au même moment, on entendit le canon d'alarme que les violents avaient réussi à faire tirer. Paris s'était déjà mis aux portes pour voir passer l'insurrection. Mais les

---

(1) Le 27 mai, d'après le *Moniteur*, il se serait joint à Laréveillière-Lépeaux pour demander la convocation des assemblées primaires. Ce serait, de la part de Vergniaud, une grave contradiction, s'il n'était permis de croire à une erreur du *Moniteur*, fort explicable dans le compte-rendu d'une séance aussi confuse et d'autant plus problable que ni le *Journal des débats et des décrets* ni le *Républicain français* ne mentionnent cette attitude du Girondin.

heures s'écoulaient, l'après-midi se passait, et la tranquillité régnait encore, quoique tout fût préparé pour une révolution. Vergniaud crut habile et juste de constater, par un hommage rendu à Paris, l'échec du mouvement : « Citoyens, dit-il, on vient de vous dire (1) que tous les bons citoyens devaient se rallier : certes, lorsque j'ai proposé aux membres de la Convention de jurer qu'ils mourraient tous à leur poste, mon intention était certainement d'inviter tous les membres à se réunir pour sauver la République. Je suis loin d'accuser la majorité ni la minorité des habitants de Paris ; ce jour suffira pour faire voir combien Paris aime la liberté. Il suffit de parcourir les rues, de voir l'ordre qui y règne, les nombreuses patrouilles qui y circulent, pour décréter que Paris a bien mérité de la patrie. — *Oui, oui, aux voix!* s'écrie-t-on dans toutes les parties de la salle. — Oui, je demande que vous décrétiez que les sections de Paris ont bien mérité de la patrie en maintenant la tranquillité dans ce jour de crise, et que vous les invitiez à continuer d'exercer la même surveillance jusqu'à ce que tous les complots soient déjoués. (Cette proposition est décrétée au milieu des applaudissements de l'assemblée entière (2). »

Mais bientôt la situation se modifie. Une députation de

---

(1) Couthon avait dit : « Que tous ceux qui veulent sauver la république se rallient; je ne suis ni de Marat ni de Brissot, je suis à ma conscience. Que tous ceux qui ne sont que du parti de la liberté se réunissent et la liberté est sauvée. »

(2) Voir le texte de ce décret dans le *Journal des débats*, p. 455. Il est impossible, comme on l'a cru, d'admettre que Vergniaud ait fait cette motion par lâcheté. Il a voulu mettre Paris du côté de la Convention contre une minorité insurrectionnelle. Ses adversaires le comprirent ainsi, comme il ressort de la déposition de Chaumette dans le procès des Girondins : « Je reproche à Vergniaud d'avoir, dans le décret qu'il a proposé, séparé les sections de Paris de la Commune, afin de faire assassiner les membres de cette dernière. » — Sur l'attitude pacifique du peuple de Paris du 31 mai, cf. une lettre de Michel (du Morbihan), ap. Ternaux, VII, 563.

la Commune réclame le décret d'accusation contre les vingt-deux (1). Puis le directoire du département de Paris paraît à la barre et demande, par la bouche de L'Huillier, procureur général, le même décret d'accusation. Alors Barère, au nom du comité de salut public, présente un projet de décret contre la commission des Douze. A ce moment plusieurs membres du côté gauche passent du côté droit, et y siègent pour céder leurs places aux pétitionnaires (2), qui tout à l'heure voteront avec la Montagne. La Convention est entourée par la force armée. Vergniaud ne perd pas courage ; et, comme Osselin soutient « l'adoption en masse des projets de Barère », il interpelle le président Mallarmé et demande qu'il consulte l'assemblée pour savoir si elle veut délibérer. Repoussé, il propose que, conformément à l'article 1er du projet de Barère, le commandant de la force armée, de service auprès de la Convention, soit mandé pour recevoir les ordres du président. On lui ferme la bouche en criant : *Aux voix!* Alors il tente une démarche très hardie et qui aurait eu de graves résultats, si elle avait réussi : « La Convention nationale ne peut pas délibérer, dit-il, dans l'état où elle est. Je demande qu'elle aille se joindre à la force armée qui est sur la place, et se mette sous sa protection. » Et il sort. Quelques membres du côté droit le suivent. Il y eut alors une seconde d'hésitation, mais presque tous restèrent, intimidés par ce cri de Chabot : « Je demande l'appel nominal afin de connaître les absents ! » Si la majorité de la Convention avait suivi Vergniaud, la face des événements changeait. Mais, laissé seul, il rentra bientôt, au milieu des huées des galeries. Déjà Robespierre était

---

(1) Le *Moniteur* dit que Vergniaud demanda l'impression de cette adresse et l'envoi aux départements. Si c'est bien à Vergniaud qu'il faut attribuer cette motion, il est probable qu'il voulut par là informer les départements de l'attentat et exciter leur indignation.

(2) *Journal des débats.*

à la tribune. En voyant rentrer Vergniaud, il dit : « Je n'occuperai point l'assemblée de la fuite ou du retour de ceux qui ont déserté ses séances. » Vergniaud indomptable s'écria : « Je demande la parole. » Robespierre continua en défendant avec prolixité le projet Barère. Vergniaud l'interrompit avec son dédain : « Concluez donc », dit-il. — Oui, repartit Robespierre, je vais conclure, et contre vous, contre vous qui... » Et il improvisa ce célèbre mouvement qui porta le coup de grâce à la Gironde. Le projet de Barère fut voté. Alors le véritable peuple envahit la salle et fraternisa avec les représentants.

Le lendemain, 1er juin, les hostilités recommencèrent par une proposition de Vergniaud lui-même, qui demanda que le Comité de salut public fût chargé de faire un rapport sur ce pouvoir révolutionnaire « que nous ne reconnaissons pas, dit-il, puisqu'il n'y a plus de révolution à faire (1). » La Convention vota aussitôt cette motion. Elle s'occupa, quelques instants, de la fixation de l'ordre du jour. Puis Barère apporta à la tribune, non plus le rapport demandé par Vergniaud, mais un projet de proclamation aux Français, où il présentait sous un jour favorable les événements de la veille, allant jusqu'à dire que la liberté des opinions avait régné « même dans la chaleur des débats de la Convention. »

Vergniaud proposa d'envoyer, pour toute adresse, le décret portant que les sections ont bien mérité de la patrie. — C'était sagement décréter l'oubli des excès commis. C'était, au fond, dire la même chose que Barère. Mais les Girondins désavouèrent encore une fois Vergniaud. Louvet traita le projet de Barère de projet de mensonge. Lasource proposa une adresse très courte, mais où les divisions des patriotes étaient imprudemment constatées et où étaient

(1) *Journal des débats.*

dénoncés « les malveillants qui ont formé un complot. » Legendre s'écria : « Ce sont tous les patriotes qui ont sonné le tocsin ! » Et Chabot insulta les Girondins. Se tournant du côté de Vergniaud, il parla de ceux « qui avaient abandonné lâchement leur poste après avoir fait serment d'y mourir (1). » Vergniaud, harcelé à la fois par ses adversaires et ses amis, se rallia, par point d'honneur, au projet de Lasource. Il parla, suivant l'expression du *Patriote français*, avec une énergie qui semblait croître avec le danger :

« On parle sans cesse d'étouffer les haines et sans cesse on les rallume. On nous reproche aujourd'hui d'être des modérés; mais je m'honore d'un modérantisme qui peut sauver la patrie, quand nous la perdons par nos divisions.

« Je pense que faire une adresse au peuple français serait prendre une mesure indiscrète. Je respecte la volonté du peuple français; je respecte même la volonté d'une section de ce peuple; et si les sections de Paris avaient elles-mêmes sonné le tocsin et fermé les barrières, je dirais à la France : C'est le peuple de Paris ; je respecte ses motifs; jugez-les.

« Mais pouvons-nous dissimuler que le mouvement opéré ne soit l'ouvrage de quelques intrigants, de quelques factieux? Vous en faut-il la preuve? Un homme en écharpe, j'ignore s'il est de la municipalité, alla dire aux habitants du faubourg Saint-Antoine: *Eh quoi! vous restez tranquilles, quand la section de la Butte-des-Moulins est en contre-révolution, que la cocarde blanche y est arborée!* Alors les généreux habitants de ce faubourg, toujours amis de la liberté, sont descendus avec leurs canons pour détruire ce nouveau Coblentz. Cependant on excitait à la

(1) *Journal des débats.*

défiance les habitants de la section de la Butte-des-Moulins. Bientôt on est en présence ; mais on s'explique, on reconnaît la ruse, on fraternise, et l'on s'embrasse. Les sentiments du peuple sont bons, tout nous l'a prouvé; mais des agitateurs l'ont fait parler. Il ne faut rien dire qui ne soit vrai (1). »

On sait le reste : la Commune revint à la charge, et le lendemain la Convention, violentée, vota l'arrestation des Girondins.

CHAPITRE VI.

SES LETTRES POLITIQUES PENDANT SA CAPTIVITÉ, ET SA DÉFENSE DEVANT LE TRIBUNAL RÉVOLUTIONNAIRE.

I.

Vergniaud, arrêté, écrivit le lendemain, au président de la Convention, une lettre qui n'est pas seulement instructive pour l'histoire du 2 juin ; elle est aussi éloquente que ses plus beaux discours :

« Citoyen président, je sortis hier de l'Assemblée entre une et deux heures. Il n'y avait alors aucune apparence de trouble autour de la Convention. Bientôt on vint me dire, dans une maison où j'étais avec quelques collègues (2), que les citoyens des tribunes s'étaient emparés des passages qui conduisent à la salle de nos séances, et que là ils arrêtaient les représentants du peuple, dont les noms se trouvent sur la liste de proscription dressée par la Commune de Paris. Toujours prêt à obéir à la loi, je ne crus

---

(1) *Journal des débats.*
(2) Chez Meillan. — Cf. *Mémoires* de Meillan, p. 42. Il logeait tout près de la Convention.

point devoir m'exposer à des violences qu'il n'est plus en mon pouvoir de réprimer.

« J'ai appris, cette nuit, qu'un décret me mettait en arrestation chez moi : je me soumets (1).

« On a proposé, comme moyen de rétablir le calme, que les députés proscrits donnassent leur démission. Je n'imagine pas qu'on puisse me soupçonner de trouver de grandes jouissances dans les persécutions que j'éprouve depuis le mois de septembre ; mais je suis tellement assuré de l'estime et de la bienveillance de tous mes commettants, que je craindrais de voir ma démission devenir, dans mon département, la source de troubles beaucoup plus funestes que ceux que l'on veut apaiser et qu'il était si facile de ne pas exciter. Dans quelque temps, Paris sera bien étonné qu'on l'ait tenu trois jours sous les armes pour assiéger quelques individus dont tous les moyens de défense contre leurs ennemis consistent dans la pureté de leurs consciences.

« Puisse, au reste, la violence qui m'est faite n'être fatale qu'à moi-même ! Puisse le peuple, dont on parle si souvent et qu'on sert si mal, le peuple qu'on m'accuse de ne pas aimer, lorsqu'il n'est aucune de mes opinions qui ne renferme un hommage à sa souveraineté et un vœu pour son bonheur ; puisse, dis-je, le peuple n'avoir pas à souffrir d'un mouvement auquel viennent de se livrer mes persécuteurs ! Puissent-ils eux-mêmes sauver la patrie ! Je leur pardonnerai de grand cœur et le mal qu'ils m'ont fait et le mal plus grand peut-être qu'ils ont voulu me faire (2). »

(1) Vergniaud n'était donc pas dans la Convention au moment où fut discuté et voté le décret d'arrestation. Il n'a pu, comme on le lit dans les *Mémoires de Levasseur*, interrompre Couthon par cette exclamation : « Donnez un verre de sang à Couthon, il a soif. »
(2) Comme le fait remarquer M. Vatel (II, 182), le *Moniteur* et le *Journal des débats* mutilent cette lettre. Elle ne fut intégralement reproduite que par le *Républicain français*.

La Convention avait décrété que le Comité de salut public lui ferait, sous trois jours, un rapport sur les complots dont les Girondins étaient accusés. Mais ce rapport fut indéfiniment ajourné, et Vergniaud écrivit, le 6 juin 1793, au président de la Convention, une lettre d'un tout autre ton que la précédente, où il traite ses accusateurs d'imposteurs et demande leur tête pour leurs crimes contre la Convention et contre la patrie. Le 28 juin, il rédigeait encore une *Lettre à Barère et à Robert Lindet*, membres du Comité de salut public (1), sorte d'appel à l'opinion, où toute sa douleur se donne carrière avec le genre d'âpreté que montrait André Chénier dans le *Journal de Paris* :

« Hommes qui vendez lâchement vos consciences et le bonheur de la république pour conserver une popularité qui vous échappe, et acquérir une célébrité qui vous fuit !

« Vous peignez dans vos rapports les représentants du peuple, illégalement arrêtés, comme des factieux et des instigateurs de la guerre civile.

« Je vous dénonce à mon tour à la France comme des *imposteurs* et des *assassins*.

« Et je vais prouver ma dénonciation :

« Vous êtes des *imposteurs*, car si vous pensiez que les membres que vous accusez fussent coupables, vous auriez déjà fait un rapport et sollicité contre eux un décret d'accusation, qui flatterait tant votre haine et la fureur de leurs ennemis.

---

(1) Il est probable que cette lettre ne fut pas envoyée à son adresse. Elle ne fut imprimée qu'à Caen et à Nîmes, par les soins des Girondins insurgés. M. Biré (p. 349) en conteste l'authenticité sur ce que Lindet n'entra au Comité de salut public que le 4 juillet suivant. Il est probable que Vergniaud envoya ce brouillon en confidence à un ami de Caen ou de Nîmes, lequel ajouta, pour l'impression, l'en-tête où Lindet est qualifié de membre du Comité. Le style de cette lettre est certainement de Vergniaud.

« Vous êtes des *imposteurs* ; car, si ce que vous dites, si ce que vous avez à dire était la vérité, vous ne redouteriez pas de les rappeler pour entendre les rapports qui les intéressent, et de les attaquer en [leur] présence.

« Vous êtes des *assassins* ; car vous ne savez les frapper que par derrière ; vous ne les accusez pas devant les tribunaux où la loi leur accorderait la parole pour se défendre ; vous ne savez les insulter qu'à la tribune, après les en avoir écartés par la violence, et lorsqu'ils ne peuvent plus y monter pour vous confondre.

« Vous êtes des *imposteurs ;* car vous les accusez d'exciter dans la république des troubles que vous seuls et quelques autres membres dominateurs de votre comité avez fomentés. »

Et il continue sa dénonciation vengeresse en répétant toujours, comme un refrain, ces deux mots : *assassins, imposteurs*. C'est un véritable discours, un des plus oratoires même que Vergniaud ait composés, à coup sûr le plus nerveux et le plus meurtrier. Voici sa péroraison :

« Je reprends. Vous n'aviez aucune inculpation fondée à présenter contre les membres dénoncés.

« Vous avez dit :

« Si nous faisons sur-le-champ un rapport, il faut proclamer leur innocence et les rappeler.

« Mais alors, qu'est-ce que notre révolution du 31 mai ?

« Que dirons-nous au peuple et aux hommes dont nous nous sommes servis pour la mettre en mouvement ?

« Comment, dans le sein de la Convention, soutiendrons-nous la présence de nos victimes ?

« Si nous ne faisons point de rapport, l'indignation soulèvera plusieurs départements contre nous. Eh bien ! nous traiterons cette insurrection de rébellion. Il ne sera plus question de celle que nous avons excitée à Paris, ni de justifier ses motifs.

« L'insurrection des départements, qui ne sera que le résultat de notre conduite, nous en accuserons les hommes que nous avons si cruellement persécutés.

« Leur crime, ce sera la haine que nous aurons méritée, en foulant aux pieds, pour mieux les opprimer, et les droits des représentants du peuple et ceux même de l'humanité.

« Lâches! voilà vos perfides combinaisons!

« Ma vie peut être en votre puissance.

« Vous avez, dans les dilapidations effrayantes du ministère de la guerre, pour lesquelles vous vous montrez si indulgents, une liste civile qui vous fournit les moyens de combiner de nouveaux mouvements et de nouvelles atrocités.

« Mon cœur est prêt: il brave le fer des assassins et celui des bourreaux.

« Ma mort serait le dernier crime de nos modernes décemvirs.

« Loin de la craindre, je la souhaite: bientôt le peuple, éclairé par elle, se délivrerait enfin de leur horrible tyrannie. »

Le 24 juillet 1793, un décret de la Convention ordonna la translation des Girondins au palais du Luxembourg, transformé en prison d'Etat (1). Bientôt ils furent répar-

(1) Rien n'aurait été plus facile à Vergniaud que de se soustraire à cette incarcération. « Je fus souvent (dit miss William dans ses *Souvenirs*, p. 59) visiter Fonfrède dans son hôtel, rue de Clichy, où Vergniaud et Ducos étaient en état d'arrestation avec lui. Nous nous promenâmes souvent dans un jardin spacieux; les gendarmes se tenaient très loin, et ils eussent pu facilement s'évader. En vain je les suppliai de saisir cette voie de salut. Dans leur souverain mépris pour l'accusation et les accusateurs, ils jugèrent que fuir c'était s'avouer coupables, et ils résolurent de braver le péril. » Le récit de miss William n'est exact que pour Vergniaud, Ducos et Fonfrède ne furent arrêtés que le 3 octobre 1793, en pleine Convention, et on les incarcéra aussitôt. Mais l'erreur de mémoire de l'amie des Girondins s'explique aisément si on se rappelle que Ducos et Fonfrède habitaient avec Vergniaud, même quand celui-ci fut mis en état d'arrestation chez lui.

tis entre les prisons ordinaires. Le 31 juillet, Vergniaud fut transféré à la Force avec Valazé, et le 12 août il écrit à la Convention pour demander des juges. Cette fois, son ton est calme : il ne se plaint pas du décret d'accusation porté contre lui ; il veut seulement parler à des juges et au peuple :

« Je veux enfin, dit-il, développer devant le peuple toute mon âme, toutes mes pensées, toutes mes actions. Son estime est tout pour moi. On a voulu me la ravir ; peut-être a-t-on réussi. Eh bien ! je veux la reconquérir, et j'ai dans ma conscience la certitude du succès.

« Si ensuite mes ennemis veulent ma vie, je la leur abandonnerai volontiers.

« Ils m'ont exclu de la Convention parce que mes opinions n'étaient pas toujours conformes aux leurs.

« Ils n'ont voulu gouverner que d'après leurs vues politiques.

« Qu'ils gouvernent ! qu'ils assurent le triomphe de la liberté sur les despotes coalisés contre elle ! qu'ils fassent le bonheur du peuple ! qu'ils fassent fleurir la France par de sages lois !

« Je ne me vengerai du mal qu'ils m'ont fait qu'en proclamant moi-même le service qu'ils auront rendu à la patrie (1) ! »

Cette lettre ne fut ni lue ni publiée : faire connaître ces patriotiques paroles, ce désintéressement sublime, c'eût été sauver Vergniaud.

II.

Le 6 octobre, il fut transféré à la Conciergerie (2) et, le

---

(1) Vatel, II, 232.
(2) Lasource et Sillery avaient obtenu, pour cause de santé, de res-

18, Dumas l'interrogea. Il répondit nettement à des questions perfidement disposées. Il nia avoir provoqué un soulèvement départemental, et, en effet, dans sa correspondance avec les Jacobins de Bordeaux, tant incriminée, il n'y a qu'une demande éventuelle d'un secours pour venir, en cas d'insurrection parisienne, « forcer à la paix les hommes qui provoquent à la guerre civile. » Il entra, à ce sujet, dans des développements qui embarrassèrent tellement Dumas qu'il refusa de les insérer dans le procès-verbal de l'interrogatoire, où ce refus est constaté. Déjà on fermait la bouche à Vergniaud.

Cependant il préparait soigneusement sa défense. Il se croyait presque sûr d'un acquittement si on le laissait parler : tant était grande la confiance des Girondins en la toute-puissance de la parole. Un contemporain raconte qu'ils trépignaient de joie, dans leur prison, quand ils avaient trouvé un bon argument (1).

On sait comment les choses se passèrent. Vergniaud n'eut la parole que pour répondre aux dépositions des témoins, et encore ses réponses furent-elles tronquées et peut-être défigurées dans le compte-rendu officiel. La

ter à la Conciergerie. Au tribunal révolutionnaire, Vergniaud dit à Lasource : « Vous trouverez peut-être quelque chose à regretter dans la perte de la vie. Vous avez une vue fugitive des jardins du Luxembourg, qui peut vous rappeler qu'il y a quelque chose de beau dans la nature : mais nous qui vivons dans une boucherie humaine, qui voyons chaque jour des victimes fraîches entraînées à l'échafaud, nous sommes devenus si familiers avec la mort que nous la regardons avec indifférence. » (*Letters of miss William*, p. 59.)

(1) « Ducos, Fonfrède, Vergniaud, le célèbre Vergniaud, espéraient parfois qu'ils seraient rendus à la vie, bien plus, à la liberté. Et par qui ? Par le tribunal révolutionnaire, parce qu'ils entendaient bien aussi démontrer leur innocence, et ils recueillaient toutes leurs forces pour se bien défendre ; ils notaient toutes les anecdotes qui pouvaient dévoiler l'absurdité, les contradictions, l'infamie et la scélératesse de leurs dénonciateurs. Ils étaient contents, quand ils avaient fait quelque bonne découverte contre Robespierre, contre Barère. Ils s'en félicitaient et trépignaient comme des enfants. » (Bailleul, *Almanach des bizarreries humaines.*)

plupart cependant paraissent dignes de son caractère.

D'abord, à la déposition de Pache, maire de Paris, qui avait reproché aux Girondins leur projet de garde départementale, il répond en rappelant qu'il a voté contre ce projet, et il réfute brièvement d'autres inculpations du même témoin.

Chaumette déposa ensuite. « Il est étonnant, s'écria Vergniaud, que les membres de la municipalité et ceux de la Convention, nos accusateurs, viennent déposer contre nous. » Puis il justifia son rôle au 10 août; dans les explications qu'il donne sur les termes dans lesquels il proposa la suspension, il y a une obscurité, qui n'est évidemment pas la faute de son talent, mais celle des perfides rédacteurs du compte-rendu. Serré de près par Chaumette, qui objectait l'article du projet de décret relatif au gouverneur du prince royal, il repartit : « Lorsque je rédigeais cet article, le combat n'était pas fini, la victoire pouvait favoriser le despotisme, et dans ce cas le tyran n'aurait pas manqué de faire le procès aux patriotes ; c'est au milieu de ces incertitudes que je proposai de donner un gouverneur au fils de Capet, afin de laisser entre les ennemis (*sic:* les mains?) du peuple un otage qui lui serait devenu très utile dans le cas où il aurait été vaincu par la tyrannie. »

Mais il prononça un véritable discours, qui dura plus d'une heure, en réponse à la déposition d'Hébert. Le *Bulletin* du tribunal a beau le mutiler et en éteindre la flamme ; l'extrait qu'il en donne est admirable :

« Le premier fait que le témoin m'impute est d'avoir formé, dans l'Assemblée législative, une faction pour opprimer la liberté. Etait-ce former une faction pour opprimer la liberté, était-ce former une faction oppressive de la liberté, que de faire prêter un serment à la garde constitutionnelle du roi et de la faire casser ensuite comme contre-révolutionnaire? Je l'ai fait. Etait-ce former une faction oppressive de la liberté, que de dévoiler les perfidies des ministres, et particulièrement celles de Delessart? Je l'ai fait. Etait-ce former une faction oppressive de la liberté, lorsque le roi se servait des tribunaux pour faire punir les patriotes, que de dénoncer le premier ces juges prévaricateurs? Je l'ai fait. Etait-ce former une faction oppressive de la liberté, que de venir, au premier coup de tocsin, dans la nuit du 9 au 10 août, présider l'Assemblée législative ? Je l'ai fait. Etait-ce former une faction oppressive de la liberté que d'attaquer La Fayette? Je l'ai fait. Etait-ce former une faction oppressive de la liberté, que d'attaquer Narbonne, comme j'avais fait de La Fayette? Je l'ai fait. Etait-ce former une faction oppressive de la liberté, que de m'élever contre les pétitionnaires désignés sous le nom des huit et des vingt mille, et de m'opposer à ce qu'on leur accordât les honneurs de la séance? Je l'ai fait, etc. (1). »

Vergniaud continue cette énumération de faits qui prouvent la division qui existait, en 1791 et le commencement de 1792, entre son parti et celui de Montmorin, Delessart, Narbonne, La Fayette ; il allègue que cette conduite doit le dispenser de répondre aux reproches qui lui sont faits pour sa conduite postérieure au 10 août ; il pense qu'il ne doit pas être soupçonné d'avoir, comme on l'en accuse, varié dans les principes, pour former une coa-

---

(1) Ch. Nodier (*Souvenirs de la Révolution*, I, 273) complète ainsi ce développement : « Que faut-il faire encore pour consolider la république par l'exemple des plus énergiques de ces enfants ! Mourir ? Je le ferai. » Et il ajoute ce commentaire : « Ici l'éloquence est portée à son plus haut degré, parce que, suivant l'expression du grand maître de l'éloquence, elle est non seulement dans la parole, mais dans la vie de l'homme qui parle ; et si cela n'est pas sublime, la notion du sublime ne m'arrivera jamais. » Nodier ne dit pas où il a pris ce complément du discours de Vergniaud, et M. Vatel n'a peut-être pas tort de soupçonner là (II, 321) une de ces supercheries littéraires auxquelles se complaisait l'auteur du *Banquet des Girondins*.

lition nouvelle sur les débris de celle que l'insurrection du peuple avait renversée. En effet, dit-il, « j'ai eu le droit d'estimer Roland ; les opinions sont libres, et j'ai partagé ce délit avec une partie de la France. J'atteste qu'on ne m'a vu dîner que cinq à six fois chez lui, et ceci ne prouve aucune coalition. » Il se défend même d'avoir eu des intimités avec Brissot et Gensonné. Il répond aussi au reproche de s'être opposé obstinément à la déchéance, quand on pouvait la décréter.

« Le 25 juillet, un membre, ajoute-t-il, emporté par son patriotisme, demanda que le rapport sur la déchéance fût fait le lendemain. L'opinion n'était pas encore formée ; alors, que sais-je ? je cherchai à temporiser, non pour écarter cette mesure que je désirais aussi, mais pour avoir le temps d y préparer les esprits.

« Le témoin a encore parlé de la réponse que j'ai faite au tyran le 18 avril, et de la protection que je lui ai accordée. J'ai déjà répondu à cette inculpation, et certes il est étonnant qu'on veuille faire de cette réponse un acte d'accusation contre moi, quand l'Assemblée elle-même ne l'improuva pas.

« Le témoin nous a accusés d'avoir voulu dissoudre et diffamer la municipalité de Paris. Qu'on ouvre les journaux, et l'on verra si jamais j'ai fait une seule diffamation.

« Voilà ce que j'avais à répondre à la déposition du citoyen Hébert. »

Quel dommage qu'une prétendue raison d'Etat ait ainsi mutilé cette défense de Vergniaud ! Encore ne lui prête-t-on, dans cette analyse, que des paroles conformes à son caractère et à la vérité. Mais la perfidie du rédacteur s'exerce sur la réponse qu'il fit à l'accusation d'avoir adressé aux Jacobins de Bordeaux, après le 31 mai, de véritables appels à la guerre civile. On sait que Vergniaud resta, jusqu'au bout, observateur formaliste des lois, tout comme

Robespierre ; et on peut voir que ses lettres aux Bordelais n'ont rien de séditieux. Son patriotisme était opposé au soulèvement de la province contre Paris. Pour le perdre, il fallait lui prêter la réponse ambiguë que voici :

« Citoyens jurés, vous avez entendu la lecture de deux copies de lettres que le désespoir et la douleur m'ont fait écrire à Bordeaux. Ces deux lettres, j'aurais pu les désavouer, parce qu'on ne reproduit pas les originaux ; mais je les avoue parce qu'elles sont de moi. Depuis que je suis à Paris, je n'avais écrit que deux lettres dans mon département, jusqu'à l'époque du mois de mai. Citoyens, si j'avais été un conspirateur, me serais-je borné d'écrire à Bordeaux, et n'aurais-je point tenté de soulever d'autres départements? Et si je vous rappelais les motifs qui m'ont engagé d'écrire à Bordeaux dans cette circonstance, peut-être paraîtrais-je plus à plaindre qu'à blâmer. »

Non, Vergniaud n'a pas pu prendre cette attitude contrite d'un coupable surpris et convaincu. Il n'a pas fait ce plaisir à ses ennemis ni ce tort à sa cause. La preuve, c'est que, quelques heures plus tard, comme on revenait sur sa correspondance avec Bordeaux, il dit fièrement : « Depuis mon arrestation, j'ai écrit plusieurs fois à Bordeaux. Dire que dans ces lettres j'ai fait l'éloge de la journée du 31 serait une lâcheté, et, pour sauver ma vie, je n'en ferai point. Je n'ai pas voulu soulever mon pays en ma faveur ; j'ai fait le sacrifice de ma personne. » Voilà le véritable Vergniaud : les mensonges du compte-rendu ne peuvent le défigurer complètement.

Mais s'il ne put prononcer la longue apologie qu'il avait préparée, il laissa du moins des notes sommaires qui nous permettent de retrouver son plan et ses arguments (1).

---

(1) Ces notes ont été publiées pour la première fois par M. Vatel, II, 253.

Il avait divisé son discours en cinq parties où il répondait à cinq chefs d'accusation :

« Je suis accusé, dit-il :

1° De royalisme ;

2° De fédéralisme ;

3° D'avoir voulu la guerre civile ;

4° La guerre avec toute l'Europe ;

5° D'avoir tenu à une faction. »

1° *Royalisme*. Il trouve des arguments en sa faveur dans son attitude du 6 octobre 1791 à propos du cérémonial à observer avec le roi, dans ses discours sur le serment de la garde royale (20 avril 92), sur la sanction du décret relatif à la haute cour nationale, sur Delessart, sur la cassation de la garde du roi, sur l'affaire Larivière, sur la situation générale (3 juillet) ; dans sa présidence du 9 au 10 août ; dans la proposition qu'il fit du décret de suspension ; enfin dans ses travaux depuis le 10 août à la commission des Vingt-et-un. Il réfute ensuite ce qu'on a dit sur son attitude royaliste aux approches du 10 août. Quant à la lettre à Boze, il rappelle combien la dénonciation de Gasparin a été tardive. Ses intentions patriotiques sont prouvées par les circonstances dans lesquelles il a signé cette lettre, par son ignorance du mouvement révolutionnaire, par sa conduite postérieure. S'il ne proposa que la suspension et non pas la déchéance, c'était pour éviter la nomination d'un régent ; et si un article du décret portait qu'il sera nommé un gouverneur au prince royal, c'était à la fois pour donner un otage au peuple et « pour ne pas manifester l'envie de renverser la constitution. » On lui a reproché la manière dont il présenta le décret de suspension : « Si j'avais eu des regrets monarchiques, me serais-je mis en avant ? » — S'il a voté l'appel au peuple, c'était pour éloigner de la Convention la responsabilité du jugement ; mais il a voté pour la mort et contre le sursis. Et Dumouriez ? — Il n'a eu aucune relation avec lui ni pendant son ministère ni pendant son généralat. Il ne l'a jamais défendu comme l'ont fait certains Montagnards. « Nous avons parlé comme Dumouriez ? — Oui, quand il a parlé comme les patriotes. » Il répond avec dédain et en peu de mots à l'accusation d'avoir voulu rétablir « le petit Capet » sur le trône, à celle d'être le complice de Dillon. Lui royaliste ! Quels étaient ses moyens pour faire un roi ? Lui ambitieux ! « Je n'ai eu ni l'ambition des places, ni celle du crédit, ni celle de la fortune : j'ai vécu pauvre. Quel titre au-dessus de celui de Représentant du peuple ? »

2° *Fédéralisme.* « Quel intérêt ? N'est-il pas plus beau pour un ambitieux de gouverner une grande République qu'un département ? » Mais il a voulu la garde départementale ? C'est faux. Mais il a calomnié Paris pour l'isoler des départements ? C'est faux. Qui a plus calomnié Paris qu'un de ses adversaires, Barère ? « Personne plus que moi n'idolâtre la gloire de Paris. Si j'ai parlé contre les provocations au pillage, c'était pour éviter que, lorsque Paris serait appauvri, on ne nous accusât. » Et il rappelle le décret qu'il fit rendre au 31 mai en l'honneur de Paris. Mais, dit-il, « nous faisons une révolution d'hommes libres, et non pas de brigands. Peut-être ne serait-il pas difficile de prouver que l'on connaissait les préparatifs de ce pillage que quelques prétendus amis de la liberté appellent du saint nom d'insurrection. — Si je voulais salir ma bouche des paroles d'un journaliste atroce ou insensé, trop connu parmi nous pour que je veuille le nommer, vous verriez que, sans être ni sorcier ni prophète, on pouvait présager ce qui vient d'arriver. — Disons toute la vérité. Il est des hommes qui veulent légitimer le vol, qui flagornent et bercent les citoyens peu fortunés de je ne sais quelles idées subversives de tous les principes sociaux (1). »

3° *Guerre civile.* « L'ai-je voulue, avant ou depuis le 31 mai? Avant? quel but? Pour un roi? Pour le fédéralisme? Quelles de mes actions induisent à le croire? Mon opinion sur l'appel? J'y déclare que je regarde comme traîtres [ceux qui pousseraient à la guerre civile]. »

« On dit que j'ai mis le trouble dans la Convention. Jamais je n'ai dénoncé, jamais je n'ai répondu aux injures. J'ai pu montrer quelquefois de l'aigreur, mais j'ai toujours ramené le calme. »

Il prouve ensuite, par un récit détaillé de sa conduite avant le 31 mai, que, dénoncé, menacé, en danger de mort, il n'a jamais provoqué à la guerre civile. Quant à Toulon livré, c'est la faute du 2 juin, et non celle de Vergniaud.

4° *Guerre avec toute l'Europe.* Il justifie la déclaration de guerre, et montre que Danton et Barère y ont contribué.

5° *Faction.* Il y avait entre les Girondins des relations d'estime, aucune coalition d'opinions. Et Vergniaud rappelle la diversité de leurs votes dans le procès de Louis XVI. Quant à sa camaraderie avec Fonfrède et Ducos, elle n'a jamais influencé leurs opinions. « Leur crime et ma consolation [c'est] de m'avoir aimé. » Et il plaide généreusement leur cause : « S'il faut le sang d'un Girondin, que le mien suffise. Ils pourraient réparer par leurs talents et leurs services [les torts qu'on leur a faits dans l'esprit du peuples.] D'ailleurs, ils sont pères, époux. Quant à moi, élevé dans l'infortune..., ma mort ne fera pas un malheureux. »

Conclusion. « Comment tant d'accusations, si nous sommes innocents? » Il reconnaît là les haines aveugles de l'esprit du passé : « On nous a assimilés au côté droit de l'Assemblée constituante et à celui de l'Assemblée légis-

---

(1) Ces dernières phrases sont empruntées à un discours prononcé par Barère le 28 février 1793 : Vergniaud veut réfuter ses adversaires par leurs propres paroles.

lative. Quelle erreur! Aucun décret contraire au peuple n'a été appuyé par nous. » Il s'est élevé contre les arrestations arbitraires, qui sont maintenant *des couronnes civiques*; il a voulu défendre l'innocence : c'est pour cela qu'on l'a accusé de modérantisme. Mais « existe-t-il une représentation nationale sans liberté d'opinions ? » L'Assemblée se détruira elle-même, si elle fait le procès à la minorité. « Que d'hommes timides n'oseront plus défendre les intérêts du peuple ! Point de parti d'opposition dans un sénat, point de liberté. » Pour lui, il a voté tantôt avec la Montagne, tantôt contre.

Pourquoi rendre les Girondins responsables des malheurs de la France ? Après tout, quand nous avons eu de l'influence, il y a eu des victoires, tandis que, « par un hasard singulier, les échecs d'Aix-la-Chapelle, la guerre de la Vendée, l'affaire du 10 mars ont éclaté dans le même temps. »

Lui aristocrate! Ce n'est ni son intérêt, ni son caractère. « Je n'ai pas flatté pour mieux servir. » « J'ai préféré quelquefois déplaire au peuple et ouvrir un bon avis. Malheur à qui préfère sa popularité! » Et il énumère tous les services qu'il a rendus au peuple. Il lui a aussi consacré sa vie; « vous la lui devez, s'il la veut. — S'il faut des victimes à la liberté, nous nous honorerons de l'être (*sic*). Vous la lui devez encore [ma vie], si la liberté court des dangers. — Sauvez-moi de la tache de la Vendée. — Je mourrai content si c'est pour des républicains. »

Si habile que soit cette défense, quand même Vergniaud aurait pu la prononcer, elle n'aurait pas sauvé sa tête. Mais, telle qu'elle est, dans sa forme rudimentaire, elle préserve sa mémoire des reproches qu'ont mérités d'autres Girondins. Si Buzot et Guadet ont paru préférer le soin de leur vengeance au salut de la Révolution, on voit que Vergniaud resta toujours, même dans les misères et dans les tentations d'une injuste captivité, le patriote sublime qui disait aux Montagnards : « Jetez-nous dans le gouffre et sauvez la patrie. » C'est avec douleur qu'il a connu les commencements de guerre civile tentés par ses amis fugitifs. C'est avec angoisse qu'il a vu comme une ombre de déshonneur se projeter sur tout le parti de la Gironde. Les Girondins pactisant avec les royalistes et l'étranger ! Il n'a pu supporter cet opprobre et il a écrit noblement : « Sauvez-moi de la tache de la Vendée ! » Cet orateur à la conduite politique un peu flottante, à l'idéal trop élevé, aux dégoûts de rêveur raffiné, s'est senti, dans sa prison, délivré des laideurs de la réalité, séparé du spectacle écœurant des hommes et des choses, et il a pu réaliser en son cœur sa chimère, assouvir dans l'infortune sa soif d'héroïsme, et mourir en républicain.

On connaît l'issue du procès. Mais ce qu'on sait moins, c'est que l'opinion, quoi qu'en dise Michelet (1), ne fut pas indifférente au sort des Girondins. On a cinq lettres de Pache à Hanriot, datées du 3 au 10 brumaire, et qui témoignent de l'inquiétude inspirée à la Montagne et à la Commune par les sympathies qui restaient aux accusés. Pache prévient d'abord Hanriot *qu'il y a beaucoup de monde dans la grande salle du palais de justice*, et l'invite à envoyer un renfort pour maintenir la tranquillité et le silence. Le 6 brumaire, il l'engage à surveiller les abords de la Conciergerie. Le 9 brumaire, la parole des Girondins et de Vergniaud produit sans doute un grand effet ; car, dit Pache, « il serait possible que les malveillants redoublassent d'efforts aujourd'hui pour occasionner du mouvement. » Le 10 brumaire, quand le jugement est rendu, Pache demande qu'on prenne des précautions pour assurer la tranquillité, et donne l'ordre de ne pas faire de visites domi-

(1) Livre X, chap. 11.

ciliaires, vu les circonstances (1). Ce luxe de précautions permet-il de dire, avec Michelet, que *l'attention de Paris était ailleurs?* Et n'est-ce point une satisfaction de penser que les accents suprêmes de Vergniaud ne restèrent pas sans écho?

Il demeura impassible en présence de la scène émouvante qui suivit le prononcé du jugement : il paraissait, dit Vilate, ennuyé de la longueur d'un spectacle si déchirant (2). Riouffe, qui a laissé des détails sur les derniers instants des Girondins, dit de Vergniaud : « Tantôt grave, tantôt moins sérieux, il nous citait une foule de vers plaisants dont sa mémoire était ornée, et quelquefois il nous faisait jouir des derniers accents de cette éloquence sublime, qui était déjà perdue pour l'univers, puisque les barbares l'empêchaient de parler. » Il s'était muni d'un poison très subtil que lui avait donné Condorcet ; « mais lorsqu'il vit que ses jeunes amis (Fonfrède et Ducos), pour lesquels il avait eu des espérances, partageaient son malheur, il remit sa fiole à l'officier de garde et résolut de périr avec eux (3). » L'aumônier de l'Hôtel-Dieu essaya vainement de le confesser : il mourut en philosophe (4).

CHAPITRE VII.

SA MÉTHODE ORATOIRE.

Nous connaissons maintenant les principaux traits de la carrière oratoire de Vergniaud. Il reste à parler de sa méthode et de son style.

---

(1) Catalogue d'une intéressante collection sur la Révolution, etc., *Paris, Charavay*, 1883, p. 20.
(2) *Mystères de la mère de Dieu dévoilés*, XIII.
(3) Pagès, II, 159.
(4) Je ne sais où Charles Nodier (*Souvenirs*, I, 271) a pris les railleries socratiques qu'il lui prête à ses derniers moments.

Et d'abord, improvisait-il (1) ?

Comme avocat, il écrivait et lisait ses plaidoiries : on le voit et on le sait. Il ne fit d'ailleurs que suivre en cela les usages du barreau de Bordeaux (2).

A la tribune, il ne lisait pas. Mais récitait-il ? M*me* Roland, dans le portrait qu'elle a tracé de lui, parle de *ses discours préparés*, et dit *qu'il n'improvisait pas, comme Guadet*. Cependant il parla sans préparation, le 16 mai 1792, sur les prêtres insermentés, et dit lui-même de la motion qu'il fit dans cette occasion : « Au reste, je la livre à votre réflexion ; n'ayant pu prévoir que cette matière serait mise inopinément à l'ordre du jour, je n'ai pu moi-même la méditer ni en préparer les développements. » Son grand discours du 31 décembre 1792, sur l'appel au peuple, donna aux contemporains l'impression d'une éloquence improvisée. Il en fut de même de son opinion du 13 mars 1793. La Convention en avait voté l'impression. Craignant qu'il n'en atténuât les phrases les plus vives et les plus compromettantes pour la Gironde, Thuriot et Tallien demandèrent qu'il déposât son manuscrit sur le bureau de l'Assemblée. Vergniaud laissa entendre qu'il avait improvisé : « S'il fallait donner la copie littérale, dit-il, de ce que j'ai prononcé, j'avouerai que cela ne me serait pas possible; ainsi, à ce sujet, je demande moi-même le rapport du décret qui en a ordonné l'impression. » Enfin sa longue réponse à Robespierre (10 avril 1793), qu'il pro-

---

(1) Il fut membre du club des Jacobins, qu'il présida même du 2 au 17 avril 1792. C'est en cette qualité qu'il adressa quelques paroles de félicitation aux Suisses de Château-Vieux. Cf. Vatel, II, 100-102. Le 28 avril suivant, il écrivit au président pour demander à se justifier d'une dénonciation de Chabot. Le 20 mai, il rendit compte des séances de la Législative du 19 et du 20. Il ne parla pas d'autres fois.

(2) « Les Guadet, les Vergniaud écrivaient leurs discours, et cet exemple eut les Lainé, les de Saget, les Martignac pour imitateurs. » Chauvot, p. 592. Cf. *Ibid.*, p. 498.

nonça séance tenante, est généralement considérée comme une improvisation.

On hésite cependant à appeler Vergniaud un improvisateur dans le sens propre du terme. Sans doute, il imagina brusquement, pour le fond et pour la forme, nombre de petites harangues dont il ne pouvait avoir prévu ni l'occasion ni le sujet, comme celles que lui inspirèrent, sur-le-champ, les événements du 31 mai. Mais est-il possible d'admettre qu'il inventa de même les développements si méthodiques, si combinés, si proportionnés entre eux, qui forment le fond des discours sur l'appel au peuple, sur la journée du 10 mars, sur les accusations de Robespierre ? Sans doute, il n'est pas en état, le 13 mars 1793, de déposer son manuscrit sur le bureau de la Convention ; mais il avait été chargé par le comité Valazé, quarante-huit heures auparavant, de prendre la parole dans cette circonstance au nom des Girondins. Il avait donc eu le temps de se préparer. Le discours sur l'appel au peuple fut peut-être débité sans le secours d'un manuscrit ; mais s'il est un sujet que Vergniaud ait eu le temps de méditer, c'est le procès de Louis XVI. L'occasion de sa réponse à Robespierre ne pouvait être prévue ; mais l'accusation même flottait, pour ainsi dire, dans l'air ; il avait pu la saisir dans toutes les feuilles montagnardes. Son apologie s'était préparée d'elle-même dans sa tête ; son discours était fait ; il ne restait plus qu'à l'adapter à la circonstance qui le forcerait à le prononcer, ce qu'il fit d'ailleurs avec une prestesse heureuse.

Il n'improvisait qu'à moitié ses grands discours. Il les savait préparés fortement (1), et parlait d'ordinaire sur des notes.

---

(1) Il aimait à les *parler* d'avance devant des amis. « Quelquefois, dit miss William, il nous donnait, en un langage pur et brillant, comme le prélude des discours admirables qu'il dirigeait, de la tribune, sur les Jacobins. » C'est pendant l'hiver de 1793 que Vergniaud fréquenta le salon de miss William. *Souvenirs*, p. 50.

Nous savons déjà, grâce au manuscrit de sa défense, quel était le caractère de ces notes. La charpente du discours s'y trouvait marquée avec beaucoup de relief, dans un plan solide, clair, classique. Tout s'y ramenait à cinq ou six idées maîtresses, comme dans la rhétorique de la chaire. On voit que la première préoccupation de l'orateur était de répartir en des paragraphes nettement délimités les principaux chefs de son argumentation. Ainsi, pour sa défense, cinq points, comme dans un sermon de Bourdaloue, et un numérotage dont il n'aurait sans doute pas fait grâce à l'auditeur : 1° *royalisme;* 2° *fédération;* 3° *guerre civile;* 4° *guerre étrangère;* 5° *faction*. Et chacun de ces développements aura un certain nombre de subdivisions. Ainsi le premier développement, *royalisme*, comprend seize paragraphes, soit neuf arguments et sept objections avec réponse. Peu de phrases complètes : des indications sommaires faciles à distinguer d'un coup d'œil et qui guideront la mémoire de l'orateur ou dont la présence le rassurera, sans qu'il ait presque besoin de baisser les yeux sur son papier.

Vergniaud montait donc à la tribune avec un plan écrit dont les divisions et les subdivisions se détachaient et où les arguments étaient rangés selon une gradation rigoureuse : d'abord le dessein général du discours, puis les groupes d'idées qui forment ce dessein, puis les idées isolées, enfin les faits complexes et les faits simples sur lesquels s'appuient les arguments. On dirait d'un ouvrage de menuiserie compliqué, dans lequel cinq ou six tiroirs, ouverts l'un après l'autre, laisseraient voir des cases qui contiendraient d'autres boîtes plus petites, lesquelles, ouvertes à leur tour, en renfermeraient de minuscules. C'est dans ces derniers seulement que l'ouvrier a placé les faits, ces faits qui, dans notre éloquence contemporaine, viennent en première ligne, et auxquels, à cette époque, Danton fut le seul à donner une place d'honneur.

Aidé de cette machine savante, mais dont il a le secret, Vergniaud n'a pas de crainte de s'égarer : il n'a qu'à toucher dans un ordre déterminé les différents ressorts ; les compartiments s'ouvrent et se ferment tour à tour, et toute l'argumentation en sort, sans encombre et sans erreur. L'orateur est sûr de ne rien oublier, de ne rien intervertir, de donner à chaque argument toute sa valeur. Son esprit se tranquillise sur la conduite même de son discours : toute son imagination peut jouer, sans inquiétude, le rôle qu'il lui a assigné.

Ce rôle, c'est l'élocution proprement dite, et c'est ici que Vergniaud improvise davantage ; c'est ici qu'il dépend des circonstances, du hasard, de son humeur. Il s'agit de trouver sur l'heure même la forme de ces arguments, encore nus sur le papier et dessinés d'un trait sommaire. Ou plutôt les idées, dans le manuscrit, sont présentées sous forme implicite ; il s'agit de les dérouler et de leur donner tout leur lustre. C'est alors que Vergniaud écoute son démon intérieur et qu'il met en jeu ses plus hautes facultés. Si le plan est fait d'avance, le style et l'action sont en partie improvisés, et, comme l'orateur n'est pleinement lui-même qu'à la tribune, ce second effort se trouve être plus heureux que le premier ; l'exécution vaut mieux que la matière, et il y a plus d'art inspiré dans la draperie que dans le corps même du discours.

Mais cette part laissée à l'imprévu, Vergniaud la restreint encore, en joueur habile qui se défie de la fortune. Ainsi tout le style n'est pas improvisé. Certains ornements sont esquissés d'avance ; il ne reste plus qu'à en finir le détail. Par exemple, ces comparaisons antiques, qui semblent suggérées au girondin dans la chaleur même de la parole et de l'action, ne lui échappent jamais : il les a prévues ; il en a calculé le nombre et fixé la place. Sa défense devait renfermer quatre allusions à l'antiquité. 1° Première partie, paragraphe septième : « Sur le reproche de Billaut-Varennes d'avoir voté pour l'appel et pour la mort, voyez l'histoire de la sœur de Caligula. » Vergniaud veut dire : « Vous m'avez fait voter la mort du roi, et vous me reprochez ce vote. Vous faites comme Caligula qui, après avoir débauché ses sœurs, les exila comme adultères (1). » 2° Troisième partie : Il veut dire qu'il saurait souffrir pour ses opinions, et il ajoute cette indication à développer : « Présentez-moi le réchaud de Scævola (2). » 3° Un peu plus loin, il écrit les noms de Rutilius et d'Aristide, qui furent exilés pour leur vertu, comme Vergniaud va être guillotiné pour son amour de la justice. Mais il s'aperçoit que l'exil à Smyrne de P. Rutilius Rufus n'est pas assez connu du public, et, en marge de ses notes, il remplace ce nom par celui de Thémistocle. 4° Enfin, dans la cinquième partie, à l'appui de cette idée qu'il ne faut pas préférer sa popularité à la vérité, il se proposait d'alléguer les grands hommes de l'antiquité victimes de leur droiture.

Le même nombre d'allusions, comme l'a justement remarqué M. Vatel (3), se retrouve dans les quatre grands discours de Vergniaud, où elles sont espacées à peu près de la même manière que dans le projet de défense, amenées avec art et sobrement développées.

Ainsi, dans le discours du 3 juillet 1792, il représente les députés comme « placés sur les bouches de l'Etna pour conjurer la foudre. » Il compare Louis XVI au tyran Lysandre. Il se demande si le jour n'est pas venu « de réu-

---

(1) Suétone, *Caligula*, XXIV.
(2) Cf. le même mouvement dans un discours de Français de Nantes (5 mai 1792) : « Qu'on apporte ici le réchaud de Scævola, et, les mains tendues sur le brasier, nous prouverons qu'il n'est sorte de supplice qui puisse faire froncer le sourcil de celui que l'amour de la patrie élève au-dessus de l'humanité. » *Moniteur*, réimpr. XII, 306.
(3) I, XII.

nir ceux qui sont dans Rome et ceux qui sont sur le mont Aventin. » Il offre à ses collègues un moyen de vivre dans la mémoire des hommes : « Ce sera d'imiter les braves Spartiates qui s'immolèrent aux Thermopyles ; ces vieillards vénérables qui, sortant du sénat romain, allèrent attendre, sur le seuil de leurs portes, la mort, que des vainqueurs farouches faisaient marcher devant eux. » L'orateur avait fait en sorte que chaque développement reçût un ornement antique.

Dans le discours sur l'appel au peuple, il est question de Catilina et de la minorité insolente qui le suivait ; les Montagnards sont appelés « des Catilinas » et ironiquement « ces vaillants Brutus ». Si les Girondins sont dénoncés au peuple, ils savent « que Tibérius Gracchus périt par les mains d'un peuple égaré qu'il avait constamment défendu. » Il n'y a pas grand courage à frapper Louis vaincu : « Un soldat cimbre entre dans la prison de Marius pour l'égorger. Effrayé à l'aspect de sa victime, il s'enfuit sans oser le frapper. Si ce soldat eût été membre d'un sénat, doutez-vous qu'il eût hésité à voter la mort du tyran ? » — Même nombre, même distribution d'allusions classiques que dans le projet de défense.

Le 13 mars 1793, alors que « les émissaires de Catilina ne se présentent pas seulement aux portes de Rome, mais qu'ils ont l'insolente audace de venir jusque dans cette enceinte déployer les signes de la contre-révolution », il ne peut garder un silence qui deviendrait une véritable trahison. Il montre la Révolution, « comme Saturne, dévorant successivement tous ses enfants (1). » Si la Con-

---

(1) Cette comparaison avait déjà été plus d'une fois apportée à la tribune. Ainsi Français de Nantes, s'adressant à la Rome papale, avait dit : « Es-tu donc comme Saturne à qui il faut tous les soirs des holocaustes nouveaux ? » *Moniteur*, réimpr. XII, 305.

vention a échappé au péril, c'est que « plus d'un Brutus veillait à sa sûreté et que, si parmi ses membres elle avait trouvé des décemvirs, ils n'auraient pas vécu plus d'un jour. » Un tyran de l'antiquité, dit-il au peuple, avait un lit de fer sur lequel il faisait étendre ses victimes, mutilant celles qui étaient plus grandes que le lit, disloquant douloureusement celles qui l'étaient moins pour leur faire atteindre le niveau. Ce tyran aimait l'égalité ; et voilà celle des scélérats qui te déchirent par leur fureur. »

Enfin, dans sa réplique à Robespierre (10 avril 1793), il s'élève contre ceux « qui s'efforcent de nous faire entr'égorger comme les soldats de Cadmus, pour livrer notre place vacante au premier despote qu'ils ont l'audace de vouloir nous donner. » Repoussant l'accusation de haïr Paris, il rappelle qu'il a dit dans la commission des vingt-et-un : « Si l'Assemblée législative sortait de Paris, ce ne pourrait être que comme Thémistocle sortit d'Athènes, c'est-à-dire avec tous les citoyens, etc. » A propos de Fournier l'Américain mandé au tribunal révolutionnaire comme témoin et non comme accusé : « C'est à peu près comme si, à Rome, le sénat eût décrété que Lentulus pourrait servir de témoin dans la conjuration de Catilina. »

Il est à remarquer que, dans ces quatre exemples, les allusions antiques offrent comme un résumé de toute l'argumentation : c'est que Vergniaud, à dessein, en a orné de préférence les points les plus saillants de son discours. Son but est de laisser dans la mémoire de l'auditeur une formule élégante et classique, qu'il ne puisse oublier et qui fasse vivre l'idée qu'elle contient. Il y a réussi dans la comparaison de la révolution avec Saturne, qui est restée populaire. Il a été moins heureux dans les autres comparaisons, comme dans celle des soldats de Cadmus. Ce sont de froides et laborieuses élégances.

S'il allègue aussi les modernes, Cromwell, quelques

orateurs anglais contemporains, et Mirabeau, qu'il imite ou cite à plusieurs reprises (1), c'est aux orateurs anciens, c'est à Démosthène qu'il fait allusion plus volontiers. Le 16 septembre 1792, il dit aux Athéniens de Paris : « N'avez-vous pas d'autre manière de prouver votre zèle qu'en demandant sans cesse, comme les Athéniens : *Qu'y a-t-il de nouveau aujourd'hui ?* » Le 18 janvier de la même année, à propos de la guerre, il avait récité un des passages les plus célèbres des *Philippiques* : « Je puis appliquer à vos mesures le langage que tenait en pareille circonstance Démosthène aux Athéniens : Vous vous conduisez à l'égard des Macédoniens, leur disait-il, comme ces barbares qui paraissent dans nos jeux, à l'égard de leurs adversaires. Quand on les frappe au bras, ils portent la main au bras... » Et, après avoir cité tout le passage, il reprend : « Et moi aussi, s'il était possible que vous vous livrassiez à une dangereuse sécurité, parce qu'on vous annonce que les émigrés s'éloignent de l'Electorat de Trèves, si vous vous laissiez séduire par des nouvelles insidieuses ou des faits qui ne prouvent rien ou des promesses insignifiantes, je vous dirais : Vous apprend-on qu'il se rassemble des émigrés à Worms et à Coblentz ? vous envoyez une armée sur les bords du Rhin. Vous dit-on qu'ils se rassemblent dans les Pays-Bas ? vous envoyez une armée en Flandre. Vous dit-on qu'ils s'enfoncent dans le sein de l'Allemagne ? vous posez les armes.

« Publie-t-on des lettres, des offices dans lesquels on vous insulte ? alors votre indignation s'excite, et vous voulez combattre. Vous adoucit-on par des paroles flatteuses, vous flatte-t-on de fausses espérances ? alors vous songez

---

(1) Le 27 décembre 1791, il parle de *l'horrible banqueroute*, et le 10 mars 1792, il cite le célèbre mouvement de Mirabeau : *De cette tribune où je vous parle on aperçoit la fenêtre*, etc. — Cf. plus haut, p. 323.

à la paix. Ainsi, messieurs, ce sont les émigrés de Léopold qui sont vos chefs. Ce sont eux qui disposent de vos armées. Ce sont eux qui en règlent tous les mouvements. Ce sont eux qui disposent de vos citoyens, de vos trésors: ils sont les arbitres de votre destinée. (*Très vifs applaudissements réitérés. Bravo! bravo!* (1). »

Certes, il faut savoir gré à Vergniaud de n'avoir pas prodigué davantage ces ornements chers à son temps. On peut même, à tout prendre, le ranger parmi ceux qui, à la tribune, ont le moins abusé de la Grèce et de Rome. Mais qu'il est loin, sous ce rapport, de la discrétion de son rival Danton ! L'orateur cordelier rencontre les allusions classiques, tandis que l'orateur girondin les cherche. Celui-là mêle des noms romains ou grecs à quelques passages de ses discours parce que c'est la langue courante de ses contemporains, parce que ce pédantisme est une manière d'être plus clair ; celui-ci ajoute après coup une parure antique savamment choisie. C'est un peu le procédé laborieux d'André Chénier dans ses œuvres en prose. Ce n'est pas la spontanéité et l'exubérance de Camille Desmoulins, qui a su, par son génie, raviver ces fleurs fanées, en semer tout son style sans ennuyer et rendre agréables, même pour nous, tant de Brutus, de Thémistocles, de Publicolas, de Nérons, si fastidieux chez les autres.

La prose de Vergniaud n'a pas cette verve et ce naturel. Tout y est calculé pour émouvoir dans les règles et plaire de la bonne façon, c'est-à-dire avec la méthode des orateurs antiques et des grands sermonnaires français. La noblesse et la majesté sont les deux qualités que recherche l'orateur et qu'il rencontre le plus souvent. Il excelle à élever le débat au-dessus des misères et des laideurs de la réalité. Il emporte les esprits dans les régions sereines

---

(1) Texte du *Logographe*, depuis : *Et moi aussi....*

où sa propre rêverie le fait vivre d'ordinaire. Ce ne sont qu'idées sublimes ou délicates, que périodes harmonieuses comme celles d'un Massillon, que beaux mots et beaux sons dont jouissent l'oreille et l'esprit tout à l'heure blessés par les cris brutaux des tribunes ou les balbutiements diffus des orateurs sans génie. L'orateur écarte avec adresse tout ce qui, dans les choses dont il parle, peut donner des impressions chagrines ou triviales ou écœurantes. Son art n'admet aucune idée qui ne soit belle ou haute, aucune forme qui ne soit élégante ou splendide, et ici son art est d'accord avec son âme.

Mais trop souvent, si ses idées paraissent élevées, elles sont vagues et abstraites ; si ses mots sont souvent nobles, ils sont rarement précis et vrais. Lui aussi, dans la tourmente révolutionnaire, il veut sacrifier aux grâces académiques. Il nomme les objets par les termes les plus généraux ; il désigne par des périphrases décentes les hommes et les choses qui lui semblent indignes d'entrer sans parure dans sa trop belle prose oratoire. A-t-il à préciser un détail technique ? Sa délicatesse s'effarouche, et, dans un discours sur les subsistances (17 avril 1793), il prend des précautions presque pudiques pour parler de la nécessité de restreindre la consommation des bœufs : « Une autre mesure, dit-il, que je vais vous soumettre vous paraîtra peut-être ridicule au premier aspect... » Il fallait que le bon goût classique exerçât encore une tyrannie bien puissante, pour qu'un homme si grand, en de si grandes circonstances, en avril 93, eût encore peur du ridicule littéraire !

Certes, Marat fut injuste, quoique fin connaisseur en exercices de style, quand, à la tribune, le 13 mars 1793, il traitait l'éloquence de Vergniaud de *vain batelage*. Mais avait-il complètement tort quand il souriait des « discours fleuris » et des « phrases parasites » de son adversaire ?

N'y a-t-il pas trop de fleurs et trop de fard dans le discours du 3 juillet 1792 ? Partout, n'y a-t-il pas trop d'épithètes, trop de synonymes, trop de mots placés là pour compléter plutôt le son que l'idée? Sauf dans les passages où l'indignation lui fait oublier l'art, rarement Vergniaud rencontre du premier coup le mot juste. C'est par une accumulation de termes qu'il approche de la clarté, qu'il en donne l'illusion et qu'il séduit son auditeur plus encore qu'il ne l'éclaire et le convainc.

C'est la faute de sa méthode. Ses notes sont si complètes, à en juger par celles de sa défense, que la part laissée à l'improvisation est vraiment trop réduite. L'écrivain, par la multiplicité et la précision des traits qu'il a fixés sur le papier, n'a laissé à l'improvisateur qu'une besogne d'arrangeur, je ne dis pas de phrases, mais de mots. Parfois cette besogne est capitale, tant la forme importe dans l'art de l'éloquence. Parfois, nous l'avons vu, Vergniaud s'y montre artiste de génie. Mais trop souvent, empêché, par la rigueur de son plan, d'improviser des idées, il ne peut satisfaire son imagination que par un exercice stérile de paraphrase : alors il tourne sans fin et sans fruit sa période, démesurément chargée de mots inutiles, quelquefois impropres, souvent emphatiques, sans que l'idée progresse d'un pas ; alors, avec toute sa sincérité, il est rhéteur, et Marat a raison de sourire.

Il est rare, toutefois, qu'il paraisse franchement déclamateur. A le lire, on hésite souvent sur le sentiment qu'on éprouve. Plus d'un passage de Vergniaud, même parmi les plus célèbres, semble à égale distance du bon et du mauvais goût, de l'éloquence et de la mauvaise rhétorique, comme l'apostrophe aux émigrés dans le discours du 25 octobre 1791. Il abuse aussi des expressions qu'on ne peut ni proscrire ni louer, et il dira volontiers :

« Ouvrez les annales du monde... (1). » Il aime ces métaphores trop communes et trop vagues. A vrai dire, ses comparaisons un peu prolongées sont rarement justes dans toutes leurs parties. Je sais bien qu'il a heureusement rapproché les inquiétudes causées par les émigrés à la nation *du bourdonnement continuel d'insectes avides de son sang* (2) ; mais cette justesse familière n'est qu'une exception dans son style: trop souvent il se mêle à ses comparaisons autant d'inexactitude que de noblesse, comme quand il dit, dans son discours sur l'appel au peuple : « Craignez qu'au milieu de ses triomphes la France ne ressemble à ces monuments fameux qui, dans l'Egypte, ont vaincu le temps. L'étranger qui passe s'étonne de leur grandeur ; s'il veut y pénétrer, qu'y trouve-t-il? des cendres inanimées et le silence des tombeaux. »

On voit que ce mauvais goût consiste moins dans l'exagération des pensées que dans le vague et dans l'inexactitude des comparaisons. C'est un mauvais goût propre à Vergniaud. Il ne donne guère toutefois dans le genre d'emphase qui est à la mode autour de lui, excepté dans ce passage du même discours:

« Irez-vous trouver ces faux amis [les inspirateurs de septembre], ces perfides flatteurs, qui vous auraient précipités dans l'abîme ? Ah! fuyez-les plutôt; redoutez leur réponse; je vais vous l'apprendre. Vous leur demanderiez du pain, ils vous diraient : Allez dans les carrières disputer à la terre quelques lambeaux sanglants des victimes que nous avons égorgées; ou voulez-vous du sang ? prenez, en voici. Du sang et des cadavres, nous n'avons pas d'autre nourriture à vous offrir (3)... Vous frémissez, citoyens !

---

(1) 19 mars 1792.
(2) Cf. suprà, p. 319.
(3) Le *Journal des débats* note ici un *mouvement d'horreur*. Les contemporains furent-ils dupes de cette rhétorique, ou le rédacteur du journal, Louvet, voulut-il flatter Vergniaud ?

O ma patrie ! je demande acte à mon tour des efforts que je fais pour te sauver de cette crise déplorable. »

Mais les figures de rhétorique que Vergniaud aime ne déplaisent pas toujours. Il en est une qui revient sans cesse dans ses discours, qu'il ramène avec insistance toutes les fois qu'il veut frapper un grand coup, et qui ne laisse pas, si visible que soit l'artifice, de produire, même sur nous, le plus grand effet. Je veux parler de la *répétition*, qu'il avait employée déjà avec prédilection dans ses plaidoyers (1), et qui devait jouer un grand rôle, on le voit, dans le développement de sa défense. Rien de plus brillant et de plus fort que ce procédé tel qu'il le renouvelle par son génie. Rien de plus calculé et rien qui sente moins le calcul que ce refrain ramené en tête ou à la fin d'une dizaine de développements tantôt ironiques, tantôt indignés, comme lorsque, le 10 avril 1793, il répète chaque grief de Robespierre en s'élevant à chaque reprise d'un degré plus haut dans la colère et dans le dédain. *Nous modérés !...* et cette exclamation retombe, chaque fois plus lourdement, chaque fois de plus haut, sur la calomnie qu'elle écrase. Une autre répétition qui souleva un vif enthousiasme, ce fut quand, le 17 septembre 1792, Vergniaud s'écria trois fois : « Périsse l'Assemblée nationale et sa mémoire... » et posa trois hypothèses dans lesquelles ce sacrifice sauvait la patrie. On se rappelle que tous les députés se levèrent et répétèrent le cri de Vergniaud (2). Mais c'est dans le grand discours du 3 juillet 1792 que cette figure est employée avec le plus d'art. Qu'on se souvienne de ce trait : *C'est au nom du roi*, lancé à tant de reprises sur le masque de Louis XVI qu'il brise et fait tomber (3). Et que dire de

---

(1) Cf. Chauvot, pass.
(2) Cf. plus haut, p. 338.
(3) Déjà, le 29 mai 1792, feignant de croire que les manœuvres aristocratiques étaient dirigées contre le roi, il avait cherché, dans les

cette ironie redoutable qui revient quatre fois de suite, et quatre fois couvre Louis XVI de confusion : *Il n'est pas permis de croire sans lui faire injure...* qu'il agisse comme il agit. De tels artifices portaient l'effroi dans les Tuileries et la colère dans le cœur des patriotes ; il y faut voir autre chose qu'un calcul de rhéteur : c'était une inspiration du cœur, et, chez Vergniaud, les mouvements les plus passionnés revêtaient aussitôt une forme compliquée.

Ces répétitions, en effet, ne sont pas seulement propres à ses discours préparés ; elles se retrouvent jusque dans ses improvisations, avec la même symétrie, la même gradation. Ainsi, le 6 mai 1793, Marat s'opposait à l'admission aux honneurs de la séance, des pétitionnaires de la section de Bonconseil venus pour se plaindre de l'anarchie. Vergniaud répond à l'improviste :

« Je conviens, citoyens, que lorsque des hommes parlent de respect pour la Convention nationale, ils doivent être appelés intrigants par ceux qui cherchent sans cesse à l'avilir. Je conviens que lorsque des hommes parlent de maintenir la sûreté des personnes, ils doivent être appelés intrigants par ceux qui provoquent sans cesse au meurtre. Je conviens que lorsque des hommes parlent de maintenir les propriétés, ils doivent être appelés intrigants par ceux qui

---

mêmes répétitions, les mêmes effets d'ironie : « Quel est, avait-il dit, le nom que l'on invoque sans cesse, ou plutôt que l'on profane continuellement dans les orgies scandaleuses dont on vous a parlé ? C'est le nom du roi. Quel est le nom que l'on invoque ou que l'on profane dans les manœuvres secrètes que l'on emploie pour troubler la tranquillité, pour répandre les alarmes? C'est le nom du roi. Quel est le nom que l'on invoque après avoir parlé avec mépris de la constitution, lorsque l'on a assouvi sa haine contre la liberté, contre les lois ? Quel est le sentiment d'amour que l'on affecte de mettre en opposition ? C'est l'amour du roi. Lorsque l'on conspire contre la constitution, quel est le nom que l'on invoque sous prétexte de vouloir rétablir le calme, et faire cesser le désordre? C'est encore le nom du roi ; c'est l'autorité du roi que l'on veut maintenir; ce sont les ennemis de l'autorité royale que l'on veut faire punir. »

provoquent sans cesse au pillage. Je conviens que lorsque des hommes parlent d'obéissance aux lois, ils doivent être appelés intrigants par ceux qui ne veulent que l'anarchie. Je conviens que lorsque des hommes viennent ici prêter des serments de l'exécution desquels dépend le bonheur du peuple, ils doivent être appelés intrigants par ceux-là qui veulent perpétuer la misère du peuple... »

On peut conclure de ces exemples (1), d'abord que les idées s'offraient à Vergniaud, intérieurement, sous la forme de figures savantes, et que, parmi ces figures, la répétition s'adaptait davantage à la nature de son esprit. Nul orateur, dans la révolution, n'en a fait un tel usage. Ce qui lui convenait et ce qui lui plaisait dans ce procédé, c'était qu'il facilitait la gradation ascendante des sentiments et des mots : l'orateur pouvait ainsi s'élever, par bonds successifs, toujours plus haut, et planer enfin, sans paraître avoir perdu pied. A ces exclamations répétées succédait un développement large, brillant, harmonieux, où il mettait ses plus nobles abstractions et sa plus suave musique.

Enfin, si l'on considère la suite de ses discours depuis le 5 octobre 1791 jusqu'au 31 mai 1793, c'est toujours la même méthode qu'on y retrouve, mais ce n'est pas le même succès. Tandis que d'autres, comme Isnard, vont en déclinant et ne peuvent se maintenir au niveau d'un trop heureux début, Vergniaud au contraire ne cesse de se perfectionner et de grandir. Il est meilleur le 3 juillet 1792 qu'il ne l'a été huit mois auparavant dans son discours sur les émigrés ; et son dernier grand discours, sa réponse à Robespierre (10 avril 93), surpasse tous les au-

---

(1) Voir encore, dans le discours sur les émigrés (25 octobre 1791), ces répétitions : *Voyez-les s'agiter....*; *Voyez-les correspondre*; et, dans le discours du 31 décembre 1792 : *On nous accuse...*, répété en tête de quatre paragraphes.

tres. La lecture de ses notes nous donne à croire qu'au tribunal révolutionnaire il se serait encore élevé au-dessus de lui-même. C'est que les circonstances l'avaient dépouillé de plus en plus de son caractère d'avocat. Dans les commencements il plaidait une cause qu'il croyait gagner, et il la plaidait avec tout l'artifice qui lui avait valu ses succès de barreau. Bientôt il désespère de gagner cette cause noble et chimérique de la Gironde : ce sont alors, dans des plaidoiries prononcées sans confiance, des élans plus spontanés, une vraie douleur, de beaux cris de fierté. Enfin il ne plaide même plus, il renonce même à un simulacre de lutte pour la victoire : du haut de la tribune il s'adresse à la postérité ; il arrache le masque à ses adversaires, et il montre toute son âme. Alors on voit à plein son dévouement stoïque à la patrie, sa grande et sereine bonté, la pureté de son cœur, la force de son génie qui s'exerce sans les entraves d'une discipline de parti. Alors Vergniaud n'est plus un girondin : aucune haine ne l'agite. Il n'est plus un conventionnel : aucun vote ne peut sanctionner son éloquence. Tourné vers le siècle à venir, c'est à nous qu'il parle ; c'est nous qu'il fait jouir de toute la poésie de son âme en chantant ses illusions mortes et son désir ardent de mourir pour la Révolution. C'est dans ces moments-là qu'il est le plus orateur, parce qu'il n'y parle que de lui, et, comme il arrivait à Mirabeau, comme il arrive à tous les orateurs, c'est son *moi* qui a inspiré à Vergniaud son éloquence la plus sublime.

Si donc il est de moins en moins rhéteur, c'est que les circonstances l'ont amené à être de plus en plus lui-même et à se dégager tout à fait de son parti et même de son temps. Mais, je le répète, sa méthode ne change pas avec son inspiration. Jusque dans ces lettres si vivantes qu'il écrivait à la Convention du fond de sa captivité, on retrouve le même ordre dans les idées, le même choix dans les ornements, les mêmes procédés dans le style. Cette rhétorique lui venait sans doute moins de l'école que de son caractère, et c'est là le trait qui le distingue si nettement de ses rivaux en éloquence : ses émotions les plus sincères s'exprimaient dans des formes aussi artificielles que ses idées d'hommes de parti ou d'avocat. Seulement, ces formes nous plaisent quand Vergniaud est sous l'empire d'un sentiment violent; elles nous fatiguent et nous importunent quand il plaide sans passion.

Il y avait probablement autant d'art dans son action que dans son style. En parlant de son physique (1), nous avons dit à peu près tout ce qu'on sait sur ce point si important et si mal connu. Baudin (des Ardennes), dans son éloge des Girondins, dit qu'il était *ravissant* à entendre, et il ajoute: « Son geste, sa déclamation, tout le rendait entraînant. » Nous ne savons rien de plus, et si nous pouvons dire que son action était à la fois savante et naturelle, c'est par conjecture. Toujours est-il qu'elle entraînait l'auditoire et qu'elle devait être en parfait accord avec le style et la pensée pour produire les effets qu'enregistrent les journaux. Ainsi, au milieu du discours sur l'appel au peuple, Vergniaud s'arrêta un instant : il y eut alors, dit le *Journal des débats*, « un moment d'admiration silencieuse. » A un passage de son opinion sur la guerre (18 janvier 1792), le *Logographe* signale cette interruption naïve d'un collègue : *Voilà la vraie éloquence !* Plusieurs fois l'Assemblée entière, ravie d'un art si complet, se leva dans un accès d'admiration enthousiaste. Presque toujours, on était suspendu aux lèvres de Vergniaud. « Lorsqu'il montait à la tribune, dit un de ses collègues, l'attention était universelle : tous les partis écoutaient et les causeurs les plus intrépides étaient forcés de céder à l'ascendant magique

---

(1) Cf. suprà, p. 296.

de sa voix (1). » Il reposait les âmes des inquiétudes de la lutte et leur offrait de nobles intermèdes aux difficultés de la Révolution. Et les moins sensibles à ces chants de sirène ne furent pas ceux qui se bouchèrent les oreilles pour ne pas l'entendre et lui fermèrent la bouche pour le tuer. A ce point de vue, c'est au tribunal révolutionnaire que le génie de Vergniaud reçut le plus précieux hommage.

Voilà tout ce que nous savons sur l'éloquence de ce grand orateur, et nous sentons toute l'insuffisance, toutes les lacunes du portrait que nous venons d'esquisser. Mais l'histoire ne nous a pas fourni d'autres traits : ceux qu'on rencontre en plus dans les écrits de Nodier et de Lamartine ont été imaginés par ces deux poètes. Notre grand Michelet lui-même a souvent rêvé à propos de Vergniaud. Il est difficile, quand on parle d'un des Girondins, d'oublier les belles fantaisies dont leur légende a été brodée. Y avons-nous réussi tout à fait? En tout cas, nous avons préféré d'être incomplet, plutôt que de rien produire qu'un document certain ne nous suggérât. Mais il est un trait de la physionomie de Vergniaud que nous avons rencontré plus d'une fois et qu'il valait mieux réserver pour la fin de cette étude, parce que c'est là le meilleur Vergniaud, le Vergniaud le plus intime et le plus vrai. Son protecteur Dupaty avait dit un jour : « L'humanité est une lumière(2). » L'humanité fut la religion de Vergniaud, comme elle avait été sans doute celle de l'auteur de *Don Juan*. Son mot caractéristique, c'est *humanité*. Il revient cent fois dans ses plaidoiries. Il résonne sans cesse dans ses discours. Le 6 octobre 1792, il félicite Montesquiou d'avoir fondé la conquête de la Savoie « sur *l'humanité*, sur l'humanité sans laquelle il n'y a pour les hommes d'autre liberté que celle

---

(1) Harmand (de la Meuse), *Anecdotes*, p. 82.
(2) Vatel, I, 184. Cf. II, 69, 72.

dont jouissent les tigres au sein des forêts ». Et le 9 novembre il s'écrie : « Chantez donc, chantez une victoire qui sera celle de l'*humanité*. » Enfin c'est l'*humanité* qui inspire presque toute l'admirable réplique à Robespierre. C'est là que se trouve ce mot qu'il faut répéter, parce que Vergniaud y a mis son âme : *On a cherché à consommer la révolution par la terreur ; j'aurais voulu la consommer par l'amour.*

CHAPITRE VIII.

GUADET.

L'orateur le plus remarquable de la Gironde après Vergniaud, ce fut assurément Guadet. « Guadet avait plus de vivacité, dit Etienne Dumont, plus de liant [que Vergniaud]; éloquent, ingénieux, il était toujours prêt à monter à la tribune et à faire face à ses adversaires (1). » Dans le salon de Valazé, on le trouvait « beaucoup plus courageux et même plus éloquent que Vergniaud. » On l'y considérait « comme le chef de la députation de la Gironde (2). » Charles Nodier va même jusqu'à dire de Guadet : « Quelques-uns de ses mouvements oratoires l'emportent même, en véhémence tribunitienne, sur tout ce qui s'est conservé de plus remarquable dans ce genre chez les anciens et chez les modernes (3). » Si Vergniaud fut le Mirabeau de l'Assemblée législative, on peut dire que Guadet en fut le Barnave. Mais il n'y eut entre eux ni haine personnelle, ni rivalité d'aucune sorte, si dissemblables qu'ils fussent par le caractère et par le talent.

---

(1) *Souvenirs sur Mirabeau*, p. 390.
(2) Desgenettes, *Souvenirs de la fin du* XVIIIe *siècle*, II, 230.
(3) *Souvenirs de la Révolution*, éd. Charpentier, I, 249.

En effet, si tous deux témoignaient un goût passionné pour la tribune, là s'arrêtait leur ressemblance. Guadet n'avait rien de la nonchalance rêveuse de Vergniaud : il savait agir. Celui-là planait trop haut pour haïr les hommes et s'irriter des choses ; celui-ci se plaisait dans la mêlée, et sa pensée ne s'élevait guère au-dessus des réalités présentes ; il se montrait agressif, fougueux, colère ; il détestait franchement ses adversaires, et il cherchait à leur faire le plus de mal possible ; avec Brissot, il fut le plus haï des Girondins, et aussi le plus redouté.

Il n'avait pas la figure placide de Vergniaud. Un portrait de jeunesse (1) nous le montre éveillé, souriant, à demi narquois. Les lèvres sont minces et spirituelles, le front fuyant, et on devine des yeux très vifs. « Le regard de Guadet, dit Paganel, était vif et perçant, sa physionomie fine et spirituelle (2). » On a aussi son profil tracé au physionatrace en 1792 (3) : c'est la même expression, un peu adoucie, plus grave et plus virile. En juillet 1793, il se fabrique lui-même un passeport sous un faux nom, où il se décrit ainsi (et il a tout intérêt à se décrire fidèlement) : « Taille : cinq pieds cinq pouces. Cheveux et sourcils noirs. Yeux bleus. Nez relevé. Bouche moyenne. Menton ordinaire. Front grand. Visage maigre (4). » Enfin M. Vaultier l'a entendu représenter par Barbaroux comme un homme « de bonne taille, maigre, brun, teint bilieux, barbe noire, figure des plus expressives (5). » Et Barbaroux ajoutait ce blâme, piquant dans sa bouche : « Toujours orateur. »

---

(1) Recueil de gravures pour l'ouvrage intitulé *Charlotte Corday et les Girondins*, par Charles Vatel.
(2) *Essai historique et critique*, I, 458.
(3) Recueil de gravures, etc., par Charles Vatel.
(4) Vatel, *Charlotte Corday*, p. 672.
(5) *Souvenirs du Fédéralisme*. — M. Vatel dit, d'après un souvenir d'enfance de Mme Letellier-Valazé, que Guadet « portait la tête légèrement penchée sur l'épaule. » *Charlotte Corday*, p. 399.

I

Marguerite-Elie Guadet naquit en 1755 (1) à Saint-Emilion, petite ville où subsistaient, avec l'esprit municipal du moyen âge, des habitudes délibératives, une sorte d'autonomie. On eût dit une république parlementaire et aristocratique en miniature (2). La famille Guadet était une de celles où l'exercice des fonctions électives semblait héréditaire. Le grand-père de l'orateur, Elie Guadet, dans la première moitié du xviiie siècle, avait été pendant vingt ans jurat ou maire, et son père, Jean, exerça ces fonctions jusqu'en 1789. « Naturellement sévères et gardiens scrupuleux des droits et des prérogatives de la commune, Elie et Jean Guadet eurent plus d'une fois à les défendre contre les prétentions et les entreprises de la noblesse et du clergé de leur ville, et ils le firent avec énergie (3). »

Guadet sortit donc d'une race disputeuse, et fut élevé dans un milieu où une éloquence à demi politique avait son rôle et son prix. « Il resta, dit son neveu, jusqu'à l'âge de quinze ans dans la maison paternelle, où il reçut des leçons d'un ecclésiastique ami de sa famille, leçons bien insuffisantes sans doute, mais que la vivacité de son intelligence savait rendre fructueuses. » On voit aussi qu'à l'ancienne mode, il fut soumis à une forte et rude discipline domestique (4). Mais les Guadet, tour à tour régis-

(1) Cf. son acte de baptême ap. J. Guadet. *Les Girondins*, 1, 26. C'est donc à tort que M. Lussaud, dans son *Eloge historique de Guadet* (1861, in-8), le fait naître en 1758.
(2) J. Guadet, *Histoire de Saint-Emilion*, pass.
(3) J. Guadet, *Les Girondins*, I, 27.
(4) Jean Guadet exigeait de ses fils une obéissance rigoureuse. Il faut voir de quel ton humble et repentant, en 1790, Guadet, alors âgé de 35 ans, s'accuse auprès de son père d'un manquement à l'étiquette familiale. Cf. Vatel, *Charlotte Corday*, p. 668.

seurs et courtiers en vin (1), n'avaient pas de fortune, et l'éducation de Marguerite-Elie serait restée inachevée, si la veuve d'un riche négociant de Bordeaux, Mme Féger, ne l'avait pris chez elle et à demi adopté. Elle lui fit terminer ses études au collège de Guienne et faire ensuite son droit à l'université de Bordeaux.

Il avait vingt ans quand mourut sa bienfaitrice. Elle lui légua 20,000 livres, ce qui lui valut un procès en captation, dont il se tira à son honneur. Les deux mémoires qu'il publia dans cette circonstance offrent déjà quelques-unes des qualités de son éloquence future, logique serrée, verve railleuse, style lucide, mais avec des traces d'un mauvais goût juvénile. Avant même la fin de son procès, il partit pour Paris (1775), où il fut secrétaire d'Elie de Beaumont, avocat au parlement et ami de Voltaire. En 1781, il se fait inscrire au tableau des avocats au parlement de Bordeaux (2). « Vers la même époque, dit J. Guadet, il épousa la fille d'un négociant de Bordeaux, Marie-Thérèse Dupayrat. » Il fut « tendre époux, bon père », dit Mme Roland, et on cite des traits touchants de son affection pour sa femme (3).

On n'a pas d'autres détails sur la jeunesse de celui que ses compatriotes devaient appeler, avec leur emphase,

---

(1) Lussaud, p. 3, d'après le dossier de la famille Guadet conservé au greffe de la cour d'assises de Bordeaux.

(2) M. Lussaud fait remarquer qu'à cette époque, à Bordeaux, le Barreau formait un ordre politique. « Le régime municipal de Bordeaux partageait les notables habitants appelés à composer la commune, en trois classes : de la Noblesse ; des Avocats ; des Négociants. Spécialement, les Statuts de la ville voulaient que deux des jurats et huit des notables fussent pris dans l'ordre des avocats. » M. Lussaud fait voir ensuite que ces franchises étaient exclusives de l'influence temporelle du clergé, et il ajoute : « Il est surtout à remarquer que là est la genèse politique des Guadet, des Vergniaud, des Ducos, des Grangeneuve. » Disons plus : tous les avocats, aux approches de 1789, étaient, par la force des choses, des hommes politiques.

(3) Cf. Vatel, *Charlotte Corday*, 678, et Lussaud, p. 14-16.

l'Eschine de la Gironde (1). On ne retrouve pas, dans sa biographie, trace des exercices littéraires qui occupèrent si longtemps Vergniaud. « Il médita sérieusement l'antiquité, » nous dit son neveu, et d'après une tradition de famille, « il aimait aussi à lire la Bible, à y chercher ces traits de sublime éloquence qui étonnent l'imagination, et c'est ainsi qu'il devint l'orateur que nous connaissons. » Pourtant il évite d'ordinaire le style pompeux, les élans lyriques et les allusions aux mœurs des anciens. On se le représenterait plutôt lisant, dans sa période de formation, l'*Esprit des Lois* et le *Siècle de Louis XIV*. M. Vatel a retrouvé à Saint-Emilion, parmi les livres qui lui appartenaient, outre un *Télémaque* et un *Contrat social*, les œuvres de Voltaire et une édition de poche des *Provinciales*. Mais ce n'est pas par les lettres qu'il se prépara à la vie politique. M. Chauvot ne le nomme pas parmi les avocats qui, au Musée ou dans les salons de Bordeaux, récitaient leurs poésies légères. En revanche, étudiant ou avocat, il est loin de témoigner, à l'endroit des affaires de son temps, cette indifférence qui se marque dans les lettres du jeune Vergniaud. « Sa correspondance avec son père, dit son neveu, fut plus d'une fois confidente de ses épanchements politiques. »

Ses débuts, d'après les traditions bordelaises, furent plus brillants encore que ceux de Vergniaud. « Peu d'avocats, dit M. Chauvot, possédèrent aussi jeunes la connaissance des affaires : les mémoires qu'il publia à l'âge de vingt-cinq ans, pour la maison O'Quin, témoignent de sa rare aptitude et des ressources de son esprit. »

Il eut pour rival au barreau de Bordeaux l'avocat Devignes, qui n'aborda pas la tribune politique, mais qui représentait des tendances opposées à celles de Guadet.

---

(1) Chauvot, p. 130.

Devignes se rangeait parmi ces libéraux qui avaient souhaité une réforme et que la révolution dégoûta de la liberté. Il fut guillotiné en l'an II, comme royaliste. L'historien du barreau de Bordeaux nous montre ces deux esprits distingués, aux prises, en janvier 1789, dans l'affaire Bontemps contre Thénaud. Condamné comme stellionataire, Bontemps se procure des pièces qu'avait retenues son adversaire et revient, par voie de requête civile, devant la Cour. Guadet plaide pour lui. Son exorde est d'une simplicité remarquable pour l'époque :

« Messieurs, un citoyen estimable qui a vécu quarante ans sans reproche, chéri de tous les gens de bien qui l'ont connu ; un officier public toujours honoré de votre bienveillance jusqu'au moment où les calomnies de ses ennemis sont venues l'accabler sous vos yeux ; un père de famille adoré de neuf enfants, au milieu desquels il fait son bonheur de vivre ; un ancien avocat qui, pendant quinze ans, honora son ordre, au moins par ses sentiments, et qui a mérité d'en être le représentant : tel est l'homme que le sieur Thénaud vous a dénoncé comme le dernier et le plus vil des scélérats. Je sais, messieurs, que la plus longue habitude de l'honneur et de la vertu ne garantit pas toujours d'une erreur ; je sais que tel est le dangereux effet de la corruption qui nous environne, qu'il faut toujours combattre pour ne pas succomber ; mais je sais aussi, et l'expérience de tous les siècles nous l'apprend, qu'on ne passe pas tout à coup de la voie de l'honneur dans celle du crime, et qu'on ne franchit pas sans effort la barrière qui les sépare (1). »

Guadet parla pendant trois audiences, sans lasser son auditoire. Il atteignit plus d'une fois au pathétique, sans jamais tomber dans la déclamation. Mais il avait affaire à

---

(1) Chauvot, p. 188.

un redoutable adversaire, et la plaidoirie de Devignes paraît avoir ébranlé sérieusement son argumentation, car il répliqua avec la même animation qu'il montrera plus tard contre Robespierre, et non moins d'aigreur. Il accusa Devignes d'avoir manqué de loyauté. Ce fut d'abord une insinuation irritée : « Ah ! qu'eussent-ils donc dit de moi, ces hommes non moins inconséquents que barbares, si, en défendant le sieur Bontemps, je m'étais permis de tronquer toutes les pièces pour faire triompher sa cause ? Qu'eussent-ils dit de moi, si, pour manifester son innocence, j'avais audacieusement employé le dol et la fraude ? Qu'eussent-ils dit de moi si telle était ma réputation au barreau que tout plaideur qui voudrait déchirer son adversaire crût devoir réclamer mon ministère ? Qu'eussent-ils dit de moi, si mon goût pour la satire était tellement connu, qu'on ne fût jamais embarrassé pour deviner l'auteur d'un récit diffamatoire ? Enfin qu'eussent-ils dit de moi, si... Mais qu'importe, et ce qu'ils ont dit et ce qu'ils pourront en dire encore ? C'est à la cause à me juger. » Vinrent ensuite les attaques les plus directes : « ... C'est en vain qu'on attendrait vos preuves, vous n'en avez point : vous ne pouvez pas en avoir, et sur ce fait comme sur le premier, trompé par les artifices de votre client, vous avez aveuglément adopté toutes ses assertions, sans songer (c'est encore M. d'Aguesseau qui parle), sans songer « que si
« un des écueils de notre ministère est d'être, quelquefois
« sans le vouloir, l'interprète des passions des hommes,
« le limon impur qu'elles roulent avec elles doit se déposer
« sur le rivage, et ne pas infecter le canal qui porte à la
« justice la vérité et la raison. »

Devignes répondit par une caricature cruelle du caractère de Guadet. Il le montra trop peu clairvoyant, faute de sang-froid, pour saisir la vérité, trop vaniteux pour songer, dans sa cause, à autre chose qu'à lui-même, et plus préoccupé de ses succès d'audience que des intérêts de ses clients. D'après Guadet, la plaidoirie de Devignes n'avait pas été goûtée du public : « Vous assurez, repartit spirituellement Devignes, qu'il (votre confrère) n'a pas fait verser de larmes, qu'il n'a pas été applaudi ; vous prétendez que c'est vous qui avez attendri sur le sort du sieur Bontemps, qui avez ravi les spectateurs par le charme de votre éloquence. Eh bien! que sont ces petites discussions à la requête civile que nous avons plaidée? Ne soyez pas jaloux, calmez-vous : c'est vous, oui, c'est vous qui avez fait verser des pleurs, c'est vous qui avez été applaudi : remplissez bien votre esprit de cette idée consolante; laissez-vous-en charmer : peut-être alors vous montrerez moins de dépit contre votre confrère, vous serez plus traitable, et vous vous occuperez de ce qui devait faire l'unique objet de votre discussion. » Et, rappelant les allusions blessantes et la réticence que nous avons citées : « Non, dit-il, vous n'avez pas pu parler de votre confrère, quand vous avez proféré les paroles que j'ai rappelées ; vous êtes trop honnête, trop délicat pour vous comporter d'une manière aussi indécente ; vous avez parlé au hasard, comme un homme qui ne possède pas sa raison habituelle, et votre réticence n'est qu'une fleur de rhétorique, par laquelle vous vous êtes sauvé en homme d'esprit, quand vous vous êtes aperçu que vous étiez égaré, par laquelle vous avez su vous donner l'air d'un profond penseur, quand vous n'aviez plus d'idées. »

Il est curieux d'entendre à Bordeaux, dans la bouche de cet avocat rétrograde, les mêmes railleries contre Guadet que celles dont le criblera plus tard, avec la même précision cruelle, l'*Ami du peuple* en ses jours de verve. Déjà ses adversaires ont démêlé dans cet homme bien trempé le point sensible et vulnérable : la vanité.

En 1787, à l'occasion du choix des notables, Guadet apparaît à la tête des délégués de Saint-Émilion. Deux ans

plus tard, on le trouve parmi les fondateurs de la société
des *Amis de la Constitution* de Bordeaux, et il en fut, ce
semble, le membre le plus actif, à coup sûr un des orateurs
ordinaires. Membre du Conseil général du département, i
fait paraître le même zèle. Président de l'assemblée électorale convoquée pour la nomination d'un évêque, il prononce le discours gallican dont nous avons donné plus
haut un extrait. Enfin, le 31 août, il est nommé député de
la Gironde à l'Assemblée législative, le sixième sur douze.
La proclamation de son nom fut accueillie par de longs
applaudissements. « M. Guadet, ajoute le procès-verbal, les
a encore accrus et justifiés par l'hommage du respect et
de la reconnaissance qu'il a offert à l'Assemblée, en prenant
devant elle l'engagement de justifier sa confiance par son
zèle et son patriotisme (1). »

II

Voilà tout ce que nous savons de l'éducation oratoire de
Guadet. Ce ne fut donc pas d'abord un lettré, un rimeur (2),
comme Vergniaud, comme Robespierre, comme tant d'autres orateurs politiques. Ses lectures préférées, nous l'avons
vu, sont des livres politiques, comme le *Contrat social*, ou
des pamphlets, comme les *Provinciales*. Il aime la littérature d'action, de combat. Voltaire est son maître. Il n'a
rien de la sensibilité de son temps ni dans les manières,
ni dans le talent. C'est plutôt un génie sec.

Il quitte Bordeaux préparé à la politique par la politique.

---

(1) Vatel, *Vergniaud*, II, 95.
(2) M. Vatel, *Charlotte Corday*, p. XXIII, lui attribue, mais sans
preuve, un quatrain en l'honneur de Charlotte Corday, *plus grande
que Brutus*. Cf. une relation anonyme des derniers instants de Salle,
Guadet, Pétion, Barbaroux, Buzot, ap. Dauban, *Mémoires de Pétion*,
etc., p. 501. — Charlotte Corday est appelée également *plus grande
que Brutus* dans une lettre de Barbaroux à Salle. (Vatel, ib., p. 108.)

Devignes et lui ont mis à la mode, au barreau, une éloquence précise, froide, nerveuse, qui contraste avec la parole fleurie de Vergniaud. Celui-ci conçoit la vie parlementaire comme un tournoi élégant et grandiose, comme une joute ornée et pacifique. Ce sera pour Guadet un duel à mort avec un adversaire choisi et haï.

Pour ce duel terrible, quelles armes emporte-t-il de Bordeaux? Son talent de parole, sa pratique des affaires, aucune connaissance précise en fait de science sociale. Vergniaud parle de finances à l'occasion ; Guadet n'hésite pas à déclarer qu'il ne s'en est jamais occupé (1). Il s'est habitué, au barreau, à compter surtout sur sa logique mordante et railleuse. Déjà pour lui toute l'éloquence est dans l'esprit qui fait rire l'auditoire et déconcerte l'adversaire. Il sera plus occupé de vaincre des hommes que de glorifier des idées.

Ses sarcasmes froids et blessants le firent paraître inexorable ; mais ses amis prétendaient que sous cette cuirasse battait un cœur sensible à l'excès, si sensible qu'il ne pouvait, dit Mme Roland, lutter longtemps sans fatigue. Sa sécheresse n'était qu'extérieure : il sentait en lui la fièvre d'amour et la soif de dévouement dont brûlaient les héros de la Révolution. C'est ce feu secret qui donne la vie à ses ironies.

Quant à ses idées religieuses et politiques, nous en avons déjà parlé à propos de la politique générale de la Gironde. Nous l'avons vu, à Bordeaux, panégyriste officiel de la religion officielle organisée par la Constituante. Nous le voyons aux Jacobins raillant les effusions mystiques de Robespierre, et à la Convention parlant du christianisme avec un sourd mépris. Il était certainement de ceux dont l'impiété scan-

---

(1) « Comme il est impossible de savoir tout, je ne me suis jamais autrement mêlé de cette partie que par l'impulsion d'un sens droit et d'une probité à toute épreuve. » Séance du 3 déc. 1792.

dalisait Durand de Maillane. L'exil altéra-t-il sa philosophie ? Nous le saurions plus précisément si, à Saint-Emilion, il n'avait eu pour retraite un cabinet sans lumière, où il ne pouvait écrire. Cette circonstance nous a sans doute privés des mémoires de Guadet, qui eussent probablement dépassé en intérêt ceux de Louvet, de Pétion, de Barbaroux. Dans le peu de détails qu'on a sur son attitude en face de la guillotine, on ne trouve pas la preuve qu'il soit mort en disciple de Voltaire et de Rousseau : mais le sang-froid de ses réponses dans son interrogatoire indique une âme encore maîtresse d'elle-même, et permet de croire qu'il resta aussi ferme dans sa philosophie que dans ses autres sentiments.

Sa politique se confond avec celle de Brissot ; mais elle n'eut rien de démagogique, pas plus dans la forme que dans le fond (1). Républicain d'instinct, il essaya, comme ses amis, de faire durer le plus longtemps possible les fictions constitutionnelles. Aux approches du 10 août, il eut peur de la victoire populaire, et ne se borna pas à signer la lettre à Boze, comme Vergniaud et Gensonné. Il vit le roi. Son neveu a raconté ce fait qu'il tenait de Madame Guadet elle-même : « Ce que nous pouvons donner comme certain, dit-il, c'est que Louis XVI voulut voir Guadet. Celui-ci se rendit le soir au château : il fut introduit dans un appartement où il se trouva seul avec le roi et la reine qui le reçurent avec une grande affabilité. Le roi dit à Guadet qu'il avait confiance en lui, et qu'il voulait lui demander des conseils. Les conseils furent donnés et en apparence approuvés. Quand Guadet voulut prendre congé, la reine lui demanda s'il ne désirait pas voir le Dauphin ; et, prenant elle-même un bougeoir, elle conduisit le député dans un appartement

---

(1) Nous avons réfuté plus haut la légende d'après laquelle il aurait, comme président, introduit le tutoiement à la Législative.

où le jeune prince dormait. Guadet avait une grande sympathie pour les enfants ; il embrassa le prince royal et dit à sa mère : « C'est un bel enfant, Madame ; il faut le bien élever. — C'est ce que nous voulons faire, répondit la reine (1). »

Qu'on ne se hâte pas, sur ce fait, d'accuser Guadet de duplicité ou de trahison envers son parti. Après avoir donné des conseils par écrit, il lui était difficile de refuser d'aller les répéter de vive voix. On devine, d'après le récit de son neveu, qu'il fut poli et froid. Mais la reine sut l'émouvoir par une subite inspiration de mère : il sortit des Tuileries, non changé, mais touché ; il n'estima pas davantage le roi, et il ne se convertit pas aux croyances monarchiques ; mais, quand vint l'heure tragique, il lui sembla plus difficile de faire périr l'homme dont il avait embrassé l'enfant. Au début du procès du roi, il répétait à sa femme : « Je ferai tout ce que je pourrai pour sauver la vie de Louis XVI. L'humanité ne le conseillât-elle pas, que l'intérêt du pays le commanderait encore. Il est la dernière barrière qui nous garantisse, et sa tête en tombant entraînera les nôtres. Mais pour cela nous n'avons qu'un moyen, qui est l'appel au peuple. Si nous l'acquittions, il serait égorgé sous nos yeux par la populace. Si l'appel au peuple ne passe pas, ajoutait-il, nous sommes perdus avec lui (2). » Il se prononça néanmoins pour la mort, mais il vota pour le sursis, quand Vergniaud votait contre. Il est visible que le souvenir de cette visite aux Tuileries inquiétait sa conscience. Son hostilité contre la Montagne n'en fut que plus aigre.

(1) J. Guadet, *Les Girondins*, I, 266. — M. J. Guadet ajoute cette note : « J'ai fourni cette anecdote à M. de Lamartine, qui en a fait un tableau de fantaisie, très joli sans doute, ainsi qu'il sait les faire, et qui a cru devoir le terminer par une antithèse très malveillante. M. Michelet, ignorant la source où M. Lamartine avait puisé l'anecdote, l'a contestée à tort. Mᵐᵉ Guadet me l'a racontée vingt fois avec toutes ses circonstances. »
(2) *Ib.*, II, 93.

Cette aigreur vint en aide aux rancunes féminines de Mme Roland et lui permit d'empêcher, après le soulèvement avorté du 10 mars 1793, la réconciliation entre la Gironde et Danton. Des pourparlers eurent lieu dans la salle du comité de défense générale, le vendredi 15 mars. C'est Marat qui le premier donna des détails sur ces conférences, dans son journal, *Le publiciste de la République française* (1). Il prétend que Guadet chercha à s'y concilier Danton par des flagorneries outrées : l'Ami du peuple prit-il la courtoisie de Guadet pour une *flagornerie* (2)? N'est-il pas plus probable qu'il écrivit ce mot pour blesser l'amour-propre irritable du girondin et rendre impossible une réconciliation qu'il ne désirait pas? C'est en effet une tradition constante que plus d'un girondin aurait mis sa main dans celle de Danton, si Guadet ne s'était montré intraitable. Le sang de septembre, allégué, dit-on, ne fut qu'un prétexte pour masquer une rancune opiniâtre, une défiance jalouse, des rivalités personnelles. Nous l'avons dit : Guadet détestait cordialement ses adversaires. Il mérita ce reproche de Danton, rapporté par Bailleul : « Guadet, tu ne sais point faire le sacrifice de ton opinion à la patrie, tu ne sais point pardonner : tu seras victime de ton opiniâtreté (3). » Paganel a dramatisé cette scène : « Des négociateurs, dit-il, sont envoyés de part et d'autre ; ils se réunissent. Danton s'exprime en citoyen, en homme d'Etat. « La royauté, dit-il, renaîtra de nos discordes, insatiable de vengeances. Pitt et Condé nous observent. » Entraînés par son exemple, tous sont prêts à donner, à rendre le témoignage de la réconciliation. Guadet seul la repousse,

---

(1) N° 158. — Cf. Biré, p. 224.
(2) A ce sujet, on lit dans le *Patriote français*, n° 1319 : « Guadet flagorner Danton ! Eh bien ! Guadet soutenait à Danton : 1° qu'il y avait eu un complot ; 2° qu'il en était le chef. Quelle flagornerie ! »
(3) *Examen critique*, etc., II, 168.

ce Guadet qui avait montré quelque talent et dissimulé tant de fiel, d'ambition et d'envie. « La guerre, s'écrie-t-il, et qu'un des deux partis périsse (1) ! » Il rallie à lui ses collègues glacés de terreur. Danton saisit la main de Guadet, et lui dit d'un accent concentré et prophétique : « Tu veux la guerre, tu auras la mort (2). » — Paganel brode sans doute sur un fond vrai. Guadet ne comprit pas que son opiniâtreté risquait le salut de la Révolution. Il justifia ce jour-là les reproches de ses ennemis.

Toute sa politique, cependant, ne fut pas faite de rancune et de colère ; il y a d'autres sentiments dans son éloquence, du patriotisme, de la générosité, du courage. L'examen de ses principaux discours va nous le montrer.

III

Il se fit connaître à l'Assemblée législative dès le 5 octobre 1791, aussitôt après la vérification des pouvoirs, par la part qu'il prit, avec Grangeneuve et Vergniaud, à la discussion sur le cérémonial royal. Il parla à plusieurs reprises et se signala d'abord par son ardeur démocratique plus encore que par son talent (3). Pendant les mois d'octobre et de novembre 1791, il ne s'éleva pas au-dessus des orateurs de second ordre ; il prononça une douzaine de petits discours, un peu ternes au point de vue de la forme, volontairement modestes, mais pleins de tact et d'efficacité. Il se fit écouter quand il excusa les massacres d'Avignon (17 novembre), dont les odieux détails ne lui étaient peut-

---

(1) *Essai hist. et crit.*, III, 173.
(2) Texte du *Journal des débats*.
(3) Cependant sa parole ne manque pas de précision, à en juger par la courte harangue que lui prête, en cette occasion, le *Journal des débats*.

être pas connus, et quand il proposa des mesures contre les prêtres schismatiques (23 et 25 novembre). Il est déjà populaire; il siège aux Jacobins; il mérite les injures des journaux royalistes. Mais depuis un mois Vergniaud est célèbre par son coup d'éclat du 25 octobre (affaire des émigrés), et Guadet s'efface encore, ne déploie pas tout son talent. Il fait un pas en avant, le 6 décembre, dans son opinion sur les affaires de Saint-Domingue : c'est déjà un grand discours, dont le succès a été sérieux. Sûr de la confiance de l'Assemblée et fort d'une popularité qu'il vient d'accroître par sa justification des soldats de Château-vieux, il donne enfin toute sa mesure, le 14 janvier 1792, dans sa vigoureuse improvisation sur le maintien de la constitution envers et contre l'Europe. Gensonné venait de lire, au nom du comité diplomatique, un rapport où il concluait à la guerre. Guadet, qui dirigeait les débats comme vice-président, demanda à l'Assemblée de quitter le fauteuil pour monter à la tribune. Le fait était encore, croyons-nous, sans précédent : il excita une vive curiosité, et personne n'y vit un effet calculé. Le succès de Guadet fut prodigieux :

« De tous les faits, dit-il, sur lesquels le comité diplomatique appelle l'attention de l'Assemblée, celui qui m'a le plus frappé, c'est le projet de formation d'un congrès dont l'objet serait d'obtenir la modification de la constitution française, projet annoncé depuis si longtemps dans les journaux, mais toujours repoussé sur son invraisemblance jusqu'au moment où le discours du ministre de la guerre et le rapport de votre comité diplomatique ont pu faire croire qu'il a quelque consistance.

« Quel est donc ce complot nouveau formé contre la liberté de notre patrie, et jusqu'à quand souffrirons-nous que nos ennemis nous fatiguent par leurs manœuvres et nous outragent par leurs espérances? Ces espérances sont folles, j'en conviens : les députés des nations réunis pour assurer la liberté du monde, voilà le seul congrès possible aujourd'hui en Europe, voilà le seul probable! (*Applaudissements.*) Mais s'il est vrai, comme on l'assure, que le fil de cette intrigue est tenu par des hommes qui croient voir dans son succès le moyen de sortir de la nullité politique dans laquelle ils viennent de descendre ; s'il est vrai que quelques-uns des agents du pouvoir, soit par attachement pour la maison d'Autriche, soit pour donner cette chance de plus à leur autorité, secondent de toute la puissance de leurs relations cet abominable complot ; enfin s'il est vrai que l'état de défense, état ruineux dans lequel on nous a mis sans vouloir peut-être permettre que nous en sortions ni par la paix ni par la victoire, n'ait d'autre but que de nous amener par le découragement et par l'épuisement de nos finances à accepter comme une faveur cette honteuse médiation, l'Assemblée nationale doit-elle fermer les yeux sur de tels dangers? Non, messieurs ; cette sécurité serait dangereuse et funeste ; elle appellerait peut-être des crimes ; il faut les prévenir. Apprenons donc, messieurs, à tous les princes de l'Empire que la nation française est décidée à maintenir sa constitution tout entière ! Nous mourrons tous ici.... » A ces mots, tous les membres, dit le procès-verbal officiel, animés du même sentiment, se lèvent, s'écrient: *Oui, nous le jurons!* Ce mouvement d'enthousiasme se communique à toutes les âmes, échauffe tous les cœurs ; les ministres, les huissiers, les citoyens, les citoyennes, présents à la séance, s'unissent aux représentants du peuple, prêtent avec eux le même serment ; les cris de : *Vivre libre ou mourir ! la constitution ou la mort!* se font entendre ; la salle retentit d'applaudissements, et l'orateur répète : « Oui, nous mourrons tous ici plutôt que de permettre, je ne dis pas qu'on mette en question si le peuple français demeurera libre, mais seulement qu'il soit porté la moindre atteinte à la constitution. Apprenons aux intrigants qu'ils peuvent bien chercher à égarer le peuple, qu'ils peuvent essayer de jeter des soupçons sur les intentions de ses représentants, mais que ce sera en défendant cette constitution même contre eux, que nous répondrons à leurs calomnies ! (*Vifs applaudissements.*) En un mot, marquons à l'avance une place aux traîtres, et que cette place soit l'échafaud ! (*Les applaudissements redoublent.*) Je propose à l'Assemblée nationale de déclarer, dans l'instant même, infâme, traître à la patrie, coupable du crime de lèse-nation, tout agent du pouvoir exécutif, tout Français, etc. » (Oui, oui ! — Bravo ! bravo ! — La constitution ou la mort ! — *En prononçant ces mots, tous les membres sont debout ; ils tendent les bras, ils agitent leurs chapeaux ; dans les tribunes publiques, même attitude, mêmes cris.*) » Et un décret conforme à cette déclaration fut voté à l'unanimité.

Le *Journal des débats* ajoute que les deux ministres qui étaient alors dans la salle, Duport et Delessart, se levèrent et étendirent le bras, pour montrer « la fermeté de la résolution qu'ils prenaient. » Cette unanimité d'enthousiasme déconcerta et effraya les royalistes. C'est en vain que l'*Ami du roi* essaya de railler l'incident : « M. Guadet, dit-il, écumait, criait, hurlait : Oui, pour défendre la constitution, nous mourrons tous ici. Oui, s'écria M. Isnard, en levant la main vers le ciel indigné dont il fait profession de méconnaître le créateur. Aussitôt toutes les mains de la salle et des sans-culottes des tribunes sont en l'air. » Ces moqueries d'aristocrates ne font qu'accentuer le succès de Guadet, qui, du coup, se plaça au rang des orateurs de l'Assemblée, à côté d'Isnard et de Vergniaud. « Huit jours après, la présidence de l'Assemblée lui fut dévolue, comme une ratification calme et réfléchie des applaudissements que son éloquence et son ardent patriotisme avaient obtenus au milieu de la plus vive effervescence et de l'exaltation universelle (1). »

Le 20 février, il prononce un discours très démocratique en faveur des sociétés populaires que Vaublanc avait rendues responsables de l'anarchie et des désordres de la France. Il vante d'abord l'esprit qui anime ces clubs : « Il existe sans doute, dit-il, quelques sociétés patriotiques qui sont exaltées, exagérées même ; mais partout où il s'agissait de venir efficacement au secours de la patrie, les premiers élans, les plus beaux mouvements sont venus de ces mêmes sociétés. » Non, elles ne sont pas responsables des embarras de l'heure présente : « La racine du mal, il faut avoir le courage de le dire, est tout entière dans l'inaction volontaire du pouvoir exécutif. (*On applaudit à plusieurs reprises, et dans l'Assemblée et dans les tribunes.*) Vous n'aurez point de véritable gouvernement, et le plus grand malheur serait de n'en point avoir, lorsque le pouvoir exécutif ne voudra pas agir, je dis plus, lorsqu'il n'agira pas dans le sens de votre révolution et de la constitution. (*On applaudit.*)

« J'observe, par exemple, que, dans l'affaire dont il s'agit, le pouvoir exécutif, si jaloux d'invoquer la constitution sur tous les points qui l'intéressent, a oublié qu'il était chargé par la constitution de donner connaissance à l'Assemblée des troubles qui agitent les départements du Midi. La constitution porte en termes formels qu'il instruira le Corps législatif de tous les troubles qui s'élèveront dans le royaume : l'a-t-il fait ? (*Un grand nombre de voix!* Non, non.) La constitution porte encore que les agents du pouvoir exécutif accuseront au Corps législatif l'envoi des lois aux corps administratifs et aux tribunaux : les ministres le font-ils ?... (*Les mêmes voix :* Non, non.) Pourquoi

---

(1) *Biographie Rabbe.* — Guadet obtint 232 voix sur 271 votants (*Logographe*).

cette négligence ? C'est afin que les lois ne soient presque jamais envoyées dans les départements, que lorsque le moment utile de les exécuter est passé. Ainsi, je le répète, c'est dans l'inaction du pouvoir exécutif qu'il faut chercher la racine du mal. »

Le 10 mars, avec Gensonné, Isnard, Vergniaud, il appuie la demande de poursuite formulée par Brissot contre les ministres, et en particulier contre Delessart. Le 16, il soutient le projet d'amnistie en faveur des Avignonnais coupables des massacres de la Glacière. Le 23, il prononce un grand discours sur le régime des colonies et sur la condition des noirs, où il s'inspire des idées philanthropiques de Brissot. Mais il parle aux Jacobins pour la guerre : c'est le moment où ses amis et lui se séparèrent de Robespierre et de la future Montagne, qui veulent la paix. Nous savons quel rôle joua Guadet dans cette déplorable scission (1). Il eut le tort de se moquer des expressions un peu mystiques dont se servit Robespierre pour caractériser l'influence de la Providence sur les événements humains. Son discours, que nous avons cité, n'était pas, comme on l'a dit, une profession de foi de matérialisme. Il voulut blesser son dogmatique adversaire plutôt qu'opposer une doctrine à une doctrine : ce fut son tort, sa folie, de cri-

(1) C'est le moment d'indiquer brièvement quel rôle Guadet joua aux Jacobins. Le 6 janvier 1792, une discussion s'était élevée au club pour savoir si l'on devait exclure systématiquement de la société tous les ex-Feuillants ; Collot parla pour l'indulgence, ainsi que Lasource, Isnard, Thuriot et Lanthenas ; Robespierre et Danton demandèrent l'exclusion absolue, et Guadet soutint cette opinion. « Je pense, messieurs, dit-il, qu'il doit y avoir autant de distance entre les Jacobins et les Feuillants qu'entre la liberté et l'esclavage. » La société vota l'exclusion. Cette attitude valut à Guadet la présidence des Jacobins (18 janvier-2 février). Le 22 janvier, il trace un plan d'attaque contre le ministre de la marine. Le 11 mars, il parle contre le ministre de Grave. Le 26, il fait son fameux discours sur la Providence. Le 6 avril, il dit un mot sur les scellés placés chez Delessart. Le 25 avril, il parle contre Robespierre. Puis il disparaît du club.

bler Robespierre de traits satiriques dont aucun ne lui était mortel, mais qui tous irritaient son amour-propre et le rendaient irréconciliable. A ce jeu d'enfant, jeu brillant et funeste, Guadet se montra passé maître; mais chacun des coups qu'il portait avec tant de grâce et d'élégance devait retomber sur son propre parti.

Depuis cette mémorable journée du 26 mars 1792, où Guadet avait commis cette imprudence de bafouer dans Robespierre le *Vicaire savoyard* et une morale chère à la majorité des Jacobins (1), la division entre les patriotes girondins et les patriotes montagnards s'accentua chaque jour davantage. Ce furent, dans le club, des escarmouches de tous les jours, au grand détriment de la patrie. La question de la guerre était le prétexte de ces querelles, où la Gironde se montra hautaine, amère, maladroite. Le 23 avril, une bataille s'engagea à la suite d'une dénonciation de Chabot contre les Girondins : il parla de leurs intrigues avec Narbonne, et prit l'initiative des dénonciations calomnieuses qui rendront possible le 31 mai. Brissot se justifia, le 25, et Robespierre se présenta aussitôt à la tribune. Mais Guadet obtint la parole pour une motion d'ordre.

« Il y a quarante-huit heures, dit-il, que le besoin de me justifier pèse sur mon cœur; il y a seulement quelques minutes que ce besoin pèse sur le cœur de M. Robespierre : je demande à qui est due la priorité. (*Applaudissements. — La parole est conservée à M. Guadet.*) Il ne me reste qu'un seul fait à éclaircir, et si l'on pouvait encore douter de mon aversion pour le protectorat; je déclare qu'un protecteur, un tribun et moi n'existeront jamais ensemble. Je suis

---

(1) Ce qu'il y a de piquant, c'est que Barbaroux écrivait, le 13 mars 1792, à la municipalité de Marseille : « Le même jour (10 mars), on apprit la mort de l'Empereur, et cet événement, *opéré par une providence éternelle*, changeant tout à coup le système politique de l'Europe, garantit notre liberté, etc. » Dauban, p. 416.

accusé d'avoir demandé à l'Assemblée nationale que M. de Narbonne eût la faculté d'aller à son poste avant que ses comptes fussent rendus ; mais j'observe qu'un citoyen ne devait pas souffrir de retard de la négligence d'un comité : ce serait prononcer une peine contre l'intention de la loi. Au surplus, j'ai pensé, comme M. Lecointre, que M. de Narbonne pouvait rejoindre l'armée, sauf sa responsabilité. Je combats la motion de M. Brissot (1), et je demande que, sur toutes ces dénonciations, on ne passe pas à l'ordre du jour. Je finis en vous observant que vous devez vous tenir en garde contre ces orateurs empiriques qui ont toujours à la bouche les mots *liberté, tyrannie, conjuration*... (huées des tribunes) ; qui mêlent toujours à leur éloge personnel des flagorneries pour le peuple; je demande que la société fasse justice de ces hommes. »

« M. Fréron demande la parole pour une motion d'ordre. Ne pouvant l'obtenir, il la réclame contre M. le président (Lasource), et, sous ce prétexte, il fait la motion que M. Guadet soit rappelé à l'ordre, pour avoir lancé un trait indirect, mais satirique, contre M. Robespierre, sous la dénomination d'*orateur empirique* (2). — Le plus grand tumulte suit cette motion ; des chapeaux se lèvent au bout des cannes, surtout dans les tribunes, au milieu de très vifs applaudissements et de fortes huées. »

« *M. le Président :* L'opinant, m'ayant demandé la parole pour parler contre moi, en a abusé pour parler contre M. Guadet ; je maintiens la parole à ce dernier, et je rappelle à l'ordre M. Fréron.

« *M. Guadet :* J'observerai qu'il y a quelques jours, ayant

---

(1) « Je conclus, avait dit Brissot, à ce que, voyant au mépris les dénonciations que j'ai réfutées, on passe à l'ordre du jour. »

(2) D'après Brissot, on faillit passer, envers Guadet, des menaces aux voies de fait. Il « courut des risques pour sa vie. » *A tous les républicains de France*, p. 26.

combattu à cette tribune l'opinion de M. Robespierre avec toute l'honnêteté qui convient à un citoyen dont on admire les sentiments, je fus, en sortant de cette séance, insulté et traité de scélérat. Je crois bien avoir le droit de dire que le peuple était égaré sur mon compte. (*Plusieurs voix des tribunes : Non ! non !... Tumulte.*) Je reviens à mon sujet, et je conclus à ce que la société ne passe pas à l'ordre du jour. M. Robespierre ayant promis de dénoncer un plan de guerre civile formé au sein même de l'Assemblée nationale, je le somme de le faire. Moi, je lui dénonce un homme qui met sans cesse son orgueil avant la chose publique ; un homme qui, parlant toujours de patriotisme, abandonne le poste où il était appelé. Je lui dénonce un homme qui, soit ambition, soit malheur, est devenu l'idole du peuple. (*Grand tumulte.*) »

« *M. Robespierre :* Par ces interruptions et le tumulte qu'elles excitent, on me met dans l'impossibilité d'entendre mon dénonciateur, et on m'ôte les moyens de me défendre. Oui, messieurs, je déclare que je regarde comme préparés et dirigés contre moi tous ces murmures. Je prie donc d'écouter M. Guadet dans le plus profond silence ; c'est une grâce que je crois avoir le droit de demander.

« *M. Guadet :* Je continue, et je dénonce à M. Robespierre un homme qui, par amour pour la liberté de sa patrie, devrait peut-être s'imposer à lui-même la peine de l'ostracisme ; car c'est servir le peuple que de se dérober à son idolâtrie. — Je lui dénonce un homme qui, ferme au poste où sa patrie l'aura placé, ne parlera jamais de lui et y renoncera plutôt que de l'abandonner. Ces deux hommes, c'est lui, c'est moi (1). »

---

(1) *Journal des Jacobins*, n° 184, et *Supplément*. — Le *Journal de Bordeaux et du dép. de la Gironde* (cité par Lussaud, p. 46) donne un texte plus détaillé, envoyé sans doute par Guadet lui-même, mais où manquent les interruptions.

Il n'est pas possible d'être plus éloquent et plus maladroit que ne le fut Guadet dans cette occasion décisive. Le trait final : *Ces deux hommes, c'est lui, c'est moi*, par lequel, en dépit d'une affectation de modestie, il semble opposer un chef de parti à un chef de parti, cette constatation de l'excessive popularité de son adversaire, cette crainte qu'il avoue éprouver vis-à-vis de l'homme qu'il veut rabaisser et qu'il exalte ainsi au-dessus de tous les autres, toutes ces maladresses firent la partie belle à Robespierre, qui put avec raison commencer en ces termes sa réplique : « Le discours de M. Guadet a rempli tous mes vœux... »

Mais si la faveur de Guadet commence à chanceler aux Jacobins, elle reste intacte à l'Assemblée législative. Il a même assez de crédit pour faire voter, le 3 mai 1792, des poursuites contre l'*Ami du peuple* de Marat. En cette circonstance, Lasource et lui parlent dans le même sens que les royalistes, malgré l'opposition avouée de Ducos et l'abstention improbatrice de Vergniaud et de Condorcet. Ainsi, à l'Assemblée comme aux Jacobins, il prend l'initiative de la rupture avec les patriotes avancés.

Il parla ensuite avec succès sur les tribunaux militaires (12 mai), sur l'ordre à mettre dans les remboursements (15 mai), sur le traitement des frères du roi (16 mai), enfin le 20 mai, il prononça, sur l'affaire du juge Larivière, le discours qui caractérise le mieux son talent.

On connaît les faits. Bertrand de Molleville et Montmorin avaient déposé une plainte contre Carra, qui, dans ses *Annales patriotiques*, les accusait de faire partie du comité autrichien. Interrogé par Larivière, juge de paix de la section d'Henri IV, Carra s'appuya sur l'autorité de trois représentants, Merlin, Chabot et Bazire. Ceux-ci, entendus à leur tour, déclarèrent qu'il existait au comité de surveillance des pièces prouvant l'existence du comité autrichien. Larivière eut l'audace de se présenter à la barre de l'Assemblée et de l'inviter à lui communiquer ces pièces. A la suite d'un échange d'observations entre Guadet, Quatremère, Bazire et Dumolard, la majorité repoussa la demande du juge de paix en passant à l'ordre du jour. Aussitôt Larivière lança un mandat d'amener contre Merlin, Chabot et Bazire. On s'imagine la colère de l'Assemblée à ce coup d'audace de la cour, qui rappelait les complots de juin 1789. Guadet fit la réponse de la nation à cet attentat, et dissipa les vains prétextes de légalité dont se couvrait Larivière:

« Je n'examinerai pas, dit-il, si le juge de paix Larivière est ici ou non l'instrument passif d'une faction puissante; je n'examinerai pas jusqu'à quel point cette instruction se lie aux complots manifestés depuis quelques jours par des journalistes qui prennent le masque de patriotisme pour mieux déguiser leurs desseins perfides; jusqu'à quel point elle se lie avec le système suivi d'étouffer les cris de tous les véritables amis de la liberté; je n'examinerai pas jusqu'à quel point elle se lie avec un plus grand complot, qu'il faudra dévoiler bientôt, mais qu'il n'en faut pas moins séparer de la cause actuelle. »

Les défenseurs de Larivière alléguaient que la loi lui permettait de décerner des *mandats d'arrêt* contre les députés : comment n'aurait-il pas eu le droit de décerner contre eux de simples *mandats d'amener*? « La constitution, répond Guadet, a déclaré les représentants de la nation inviolables, et il le fallait bien ; car, sans cette inviolabilité, qui assure la liberté de leurs opinions, il n'y aurait bientôt plus de liberté publique; cependant il fallait s'assurer en même temps que s'il y avait un crime de commis par un membre de l'Assemblée nationale, il ne restât pas impuni. Ici l'intérêt du peuple sollicitait l'inviolabilité de ses représentants; là, l'intérêt de la société sollicitait l'exemple. La constitution déclare donc que, quoiqu'inviolables et ne pouvant être poursuivis pour les faits relatifs à l'exercice de leurs fonctions de représentants, ils pourraient néanmoins, en matière criminelle, être saisis en flagrant délit, ou par un mandat d'arrêt, mais à la charge pour le juge d'en avertir le Corps législatif, et de ne pas donner de suite à la procédure. Voilà comment la constitution a concilié ces deux grands intérêts nationaux, comment disparaît là l'application de la règle triviale: Qui peut le plus, peut le moins. Il n'est qu'un seul cas où le représentant de la nation cesse d'être inviolable : c'est lorsque, accusé par la clameur publique, et surpris en flagrant délit pour fait criminel, ou bien lorsque, prévenu d'un crime, le juge décerne contre lui un mandat d'arrêt. »

Mais les députés en question ne sont même pas accusés. La plainte ne vise que Carra.

« Quelle a donc été la conduite de cet officier de police ? Il vous l'a encore appris lui-même ; il vous a dit que, d'après la déposition des trois membres du Corps législatif, il avait dû croire qu'il existait en effet, au comité de surveillance, des renseignements sur le comité autrichien; que, d'après cela, son zèle ne lui permettait pas de rester inactif; qu'il a dû aller à la recherche de ce comité, et enfin que, comme MM. Bazire, Chabot et Merlin paraissaient dépositaires de ce secret, il avait bien fallu qu'il les interrogeât. D'abord, je pourrais lui demander comment, aveuglé volontairement lui-même, il n'a pas vu la preuve de l'existence de ce comité dans la plainte même qui lui a été présentée. M. Montmorin n'y prend-il point le titre de conseiller d'Etat ? Or, de quel Etat cet ex-ministre peut-il être conseiller, si ce n'est de l'Etat de Coblentz? (*On applaudit à plusieurs reprises. — La salle et les tribunes retentissent des cris de bravo.*) Croyait-il d'ailleurs que ce comité autrichien fût un comité *patenté*, à la découverte duquel il lui serait si facile de parvenir? Qu'entendait-il donc par un comité autrichien ? Ce comité, c'est la réunion de ces hommes qui veulent, à quelque prix que ce puisse être, non pas ramener l'ancien ordre des choses, ils savent bien que cela serait impossible, mais le nouveau, modifié au gré de leur caprice et de leur orgueil ; c'est la réunion de ces hommes aveuglément perfides qui cherchent à déjouer tous nos efforts pour faire triompher ceux des ennemis de la liberté ; c'est la réunion de ces hommes qui veulent, à quelque prix que ce soit, diviser le peuple et la garde nationale de Paris. (*On applaudit.*)

« Le comité autrichien, c'est la réunion de ces hommes qui cherchent à perdre nos finances, à porter dans nos armées des semences de divisions et de désordres, à exciter la méfiance du soldat contre l'officier. (*On applaudit.*) Voilà ce que j'entends par le cabinet vendu à nos ennemis, et qu'on a, improprement peut-être, appelé comité autrichien. (*La très grande majorité de l'Assemblée et tous les spectateurs applaudissent à plusieurs reprises.*) Or, était-il si difficile au juge Larivière de découvrir que le ministre qui a laissé avilir, autant qu'il a pu, la majesté du peuple français aux yeux de la nation étrangère, fût un homme vendu, nécessairement membre de cette faction qui veut nous détruire ? Lui était-il difficile de deviner que cet autre ministre, qui a laissé échapper de ses mains toute notre marine, qui a impudemment menti au Corps législatif afin de l'endormir dans la sécurité la plus profonde, était encore un des membres de cette faction qui cherche à accélérer la ruine de la patrie ? (*Les applaudissements recommencent avec la même unanimité dans toutes les tribunes et les galeries et dans la très grande majorité de l'Assemblée.*) »

Guadet s'efforce ensuite de démontrer que, si on a lancé un mandat d'amener contre trois représentants, c'est pour les forcer à produire les pièces officielles qui prouvent le complot et qu'on veut garder et soustraire. Il maintient que, sauf le cas de flagrant délit, l'inviolabilité des représentants doit être respectée. « Je dis que, si vous ne prenez les mesures les plus fermes pour mettre, hors le cas de crime, notre inviolabilité à l'abri de toute attaque, l'existence du Corps législatif tout entier est compromise; car, dans le moment de crise où nous sommes, et lorsqu'une puissante faction annonce, avec une intention aussi scandaleuse, le projet d'avilir le corps législatif et de l'amener, par la force des choses, à une médiation, je dis que, dans cet état de crise, il suffirait à un juge de paix, que cette faction aurait fait l'instrument de ses vengeances, d'un quart de papier marqué et du plus léger prétexte pour faire amener devant lui, dans la même matinée, tous les membres de l'Assemblée nationale. S'il en est ainsi, pourquoi nos ennemis soupirent-ils après l'arrivée des armées étrangères ? Le sort de la patrie est entre leurs mains, il ne leur faut qu'un juge de paix. (*On applaudit à plusieurs reprises.*) Il ne leur faut, dis-je, qu'un ou deux juges de paix qui veuillent bien partager leurs perfides, leurs atroces dispositions, pour paralyser en un jour, pour paralyser tous les jours l'Assemblée nationale.

« J'entends bien M. Ramond qui me dit : Oh ! si cela arrivait, la constitution, qui est dans le cœur de tous les Français, donnerait bientôt des millions de défenseurs, et le peuple entier se lèverait pour vous protéger. Mais je lui demande : qu'est-ce que c'est donc que cette mesure qui a besoin, pour être arrêtée, de l'insurrection du peuple entier ? (*On applaudit.*) Quoi ! la puissance d'un juge de paix est telle, que, pour arrêter ce torrent dans son cours, il faudra l'insurrection du peuple entier ! Non, non, messieurs, ce n'est là qu'une vaine, stérile déclamation. (*On applaudit.*) Nous l'arrêterons par la loi, elle est aussi forte que le peuple, puisque le peuple entier l'a faite. La loi suffira pour réprimer le crime d'un juge de paix qui se permet d'un seul mot, par un seul acte de sa volonté, d'entraver le Corps législatif, d'attenter à la liberté et à l'inviolabilité de ses membres ; oui, la loi suffira ; la constitution surtout sera un rempart que tous les juges du monde ni tous les factieux qui les font agir, ne pourront renverser. (*La salle retentit à plusieurs reprises d'applaudissements presque unanimes.*) Ils n'ont voulu faire un essai que pour préparer l'exécution de plus vastes projets ; mais nous leur ferons voir aussi un essai de notre puissance ; ils n'auront pour eux que la honte et la confusion, et ce sera le véritable triomphe des amis de la liberté. »

Il termine par un récit émouvant de l'arrestation des trois représentants : « Trois gendarmes nationaux sont entrés dans leur domicile, à la pointe du jour : ils ont été constamment veillés par ces sbires ; ils n'ont pas eu même la liberté de prendre leurs vêtements, ni de conférer avec leurs domestiques ; ils ont été amenés à main armée chez le juge de paix ; ils le trouvèrent au lit (*Un mouvement d'indignation se manifeste dans l'Assemblée*), lorsque son devoir était d'être à son poste ; à ce poste dont lui-même vous a tout fait sentir l'importance. Ce n'est pas tout, étant arrivés chez lui tous les trois, il les a fait tenir au secret ; il les a empêchés de se communiquer leurs pensées, malgré la loi qui défend de tenir au secret tout homme non prévenu de crime capital, et au mépris de celle qui défend, dans tous les cas, le secret après l'interrogatoire. Voilà comment le juge de paix Larivière a laissé entrevoir les véritables sentiments qu'on lui avait inspirés ; voilà par quelles prévarications il a manifesté le projet formé d'avilir les représentants de la nation. » L'orateur conclut à la mise en accusation de Larivière et descendit de la tribune au milieu des applaudissements de la Gauche et des tribunes (1). La Droite resta silencieuse, mais elle

(1) *Logographe.*

n'essaya même pas de réfuter cette argumentation si forte et si simple. Larivière fut décrété d'accusation, et Guadet recouvra pour un instant la popularité que lui avaient fait perdre ses agressions inconsidérées contre la Montagne.

Le 29 mai, il se prononça pour le licenciement de la garde du roi ; le 9 juin, il combattit une pétition contre le projet de camp sous Paris ; le 13, il défendit Servan, auteur de ce projet, et contribua à l'adoption du décret, disant que les ministres patriotes emportaient dans leur disgrâce les regrets de la nation. Dans la même séance, Dumouriez, ministre de la guerre dans le nouveau cabinet, eut l'audace de paraître à la tribune et de dire aux députés qu'ils devaient « se dépouiller de toutes les passions humaines. » — « Je demande, interrompit Guadet, si M. Dumouriez est déjà autorisé à donner des leçons au Corps législatif. » Le 18 juin, quand lecture fut donnée de la lettre de La Fayette, Guadet se signala par la décision avec laquelle il s'attaqua au général dont la renommée était encore si grande. Voici comment le *Journal des débats* rend compte de cette scène :

« M. Guadet a demandé la parole pour un fait. Il est impossible, a-t-il dit, que la lettre qui vient d'être lue soit de M. La Fayette. (Les tribunes ont applaudi. Il s'est manifesté, dans la partie ci-devant droite de l'Assemblée, un grand mouvement d'improbation.) Le signataire de la lettre parle de la démission de M. Dumouriez. — Ce n'est pas vrai, a-t-on dit de toutes parts. — Ce n'est qu'avant-hier, a repris M. Guadet, que M. Dumouriez a donné sa démission. — Une voix a répondu : Il en avait donné une première. — M. Lameth a demandé que M. Guadet citât un autre fait, car celui-là était faux. — M. Guadet a repris : Il serait donc impossible que M. La Fayette eût parlé, dans la lettre qui vous a été lue, de la démission d'un ministre qui ne pouvait pas lui être connue. — On a représenté de nouveau à M. Guadet qu'il alléguait un fait faux. M. Guadet en a témoigné quelque impatience. — Eh! messieurs, a dit un membre, laissez mentir M. Guadet. M. Guadet a continué : S'il en était autrement, messieurs, il faudrait supposer que sa signature était ici en blanc, à disposition de ceux qui attendent l'occasion favorable pour remplir le vide d'une doctrine favorable à leur faction. (Les tribunes ont applaudi.) D'ailleurs, les sentiments de M. de La Fayette indiquent assez qu'il est impossible qu'il soit l'auteur de la lettre qui vous a été lue. M. La Fayette sait que lorsque Cromwell tenait un langage pareil à celui qu'annonce cette lettre... (Il s'est élevé des huées dans le ci-devant côté droit, et de vifs applaudissements sont partis des tribunes. M. le président a annoncé qu'il rappellerait à l'ordre la majorité de l'Assemblée, si elle ne s'y tenait point.) »

« Là-dessus un vif colloque s'engage entre le président Français (de Nantes) et les députés Jaune, Lacroix et Dumas. Enfin Guadet peut continuer son discours :

« Je disais, a repris M. Guadet, qu'il était impossible de supposer que la lettre lue fût de M. La Fayette. Je l'ai prouvé d'abord par la nature des faits ; je l'ai prouvé ensuite par les sentiments connus de M. La Fayette. Je disais encore que M. La Fayette n'ignore pas qu'au moment où Cromwell tenait ce langage, la liberté était perdue en Angleterre ; et je ne me persuade pas que l'émule de Washington puisse imiter le protecteur de la Grande-Bretagne. Si cependant telle était l'incontinence du parti qui veut détruire la liberté en France, que M. La Fayette ait cru pouvoir faire une pareille démarche, l'Assemblée ne saurait prendre des mesures sans une trop mûre délibération. Je lui demande donc de renvoyer cette lettre à la nouvelle commission extraordinaire, afin qu'elle punisse

sévèrement le calomniateur qui avait commis ce délit ou qu'elle prouve par un nouvel et grand exemple...
— Les murmures nous ont empêché d'entendre le reste; on y distingue à peine quelques applaudissements (1). Car, a continué l'orateur, il n'y aurait plus de constitution s'il arrivait qu'un général d'armée pût dicter des lois aux représentants du peuple. Je propose de livrer cette lettre à la discussion quand il sera constaté qu'elle est ou qu'elle n'est pas signée. » Et, malgré les efforts de la Droite, la lettre fut renvoyée à la commission, comme le voulait Guadet.

On sait que, le 18 juin suivant, La Fayette se présenta à la barre pour expliquer sa lettre et faire la leçon aux patriotes jacobins. Si Guadet ne parvint pas, cette fois-là, à enlever un vote contre la personne du général, il obtint, d'après un témoin oculaire, son plus beau triomphe oratoire. « Comme il présenta redoutable et sacrée, dit Paganel, l'inviolabilité du législateur ! Comme, opposant la constitution au téméraire Constituant, il traça à la force armée les limites d'une passive obéissance ! Comme il présagea la colère d'un grand peuple et les vengeances de la loi ! Comme il rappela enfin à ce ministre armé du monarque d'autres temps, d'autres actions et d'autres principes ! »

Voici son improvisation : « Au moment où la présence de M. de La Fayette à Paris m'a été annoncée, une idée bien flatteuse s'est présentée à mon esprit. Je me suis dit : Ainsi donc, nous n'avons plus d'ennemis extérieurs à craindre ; ainsi donc les Autrichiens sont vaincus. Mais,

(1) Voici comment le *Moniteur*, moins complet pour le reste du discours, a entendu cette phrase : « Je demande donc que la lettre soit envoyée à la nouvelle commission des douze, afin que l'Assemblée puisse venger M. La Fayette du lâche qui s'est couvert de son nom, et qu'elle prouve au peuple français, par un nouvel et grand exemple, qu'elle n'a pas fait un vain serment en jurant de maintenir sa constitution.... (*Plusieurs voix* : Il ne demande que cela.) »

messieurs, cette illusion n'a pas duré longtemps: nos ennemis sont toujours les mêmes ; notre situation extérieure n'a pas changé ; cependant le général d'une de nos armées arrive à Paris. Quel puissant motif l'y appelle donc? Ce sont, dit-il, nos troubles intérieurs ; il craint que l'Assemblée nationale n'ait pas seule la force de défendre et de soutenir la constitution (1). Il se constitue l'organe de son armée et des honnêtes gens ; ces honnêtes gens, où sont-ils? Cette armée, comment a-t-elle pu délibérer ?

« Je n'examinerai pas si celui qui a accusé l'Assemblée d'avoir vu le peuple français dans ce qu'il appelle des brigands, ne peut pas, à son tour, être accusé d'avoir vu son armée dans son état-major, et de violer lui-même les principes de la constitution qu'il recommande, lorsqu'il s'est constitué l'organe d'une armée qui ne peut pas délibérer, et des honnêtes gens du royaume qui ne l'en ont pas chargé. J'observe encore qu'indépendamment de la violation des principes constitutionnels, j'en verrais dans sa conduite une bien grave, qui tient à la hiérarchie des pouvoirs, si ce général était venu sans permission ou sans des ordres antérieurs du ministre. Je demande donc : 1º que le ministre de la guerre soit interrogé séance tenante, pour savoir s'il a donné des ordres ou la permission à M. La Fayette de venir à Paris ; 2º que le rapporteur du comité chargé d'examiner la question de savoir s'il peut être permis aux généraux d'armée en fonctions d'adresser des pétitions (2), soit tenu de faire demain son rapport. (*Les tribunes et une partie de l'Assemblée ont vivement applaudi.*) »

La motion de Guadet fut rejetée par 339 voix contre

---

(1) Cette dernière phrase est empruntée au *Moniteur ;* pour tout le reste du discours, nous avons suivi le *Journal des débats*.

(2) *Logographe* : « *Une voix* : Mais M. Rochambeau et M. Luckner sont bien venus vous en faire. (Murmures.) »

234. L'Assemblée n'osa pas porter la main sur La Fayette. Mais Guadet gagna sa cause auprès de l'opinion publique, et le blâme infligé par l'orateur girondin au soldat factieux eut un long retentissement. Plus tard, les survivants de la Révolution, quand ils se retraçaient la figure de Guadet, se le représentaient toujours flétrissant La Fayette du haut de la tribune.

Nous approchons du moment qui fut aussi critique pour la Gironde que l'avait été, pour les patriotes de la Constituante, la fuite de Louis XVI à Varennes. Le mois de juillet 1792 vit éclater toutes les défiances populaires à l'endroit de la fiction constitutionnelle. Louis XVI commença à n'être plus défendable, et de tous côtés on prononça ouvertement le mot de déchéance. Guadet, effrayé comme ses amis de la révolution qui se préparait, donna au roi, sous une forme menaçante, de publics conseils dans une adresse rédigée par lui au nom de la commission extraordinaire :

« Voulez-vous, sire, reconquérir la confiance des citoyens? C'est à vous de leur en donner l'exemple. Que la demeure du roi d'une nation libre ne présente plus l'aspect d'une forteresse menacée par l'ennemi, et que ces précautions injurieuses cessent enfin de calomnier un peuple généreux et sensible. Son mécontentement s'est quelquefois exprimé avec violence, et l'on vous présente comme l'ouvrage d'une faction ce cri de douleur d'un peuple qui se croit trahi... Tous vos intérêts, sire, se réunissent à l'intérêt de la patrie ; toute connivence, toute faiblesse, quand même elle serait suivie de ce succès impossible, que cependant peut-être de lâches conspirateurs osent vous promettre, serait pour vous le plus grand des malheurs. »

On sait de quelles démarches secrètes les Girondins et surtout Guadet appuyaient ces avis suprêmes. La révolution faite, Guadet proposa un décret qui faisait nommer le ministère par l'Assemblée : il y plaça un article par lequel un gouverneur était donné au prince royal : inconséquence et maladresse dont le souvenir devait être cruellement exploité contre les Girondins. Mais c'est lui qui rédigea le décret sur les élections pour la Convention nationale (11 août). Le 24, il soutint, contre Lasource et le montagnard Bazire, la pétition des citoyens de Paris qui demandaient le titre de citoyens français pour les étrangers amis de la Révolution, comme Payne et Prietsley ; et le 26, au nom de la commission des vingt-et-un, dont il est le rapporteur ordinaire, il fit voter le décret qui conférait cette qualité à dix-huit étrangers célèbres, entre autres à Pestalozzi, à Washington, à Schiller. Enfin, le 30, il obtint la dissolution de la Commune du 10 août, mesure d'autant plus regrettable et imprudente, que les élections ordonnées par l'Assemblée n'eurent pas lieu et que la Commune resta en fonction.

Le dernier acte de Guadet à la Législative fut une manifestation républicaine. Chabot avait rappelé avec malice les bruits qui couraient sur la candidature du duc de Brunswick et du duc d'Yorck au trône de France. Plusieurs girondins protestèrent aussitôt de leur haine envers la royauté. Larivière proposa même qu'une formule de serment anti-royaliste fût aussitôt rédigée. « La commission extraordinaire, dit Guadet, a prévenu le vœu du préopinant et celui de l'Assemblée dans sa séance de cette nuit ; elle s'est occupée de rédiger un projet d'adresse qui contient le serment que vous venez de prêter ; elle est jalouse de manifester hautement à cet égard quels sont ses sentiments. » Et Guadet lut et fit adopter une adresse de l'Assemblée nationale aux Français, dans laquelle les représentants du peuple juraient *de combattre de toutes leurs forces les rois et la royauté.*

IV

Guadet fut envoyé par la Gironde à la Convention le second de la liste, après Vergniaud et avant Gensonné, juste à son rang de mérite et de réputation. La proclamation de son nom fut saluée par les applaudissements unanimes de l'assemblée électorale. Cependant, la première fois qu'il parut à la tribune de la Convention (6 octobre), ce fut pour se disculper d'avoir dû son élection à l'intrigue (1). « Certes, répondit-il à Marat, ce n'est pas d'avoir intrigué dans mon département pour me faire réélire que je m'attendais à être accusé. J'ai ici plusieurs de mes collègues qui n'étaient pas membres de la législature précédente. Ils étaient dans l'assemblée électorale, et ils peuvent attester s'il y a été employé de ma part quelques moyens d'intrigues pour obtenir une élection dont, j'aurai le courage de le dire, je n'étais que trop sûr, élection que ma santé délabrée me faisait craindre plutôt que désirer; mais si quelque motif me faisait redouter d'être élu, c'était, je l'avoue, d'être associé à quelques hommes pour qui révolution signifie massacre, liberté signifie licence, et pour qui la patrie enfin ne signifie que parti et faction. (*On applaudit.*) » Et il termine par ce trait à l'adresse de Marat : « Quant à moi, la confiance que mon département m'a donnée, je ne l'ai pas obtenue sous l'auspice des poignards et des couteaux (*vifs applaudissements*) ; je ne la dois pas à la terreur et à l'é-

---

(1) On lit dans la *Biographie nouvelle des contemporains* que Guadet prit la parole dès le 25 septembre et fit rendre le décret qui proclamait la République française une et indivisible. C'est une erreur. La formule de ce décret fut trouvée par Barère, après une discussion, à laquelle prirent part Couthon, Gensonné, Chénier, Rewbell, Bourdon, Merlin, Buzot et Danton. Cf. *Journal des débats et des décrets*, n° VII, pp. 94-95.

pouvante dont ici à Paris tous les citoyens étaient saisis. Je m'en tiens à ce mot. »

Ainsi le duel entre la Montagne et la Gironde s'engage dès le début de la Convention. Mais il ne faut pas que l'issue de ce duel nous donne le change sur la force respective des partis en octobre 1792. La Gironde est maîtresse du bureau. Ses orateurs parlent au nom de la majorité. Guadet, d'abord secrétaire, est élu président le 18 octobre. C'est en cette qualité qu'il répond à Gonchon, le 21, que, « si la liberté pouvait se perdre dans la république française, elle se retrouverait dans le faubourg Saint-Antoine. »

La Montagne essaya bientôt de compromettre la Gironde au moyen des papiers trouvés aux Tuileries après le 10 août. Rhül, comme rapporteur de la commission des Douze, lut à la tribune, le 3 décembre 1792, entre autres documents, un mémoire apostillé par le roi, où il était dit : « Seize membres des plus forts de l'Assemblée législative sont inviolablement coalisés ; ils vont être acquis pour trois mois, et ensuite pour toute la législature ; mais ils coûteront cher, etc. » Barère, pour se justifier, quitta le fauteuil et voulut le passer à Guadet. Alors le montagnard Chasles, député d'Eure-et-Loir, ci-devant chanoine à Évreux, s'opposa à ce que Guadet restât au fauteuil, « parce que, dit-il, ces pièces portent que les membres les plus remarquables par leurs talents et leur patriotisme étaient coalisés avec le château des Tuileries... Or je demande si Guadet... (*Des murmures interrompent l'orateur*) (1). Le girondin Lidon s'écria : « On ne sera pas étonné de cette motion quand on saura qu'elle vient d'un ci-devant chanoine (2). » Rhül, quoique du même parti de Chasles, eut

---

(1) *Moniteur*. Le *Républicain français* complète ainsi la phrase de Chasles : « Je demande si Guadet n'était pas un de ces membres éclatants. »

2) *Journal des débats* et *Républicain français*.

la loyauté de dire : « Si on inculpe les membres remarquables par leur patriotisme, je me récuse aussi, et je ne travaillerai plus au rapport des pièces. »

Enfin Guadet eut la parole et répondit vertement à son diffamateur : « Un membre de cette assemblée, le citoyen Chasles, a cru pouvoir appeler le soupçon sur ma tête, et, par un raffinement de méchanceté que je ne veux pas caractériser (*Il s'élève quelques murmures et quelques applaudissements*), c'est mon amour-propre que ce prêtre a cherché à intéresser pour assurer le succès de sa diffamation ; c'est en me rangeant parmi les seize membres de la Législative qui ont montré à la fois quelque courage et quelque constance dans la défense des bons principes, qu'on a cherché à jeter de la défaveur sur ma conduite. Je ne suis pas monté à cette tribune pour faire valoir mes travaux comme législateur. J'ai rempli mon devoir ; et certes, si ma constance, mon courage ont pu être remarqués, ce n'a jamais été pour défendre ni Louis XVI ni la royauté. (*On applaudit.*) Je crois au contraire avoir acquis le droit de dire que nul plus que moi n'a plus imperturbablement, plus courageusement défendu, depuis le premier jour de la Législative jusqu'au moment de la formation de la Convention nationale, les droits du peuple. »

Il eut plus de peine à se défendre, le 3 janvier 1793, sur l'inculpation de Gasparin relative à la fameuse lettre à Boze. Mais, s'il ne put éviter la défaveur du public des tribunes, il sut se faire applaudir, ainsi que Vergniaud, par la Convention, dont la grande majorité était toujours de cœur et d'opinion pour les Girondins.

Son rôle dans le procès de Louis XVI fut assez effacé. Le 7 janvier, il demanda la clôture de la discussion, en faisant remarquer que chacun pourrait motiver son vote à la tribune. Le 14, il présenta une série de questions disposées de manière à fortifier la thèse de Vergniaud sur l'appel au peuple, puis il vota pour cet appel. Le 16, il prononça la mort en adhérant à la restriction proposée par Mailhe. Bergoing et lui furent les seuls députés de la Gironde qui votèrent pour le sursis. Nous l'avons déjà dit : le souvenir de sa visite aux Tuileries empêcha Guadet d'être inexorable comme Vergniaud et Gensonné.

Dès lors, il fut, avec Brissot, le bouc émissaire de la Gironde. Le 9 mars, la Montagne refuse de le laisser parler dans les débats sur l'organisation du tribunal révolutionnaire. En vain il s'écrie : « Faites-moi refuser la parole par un décret, président (1). » Et, regardant ses ennemis : « Je déclare qu'il y a ici des hommes que les injures et les vociférations n'effrayent pas (2). » Les murmures redoublent et il lui faut renoncer à la parole que la Montagne ne refuse cependant pas à Valazé. C'est à peine si le surlendemain il peut dire quelques mots contre la proposition de faire voter à haute voix les jurés. L'antipathie qu'excite sa personne chez ses adversaires est telle que, le 13, Gensonné ayant voulu lui céder la présidence pour quelques instants, il s'élève des murmures et, dit le *Moniteur*, on crie à plusieurs reprises : « A bas du fauteuil ! »

Ainsi injurié, il s'exaspère, il perd son sang-froid, il ne se demande plus si en frappant la Montagne il ne blessera pas ses propres amis. Le 21 mars, il proposa un décret d'accusation contre des pétitionnaires de Marseille qui avaient blâmé violemment les *appelants*. Barbaroux dut parler contre Guadet, et montrer le côté impolitique de cette mesure. Les injures des Robespierristes redoublent. Le 10 avril, dans la discussion sur les poursuites contre les conspirateurs du 10 mars, Marat appelle Guadet *vil oiseau*. Il est vrai que Guadet avait traité Marat de

---

(1) *Journal des débats.*
(2) *Ibid.*

crapaud, mais en enveloppant cette injure d'un artifice de rhétorique :

« … On cherche, avait-il dit, à vous environner d'une opinion factice pour vous dérober la connaissance de la véritable. Cette opinion factice est comme le croassement de quelques crapauds.

« *Marat* : Vil oiseau, tais-toi !

« *Guadet* : Cette opinion factice dont on nous environne est comme le croassement de crapauds, que, au rapport de je ne sais quel voyageur, certains sauvages appellent l'expression de la volonté de leur dieu. Mais je ne connais d'opinion véritablement imposante que celle que forme la masse du peuple français. Or celle-là, il faut l'éclairer non par des procédures précipitées qui tendraient à faire absoudre les coupables, mais par la recherche des preuves qui mettront les tribunaux à même de suivre le fil des conspirations… »

Et, après avoir proposé la nomination de quatre commissaires pour vérifier les faits, il reprend d'un ton ému qui contraste avec son ironie ordinaire :

« N'en doutez pas, citoyens, la république est perdue, si vous continuez l'indulgence avec laquelle vous avez traité jusqu'ici ceux qui, sourdement, que dis-je ? — publiquement, provoquent la dissolution de la Convention nationale. Et ne sentez-vous pas que les despotes s'avancent au milieu du désordre et de l'anarchie ? ne sentez-vous pas que ceux-là rendent un roi nécessaire au peuple, qui provoquent l'anarchie ? Les hommes ne sont rien ; la liberté est tout (1) : c'est elle qu'il faut préserver ; c'est

---

(1) *Républicain français* : « Les hommes ne sont rien, je le sais, et en cela je partage l'opinion de Danton. Qu'importe, en effet, qu'un homme périsse abreuvé de calomnies ? C'est la liberté qui est tout. » *Logotachygraphe* : « Citoyens, les hommes ne sont rien dans les révolutions, et je partage là-dessus l'opinion de Danton. »

elle que la patrie à genoux vous conjure de sauver. Oh ! vous ne la sauverez pas tant que vous souffrirez que des scélérats, que l'on investit cependant du nom sacré de peuple, viennent vous dire que la majorité d'entre vous est corrompue ; qu'il n'y a dans cette assemblée que quelques hommes qui puissent sauver la république et qui, doutant encore qu'ils le puissent faire, sont là, disent-ils, pour la sauver eux-mêmes. (1) »

Le même jour, quand Robespierre prononça cette phrase de sa célèbre dénonciation contre la Gironde : « Je sais bien que c'est en vain que je dénonce les traîtres, puisque c'est à eux-mêmes que je les dénonce, » Guadet s'écria : « Ah ! je te dénoncerai, moi. » Et dès que Vergniaud eut terminé sa réplique, il se présenta à la tribune. Mais la séance fut levée, et il ne put prendre la parole que le 12 avril. Le discours de Vergniaud avait paru noble et triste ; celui de Guadet respira l'amertume, l'acrimonie et aussi un courage héroïque :

« Citoyens, dit-il d'abord, si, en dénonçant devant le sénat de Rome celui qui avait conspiré contre la liberté de son pays ; si, en dénonçant Catilina, Cicéron avait fondé son accusation sur des pensées de la nature de celles que Robespierre a produites contre moi, Cicéron n'eût inspiré dans l'âme de ceux qui l'eussent entendu que de l'indignation et du mépris. Mais si, après avoir annoncé qu'il venait remplir un ministère douloureux et pénible, qu'il y était forcé par l'amour de sa patrie, Cicéron eût terminé son discours par une ironie ou une plaisanterie (2), Cicéron eût été honteusement chassé du sénat ; car, chez ce peuple, on détestait la calomnie et on savait punir les calomnia-

(1) *Journal des débats et des décrets.*
(2) Discours imprimé par Guadet : « ...Par une plate et froide plaisanterie. » En l'imprimant, Guadet développa son opinion jusqu'à en faire un petit volume de 48 p. in-8. (Bibl. nat., Le ,⁴⁰⁵.).

teurs. Mais Cicéron était un homme de bien, il n'accusait pas sans preuves. Cicéron n'eût pas spéculé sur l'ignorance du peuple ; Cicéron n'aurait pas accaparé une réputation populaire, pour accaparer la république (1)... Je m'arrête... Aussi bien que peut-il y avoir de commun entre Cicéron et Robespierre ? entre Catilina et moi ? »

Il prend ensuite occasion de ce que son adversaire lui avait reproché ses rapports avec Clavière pour glorifier Brissot, ce calomnié de la Gironde : « Quant à Clavière, dit-il, mes liaisons avec Brissot, liaisons dont je m'honore (*quelques murmures*)... Brissot combattait pour la liberté ; il souffrait pour elle, alors que Robespierre disait qu'il ne savait pas ce que c'était qu'une république (2). Ces liaisons, dont je m'honore d'autant plus que c'est en lui que j'ai trouvé cette véritable philosophie, non pas cette philosophie de paroles, mais de pratique, qui n'allie point le vice avec la prédication de la vertu, qui fait qu'on se contente de la médiocrité dans laquelle on est né, qui fait qu'on n'avance jamais sa fortune par les moyens illégitimes ; liaisons dont je m'honore d'autant plus que j'ai trouvé en lui un ami constant, un ami éclairé ; mes liaisons avec Brissot m'ont mis à même de connaître Clavière, etc. »

Puis il reproche à son adversaire de répéter contre lui des accusations royalistes : « Ah ! certes, si le prince de Cobourg arrivait dans Paris, c'est alors que je m'attendrais à voir faire mon procès, précisément sur les mêmes faits que vous avez l'imprudence d'articuler contre moi. Il me dirait : C'est toi qui as constamment lutté dans l'Assemblée législative contre les trahisons de la cour ; c'est toi qui le 6 août disais à cette tribune : *Oui, nous sauverons la patrie, nous la sauverons malgré les efforts de l'aristocratie*

---

(1) Discours imprimé : « Il n'eût pas pris les mouvements de l'orgueil et de la haine pour les élans du patriotisme. »
(2) Cette dernière phrase est supprimée dans le texte de Guadet.

et de la trahison réunies (1); il me dirait : C'est toi qui as proposé la formation des assemblées primaires, et la convocation d'une Convention nationale, par laquelle la royauté devait être abolie et le trône anéanti. Tu aurais bien mieux servi nos intérêts, si du moins tu avais adopté cette mesure de *déchéance* qui, prononcée en vertu de la constitution, aurait fait disparaître un homme et nous aurait laissé un roi! Voilà sur quels faits, sur quelles preuves je m'attendrais à voir faire mon procès, à perdre la tête. Ainsi donc, lorsque Robespierre articule contre moi les mêmes faits, j'ai le droit de dire: Le complice de Cobourg c'est toi. (*Applaudissements d'une partie de l'Assemblée.*) »

Robespierre l'avait accusé de complicité avec Dumouriez :

« Si j'avais voulu suivre ta doctrine, Robespierre, je t'aurais dit: Tu accuses Pétion de trahir la chose publique; je pense différemment, car je le regarde comme digne de l'estime de tout homme de bien, et son amitié me console souvent des amertumes que toi et les tiens répandez sur ma vie. — Mais enfin, tu le dis, c'est un traître. Eh bien! puisque tu as eu des liaisons avec lui, voudrais-tu qu'on en conclût que tu es un traître aussi (2)? Pourquoi donc commences-tu d'abord par me supposer des liaisons

---

(1) Le *Républicain français* ajoute : « Il me dirait : C'est toi qui, le 10 août, siégeais sur ce fauteuil, en même temps qu'un roi détrôné avait été conduit dans la loge du logographe de l'Assemblée nationale; c'est toi qui as proposé la formation des assemblées primaires.... »

(2) *Républicain français :* « Dans tous les spectacles de Paris, qui était sans cesse à ses côtés ? Votre Danton. — *Danton :* Ah! tu m'accuses, moi!... Tu ne connais pas ma force! — *Guadet :* Si toutefois on peut appeler *vôtre* celui qui, dans le nombre de ses agents, vous place au troisième. — *Danton :* Je te répondrai : je prouverai tes crimes.... A l'Opéra, j'étais dans une loge à côté de lui, et non dans la sienne.... Tu y étais aussi. » — *Logotachygraphe :* « Votre Danton, si l'on peut l'appeler vôtre, car c'est lui qui, dans le rang de ses agents, vous a placé au troisième rang. — *Danton :* Vous étiez à l'Opéra, dans une autre loge. »

avec Dumouriez, quand le fait est faux ? Ensuite, pourquoi me supposes-tu traître, parce que cet homme l'est devenu ? Certes, cette doctrine-là ne fut jamais celle du peuple même le plus barbare : elle est tout entière à toi, Robespierre. »

On reproche à la Gironde d'avoir fait déclarer la guerre : « L'Assemblée adopta cette mesure d'enthousiasme et sans discussion. Comment arrive-t-il donc qu'on nous reproche cette mesure ? Citoyens, ils nous la reprochent après qu'ils ont attiré des revers sur nous, à peu près comme si, suivant leurs espérances qui ne se réaliseront jamais, je l'espère, la république venait à périr, ils nous signaleraient aux espions de la police comme ayant voulu cette république. »

Mais peut-être les Girondins ont-ils voulu la guerre pour procurer un commandement à La Fayette : « Tu nous accuses (1) d'avoir eu des intelligences avec La Fayette ; mais où t'es-tu donc caché le jour où on le vit, dans tout l'éclat de sa puissance, porté du château des Tuileries jusqu'à cette barre, au milieu des acclamations qui se font entendre sur cette terrasse, comme pour en imposer aux représentants du peuple? Moi, moi tout seul, je me présentai à la tribune, et je l'accusai, non pas ténébreusement comme tu le fais, Robespierre, mais publiquement. Il était là... (Guadet désigne le banc des pétitionnaires placé à l'une des extrémités droites de la salle.) Je l'accusai ; la motion que je fis fut soumise à un appel nominal, dans lequel les patriotes n'eurent pas la victoire. Voilà des faits ; et cependant, éternel calomniateur, que m'as-tu opposé, si ce n'est tes rêveries habituelles et tes conjectures insultantes ? »

Il répond ensuite à ces éternelles accusations de vénalité que les deux partis se jetaient à la face et que l'un ne

(1) *Républicain français* : « Tu m'accuses.... »

méritait pas plus que l'autre : « Vous nous accusez d'être corrompus, d'être vendus à l'Angleterre, d'avoir reçu l'or de Pitt pour trahir notre patrie. Eh bien ! où sont-ils donc, ces trésors ? Venez, vous qui m'accusez, venez dans ma maison ; venez-y voir ma femme et mes enfants se nourrissant du pain des pauvres ; venez-y voir l'honorable médiocrité au milieu de laquelle nous vivons ; allez dans mon département, voyez-y si mes minces domaines sont accrus ; voyez-moi arriver à l'Assemblée : y suis-je traîné par des coursiers superbes (1)? » Cette emphase naïve ne fit rire personne, tant l'accent de Guadet était sincère. Il eut, aussitôt après, de beaux mouvements contre Robespierre, dont le rôle, dit-il, « est d'être un dénonciateur éternel : la nature l'y a condamné. » Et, devançant le style des Thermidoriens, il l'appela « un nouveau Mahomet, aux talents près. » L'amour-propre de Robespierre pouvait-il pardonner ce bon mot cruel ?

Guadet termina en suscitant l'incident qui amena le décret funeste contre Marat. Il porte la responsabilité de cette faute grave : « Tant que les chefs du parti girondin, dit justement Paganel, se seraient réduits à opposer aux sanguinaires vociférations de Marat le mépris des gens de bien, ils auraient été, pour ce vil jongleur, la tête de Méduse. En l'attaquant corps à corps, ils le douèrent tout à coup d'une force colossale. Le décret d'accusation éleva Marat bien au-dessus du limon fangeux dans lequel il s'agitait. Son parti vit en lui une victime à défendre ; la multitude, un héros à venger (2). »

Marat rentra triomphant à la Convention, et Robespierre ramassa l'arme qui avait été dirigée contre Marat (3). On

---

(1) Guadet faisait peut-être allusion à l'équipage de Fabre d'Eglantine. Cf. *Brissot à ses commettants*, p. 107.
(2) *Essai historique et critique*, II, 165.
(3) *Ibid.*

la tournera bientôt contre la Gironde. Le 15 avril, les députés de trente-cinq sections de Paris demandèrent contre les Brissotins ce que Guadet avait obtenu contre Marat. Cette pétition, improuvée par la Convention, produisit un immense effet moral. Le triomphe de Marat (30 avril) n'en fut que plus bruyant. Ce jour-là, Guadet, indigné de cette ovation scandaleuse, s'écria : « Citoyens, une représentation nationale avilie n'existe déjà plus ! Tout palliatif pour sauver sa dignité est une lâcheté. Les autorités de Paris ne veulent pas que vous soyez respectés ! Il est temps de faire cesser cette lutte entre la nation entière et une poignée de contre-révolutionnaires déguisés sous le nom de patriotes ! Je demande que la Convention nationale décrète que lundi sa séance sera tenue à Versailles. » Cette motion grave ne fut pas adoptée.

Cependant nous touchons à la dernière phase du duel de la Gironde et de la Montagne. Le 14 mai 1793, Legendre ayant dit qu'une adresse menaçante des Bordelais était l'œuvre de quelques intrigants, Guadet répondit avec colère : « Ainsi, pour prouver que les habitants de Bordeaux partagent tous les sentiments contenus dans cette adresse, il faudrait qu'ils vinssent tous à Paris ! Eh bien ! si tels sont les dangers de la Convention que cette dernière démarche soit nécessaire, ils y viendront. » La Convention vota l'affichage de l'adresse dans Paris. Ce fut la dernière victoire de la Gironde, victoire dangereuse et qui aigrit encore ses adversaires (1).

Il est juste de dire que le courage de Guadet grandit avec le danger. Le 18 mai, il tenta un suprême et violent effort contre la Montagne. C'est dans cette séance qu'il compara ses adversaires aux *patriotes par excellence* de

---

(1) « La présomption des Girondins invitait le parti contraire à redoubler d'efforts. Chacun de leurs succès les approchait de la roche Tarpéienne. » Paganel, II, 164.

Cromwell, auteurs de la *purgation du parlement :* « Ces patriotes par excellence, instruments de Cromwell, et auxquels il fit faire folies sur folies, furent chassés à leur tour. Leurs propres crimes servirent de prétexte à l'usurpateur. Il entra un jour au parlement et, s'adressant à ces mêmes membres qui seuls, à les entendre, étaient capables de sauver la patrie : « Toi, dit-il à l'un, tu es un voleur ; toi, dit-il à l'autre, tu es un ivrogne ; toi, dit-il à celui-ci, tu t'es gorgé des deniers publics ; toi, dit-il à celui-là, tu es un coureur de filles et de mauvais lieux... Fi donc, dit-il à tous, cédez la place à des hommes de bien... Ils la cédèrent, et Cromwell la prit (1). »

Dans la même séance, il propose les mesures les plus audacieuses : « Jusqu'à quand, citoyens, s'écria-t-il au milieu des interruptions, dormirez-vous ainsi sur le bord de l'abime ?... Jusqu'à quand remettrez-vous au hasard le sort de la liberté ? Si jusqu'à présent la fortune a fait tout pour vous, sans doute vous devez être contents d'elle ; mais si vous ne faites rien pour la liberté, je vous le demande, serez-vous contents de vous ? C'est donc des mesures vigoureuses que je vous engage de prendre, afin de déjouer les complots qui vous environnent de toutes parts. Jusqu'à présent les conjurés du 10 mars sont restés impunis ; il faut avoir le courage de sonder la profondeur de la plaie ; le mal est dans l'anarchie, dans cette sorte d'insurrection des autorités contre la Convention ; il est dans les autorités de Paris, autorités anarchiques, qu'il faut... (*De violents murmures s'élèvent dans la partie gauche de l'Assemblée ; les tribunes donnent les mêmes marques d'improbation.*) Oui, je le répète, le mal est dans l'existence des autorités de Paris, autorités avides à la fois d'argent et de

---

(1) La *Biographie nouvelle des contemporains* (VIII, 378) donne un texte plus étendu. Où l'a-t-elle pris ? Celui que nous citons est identique dans le *Républicain français* et dans le *Moniteur*.

domination. » Il conclut en proposant de casser toutes les autorités de Paris et de réunir les suppléants de l'Assemblée à Bourges, pour qu'ils entrassent en fonction dès que la Convention serait dissoute. Mais ces impolitiques propositions furent combattues par Barère, et la Convention se borna à nommer une commission de douze membres chargée d'examiner les arrêtés pris par la Commune depuis un mois.

Le 27 mai, il demande à parler contre la pétition de la section de la Cité qui réclamait la liberté d'Hébert et la suppression des Douze. Quoiqu'Isnard préside, on étouffe sa voix par trois fois. A la fin, Legendre s'avance, menaçant, vers Guadet que la droite est obligée d'entourer (1) pour le défendre contre les violences du boucher, que subira, quelques jours plus tard, Lanjuinais. A minuit, la Convention finit par voter ce que demandaient les pétitionnaires, grâce à la connivence d'Hérault de Séchelles, qui avait remplacé Isnard au fauteuil. Le lendemain 28, à la suite d'un discours de Guadet, la Convention, par 279 voix contre 238, rapporta ce décret.

Mais l'agressif orateur sentit que le dernier mot resterait à Paris. Dans la nuit du 30 au 31 mai, sentant venir l'orage, il quitta son domicile, et, avec Louvet, Buzot, Barbaroux, Bergoing, Rabaut, il passa la nuit « dans une chambre écartée où se trouvaient trois mauvais lits, mais de bonnes armes et de bonnes dispositions pour la défense. » A trois heures du matin, le tocsin les réveilla. A six heures, ils descendirent bien armés. Quand ils entrèrent dans la salle de la Convention, trois montagnards s'y trouvaient déjà. Louvet dit à Guadet, en montrant l'un d'eux : « Vois-tu quel horrible espoir brille sur cette figure hideuse ? — Sans doute, s'écria Guadet ; c'est aujourd'hui que Clodius exile Cicéron (2). »

(1) *Moniteur*, réimpr., XVI, 495.
(2) Louvet, *Mémoires*, éd. Didot, p. 261.

Il montra une énergie désespérée. Il lutta vainement plus d'une heure contre les murmures de la Montagne et des tribunes pour obtenir de combattre la députation du comité révolutionnaire (1), qui dénonçait le complot girondin. Il faut rapporter en détail cette scène violente :

« Citoyens, dit Guadet, ce n'est que par votre courage que vous ferez triompher la liberté dans ce jour, qui devait être un jour de deuil pour les bons citoyens. Les pétitionnaires ont parlé d'un grand complot : ils ne se sont trompés que d'un mot : c'est qu'au lieu d'annoncer qu'ils l'avaient découvert, ils auraient dû dire qu'ils avaient voulu l'exécuter. *(Une partie de l'assemblée murmure.)* — J'ai lieu de m'étonner, reprend Guadet, que les sections de Paris nomment des commissaires pour délibérer sur les moyens de sauver la République. Elles ne croient donc pas avoir des représentants à la Convention nationale ! — Le trouble vient de l'existence de la commission des Douze, dit Bourdon (de l'Oise). — *Guadet* : Si les sections de Paris se croient une partie intégrante de la République, elles n'ont pas le droit de nommer des commissaires pour prendre des mesures générales de sûreté publique. — Bourdon (de l'Oise) observe qu'elles n'ont pris des mesures que pour Paris. — *Guadet* : Celui qui me fait cette observation tombe dans une contradiction manifeste, car il a dit lui-même que cette insurrection était dirigée contre la commission des Douze. — *Bourdon* (de l'Oise) : J'ai dit que c'était la commission des Douze qui nécessitait ces mesures. — Est-ce que l'on penserait que le comité des Douze, créé par la Convention, appartient à Paris, reprend Guadet ? Non : les lois appartiennent à la République entière ; c'est

---

(1) Il s'agit des commissaires de la réunion de l'Evêché qui s'étaient érigés en comité central révolutionnaire et se présentaient à la barre de la Convention au lieu et place de la Commune, dont ils prétendaient avoir les pleins pouvoirs. Cf. *Journal des débats et décrets*.

donc violer les droits de la République, que d'établir une autorité qui est au-dessus des lois. Ceux-là ne sont-ils pas au-dessus de la loi, qui ont fait sonner le tocsin malgré la loi qui prononce la peine de mort contre les auteurs d'un pareil attentat ? Je suis bien loin d'imputer aux sections de Paris cette infraction criminelle à la loi : ce sont quelques scélérats... — Vous voulez perdre Paris, lui disent plusieurs membres ; vous le calomniez sans cesse. — L'ami de Paris, c'est moi, dit Guadet ; l'ennemi de Paris, c'est vous. Je sais par qui a été formée cette chaîne de conspirations dont nous sommes environnés depuis six mois ; je sais de quels moyens on s'est servi pour porter les citoyens de Paris à des mouvements désordonnés. Un décret porte que les assemblées des sections seront finies à dix heures ; les bons citoyens se sont retirés à cette heure, et les intrigants sont rentrés : c'est de ces agitateurs que ces commissaires tiennent leurs pouvoirs. (*On murmure. L'Assemblée est agitée* (1). — S'il est vrai qu'un grand complot ait été formé, pourquoi ne vous donne-t-on pas quelques renseignements sur cette grande conspiration ? D'ailleurs, citoyens, je vous le demande, fallait-il une insurrection ? — Oui, répondent quelques voix. — L'agitation recommence. — *Le président* (Mallarmé) : Je déclare, au nom de la Convention... — Une voix des tribunes : Au nom du peuple. — Toute l'Assemblée murmure. — Camboulas demande que la Convention se forme en comité général. — Appuyé, appuyé ! s'écrie-t-on d'un côté. — Plusieurs membres pensent que cette mesure est nécessaire pour avoir la liberté d'opinions ; cependant cette proposition n'a point de suites. — *Le président* : Je déclare, au nom de la loi, au nom de la Convention nationale, au nom du peuple français,

---

(1) « Vergniaud propose de faire évacuer les tribunes. » (*Moniteur.*)

que si les citoyens des tribunes n'ont pas pour la représentation nationale le respect qui lui est dû, je ferai usage de l'autorité qui m'est confiée, pour que la Convention ne soit point avilie. — *Guadet :* Je le répète : fallait-il une insurrection pour lever une armée dont on paie les soldats à quarante sols par jour? C'est là un véritable acte de législation. — On observe que c'est l'exécution d'un décret. — *Guadet :* Eh bien ! pour l'exécution d'un décret, fallait-il une insurrection? Faites attention qu'une autorité rivale s'élève autour de vous. Si vous laissez subsister ce comité révolutionnaire qui se permet de faire des lois... — Guadet est interrompu par de longs murmures. — Citoyens, dit-il, je ne crois pas qu'il soit dans votre intention de laisser avilir l'autorité que le peuple français a mise dans vos mains. Je ne crains pas de le dire, ce sont les mesures de tempérament employées jusqu'ici qui vous ont amenés sur le bord de l'abîme. Il est temps de renoncer à cet esprit de pusillanimité ; il ne faut pas composer avec les principes. Phocion et Socrate n'auraient pas avalé la ciguë si l'un eût voulu embrasser Anitus, et l'autre se réconcilier avec... [Polysperchon ?] Vous êtes tous capables, par votre énergie républicaine, de vous dévouer au même genre de mort. — Oui, oui, s'écrie une partie des membres ; oui, nous mourrons tous, s'il le faut. — *Guadet :* Je propose à la Convention de décréter qu'elle ne délibérera sur aucun autre objet que sur celui de sa liberté. — Guadet s'est trompé, dit Couthon : il a voulu composer avec la liberté (1). — *Guadet :* La preuve que la Convention n'est pas libre, c'est qu'elle a lutté pendant trois heures pour faire accorder la parole à Rabaud. — C'est qu'il n'est pas libre à qui que ce soit, dit un membre, de perdre la patrie. — *Gua-*

---

(1) *Moniteur :* « Guadet s'est trompé : il a voulu *dire :* composer avec la liberté. » Cette rédaction n'est pas plus claire que l'autre.

det : Je demande que vous ajourniez toute autre discussion, jusqu'à ce que vous sachiez par quel ordre les barrières ont été fermées et la circulation des postes interrompue. Jusqu'à ce que les autorités légitimes soient réintégrées et les autres anéanties, je propose, conformément à la motion de Bazire (1), que vous annuliez (2) les mesures prises à l'égard de la municipalité. Je propose enfin de charger la commission des Douze, si elle est maintenue, de rechercher ceux qui ont sonné le tocsin et fait tirer le canon d'alarme (3). »

Telle fut l'attitude de Guadet au 31 mai : il lutta fièrement contre l'insurrection, et ne fit que l'exaspérer. Ce fut un beau, un noble suicide; mais ce ne fut qu'un suicide. Qui sait si, sans ces provocations héroïques et folles de Guadet, le 2 juin, qui consomma la chute de la Gironde, n'aurait pas été irrévocablement ajourné, par suite de l'attitude habile de Vergniaud et de son décret élogieux pour les sections de Paris? Cela dit, constatons la logique irréfutable avec laquelle, dans ce débat suprême, Guadet montra que le droit et la loi restaient du côté de son parti. Rien ne le fait dévier de son raisonnement, ni les cris ni les menaces. Il va jusqu'au bout de sa pensée et force les tribunes hostiles à subir la vérité.

Pendant la journée du 2 juin, il resta chez Meillan avec

---

(1) La voici, d'après le *Journal des débats* : « Bazire demande que la Convention déclare nul tout ce qu'a fait cette nuit le comité révolutionnaire [de l'Evêché] relativement à la commune, et qu'ensuite on admette les magistrats [les membres du conseil général de la commune] comme à l'ordinaire. »

(2) Il y a dans le texte : *accueilliez*. C'est une faute évidente.

(3) Nous reproduisons toute cette discussion d'après le texte du *Journal des débats* : moins étendu que celui du *Moniteur*, il est plus complet et plus clair. Ainsi le *Moniteur*, s'il développe davantage un ou deux passages de Guadet, omet sa phrase sur Phocion et Socrate et son allusion à la proposition de Bazire. Le procès-verbal officiel (Vatel, *Vergniaud*, II, 399) ne fait qu'une allusion très courte aux paroles de Guadet.

la plupart des Girondins : peut-être son poste était-il plutôt dans la salle de la Convention. Mais il avait assez montré, au 31 mai, qu'il ne craignait pas d'exposer sa vie.

Le reste de sa vie est aussi connu qu'inutile à notre dessein. Nous ne le suivrons pas dans le Calvados, en Bretagne et dans la Gironde. Arrêté avec Salles (1), le 29 prairial an II, il comparut devant le comité révolutionnaire de surveillance de la commune de Bordeaux, et répondit avec beaucoup de dignité aux questions qui lui furent posées (2). Interrogé sur son nom par la commission militaire chargée de constater son identité et de l'envoyer à la mort : « Je suis Guadet, dit-il. Bourreaux, faites votre office ; allez, ma tête à la main, demander votre salaire aux tyrans de ma patrie (3). » On prétend que, devant ce tribunal, Salles et lui avaient la même contenance « qu'à la tribune de la Convention, lorsqu'ils luttaient contre les Marat et les Robespierre (4). » En allant à l'échafaud, il disait au peuple : « Citoyens, voilà le dernier de vos représentants fidèles. » Sur l'échafaud, il voulut parler : un roulement de tambour l'interrompit; mais on put recueillir ces mots : « Peuple, voilà l'unique ressource des tyrans : ils étouffent la voix de l'homme libre pour commettre leurs attentats (5). » Son père, âgé de 70 ans, et son frère, Saint-Brice Guadet,

---

(1) Au moment où il fut arraché de sa cachette dans la maison Bouquey, il voulut parler au peuple. On le menaça de le bâillonner. « Ces menaces, dit un témoin oculaire, ne lui en imposèrent pas. Il revendiqua le respect dû aux représentants du peuple, et commença l'histoire des causes de ses malheurs. On ne lui donna pas le temps d'achever. Ils furent conduits tambour battant dans un cabaret où on les enferma dans une chambre jusqu'à ce que les mesures de leur translation fussent prises. » (*Relation anonyme*, ap. Dauban, Mémoires inédits de Pétion, etc., p. 500.)

(2) Son interrogatoire a été publié par M. Vatel, *Charlotte Corday*, p. 169.

(3) J. Guadet, II, 490.

(4) Desessarts, *Procès fameux*, Paris, an IV; tome XII, p. 82.

(5) J. Guadet, II, 493.

furent condamnés et exécutés peu de temps après (1).
« Guadet, dit son neveu, laissait après lui une veuve et
trois jeunes enfants : une veuve dont la vie tout entière ne
devait être qu'un long souvenir du bonheur qu'il lui avait
donné, un long regret de l'avoir perdu si vite et si fatalement ; trois jeunes enfants qu'elle devait élever dans un
religieux respect pour la mémoire de leur père (2). »

VI

On connaît maintenant l'inspiration oratoire de Guadet :
comme ses amis politiques, il contribua à précipiter la
Révolution jusqu'aux approches du 10 août, et il voulut
ensuite l'enrayer. Dans ces deux périodes de sa vie, il ne
nous offre aucune vue originale. Il parle rarement en
théoricien, et on n'entrevoit même pas en Guadet, comme
en Vergniaud, aucun idéal social. Son éloquence porte
presque entièrement sur des questions de personnes. Il
faut à sa vertu railleuse comme une cible humaine, que
ce soit le juge Larivière, ou Robespierre, ou Marat. Il ne
serait pas facile d'extraire de ses nombreux discours un
passage qui, sans la lumière des circonstances, offrît un
sens, une portée. On y chercherait vainement un seul de ces
beaux lieux communs chers à Robespierre et à Vergniaud.

Ce qui le distingue de Danton, ennemi comme lui des
idées générales, c'est que son éloquence vient de la tête et
non du cœur. Il ne s'agit pas pour lui d'émouvoir ou même
de persuader : *avoir raison* est son but suprême. Vergniaud
charme l'imagination ; Robespierre remue la conscience ;

(1) M. Vatel, *Ch. Corday*, 207, a publié la défense de Saint-Brice
Guadet : l'infortuné y dit avec émotion qu'il ne peut « résister à l'amitié fraternelle. »
(2) J. Guadet, II, 494.

Danton fait tressaillir les fibres sensibles ; Guadet satisfait la raison et plaît à l'esprit. La raison ne trouve jamais rien à répondre à la solidité de ses arguments ; l'esprit est réjoui par le choix heureux et l'ingénieuse disposition des idées, par la prestesse avec laquelle l'orateur saisit de subtils rapports, par je ne sais quelle justesse délicate répandue dans tout le discours. Qu'importe à Guadet s'il exaspère un adversaire, s'il irrite un indifférent, s'il blesse un ami ? Ce qu'il veut, c'est avoir le dernier mot, et il l'a toujours : il l'a contre Marat, contre Robespierre, contre Paris, au besoin contre son propre parti. La violence seule peut briser la force de ses arguments. Mais cette violence, il l'a rendue possible ou inévitable par la cruauté même de ses déductions. Il ne se dit jamais : Sommes-nous en révolution ? ces hommes sont-ils patriotes? ces passions n'ont-elles pas été justement déchaînées? y aurait-il profit à oublier, à serrer cette main tendue, à ne pas voir ce poing fermé ? Non ; il se dit : Ont-ils tort? ai-je raison ? Est-ce là la règle, la loi, le pacte ? Paris est-il, oui ou non, un département comme les autres? A-t-il droit à plus d'un quatre-vingt-troisième d'autorité ? Il ne sort pas de là ; il ne veut tenir compte ni des passions ni des faiblesses humaines. Il pèse tout, avec de justes poids, dans une juste balance, et montre la pesée précise au peuple des tribunes qui le hue, à la Montagne qui murmure. Il oublie qu'il ne s'agit pas de réussir un syllogisme, mais de sauver la France.

De même, la forme de son éloquence est toute *rationnelle*. Il croirait faire tort à la vérité en l'embellissant, comme le fait Vergniaud ; il veut la montrer sans voile. C'est par des moyens simples qu'il produit les effets que son émule demande à des moyens compliqués. Cette rivalité a encore exagéré chez Guadet le goût de la sécheresse et de la nudité. Mais il ne faut pas voir en lui un logicien à la Siéyès : il n'est jamais lourd, jamais pédant. Il aime avant tout la brièveté : la plupart de ses nombreux discours ont vingt ou vingt-cinq lignes et contrastent, sauf trois ou quatre, avec les immenses harangues de Brissot ou de Robespierre.

Il aime aussi la clarté : c'est toute son élégance. Joignez à cela un sentiment juste du mouvement et du rythme, et vous avez le meilleur de Guadet (1).

Son ironie n'est pas, je le répète, de l'envie, de la bassesse ou de la misanthropie. C'est l'attitude de la raison militante qui se venge, ou qui attaque. Seulement, comme il hait ceux qui ont tort, quelque chose d'amer se mêle à ses démonstrations. — L'ironie est tellement inhérente à sa nature qu'il ne s'en départ jamais, même au 31 mai, dans ses escarmouches sans espoir, même sur l'échafaud, quand il raille les tambours qui étouffent sa voix.

Cette ironie, chez Guadet, consiste en général à présenter l'opinion de son adversaire sous la forme d'une hypothèse absurde, que la simplicité presque naïve du ton fait paraître plus absurde encore. Ainsi, dans son discours du 20 mai 1792 sur l'affaire du juge Larivière, Louis XVI est percé de traits sarcastiques, et le pauvre Larivière disparaît sous les banderilles dont l'orateur l'a criblé, comme un bœuf pourchassé dans le cirque. D'autres orateurs furent pathétiques sur l'outrage fait à l'Assemblée ; dans le discours de Guadet, l'absurdité légale du procédé de

(1) Telle fut la haine inspirée par Guadet aux royalistes que l'un d'eux osa l'accuser de déclamation, lui qui, de tous les orateurs de son temps, mérita le moins ce reproche. *Moniteur*, séance du 27 mai 1792 : « *M. Guadet* : Que la garde du roi soit illégalement organisée, c'est une vérité.... *M. Froudières* : Avant que M. Guadet continue, je le prie de parler en logicien, et non pas en déclamateur. (Il s'élève de violents murmures. — Un grand nombre de membres demandent qu'il soit rappelé à l'ordre, d'autres qu'il soit envoyé à l'Abbaye. — M. Guadet quitte la tribune.) » Froudières maintint son propos, suscita du tumulte et fut envoyé pour trois jours à l'Abbaye. Guadet put ensuite prononcer son discours.

Larivière est seule mise en lumière, mais cette lumière est si vive que les yeux les plus myopes ou les plus distraits ne peuvent refuser d'y voir clair. Le bon sens de l'auditoire finit par s'irriter des impostures et des contradictions du parti royaliste. Il en résulte une sorte de colère sèche, une colère de raison, si je puis dire, qui va jusqu'à l'indignation. Le récit de l'affront fait aux trois députés est amené et conduit avec une éloquence analogue à celle que montre Pascal quand il conte les méfaits des Jésuites. Sans une exclamation, sans un élan de passion, sans aucune des figures de rhétorique qu'un Vergniaud puise autant dans sa sensibilité que dans l'école, Guadet arrive à mettre son auditoire hors de lui-même : il a tellement raison que sa démonstration finit par ébranler douloureusement les nerfs de ceux qui l'écoutent. On a hâte de voter, d'agir, de venger la vérité et la justice violées. Ce n'est pas là tout l'art, mais c'en est l'élément le plus solide, l'effet le plus puissant. Dans ce discours, Guadet atteint à quelques-unes des qualités de Démosthène.

C'était là *cette marche rapide et sûre à laquelle l'auditeur essayait vainement de résister*, pour emprunter les expressions de son collègue et panégyriste, Baudin (des Ardennes). Son émotion intérieure paraissait rarement. Une seule fois, le 10 avril, il pleure sur la république menacée, avec un accent sincère et douloureux (1). Le reste du temps, il est maître de lui. Ses contemporains devinent sous ces railleries une âme « brûlante » (2); mais ils ne la voient pas. Robespierre, Vergniaud, Danton, se livrent souvent, montrent leurs côtés faibles ou humains ; Guadet se cuirasse d'ironie.

Ses métaphores sont simples, et ses comparaisons courtes et familières. Voici peut-être la plus longue : « Je dis que

---

(1) Cf. plus haut, p. 433.
(2) Expression de Baudin.

la république est perdue, si vous n'anéantissez ces hommes qui, semblables aux insectes qui se montrent après l'orage, s'amassent autour des révolutions pour les faire tourner à leur profit et non à celui du peuple (1). » Une autre fois, il compare les cris de Marat, nous l'avons vu, aux croassements du corbeau, mais d'une façon détournée et discrète.

Il n'a nul pédantisme historique : s'il rappelle Cromwell et la *purgation pridienne* (18 mai 93), c'est que la similitude des circonstances amène naturellement ce souvenir, qui est un argument. Quant à l'antiquité, je ne crois pas qu'il la cite plus de quatre fois. Il parle de Cicéron et de Catilina dans l'exorde de sa réplique à Robespierre et dans son discours sur la pétition du Bordelais (12 avril et 14 mai 1793). Le 18 mai, il allègue César. Enfin il nomme Socrate et Phocion, le 31 mai, quand il voit son parti sacrifié à des méchants. Son goût littéraire est d'une pureté sévère.

Les contemporains affirment qu'il improvisait. Gasparin le dit nettement à la tribune, le 3 janvier 1793. Mme Roland l'avance, dans son portrait de Vergniaud, comme un fait connu de tous, et J. Guadet, confirmant tous ces témoignages, écrit que son oncle « improvisait toujours (2). » Mais jusqu'à quel point improvisait-il ? Nous n'avons aucun document qui nous renseigne, comme pour Vergniaud, sur la façon dont Guadet préparait ses discours. Tout ce qu'on peut dire, c'est que la plupart des circonstances qui l'amenèrent à la tribune, sauf pour confondre Larivière ou répondre à Robespierre, furent imprévues. « Guadet, dit un de ses collègues, dans ces *circonstances imprévues* où les orateurs se précipitaient à la tribune, perdaient, reprenaient la parole dans le tumulte, demeurait calme et maître de lui-même (3). »

(1) 20 mars 1793.
(2) *Encyclopédie des gens du monde*, art. *Guadet*.
(3) Paganel, I, 458.

CHAPITRE IX

GENSONNÉ.

I

« La gravité de Gensonné, dit Bailleul, eût pu passer en proverbe : esprit méditatif et profond, chacune de ses paroles, même dans la conversation, était pesée et mûrie avant d'être livrée à l'examen et à la réflexion de ceux qui l'écoutaient (1). »

C'est là en effet le trait qui distingue Gensonné de ses amis politiques. On retrouve sa logique dans Condorcet, sa verve amère dans Guadet, son style concis dans Buzot, sa vertu stoïque dans Valazé. Mais sa gravité n'est qu'à lui. Au milieu de ces hommes ou jeunes ou mobiles ou passionnés, il apparaît comme un censeur parmi de capricieux adolescents. Et certes cette gravité n'est pas chez lui, comme le veut le moraliste, *un mystère du corps inventé pour cacher les défauts de l'esprit* ; c'est le sentiment de l'équilibre intérieur d'une âme bien ordonnée : c'est aussi comme un pli héréditaire qu'une vie occupée à des fonctions publiques a encore accentué.

Né à Bordeaux, en 1758, d'une famille riche et honorée des plus hautes charges municipales (2), ses biographes

---

(1) *Examen critique*, etc., 2ᵉ éd., II, 47.
(2) « Son père, chirurgien en chef des troupes du roi en Guyenne, possédait une brillante fortune. Son oncle maternel, M. de Tranchère, avait fait partie de la jurande, et remplissait, à l'avènement de Louis XVI, les fonctions de procureur-syndic de la ville ; un autre procureur-syndic, avocat de mérite, son oncle encore, M. Arnaud Pinel, l'avait tenu sur les fonts baptismaux. » Chauvot, *Le barreau de Bordeaux*, p. 166.

nous le montrent, dès l'âge de dix-sept ans, présidant une députation solennelle, celle des élèves de philosophie du collège de Guyenne qui félicita le parlement de Bordeaux rappelé par Louis XVI à son avènement. Le jeune Gensonné harangua en latin le premier président Leberthon, qu'il salua du nom de Caton (1), et il entrevit dès ce jour-là son propre idéal de vertu civique, le droit résistant avec dignité à la force.

Introduit par les conseils de M. Leberthon lui-même dans la carrière du barreau, il y montre tout d'abord des qualités de sagesse et de tenue qui font contraste avec l'imagination et la négligence de Vergniaud. Tout de suite, les hommes posés et réfléchis eurent confiance en ce jeune avocat, qui s'était déjà fait un nom par « d'élégants et lumineux opuscules (2). » On voit en lui, dit un Bordelais bien informé de la tradition locale, « le moraliste sévère, le penseur hardi, le philosophe de la génération nouvelle. Jeune encore, il apparaît dans la société bordelaise comme l'un des chefs de cette bourgeoisie qui, possédant le talent et la fortune, supportait avec peine les prérogatives parfois blessantes de la noblesse. L'étude de Voltaire, de Montesquieu surtout, fortifia dans son âme ce culte pour la liberté, auquel nous le verrons fidèle et qu'il avait professé même avant son entrée dans le monde (3). »

En effet, Gensonné représente, dans une forme ennoblie, le caractère de bon nombre de bourgeois libéraux en 1789. Un bon fonds d'études classiques, la haine du despotisme, de l'arbitraire, le respect et l'amour d'une constitution encore à faire, mais écrite dans les esprits, un royalisme correct, mais sec et tiède, et, au fond du cœur, des aspira-

---

(1) D'après M. Chauvot, p. 12, son discours commençait ainsi: *Catonis virtus lingua Catonis hodierna die celebranda.*
(2) *Ibid.*, p. 166.
(3) *Ibid.*, p. 167.

tions républicaines qu'on se reprochait comme coupables, auxquelles on s'abandonna sans remords quand le roi rendit la royauté impossible et qu'attrista ensuite le spectacle de la réalité violente ; enfin, en religion, un gallicanisme nullement mystique, fort libre contre Rome et les prêtres, respectueux du dogme, se piquant d'admettre tout le catholicisme, et ne vivant en réalité que de la morale de tous les temps ; avec cela, nulle mélancolie, nuls besoins d'imaginations, aucun vague, mais un ferme bon sens, une certitude tranquille d'être dans le vrai, une impatience de la contradiction (1), un mépris railleur pour l'adversaire; en somme, une nature moyenne, mais robuste, saine et franche, sans larges horizons, éprise de clarté cartésienne, héroïque par la persistance plus que par l'élan, mais animée par l'esprit du temps, — tel était Gensonné, dont l'éloquence, quoiqu'il lût évidemment, produisit, à de certaines heures, une impression forte et durable.

Ce que nous connaissons de ses plaidoiries au barreau de Bordeaux (2) offre une dialectique solide, un style clair et sain, toutes les qualités propres à gagner une cause sans émouvoir les auditeurs. Littérairement, c'est un goût pur et sobre : point de mythologie, d'allusions antiques, peu de figures, nulle exubérance, rien de bordelais, rien de méridional. Tel sera, avec un plus d'âme, l'orateur conventionnel.

Dès ses premiers pas dans la politique, on vit qu'il marcherait droit. Nommé par le roi secrétaire général de la ville de Bordeaux (20 septembre 1787), il refusa et fit enregistrer sa réponse, où on lit : « Je ne puis me déterminer à devenir le représentant de ma cité sans être assuré de son

---

(1) D'après Quénard (ap. Bonneville), il était « le plus intolérant des hommes en fait de raisonnement. »

(2) Chauvot, 167-171.

aveu (1). » Aussi fit-il partie de la première municipalité élue. Plus tard, il rédigea les statuts des Jacobins de Bordeaux, dont il devint bientôt président. Il contribua, par sa parole, au succès de l'expédition envoyée par les Bordelais au secours des patriotes de Montauban opprimés par la réaction en juin 1790. Ses allocutions, comme président du club, soit au général commandant l'expédition, soit à des Dominicains patriotes, sont des modèles de dignité et d'à-propos.

Elu procureur de la commune (juillet 1790), il eut à faire, contre les adversaires de la constitution civile du clergé, un réquisitoire où il montra une science théologique et une affectation d'orthodoxie qui étonnent chez un ami de Vergniaud. Le 19 janvier 1791, il fut nommé, par son département, juge au tribunal de cassation, et il reste, dans le registre de la municipalité, une trace nullement banale des regrets que son départ excita dans Bordeaux (2). Mais il n'hésita pas à accepter ces hautes fonctions, qu'il remplit pendant sept mois, non sans attirer à deux reprises l'attention publique par l'énergie de sa conduite.

La première fois, au mois de mai, il intervint dans les débats de la Constituante sur l'affranchissement des noirs, par une lettre à laquelle sa qualité de Bordelais donna un grand poids. On avait représenté les grands négociants de Bordeaux comme hostiles à l'émancipation des hommes de couleur. « A l'exception, écrit-il au *Moniteur,* d'un très petit nombre de négociants séduits par les caresses des colons ou abusés sur les vrais intérêts du commerce, il n'est personne à Bordeaux qui ne convienne de la nécessité où l'on est de reconnaître les droits des citoyens de couleur libres, et de ne pas donner aux colons un privilège funeste

---

(1) Chauvot, p. 171.
(2) *Ibid.,* p. 195.

qui anéantirait bientôt toutes les relations commerciales que la métropole entretient avec eux, ou du moins qui livrerait à leurs caprices ou à leurs intérêts le sort de notre commerce (1). »

Une seconde circonstance montra avec éclat que la fuite à Varennes avait dessillé ses yeux et fait du royaliste de raison qu'on avait connu un républicain de cœur, un républicain aussi ardent que ferme. Il considéra qu'en manquant à sa parole Louis XVI avait dégagé chaque citoyen de son serment, et, avec sa logique courageuse, il proposa, dès le 1ᵉʳ juillet 1791, de dispenser les magistrats à la Cour de cassation nouvellement élus du serment de fidélité au roi. C'était, dans la sphère judiciaire, établir la république (2).

Si hardi en théorie, Gensonné répugnait néanmoins à la violence. Il crut qu'il fallait ruser. Il craignit, comme les autres, que le renversement du trône n'amenât l'avènement de la plus vile multitude. Il adressa, lui aussi, par l'intermédiaire de Boze, en juillet 1792, de suprêmes avis à ce roi qu'il méprisait ; et ce républicain se laissa surprendre par la révolution du 10 août.

(1) *Moniteur* du 12 mai 1791.
(2) Cf. son projet de défense, ap. Chauvot, p. 601 : « Après la fuite de Capet à Varennes et la suspension du pouvoir exécutif dans ses mains, je proposai au tribunal de supprimer de la formule du serment qu'il recevait des récipiendaires la partie qui contenait un engagement de fidélité au roi, et qu'on y substituât le serment pur et simple de fidélité à la nation et à la loi, serment dont nous avions donné l'exemple deux jours auparavant à la barre de l'Assemblée constituante et que plusieurs autres tribunaux avaient imité. — Lacroix s'éleva contre cette opinion, qu'il traita de factieuse, de républicaine. Elle fut partagée par quelques-uns de mes collègues, mais la majorité l'emporta. Je refusai avec plusieurs d'entre eux de me trouver à l'audience au moment où le serment, conforme à l'ancienne formule, fut prêté par un récipiendaire.... »

II

Quand les électeurs de la Gironde l'envoyèrent siéger à la Législative, il achevait, en Vendée, une mission délicate dont il avait été chargé avec Gallois, commissaire de l'instruction publique du département de Paris. Il s'agissait de déterminer les causes des troubles religieux qui agitaient les départements de l'Ouest et d'indiquer le remède d'un mal naissant et déjà grave. Gensonné s'acquitta de cette mission avec tact et intelligence. Son rapport, qu'il refusa de communiquer au roi (1) et dont il est évidemment le seul auteur, bien que Gallois l'ait signé avec lui, son rapport est un chef-d'œuvre de sens politique, et le signala, dès le 9 octobre, à l'estime de ses collègues. Ce gallican, plus philosophe qu'il ne le croyait, eut le talent, si rare en ce temps de luttes, de comprendre le fanatisme, de se mettre à la place des paysans vendéens et d'entrer dans leurs illusions. Il conclut à la nécessité d'un remède très lent, mais sûr : la diffusion de l'instruction dans les campagnes. En attendant, il recommanda la patience, la modération vis-à-vis des égarés, et des mesures nettes et sévères contre les nobles et les prêtres qui agitaient la Vendée.

Bientôt il eut occasion de développer à la tribune la politique religieuse contenue dans son rapport, et il atteignit à l'éloquence quand il montra, le 3 novembre 1791, que bannir les prêtres non-conformistes, ce serait transformer des mécontents vulgaires en martyrs et en héros :

« Quand on aura enlevé tous les prêtres non-confor-

(1) « J'observe... que je suis le seul, de tous les commissaires civils nommés jusqu'à cette époque, qui ait refusé de rendre ce compte au pouvoir exécutif.... » (*Ibid.*)

mistes, croit-on que le peuple des campagnes sera moins attaché à ses opinions qu'il ne l'était auparavant ? et que gagne-t-on en laissant dans les lieux voisins ceux que leur défaut de remplacement force à y rester ? Ne sait-on pas que la persécution encourage au martyre, que l'enlèvement d'un seul prêtre fera venir à sa place vingt missionnaires ? Comment prévenir l'insurrection là où la force publique et les autorités constituées sont désorganisées ? L'insuffisance de ces premières mesures en appellera bientôt de plus sévères : est-il possible de prévoir là où il faudra s'arrêter ? Sans doute, on vous dira qu'à de grands maux il faut de grands remèdes, que le salut du peuple est la suprême loi : vains sophismes auxquels le despotisme vous avait accoutumés. N'est-ce pas aussi sur la nécessité des circonstances et sur le salut du peuple que des hommes sanguinaires conseillèrent à Charles IX le massacre de la Saint-Barthélemy, et que le crédule tyran, par intérêt pour une partie de son peuple, en fit égorger l'autre moitié ? »

Membre du comité diplomatique, il seconda de toutes ses forces la politique de Brissot et poussa l'Assemblée, en toute occasion, à déclarer la guerre à l'Europe. On vit alors qu'à l'occasion il était capable d'une véhémence patriotique, comme dans la péroraison de son rapport du 26 décembre 1791 sur les préparatifs de guerre, péroraison qui, d'après le *Journal des débats*, « fit naître le plus noble enthousiasme », et fut accueillie « par des applaudissements unanimes et souvent répétés. »

« Telle est, dit Gensonné, l'importance des grands événements qui se préparent, que leur issue décidera peut-être à jamais des destinées de la France. Il ne peut plus y avoir d'intermédiaire entre la liberté et l'esclavage, entre le maintien de la constitution et la mort (1). Quand des

(1) *Logographe :* « Il n'y a plus d'intermédiaire entre la liberté et l'esclavage. Le maintien de la constitution ou la mort ! »

prêtres séditieux troublaient sourdement ; quand une attaque extérieure n'était pas certaine, il pouvait, entre les Français, tous dirigés par de bonnes intentions, se développer des diversités d'opinions. Mais, aujourd'hui, il ne peut y avoir qu'un seul parti ; il faut opter entre l'ancien et le nouveau régime. Soit que des opinions exagérées, soit que l'effroi de l'anarchie, ou que peut-être même un reste d'habitude de l'ancien régime l'ait fait naître, cette diversité d'opinions va disparaître, et se confondre dans un seul intérêt, celui de tous. L'ennemi commun est aux portes de la ville : ne nous occupons donc point à aplanir le sol de la place, à arranger son intérieur ; courons à la brèche : il faut défendre nos remparts ou nous ensevelir sous leurs ruines (1). »

C'est comme rapporteur du même comité qu'il fit voter les deux mesures les plus révolutionnaires de la législature : 1° le décret d'accusation contre les deux frères du roi (1er janvier 92) ; 2° la déclaration de guerre à l'Empereur (20 avril 92). Il n'avait pas joué un rôle dans les débats qui préparèrent ces actes et où brillèrent les maîtres de la tribune ; mais c'est à sa sagesse et à sa fermeté que revenait l'honneur de donner à ces décrets décisifs une forme qui les recommandât à la postérité.

C'est ainsi qu'il travailla dans les comités et marqua plus d'une loi de son style sobre et grave. Il intervenait cependant, non dans les querelles, mais dans les discussions, et apportait toujours à l'opinion qu'il adoptait le poids de sa dignité personnelle. Il joue ainsi, dans le parti de la Gironde alors prépondérant, le rôle d'un homme considérable dont la seule apparition à la tribune apaise les contestations ou dénoue les débats. Mais il ne faut pas s'imaginer qu'il ne partage pas les passions révolution-

(1) *Journal des débats.*

naires. Il croit, comme le peuple, comme ses amis, à l'existence du comité autrichien, et il dénonce à deux reprises, le 20 et le 23 mai 92, les trahisons savantes de la cour. Sans se lasser, il y revient, le 30 juin suivant, à propos de la marche en arrière de Lückner, et signale vigoureusement les intrigues ministérielles et royales :

« Le fait que j'ai dénoncé, dit-il, n'est qu'un incident du comité autrichien. (*On entend quelques murmures dans le ci-devant côté droit.*) La guerre que nous soutenons, la guerre que la cour n'a pu éviter, est devenue une intrigue qui sera risible pour la postérité, comme elle est scandaleuse pour les bons citoyens. Les hommes qui la dirigent sont soumis à l'empire de la maison d'Autriche. (*Une partie de l'Assemblée applaudit.*) C'est par la perfidie et les manèges de cette maison, qui a couvert et couvrira encore la France de deuil, que, lorsque nos armes ont obtenu un premier succès, lorsque les généraux brabançons ont secondé nos efforts, lorsque le maréchal Lückner a déclaré que la position à Courtray est inattaquable, ce même général est, dit-on, décidé à évacuer Courtray, Ypres, Menin, c'est-à-dire à rendre à la maison d'Autriche les terres que nous avons prises sur elle, à abandonner les patriotes brabançons. Dès lors, je vois une trahison dans nos armées, une trahison dont Lückner n'est pas capable, à laquelle il est conduit par les menées du comité autrichien. Le ministre, en refusant de vous communiquer les détails qu'il a reçus du maréchal Lückner, a cherché à se soustraire à la responsabilité et à la faire retomber sur le général. Je demande que les instigateurs de cette manœuvre soient punis, et qu'il y ait au moins une tête qui réponde des ordres. »

Cette voix rude et autorisée, cet accent de légiste donnaient confiance aux timides et aidaient puissamment la Révolution. Mais, nous l'avons vu, le signataire de la lettre à Boze ne comprit pas mieux que ses amis de l'Assemblée la nécessité du 10 août. Comme eux, il en accepta les conséquences sans arrière-pensée et sans regrets, et comme eux aussi il était déjà usé et dépassé quand il revint siéger sur les bancs de la Convention.

Mais, tombant de moins haut que Brissot et que Pétion, il ne souffrit pas comme eux d'une éclatante impopularité. Disons aussi que, libre de l'influence de Mᵐᵉ Roland, il se garda bien de participer à la campagne insensée de Louvet et de Guadet contre Robespierre et Danton. Il ne sortait guère du terrain des principes, et il évitait toute attaque personnelle, du moins dans ces deux premiers mois de la Convention. S'il parla, le 19 octobre, contre une pétition des sections, s'il prononça, le 24 et le 25 du même mois, trois discours contre la Commune, ce fut sans violence et sans amertume. Mais bientôt ce sage perdit patience : il entra en lice, lui aussi, et se révéla passé maître en l'art de railler avec gravité. Comme Buzot, il tourna contre la politique jacobine les débats sur le procès de Louis XVI ; et son discours du 2 janvier 1793, en faveur de l'appel au peuple, n'est qu'un réquisitoire contre Robespierre et la Montagne, où le flegmatique dialecticien se montre à l'occasion plus mordant que Guadet et plus dédaigneux que Vergniaud. « Vous avez, dit-il, terminé votre discours, Robespierre, par cet échafaudage de calomnies que vous reproduisez sans cesse, qui ne vieillit jamais et qu'on retrouve dans tous vos ouvrages. L'appel au peuple, le recours au souverain est, selon vous, un plan désastreux, formé et suivi par une vingtaine d'intrigants. Ce parti perdra la patrie, un pressentiment secret vous avertit qu'il prévaudra : il veut transiger avec les rois ligués contre le peuple ; il veut obtenir la guerre civile et arracher la Convention à Paris, ce qui opérera sa ruine. Enfin, vous terminez cette exécrable diatribe par une invitation au peuple de *vous venger*, vous et vos amis que vous appelez les patriotes, quand le dernier d'entre vous sera égorgé.

« Tranquillisez-vous, Robespierre : vous ne serez pas égorgé, et je crois même que vous ne ferez égorger personne : la bonhomie avec laquelle vous reproduisez sans cesse cette doucereuse invocation (1), me fait craindre seulement que ce ne soit là le plus cuisant de vos regrets. *(Quelques murmures s'élèvent. — Le président invite les membres qui interrompent à ne pas se départir du silence et de la modération qui, depuis plusieurs jours, caractérisent honorablement cette discussion.)* — Il n'est que trop vrai : l'amour de la liberté a aussi son hypocrisie et son culte, ses cafards et ses cagots ; il est, en économie politique, des charlatans, comme dans l'art de guérir : on les reconnaît à leur haine pour la philosophie et les lumières, à leur adresse à caresser les préjugés et les passions du peuple qu'ils veulent tromper ; il se vantent avec effronterie : ils parlent sans cesse de leur zèle, de leur désintéressement et de leurs rares qualités : ils mentent avec impudence ; ils se font rechercher par des titres séduisants, par des formules extraordinaires. L'un se proclame *l'ami du peuple* ; l'autre le *défenseur incorruptible de ses droits;* un autre a inventé le *baume de la république universelle*. Mais s'ils obtiennent quelques succès, la réflexion a bientôt dissipé leur prestige ; avant d'avoir atteint le but, ils se font connaître ; et le peuple, honteux d'avoir été leur dupe, chasse tous ces baladins ; ou s'il laisse subsister leurs tréteaux, il ne les écoute du moins que pour rire de leurs folies, et ne répond à leurs caresses que par le mépris. »

On le voit, si le grave Gensonné avait de l'esprit, il tomba, lui aussi, au moins une fois, dans l'étourderie girondine, et ne se refusa pas, ce jour-là, ces railleries sans

---

(1) *Logotachygraphe :* « Cette douce et heureuse invocation.... »

portée, sinon sans vérité, qui ne faisaient qu'irriter l'adversaire, sans l'affaiblir. Cette petite vengeance pesa d'un certain poids dans les rancunes de la Montagne.

Il avait divisé, pour achever, les Jacobins en deux catégories : les aveuglés et les importants. Que ceux-là reviennent à eux et au vrai peuple. Quant aux autres, « s'ils ont aidé à sauver la chose publique, ils l'ont fait par instinct, comme les oies du Capitole. (*Il s'élève un rire presque universel.*) Mais certes le peuple romain, par reconnaissance pour cette espèce de libérateurs, n'en fit pas des dictateurs ou des consuls, et ne les rendit pas les arbitres suprêmes de ses destinées. »

Qui croirait que l'amour-propre de Robespierre fit à cette plaisanterie, facile et médiocre, un succès tel qu'aucun biographe de Gensonné n'oubliera de la rappeler, comme son plus brillant titre oratoire ? Certes, si la Montagne fut sans pitié pour cet honnête homme, le souvenir de ce sarcasme fut pour quelque chose dans sa colère, et ce mot rapprocha Gensonné de la guillotine, quoiqu'il eût voté pour la mort et contre le sursis.

Il parla, sans grand éclat, le 13 et le 16 avril, contre Marat et contre Egalité; et, le 29, il demanda la convocation des assemblées primaires : à lui aussi, dans cet orage, le sens politique échappait.

Le 2 juin, il ne parla pas : depuis un mois il gardait un silence fier. Mais il n'était pas avec les habiles ou les délicats qui évitaient, chez Meillan, le contact de la violence. Il siégea, impassible, au milieu de l'effroyable scène. On le voyait écrire avec calme, et en effet il composait son plus éloquent discours, sa protestation contre le coup de force qui se préparait, et dont voici les principaux passages (1) :

« Le 2 juin 1793, à trois heures de l'après-midi, moi,

---

(1) Mortimer-Ternaux, VII, 555.

Armand Gensonné, représentant du peuple français, convaincu que je vais être victime des conspirations qui se trament, contre la liberté de la République française, par une faction dont je n'ai cessé de combattre les coupables efforts ;

« Considérant... (et il résume l'histoire de la révolution qui est en train de s'accomplir);

« Considérant enfin qu'au moment même où je trace à la hâte ces lignes, j'ai lieu de croire que la Convention nationale va être forcée d'ordonner mon arrestation ou de la laisser faire, et que je dois m'attendre à devenir, dans peu d'instants, la victime d'un mouvement populaire ou d'un assassinat prétendu juridique :

« Je déclare aux citoyens de mon département et à la France entière que je bénirai le sort qui m'est réservé, si ma mort peut être utile à l'établissement de la République et prépare le bonheur du peuple français.

« Je déclare que je n'ai jamais cessé de lui être entièrement dévoué ; que je n'ai d'autre ambition que de remplir mon mandat avec courage et énergie ; que je n'ai formé d'autre vœu que celui de son bonheur et de l'établissement d'une constitution républicaine ; que j'ai vécu et que je mourrai républicain et digne de la confiance dont mes citoyens m'ont honoré.

« Je conjure particulièrement les braves Bordelais, mes concitoyens, et les républicains de la France entière, d'examiner avec soin les chefs d'accusation, s'il en est, qui me seront imputés. Je recommande à mes amis surtout le soin de ma mémoire ; je les charge, au nom des sentiments qu'ils m'ont voués, d'empêcher qu'elle ne soit flétrie. Cette tâche ne sera pas difficile. Au milieu des mouvements que les événements, dont je serai probablement victime, vont exciter dans la France entière, j'adjure tous les bons citoyens, et particulièrement ceux du Midi, de ne pas imputer à la majorité des habitants de Paris les excès que, dans les circonstances où nous nous sommes trouvés, elle n'a pu empêcher ni prévenir ; qu'ils se rappellent les services que cette ville a rendus à la Révolution, et qu'ils réservent toute leur haine pour les scélérats qui ont médité et fait exécuter cet infâme projet.

« Résigné à tout, sûr de ma conscience, j'embrasse dans ma pensée mes chers concitoyens, tous les amis de la liberté et de la République française, et en la scellant de mon sang, sous les poignards des conspirateurs et sous la hache des factieux, mon dernier soupir sera pour ma patrie, et ma bouche ne se fermera qu'en exprimant le plus ardent de mes souhaits : *vive la République !* »

Certes, la Révolution nous a laissé peu de documents aussi éloquents que celui-là. Il y a, je crois, quelque chose de sublime à garder cette impartiale modération au milieu de tant d'excès, à prévoir et à prévenir toute vengeance contre Paris comme fratricide et mortelle à la France, à aimer la liberté au moment même où on va être victime des égarements de la liberté. Ce testament politique, dérobé longtemps à notre admiration par la jalousie des vainqueurs, mérite d'être comparé, tel qu'il est écrit, aux plus beaux discours de Vergniaud.

Comme Vergniaud, il désapprouve la fuite et les entreprises de Buzot, de Guadet, de Pétion, de Barbaroux et de Louvet. Mis en arrestation chez lui, il se trouva confié à la garde d'un gendarme auquel il avait sauvé la vie dans la journée du 10 août et qui le supplia de s'échapper (1). Il s'y refusa. Plus tard, apprenant que Guadet avait disparu : « Si le gendarme qui devait le garder, dit-il, est jaloux d'être auprès d'un député de la Gironde, il peut rester ici ; ma porte est ouverte, je ne suis point surveillé en ce moment,

---

(1) Barbaroux, *Mémoires*, éd. Dauban, p. 368.

et cependant je ne sortirai point de chez moi (1). » Le ministre Garat vint lui offrir les moyens de fuir. « Je ne me fais, répondit-il, aucune illusion sur le sort qui m'attend ; mais je le subirai sans m'avilir. Mes commettants m'ont envoyé ici : je dois mourir au poste qu'ils m'ont assigné (2). » Enfin, à la Conciergerie, son ami Talma vint le voir et lui proposa, avec un passeport, un moyen sûr de s'évader (3) : il refusa encore, comme Socrate, et fut retenu dans sa prison, sinon par les lois, du moins par le souci de sa mémoire et un amour antique de la patrie.

Dans ces derniers jours, il s'occupait à composer un projet de défense (4), non moins éloquent que son manifeste du 2 juin.

« Je sais, y dit-il, qu'il est des circonstances où l'homme de bien n'a plus qu'à s'envelopper de son manteau et à présenter sa tête aux assassins ; mais je sais aussi que, quelle que soit son indifférence pour la vie, si ce qu'il peut dire peut être utile au peuple, s'il a l'espoir que les vérités qu'il peut proclamer encore germeront dans l'opinion publique et porteront un jour quelques fruits, il devient coupable en refusant de les publier, en préférant les hommes du stoïcisme aux intérêts du peuple et à la gloire d'avoir servi jusqu'au dernier moment la cause de la justice et de l'humanité.

« Ce seul motif me détermine à me justifier. Ma résignation ne peut être douteuse. Lorsque, le 2 juin, je me présentai moi-même aux fers qui m'étaient destinés, lorsque j'ai constamment refusé de me prêter aux facilités qu'on m'a données pour me dérober à cette effrayante persécution, lorsque j'ai résisté même aux invitations officielles

---

(1) Discours de P.-C.-L. Baudin du 11 vendémiaire an IV, p. 14.
(2) Biographie nouvelle des contemporains, art. *Gensonné*.
(3) Chauvot, p. 197.
(4) On n'en possède que la première partie, publiée par M. Chauvot, p. 599.

qui m'ont été faites, j'étais bien loin de m'abuser sur le genre d'oppression qui m'était préparé. J'en ai toujours prévu, et je n'en ai jamais redouté les derniers excès. »

Après avoir esquissé le tableau de sa vie à Bordeaux et à Paris, il montre l'iniquité de la procédure dont il est l'objet et prouve en juriste qu'il n'y a aucune base légale aux accusations dont on le poursuit.

Et de quoi l'accuse-t-on ? de royalisme ? de rébellion contre la Convention nationale ? Lui, rebelle ! Mais il est resté volontairement captif. Et il rappelle comment il résista à toutes les sollicitations, pour attendre chez lui sa destinée. « Je suis loin cependant, ajouta-t-il noblement, de me prévaloir de ma conduite, je n'en parle que parce que je suis accusé, je l'ai fait parce que j'ai cru devoir le faire : ma récompense est dans mon cœur. »

La fin de cette défense manque ; mais ce que nous en avons cité suffit à montrer quelle fière attitude Gensonné garda devant le tribunal révolutionnaire. D'après le compte-rendu du procès des Girondins, il n'y prononça pas de long discours. Ses réponses aux dépositions des témoins furent courtes et méprisantes. On le perdit dans l'opinion en l'interrogeant sur ses relations avec Dumouriez, qu'il avait intimement connu pendant sa mission en Vendée. Il avoua cette intimité, reconnut qu'il avait cru des talents militaires au général. « Lorsqu'il eut pris le commandement du camp de Maulde, il m'adressa plusieurs mémoires sur ce qui se passait dans l'armée de La Fayette, jusqu'au 3 novembre, et m'envoya une double copie des dépêches qu'il faisait parvenir au ministre de la guerre. » Et Gensonné dédaigna de se justifier d'avoir participé à la trahison de Dumouriez. Il ne se défendait pas. Il voulait laisser pour la postérité quelque trace de sa franchise et de son courage en face de ses juges.

Dans les instants qui précédèrent l'exécution, il montra

sa gravité ordinaire. « Recueilli en lui-même, dit Riouffe, il semblait craindre de souiller sa bouche en prononçant le nom de ses assassins : il ne lui échappait pas un mot de la situation, mais des réflexions générales sur le bonheur du peuple, pour lequel il faisait des vœux (1). » Il craignait de s'attendrir à la pensée de sa famille, et cette crainte explique la froideur de la lettre qu'il écrivit à sa femme une heure avant sa mort (2). Il n'est pas du nombre de ceux que confessa l'abbé Lothringer ; mais un abbé Lambert, ami de Brissot, qui avait accompagné l'aumônier de l'Hôtel-Dieu, se vantait à M. Poujoulat d'avoir confessé Gensonné (3).

III

Malgré sa droiture, Gensonné n'échappa pas tout à fait aux calomnies qui sont le lot de tout homme politique. Hébert le trouve *double*. Même des amis politiques voyaient dans son austérité un masque, et dans sa tactique parlementaire une ambition sans scrupule. « Sa physionomie, dit Paganel, décelait un esprit méditatif, et cependant l'on remarquait dans tous ses mouvements une activité, une impatience extrêmes. Si Lavater eût observé quelques instants de son œil redoutable l'ovale de la tête de Gensonné, étudié le jeu des traits de son visage et mesuré la profondeur de son regard, il aurait jugé, malgré l'apparence d'une constitution assez débile, que ce représentant du peuple était travaillé par des passions fortes et par le besoin d'être chef de parti. » Et Paganel ne veut pas que

---

(1) Cf. *Letters of miss William*, p. 163.
(2) Cf. Vatel, *Vergniaud*, I, XXXVII. On trouvera une autre lettre de Gensonné à sa femme, datée d'octobre 1793, dans le catalogue d'une collection sur la Révolution, vendue le 30 mai 1883, par Charavay, n° 27.
(3) Biré, p. 427.

Gensonné nous apparaisse, dans la Gironde, comme un Alceste entouré de Philintes. « Des hommes, dit-il, qui ont pu apprécier avec impartialité le mérite des députés de la Gironde, pénétrer les vues secrètes de quelques-uns d'eux, la bonne foi et le patriotisme de tous les autres, pensent que Gensonné possédait plus d'art, plus de force d'esprit, plus de connaissance et moins de vertus que bien d'autres chefs girondins, et que son habileté, sa promptitude à faire tête à tous les événements, plutôt que l'ascendant d'une âme pure et généreuse, lui valurent le fatal honneur de diriger, durant l'orageuse session conventionnelle, cette trop fameuse députation (1). » Il nous semble que l'accent du manifeste et du projet de défense réfute sans réplique ces insinuations, qu'explique assez une maladie révolutionnaire : la méfiance.

Oui, Gensonné fut un beau caractère, et le vague même des injures que lui lancèrent les journaux d'extrême droite et d'extrême gauche est une marque de l'estime qu'il inspirait. Si André Chénier se moque de son projet de dictature municipale (2), si le *Père Duchesne* l'appelle « nasillard Gensonné, prédicateur de la contre-révolution (3) », il est rare qu'on l'accuse de vénalité ou de vol, comme on le fait pour Danton ou pour Barbaroux. Sa gravité commande le respect, et il sait, quoi qu'il ait à dire, se faire écouter.

Sa manière oratoire manque d'éclat, mais non pas d'art. C'est à dessein qu'il écarte tout ornement extérieur et qu'il se renferme strictement dans son argumentation. Il sent qu'avec son bon sens un peu sec, s'il voulait ébranler les imaginations, il forcerait la note et tomberait dans l'emphase d'une fausse sensibilité. Il se contente d'être un logicien, et,

---

(1) Paganel, I, 450-451.
(2) Projet de décret présenté par Gensonné le 30 mai 1792. Cf. A. Chénier, *Œuvres en prose*, 220, 256.
(3) N° 242.

à ce titre, ses adversaires le redoutent, le sentent irréfutable. Au tribunal révolutionnaire, ils font en sorte qu'il n'ait la parole que pour quelques brèves réponses, sans lien entre elles ; ils savent que, libre dans sa discussion, il détruirait en cinq minutes l'assemblage disparate de leurs accusations, de leurs sophismes. Il est né pour la défense, pour la réfutation.

Il parle peu, se réserve pour les grandes occasions, écrit et lit (1). Sa phrase manque de relief ; il n'a pas les formules saisissantes de Danton, ni les périodes harmonieuses de Vergniaud, ni même les développements soutenus de Robespierre. Mais le terme est juste, le progrès continuel, l'enchaînement solide ; l'accent de bonne foi et d'autorité ajoute une véritable éloquence à cette dialectique un peu nue. Parfois cet impassible vibre et tressaille d'une joie secrète : c'est qu'il a vu, sous les coups de son raisonnement, tomber le masque du sophisme royaliste ou jacobin. Alors le sarcasme tord sa bouche, et ses adversaires rugissent de honte et de colère.

CHAPITRE X.

DUCOS ET BOYER-FONFRÈDE.

Ducos et son beau-frère Boyer-Fonfrède sont célèbres par leur amitié héroïque pour Vergniaud, dont ils se disaient les élèves et qu'ils regardaient, dit Bailleul,

---

(1) Etienne Dumont (*Souvenirs*, p. 387) prétend lui avoir fait un discours destiné à réconcilier les Feuillants et les Brissotins. Ce discours, dont il ne donne pas la date, aurait été mutilé par le *Moniteur*. Cette anecdote nous semble plus que contestable : Gensonné combattit sans cesse les Feuillants, et il n'était pas homme à demander ou à recevoir un discours tout fait.

comme leur père (1), quoique le grand orateur n'eût qu'une douzaine d'années de plus que ces jeunes gens, nés celui-là en 1766, celui-ci en 1765. Mais Vergniaud était grave par rapport à leur espièglerie. La jeune Mme Ducos, dans ses lettres, l'appelle l'*auguste Vergniaud* (2), et, quoiqu'elle le plaisante sur sa paresse et sa nonchalance, on voit, au ton même de ces plaisanteries, qu'à Bordeaux, dans cette intimité des Fonfrède et des Ducos où il vivait, on sentait, on admirait son génie. Cette amitié des deux beaux-frères pour Vergniaud les entraîna, bien qu'ils fussent moins modérés que les Brissotins, que les Rolandistes, à faire cause commune avec la Gironde, surtout aux heures de péril, et, quand Vergniaud fut décrété, à se faire décréter eux-mêmes pour mourir avec lui.

Ce dévouement ne suffirait cependant pas pour recommander leurs discours à l'attention ; mais l'un et l'autre avaient le don oratoire et une originalité réelle, quoique dans une veine assez restreinte. Il faut s'arrêter un instant devant ces deux figures si jeunes et si pures, sans les séparer plus que ne les séparaient les contemporains.

I

Tous deux Bordelais, tous deux fils de négociants, ils firent paraître, avant 1789, un vif goût pour la politique, et ils étaient républicains, quand Vergniaud, Guadet et Gensonné auraient craint d'étendre leurs vœux au delà d'une monarchie à l'anglaise. Boyer-Fonfrède n'hésita pas à suivre la profession de son père. Mais Ducos ne songeait qu'à la littérature, à la poésie. Il tournait agréablement

---

(1) *Almanach des bizarreries humaines*, p. 133. Vatel, *Vergniaud*, II, 207.
(2) Lettre du 27 septembre 1791. (Archives nationales.)

de petits vers plaisants et badins (1). Nulle sentimentalité, nulle fadeur dans son esprit. C'était la gaîté, la verve même. On citait de lui une foule de mots heureux, de mots pleins de goût et de lumière (2). Ses railleries étaient célèbres et on redoutait ses agressions familières et ses ripostes. Quand il est à Paris, sa femme lui écrit de s'abstenir d'épigrammes : il passe pour méchant auprès de ceux qui ne le connaissent pas (3). Au fond, il est bon et enthousiaste, tout autant que son beau-frère, esprit moins brillant, mais plus rassis, plus judicieux.

En 1788, ils voyagèrent en Hollande, Ducos pour son instruction et pour son plaisir, Fonfrède pour éviter le mécontentement de son père, contre le vœu duquel il s'était marié (4). Déjà héroïque, Ducos se battit dans les rang des républicains bataves contre les troupes du stathouder, au siège d'un faubourg d'Amsterdam (5). On ne sait si Fonfrède risqua sa vie aux côtés de son ami. En tout cas, leur séjour en Hollande les prépara tous deux à la vie révolutionnaire, et ils rapportèrent en France une expérience précoce et une hardiesse d'hommes d'action.

En juillet 1789, ils furent les premiers à arborer dans Bordeaux la cocarde tricolore, pendant que Louvet donnait le même exemple dans une petite ville à vingt lieues de Paris. Ils osèrent aussi dénoncer le Parlement de

---

(1) M. Chauvot (*Le barreau de Bordeaux*, p. 514-518) cite un pot-pourri de Ducos composé en 1787 contre le Parlement exilé à Libourne. Ses parents l'envoyèrent chez un négociant de Nantes. Il s'y ennuya et n'y resta pas. C'est de là qu'il écrivait à Gensonné une épître assez plaisante qui se terminait par ce vers :
    A travailler je perds mon temps.
(2) Garat, *Mémoires* de Suard, II, 320.
(3) Lettre du 15 octobre 1791. Pourtant Paganel (II, 226) dit qu'il avait « une humeur gaie et tournée à cette espèce d'épigramme qui plaît, *même à celui qu'elle a atteint.* » — A Paris, son genre d'esprit le lia aussitôt avec Chamfort.
(4) Interrogatoire de Fonfrède, ap. *Procès des Girondins*.
(5) Voir les *Notes* de Ducos sur sa vie, à l'appendice de cet ouvrage.

Bordeaux, encore puissant et qui prenait une attitude contre-révolutionnaire. C'est Fonfrède et Ducos qui, vers le même temps, firent envoyer à Montauban « un détachement de la garde nationale de Bordeaux, pour y délivrer les patriotes qui, après avoir échappé au fer des royalistes et des fanatiques, gémissaient dans les cachots. » Officiers, ils quittèrent leur grade pour marcher comme volontaires avec ce détachement. Enfin Ducos fut le fondateur de la société populaire de Bordeaux, et c'est devant cette société qu'à la nouvelle des événements du 21 juin 1791, il proposa la convocation immédiate d'une Convention nationale et des mesures déjà républicaines. Cette attitude énergique lui valut d'être nommé à l'Assemblée législative, à l'âge de vingt-six ans.

Il laissa à Bordeaux sa jeune femme (1) et son cher Fonfrède, et partit avec Vergniaud et les autres députés de la Gironde, dont sa verve intarissable égaya l'enthousiasme plus grave.

Dès le 6 octobre 1791, avec une confiance toute méridionale, il se mit en avant dans la question du cérémonial, interrompit violemment Ducastel qui demandait le rapport du décret presque républicain sur la réception à faire à Louis XVI et proposa la question préalable (2). Tant d'aplomb dut étonner chez un si jeune homme et fixer un instant les regards sur sa personne. Il avait un air à la fois adolescent et un peu mondain, une taille petite mais élégante, une figure « qui, sans être remarquable, obtint l'avantage de charmer de belles femmes, avec une expression générale de douceur, quoiqu'on vît briller dans le regard une lueur de malice et d'espièglerie (3). »

---

(1) Il avait épousé, le 21 octobre 1790, Jeanne-Agathe Lavaud. (Archives, w 514.)
(2) *Journal des débats.*
(3) Paganel, II, 226.

On voit, à lire la série assez longue de ses discours, qu'il improvisait souvent. Ses contemporains le tenaient pour un orateur remarquable, comme l'indique ce passage du panégyrique officiel de la Gironde prononcé après thermidor par Baudin (des Ardennes) : « Ducos étonnait par sa facilité, qui tenait du prodige : c'était un don précieux de la nature, mais ce n'était pas de sa libéralité qu'il avait reçu la culture non moins étonnante qui le distinguait. Les langues anciennes et modernes, la littérature la plus variée, ornaient son esprit, enrichi d'ailleurs de beaucoup de connaissances, auxquelles il avait encore ajouté par ses voyages. Son style était aussi formé qu'agréable ; il s'en était fait un qui lui appartient ; ce qui est bien plus rare, à vingt-six ans les principes de l'économie politique lui étaient familiers ; et dans toutes les sciences de raisonnement, on trouvait déjà chez lui, avec beaucoup de justesse d'esprit, la maturité de la réflexion. »

Nous avons dit qu'il était républicain avant 1789, comme Louvet et Brissot. Quant à ses opinions religieuses, on sent par ses discours, par toute sa conduite, qu'il était, ainsi que Fonfrède, philosophe à la manière de Vergniaud. Sa femme plaisante, probablement, quand elle lui écrit, le 1ᵉʳ octobre 1791 : « Je m'acquitte toujours avec zèle de la recommandation que tu m'as faite de prier Dieu pour toi. » Elle fait allusion à quelque boutade facétieuse de ce faiseur de bons mots qui en fit jusque sur l'échafaud.

« Je ne suis, disait-il à Paganel, ni fédéraliste, ni girondin dans le sens que l'on attache à ces qualifications... Les opinions de mes amis ne sont pas les miennes, et mon sort ne sera pas autre que le leur. J'obéis à une direction qui m'est étrangère, comme à une sorte de fatalité (1). » Ses préférences politiques, comme celles de Condorcet,

---

(1) Paganel, II, 227.

inclinaient plutôt du côté de la Montagne. Il avait de la sympathie pour Danton et son groupe. Un dîner qu'il fit avec Danton, Fabre, Camille Desmoulins et Tallien, et où il s'exprima librement sur le compte de Gensonné, joua un rôle assez important dans le procès des Girondins. Lui-même déclara « qu'il fréquentait les députés des deux partis. » Son amitié pour Vergniaud était le lien unique, mais puissant, qui l'attachait à la Gironde. Jamais il ne mit les pieds chez Mme Roland (1), et il contribua sans doute à soustraire Vergniaud à cette influence. Il rédigeait, sous la direction de Condorcet, cette *Chronique de Paris* où la politique rolandiste fut si souvent désavouée et qui aurait pu rapprocher la Gironde et la fraction dantoniste de la Montagne.

En tous cas, Ducos fit paraître, à la tribune de la Législative, une décision politique et un sens pratique dignes de Danton. Son grand discours du 26 octobre 1791 contre les prêtres perturbateurs a une autre valeur que les éloquentes diatribes proférées par les autres orateurs contre le fanatisme religieux. Ducos, nous l'avons vu, ose voir et indiquer un remède : la séparation de l'Eglise et de l'Etat.

A la Législative, il parla fréquemment sur les affaires de Saint-Domingue et pour les droits des gens de couleur, avec d'autant plus de désintéressement qu'il avait des propriétés dans cette île et que les troubles le ruinèrent. Si on l'avait laissé prononcer sa défense devant le tribunal révolutionnaire, il aurait, nous le savons, longuement insisté sur ce rôle de protecteur des noirs dont il avait droit d'être fier. Il parla aussi, et avec compétence, sur les questions financières, sur les assignats. Au fond du cœur, il appelait de ses vœux le 10 août que plusieurs de ses amis redoutaient. Le 3 août, il dit nettement, à la tribune, ce qu'on n'avait

(1) Voir ses *notes* à l'appendice.

encore fait qu'insinuer : « Nos ennemis ne nous font la guerre que pour le roi et en son nom. » Le soir du 10 août, il écrivit à Fonfrède une lettre ainsi datée : *Paris, 10 août, l'an 1ᵉʳ de la République* : elle circula dans toute la ville et orienta l'opinion bordelaise encore indécise.

Après le 10 août, il fut membre de ce comité de correspondance qui renseigna, éclaira les armées et les administrations et fit accepter la nouvelle révolution par toute la France. Presque tout le poids de cette besogne énorme et anonyme retomba sur l'actif et enthousiaste Ducos. Sa santé s'altéra. Il eut envie de refuser le mandat qu'on lui offrait aux élections pour la Convention. Mais les Prussiens étaient à Verdun : ce n'était pas le moment de déserter un poste périlleux. Ducos se laissa réélire, et il eut la joie d'avoir cette fois pour collègue son cher Fonfrède.

Vergniaud et lui, qui jusqu'alors avaient habité ensemble, ne tardèrent pas à aller rejoindre Fonfrède, au nº 337 de la rue de Clichy, où ils vécurent en famille et entre eux, s'abstenant des conciliabules girondins et jouissant, Fonfrède et Ducos, d'un bonheur domestique que le 3 mai allait briser. On n'a pas de renseignements sur Mᵐᵉ Fonfrède. Mais il y a aux archives toute une correspondance de Mᵐᵉ Ducos, qui va de septembre 1791 à mars 1792, époque où elle rejoignit son mari à Paris avec leur enfant. Ces lettres, pleines de tendresse, de grâce et d'enfantillages amoureux, abondent en détails sur la vie privée des trois amis. Vergniaud est de la famille. Nous devinons très bien, par ces lettres écrites de Bordeaux, quelle vie gaie, cordiale, honnête on mènera dans la maison de la rue Clichy, quoique Mᵐᵉ Ducos ne semble pas y avoir habité jusqu'à la catastrophe finale (1).

---

(1) Il n'est pas question d'elle dans les procès-verbaux et interrogatoires relatifs à l'arrestation de Vergniaud, de Fonfrède et de Ducos.

II

A la Convention, Fonfrède et Ducos firent campagne ensemble avec une parfaite communauté d'idées. Tous deux parlèrent pour la cause des noirs. Tous deux votèrent avec la Montagne dans le procès de Louis XVI. Ils se séparèrent même de Vergniaud dans la question de l'appel au peuple qu'ils repoussèrent. Ils se prononcèrent pour la mort et contre le sursis. Fonfrède n'avait pas attiré l'attention avant le jour où il commenta en ces termes son vote de mort :

« C'est avec le calme de la plus froide impartialité que j'ai examiné les accusations portées contre Louis et les défenses qu'il a fournies ; je me suis dépouillé même de cette haine vertueuse que l'horreur de la royauté inspire à tout républicain contre tous les individus nés auprès du trône ; je respecte même l'homme qui fut roi, alors que je vais le condamner ; je ne lui reprocherai plus ses crimes ; il est convaincu de haute trahison : dès lors la loi, ainsi que l'intérêt de l'État, la justice universelle ainsi que le salut du peuple le condamnent à mourir. J'appliquerai donc la loi, comme je le ferais à ma dernière heure ; et si, lorsque je retranche un mortel du nombre des vivants, mon cœur est froissé de douleur, ma conscience tranquille n'a point de remords à craindre. »

Cette hauteur d'idées, cette concision de style sont les deux qualités dominantes de l'éloquence de Fonfrède. Sur son physique et son action, nous manquons de témoignages contemporains. Mais Baudin (des Ardennes) fait une remarque que confirme la lecture des séances de la Convention. « Il saisissait, dit-il, avec une sagacité peu commune le moment de se présenter dans une discussion, avait l'art de la fixer et de s'en rendre maître, et souvent, au plus fort d'une lutte dont il était resté spectateur, il intervenait pour lui donner une direction qui ramenait tous les esprits au nouvel avis qu'il savait ouvrir à propos. »

Cette possession de lui-même et cette discrétion oratoire le distinguent de Ducos, dont il partageait d'ailleurs toutes les vues politiques (1). Si Ducos, exubérant et agile, se montrait toujours disposé à parler, toujours prêt à gravir la tribune, Fonfrède attendait, se ménageait, calculait le moment, comme ces flegmatiques qui n'entrent dans une discussion que pour la clore et dont l'esprit est tout frais au moment où chacun s'est fatigué et enfiévré. Sauf dans les questions coloniales, il joua volontairement le rôle le plus effacé dans les cinq premiers mois de la Convention nationale. Le 13 mars 1793, dans une question capitale, dans la question des mesures à prendre contre les auteurs de l'insurrection du 10 mars, ce 2 juin avorté, à la fin d'un débat tumultueux, il prit la parole, contre une motion d'ajournement, avec une énergie, une autorité extraordinaires :

« Il faut enfin, citoyens, nous expliquer avec franchise. Etes-vous si tôt fatigués de votre courage ? Voulez-vous sauver la liberté ? Ah ! sans doute, vous le voulez ! Et cependant, lorsqu'un comité d'insurrection vient de vous être dénoncé, lorsque vous êtes avertis qu'auprès de vous, dans cette ville, un comité de stipendiaires étrangers veut

---

(1) Il aimait Rousseau. La veille de la proscription de la Gironde, il fit à Montmorency le pèlerinage sentimental que Robespierre aussi devait entreprendre peu avant sa mort. Miss Héléna William, qui l'accompagnait, écrit dans ses *Lettres* : « The day previous to the reading of this murderous proscription in the Convention, Fonfrède had accompanied us to Montmorenci, about five leagues from Paris, where we had wandered till evening, amidst that enchanting scenary which Rousseau once inhabited, and which he had so luxuriantly described. Alas! while the charmes of nature had soothed our imaginations, and made us forget awhile the scenes of moral deformity exhibited in the polluted city we had left. » *Letters of miss William*, p. 65.

saper les fondements de la république que vous avez fondée, lorsque ces brigands ont fait demander vos têtes, lorsque le conseil général de la commune vous a annoncé lui-même qu'on a voulu fermer les barrières et dissoudre la Convention, car c'est la dissoudre que d'égorger quelques-uns de ses membres; lorsque cette nuit n'est pas éloignée, pendant laquelle on espérait faire courber vos fronts sous de nouveaux maîtres, vous balancez, vous hésitez à frapper ceux qui avaient conjuré la perte de la liberté ! (*Un grand nombre de membres se levant simultanément* : Non, non, non !) Voulez-vous donc savoir si leur empire est léger, si leur joug sera commode ?... On a parlé de preuves légales, d'ajournement : voulez-vous donc ajourner votre existence et celle de la liberté ? Vous êtes réunis ; elle fut menacée, et vous remettez à demain à la sauver ! Citoyens, un jour de délai souvent a suffi pour consommer bien des forfaits. Sont-ce là les promesses que vous avez faites au peuple que vous représentez ? Le temps d'une honteuse faiblesse, celui d'une lâche pusillanimité, est passé. Je vous le déclare, c'est elle qui a failli perdre la république. Un comité d'insurrection existe ; et contre qui une insurrection, si ce n'est contre la souveraineté du peuple ? Il existe, ce comité, il vous est dénoncé ; il est auprès de vous, la municipalité l'a arrêté dans sa marche ; les conjurés sont là, et vous les laisseriez échapper à la vengeance nationale ! (*Les deux tiers des membres se lèvent par une nouvelle acclamation, en criant* : Non, non, non !) Je ne suis d'aucun parti, je ne veux appartenir à personne ; je suis à ma conscience et à mon pays ; j'acquitte une dette sacrée, lorsque je viens réveiller au fond de vos cœurs cette énergie républicaine qui seule peut sauver la patrie et vous. » Il conclut en proposant que les membres du comité insurrectionnel fussent mis en arrestation immédiate : cette proposition fut décrétée d'enthousiasme, à la presque unanimité.

Dès lors il devint un des orateurs favoris de l'Assemblée, dont chacun de ses discours souleva l'enthousiasme, comme lorsqu'il demanda, le 6 avril 1793, l'arrestation de tous les Bourbons, en ces termes à la fois habiles et brûlants :

« Lorsque vous avez appris que les trois généraux Dumouriez, Valence et Egalité venaient de consommer leurs crimes et leurs longues trahisons en passant à l'ennemi, une indignation égale a passé sur tous les cœurs. Il faut arrêter tous les Bourbons, les garder en otages, s'est écrié Carrier (1). C'est la motion de ce républicain que je veux appuyer et dont je veux développer la justice et la nécessité. *(Oui, oui, parlez ! s'écrie l'Assemblée en se levant presque entière.)*

« On nous parle sans cesse de lois révolutionnaires, de la nécessité de prendre des mesures fortes et vigoureuses. Sans doute, elles seules peuvent sauver la patrie ; mais je ne conçois pas comment la proscription de la famille cidevant et toujours royale n'a pas encore été comprise par vous au nombre de ces mesures : il faut faire cette loi révolutionnaire, cette loi terrible que le salut du peuple commande et justifie *(Oui oui)*. Le jour où vous fondâtes la république, si vous eussiez banni tous ces Bourbons, ce jour-là eût épargné à la France bien des troubles, à Paris bien des mouvements, à vous bien des divisions, à vos armées bien des échecs. C'est le moment (2) d'abjurer cette faiblesse ; les républiques ne subsistent que par les vertus ; les princes ne méditent et ne vivent que de crimes. Corrompus dans les cours, ils corrompent vos soldats dans les camps, vos citoyens dans les villes ; il n'est pour eux ni

---

(1) *Rép. français* : « Les garder en otage, s'est écrié Carrier. » Il s'agirait d'une interruption de Carrier.

(2) *Rép. fr.* « ....de réparer cette erreur... » — A quelques mots près, ce discours est identique dans le *Républicain français* et dans le *Moniteur*. Ce ne fut donc pas une improvisation.

foi ni serment : leur ambition se cache sous mille formes, et c'est en profanant le nom sacré de patrie qu'ils aspirent en secret à redevenir un jour vos maîtres. Voyez Egalité il fut comblé des faveurs de la république; il était né du sang de vos tyrans, et, malgré cette tache d'infamie, il commandait vos armées. Eh bien! il conspire, il fuit, il passe à l'ennemi. Rendons-en grâce au génie qui veille sur la république; il nous éclaire enfin et nous trace nos devoirs. Tandis qu'on conspirait au Nord, que va faire cet autre Egalité au Midi, dans l'armée du Var ? Est-ce, dans les mains d'un nouveau général, un nouvel instrument d'ambition ? Les traîtres qui servaient cette famille, à laquelle nous avions livré, par je ne sais quel aveuglement, nos flottes et nos armées, ont conduit nos collègues à Maestricht ; ils sont au pouvoir des rois nos ennemis. Citoyens, les princes, au moins pour les forfaits, sont tous parents : conservons donc tous ces Bourbons en otages; et si les tyrans qu'est allé rejoindre Egalité, auxquels il a livré nos collègues, osent, au mépris du droit des gens, porter sur les représentants du peuple français un fer assassin, que tous ces Bourbons soient traînés au supplice! que leurs têtes roulent au pied des échafauds ! qu'ils disparaissent de la vie, comme la royauté a disparu de la république, et que la terre de la liberté n'ait plus à supporter leur exécrable existence! (L'Assemblée entière se lève par acclamation en criant : *Aux voix!* — On applaudit plusieurs minutes. — La proposition est décrétée à l'unanimité.) »

Le 15 avril 1793, une pétition des sections, présentée par Rousselin, demanda au nom de Paris l'expulsion des Girondins et le renvoi de ce vœu aux départements. Boyer-Fonfrède, qui n'était pas désigné dans la pétition, prit la défense de ses amis et demanda la convocation des assemblées primaires :

« Si la modestie n'était pas un devoir plutôt qu'une vertu

dans un homme public, je m'offenserais de ce que mon nom n'a pas été inscrit sur la liste honorable qui vient de vous être présentée. (*Et nous aussi! Tous, tous!* s'écrient les trois quarts de l'assemblée en se levant (1). Je vois, citoyens, que vous partagez mes sentiments et mes regrets; que vous êtes, comme moi, jaloux d'être signalés pour avoir bien servi la république... »

Après avoir rendu un hommage ironique au patriotisme des pétitionnaires, il ajoute : « Maintenant je me rappelle que la volonté du peuple ne peut être exprimée que par ses représentants ou par le peuple entier ; et moi, j'ai cru jusqu'à ce jour que le peuple français était composé de 25 millions d'hommes, et que la souveraineté n'existait qu'entre eux tous ; j'ai cru que celui-là ou ceux-là qui voudraient mettre leur volonté à la place de la sienne n'étaient que des tyrans, des usurpateurs. Je conviens que la souveraineté du peuple est quelquefois pour quelques hommes une chose embarrassante ; mais enfin je suis tellement jaloux de lui conserver ses droits confiés à ma défense ainsi qu'à la vôtre, que jamais je n'aurai la pensée d'y porter atteinte ; et je rends ici cette justice éclatante aux pétitionnaires qu'ils sont, ainsi que moi, remplis de respect pour ces principes ; car, après avoir usé du droit sacré de pétition pour demander le bannissement d'une partie des représentants du peuple, ils vous prient de soumettre leur demande à la volonté des départements..... »

Mais pour Fonfrède, les départements ne consistent pas

---

(1) *Rép. fr.* : « (Un cri presque unanime, *tous, tous!* se fait entendre ; la partie droite tout entière et la grande majorité de la gauche se lèvent en répétant le même cri.) *Fonfrède continue* : Après cette observation générale qui me paraît avoir été goûtée par la majorité de mes collègues.... (*Une voix* : Avez-vous fait l'appel nominal ? La partie de l'assemblée qui déjà avait interrompu Fonfrède pa. son mouvement, se lève une seconde fois en répétant ces mots : Oui, l'appel nominal !) »

dans les directoires ou les corps électoraux, agrégations particulières, mais dans les assemblées primaires. Là seulement est le peuple français ; là est le seul juge pour les députés inculpés : « Les individus, les sections du peuple, les sociétés populaires font des pétitions, des demandes ; le peuple entier ordonne, commande, et je veux enfin que lui seul règne sur vous et sur moi. S'il est quelqu'un qui nie ces principes éternels, ces axiomes de l'art social, qu'il se lève et qu'il m'interrompe !..... Je continue. Ici je dois faire une déclaration. Si j'avais eu le bonheur d'être sur la liste qui vous a été présentée, tout en applaudissant au zèle éclairé des pétitionnaires, quelle que fût votre détermination, je les conduirais, ainsi que moi, devant leur maître et le mien, devant le peuple français. Tant qu'une goutte de sang coulera dans mes veines, j'ai le cœur trop haut, j'ai l'âme trop fière pour reconnaître d'autre souverain que le peuple. J'estime assez ceux de mes collègues qui ont eu le bonheur d'être proscrits pour croire qu'ils ne balanceront pas à suivre cette marche. »

Dans les jours qui précédèrent le 31 mai, le péril de ses amis donna à sa parole un accent plus girondin. Le 24 mai, il s'écria, non sans grandeur : « Ah ! citoyens, sauvez Paris, sauvez la république : la patrie alarmée vous en conjure par ma voix. Voyez vos départements : ils sont debout, ils sont en armes, ils sont armés pour la république, ils sont armés pour la représentation nationale. La république est dissoute, si vous êtes les seuls en France sans courage. Oui, si des collègues que je chéris périssent, je ne veux plus de la vie après eux ; si je ne partage pas leur honorable proscription, je mériterai au moins de périr après eux. De cette tribune, je proclamerai, le jour même de cet attentat, une scission funeste, abhorrée encore aujourd'hui, fatale à tous peut-être, mais que la violation de ce qu'il y a de plus sacré sur terre aura rendue légitime et nécessaire : oui, je la proclamerai ; les départements ne seront pas sourds à ma voix, et la liberté trouvera encore des asiles. (*Applaudissements.*) » Mais son zèle amical n'alla pas jusqu'à vouloir, avec le girondin Doulcet, interdire toute correspondance entre les sociétés populaires et tuer ainsi l'influence des Jacobins. « Citoyens, dit-il le 25 mai, la liberté sera perdue le jour où ceux qui sont chargés de veiller à sa défense entreprendront de violer la libre circulation des pensées ; mais, citoyens, les motifs qui appuient la question préalable que j'invoque, appuient une autre proposition plus essentielle encore, et c'est ici que les amis de la liberté vont enfin être connus. Ceux-là qui n'en ont pas seulement les principes à la bouche, mais dans le cœur, vont tous m'appuyer. Les départements sont alarmés ; ils demandent si la contre-révolution est faite ; si l'ombre de Séguier a été évoquée ; si les fondateurs de la république sont transformés en censeurs royaux ; ils réclament et je réclame pour eux la liberté de la presse. Faites justice de ces arrêtés despotiques ; cassez-les : n'êtes-vous pas les proclamateurs de la déclaration des droits ? Soyez encore dignes de vous-mêmes ; faites justice de la tyrannie nouvelle qui, pour nous courber sous le joug le plus avilissant, veut défendre à nos concitoyens de lire, et bientôt peut-être de penser. Tuer la pensée, c'est un homicide envers le genre humain. »

III

Pendant que Fonfrède, en ses rares apparitions à la tribune, touchait de bien près à la grande éloquence et, chaque fois qu'il parlait, passionnait l'Assemblée en affectant surtout les hautes considérations morales, Ducos exerçait sa facilité sur les sujets les plus divers et se montrait toujours compétent sur les questions les plus techniques, sur le commerce, sur les finances, sur les affaires étrangères. Son grand discours du 18 décembre 1792 sur l'instruction publique dénote un esprit instruit et libre, mais non pas exempt de chimères et de paradoxes. Ainsi, il demande un salaire égal pour tous les instituteurs :

« Si j'ai bien compris le plan du comité, il doit proposer pour les professeurs des écoles supérieures des appointements augmentant dans une assez forte progression, en raison de l'élévation du degré d'instruction. Cette méthode de payer beaucoup plus chèrement ceux qui sont chargés d'enseigner des connaissances plus relevées serait funeste à l'instruction nationale.......... Si je considère la difficulté de l'enseignement, je trouve qu'il faut, non des connaissances plus vastes, mais une tête mieux faite pour enseigner à de jeunes enfants les premiers éléments des sciences et des arts, pour approprier à leurs débiles esprits des méthodes simples et exactes, de juger des choses et des hommes, que pour suivre avec des esprits déjà préparés à l'étude, déjà marchant par leurs propres mouvements, agissant de leurs propres forces, des théories plus élevées, mais que le concours des hommes éclairés de l'Europe a rendues si claires et si sûres. »

Mais il montre une grande fermeté philosophique quand il combat l'enseignement clérical : « Un orateur, dit-il, a paru affligé de voir les prêtres exclus du plan d'enseignement public proposé par le comité. Je ne ferai point à la Convention nationale l'injure de justifier cette séparation entre l'enseignement de la morale, qui est la même pour tous les hommes, et celui des religions qui varient au gré des pieuses fantaisies et de l'imagination. Cet opinant, sans doute, n'aurait admis que des enfants catholiques dans des écoles ouvertes à tous les membres de la société. Car y introduire les prêtres de cette secte, c'est en exclure les citoyens de toutes les autres ; c'est donner à la puissance publique le droit usurpé par les confesseurs, celui de diriger, de tyranniser, d'exploiter exclusivement les consciences. Peut-être aussi n'a-t-on vu dans cette admission des prêtres, comme tels, aux emplois d'instituteurs qu'une opération de finance et une grande vue d'économie. La nation, a-t-on dit, leur paie annuellement la moitié du produit de ses contributions : ne pourrait-on pas leur faire gagner une si forte pension, en leur confiant des fonctions importantes? Pour moi, je l'avoue, j'aimerais mieux leur abandonner les finances de la république que l'éducation des jeunes citoyens ; j'aimerais mieux ruiner le trésor public, que de pervertir et corrompre l'esprit public. C'est par raison, non par économie, que je suis peu disposé en faveur des prêtres ; et je me rappelle encore, à leur sujet, l'histoire de ce joueur de flûte ancien, dont parle Plutarque, qu'on payait simple pour jouer, et double pour se taire, car il jouait faux.

« La première condition de l'instruction publique est de n'enseigner que des vérités : voilà l'arrêt d'exclusion des prêtres. (*Applaudissements.*)

« Un autre principe sur lequel doit reposer l'instruction les écarte, encore comme prêtres, des écoles de la république : c'est que l'enseignement doit convenir également à tous les citoyens égaux en droits. J'aurai le courage de tirer de ce principe une conséquence nouvelle, aussi évidente peut-être, mais plus contestée que la première, parce qu'elle heurte avec violence et les fausses idées et les molles habitudes de notre vie, toute égoïste et toute servile. Je pense que tous les enfants nés dans la république, quel que soit l'état ou la fortune de leurs pères, doivent être assujettis, pour pouvoir parvenir dans la suite aux emplois publics, à suivre, pendant un certain espace de temps, les écoles primaires. Cet assujettissement, va-t-on s'écrier, contrarierait trop durement nos mœurs et nos usages. Je réponds que c'est à cause de cela même que je le propose (1). »

Pour avoir une idée complète de la souplesse du talent de Ducos, il faut lire ses discours sur les finances. On verra qu'il a le premier excellé dans l'art, si parfait aujourd'hui, d'exposer sans pédantisme ces questions où les chiffres jouent le premier rôle, et de les mettre à la portée des ignorants dans une discussion familière, par des exemples simples et présentés sur le ton de la conversation. Voici ce qu'il dit, le 30 avril 1793, contre les taxes :

« J'ai dit que la taxe, pour être équitable, devrait être en proportion avec une foule d'avances, de frais, de salaires, dont le prix, variant sans cesse, devrait aussi faire varier chaque jour celui de la taxe ; et j'ajoute que le commerce, et le commerce libre, peut seul suivre tous les degrés de ces variations.

« Le peuple de Paris peut s'être imaginé que le blé croît dans les champs, comme l'herbe dans les prairies ; mais, dans une assemblée honorée de la présence de plusieurs cultivateurs, on a des notions plus justes sur la culture. On sait que le prix du blé a dû augmenter en proportion du prix de tous les autres comestibles, et en proportion des frais qu'il faut avancer pour le recueillir : par exemple, il faut labourer la terre avant d'y semer le grain ; pour labourer il faut des bœufs ou des chevaux. Eh bien ! un cheval qui coûtait 300 livres, il y a trois ans, coûte aujour-

(1) C'est dans ce discours qu'il amène spirituellement un éloge de Montaigne, dont il devait aimer la morale souriante : « Un homme, dit-il, qui peut avoir deux grands torts aux yeux de beaucoup de gens, le premier d'être un philosophe, le second d'appartenir au département de la Gironde, Montaigne, écrivait sous un gouvernement despotique en faveur de l'éducation commune : *Le bon père que Dieu me donna*, etc. » Et Ducos cite le passage célèbre où Montaigne raconte son éducation.

d'hui 1200 et même 1500 livres. Votre taxe suivra-t-elle cette effrayante progression?

« Si on proposait au cordonnier de taxer les souliers à 6 livres, il répondrait : Le prix du cuir a doublé, les journées de mes ouvriers étaient à 50 sous il y a quelques années ; elles sont à 4 livres aujourd'hui ; je ne puis faire des souliers qu'à 12 livres la paire : payez-les ce prix, ou je renonce à mon métier.

« Si on proposait à un tailleur de ne lui payer un habit que 90 livres, il dirait : Le drap coûtait 36 sous l'aune il y a trois ans ; il en coûte 60 aujourd'hui : le salaire des ouvriers a doublé ; payez votre habit 180 livres, ou vous n'en aurez point.

« Le cultivateur peut dire à son tour : Taxez à une proportion raisonnable tous les comestibles, tous les objets principaux d'industrie, toutes les avances et tous les travaux, ou ne taxez point les produits de mon travail.

« Il faut donc tout taxer, si vous voulez fixer le prix du grain : c'est le seul moyen d'établir une proportion entre le prix des choses et les salaires ; mais comme cette proportion s'établira bien mieux par la force des choses que par vos calculs ; comme les échanges sociaux sont toujours justes quand ils sont libres, parce qu'ils sont l'ouvrage des intérêts respectifs et le résultat de leurs conventions, tandis que ce qui est forcé est souvent injuste, parce que le législateur ne voit pas tout, comme l'intérêt privé qui n'oublie rien, il en résulte qu'il vaut mieux ne point établir de taxes. »

Sans discuter la thèse de Ducos, qui raisonne peut-être un peu trop comme si les circonstances étaient normales, on peut dire qu'il fut peut-être le premier à intéresser, à amuser presque ses auditeurs en *causant* sur les finances. Ce genre d'éloquence date de lui. A vrai dire, à la tribune, Ducos est presque toujours un causeur, ou, comme nous dirions, un conférencier (1). Ses discours ressemblent singulièrement à ceux de nos orateurs contemporains. Il ne cite jamais l'antiquité, il fuit la rhétorique (2). Je doute qu'on lui en sût gré. On lui préférait Fonfrède, plus pathétique et plus correct, mais aussi, à notre goût actuel, moins agréable et moins varié. Cependant tous deux ont un trait commun : leur éloquence, si diverse, s'inspire d'idées toutes modernes et ne sent jamais le collège.

IV

Ducos et Fonfrède avaient tenté l'impossible pour empêcher la rupture avec la Montagne, surtout avec Danton, et, en cela, ils s'étaient montrés politiques. La lâcheté ambitieuse du centre inquiétait Ducos, et il avait laissé échapper un jour ce mot : « Le ventre dévorera les deux bouts », prévoyant et les proscriptions du 2 juin et aussi celles qui suivirent l'insurrection de Prairial (3).

Le 2 juin, tous deux étaient portés sur la liste des victimes ; mais Legendre obtint la radiation de Fonfrède, Marat celle de Ducos. La Montagne connaissait leur sympathie pour le parti jacobin et leur savait gré de leurs

---

(1) « Ducos, dit Bailleul (*Almanach*, 133), était un des hommes d France qui avait le plus *d'esprit comptant.* »

(2) Ses comparaisons, nullement mythologiques, sont le plus souvent familières et justes, comme celle-ci, dans le discours sur les prêtres perturbateurs (26 oct. 91) : « Il suit de là que les cultes touchent sous plusieurs rapports à l'ordre social ; qu'ils forment jusqu'à ce jour des rouages étrangers engrenés dans la machine politique, et que, de leur nature, ils paraissent ressembler à ces plantes parasites qui, humbles à leur naissance, embrassent par degrés le tronc de l'arbre et finissent par s'enlacer dans tous ses rameaux. » Je relève aussi ce trait dans le discours du 1er février 1793 : « Le jour des combats approche, le printemps va renaître, et l'arbre de la liberté doit reverdir avec la nature. »

(3) Biographie Rabbe.

votes dans le procès de Louis XVI. — Ils se résignèrent à cette faveur inattendue afin de pouvoir plaider la cause de Vergniaud captif (1). Loin de se taire et de se faire oublier dans ce terrible mois de juin, ils parurent à la tribune avec une fière insistance. Ducos prit part à la discussion sur les lois constitutionnelles ; Fonfrède, dès le 5 juin, plaida la cause des proscrits :

« Je réclame, dit-il, l'exécution du décret qui ordonne que dans trois jours le Comité de salut public fera un rapport sur nos collègues mis en état d'arrestation ; c'est aujourd'hui le quatrième jour, et ce rapport n'est pas fait. Je demande aussi que les pièces annoncées à cette barre par l'Huillier et Hassenfratz soient lues à la tribune, et je fonde ma demande sur ce motif : si l'arrestation d'un magistrat du peuple a produit à Paris une espèce d'insurrection, ne craignez-vous pas que l'arrestation des représentants du peuple n'en produise une véritable dans la république entière (2)? Au reste, de deux choses l'une : ou les pièces annoncées ont été déposées, alors pourquoi ne pas les lire? ou elles ne l'ont pas été, alors pourquoi nos collègues sont-ils encore détenus ? — Pour moi qui ne suis resté ici que pour défendre ceux de mes collègues de la pureté desquels je suis sûr, si les pièces ne sont pas produites, j'invoquerai contre les accusateurs la peine du talion ; et, ne vous le dissimulez pas, si des hommes armés sont venus vous demander le décret d'arrestation contre des représentants, d'autres citoyens français, usant du même droit, viendront armés aussi pour réclamer leur

---

(1) D'après Meillan (p. 69), après le 2 juin Fonfrède détourna plusieurs Girondins d'aller à Caen se joindre à Buzot et aux autres insurgés contre la Convention.

(2) *Républicain français* : « *Un membre* : Vous êtes un ennemi de la tranquillité publique. — *Fonfrède*. Si vous étiez arrêté, vous qui m'interrompez, et que je parlasse pour vous, serais-je un ennemi de la tranquillité ? »

liberté. — Je demande donc, ou que l'assemblée ordonne l'exécution du décret qui provoque un rapport, ou qu'elle décrète qu'elle n'en entendra point (1). » La Convention passa à l'ordre du jour.

Ducos s'associa à ces généreux efforts. Le 24 juin, il parla deux fois pour les Girondins. En premier lieu, il protesta contre le secret imposé à Vergniaud. « Il est contre toutes les formes, dit-il, contre toutes les règles de justice, de décréter que des hommes qui sont restés chez eux en état d'arrestation, contre lesquels il n'y a aucun acte d'accusation, aucune inculpation, seront mis au secret. Il serait beaucoup plus juste de les décréter d'accusation. (*Des murmures s'élèvent.*) Citoyens, je remplis un rôle honorable. (*Une voix à gauche: Un rôle de complice! — D'autres voix : La constitution ! l'ordre du jour !*) » La seconde fois, il parle contre un projet de décret tendant à emprisonner les députés détenus chez eux. « Je pense, dit-il, que les mesures qui viennent d'être proposées à la Convention nationale sont injurieuses pour elle et vexatoires pour ceux de ses membres qui en sont l'objet. On annonce que quelques-uns des détenus, informés du redoublement de rigueur déployé contre eux, viennent de s'y soustraire; mais, citoyens, ceux qui sont encore dans leur domicile avaient les mêmes moyens de s'y soustraire, et en y restant ils ont prouvé leur intention bien formelle de demeurer soumis à la loi. (*Murmures.*) Un d'eux a écrit ce matin pour demander un rapport, ce qui prouve qu'il n'était pas dans l'intention de fuir. Je pense que la précaution nouvelle qu'on nous propose est superflue; que ceux qui sont en état d'arrestation n'y sont que parce qu'ils l'ont bien voulu. Permettez-moi de vous proposer des mesures plus dignes de vous et de la justice du peuple que vous représentez.

(1) *Journal des] débats.*

Tous les membres de cette assemblée, auxquels je m'adresse individuellement, me paraissent pénétrés de ces principes de justice que je réclame. Par quelle fatalité, réunis sur ces bancs, étouffent-ils ma voix par des murmures ou ne partagent-ils plus mes sentiments? Je demande que vous entendiez, sous trois heures, un rapport qui devait l'être sous trois jours ; car enfin sur quoi voulez-vous que l'opinion publique se repose ? La laisserez-vous perpétuellement fluctuante et incertaine ? (Couthon : Elle se fixera et vous jugera....) Je demande la question préalable sur le projet de décret qui vous est présenté et que demain le rapport soit fait sur les membres détenus. »

On le voit : ni Ducos ni Fonfrède ne voulaient conserver la vie comme un bienfait de leurs ennemis (1). Ils furent compris dans l'acte d'accusation dressé par Amar et arrêtés tous deux, en pleine Convention, le 3 octobre 1793 (2). En prison ils montrèrent une gaîté et un courage inaltérables. Ducos travailla beaucoup à un projet de défense dont nous publions, dans l'appendice de cet ouvrage, les notes préparatoires. Les arabesques et caricatures à la plume dont sont ornées les marges du manuscrit dénotent chez le captif un calme et un sang-froid qui font honneur à son courage. A la Conciergerie même (3), la veille du jour fatal, il faisait sourire ses compagnons en leur chantant le pot-pourri comique qu'il avait composé sur la récente arrestation de Bailleul à Provins :

(1) « Lorsque Marat eut pris la défense de Ducos à la tribune de la Convention, Ducos repoussa cet intérêt : il voyait le déshonneur de sa vie à la conserver comme un bienfait de Marat. » (Paganel, II, 226.)
(2) Cf. Vatel, *Vergniaud*, II, 471. Cela résulte d'un procès-verbal publié pour la première fois par M. Vatel : il est donc inexact que Ducos se soit constitué volontairement prisonnier à la Conciergerie pour rejoindre Fonfrède, comme le veulent Bailleul et Riouffe.
(3) « Ce séjour ne troubla point sa gaieté ; il plaisantait sur tout, après avoir jugé tout très sérieusement. Il fumait sa pipe et dansait comme Didelot. » (Bailleul, *Almanach des bizarreries*, p. 134).

> ...Car ma peur changeait chaque objet,
> Et je n'y voyais goutte.
> Je prenais, le long du chemin,
> Un âne pour un Jacobin (*bis*).
> Il est de plus lourdes méprises, etc. (1).

Il tint à honneur de rester jusqu'au bout l'espiègle Ducos, et il plaisanta jusqu'au pied de l'échafaud. Comme il descendait de la charrette, il se tourna vers Fonfrède : « Il n'y a plus, dit-il, qu'un moyen pour nous sauver. — Quel est-il ? reprit Fonfrède. — Demander à la Convention le décret de l'unité et de l'indivisibilité des têtes (2). »

CHAPITRE XI

GRANGENEUVE.

On ne saurait insister longtemps sur ce membre de la députation de Bordeaux, qu'écrase un peu le voisinage de Vergniaud et de Guadet. Il avait été leur collègue au barreau (3), et il resta leur ami politique. Mais il ne faudrait pas voir en lui un écho insignifiant de ces voix illustres, un acolyte effacé et presque anonyme. Il eut, à l'origine, sa politique à lui, fort indépendante, tout à fait personnelle et primesautière, et, avec un esprit ordinaire, une figure de la moindre apparence (4), il sut tenir la tri-

---

(1) Bailleul, *Almanach des bizarreries humaines*, p. 135.
(2) Vilate, *Les mystères de la mère de Dieu*, p. 54. — Peu après l'exécution des Girondins, miss William apprit que son ami Fonfrède lui avait écrit, en prison, une lettre qu'elle ne put avoir « Panis ajouta, dit-elle, que de la part d'un conspirateur, cette lettre était bien étrange ; car, disait-il, elle est remplie de beaux sentiments pour la liberté. » (*Souvenirs*, p. 63.)
(3) Il était, lors de son élection à la Législative, substitut du procureur de la commune de Bordeaux.
(4) Expressions de Mme Roland, dans son portrait de Grangeneuve.

bune et donner une haute idée de son caractère.

C'est que, dans cet homme simple, « qui avait dans l'intérieur et l'intimité la gaîté et l'étourderie d'un écolier sortant de collège (1), » brûlait toute la flamme révolutionnaire. Plus d'une fois l'esprit du temps, naïf et enthousiaste, s'exprima par sa bouche et lui prêta une sorte d'éloquence ingénue. Ne demandez à Grangeneuve ni tactique ni discipline : il déconcerte au besoin ses plus intimes amis en cédant tout d'un coup aux inspirations de son cœur, comme lorsqu'il demande, dès le 5 octobre 1791, la suppression du titre de Majesté. Ce fut une scène curieuse, que le *Journal des débats et des décrets* reproduit en détail :

« M. Grangeneuve, député du département de la Gironde, a dit : Messieurs, l'Assemblée législative, définitivement constituée, doit s'occuper de son organisation et de régler la forme de la correspondance qui doit exister entre le roi et le corps législatif. Le roi et le corps législatif sont deux pouvoirs suprêmes, indépendants, et par conséquent égaux. (*On a murmuré.*) Puisque l'Assemblée, a ajouté l'orateur, improuve les dernières expressions dont je me suis servi, je les rétracte ; et je me borne à dire que ces deux pouvoirs sont indépendants l'un de l'autre. (*De nouveaux murmures ont interrompu l'orateur.*)

« M. Debart a demandé que la proposition du préopinant fût ajournée à jour fixe.

« M. Grangeneuve a continué en ces termes : Le pouvoir exécutif n'a aucune supériorité. (*On a encore murmuré.*) Puisque l'Assemblée ne veut pas me permettre de développer les conséquences..... (*Nouveaux murmures.*)

« M. Garran de Coulon a demandé l'ajournement ; il a été appuyé.

---

(1) Desgenettes, II, 230.

« Un membre a demandé que le préopinant fût rappelé à l'ordre.

« Nous devons régler, a dit M. Bazire, la manière dont l'Assemblée doit communiquer avec le Pouvoir exécutif; il est essentiel de régler cette forme; et, d'après cela, je dis que le préopinant est dans l'ordre; et je demande qu'il lui soit permis de continuer son opinion.

« Un membre a demandé que l'opinant fît connaître sa motion, avant qu'elle fût mise à l'ordre du jour.

« M. Grangeneuve a repris son opinion et a dit que, puisqu'on ne voulait pas lui permettre de développer sa motion, il lui fût du moins permis de l'exposer; et il a conclu à ce qu'il fût décrété que, lorsque l'Assemblée nationale communiquerait avec le roi, il ne fût plus permis de se servir, dans le sein de cette Assemblée, du titre de Majesté. »

Il semble qu'au premier abord les autres députés de la Gironde aient été surpris et presque scandalisés de la proposition de Grangeneuve. Vergniaud déclara qu'il fallait examiner seulement si le président de l'Assemblée devait écrire au roi directement, et « sur le reste », c'est-à-dire sur la proposition de Grangeneuve, il demanda la question préalable. Guadet, tout en proposant d'assimiler le roi au président, ne proposa pas de supprimer le titre de Majesté. Mais cette suppression fut consacrée dans l'article IV du décret sur le cérémonial dont le rapport fut demandé le lendemain et obtenu, malgré les efforts de Vergniaud et de Guadet, qui cette fois firent l'éloge de la motion de leur collègue.

Donc, Grangeneuve est républicain, sans réserves et sans précaution. Nul ne s'exprime avec plus de rudesse que lui sur le roi et sur la royauté. Le 15 décembre 1791, Lemontey avait parlé des *ennemis du roi*, du *roi père de ses sujets*. Grangeneuve protesta :

« J'ai remarqué, dit-il, que M. Lemontey fait dire au peuple français qu'il combattra *ses ennemis et ceux du roi*..... Il n'est pas possible que le peuple français s'arme pour combattre les ennemis particuliers du roi... (*Murmures.*)

« *M. Lemontey* : J'adopte l'opinion de M. Grangeneuve(1), qu'un excès de scrupule porte à trouver ici une équivoque ; elle sera levée en mettant : *Ses ennemis qui sont aussi les vôtres.* (Adopté.)

« *M. Grangeneuve* : Je relève encore cette expression : *Sire, voilà votre famille.* Il est très dangereux de rappeler les anciennes idées qui faisaient considérer les peuples comme la famille des rois, et les rois comme les pères des peuples...... (*Murmures.*) Le roi est un représentant de la nation française ; il est contradictoire de dire que la nation française est sa famille. Il appartient à la nation, et la nation ne lui appartient pas. (*Applaudissements.*) »

En général, l'innocence avec laquelle, à la tribune, il lève les masques, et brise les conventions parlementaires, soulève de longs tumultes, avec applaudissements des tribunes et murmures de l'Assemblée (2). C'est ainsi qu'un jour, en mars 1792, Grangeneuve arbora le bonnet rouge en pleine Législative. Cris, huées de ses collègues ; trépignements enthousiastes des tribunes. Le téméraire est obligé de sortir (3).

Il était lié avec les Montagnards les moins bourgeois d'allures, avec Chabot, avec Bazire. En juillet 1792, Chabot disait que si la cour faisait assassiner un patriote, ce serait tout profit pour la Révolution. Aussitôt le naïf Gran-

---

(1) D'après le *Logographe*, Grangeneuve avait ajouté : « Ne pourrait-on pas remplacer par cette expression-ci : *Pour combattre nos ennemis communs* ? »

(2) Cf. son attitude dans les séances du 26 décembre 1791, du 1ᵉʳ février et du 2 avril 1792, du 8 février 1793.

(3) Je reconnais que cette anecdote n'est pas absolument authentique ; je ne la trouve que dans les *Deux amis de la liberté*, VIII, 202 (Cf. Biré, 77) et dans l'article de Beaulieu sur Grangeneuve.

geneuve s'offre comme victime volontaire. Chabot, railleur, veut partager sa gloire. On apostera des gens. Rendez-vous est pris : inutile de dire que Grangeneuve n'y rencontra personne (1).

L'affaire Jouneau l'avait quelque peu ridiculisé. Le 14 juin 1792, dans un comité, le député royaliste Jouneau, vivement apostrophé par Grangeneuve, le frappe de sa canne. Le girondin, en homme de loi, lui intente un procès. Voilà Jouneau à l'Abbaye. Un décret de l'Assemblée l'en tire provisoirement pendant les massacres de septembre : Jouneau est libre, si Grangeneuve se désiste. Mais celui-ci, entêté et formaliste, veut que l'affaire suive son cours. Il faut alors amnistier Jouneau.

A la Convention, Grangeneuve change de ton. Incapable de flatter le peuple, il lui adresse de dures vérités. Dans le procès de Louis XVI, il se refuse à voter la mort et motive son opinion dans les termes les plus courageux et les plus imprudents : « Vous avez décrété hier que votre décision sur le sort de Louis ne serait pas soumise à la sanction du peuple; vous avez donc décidé que vous prononceriez *souverainement*. Quelque indéfinis que soient mes pouvoirs, je n'y trouve point, je ne puis pas même y supposer le pouvoir extraordinaire d'accuser, de juger et de condamner *souverainement* à la mort l'individu détrôné depuis cinq mois. Je suis bien sûr au moins que je n'ai jamais accepté cette prétendue fonction ; et s'il se pouvait qu'on me démontrât que telle a été l'intention *secrète* de mes commettants, je saurais toujours, et cela me suffit, qu'il n'a jamais été dans la mienne de m'en charger. Je ne puis d'ailleurs me dissimuler qu'à ce jugement criminel souverain participeraient un trop grand nombre de mes collègues qui ont manifesté, avant le jugement, des sen-

(1) Cf. Mme Roland, portrait de Grangeneuve.

timents incompatibles avec l'impartialité d'un tribunal, et qu'on a mis en œuvre autour de vous tous les moyens d'influence possibles pour arracher à la Convention nationale une sentence de mort. Dans de semblables circonstances, je pourrais moins que jamais accepter et exercer le pouvoir criminel souverain qu'on nous attribue. Réduit à prendre uniquement des mesures de sûreté générale, je déclare que s'il m'était démontré que la mort seule de Louis pût rendre la république florissante et libre, je voterais pour la mort ; mais comme il est au contraire démontré à mes yeux que cet événement peut amener les plus grands maux, sans produire aucun avantage réel, que jamais la liberté d'un peuple n'a dépendu de la mort d'un homme, mais bien de l'opinion publique et de la volonté d'être libre, je ne voterai pas pour la mort. Fussé-je même du nombre de ceux qui pensent qu'il y a autant de danger à laisser vivre Louis qu'à le faire mourir, la prudence me commanderait encore de rejeter les mesures irréparables, pour qu'on puisse, dans toutes les circonstances, opposer aux projets de nos ennemis ou son existence ou sa mort. Je suis d'avis de la détention. »

Cette fière attitude lui valut d'être compris, malgré son passé si jacobin, dans la liste des vingt-deux. Il se déroba et alla s'enfermer dans sa maison à Bordeaux. On l'y découvrit en décembre 1793 : il fut aussitôt guillotiné.

Sans être un orateur, Grangeneuve avait forcé l'attention et l'estime par son courage et sa foi. Ce qui caractérise sa parole, le plus souvent improvisée, c'est le mépris des fictions politiques, c'est la naïveté hardie.

LIVRE VI

LES AMIS DE MADAME ROLAND : BUZOT, BARBAROUX, LOUVET, PÉTION

CHAPITRE PREMIER.

BUZOT.

A la Constituante, Buzot n'était, à tout prendre, qu'un parleur intéressant. A la Convention, l'amour de M*me* Roland élève sa pensée, féconde sa parole, anime son geste ; c'est un orateur violent, tumultueux, exaspérant pour ses adversaires et inquiétant pour ses amis, à coup sûr l'un des plus vivants et des plus originaux de la Gironde. Certes, lui-même, en 1789, ne se connaissait ni ce feu, ni ces idées, ni ce don de passionner les hommes. Cette nouvelle manière, si supérieure à la première, surprit d'autant plus les contemporains que Buzot, depuis la Constituante, avait vécu dans sa petite ville d'Evreux, loin du foyer de la Révolution : il revint brûlant d'une flamme intérieure qui le transfigurait, mais qui n'était plus la pure flamme patriotique de 1789.

I

On sait que M*me* Roland avait connu Buzot lors de son premier voyage à Paris, en 1791. Il avait alors trente et un ans. On l'avait marié, en 1784, avec sa cousine, qui l'aima beaucoup, mais dont l'esprit était fort inférieur au sien, et qui de plus était bossue (1). Les portraits de Buzot lui prêtent une figure irrégulière, des traits fatigués, un air de maturité précoce, avec une expression frappante d'intelligence et de mélancolie. On sait d'autre part que Mme Roland, plus jeune que son âge (elle avait 37 ans), était, à la lettre, charmante (2), et que son vieil époux lui paraissait plus facile à vénérer qu'à aimer. — Ces deux âmes, très fières et très sensibles, s'étudièrent l'une l'autre, mais ne s'éprirent que plus tard, et une fois séparées. Les époux Roland quittèrent Paris le 15 septembre 1791, et restèrent en relations épistolaires avec leurs trois amis, Robespierre, Pétion et Buzot. Celui-ci, élu en même temps vice-président du tribunal criminel de Paris et président de celui d'Evreux, opta pour Evreux, et y séjourna pendant la durée de la Législative, sans oublier Mme Roland et sans interrompre cette correspondance (3) qui les lia plus encore et les amena sans doute à voir clair dans leur propre cœur, si bien qu'ils se retrouvèrent, en septembre 1792, plus unis qu'avant leur séparation, unis par un amour auquel ils ne succombèrent pas.

Alors ils s'enivrèrent de leur héroïsme ; ils planèrent au-dessus de la vie réelle : « Dis-moi, lui écrit-elle de sa prison, connais-tu des moments plus doux que ceux passés dans l'innocence et le charme d'une affection que la nature

---

(1) Dauban, *Etude sur Mme Roland*, p. LVII. — Leur contrat de mariage indique une modeste aisance. (*Ibid.*)

(2) Cf. *Ibid.* une réunion de témoignages contemporains, p. CXXXIII.

(3) L'existence de cette correspondance était bien connue des compatriotes de Buzot. — Le 13 janvier 1793, à la tribune, Duroy (de l'Eure) attribue « l'incivisme » de Buzot à l'influence de la « femme Roland. » Une lettre d'elle, reçue par Buzot à Evreux le 13 septembre 1792, où elle se plaignait amèrement de Paris, aurait changé tout d'un coup les opinions de l'ex-constituant et aurait été le point de départ de sa politique « fédéraliste. »

avoue et que règle la délicatesse, qui fait hommage au devoir des privations qu'il lui impose, et se nourrit de la force même de les supporter? Connais-tu de plus grand avantage que celui d'être supérieur à l'adversité, à la mort, et de trouver dans son cœur de quoi goûter et embellir la vie jusqu'à son dernier souffle?....... Quiconque sait aimer comme nous porte avec soi le principe des plus grandes et des meilleures actions, le prix des sacrifices les plus pénibles, le dédommagement de tous les maux (1). »

Ce n'est pas un tel amour qui amollira Buzot et lui fera oublier la chose publique : « Poursuis généreusement ta carrière, lui dit son amie; sers ton pays, sauve la liberté; chacune de tes actions est une jouissance pour moi, et ta conduite est mon triomphe. » Une lettre de Buzot avait exprimé la crainte que leur séparation fût éternelle. Son amie lui répondit : « Eh ! il s'agit bien de savoir si une femme vivra ou non près de toi ! Il est question de conserver ton existence et de la rendre utile à notre patrie; le reste viendra après. »

Voilà dans quelles régions héroïques cette admirable femme élevait son amant. Voilà quel héros de Plutarque elle voulait faire de cet homme plus délicat encore que vraiment robuste. Voici maintenant comment elle le voyait et le jugeait : « Buzot, dit-elle, d'un caractère élevé, d'un esprit fier et d'un bouillant courage, sensible, ardent, mélancolique et paresseux, doit quelquefois se porter aux extrêmes. Passionné contemplateur de la nature, nourrissant son imagination de tous les charmes qu'elle peut offrir, son âme des principes de la plus touchante philosophie, il paraît fait pour goûter et procurer le bonheur domestique; il oublierait l'univers dans la douceur des vertus privées avec un cœur digne du sien. Mais, jeté dans

(1) Dauban, *Ét. sur Mme Roland*, 27, 36.

la vie publique, il ne connaît que les règles de l'austère équité ; il les défend à tout prix. Facile à s'indigner contre l'injustice, il la poursuit avec chaleur et ne sait jamais composer avec le crime. Ami de l'humanité, susceptible des plus tendres affections, capable d'élans sublimes et des résolutions les plus généreuses, il chérit son espèce, et sait se dévouer en républicain ; mais, juge sévère des individus, difficile dans les objets de son estime, il ne l'accorde qu'à fort peu de gens...

« Le commun des hommes, qui déprécie ce qu'il ne peut atteindre, traita sa pénétration de rêverie ; sa chaleur, de passion ; ses pensées fortes, de diatribes ; son opposition à tous les genres d'excès, de révolte contre la majorité. On l'accusa de *royalisme*, parce qu'il prétendait que les mœurs étaient nécessaires dans une république, et qu'il ne faut rien négliger pour les soutenir ou les rectifier ; de *calomnier Paris*, parce qu'il abhorrait les massacres de septembre et ne les attribuait qu'à une poignée de bourreaux gagés par des brigands ; d'*aristocratie*, parce qu'il voulait appeler le peuple à l'exercice de sa souveraineté dans le jugement de Louis XVI ; de *fédéralisme*, parce qu'il réclamait le maintien de l'égalité entre tous les départements et s'élevait contre la tyrannie municipale d'une Commune usurpatrice.

« Voilà ses crimes. Il eut aussi des travers. Avec une figure noble et une taille élégante, il faisait régner dans son costume ce soin, cette propreté, cette décence qui annoncent l'esprit d'ordre, le goût et le sentiment des convenances, le respect de l'homme honnête pour le public et pour soi-même. Ainsi, lorsque la lie d'une nation corrompue, amenée à la surface dans le bouleversement d'une révolution, portait au timon des affaires, des hommes qui faisaient consister le patriotisme à flatter le peuple pour le conduire, à tout renverser et envahir pour s'accréditer et s'enrichir, à médire des lois pour gouverner, à protéger la licence pour assurer l'impunité, à égorger pour affermir leur pouvoir, à jurer, boire et se vêtir en portefaix pour fraterniser avec leurs pareils, Buzot professait la morale de Socrate et conservait la politesse de Scipion (1). »

C'est ainsi qu'elle idéalisait son cher Buzot, ou plutôt voilà l'homme militant qu'elle avait fait de ce paresseux et de ce mélancolique, comme elle l'appelle. Mais les vertus qu'elle développe chez son amant existaient en germe dans son âme plus rêveuse qu'active. Tous deux avaient mêmes goûts, mêmes penchants. Tous deux aimaient la campagne et Rousseau, lui en femme, elle en homme. Buzot a raconté, dans une page agréable de ses mémoires, sa propre éducation intellectuelle, telle qu'il la revoyait dans les douleurs de son exil, avec une imagination imprégnée des idées de son amie:

« Ma jeunesse, dit-il, fut presque sauvage ; mes pas-

---

(1) Mme Roland avait écrit un autre portrait de Buzot derrière une miniature de lui, qu'elle portait sans cesse sur son cœur. « La nature, y disait-elle, l'a doué d'une âme aimante, d'un esprit fier et d'un caractère élevé. Sa sensibilité lui faisait chérir la paix et les douceurs d'une vie obscure et des vertus privées. Les chagrins du cœur ajoutèrent à la mélancolie vers laquelle il était incliné. Les circonstances le jetèrent dans une carrière publique : il y porta l'ardeur d'un bouillant courage et l'inflexibilité d'une probité austère. Né pour les beaux temps de Rome, il espéra vainement préparer des temps pareils pour une nation qui paraissait naître à la liberté ; mais ces Français corrompus ne sont pas dignes d'elle ; ils ont méconnu leurs défenseurs, et ceux qu'ils auraient dû chérir, honorer, ont été proscrits par une assemblée de lâches que dominaient des brigands. Buzot, déclaré traître à la patrie, pour laquelle il s'était sacrifié, a eu sa maison rasée, ses biens confisqués ; mais la honte en est pour les auteurs et les témoins passifs de cette iniquité. — Buzot vivra dans le souvenir des gens de bien. Ses pensées fortes, ses sages avis, seront cités ; on relira ses deux lettres à ses commettants des 6 et 22 janvier 93. La postérité honorera sa mémoire ; ses contemporains ne manqueront pas de le regretter, et l'on recueillera précieusement un jour son portrait pour le placer parmi ceux de ces généreux amis de la liberté qui croyaient à la vertu, qui osaient la prêcher comme la seule base d'une république et qui eurent la force de la pratiquer. » Voir le fac-similé de ces lignes, ap. Dauban, *Et. sur Mme Roland*.

sions, concentrées dans mon cœur ardent et sensible, furent violentes, extrêmes; mais, bornées à un seul objet, elles étaient toutes à lui. Jamais le libertinage ne flétrit mon âme de son souffle impur; la débauche me fit toujours horreur, et, jusqu'à un âge même avancé, jamais un propos licencieux n'avait souillé mes lèvres. Cependant de bonne heure je connus le malheur, et j'en restai plus attaché à la vertu, dont les consolations étaient mon unique asile. Avec quels charmes je me rappelle encore cette époque heureuse de ma vie qui ne peut plus revenir, où, le jour, je parcourais silencieusement les montagnes et les bois de la ville qui m'a vu naître, lisant avec délices quelques ouvrages de Plutarque ou de Rousseau, ou rappelant à ma mémoire les traits les plus précieux de leur morale et de leur philosophie. Quelquefois, assis sur l'herbe fleurie, à l'ombre de quelques arbres touffus, je me livrais, dans une douce mélancolie, au souvenir des peines et des plaisirs qui avaient tour à tour agité les premiers jours de ma vie. Souvent les ouvrages chéris de ces deux hommes de bien avaient fait l'occupation ou l'entretien de mes veilles avec un ami de mon âge que la mort m'a enlevé à trente ans, et dont la mémoire, toujours chère et respectée, m'a préservé de bien des égarements ! C'est avec ce caractère et ces dispositions, altérés par le choc des passions humaines dans le cours de la Révolution, que j'arrivai à l'Assemblée constituante. »

Cette âme inquiète, telle que M^m_e Roland l'avait éveillée et fécondée, se peint, dans ces éloquents mémoires, avec le même mélange d'art et d'abandon, de rhétorique et de naturel qui caractérisent les pages écrites en même temps par l'héroïque captive. Absente, elle inspire Buzot et colore son style des nuances qui lui sont chères. Mais Buzot est plus ému, plus nerveux que son amie : il lui arrive plus souvent qu'à elle de forcer la note, de crier, de calomnier, de maudire. Tandis qu'elle affecte, dans son « appel à l'impartiale postérité, » une sérénité qui est loin de son cœur, il se livre davantage et laisse éclater avec franchise ses plus aveugles colères. Dans un style moins parfait, il dit des choses plus humaines, plus senties. Vengeance ! tel est le refrain de ces pages où il ne faut pas chercher des idées de justice virile. Il rêve naïvement le supplice de ses adversaires : « Non, Barère, s'écrie-t-il, tu ne jouiras pas de tes forfaits, et si Danton ou Robespierre ne te font pas périr sur l'échafaud avant le terme prochain de leur sanglante domination, comme on brise un vil instrument de ses crimes dont on ne sent plus le besoin, quelqu'un d'entre nous sera là, tu peux y compter. » Et il exhale, sans ménagement, sa haine aveugle contre Paris, cette haine que Mme Roland dissimulait avec art. Paris est pour lui « une ville d'hommes nécessairement déprédateurs et corrompus, » une ville qui mérite mieux que l'anathème d'Isnard: il faut la détruire de fond en comble, dans l'intérêt de la France.

Il est, dans ses mémoires, encore républicain en théorie ; mais il ne croit plus la république possible en France : les républicains y sont en minorité; la majorité ne parle « des vrais républicains que comme on parle de fous extrêmement honnêtes. » Si le peuple, au moment où Buzot écrit, est républicain, c'est par peur, c'est « à coups de guillotine. » En fait, la France regrette la constitution de 1791. « Quoi ! les Français républicains !..... Avec la guillotine on peut les emprisonner, les voler, les assassiner, sans que de leurs âmes desséchées il s'élève un cri de vengeance ! » — Pourtant il est né républicain. Ses pires ennemis le reconnaissent et l'attestent (1). Lui-même s'écrie : « Jamais monarque français ne sera mon maître ; ne pouvant plus être citoyen, je tâcherai de devenir homme : et pour cela tout

---

(1) Discours de Tallien aux Jacobins, le 8 oct. 92.

pays m'est bon, hormis la France. » Et il prophétise admirablement le 18 brumaire : « Nous avons parcouru tous les extrêmes : il faut recommencer le cercle au point où nous l'avions quitté ; et le despotisme est là, qui épie le moment de notre lassitude pour nous offrir, avec des fers, la paix et du pain. Français, vous l'accueillerez comme une divinité ! Et ce moment, qui ne sera pas le moins instructif de votre histoire, n'est pas fort éloigné. » « Nations de l'Europe, gardez-vous des troupes soldées, si vous voulez conserver ce qui vous reste de liberté : elles sont l'ennemi le plus dangereux et le plus féroce. » — « Tout est nivelé pour l'esclavage ; départements, religion, gouvernement, patrie, tout a disparu : tout est prêt pour un nouveau maître (1). »

Est-il vrai, pourtant, que lui-même en soit venu, dans une heure mauvaise de sa proscription, à souhaiter ce maître ? A en croire Laurent Lecointre, il aurait désavoué la Révolution dans ces lignes aujourd'hui perdues : « J'ai peine à croire que le régime de la constitution de 1791 pût convenir encore à la France : *il lui faut le gouvernement d'un seul*, qui, par des moyens plus doux, plus en son pouvoir, rattache à lui toutes les parties éparses de ce grand peuple tombé en dissolution (2). » Mais s'il a vraiment laissé tomber de sa plume ce désaveu de son œuvre et de sa vie, c'est, à coup sûr, dans un accès de lassitude morale et de désespoir. Sous l'œil de son amie, il ne se fût jamais ainsi manqué à lui-même. Il ne faut pas prendre au mot ce vœu, peut-être ironique, qu'il traça sans doute dans la première stupeur d'une nouvelle tragique : car il vécut assez pour apprendre la mort de Mme Roland, dont les lettres fortifiantes lui rendaient, avec la sérénité, l'amour de la gloire, le souci de

---

(1) Pour toutes ces citations, cf. Mémoires, 8, 12, 15, 21, 33-38, 58.
(2) Cf. Vatel, *Charlotte Corday*, p. 486.

la postérité. « Je ne puis me défendre, écrit-il, de laisser après moi quelque chose de moi-même. » Il veut, comme Jean-Jacques, se raconter sans indulgence : « Quoi que je sois, je ne veux pas qu'on me prenne pour un autre. » Souvent, à l'imitation de Mme Roland dont la prison et les dangers n'altèrent pas l'humeur tranquille, il cherche à se complaire dans l'idée de sa propre vertu : « La douce fraîcheur d'une belle nuit d'été, dit-il, n'est pas plus pure que les derniers jours de ma vie. » « Ce qui doit vous consoler, c'est que j'ai bien vécu, honorablement fourni ma carrière dans l'amour de la vertu, de la liberté, du peuple français qui m'a fait mourir (1). »

A l'heure suprême, sans élever sa pensée jusqu'aux problèmes insolubles, il se rappelle, pour sa consolation, les effusions philosophiques de son maître et, comme Mme Roland, il aime à écrire ces mots de Dieu et de Providence auxquels il n'attache pas un sens déterminé, mais qui sont pour lui comme pour elle la formule commode des aspirations vers l'infini (2). En somme, c'est un cœur plus tendre, une âme plus rêveuse qu'on ne l'était en général dans la Gironde : il y a en lui, peut-être en lui seul, un pressentiment de la mélancolie qui, après le demi-avortement de la Révolution, inspira la littérature. Je ne sais si le *Génie du Christianisme* l'aurait converti ; mais il était né pour goûter les tristesses de René et d'Obermann. Déjà il aimait et comprenait Shakespeare ; et, dans ses observations à son ami Salles sur sa tragédie de Charlotte Corday, il semblait prévoir le drame romantique. Il y a en lui je ne sais quoi de plus affiné que dans ses contemporains.

---

(1) Mémoires, pages 38, 102.

(2) « Qu'importe que Rousseau soit athée ou déiste, s'il est vrai que ses ouvrages renferment et font aimer les principes qu'il est utile d'adopter ! » Lettres de Mme Roland aux demoiselles Cannet, 17 oct. 1777.

Ce n'était donc pas à un politicien comme Gensonné, ou à un beau garçon étourdi comme Barbaroux, que Mme Roland avait donné son cœur, mais à un homme fin, rêveur, passionné, dont elle domina par l'ascendant de sa nature énergique la volonté un peu douteuse et oscillante. Elle enflamma ce contemplatif, le porta aux extrêmes, rendit violente cette âme subtile, et lui inspira une éloquence faite de colère, de rancunes, de mépris, d'héroïsme, de tous les sentiments qui émeuvent les hommes sans les rendre plus forts ou plus sages.

II

Quoique Buzot, à la fin de la Constituante, eût laissé voir certaines tendances anti-populaires, quoiqu'il eût soutenu, sous une forme à peine voilée, le système des deux Chambres si décrié alors (1), il avait partagé l'ovation faite à Robespierre et à Pétion le 30 septembre 1791, et soustrait, par sa retraite à Evreux, aux vicissitudes de l'opinion, il rapportait à la Révolution une réputation pure et intacte.

Ce dut être un spectacle curieux que l'apparition de ce revenant, dont on ignorait le sentiment actuel. Certes, si Buzot l'eût voulu, avec son nom respecté et son talent aimé, il aurait pu, sinon réunir la Montagne et la Gironde, du moins retarder l'éclosion des haines, amener des réconciliations individuelles, prévenir le 31 mai. Ce fut une surprise d'entendre, dès le 24 septembre 1792, cet homme d'Evreux, séparé depuis si longtemps de la politique parisienne, opter violemment pour la plus militante fraction de la Gironde et déclarer la guerre à toute la Montagne, en soutenant avec colère la proposition de Kersaint sur les me-

(1) Cf. *Les orateurs de l'Assemblée constituante*, 511-512.

sures propres à faire cesser les «brigandages anarchiques,» proposition qui avait soulevé une vive émotion parmi les jacobins et qu'avaient combattue Fabre, Bazire, Sergent et Collot d'Herbois.

« Etranger aux révolutions de la ville de Paris, dit-il, je suis arrivé ici avec la confiance que j'y conserverais l'indépendance de mon âme. Il est bon que je sache ce que je dois attendre ou craindre. De quoi s'agit-il dans la proposition du citoyen Kersaint ? Il s'agit d'abord d'éclairer chacun de nous sur la situation actuelle et de la république et de la capitale : voilà une première partie sur laquelle, moi, je demande des lumières. La seconde partie est de savoir s'il existe des lois contre ceux qui provoquent au meurtre. Ceux qui l'ont soutenu en ont imposé. Il en existe contre ceux qui provoquent à l'incendie. Si l'on ne peut incendier ma maison, n'est-ce donc pas une propriété aussi chère que la vie? N'est-ce donc pas une propriété aussi chère que l'honneur ? Croit-on que nous n'avons pas apporté aussi une âme républicaine, mais incapable de fléchir sous les menaces, sous les violences d'hommes dont je ne connais ni le but ni les desseins ? Je n'étais pas au serment par lequel vous avez déclaré que la France est une république ; mais lorsqu'on tremblait d'y penser en 1791, j'étais là, moi, j'étais à mon poste, et je votais pour elle. Nous avons besoin d'une force publique pour faire exécuter la loi. N'est-ce pas encore une demande du ministre de l'intérieur, de ce ministre qui, malgré les calomnies dont on l'accable, est encore, à mes yeux et à ceux des départements, un des plus hommes de bien de la France ? (*On applaudit.*) » Il termine en demandant que la Convention soit entourée d'une force imposante : « Eh ! croit-on nous rendre esclaves de certains députés de Paris ?... Je dis ce mot. Il n'est pas trop fort. » Et, sur sa proposition, on vote la nomination de six commissaires chargés, entre autres choses, de préparer un projet de garde départementale prise dans les 83 départements.

Le lendemain, le rapport du décret fut demandé. C'est ce jour-là que Rebecqui dénonça « le parti Robespierre. » On connaît la justification conciliante de Danton : il protesta contre tout projet de dictature, désavoua Marat, et demanda la peine de mort contre quiconque voudrait détruire l'unité en France. Buzot répondit : « Danton a demandé la peine de mort contre celui qui aurait amené le triumvirat et la dictature. Ce n'est pas contre la dictature qu'il faudrait porter une peine ; c'est contre les moyens qui conduisent à la dictature. Il ne sera plus temps de punir le dictateur ; il vous aura maîtrisés ; mais il faut que cette loi soit combinée : prenons garde d'exposer, par trop de précipitation, l'homme de bien à subir le sort du coupable. Il faut une loi précise. Je demande donc le renvoi de cette proposition à l'examen du Comité. On nous a proposé une loi qui déclarât l'unité de la république. Et qu'est-ce qui a dit, citoyen Danton, que quelqu'un songeât à la rompre, cette unité ? Lorsque j'ai dit hier qu'il fallait que la Convention fût entourée d'une garde composée d'hommes envoyés par les départements, n'était-ce pas parler en faveur de cette unité ? J'ai proposé cette mesure et je disais que pour empêcher ces divisions fédératives, ces déchirements de la république française, il ne fallait que les départements ici, que chaque assemblée primaire envoyât ici un homme pour garantir cette unité. »

Le 29, survint la motion d'inviter Roland à rester au ministère : il la soutint en termes mesurés, mais où perce l'intérêt passionné qui l'inspire. « Je veux, dit-il, me garantir de l'enthousiasme comme de la haine, et *je tâcherai d'examiner de sang-froid cette question.* » Et il ajoute : « Malgré les murmures, les calomnies, les mandats d'arrêt, je suis fier de le dire, Roland est mon ami, je le reconnais pour un homme de bien, tous les départements le reconnaissent comme moi. » Oui, on doit inviter Roland à rester en place : « La nation elle-même applaudira à cette invitation, car elle ne connaît pas de haine, la nation ; elle dit à l'homme de bien : Continue, et tu auras toujours mon estime ; et l'estime de la nation est la plus belle récompense de l'homme de bien. Je soutiens donc la motion du premier opinant, et je demande qu'on la mette aux voix. »

C'est alors que Danton proposa brutalement qu'on adressât la même invitation à Mme Roland. Les Girondins comprirent que Buzot allait trop loin, et Lasource demanda la question préalable. Buzot, navré sans doute, dut s'y rallier, et la Convention passa à l'ordre du jour.

Il n'est cependant pas encore dans cet état violent où le jetteront, aux jours tragiques de mars et de mai 1793, les malheurs de son parti et les colères de son amie. Il fait encore preuve de sens politique quand, le 4 octobre, il combat Lasource, qui proposait de donner suite aux récriminations de Lecointre-Puyraveau contre Marat, en ouvrant un débat où Marat serait jugé. « Prenons garde, dit-il, qu'en faisant sans cesse des dénonciations, tantôt contre Marat, tantôt contre d'autres personnages de son espèce, nous risquons de leur donner une existence qu'ils n'auraient pas sans elles. Pendant la session de l'Assemblée constituante, Marat tapissait journellement les murs de la capitale de ces dénonciations qui sont dans son genre ; nous sentîmes tous qu'il fallait le laisser tomber par lui-même ; qu'en le relevant sans cesse nous donnerions à cet homme une influence factice et même funeste. C'est par ces motifs que, lorsqu'on proposa des décrets d'accusation contre des auteurs et des libellistes de son temps, je me suis constamment opposé à cette mesure. Que nous importe, en effet, et ce que fait Marat et ce qu'il dit ? Que nous importent les ridicules dénonciations, au milieu d'un peuple éclairé qui sait que, pour son propre intérêt, il doit environner de toute sa confiance la Convention nationale, dernier asile de la liberté? Quand le roi existait, Marat pouvait, de concert avec lui, essayer de ternir la réputation des membres de la Législative; mais quand le roi n'existe plus, Marat, par cela même, a perdu la plus solide partie de son existence. (*Il s'élève de nombreux applaudissements, au milieu desquels on remarque les murmures d'un petit nombre de membres qui insistent pour que Marat soit immédiatement entendu.*)

« On demande que Marat soit entendu ! Il me semble entendre les Prussiens le demander eux-mêmes.(*Vifs applaudissements*). En effet, n'est-ce pas en faisant dénigrer sans cesse les représentants du peuple que les Prussiens doivent désirer d'avilir la Convention et de lui faire perdre la confiance dont elle a besoin pour opérer le bonheur du peuple ? Que veulent les Prussiens? nous détruire par des déchirements partiels. Qu'a fait Marat? Il a tenté de diriger contre nous les poignards des assassins, et d'allumer la guerre civile au milieu des citoyens. (*Les applaudissements recommencent.*) Eh quoi ! lorsque nous avons l'ennemi à repousser, lorsque nous avons besoin de l'union la plus intime, et que tant et de si importants travaux nous pressent, verra-t-on toujours des représentants d'un grand peuple s'occuper d'un homme de cette espèce ? »

Mais ces accès de sagesse presque dantonienne furent rares chez Buzot. Le 8 octobre, il fit, au nom de la Commission militaire, son fameux rapport sur l'organisation de la force départementale, sorte de déclaration de guerre aux Jacobins et à Paris. Mme Roland admirait cet écrit, où il y a en effet du mouvement, de la chaleur et parfois une sorte de poésie mélancolique, comme lorsque Buzot demande aux victimes du 10 août quel fut le secret de leur héroïsme: « Dites-nous quel courage vous anima, quel espoir vous soutint, quelle confiance adoucit le passage sombre et rapide de vos glorieux combats à la nuit du tombeau ? »

Il est rare de trouver dans l'éloquence révolutionnaire cette note un peu triste et sceptique. Pour ces hommes d'action, le sacrifice de la vie à la patrie était chose simple et naturelle. Une telle psychologie de l'héroïsme ne va pas sans quelque doute intérieur et quelque désenchantement. Nous avons vu que Buzot semblait pressentir l'amertume et les rêveries de Chateaubriand. Par une coïncidence curieuse, il se rencontre ici avec le pessimiste Leopardi, qui, trente ans plus tard, s'étonnera aussi de l'héroïsme des Spartiates aux Thermopyles, dans son ode à l'Italie, et leur dira, comme Buzot aux morts du 10 août : « Quel si grand amour entraîna vos jeunes âmes dans les armes et dans les périls ? quel amour vous entraîne dans l'amer destin ? Comment, ô fils, vous parut-elle si joyeuse, l'heure suprême, quand, en riant, vous courûtes vers le pas lamentable et dur ? »

Mais, sauf Mme Roland, les contemporains ne furent pas sensibles à l'originalité littéraire et philosophique du rapport de Buzot. Ils y virent un acte, une menace terrible à la prépondérance jacobine, et, dans cette question, un champ de bataille pour la Montagne et la Gironde. — Sous prétexte de définir la république, Buzot s'élevait indirectement contre la dictature de Paris : « La république, disait-il, est la confédération sainte d'hommes qui se reconnaissent semblables et frères, qui chérissent leur espèce, qui honorent son caractère et sa dignité, qui travaillent en commun au bonheur de tous, pour mieux assurer celui de chacun, parce que l'un dépend nécessairement de l'autre dans l'état social, et reçoit de lui plus d'extension, plus de solidité ; d'hommes enfin égaux, indépendants, mais sages et ne reconnaissant de maîtres que la loi qui émane de la volonté générale librement exprimée par les représentants de la république entière. »

Après avoir fait avec insistance l'éloge du principe de l'unité et de l'indivisibilité de la France, il ajoute que c'est pour Paris surtout que ce principe est « important et nécessaire, » et il part de là pour juger Paris en ces termes : « Paris a renversé le despotisme, Paris a fait la révolution, Paris a bien servi la liberté, la patrie; mais le despotisme serait ressuscité, la révolution serait anéantie, la liberté soupirerait en vain, la patrie ne serait qu'un mot, si le peuple des départements n'avait applaudi au renversement du despotisme, juré de soutenir la révolution, multiplié ses sacrifices pour la liberté, envoyé de nombreuses légions, prodigué son or et son sang pour la défense de la patrie. — Ville superbe et fortunée, écoute le langage simple et vrai d'hommes indépendants de tout, hormis de la conscience et du devoir : tu montres avec orgueil tes nombreux enfants, les monuments des arts dont le génie et l'opulence t'embellissent, les sources de lumière qu'alimentent et grossissent les tributs qu'on vient t'offrir de toutes parts; les vertus d'un petit nombre d'hommes qui sont venus les exercer dans ton sein, après les avoir acquises dans le silence de quelque retraite éloignée.....Ne crains-tu pas que l'on découvre aussi cette corruption profonde, qui découlait d'une cour infectée jusque dans les classes les plus éloignées d'elle; qui pénètre, altère et dégrade encore jusqu'aux premiers éléments de la félicité; qui mêle de l'aristocratie aux accents mêmes du patriotisme ? »

On le voit : c'est le ton, ce sont les idées de Rousseau; c'est ainsi que l'auteur de l'*Emile* lance l'anathème à Paris; c'est ainsi qu'il croit découvrir, dans les petites villes seules, les vertus et les talents. Ce paradoxe vénéré sert à masquer la haine toute rolandiste de Buzot contre la ville qui naguère l'acclamait, mais qui n'admire pas Mme Roland.

Ce rapport fut un des principaux incidents de la Révoution. « Il contient, lit-on dans les mémoires de Mme Roland, des raisons auxquelles on n'a pas répondu. » Les Jacobins n'avaient garde de répondre en effet. Ils ne pouvaient avouer la nécessité de la dictature provisoire de Paris. Ils furent réduits à des personnalités contre Buzot, auquel un procès de tendance fut aigrement intenté par Robespierre dans une lettre à ses commettants, par Marat dans le *Journal de la République* et même par Prudhomme dans les *Révolutions de Paris*. Aux Jacobins, Chabot l'insulta et Tallien attribua nettement aux époux Roland l'attitude de Buzot. « En arrivant à Paris, dit-il, il a fréquenté une maison où se rendent ceux que je ne regarde pas comme les amis de la liberté. Buzot, que j'ai aimé sincèrement, Buzot que j'ai connu républicain dans un temps où il était dangereux de parler de république, Buzot s'environne de gens qui le préviennent contre la députation de Paris.... » Seul Bentabolle toucha au fond des choses et dit le mot vrai sur l'utilité de la dictature parisienne (8 octobre) : « Dans les départements l'esprit public est autre qu'à Paris : on n'y est pas au courant de la chose publique : à Paris on est accoutumé de voir en grand. » Et il n'osait pas formuler, mais il laissait entendre sa conclusion : donc Paris doit gouverner provisoirement en ce temps de crise.

Les mêmes sentiments inspirent à Buzot le rapport qu'il lut, le 27 octobre, au nom de la commission des Neuf sur les mesures à prendre cnotre les provocations au meutre et à l'assassinat. Son amie trouvait dans ces pages passionnées « la plus saine politique et cette philosophie vraie comme la nature, forte comme la raison. » Buzot y proposait une loi restrictive de la liberté de la presse qui ne visait pas seulement Marat, mais tous les journaux jacobins, et qui le désigna plus que jamais aux colères de la Montagne.

Le 6 novembre, Bazire présente, au nom du comité de sûreté générale, un rapport optimiste sur la situation de Paris : rien, d'après lui, ne justifie la création d'une garde départementale. L'impression est demandée. Buzot s'y oppose et la fait refuser. Bazire avait jeté un voile sur les massacres de septembre : Buzot ne peut accepter « qu'entre les hommes du 10 août et les assassins du 2 septembre, entre la vertu et le vice, il puissse y avoir un accord. » Mais Bazire avait jugé avec finesse et la politique des Girondins et le caractère de Buzot : « Des hommes, avait-il dit, trop sensibles peut-être pour demeurer bons observateurs dans une révolution, douloureusement affectés de ce qu'elle a d'affligeant dans ses détails, ont eu la faiblesse de porter des jugements injurieux au peuple qui l'avait opérée ; des intrigants se sont empressés de les recueillir et de les publier. Bientôt il s'est établi un système complet de diffamation de la ville de Paris, dont les suites inévitables seraient de nous entraîner par des secousses terribles à l'établissement forcé de républiques fédératives. »

Dans ses mémoires, Buzot, qui avait voté la mort de Louis XVI, flétrit « les scélérats qui ont inhumainement égorgé ce monarque infortuné. » Cette contradiction fera sourire ; mais il n'y faut pas voir un remords. Au fond, Buzot ne s'inquiétait guère de la personne du roi ; il ne voyait dans ce procès qu'un terrain de combat contre les Montagnards. Or, leur point faible était la présence dans leurs rangs du duc d'Orléans, auquel l'exécution de Louis XVI semblait ouvrir le chemin du trône. Beaucoup de Girondins croyaient sincèrement que Robespierre et Danton préparaient l'avènement de la branche cadette, et cette croyance était surtout propagée par Mme Roland, qui ne pouvait supposer à ses adversaires des intentions droites. Aussi Buzot crut-il perdre les Jacobins quand, le 4 décembre 1792, il demanda, préalablement aux débats sur le roi, la peine de mort contre quiconque proposerait ou tenterait de rétablir la royauté en France. Cette proposition souleva un orage. Des Jacobins comme Bazire y virent une « atteinte à la liberté de la sanction que le peuple est appelé à donner à la constitution. » Merlin demanda qu'on réservât formellement les droits des assemblées primaires (1). Au milieu du tumulte, Robespierre demanda la parole et ne put l'obtenir. Guadet triompha, et montra dans l'avenir Robespierre et Danton ministres de Philippe-Egalité. La motion de Buzot fut adoptée par assis et levé.

Fier de son succès et de la confusion où il avait mis ses adversaires, Buzot revint à la charge, et, le 16 décembre, éclata sa fameuse proposition de bannir tous les Bourbons et en particulier le duc d'Orléans. « Une fortune, disait-il, et surtout des espérances encore immenses; des relations intimes avec les grands d'Angleterre; le nom de Bourbon pour les puissances étrangères jalouses de nous donner un maître, afin de s'assurer un allié, celui d'Egalité pour les Français, faciles à toucher et dont le choix singulier fait remarquer d'autant plus son objet qu'il affecte de le cacher ; des enfants dont le jeune et bouillant courage peut être aisément séduit par l'ambition, dont l'ambition peut être excitée par les soins et l'alliance de quelques rois étrangers: c'en est trop pour que Philippe puisse exister en France sans alarmer la liberté. S'il l'aime, s'il l'a servie, qu'il achève son sacrifice, et nous délivre de la présence d'un descendant des Capets.....

---

(1) Cette attitude étrange de la Montagne ne peut s'expliquer que par l'extrême candeur de quelques-uns de ses membres (les chefs n'avaient pas eu la parole). Le journal de Prudhomme (n° 178), revenant sur cette scène, reprit la thèse jacobine, et combattit la motion de Buzot : 1° comme maladroite, puisqu'elle faisait croire à l'Europe que des Français pouvaient être tentés de rétablir la royauté ; 2° comme contraire aux principes, car « il est permis à un peuple même de délirer, s'il le veut ; et, sous prétexte de l'empêcher de délirer, on ne doit pas l'empêcher d'exercer ses droits primitifs et de s'occuper de la révision, de l'examen, de la critique de sa constitution : autrement c'est le museler à plaisir. » C'est donc par un respect exagéré pour les principes que les Montagnards tombèrent dans le piège que leur avaient tendu Buzot et madame Roland, et s'exposèrent à des soupçons que Danton leur aurait certainement évités s'il ne s'était alors trouvé en Belgique.

La liberté qu'on n'acquiert qu'avec des combats, je dirais même l'adversité, qui ne se conserve qu'avec des mœurs, et ne respire qu'à l'ombre des lois, fière comme la vertu dont elle s'appuie, est exclusive comme l'amour. Le peuple qui l'adore sans jalousie ne tarde pas à la perdre; et le soin vigilant d'écarter tout ce qui lui fait ombrage est la première règle de son culte. — Je demande que Philippe-Egalité et ses fils, etc., aillent porter ailleurs que dans la république le malheur d'être nés près du trône, d'en avoir connu les maximes et reçu les exemples, le malheur d'être revêtus d'un nom qui peut servir de ralliement à des factieux ou aux émissaires des puissances voisines et dont l'oreille d'un homme libre ne doit plus être blessée. » Après un débat orageux, l'Assemblée vota, sur la proposition de Choudieu, le bannissement de la famille des Bourbons, mais en ajournant à deux jours la question relative à Philippe-Egalité.

Rien ne peut peindre le ressentiment des Montagnards contre Buzot qui les avait placés *dans l'alternative d'être injustes ou de se montrer royalistes*, selon le mot de Desmoulins, qui le soir même, aux Jacobins, rendit compte, en ces termes, de l'incident qui avait passionné la Convention. « Buzot, dit-il, est ensuite (après Thuriot) monté à la tribune pour faire une motion d'ordre; il a tiré de sa poche un discours écrit, et il a bien fallu l'entendre. La motion était que, pour assurer la tranquillité publique, on exilât à perpétuité tous les membres de la famille des Bourbons. C'était, comme vous le voyez, demander le bannissement d'Égalité, qui a tant contribué à la Révolution; demander le bannissement de cet ami sincère de la liberté, c'est demander qu'il soit assassiné à Coblentz. Voilà quel était le but des Brissotins; ils se sont dit : Les patriotes ne voudront pas abandonner Égalité, et nous ferons regarder la Montagne comme une faction. Nous étions très embarrassés : nous croyions très impolitique d'exiler les fils d'Égalité, ainsi que leur frère d'armes Valence, qui se trouve le neveu de Sillery, et qui voudra les accompagner dans leur exil : c'est le moyen de désorganiser l'armée. Nous étions fort embarrassés ; d'ailleurs la motion impolitique de Merlin, au sujet de la royauté (1), rendait notre conduite difficile : c'était le comble de l'art de nous faire passer royalistes en nous forçant de défendre Égalité. »

Robespierre déclara ensuite que, s'il avait assisté à la séance, il aurait voté la motion girondine ; mais il en souligna tous les inconvénients pratiques. Marat demanda carrément qu'Égalité ne fût pas exilé, et la société parut unanime à considérer la proposition de Buzot comme une intrigue ourdie dans le salon de Mme Roland. Le mouvement de l'opinion fut tel que, le 16, sur la proposition de Pétion, la Convention suspendit l'exécution du décret, et ajourna la discussion de principe jusqu'après le jugement du roi.

Le 4 décembre, Buzot s'était opposé à ce que Louis XVI fût condamné sans être entendu, comme le voulait Robespierre. Le 28, il prononce, sur l'appel au peuple, un discours où, tour à tour, il condamne et absout le roi, mais où éclate la pensée politique des appelants : « Le moment est venu, s'écrie-t-il imprudemment : sachez-en profiter pour organiser *cette insurrection nécessaire des départements*. » Et aussitôt les directoires girondins des départements provoquent des enrôlements de volontaires destinés à marcher sur Paris. Couthon dénonce (11 janvier) l'arrêté pris dans ce sens par les administrateurs du Cantal. C'est une

---

(1) Camille suivait alors la direction politique de Robespierre ; on voit donc que, si celui-ci avait obtenu la parole dans la séance du 4 décembre, il aurait réparé la maladresse de Merlin — Quant à Égalité, l'opinion ne le considérait pas comme dangereux, Cf. *Révolutions de Paris*, n° 180, p. 583.

occasion pour Buzot de faire encore le procès à Paris. Il rappelle que ses adversaires trouvaient fort légale la levée de volontaires avant le 10 août. Aujourd'hui la Convention est opprimée par une poignée de factieux, et les départements veulent sauver la république en délivrant la Convention. Quoi ! 25 citoyens formaient hier encore la majorité dans une section de 3 à 4 mille électeurs pour demander le rapport du décret relatif à d'Orléans ! Ces intrigants audacieux, par la terreur qu'ils inspirent aux honnêtes gens, commettent impunément tous les crimes. « Si ces désordres existent, interrompt Couthon, prenez des mesures pour les faires cesser ; décrétez même l'établissement d'une force armée ; mais ne permetttez pas aux départements de la décréter eux-mêmes. » Cette objection, plus spécieuse que loyale, ne trouble pas Buzot. « S'il est vrai (continue-t-il), comme je viens de le dire, que les assemblées permanentes de Paris soient composées d'un petit nombre d'hommes qui sont parvenus à éloigner le reste des citoyens ; si c'est par ce petit nombre d'hommes que la Convention nationale est obsédée, tantôt par leurs pétitions extravagantes, tantôt par celles des autorités, qui ont la faiblesse de leur céder ; s'il est vrai que des membres de la Convention ont été insultés par ces mêmes hommes aux portes de ce sanctuaire ; si des provocations au meurtre frappent tous les jours nos oreilles, j'en atteste tous mes collègues... (*Près de deux cents membres se lèvent à la fois criant* : Oui, oui, c'est vrai. *Quelques membres du côté opposé* : Allons, achevez votre diatribe !)... quand trente ou quarante hommes au plus, flétris ou ruinés, qui ont besoin de troubles pour vivre, qui se rassasient de crimes, composent ou dirigent, dans chaque section, les assemblées permanentes ; quand ces assemblées suffisent pour remuer tout Paris ; quand nous sommes environnés sans cesse de ces coquins, peut-on croire à notre liberté ?... » Rabaut-Saint-Étienne demanda l'organisation immédiate de la force départementale. Mais l'Assemblée s'en tint à son premier ajournement, sans toutefois donner raison à la Montagne, car l'arrêté du directoire du Cantal ne fut pas renvoyé au Comité de sûreté générale.

Le 14 janvier, Buzot dénonça l'arrêté de la Commune qui fermait les spectacles, s'éleva contre Paris, et rappela que les États-Unis d'Amérique avaient placé leur capitale dans une ville *ad hoc*. — Enfin, après avoir opiné pour l'appel au peuple par un simple *oui*, il prononça la mort avec des protestations de pitié, et vota pour le sursis jusqu'après le bannissement des Bourbons, et en particulier du duc d'Orléans.

Tel fut le rôle de Buzot dans le procès du roi, rôle militant, éclatant, où il eut la joie peu politique de porter à ses adversaires des coups qui ne les affaiblirent pas et où il connut, ce raffiné, les jouissances amères d'une impopularité bruyante. Vibrante et incisive, sa parole souleva les passions, et on admira le feu mystérieux dont brûlait son éloquence tourmentée et tourmentante. Mme Roland put être fière de celui qui souffrait pour elle.

Dès lors, ce fut une lutte quotidienne entre Buzot et Paris. Son thème ordinaire, c'est la décentralisation, qui châtiera Paris de ses crimes. Ainsi, à propos du rapport de Siéyès sur l'organisation du ministère de la guerre (28 janvier), il exprime ces idées, plus qu'inopportunes en 1793 :

« C'est une erreur, sans doute, d'avoir dit que les grands Etats ne pouvaient supporter le gouvernement républicain ; cependant prenez garde, citoyens ; si vous continuez à suivre la route que l'Assemblée constituante a tracée, aux temps de la révision, en rapportant tout au gouvernement, en concentrant tout dans ses mains, toujours avides de pouvoir, bientôt vous n'avez plus de république. Loin de rapporter les détails au centre, faites-les refluer vers la circonférence ; portez-les à vos administrateurs ; que le centre ne soit que celui de l'action et du mouvement, et non les ressorts qui les produisent et les entretiennent. »

Le 12 février, une pétition présentée au nom des 48 sections de Paris demanda l'établissement du *maximum* avec des peines violentes pour sanction. Marat, dans un accès de sagesse, s'éleva contre cette motion. Buzot rappela ensuite que, grâce aux fonds alloués par la Convention, le pain coûtait bien moins cher à Paris que dans les départements. Paris n'a pas le droit de se plaindre, lui qui ne produit rien, et il serait la première victime du succès de ses réclamations. « Oui, Parisiens, ne vous y trompez pas : votre sol ne produit rien ; c'est le nôtre qui vous nourrit : et si vous arrêtiez la libre circulation des grains, vous péririez de misère, tandis que nous serions dans l'abondance. C'est pour vous que cette circulation a été décrétée, c'est vous qui devriez la proclamer ; et c'est vous qui demandez qu'on la proscrive ! »

Dans les débats sur la création du tribunal révolutionnaire et sur la réorganisation du ministère (10 mars), il prononça le petit discours suivant, où se marquent et son amertume et son impopularité :

« Citoyens, je demande la parole. (*Les murmures redoublent dans la partie gauche de la salle.*) Je m'aperçois, aux murmures qui s'élèvent, et je le savais déjà, qu'il y a quelque courage à s'opposer aux idées par lesquelles on veut vous mener à un despotisme plus affreux que celui de l'anarchie. (*Mêmes rumeurs.*) Je rends grâce, au reste, de chaque moment de mon existence, à ceux qui veulent bien me la laisser ; et je regarde ma vie comme une concession volontaire de leur part. (*Les murmures continuent dans une très grande partie de la salle.*) Mais, au moins, qu'ils me laissent le temps de sauver ma mémoire de quelque déshonneur, en me permettant de voter contre le despotisme de la Convention nationale. On vous présente dans ce moment deux idées : celle d'un tribunal extraordinaire, et celle d'une organisation nouvelle du ministère. Rien n'empêche que vous organisiez ce dernier d'une manière plus active ; mais j'ai entendu dire à cette tribune qu'il fallait confondre tous les pouvoirs, les mettre tous dans les mains de l'Assemblée. *(Une voix : Il faut agir, et non pas bavarder !)* Vous avez raison, vous qui m'interrompez. Les publicistes aussi ont dit que le gouvernement d'un seul, par cela même qu'il était despotique, était plus actif que le gouvernement libre de plusieurs. Jean-Jacques a dit aussi que, sur un grand territoire, pour avoir un gouvernement actif, il fallait le gouvernement d'un seul. Eh bien ! que ce seul soit ici, qu'il soit ailleurs... *(Il s'élève de violents murmures)* ; et, par *un seul*, je n'entends pas un seul individu, mais un pouvoir qui, les concentrant tous et ne pouvant être arrêté par rien, est par cela même despotique. Et lorsque vous avez reçu des pouvoirs illimités, ce n'est pas pour usurper la liberté publique par tous les moyens qui sont en votre pouvoir ; et si vous les confondez tous, si tout est ici, dites-moi quel sera le terme de ce despotisme dont je suis enfin las moi-même ? »

Le 28 mars, le maire de Paris lit une adresse des sections qui demande à la Convention si elle peut sauver la patrie. Boyer-Fonfrède répond en termes dignes. Buzot trouve sa réponse lâche et pusillanime. Il s'indigne de l'initiative de Paris, et il lui échappe un mot malheureux : « Nous ne sommes ici que les ambassadeurs de chaque partie de la république. » On le traite de fédéraliste. Le lendemain, Marat dénonce le mauvais état de Verdun et répète les bruits les plus alarmants. Buzot s'élève avec assez de noblesse contre ce pessimisme : « Eh ! quelle idée veut-on faire prendre de nous à l'Europe entière, quand, au premier échec, ces âmes si fastueusement républicaines conçoivent des alarmes ? (*On murmure.*) Vous tous, vous étiez-vous attendus à des succès qui ne seraient jamais mêlés de revers? C'est le malheur qui fait la vertu ; et ceux qui n'osent le regarder en face ne sont dignes ni de la vertu ni de la liberté. (*On rit dans une des extrémités.*) Les revers ! c'est à leur école qu'il faut former le peuple français; c'est là qu'il faut tremper son âme, le déshabituer de ses vices et de sa légèreté, lui faire prendre un caractère et plus ferme et plus mâle. »

Le 6 avril, fidèle à son rôle, il s'élève contre le projet de loi qui érigeait le Comité de salut public en pouvoir dictatorial et organisait ainsi un gouvernement contre l'étranger. Alors Buzot ne voulait plus rien voir, rien comprendre, que par les yeux de Mme Roland. Ce sage dédain qu'il avait montré jadis à l'endroit de Marat, il l'oublie pour voter en termes furieux ce décret d'accusation contre l'Ami du peuple, qui devait perdre la Gironde (13 avril). Bientôt, d'accord en cela avec Brissot, il proposa ouvertement la fermeture des Jacobins :

« J'ai pensé, dit-il, je le pense encore, que des évènements dont je ne veux pas rappeler l'époque, ont dénaturé totalement la morale publique. Les mêmes hommes qui les ont causés ou défendus ont tant fait qu'ils se sont emparés de toutes les places. Armées, ministère, départements, municipalités, on les trouve partout. Dans un café voisin, qui n'est que le rendez-vous de ces scélérats, dans nos avenues, qu'entend-on ? Des cris forcenés. Que voit-on ? Des figures hideuses, des hommes couverts de sang et de crimes. Ainsi l'a voulu la nature: celui qui a une fois trempé ses mains dans le sang de son semblable est un dénaturé qui ne peut plus vivre dans la société; il lui faut du sang, toujours du sang, pour éteindre ses remords. Vous avez tous déploré la situation où nous sommes, j'en suis persuadé. J'en appelle à vos cœurs, j'intime à l'histoire de le dire ; si vous n'avez pas puni ces grands forfaits, non, vous ne l'avez pu. Aussi, voyez les affreux résultats qui naissent de cette scandaleuse impunité. Demandez-vous les causes de quelques désordres ? On se rit de vous. Rappelez-vous l'exécution des lois ? On se rit de vous et de vos lois. Punissez-vous un d'entre eux ? On le charge d'honneurs pour se jouer de vous. Voyez cette société jadis célèbre : il n'y reste pas trente de ses vrais fondateurs. On n'y trouve que des hommes perdus de crimes et de dettes. Lisez ses journaux, et voyez si, tant qu'existera cet abominable repaire, vous pouvez rester ici. (*De violents murmures s'élèvent dans une partie de l'Assemblée.— On entend ces cris: Nous sommes tous Jacobins !*) »

Cette éloquence furibonde rendait inévitable la chute violente de la Gironde. D'ailleurs, Buzot prévoyait ce dénouement, et, une fois perdu, il montra une gaîté héroïque, une verve railleuse. Ecoutez-le dauber les Jacobins, du ton de Mme Roland quand elle persifle, à propos de l'arrestation de son propre domestique qu'on avait trouvé sans carte civique (8 mai) : « Il était détenu à la mairie ; je m'y transportai pour le réclamer ; j'y trouvai, entre autres personnes, un de ces hommes à grandes moustaches et à grand sabre, tels qu'on en voit souvent dans les environs de la Convention : mon domestique me fut refusé. Il y avait des témoins du fait : je demandai leurs noms ; on me les refusa. Le grand homme me demanda si j'avais besoin du sien : *Il est au bout de mon sabre,* ajouta-t-il ; je lui répondis que je l'attendais avec mon courage et quelques balles dont j'étais muni. Je sortis, la garde présente voulut m'accompagner ; je refusai, mais elle me suivit. J'arrivai chez le maire ; il me reçut décemment. J'y étais à peine qu'un officier municipal et l'officier de la guerre entrèrent fort échauffés. Le sujet de la querelle était l'arrestation de l'homme à grandes moustaches, et la cause de son arrestation, la menace qu'il avait faite de ne se retirer qu'avec ma tête. Cet homme fut conduit devant le comité de police, qui le fit relâcher parce que, disait-il, cet homme était un vrai patriote, un bon citoyen. Enfin, après deux heures et demie d'un interrogatoire dans lequel on épuisa tous les moyens pour faire naître des contradictions dans les réponses, mon domestique me fut renvoyé. »

Le 20 mai, il se plaint de ce que le vrai peuple n'ait pas accès dans les tribunes de la Convention, et demande une distribution équitable des billets. *C'est le plan de la femme Roland!* s'écria Marat, gouailleur et insolent. Mais cette repartie cruelle n'empêcha pas Buzot de combattre, dans la même séance, le projet d'emprunt forcé sur les riches. — Il engagea encore deux escarmouches contre la Montagne : le 22 mai, à propos du projet de constitution, il proposa de diviser Paris en plusieurs municipalités ou de placer le parlement dans une petite ville, comme en Amérique ; et le 23, il demanda, mais sans rien de la verve que montrera Camille, qu'on précisât ce qu'on entendait par suspect. — Il ne dit rien à la séance du 31 mai et n'assista pas à celle du 2 juin, où il fut décrété avec ses amis.

Il ne pouvait pas se faire d'illusion sur son sort en cas de victoire des Jacobins. Son rôle, dans la politique de la Gironde, avait été, sinon prépondérant, du moins illustre, et, aux yeux de la Montagne, scandaleux. Il était, dit M. Vatel, inscrit le second dans les deux tableaux qu'on trouve dans les papiers du comité insurrectionnel des Neuf (1). Saint-Just, dans son rapport du 9 juillet, placera Buzot immédiatement après Brissot parmi les meneurs du parti girondin, et lui reprochera, avec une amertume qui va jusqu'à la calomnie, la perfidie du piège qu'il avait tendu à la Montagne en proposant l'exil d'Égalité. Ses amis et lui, aux ap-

(1) *Charlotte Corday*, p. 333.

proches du 31 mai, discutaient déjà sur la meilleure manière de mourir. « Je me souviendrai toujours, dit Brissot, d'une opinion développée avec une grande énergie par Buzot. Il s'agissait de savoir si, étant décrétés d'accusation, nous ne devions pas préférer une mort volontaire à l'ignominie de monter sur l'échafaud. Buzot opina pour ce dernier parti, et prouva que la mort sur l'échafaud était plus courageuse, plus digne de patriotes, et surtout qu'elle serait plus utile à la cause de la liberté (1). »

Le soir du 31 mai, quand il apprit l'arrestation de Mme Roland, il s'écria, dit-on : « Je la sauverai, ou je périrai avec elle ! » Mais un ami dévoué le fit sortir de Paris, et, le 4 juin, il est à Evreux (2). Ici commence pour lui une nouvelle carrière oratoire, plus active encore et surtout plus dramatique que sa carrière conventionnelle. Il fut en effet l'orateur de l'insurrection girondine, orateur infatigable et retentissant. C'est lui qui inspire, qui mène toute cette campagne désastreuse, si bien qu'à Paris on voit en lui le grand coupable de cette guerre fratricide, et qu'on l'appelle partout, dans les journaux et dans les clubs, le *roi Buzot*.

A Evreux, il parle d'abord au sein du Conseil général du département et le rallie à la résistance. Puis il se présente à la cathédrale, où se tenait la réunion des sections. Il monte en chaire et trace le tableau des attentats tramés contre la représentation nationale par la Commune insurrectionnelle de Paris et le parti de la Montagne (3). Malheureusement nous n'avons pas ce discours où Buzot décida de la guerre civile, et où il dut mettre toute sa colère d'homme de parti et toute sa douleur d'amant désespéré. Il s'agissait

---

(1) Mémoires, éd. Didot, p. 462.
(2) Boivin-Champeaux, *Notices pour servir à l'histoire de la Révolution dans le département de l'Eure*, ap. Vatel, *Charlotte Corday*, p. 333-334.
(3) « Cette chaire était la tribune ordinaire de la société populaire. *Souvenirs et Journal d'un bourgeois d'Evreux*, p. 59.

pour lui de soulever la France contre Paris et de la mener à la délivrance d'une prisonnière qui lui faisait oublier jusqu'à la patrie menacée par l'invasion.

Le 6 juin, une assemblée extraordinaire du département de l'Eure déclara, à la voix de Buzot, que la Convention n'était pas libre, décréta que, concurremment avec les autres départements, une force armée serait organisée pour marcher sur Paris, et fixa à 4,000 hommes le contingent de l'Eure. — Ce vote obtenu, il courut à Caen pour y hâter la levée d'une armée normande. Là, il publia avec Salles un manifeste énergique et il tonna, aux Jacobins de cette ville, contre la conduite sacrilège des Jacobins de Paris. Sa parole brûlante excita dans les esprits une ardeur passagère que les nouvelles de Paris calmèrent bientôt. Sentant le terrain se dérober, il presse le départ pour Evreux des quelques bataillons organisés, et amène ainsi l'engagement de Vernon (13 juillet), qui ruina les espérances de l'insurrection girondine.

Alors, le cœur déchiré, il dut renoncer à ce rêve d'aller, triomphant, délivrer son amie captive, et il entreprit avec ses collègues l'odyssée qui se termina d'une façon si tragique, le 30 prairial an II. Mme Roland avait été guillotinée le 18 brumaire. « Elle n'est plus, écrivit Buzot à un de ses amis d'Evreux, elle n'est plus, mon ami. Les scélérats l'ont assassinée. Jugez s'il me reste quelque chose à regretter sur la terre (1). » Mais il vécut plusieurs mois encore et il eut le temps de faire un retour sur la vanité de sa conduite politique, de sentir combien les colères de son héroïque maîtresse avaient nui à la Gironde dans l'esprit du peuple. Déjà d'ailleurs il était mort pour l'opinion ; il appartenait à un passé vieux de longs mois ; et quand son cadavre fut découvert, on

---

(1) Dauban, *Etude sur Mme Roland*, p. 58. — Nous passons rapidement sur les derniers jours de Buzot : ce récit n'est plus à faire après M. Vatel.

avait presque oublié les éloquentes colères du plus rolandiste des Girondins.

III

Il n'est pas très facile, faute de témoignages précis, de se représenter Buzot à la tribune, et ce n'est pas le portrait complaisant que Mme Roland a tracé de son amant qui peut nous aider à évoquer cette figure d'orateur. « C'était, dit un contemporain, un homme brun à l'œil injecté de bile, de cinq pieds cinq pouces, environ plus mince que gros; son aspect était grave et sévère (1). » Il avait, dit un autre, un organe sombre, une diction traînante, une physionomie nébuleuse (2); mais cet « organe sombre » ne manquait cependant pas d'expression (3). Même à la Constituante, les plus prévenus lui accordaient « une sorte d'éloquence pénétrante et persuasive (4). » Il est certain que son action et sa parole se transfigurèrent à la Convention, sous l'influence de son amour. Mais nous n'avons aucun trait plus précis à ajouter à ce portrait, que la négligence des contemporains nous force à laisser vague et incomplet.

On a vu plus haut que Camille représentait Buzot « tirant de sa poche » le discours où il demanda l'expulsion du duc d'Orléans. Mais il s'agissait d'un acte politique d'une haute gravité, et il est peu probable que Buzot ait en général abordé la tribune avec un manuscrit à la main. Ses meilleurs discours ont le désordre et aussi la chaleur du style improvisé. Tout porte à croire qu'il méditait fortement, et s'abandonnait, pour le détail de la forme, aux bonnes fortunes de l'heure présente.

(1) *Souvenirs d'un bourgeois d'Evreux*, p. 48.
(2) *Nouveau dictionnaire historique*, par Chaudon et Delandine, 1803.
(3) *Biographie nouvelle des contemporains*, 1821, art. *Buzot*.
(4) Etienne Dumont, p. 390.

Généralement il évite les longues harangues : il est bref parce qu'il veut être mordant. Il manie avec art l'antithèse, et donne des marques d'un goût sobre et classique Mais on sent que son idéal oratoire est l'énergie concise des discours que Tite-Live prête aux héros de son histoire. C'est nerveux, c'est brillant, c'est une lecture charmante pour un petit comité de délicats, pour le salon de madame Roland ; ce n'est pas la véritable éloquence politique, celle qui mène un peuple.

Mais ce qui met cette parole à part dans l'histoire de la tribune révolutionnaire, c'est qu'elle ne s'inspire d'aucune des grandes passions de ce temps-là, du moins à la Convention. Elle ne transporta jamais l'auditoire dans les sphères où, pour un instant, les hommes s'accordent. Tout son être, Buzot l'a mis au service d'une femme héroïque et rancunière, trop femme pour préférer sa patrie à sa gloire ou pour voir la vérité dans les rangs de ses ennemis. C'est là la raison du peu de prise que cet orateur eut sur ses contemporains. Ce feu étrange qui brillait dans les yeux de Buzot, ses auditeurs n'en avaient pas le secret ; ils attribuaient à un machiavélisme ou à l'ambition des mouvements déplacés, des explosions, des contradictions qui nous intéressent aujourd'hui parce que nous y entendons l'écho d'un drame intime (1).

---

(1) Aucun des contemporains ne donne à Buzot une place à part dans le cœur de Mme Roland. Même Marat, si perspicace, même Hébert, si effronté, aucun journaliste ne le sépare du groupe des fidèles du « boudoir », de Louvet, de Barbaroux et des autres. Certes, en ces temps d'injures sauvages, nul n'aurait hésité à dévoiler crûment cette liaison. Cf. C. Desmoulins, *Histoire secrète de la Révolution*, éd. Claretie, p. 338.

CHAPITRE SECOND.

BARBAROUX.

Ce nom de Barbaroux éveille aussitôt l'idée d'une beauté physique trop parfaite, presque fade dans sa régularité sculpturale. En comparant à Antinoüs celui qui n'était que son ami, et qu'elle n'aurait pas caractérisé ainsi s'il eût tenu une place plus intime dans son cœur, Mme Roland a jeté une ombre de ridicule sur l'orateur marseillais. On se le représente volontiers offrant à la tribune un visage sans défaut, mais sans âme, et une attitude plus gracieuse que virile, d'autant que « ses collègues aimaient à le plaisanter sur sa beauté. » La fille de Valazé, qui a transmis ce détail, dit aussi que Barbaroux « était beau, exessivement beau, superbe (1). » Ressemblait-il réellement au favori d'Adrien, comme veut l'établir M. Vatel ? Si cette comparaison fut autre chose qu'une formule vague sous la plume de Mme Roland, fille d'artiste, et qui, elle-même, dessinait, il faut avouer qu'elle n'est guère justifiée par le portrait qu'a donné M. Dauban, dans son édition des mémoires des Girondins, d'après une miniature communiquée par la famille. Barbaroux y est très jeune, presque adolescent, un peu trop joli ; mais les yeux sont vifs, le front large, et rien ne rappelle dans cette figure vivante et fine la beauté toute plastique de l'Antinoüs. Déjà l'idée traditionnelle se transforme dans notre esprit, et Barbaroux ne nous semble plus incapable des grandes passions du temps. Cet homme aux cheveux et aux yeux si noirs, aux lèvres si

---

(1) Vatel, *Charlotte Corday*, p. 400.

bien dessinées et aux dents si belles (1), avait aussi, d'après un autre témoin oculaire, un regard d'aigle, un rire de franche et naïve gaîté, « une physionomie grecque ou romaine (2). » Les femmes l'aimaient, et il s'attarda, jusque dans la crise de sa vie politique, à des liaisons qu'il avoue lui-même. Mais il y avait dans ce tribun mieux qu'un don Juan de second ordre : il montra du caractère, de l'intelligence, un vrai talent de parole. Surtout il résuma en lui les qualités et les défauts de sa Provence natale, et c'est là sa plus notable originalité. A tout prendre, quoiqu'on ne puisse le placer au premier rang, à côté d'un Vergniaud ou d'un Danton, il est autre chose que *le beau Barbaroux*. Si ses amis le plaisantaient sur ses succès auprès des femmes, ils lui prêtaient aussi l'étoffe d'un homme d'État. Ainsi Valady s'écriait, au dire de M. Vaultier: «Barbaroux ! c'est un étourdi sublime qui, dans dix ans, sera un grand homme ! »

I

Avec Saint-Just, il est le plus jeune des Conventionnels illustres. Né en 1767, à Marseille, il n'avait que 25 ans quand il fut élu ; mais une éducation soignée et la pratique des hommes l'avaient mûri avant l'âge. Elève des Pères de l'Oratoire, à quinze ans (nous dit son fils, M. Ogé Barbaroux), il avait achevé son cours de physique et gagné une bourse fondée par M. de Matignon (3). Il sortit du collège à 16 ans. Il ne semble pas avoir connu son père, négociant, qui était mort à la Martinique. Mme Barbaroux s'était remariée avec un procureur, M. Chalvet. Mais la jeunesse de Barbaroux n'en fut pas attristée : il adorait sa mère, et,

---

(1) Expression de la fille de Valazé, *ibid.*
(2) Vaultier, *Souvenirs du fédéralisme.*
(3) Préface des *Mémoires* de Barbaroux, éd. de 1822.

dans ses lettres, il lui exprime son amour avec une effusion brûlante. C'est à elle qu'à son départ de Saint-Emilion, sur le chemin de la mort, il adresse, dans un cri de son cœur, un appel désespéré. C'est son nom qu'il prononce quand on le porte, sanglant, à l'échafaud. Cet amour filial était si connu que la municipalité de Marseille y fait allusion, en termes délicats, dans une lettre officielle à Barbaroux, en date du 23 mars 1792. Il est bien d'un Provençal d'afficher un tel sentiment et surtout de l'exprimer avec plus de feu que de tendresse ; mais cet homme sensuel n'était pas tendre : la politique occupa tout entière son âme un peu sèche, et il semble que son cœur n'ait battu que pour sa mère.

Il n'a donc rien de la mélancolie de Buzot, et son optimisme agissant résiste à ces deux douleurs qui auraient obscurci une âme moins distraite : un père mort et une mère remariée. Dès le collège, il encombre ses journées d'occupations disparates : il versifie, sans prétention et sans talent, tout en se disant passionné pour les sciences. Etudiant en droit et clerc chez son beau-père pendant le jour, il devient, le soir, minéralogiste, dit son fils, physicien, philosophe. C'est le moment où il n'est question que de Franklin : aussitôt Barbaroux étudie les effets des phénomènes électriques, invente un électromètre et correspond, à dix-sept ans, avec les auteurs du *Journal de physique*, qui insèrent ses mémoires. Sa bisaïeule lui avait laissé une petite terre à Ollioules, pays volcanique : il écrit sur les volcans. Son imagination, toujours en travail, lui suggère l'idée, alors peu répandue, que la science a sa poésie, et il compose son *Ode à l'électricité*, dont nous avons déjà cité la dernière strophe (1).

(1) L'idée seule est neuve ; la forme, plus travaillée que dans les autres poèmes de Barbaroux, répète le vieux moule classique où sont coulées les odes glacées de Jean-Baptiste et de Voltaire. MM. Dau-

Il termina son droit à Aix ; il y entendit de bons avocats, Pascalis, Portalis, Gassier. Mais il ne veut pas être procureur, quoi qu'en dise son beau-père. De là des tiraillements domestiques, une demi-brouille. Il s'installe, en 1787, à Ollioules, d'où il écrit à sa mère les lettres les plus folles, les plus raisonnables, les plus naïves et les plus rouées. Tantôt c'est un Barbaroux, étranger à sa famille, qui va faire de lui son héritier. Tantôt c'est un riche savant qui va l'emmener à ses frais dans l'Italie du Sud. Il rêve de découvertes scientifiques ; il sera ingénieur. En tout cas, il est sûr de sa destinée. « J'ai vingt ans, écrit-il, et à cet âge, peu d'hommes ont fait ce que j'ai fait. » Qu'on le laisse aller à Paris, et son audace forcera la fortune. Et certes, il n'est pas timide : chargé de lettres de recommandations pour les gens en place, pour les ministres, pour les banquiers, il se présente chez tous avec une confiance méridionale. Il entre dans l'intimité du neveu de Montmorin, non sans violence, allant chez lui, nous dit-il, plusieurs fois par jour, lui écrivant en outre, lui mettant, avec sa bonne grâce et sa verve, le poignard sur la gorge. Il lui faut une place, une grande place, quelque chose de lucratif et de brillant. Mais quoi ? il n'en sait rien ; il se sent propre à tout. Il obtient enfin quelque chose à l'école des Mines, une maigre sinécure dont il parle avec dédain. Et puis ce sont lettres sur lettres à sa mère pour obtenir de l'argent, promesses, hâbleries, mirage de jeune homme, répliques aigres au beau-père qui traite ces vanteries de bourdes, finalement retour à Marseille, avec moins d'illusions, une réelle connaissance

---

ban et Vatel ont trouvé dans les papiers du jeune conventionnel quantité d'épîtres et de poésies légères : ce qu'ils en disent et ce qu'ils en donnent ne révèle, de la part de Barbaroux, aucun désir sérieux de devenir poète. Il se fait la main, à ces exercices, et se prépare, par des épîtres à Philis, à écrire d'un style correct et facile les nombreuses lettres politiques qu'il a laissées.

des hommes, et quelques vues sur la politique en général. Entre-temps, en 1788, on a suivi le cours d'optique de Marat (1), et il est permis de croire qu'on y a parlé d'autre chose que d'optique. Paris était déjà enfiévré de politique : Barbaroux fréquenta les clubs, les salons ; il entendit causer avec mépris du régime actuel, avec enthousiasme de l'Angleterre, avec espoir de la crise que tous les Parisiens pressentaient. Il rapporta à Marseille ce langage nouveau, ces sensations et ces idées hardies, un peu de la Révolution de demain. Dès lors l'emploi de sa fièvre intérieure est trouvé. Il ne sera ni poète, ni physicien, ni ingénieur, ni procureur : il sera homme politique, et, en attendant, ce qui était déjà presque la même chose, avocat.

Son voyage, ses conversations, sa figure brillant d'un idéal nouveau lui valurent des causes. Il fit ce que faisaient Vergniaud, Guadet, Robespierre : il se donna, bien des mois avant la réunion des Etats généraux, à la Révolution ; quand elle éclate, il est déjà en vue parmi les hommes du second rang (2). Pour commencer, il devient, à 23 ans, secrétaire général de l'armée de Marseille. Puis il quitte ce poste pour être secrétaire-greffier-adjoint de la Commune, titre modeste, fonctions importantes entre des mains entreprenantes. En même temps qu'il plaide et fait imprimer un volume de mémoires sur des questions économiques et commerciales, il engage contre le général feuillant Lieutaud une lutte dont la municipalité sort victorieuse. Par sa plume et sur son initiative, Marseille entre en correspondance avec les autres communes, avec la Corse, avec Paoli. Grâce à Barbaroux, elle est, dit-il, « en contestation avec tous les ministres. » C'est toujours l'orgueilleuse Mar-

---

(1) Mémoires.
(2) Il fut même inquiété par le pouvoir, dès le début de la Révolution, « dans les quatre premiers jours », dit-il lui-même. (Disc. du 23 février 1793.) Décrété de prise de corps, il obtint que la procédure fût publique, et ses accusateurs, dit-il, furent couverts de honte.

seille, avec son esprit particulariste, ses prétentions qui irritent et font sourire tour à tour, et sa vivacité d'intelligence : elle se reconnaît dans Barbaroux, et, au commencement de 1792, le délègue auprès de l'Assemblée législative pour y soutenir ses droits.

Barbaroux emportait, dans cette mission où sa fortune politique était en germe, un mandat formel des officiers municipaux : il devait obtenir la mise en accusation du directoire des Bouches-du-Rhône, complice des contre-révolutionnaires d'Arles, et l'autorisation pour Marseille d'acheter 6,000 fusils. Il accepta avec joie et confiance et quitta sans regret sa femme (il était déjà marié) et ses amis, auxquels plus tard, dans les angoisses de sa fuite suprême, il s'adressait en ces termes émus :

« O mes amis! je n'ai point oublié nos conversations du dimanche : nous dînions frugalement chez moi; nous montions dans mon cabinet; vous me lisiez vos vers, je vous consultais sur mes projets économiques; la conversation se portait d'elle-même sur des objets graves ou gais, savants ou frivoles; souvent les livres qui nous entouraient nous mettaient d'accord; plus souvent c'étaient les femmes aimables de notre société qui riaient de notre savoir. Jamais on ne se séparait avant minuit, et quelquefois le soleil nous retrouvait parlant encore de Platon, d'Horace, de Newton, des nouvelles publiques, qui n'étaient pas alors des nomenclatures d'assassinats, et de l'amitié, divinité qu'on adore partout, mais qu'on ne connaît pas plus que les autres dieux (1). »

II

Il quitte Marseille le 3 février 1792, accompagné de Loys, officier municipal, homme inconsidéré et versatile,

(1) Mémoires, p. 318.

plus tard jacobin effréné. Tout l'honneur de ces négociations délicates revint au jeune greffier de la commune de Marseille. Il montra autant de sang-froid que de fermeté, et représentant d'une ville exaltée, il sut être modéré. Le style calme, clair, diplomatique de ses lettres (publiées par M. Dauban), offre un contraste frappant avec la phraséologie ardente et colorée de l'époque. Il s'y abstient, trop peut-être, de tout épanchement patriotique ; et ce ton mesuré, presque froid, est comme une satire de l'emphase qu'il affectera plus tard à la tribune. On y sent un amour incontestable pour la Révolution, mais surtout une vive sollicitude pour les intérêts commerciaux de Marseille. Cette conduite pratique et ce style d'affaire ravissent les officiers municipaux : ils louent, dans leurs réponses, le zèle du jeune greffier, du ton de négociants qui féliciteraient le représentant de leur maison.

Qu'il fut habile, en effet, ce négociateur presque adolescent ! Il fallait d'abord se concilier les députés officiels des Bouches-du-Rhône, Granet, Deperret, Antonelle, dont la mission de Barbaroux aurait pu provoquer la susceptibilité : sa modestie et sa déférence les gagnèrent aussitôt, et le farouche montagnard Granet devient bientôt, dans la correspondance de Barbaroux avec ses mandataires, « l'ami Granet, » « le brave Granet. » Se présenter sans précaution à la barre d'une Assemblée prévenue contre Marseille était chose périlleuse, d'autant plus que, s'exagérant le modérantisme de la Législative, il écrivait, en mars 1792, qu'elle était « aux deux tiers mauvaise, très mauvaise, plus mauvaise que l'ancien côté du clergé et de la noblesse, et que le petit nombre de patriotes qu'elle renferme, excellents par leurs principes, même par leurs talents, manquent de tactique et ne s'entendent pas entre eux : d'où il résulte que les succès du patriotisme ici ne sont pas obtenus, mais arrachés avec toute la difficulté possible. » Il suivit, dans ses démarches, l'ordre le plus habile. Arrivé le 11 février, il se rend chez Robespierre le 12, et le trouve « aussi fortement l'ami de Marseille que si cette ville était sa patrie. » Robespierre, séduit, promet à Barbaroux de le présenter aux Jacobins (1). La présentation, retardée parce que la société ne siège que quand l'Assemblée ne tient pas de séance le soir, a lieu enfin le 19. Barbaroux lit un mémoire à l'appui des réclamations de Marseille, et se fait vivement applaudir (2). Le 5 mars, « M. Barbaroux raconta aux Jacobins les nouvelles de Marseille (3) ; il eut un mouvement de sensibilité qui produisit son effet; car il avait à peine achevé que toute l'assemblée, toutes les tribunes étaient debout, manifestant leur enthousiasme pour les Marseillais : tous jurèrent de les défendre jusqu'à la mort et d'intéresser à leur cause toutes les sociétés de l'empire. M. Robespierre fut sublime (4). « Le 20 février, les deux négociateurs avaient paru à la barre de l'Assemblée, précédés d'un mouvement d'opinion suscité par l'habileté de Barba-

---

(1) Le 16 nov. 1791, il avait fait hommage aux Jacobins d'un ouvrage sur les termes de *Sire* et de *Majesté*, où il rappelait qu'à Rome les empereurs, en entrant au cirque, se prosternaient devant le peuple en signe de souveraineté. *Journal des Jacobins*, n° 95. (Barbaroux y est appelé *Barbaron jeune, citoyen de Marseille*.)

(2) « Messieurs, dit-il, les complots contre la liberté publique renaissent de leurs cendres, comme les étincelles des volcans enflamment les matières combustibles et occasionnent de grands embrasements. Les départements du Midi et celui des Bouches-du-Rhône sont prêts à être en proie à toutes les horreurs de la barbarie et de la cruauté. Mais Marseille n'est pas encore engloutie ; nous en attestons les mânes de toutes les victimes immolées. Marseille ne retournera pas dans la servitude... » *Journal des Jacobins*, n° 146.

(3) Cf. *Journal des Jacobins*, n° 155. Le curieux discours de Barbarousse (*sic*) y est reproduit en détail.

(4) Lettre de Loys et de Barbaroux à la municipalité de Marseille ap. Daubau, p. 410. — Ce Robespierre, qui fut *sublime* dans cette circonstance, si l'on en croit les mémoires du même Barbaroux (p. 332), *n'a pas une idée dans la tête*. Il n'est plus qu'un plat coquin, et les mémoires ne font pas même mention de la visite que Barbaroux lui fit le 13 février.

roux. « Il faut, écrivent-ils, que nous ayons fait quelque impression, puisque tout le côté noir s'est déchaîné à l'instant contre les municipalités et les sociétés populaires. M. Guadet, député de Bordeaux, un des premiers orateurs de l'Assemblée, a défendu la cause des municipalités et l'a fait triompher, si c'est un triomphe que d'avoir obtenu le renvoi de la pétition du conseil général de la Commune au comité des pétitions, et l'ordre au ministre de rendre compte des départements du Midi. » Barbaroux, par des démarches personnelles, avait eu soin de s'assurer le concours non seulement de Guadet, mais aussi de Vergniaud et de Grangeneuve. Il paraît souvent à la barre, à propos des mouvements d'Arles et d'Aix ; il a la faveur de l'Assemblée. Il n'est pas moins écouté aux Jacobins, où il parle, le 18 mars, sur l'amnistie des crimes commis à Avignon. Son influence grandit chaque jour : c'est lui qui rédigera la défense que Rebecqui lut au club le 29 juin 1792.

Depuis le 13 mars, il a gain de cause : un décret a suspendu et mandé à la barre le directoire des Bouches-du-Rhône, ainsi que le directoire et la municipalité d'Arles. Mais la contre-révolution arlésienne n'est pas encore vaincue, et la municipalité de Marseille prie Barbaroux de rester à Paris. Il y consent avec joie, et n'épargne pas les visites aux patriotes influents et même aux ministres, quoique, dit-il, *cette race d'hommes n'ait rien d'agréable pour lui* (1). Admis à une séance du comité des pétitions, il confond le rapporteur, favorable aux Arlésiens. Celui-ci prétendait que les documents allégués par Barbaroux

---

(1) Mémoires, p. 419. — Il justifie en toute occasion les actes des Marseillais. Cf. ap. *Journal des Jacobins*, n° 165, séance du 23 mars 1792, le discours d'un « député de Marseille »(c'est évidemment Barbaroux), où il est dit: « Lorsque la loi se tait, le peuple parle. On pourra nous faire ployer, mais jamais nous rompre, et l'enclume de six cent pesant qui est au fond du port de Marseille surnagera avant qu'on voie les Marseillais abandonner la défense de la liberté. »

contre les royalistes d'Arles n'étaient pas au dossier : Barbaroux les produisit à l'instant. « Il y avait surtout, ajoute-t-il, cette pièce excellente du contrat d'achat des canons par le comité extraordinaire d'Arles, que M. le rapporteur soutenait absolument n'être pas dans les papiers. Il osait même regarder comme malhonnête la recherche que je voulais en faire ; je persistai poliment, je persistai encore, je cherchai et je trouvai la pièce, et M. le rapporteur fut confondu (1). »

Il se sent né pour la politique ; et la vie parlementaire, quoiqu'il la voie de près, le séduit. Aussi quelle joie n'est pas la sienne quand, le 5 mars 1792, il a vingt-cinq ans, il est éligible ! Cette joie éclate naïvement jusque dans sa correspondance officielle : « Les droits de citoyen actif, écrit-il à la commune de Marseille, que je viens d'acquérir par mon âge depuis le cinq mars, m'imposent plus fortement l'obligation de me consacrer au service de la patrie ; lorsque j'aurai l'honneur d'être parmi vous, je prêterai mon premier serment civique, et le ciel m'est témoin que j'y serai fidèle. »

III

Cependant l'humble greffier-adjoint de la commune de Marseille commençait à jouer un rôle dans la Révolution. Lié avec tous les chefs de la Gironde, il ne rencontrait quelque méfiance que chez Roland qui, prenant au sérieux la fougue tout extérieure du Marseillais, le tenait à distance et avait réussi à l'éviter jusqu'à la fin de juin 1792. Et pourtant il avait écrit au ministre girondin des lettres habiles, où il défendait Marseille et faisait sentir, dit madame

(1) Mémoires, p. 455.

Roland, « qu'un mode plus doux ramènerait les Marseillais plus tôt et plus sûrement à la subordination nécessaire. Ces lettres étaient dictées par le meilleur esprit et avec une prudence consommée. » Mais il ne désarma et ne conquit Roland que par un élan de familiarité hardie qui marque la simplicité de ces temps héroïques. « Un jour, dit-il, que nous revenions, Rebecqui et moi, des Champs-Elysées où nous nous étions entretenus de nos projets, nous rencontrâmes Roland et Lanthenas : Lanthenas ! qui depuis a lâchement abandonné son ami et la cause de la liberté. Nous les embrassâmes avec transport. Roland nous témoigna le désir de conférer avec nous sur les malheurs publics : nous convînmes que je me rendrais chez lui le lendemain, seul, pour échapper aux regards des espions (1). »

Dès qu'il vit madame Roland, il goûta fort cette femme étonnante, comme il l'appelle, cette femme à qui Roland « a dû son courage et ses talents. » Celle-ci fut surprise de la jeunesse de Barbaroux et de sa beauté. Mais elle aimait déjà Buzot, dont Barbaroux devint aussitôt l'inséparable ami et le confident le plus intime. Il connut, ainsi que Louvet, le secret de madame Roland (2) ; il fut un des familiers quotidiens de la maison, conseillant et conseillé, responsable autant que Buzot de la politique rolandiste. Dès cette première visite, on discuta le projet de former une république dans le Midi, pour le cas où la cour triompherait dans le Nord. En attendant, on convint de faire le possible pour sauver Paris et le Nord, et Barbaroux promit de demander à Marseille un bataillon et deux pièces de canon. « Nous ne perdîmes pas un instant, dit-il : nous écrivîmes à Marseille d'envoyer à Paris six cents hommes qui sussent mourir, et Marseille les envoya (3). »

(1) Mémoires de Barbaroux, p. 336.
(2) Cf. Dauban, *Mémoires inédits de Pétion*, etc., p. 492.
(3) Ibid. p. 339.

Il fut fort dépité de la froideur avec laquelle les Parisiens accueillirent ses compatriotes. Santerre, qui avait promis d'amener tout le faubourg à leur rencontre, n'amena que deux cents hommes. Paris souriait de la forfanterie de ces six cents Marseillais venus pour sauver Paris ! Ils le sauvèrent pourtant, à entendre Barbaroux, et c'est Marseille qui fit le 10 août. En vain Barbaroux prodigua-t-il à ses compatriotes les conseils de prudence. Ne vous mettez jamais au premier rang, leur disait-il, à l'en croire, surtout aux endroits dangereux. Lui-même leur donna l'exemple de la sagesse en restant chez lui au 10 août. Les Marseillais, dit-il, n'en furent pas moins héroïques, et c'est eux qui prirent le château. Pas un mot, dans ce récit naïf, du rôle de Danton, qui fut, on le sait, prépondérant. Pas un mot des Parisiens, dont les cadavres pourtant jonchèrent le Carrousel. C'est à peine si Barbaroux consent, dans ses mémoires, à associer les fidèles Bretons à la gloire des Marseillais (1).

Cet honneur d'avoir fait le 10 août, dont une faible partie seulement revient à Barbaroux, la Provence le lui reconnut sans hésiter et sur sa parole, parole sincère à coup sûr, mais égarée par cette présomption native qui avait fait, autant que son talent, sa fortune politique. Quand il revint à Marseille (2), il fut accueilli par une ovation qui

---

(1) Cette prétention de Barbaroux s'étale jusqu'au ridicule dans sa réponse à Bourdon (de l'Oise), qui avait demandé (25 déc. 92) que les patriotes mutilés au 10 août fussent présents quand Louis XVI comparaîtrait à la barre : « Je demande l'ordre du jour, dit Barbaroux ; je le motive sur la volonté même de nos frères blessés le 10 août. *Je les connais tous.* Ils sont mes compatriotes, mes frères, mes amis ; étant restés à Paris, ils ont suivi l'affaire du ci-devant roi : Nous avons combattu Louis Capet, m'ont-ils dit, nous avons versé notre sang pour soustraire notre patrie à sa tyrannie ; nous désirons qu'il soit puni, parce qu'il est horriblement coupable ; mais nous ne voulons en rien influencer son jugement. »

(2) Dans l'intervalle du 10 août et de son départ pour Marseille, il resta auprès de Roland, dont il refusa d'être le principal secrétaire et l'aida à organiser ses bureaux et à rédiger quelques proclamations. (Mémoires, p. 270.)

rappelait le triomphe de Mirabeau. Ecoutons-le lui-même : « La nouvelle de mon arrivée s'étant répandue, dit-il, les meilleurs patriotes accoururent pour m'embrasser. Ma maison était entourée et remplie de citoyens. On amena un corps de musique. On chanta des chansons provençales qu'on avait faites en mon honneur et l'hymne des Marseillais. Les mêmes témoignages furent prodigués à Rebecqui. Je me souviens toujours avec attendrissement qu'au dernier couplet de l'hymne, lorsqu'on chante *Amour sacré de la patrie*, etc., tous les citoyens se mirent à genoux dans la maison et dans la rue. J'étais alors debout sur une chaise, où l'on me retint. Dieu ! quel spectacle ! des larmes coulèrent de mes yeux. Si je fus pour eux en ce moment comme la statue de la liberté, je puis m'honorer au moins de l'avoir défendue de tout mon courage (1). »

Cependant l'Assemblée électorale des Bouches-du-Rhône, réunie à Avignon, nomma Barbaroux président, et, en présence des soulèvements royalistes d'Avignon, elle lui délégua une sorte de dictature, assez peu légale, sur le département tout entier. Il rétablit l'ordre et réprima en même temps un mouvement ultra-jacobin à Marseille. C'est l'instant où il évolue dans un sens hostile à la Montagne, et il est déjà l'adversaire déclaré de Robespierre et de Danton. Pour faire triompher sa politique, il usa sans nul scrupule des pouvoirs extraordinaires qu'il devait aux circonstances : il avoue que Rebecqui et lui « influencèrent » les élections afin d'écarter « des êtres méprisables, » sans doute des adversaires robespierristes (2).

Nommé représentant par 775 suffrages sur 776 votants, il

---

(1) Mémoires, p. 374. — C'est à ce moment qu'il lui naquit un fils, auquel, en bon Provençal, il donna pour prénom un nom historique, celui d'Ogé, homme de couleur torturé par les blancs à Saint-Domingue pour avoir défendu la liberté des noirs.

(2) Ib. p. 381.

prononça, d'après le procès-verbal de l'Assemblée électorale, des paroles qui sont dans un contraste frappant avec le style de sa correspondance politique : « J'accepte. Mon âme est celle d'un homme libre. Elle s'est munie, depuis quatre ans, de la haine de la tyrannie. Je délivrerai la France de ce fléau, ou je mourrai. Avant mon départ, je signerai ma sentence de mort ; je désignerai tous les objets de mes affections, j'indiquerai tous mes biens, je déposerai sur le bureau un poignard : il sera destiné à me percer le cœur si je suis infidèle un seul moment à la cause du peuple (1). »

Il eut pour collègues le modéré Durand Maillane, les girondins Duprat, Rebecqui, Deperret, les indécis Bayle, Rovère, Pelissier, enfin les montagnards Granet, Gasparin, Baille, Laurent Bernard. Barbaroux les croyait, au moment de l'élection, hostiles à Robespierre : il devait être cruellement détrompé. Dans ses mémoires, le « brave Granet » n'est plus qu'un « homme de sang sous l'enveloppe d'un philosophe (2). »

Mais, en septembre 1792, son optimisme intact se sentait en pleine fortune; il voyait l'opinion lui obéir dans son pays natal. Plus tard, il ne se rappellera pas sans mélancolie les adieux qu'il fit alors à la Provence : « Je dis adieu au peuple qui me bénissait, qui devait me bientôt proscrire; à ses magistrats, à ma mère, à mon fils, à mon Annette, à ma bonne famille, à mes amis de vingt ans. Je dis adieu à la terre qui m'avait vu naître, au beau ciel de Provence témoin de ma vie irréprochable, à mes livres, à mes instruments de physique, à mes minéraux, objets chers à mon esprit qu'ils avaient si agréablement occupé; à la petite campagne d'une de mes tantes où j'avais si souvent retrouvé la paix qui fuit les vil-

(1) Mémoires, p. 303.
(2) Ibid. 382.

les et les plaisirs innocents cachés sous ces ombrages. Hélas! qui m'aurait dit que ces adieux devaient être éternels! O mon pays, puissent les malheurs qui me poursuivent s'éloigner de toi, et puissé-je expier seul, par ma mort, tes belles actions que les brigands changent en crime, et les crimes trop réels de ces enfants dénaturés qui déchirent le sein de leur patrie (1) ! »

IV

Il débuta, le 25 septembre 1792, par une dénonciation retentissante contre Robespierre :

« Barbaroux de Marseille se présente pour signer la dénonciation qui a été faite (par Rebecqui). Nous étions à Paris. Vous savez quelle conspiration patriotique a été tramée pour renverser le trône de Louis XVI le tyran. Les Marseillais ayant fait cette révolution, il n'était pas étonnant qu'ils fussent recherchés par les différents partis qui malheureusement divisaient alors Paris. On nous fit venir chez Robespierre. Là, on nous dit qu'il fallait se rallier aux citoyens qui avaient acquis de la popularité. Le citoyen Panis nous désigna nominativement Robespierre comme l'homme vertueux qui devait être dictateur de la France ; mais nous lui répondîmes que les Marseillais ne baisseraient jamais le front ni devant un roi, ni devant un dictateur. (*On applaudit.*) Voilà ce que je signerais, et ce que je défie Robespierre de démentir. On vous dit, citoyens, que le projet de dictature n'existe pas. Il n'existe pas ! et je vois dans Paris une commune désorganisatrice qui envoie des commissaires dans toutes les parties de la république pour commander aux autres

(1) Mémoires, p. 385.

communes ; qui délivre des mandats d'arrêt contre des députés du Corps législatif, et contre un ministre, homme public, qui appartient, non pas à la ville de Paris, mais à la république entière. (*On applaudit.*) Le projet de dictature n'existe pas! et cette même commune de Paris écrit à toutes les communes de la république de se coaliser avec elle, d'approuver tout ce qu'elle a fait, de reconnaître en elle la réunion des pouvoirs. On ne veut pas de la dictature! pourquoi donc s'opposer à ce que la Convention décrète que des citoyens de tous les départements se réuniront pour sa sûreté et pour celle de Paris ?... Citoyens, ces oppositions seront vaines ; les patriotes vous feront un rempart de leur corps. Huit cents Marseillais sont en marche pour venir concourir à la défense de cette ville et à la vôtre. Marseille, qui constamment a prévenu les meilleurs décrets de l'Assemblée nationale, Marseille, qui depuis quatre mois a aboli chez elle la royauté, a donné encore la première l'exemple de cette mesure. Elle a choisi ces huit cents hommes parmi les citoyens les plus patriotes et les plus indépendants de tout besoin. Leurs pères leur ont donné à chacun deux pistolets, un sabre, un fusil et un assignat de 500 livres (1). Ils sont accompagnés par 200 hommes de cavalerie, armés et équipés à leurs frais. Ils vont arriver ; et les Parisiens, n'en doutons pas, les recevront avec fraternité, malgré les arguments par lesquels on cherche à leur prouver que ce renfort de patriotes est inutile : car ces arguments sont absolument les mêmes que ceux que débitait l'ancien état-major de la garde nationale de Paris, lorsqu'il voulait empêcher, il y a quatre mois, la formation du camp de 20,000 hommes. (*On applaudit.*)

(1) La veille, aux Jacobins, Barbaroux avait annoncé l'arrivée des Marseillais, mais avec des variantes de détail assez curieuses (un assignat de *mille* livres, au lieu de 500, etc.).

« Hâtez-vous donc de rendre ce décret et de consacrer par là le principe que la Convention n'appartient pas seulement à Paris, mais à la France entière. Pour nous, députés du département des Bouches-du-Rhône, nous voterons pour ce décret qui ne peut déplaire à la ville de Paris, puisqu'il assure sa défense. Nos commettants nous ont chargés de combattre les intrigants et les dictateurs, de quelque côté qu'ils se trouvent. Voyez avec quelle rage les uns et les autres distillent la calomnie ; ils vous accusent déjà d'avoir déclaré la guerre, citoyens... Elle a été entreprise pour la cause la plus juste, pour celle de la liberté ; elle a tué Louis XVI... Il faut donc la continuer avec courage. Jugez ensuite le ci-devant roi. Puisque vous réunissez tous les pouvoirs, il vous appartient d'exercer, dans cette circonstance, le pouvoir judiciaire. Entourez-vous des Parisiens et des citoyens libres des départements qui veulent combattre sous vos yeux l'ennemi commun. Rappelez la municipalité de Paris à ses fonctions administratives. N'abandonnez pas cette ville qui a tant servi la liberté, dussions-nous être bloqués par l'ennemi ; mais décrétez que nos suppléants se réuniront dans une ville désignée, si nous devons mourir ici. (*Il s'élève des applaudissements unanimes et répétés.*) Proscrivons le gouvernement fédératif, pour n'avoir qu'une république unique... Quant à l'accusation que j'ai faite en commençant, je déclare que j'aimais Robespierre, que je l'estimais : qu'il reconnaisse sa faute, et je renonce à poursuivre mon accusation ; mais qu'il ne parle pas de calomnies. S'il a servi la liberté de ses écrits, nous l'avons défendue de nos personnes. Citoyens, quand le moment du péril sera venu, alors vous nous jugerez ; alors nous verrons si les faiseurs de placards sauront mourir avec nous. (*Les applaudissements recommencent avec plus de force.*) »

Rien ne fut plus facile à Paris que de faire tomber l'accusation de Barbaroux en niant le propos qu'on lui prêtait et qu'on n'osait pas prêter à Robespierre. « Avez-vous des témoins ? dit Panis. — Moi, s'écria Rebecqui. — Je vous récuse : vous êtes l'ami de Barbaroux. » Celui-ci ne put répondre un mot : il eut la confusion d'avoir préparé à Robespierre et à ses amis une éclatante occasion de se poser devant l'opinion publique en patriotes intègres et calomniés.

Et si le discours même est une faute, quelle maladresse dans la forme, surtout dans cette commisération méprisante : *Que Robespierre reconnaisse sa faute, et je renonce à poursuivre mon accusation !* Pourtant la Convention laissa passer ce trait si choquant. Pourquoi ? parce qu'elle était alors aux deux tiers hostile à Robespierre, parce qu'en effet Barbaroux lui apparaissait avec l'auréole du 10 août, parce qu'enfin le 10 août, s'étant fait sans Robespierre, l'avait amoindri. Oui, Robespierre risquait de tomber au rang de *faiseur de placards*, si Barbaroux n'avait commis l'imprudence de l'avertir, de le tenir en haleine, de lui ouvrir le premier la tribune pour cette longue série d'apologies personnelles aussi irréfutables que peu convaincantes.

Comment ce négociateur si froid et si habile se laissa-t-il aller à de telles erreurs de tactique et à de tels excès de parole ? Par amour de la gloire oratoire et aussi par ambition de faire briller son pays dans sa personne. Si ce Provençal attaque si étourdiment cet homme du Nord, c'est en partie et à son insu par orgueil de race et de pays. Il se sent le champion de Marseille contre Paris. Déjà, le 16 avril 1792, il se proposait, d'après sa correspondance politique, de poursuivre les journaux parisiens qui parlaient mal de Marseille. Si Paris est une capitale, Marseille est une ville libre, un peuple à part, qui ne se confond même pas avec les Provençaux. Et Barbaroux, pour réchauffer ces sentiments particularistes dans le cœur de ses compatriotes, leur envoie, le 20 avril 1792,

« des lettres patentes de François Ier de l'an 1543, qui prouvent que leur ville est ville à part et séparée du reste de la Provence. » Lui-même il est mieux qu'un simple député départemental : il représente un peuple frère ; il es Barbaroux de Marseille. De là l'orgueil naïf de son exorde stupéfiant.

La confiance avec laquelle il s'empare de la tribune nous étonne aujourd'hui : dans les histoires, *Barbaroux de Marseille* éclata le 25 septembre 1792 avec l'imprévu d'un Isnard. Mais s'il débutait au parlement, il était déjà un vétéran de la politique et de la Révolution. Depuis six mois (et quels mois! quels événements!) on avait vu Barbaroux aux Jacobins, à la barre de la Législative, chez Mme Roland, à la tête des Marseillais, dans tous les foyers de la Révolution. Son discours du 25 septembre n'était que la suite, le milieu de sa carrière oratoire et politique. Les Conventionnels le connaissaient bien, ce beau visage audacieux et brillant d'une gloire naïve ; et cette présomption que décoraient tant de jeunesse et de grâce, ils l'avaient déjà pardonnée et applaudie trop souvent pour en être choqués le jour où elle s'exerça contre un homme redouté et secrètement haï. Par leurs applaudissements, ils furent, en majorité, complices de la gaucherie du jeune orateur, et l'encouragèrent dans la voie funeste des récriminations personnelles.

En effet, il ne cessa de harceler Robespierre et d'envenimer pour sa part les divisions des patriotes. Qu'il attaque la Commune, le 30 septembre, le 10 et le 25 octobre, ou qu'il crible Marat de ses sarcasmes, le 4 et le 24 octobre, c'est toujours Robespierre qu'il vise, sans jamais l'atteindre sérieusement. Le 29, il se joint à Rebecqui et à Louvet pour le menacer. Le 30, il prononce un grand discours où, sous prétexte de légitime défense, il attaque sans ménagement la Montagne et Paris :

« Il n'y a plus, dit-il, de capitale dans la république,

et tous les mouvements des sections de Paris, ces arrêtés insolents, ces menaces coupables... (*Violentes rumeurs dans une partie de l'Assemblée et dans les tribunes. — Applaudissements dans la partie opposée. — Le président rappelle les tribunes à l'ordre.*)... Ces menaces, dis-je, auront moins d'influence sur nous que la paisible pétition du plus petit village. (*Les applaudissements recommencent*). »

Il s'indigne de ce que les hommes de la Commune se prétendent les auteurs du 10 août, et, cette fois, il daigne associer Paris à la gloire de Marseille :

« O vous qui combattîtes au Carrousel, Parisiens, fédérés des départements, gendarmes nationaux, dites, ces hommes étaient-ils avec vous ? Marat m'écrivait, le 9 août, de le conduire à Marseille ; Panis, Robespierre faisaient de petites cabales ; aucun d'eux n'était chez Roland lorsqu'on y traçait le plan de défense du Midi qui devait reporter la liberté dans le Nord, si le Nord eût succombé ; aucun d'eux n'était à Charenton, où fut arrêtée la conspiration contre la cour qui devait s'exécuter le 29 juillet et qui n'eut lieu que le 10 août. C'est pourtant avec ces mensongères paroles : *Nous avons fait la révolution du* 10, qu'ils espèrent faire oublier et les assassinats du 2 septembre, et leurs projets de dictature, et les spoliations qu'ils ont exercées. — Les oublier ! Non, je ne ferai pas cette injure au peuple français, dont ils ont terni la révolution ; je les ai dénoncés, je les dénonce, je les dénoncerai, et il n'y aura de repos pour moi que lorsque les assassins seront punis, les vols restitués, et les dictateurs précipités de la roche Tarpéienne. (*Il s'élève des applaudissements unanimes et réitérés.*) »

A ce mouvement assez heureux, quoique inattendu de la part d'un homme qui, dans ses mémoires, montrera tant d'indulgence pour les massacres d'Avignon, succède ausitôt une attaque directe contre Robespierre : « Voyez la conduite de Robespierre : il déserte une place dans laquelle il pouvait servir le peuple, pour se livrer, disait-il, à sa défense ; et tous les systèmes qu'il adopte compromettent le peuple. S'il parla contre les perfidies de la cour, il attaqua avec un égal acharnement les hommes qui, dès longtemps, avaient conjuré la perte de la cour ; et, traversant leurs opérations par des dénonciations, il prolongea ainsi, au détriment du peuple, l'agonie malfaisante de la royauté. Avant le 10 août, il nous fait appeler chez lui, Rebecqui et moi ; il ne nous parle que de la nécessité de se rallier à un homme jouissant d'une grande popularité : et Panis, en sortant, nous désigne Robespierre pour dictateur. » Rappelé à la question, il esquisse un tableau de l'anarchie parisienne : « Si dans le moment le tocsin sonnait, vous êtes à votre poste ; mais quel moyen auriez-vous pour ramener l'ordre et prévenir les attentats ? Le pouvoir exécutif ? il est sans force et peut-être encore exposé à des mandats d'amener. Le département ? on ne reconnaît plus son autorité. La commune ? elle est composée en moyenne partie d'hommes que vous devez poursuivre. Le commandant général ? on l'accuse d'avoir des liaisons avec les triumvirs. La force publique ? il n'en existe point. Les bons citoyens ? ils n'osent se lever. Les méchants ? oui, ceux-là vous entourent, et c'est Catilina qui les commande. »

Catilina, c'est Robespierre, dont la puissance sera brisée si la Convention vote la série de décrets proposés par Barbaroux, dont le dernier casse la commune de Paris. Mais la majorité de la Gironde recula devant l'imprudence d'une telle mesure, que cependant Barère (alors girondin) avait déjà proposée. Pétion combattit la proposition de Barbaroux comme impolitique, et la Convention, sur la demande de Cambon, décida que la Commune produirait ses registres à la barre.

Le 5 novembre, Barbaroux se compromit jusqu'au ridicule par sa passion d'attaquer Robespierre. Celui-ci venait de lire sa réponse à Louvet; la Convention en avait décrété l'impression presque à l'unanimité. Mais les Girondins veulent rouvrir les débats. « Louvet et Barbaroux, dit le *Moniteur*, sont ensemble à la tribune : ils insistent avec chaleur pour être admis à dénoncer de nouveau Robespierre. — Les cris réitérés : *Aux voix! l'ordre du jour !* étouffent leur voix. — *Barbaroux* : Je demande à dénoncer Robespierre, et à signer ma dénonciation. Si vous ne m'entendez pas, je serai donc réputé calomniateur ! Je descendrai à la barre.... Je graverai ma dénonciation sur le marbre.... (*On murmure. — On demande à grands cris l'ordre du jour.*) — *Louvet* : Je vais répondre à Robespierre. (*Les murmures continuent. — On entend plusieurs voix : Vous répondrez dans la* SENTINELLE.) Il est de votre justice de m'entendre... — L'assemblée décide de passer à l'ordre du jour. »

Louvet persiste à parler : la Convention lui ôte la parole. Alors Barbaroux descend à la barre. « Un mouvement de surprise agite l'assemblée ; on rit, on murmure. — Barbaroux insiste et réclame la parole comme citoyen. Les murmures et les rires continuent. — Plusieurs membres demandent qu'il soit censuré comme avilissant le caractère de représentant du peuple. » Après un sage discours de Barère, qui réclame l'ordre du jour au nom des intérêts de la république, quelques Montagnards demandent la censure contre Barbaroux. Lanjuinais intervient dans la discussion, la prolonge et l'aigrit. Cependant Barbaroux est toujours à la barre, dans une attitude de pétitionnaire. Il souffre déjà du ridicule de la situation fausse où il s'est placé. Ces mots de Couthon l'achèvent : « Je le dis avec vérité ; la petite manœuvre employée par Barbaroux pour nous forcer à lui accorder la parole ne mérite que notre pitié. (*Une grande partie de l'assemblée applaudit; un petit nombre mur-*

mure.) » Enfin, confus, il quitte la barre et reprend sa place de secrétaire avec l'amer regret d'avoir donné à Robespierre le spectacle de son humiliation (1).

Le 11 décembre, il présenta, au nom de la commission des vingt-et-un, et fit adopter l'acte d'accusation contre Louis XVI qui, dans sa rigueur, peut être considéré comme une œuvre girondine, quoique Barbaroux ait déclaré lui-même qu'il n'en était pas l'auteur. Le 27, il réfuta la plaidoirie de Desèze, mais sans force et sans originalité : il soutint cette thèse, trop juste, que l'irresponsabilité constitutionnelle du roi ne pouvait lui permettre des actes de tyrannie. Son discours tronqué et hâtif, d'une forme banale et lâchée, ne produisit que peu d'effet et parut fort inférieur aux opinions des autres orateurs girondins et montagnards, à en juger par le silence qui l'accueillit. On dirait aussi que la récente humiliation de Barbaroux avait diminué non seulement son autorité, mais aussi sa confiance en lui-même, c'est-à-dire le meilleur de son talent (2).

Mais il veut, à tout prix, se relever de ses échecs, et il n'hésite pas à introduire dans la Convention des procédés nouveaux, plus violents que les incartades de l'extrême droite de la Constituante. Le jour même de sa réponse à Desèze, le président Defermont, girondin, ayant voulu ré-

---

(1) Aux Jacobins, on consent encore à ne le croire qu'égaré. « Mais, dit Dubois-Crancé le 21 nov. 1792, si je le croyais coupable, je lui dirais : Barbaroux, tu te rappelles qu'après avoir été nommé représentant du peuple, tu as déposé un poignard sur l'autel de la patrie en disant que, si tu trahissais tes commettants, ils pouvaient s'en servir pour te punir : eh bien ! ce poignard, en passant par Avignon, je m'en suis saisi, et j'attends le vœu de tes commettants. (*Applaudissements très vifs.*) » *Journal des Jacobins*, n° 306.

(2) Il eut conscience de la faiblesse de son opinion, comme on le voit par sa lettre du 8 janvier à la municipalité de Marseille : « Veuillez bien agréer l'hommage de quelques exemplaires de mon opinion contre Louis Capet. *Vous la jugerez incomplète*, parce que j'étais loin de prévoir, lorsque je l'écrivis, que la discussion se prolongerait si longtemps. »

primer les applaudissements par lesquels les tribunes accueillaient le discours du jacobin Lequinio, les Montagnards protestèrent avec indignation. Aussitôt une centaine de membres qui jusqu'alors étaient restés silencieux descendirent sur le parquet, dit le *Moniteur*, et s'avancèrent en tumulte vers l'extrémité opposée. Barbaroux et Louvet marchaient à leur tête en criant : *Nous voulons avoir raison de ce scandale !* Le président dut se couvrir pour rétablir l'ordre. Mais une scène beaucoup plus violente avait eu lieu la veille, et tout porte à croire que Barbaroux en avait été l'inspirateur. Pétion était à la tribune pour discuter une question de procédure relative au procès du roi, et la Montagne ricanait. On entendait ces cris : *Ah ! ah ! le roi Jérôme Pétion.* Le tumulte devint horrible : l'Assemblée tout entière est debout. Alors, selon le *Moniteur*, « Barbaroux, Serres, Rebecqui, Duperret et une centaine de membres se précipitent tout à coup vers la partie d'où part le tumulte. — Plusieurs instants se passent dans les plus violentes altercations, au milieu desquelles on entend ces mots : *Nous allons nous retirer... nous écrirons dans nos départements... il faut enfin que le calme s'établisse dans l'assemblée.* » Et on put croire que les deux partis en viendraient aux mains.

Mais ce n'est certes pas pour sauver Louis XVI que Barbaroux s'abaisse à ces violences contre des adversaires avec lesquels il est d'accord sur la question présente. Il est républicain ; il a gardé, vis-à-vis de la cour, une attitude plus hostile que celle de Guadet et de Vergniaud ; et, dans sa correspondance avec la municipalité de Marseille, il n'a perdu aucune occasion, longtemps avant le 10 août, d'affirmer son horreur pour la royauté. L'humiliation du roi assis à la barre ne l'adoucit point : il écrit, le 8 janvier, à ses compatriotes, à propos de son discours du 27 décembre, *qu'ils y trouveront tracée cette haine des rois qui l'a constamment animé.* Il vota donc la mort : « Je déclare, dit-il, que je vote librement, car jamais les assassins n'ont eu d'influence sur mes opinions. Louis est convaincu d'avoir conspiré contre la liberté. Les lois de toute société prononcent contre les conspirateurs la peine de mort. Je vote donc pour la mort de Louis ; dans quelques heures, je voterai pour l'expulsion de toute la race des Bourbons. »

Il va sans dire qu'il joua sa partie dans la perfide campagne menée par Buzot contre le protégé de la Montagne, Philippe-Egalité : le 19 janvier, il lut un discours, rédigé avec art, où, après avoir fait remarquer combien un sursis serait impolitique, il présenta la mort de Louis XVI comme inséparable de l'exil d'Egalité, et conclut en disant qu'il était facile, indispensable d'exécuter l'une et l'autre mesure dans les vingt-quatre heures. « C'est à vous, disait-il, de prouver que vous voulez et la mort du ci-devant roi et la mort de la royauté. Rendez-vous au vœu fortement exprimé de tous les départements, et dans vingt-quatre heures nous n'aurons plus sous les yeux l'homme qui fut roi et l'homme qui travailla constamment à le devenir. » Mais il n'eut même pas la joie d'avoir embarrassé ses adversaires : sa proposition ne fut pas discutée. Il ne lui restait plus qu'à montrer la sincérité de sa haine contre la royauté : il vota contre le sursis.

Mais son impopularité a déjà commencé. A Marseille même, on se plaint de lui. Quoi ! ces patriotes intègres, ces chefs de la Société-mère ne trouvent pas grâce devant Barbaroux ! Et les lettres d'avertissement, de reproche, pleuvent chez lui. On prononce les mots de trahison, de vénalité. Un rôle nouveau commence pour le confiant, pour l'orgueilleux Barbaroux : il défend pied à pied sa fortune politique, son honneur. Le 31 janvier 1793, il écrit à ses compatriotes de Marseille : « Peut-être un jour on rougira de cette conduite, et l'on s'apercevra que, avant de supposer un homme corrompu, il fallait au moins examiner un peu sa vie passée. Quoi ! la cour n'a pu me corrompre ni m'intimider, lorsque j'étais votre député extraordinaire, l'année dernière ? Des places lucratives ne m'ont pas seulement fait détourner la tête de la ligne que je suivais, et maintenant je serais corrompu ? » Mais on ne l'écoute pas, et les Jacobins de Marseille le déclarent traître à la patrie. C'en est trop : « Cette vie, écrit-il le 6 février 1793 à la municipalité, est véritablement trop douloureuse ; on m'a fait boire le calice jusqu'à la lie, et l'inquiétude et le travail ont tellement miné ma santé, qu'au moment où je vous écris, une ébullition de sang se manifeste par tout mon corps ; je me sens dévoré par un feu qui parcourt toutes mes veines, et ma figure paraît brûlée ; je ne puis plus en cet état soutenir le fardeau que vous m'avez imposé et que j'aurais si heureusement, je puis presque dire si glorieusement, conduit au port, si vous m'aviez seulement relevé de la main. Ma démission est donc nécessaire : je ne la remettrai pourtant qu'après avoir présenté à la Convention et terminé la grande cause des franchises. Je fais encore ce sacrifice à mon pays, dans lequel je ne veux plus être qu'un obscur citoyen, vivant médiocrement de mon travail, mais vivant loin des intrigants, des calomniateurs et des faux patriotes... O mes chers Marseillais, combien vous êtes aveugles et injustes ! vous avez tout à coup arrêté dans sa carrière civique l'homme de votre pays qui s'y présentait du pas le plus assuré ; vous m'enlevez tout à la fois mon bonheur, ma santé et la gloire de faire quelque bien. Il faut pourtant se résigner à son sort. Puisse du moins ma patrie être constamment heureuse ! »

Démissionner en février 1793, c'eût été déserter son poste. Barbaroux revint donc sur son premier mouvement, et resta sans faiblir sur la brèche, au milieu de la tempête d'outrages et de menaces qu'il avait contribué à déchaîner. « Si vous considérez, écrit-il le 25 février, qu'avant-hier on voulait décerner contre moi un mandat d'amener pour m'enfermer à l'Abbaye, et que depuis trois jours l'arrêté de la Société de Marseille et des sections qui me déclare *traître à la patrie* (traître à la patrie, moi!) est affiché chaque jour au nombre de *quatre mille exemplaires* sur tous les murs de Paris, vous serez convaincus que des trames horribles sont ourdies contre tous les vrais amis de la République. J'ignore quel sort on nous prépare ; une seule chose m'affecte, c'est l'opinion de mes concitoyens : ils m'ont fait boire le calice de la douleur jusqu'à la lie (1). » Et il perd le sens de la réalité : tantôt il désigne la Montagne sous le nom de *faction d'Orléans* ; tantôt, pour expliquer la violence de Paris, il présente les Parisiens comme des *Bourboniens*. Il écrit, le 22 décembre, qu'il est « occupé à écrire contre l'horrible famille des Bourbons, que les imbéciles de Parisiens adulent et veulent conserver au milieu d'eux. » Cependant on l'accuse d'avoir poussé Marseille à la guerre civile : Granet, devenu robespierriste, a communiqué des lettres séditieuses écrites par Barbaroux. Un commissaire de police veut, à l'instigation des Jacobins, décerner un mandat d'arrêt contre lui. Il doit se défendre à la tribune : « C'est donc avec mes lettres qu'on prétend me persécuter, dit-il. Ah! qu'on les publie! qu'on publie toutes celles que j'ai écrites à tous mes amis, à tous les êtres qui m'étaient chers, depuis la Révolution ! On y verra mon âme empreinte et les services que j'ai rendus à la patrie... » Quant aux conseils séditieux qu'il aurait donnés aux fédérés marseillais, il répond : « Des lettres étaient écrites à des volontaires du bataillon de Marseille,

---

(1) Son ancien collègue Loys, assidu aux Jacobins, l'y dénonce avec âpreté et l'y accuse de mensonge. (*Journal des Jacobins*, n° 405, séance du 1er mai 1793.)

avec invitation d'assassiner certains membres de la Convention nationale. (J'ai ces lettres dans mes mains.) On avait fait dans une maison secrète, au commandant de ce bataillon, la confidence terrible qu'on devait nous égorger, et il l'avait révélée à Rebecqui, en présence de plusieurs témoins. Vous aurez à examiner, représentants, si, dans de telles circonstances, j'ai été coupable de conseiller aux fédérés de sauver la Convention nationale et de l'entourer de leurs corps, lorsque vous veniez de décréter que les fédérés feraient le service auprès de vous, conjointement avec la garde nationale de Paris. Je réitère la demande de l'apport de la procédure ; vous la lirez, vous l'entendrez, et si je suis coupable, moi-même je provoquerai le décret d'accusation, parce que le premier devoir d'un républicain est de courber sa tête devant la loi. »

Quel que fût le discrédit où ses écarts avaient fait tomber Barbaroux, sa défense fut favorablement accueillie. Le souvenir de l'affront fait jadis à la Législative par le juge de paix Larivière était d'ailleurs trop récent pour que la demande du commissaire de police pût décemment être accueillie. Sa lettre fut renvoyée au comité de législation, qu'un décret autorisa à prendre communication de la procédure, et Barbaroux se montra très fier de ce succès.

Dès lors, il eut une attitude plus correcte : il évita les violences à froid, attaqua moins souvent Robespierre, traita des questions de finances et de subsistances dans des discours fort applaudis, et défendit à la tribune en toute occasion les intérêts des volontaires marseillais présents à Paris et ceux de Marseille même. Ses aptitudes et ses visées d'homme de science se réveillèrent alors, et lui suggérèrent différentes idées, peut-être chimériques. Il songe à un projet pour amener l'Océan à Paris (1). Il a dans la

---

(1) *Moniteur*, xv, 247.

tête un plan de régénération agricole et commerciale de la Provence (1). Dans ces derniers mois, si critiques, il s'écarte presque de la politique, pour redevenir, comme avant le 10 août, l'homme d'affaires de Marseille. Peu à peu la confiance de ses compatriotes lui revient : en mai 1793, l'accord est complet entre la municipalité de Marseille et lui (2).

Il paraît cependant encore plus d'une fois sur la brèche, mais avec moins d'arrogance. Le 30 mars, à propos d'une dénonciation contre Salle, il flétrit la calomnie politique : « Les dénonciations civiques sont le devoir de l'homme libre ; mais quand elles ne sont pas appuyées de preuves, elles deviennent le tombeau de la liberté. A Athènes, le dénonciateur qui ne produisait pas de preuves était condamné à une amende très forte. L'orateur Eschine y a été condamné. A Rome, l'accusateur qui ne prouvait pas était flétri ; on marquait son front de la lettre K. (*Quelques rumeurs se font entendre dans l'extrémité gauche de la salle.*) Parmi nous, il faudrait établir à cet égard la loi du talion : car, certes, s'il est permis à chaque homme de dénoncer... (*Murmures dans une grande partie de l'assemblée.*) Je propose la loi suivante : tout dénonciateur pourra être contraint... » Ici, l'Assemblée coupa dédaigneusement la parole à Barbaroux, et l'ex-girondin Barère fit voter l'ordre du jour. La calomnie politique! La Gironde en avait-elle moins abusé que la Montagne? Appartenait-il à Barbaroux de s'en plaindre, lui qui, dans sa correspondance avec la municipalité de Marseille, répète complaisamment les calomnies grossières lancées par les royalistes contre Danton (3)?

(1) *Corr.* ap. Dauban, pass.
(2) Cf. les lettres publiées par M. Dauban, dans son introduction aux *Mémoires de Pétion*, etc., p. XXIII.
(3) Il a l'air de croire que Danton a volé quatre cent mille livres à la nation. (Dauban, p. 467.)

Quoi qu'il en soit, quand il se hasarde à renouveler ses anciennes attaques, ses amis ne peuvent plus protéger sa parole. Veut-il, le 4 avril, à propos de Dumouriez, dénoncer encore la faction d'Orléans? Les murmures le forcent aussitôt à quitter cette tribune, où Guadet, si violent, si haï, se maintient cependant. Barbaroux n'est pas le plus impopulaire des Girondins : il a ce malheur pire que ses adversaires ne le prennent plus au sérieux.

Il est néanmoins autre chose qu'un fanfaron, qu'un Marseillais de comédie. Il y a en lui de la ténacité, du courage. Dans la crise finale, il se tient droit et ferme, et retrouve, en plein péril, sa confiance, rabattue jadis par tant de mécomptes. Le 28 mai, il interrompt violemment Robespierre. Le 2 juin, il ne reste pas, avec les autres, chez Meillan : il est à son poste, en face de la mort, et prend trois fois la parole, d'abord pour défendre le tribunal populaire de Marseille, accusé par Bayle de partialité contre les Montagnards; ensuite, pour refuser fièrement sa démission. « Si mon sang, dit-il, était nécessaire pour l'affermissement de la liberté, je demanderais qu'il fût versé ; si le sacrifice de mon honneur était nécessaire à la même cause, je dirais : Enlevez-le-moi, la postérité me jugera ; enfin, si la Convention croit la suspension de mes pouvoirs nécessaire, j'obéirai à son décret. Mais comment de moi-même déposer des pouvoirs dont j'ai été investi par le peuple ? Comment puis-je croire que je serais suspect, quand je reçois de mon département et de trente autres, et de plus de cent sociétés populaires, des témoignages consolateurs de l'amertume dont je suis abreuvé chaque jour ici ? Non, n'attendez de moi aucune démission ; j'ai juré de mourir à mon poste, je tiendrai mon serment (1). » Lanjuinais

---

(1) Dulaure se trompe évidemment quand il écrit, à propos de cette scène, dans son *Supplément aux crimes des anciens comités*, p. 58 : « Je dois rappeler un trait qui caractérise la rage féroce des conju-

n'avait pas mieux dit. Barbaroux, après le décret d'arrestation, montra même plus de grandeur d'âme que le tenace Breton : il repoussa l'offre des sections de Paris de constituer autant d'otages qu'on avait arrêté de représentants. « Comme je n'ai pas eu besoin de baïonnettes, dit-il, pour manifester mes courageuses opinions, je n'ai pas besoin d'otages pour garantir ma vie ; mes otages sont la pureté de ma conscience, et la loyauté du peuple de Paris, entre les mains duquel je me remets. »

On sait qu'il trompa la surveillance de ses gardiens et put aller rejoindre ses amis à Caen, où il rencontra Charlotte Corday. Cette rencontre a donné naissance à une légende que M. Vatel a réfutée d'une façon péremptoire (1). Non, Barbaroux ne mit pas dans la main de Charlotte Corday le couteau qui devait tuer Marat ; non, cet homme léger ne fut pas l'amant de cette grave jeune fille. Ce qu'on nous dit de ses maîtresses (2), de son inconstance, de sa facilité, dénote chez lui une absence de délicatesse morale en matière d'amour et même, dans sa fuite en Bretagne, un oubli inconvenant de ce qu'il devait à ses compagnons et à la dignité de sa proscription. On connaît le suicide de cet infortuné au sortir de la maison Troquart avec Pétion et Buzot : il respirait encore quand on le guillotina (7 messidor an II, — 25 juin 1794).

rés. Pendant que Barbaroux, dans un discours brûlant de patriotisme, protestait de se dévouer tout entier au salut de son pays, et qu'il disait ces mots : « Prononcez, mes collègues, que ma suspension est nécessaire, et j'obéirai : faut-il ma vie pour le salut public ? qu'un décret soit rendu et je suis prêt à mourir ; » on entendit trois ou quatre membres, de la cime de la Montagne, crier : *Aux voix le décret !* »

(1) *Charlotte Corday*, p. LXII.
(2) Ib., p. 477 et sqq.

V

L'impression que laissent la biographie de Barbaroux et l'étude de ses discours est, on le voit, assez vague. Que penser de ce caractère si ondoyant, fait d'énergie et de faiblesse, de courage et de vanité, tantôt vraiment français, tantôt marseillais et municipal ? Et la politique de Barbaroux, comment la définir ? De principes, de vues générales, on n'en trouve ni dans ses lettres, ni dans ses discours. Il n'aime pas la royauté, il est franchement révolutionnaire. Quelle république rêve-t-il ? Autoritaire ou libérale? Fédérale ou unitaire ? C'est trop lui demander. Il n'y a pas songé. Que faut-il faire après-demain, demain même? C'est encore trop lui demander. Il ne pense qu'à satisfaire sa passion présente, souvent généreuse, parfois haineuse et mesquine, et qu'à exhaler une fougue juvénile, irréfléchie. Ses amis vantaient ses qualités d'homme d'État : il est possible que dans leurs réunions intimes il fît paraître le tact politique qui ne l'abandonna pas, tant qu'il resta, en 1792, dans les coulisses du parlement. Au grand jour de la vie publique, à la tribune, il perdit toute sa présence d'esprit, tout son équilibre, « à la suite du dépit des obstacles ou du dégoût des revers (1). » Dépouillé de cet optimisme souriant et naïf qui l'avait porté du premier coup à la réputation, presque à la gloire, il n'eut plus ces qualités brillantes et légères qui avaient, au premier abord, séduit ses contemporains.

Son éloquence ne s'inspire donc d'aucune idée politique. Il a beau citer Mably ; c'est par mode, par coquetterie littéraire; il n'est pénétré d'aucune lecture, nourri d'au-

---

(1) Mme Roland, *Portrait de Barbaroux.*

cune doctrine. Les idées religieuses, on l'a déjà entrevu, n'ont pour lui aucun attrait sérieux ; son épicurisme poétique, sa philosophie pratique, son déisme, tout cela n'est chez lui qu'une parure légèrement adoptée.

Mme Roland dit qu'il « était déjà nourri de connaissances, capable d'une longue attention avec l'habitude de s'appliquer. » Cette indulgence pour un ami fidèle pouvait-elle l'aveugler sur la mollesse et la mobilité de cet enfant prodige qui à vingt ans avait entrevu toutes les sciences sans en apercevoir les difficultés ? Cette teinture superficielle pouvait-elle suffire à un homme politique, à un adversaire de Robespierre et de Danton ? Il occupe la tribune avec aplomb ; mais quoi de plus creux, si on y regarde de près, que ses discours les plus heureux ?

Si le fond est nul, sauf dans quelques questions techniques, la forme est souvent banale, sans éclat et sans relief. Mais un goût assez pur préserve Barbaroux des écarts à la mode, et il n'allègue l'antiquité qu'une ou deux fois. Quand il se farde de couleurs criardes, on sent qu'il se fait violence : c'est un talent modéré auquel il aurait fallu, selon le mot de Mme Roland, « des succès modérés qui l'auraient soutenu dans la carrière, » au lieu qu'une élévation subite lui fit, au second pas, perdre pied et faiblir jusqu'au ridicule.

Que reste-t-il donc, à nos yeux, de cette gloire si contestée des contemporains eux-mêmes ? Une fierté, un héroïsme, un air d'heureuse témérité qui donnèrent confiance aux insurgés du 10 août, une belle figure décorative, sans génie, mais non sans intelligence. L'action de Barbaroux ne devait pas manquer de justesse et de grâce ; mais les contemporains n'ont pas pris la peine de nous la décrire. Ce qui subsiste de lui et nous intéresse, ce ne sont pas ses discours incolores, c'est l'attitude, la pose fugitive mais noble, qu'il sut prendre en 1792. On se le représente.

dans son triomphe de Marseille, au milieu de la foule agenouillée, silencieux et beau, personnifiant la jeune Révolution, son ingénuité, sa joie de vivre, sa bonne volonté souriante, et son innocence encore sereine. C'est la véritable gloire de Barbaroux qu'on ne puisse rappeler ce fugitif instant de félicité et de vertu parfaites, après le 10 août et avant septembre, sans évoquer aussitôt sa gracieuse figure d'adolescent : c'est ce jour-là qu'il fut éloquent.

FIN DU TOME PREMIER.

TABLE DES MATIÈRES

	Pages.
Avant-propos.	1

LIVRE PREMIER

Chapitre I. — Du texte du discours.	6
Chapitre II. — Caractères généraux de l'éloquence parlementaire, de 1791 à 1795.	28
Chapitre III. — Mœurs parlementaires.	51

LIVRE DEUXIÈME

LES ROYALISTES CONSTITUTIONNELS ET LES INDÉPENDANTS.

Chapitre I. — Politique du groupe.	80
Chapitre II. — Ramond.	84
Chapitre III. — Vaublanc.	97
Chapitre IV. — Stanislas de Girardin.	106
Chapitre V. — Mathieu Dumas.	123
Chapitre VI. — Lemontey, Jaucourt, Quatremère de Quincy, Ducastel, Beugnot.	130
Chapitre VII. — Le centre ou les indépendants.	138

LIVRE TROISIÈME

LES GIRONDINS EN GÉNÉRAL.

	Pages.
Chapitre I. — Organisation intérieure de la Gironde.	147
Chapitre II. — L'inspiration oratoire des Girondins : 1. — Leurs idées religieuses.	168
Chapitre III. — L'inspiration oratoire des Girondins : 2. — Leurs idées politiques.	193

LIVRE QUATRIÈME

LES THÉORICIENS DU PARTI.

Chapitre I. — Brissot.	220
Chapitre II. — Condorcet.	265

LIVRE CINQUIÈME

VERGNIAUD ET LES GIRONDINS PROPREMENT DITS.

Chapitre I. — La jeunesse et le caractère de Vergniaud.	283
Chapitre II. — Son éducation oratoire.	297
Chapitre III. — Sa politique en général.	308
Chapitre IV. — Ses discours jusqu'au 10 août.	314
Chapitre V. — Du 10 août au 2 juin.	332
Chapitre VI. — Ses lettres politiques pendant sa captivité, et sa défense devant le tribunal révolutionnaire.	360
Chapitre VII. — Sa méthode oratoire.	376

	Pages.
Chapitre VIII. — Guadet.	395
Chapitre IX. — Gensonné.	452
Chapitre X. — Ducos et Boyer-Fonfrède.	470
Chapitre XI. — Grangeneuve.	493

LIVRE SIXIÈME

LES AMIS DE Mme ROLAND.

Chapitre I. — Buzot.	499
Chapitre II. — Barbaroux.	531

Poitiers. — Typographie Oudin.

www.ingramcontent.com/pod-product-compliance
Lightning Source LLC
Chambersburg PA
CBHW060510230426
43665CB00013B/1462